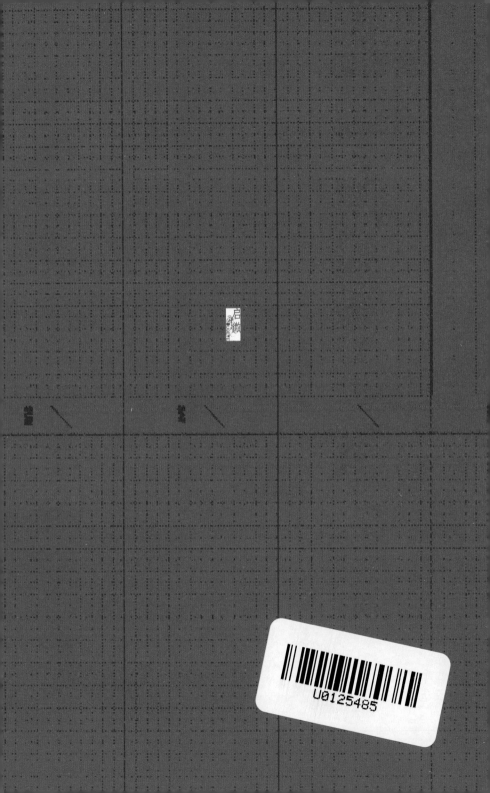

U0125485

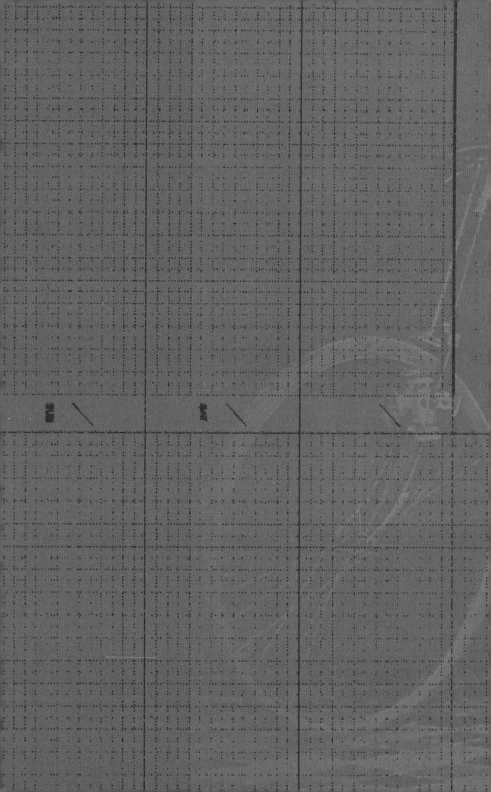

金光耀 著

以公理争强权

顾维钧 传

社会科学文献出版社
SOCIAL SCIENCES ACADEMIC PRESS (CHINA)

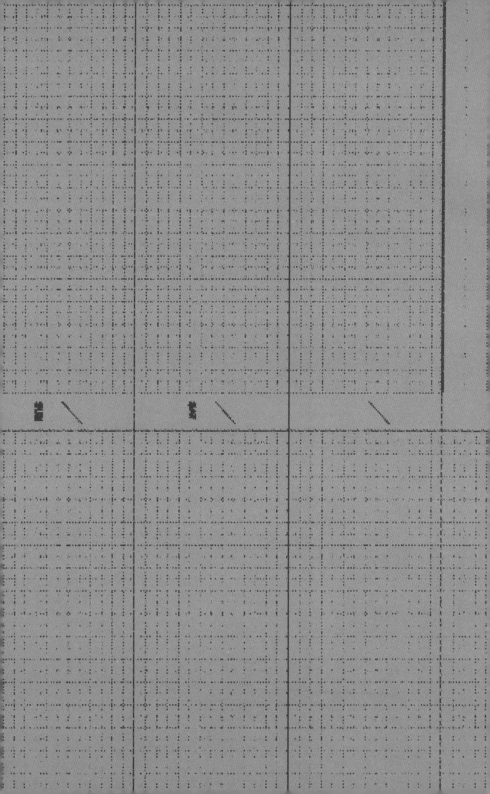

留着辫子的顾维钧扶着自行车，一个晚清少年对新事物新风尚的追求

1920年，顾维钧作为中国出席国际联盟第一次大会的代表率团出席会议

巴黎和会前后的顾维钧

巴黎和会期间，决定设立"国际联盟委员会"，中国入选，由顾维钧代表出席

北京政府时期穿外交礼服的顾维钧

1932 年，顾维钧与国联调查团抵达大连。与他同走在前排的是英国人李顿爵士

1930 年代初顾维钧与黄蕙兰在欧洲

任驻法公使期间的顾维钧

敦巴顿橡树园会议中、美、英三国的首席代表

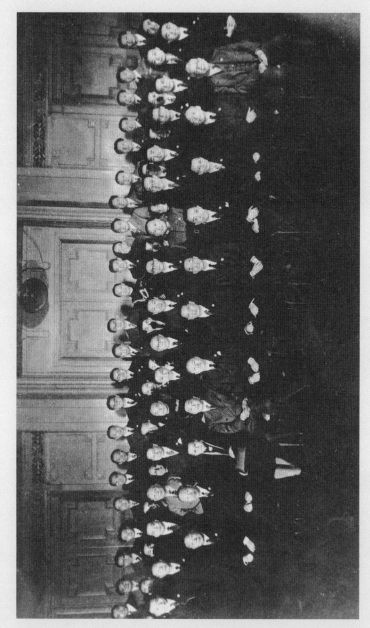

出席旧金山联合国制宪大会的中国代表团全体成员

1940 年代后期顾维钧与蒋介石

顾维钧在国际法院工作

November, 1985

Thursday 14 — a quiet day.

顾维钧最后一天的日记

严幼韵向顾维钧做最后的告别

目　录

第一章 从黄浦江畔到哈德逊河边

一 租界里长大的富家孩子

顾维钧，字少川，1888 年 1 月 29 日出生于上海。赴美留学及步入外交界后以英文名 V. K. Wellington Koo 而闻名于国际社会。

虽然出生在上海市区，顾维钧对自己的祖籍嘉定县（属江苏省，今为上海嘉定区）怀着浓浓的乡情，一生以嘉定人自居。

顾家祖上从昆山迁来嘉定，至顾维钧祖辈已成嘉定城中大户人家。顾维钧父亲顾溶，字晴川，1856 年出生，自幼"资禀明达，性行笃淳"。[①] 但顾溶刚懂事，家中就经历了剧变。1860 年，太平军进占嘉定城，此后三年，多次进出。兵荒马乱中，顾溶的父亲被太平军抓获，并被索要赎金，顾家倾其家产将人赎了回来。但因监禁中身心受到严重伤害，顾溶的父亲回家不久就去世了。顾溶的母亲邹氏与嘉定城中许多人一样，为避战乱，拖着年幼的儿子并怀抱着更小的女儿，逃往上海的租界。[②]

---

① 《清荣禄大夫从一品封二品衔直隶候补道嘉定顾公墓志铭》（以下称《墓志铭》）拓片，嘉定博物馆藏。此墓志铭为晚清官僚、同光派诗人樊增祥撰写。

② 顾维钧在其回忆录中说父亲 4 岁离开嘉定，墓志铭记顾溶"八岁而孤"。按墓志铭写虚岁，顾溶 8 岁即 1863 年。笔者倾向墓志铭的说法。

正如顾溶的墓志铭所言，"嫠母茕雏，资产如洗"，邹氏拖儿带女到上海后，只有依靠嘉定传统的刺绣手艺养家糊口，拼命地做针线活，在暗淡的油灯下干到深夜。大户人家的传统，使邹氏在为生计奔忙时也不忘督促儿子学习，只是家境艰难，顾溶学习的重点不是传统的诗书，而是"攻著作于计然"，期望着学点本事可以早点谋生，"托生涯于货殖"。①

顾溶14岁时进入一家杂货店当学徒。结婚成家后，他在岳父的报关行里工作，有了固定的收入，家境开始好转。但当顾溶23岁的妻子蒋福安刚怀上第四个孩子的时候，报关行因经济衰退倒闭，顾溶一时失去了工作。蒋福安为此十分担忧，她已经有了两男一女，生活的重压使她不愿再添孩子增加家庭的负担。她指望用某种民间偏方进行流产，但这一偏方并不见效。不久，顾溶有了更好的工作。因此，顾溶夫妇视腹中的第四个孩子给顾家带来了好运。顾溶有了新工作后，搬进了小南门梭子弄的一幢大房子，第四个孩子顾维钧就出生在新房子中。

顾溶的新工作并不是顾维钧后来在回忆录中说的在轮船招商局任事，这还要到几年之后。这份新的工作是在朱葆三的慎裕洋行管账，做总账房。出生于浙江定海的朱葆三年幼丧父，14岁时来到上海的五金店做学徒，靠着勤奋和聪明，逐渐被提拔为总账房和经理。后来自立门户，开办了慎裕五金店，店址最初在老城厢的新开河，后来搬到了紧挨着外滩的福州路13号，名称也改为慎裕洋行。随着生意规模的扩大，朱葆三要聘一个人做总账房，就找到了与自己年轻时经历相似的顾

---

① 《墓志铭》。

溶。顾溶没有辜负朱葆三的厚望，管账后得到了"账法精通，品行纯正"的好评。①

　　遇见朱葆三是顾溶人生的转折点。地处公共租界中心区域的慎裕洋行是人来人往的重要社交场所。顾维钧晚年仍然记得父亲在福州路的办公点是包括政府官员在内的各种重要人物见面的地方。② 慎裕洋行紧挨着外滩 9 号轮船招商局的北门。1892 年，顾溶得到盛宣怀的赏识，进轮船招商局，"年三十七，见器于武进盛公宣怀，不次擢之"。③ 顾溶的新职位是招商局新船"快利"轮的坐舱。"快利"轮是招商局专跑汉口—宜昌航线的，当时刚投入运营，排水量 870 吨，是航行于汉口—宜昌航线的四艘轮船中吨位最大的［另三艘是招商局的"固陵"轮（304 吨）、太古洋行的"沙市"轮（811 吨）、怡和洋行的"昌和"轮（677 吨）］。坐舱负责轮船的客货业务，相当于乘务经理。顾溶与另一位坐舱林朝钧随"快利"轮首航抵达宜昌时，当地官商"以炮竹相迎"，"共放鞭炮二十余万响"，盛况空前。"快利"轮经营汉宜航线获利很大，到 1900 年，除去各项开销，"结余二十四万二千余金"。④ 但顾溶在"快利"轮干得并不十分愉快。在 1895 年给郑观应的一

---

① 宁波帮博物馆编《朱葆三史料集》，宁波出版社，2016，第 41 页。朱葆三长女的外孙女徐女士告诉何勇（原联合国秘书处中文组组长），从小就从外婆（即朱葆三长女）那里知道，顾溶是朱家的总管家。何勇的微信来信，2020 年 9 月 5 日。

② 顾维钧：Topics for Memoirs，1958 年 6 月 26 日，手稿，徐景灿提供。

③ 《墓志铭》。

④ 《林朝钧、顾溶致盛宣怀函》（1892 年 6 月），盛宣怀档案，上海图书馆藏，档号：105707。该档案以下不再一一标明藏所。陈旭麓、顾廷龙、汪熙主编《轮船招商局——盛宣怀档案资料选辑之八》，上海人民出版社，2002，第 295 页。

封信中，他抱怨说，"所有在船卖票、收交客位水脚银两及进退司事一切等，均伊（张午峰）一人经理，溶稍稍询问，即含糊答复"。另有他人给盛宣怀的信称，"张顾二人素不相能……同舟龃龉"。①

1901 年，袁树勋出任上海道台。朱葆三为维护与官府的关系，将顾溶推荐给袁树勋，让顾帮袁主理财政，"辟掌支应"。顾溶很快就得到袁树勋的赏识，因理财成绩显著，不久就"晋三品衔"。上海道台要经手许多钱款，这些钱平时存放在哪个银号或钱庄，袁树勋并无定见，全听朱葆三的，因此那些银号钱庄的经理都要到慎裕洋行来找朱葆三，以至于当时有"道台一颗印，不及朱葆三一封信"的说法。顾溶在这之中自然起了重要作用。1908 年袁树勋升任山东巡抚，顾溶仍为袁做事，"办外海拯济"。② 顾溶手头阔绰后，在家乡嘉定置田2300 亩，捐出来办"承裕义庄"，为族中子弟办学，并赡养族中贫困者。袁树勋在 1911 年专为顾溶写了《嘉定顾氏承裕义庄碑记》，可见两人关系之密切。③ 在为袁树勋做事时，顾溶与盛宣怀的往来也没有中断。1909 年，顾溶受盛宣怀委派任汉冶萍公司的查账董事。1911 年 5 月，顾溶再次受到盛宣怀重用，出任交通银行上海分行总办，并加二品衔，任直隶候补道。④

从顾维钧出生到长成少年的过程中，顾溶从一个"账法精通"的账房先生，逐渐成为一个与盛宣怀、袁树勋这样的

---

① 《轮船招商局——盛宣怀档案资料选辑之八》，第 603 页。
② 《墓志铭》。高超群：《做生意与做人——清末民初商界巨子朱葆三的一生》，《银行家》2003 年第 5 期。
③ 《嘉定顾氏承裕义庄碑记》，民国《嘉定县续志》卷 12《碑碣》。
④ 《汉冶萍公司致顾晴川、施亦爵函》（1909 年 6 月 22 日）、《顾溶致盛宣怀函》（1911 年 5 月），盛宣怀档案，档号：012521、022465。

晚清重臣有密切关系的官商。其中，朱葆三的作用是关键的。因此，不管顾溶到哪里去任职，他与朱葆三的关系都没有中断过。1905 年顾维钧到哥伦比亚大学留学时，填写的顾溶的联系地址还是慎裕洋行所在的福州路 13 号（租界的中心区域）。[①] 作为一个官商，顾溶不仅为顾维钧提供了优越的生活条件，他在政商两界周旋的丰富经历也对少年顾维钧产生了潜移默化的影响。

顾维钧漫长一生的最初 16 年，就是在上海租界内这样一个富裕的官商家庭中成长起来的。

与当时的富家子弟一样，顾维钧刚过了四岁就与他的二哥一起进私塾读书。[②] 私塾在公共租界内苏州河北的唐家弄，离苏州河南的顾家约三里路。[③] 顾维钧的启蒙老师姓朱，是一个参加了十多次科举考试却都落榜的老童生。私塾的学费每年六块银元。二十多名学生中年龄大的有十五六岁，顾维钧是年龄最小的。他从认字开始，后来读经书、背诗歌。不管学什么，朱先生都要求大声朗读。顾维钧在私塾读了六年，根植下对中国文化的亲近和热爱，也打下了传统学问的初步根底。以后他步入外交界，不仅以精通英语、擅长英语写作和演讲闻名，处理中文文书也得心应手，这是得益于私塾的训练，也是他与有些留学生的不同之处。直到晚年，他还能随口诵读几十首唐诗。[④]

在私塾读了六年后，顾溶认为顾维钧应该有更好的老师，

---

① 顾维钧成绩单（Koo's Academic Transcript），杨雪兰提供。
② 顾维钧在回忆录中说他 3 岁去上学，见《顾维钧回忆录》第 1 分册，中国社会科学院近代史研究所译，中华书局，1983，第 5 页。但他在手书的 Topics for Memoirs 中写的是 1892 年 2 月去上学。
③ 顾维钧与徐景灿的聊天录音，1980~1985 年，纽约。
④ 顾维钧与徐景灿的聊天录音，1980~1985 年，纽约。

集中精力读经书和八股文章，走传统的科举道路，重振顾家门风。此时的顾溶已在上海政商两界结交了不少朋友，其中有一位官员正好为自己的子女请了一位有名的学者做家庭教师，顾溶就将顾维钧送到这位朋友的家中。这所家馆的老师严厉而无情，整个氛围与原先的私塾截然不同。顾维钧一踏进去就不喜欢，虽然顾溶让轿夫押着他去了几天，但最后不得不顺从顾维钧的意愿，允许他回到原来的私塾去。

1898 年，顾维钧听从姐夫蒋昌桂的建议，进入设在公共租界昆山路的中西书院（Anglo-Chinese College）预科学习。这是在沿海地区刚兴起的新式学校中的一所，由基督教公理会开办。与传统的私塾不同，课程中有英文、算术、地理等，教师中有刚从美国回来的留学生。顾维钧在中西书院住读，每周一上午父亲顾溶陪他一起从家中出发，到福州路 13 号后，父亲去慎裕洋行上班，余下的一半路程他由仆人送去，每周六坐黄包车回家。① 刚过十岁的顾维钧在这所学校开始学英文，接触西方文化，并显示出在学习上的天赋。在同学中，他年龄最小，但各科成绩都名列前茅，尤其在班级的英语拼字比赛中，总能拔得头筹。入学一年后，在全校 350 名学生的各科考试中，顾维钧的总成绩是第八。而他却不满意这个成绩，因为数学考卷中少写了两个数字，否则可以排名第一的。②

1901 年 1 月，顾维钧又一次听从姐夫蒋昌桂的劝说，去考圣约翰书院。在等待考试成绩时，他又去报考了南洋公学。发榜时，他被两所学校都录取了，而他最终选了圣约翰书院，

---

① 顾维钧：Topics for Memoirs。
② 《顾维钧回忆录》第 1 分册，第 16 页。

3 月入学。①

圣约翰书院是一所由美国基督教圣公会于 1879 年创办的教会学校，教师主要由美国人担任。1891 年正式成立大学部，为中国最早提供现代大学课程的学校。因此，有学者称，"中国之有大学，自教会大学始。中国之有教会大学，则自圣约翰大学始"。②

顾维钧进圣约翰书院时刚过 13 岁，读的是预科。虽然已办了 20 多年，但书院招收的学生并不多。在顾维钧入学的前一年，书院读正科（即大学）的学生一共 43 人，读预科的学生一共 125 人。因为学费昂贵，学生都来自富裕人家。预科学生中家庭出身为商人的有 80 人，学者的有 25 人，牧师的有 20 人。③ 规模不大的圣约翰书院是一所人才荟萃的学校，民国年间许多外交官如施肇基、严鹤龄、宋子文等都在这所学校学习过。而顾维钧的老师中有刚从美国弗吉尼亚大学毕业回国任教的颜惠庆，顾维钧上过他的英文翻译课。④ 颜惠庆后来与顾维钧一样，也担任过民国政府的外交总长。在这所由美国教会创办的学校里，顾维钧对美国有了最初的了解。

顾维钧在中西书院和圣约翰书院读书的少年时代，正是中国面临严重的民族危机和近代民族主义意识形成之时。甲午战争的失败、义和团事件后《辛丑条约》的签订，是晚清历史上十分沉重的篇章。在租界中长大的顾维钧，对外国人在中国

---

① 圣约翰书院录取名单见《申报》1901 年 1 月 26 日，第 4 版。

② 熊月之、周武主编《圣约翰大学史》，上海人民出版社，2007，前言第 7 页。

③ 熊月之、周武主编《圣约翰大学史》，第 275 页。

④ 《颜惠庆自传》，台北：传记文学出版社，1982，顾维钧序，第 3 页。

享有的特权有切身的体验和感受。在中西书院读书时，有一个周六，他像往常一样坐黄包车从学校回家。过外白渡桥上桥时，车夫拉得很慢，跟在后面的一辆马车上的英国人急着要去跑马场赌马，嫌黄包车挡了他的道，就用马鞭抽打黄包车夫。顾维钧气愤地回头用英语斥责这个英国人："你是绅士吗"（Are you gentleman）？顾维钧知道对英国人来说，这是很严厉的斥责。每次来往学校要经过外白渡桥南边的外滩公园，他看见公园有不准华人进入的规定，认为英国人在中国的土地上气焰太嚣张。①

到圣约翰书院读书后，顾维钧骑自行车到地处梵王渡的学校去。一次，骑自行车的顾维钧为避开马路上的车辆，在静安寺路上跟着一个英国男孩骑上了人行道。英国警察放过了前面的男孩，却将他扣下了。同样骑车，却面临不同的处理，仅仅因为前者与警察一样是英国人。这件事对少年顾维钧有很大的刺激。晚年手书回忆录提纲时，他将这件事和外白渡桥的事列为读书期间不能忘记的两件事，并在与记者谈到外白渡桥那一幕时说，这让我觉得一定要收回租界，废除不平等条约。② 民族主义意识就这样在他的心中生根发芽。

20 世纪初，即使在上海的租界内，自行车也是一件奢侈品。顾维钧有一张手扶自行车在照相馆拍的照片。照片中的顾维钧留着当时中国人都有的辫子，穿着长衫，左手夹着一顶中式礼帽，脚穿一双布鞋。留辫子的少年手扶新潮的自行车，十

---

① 台湾广播公司记者阮次山采访顾维钧特别报道（录音），1977 年 2 月 19 日。

② 台湾广播公司记者阮次山采访顾维钧特别报道（录音），1977 年 2 月 19 日；顾维钧：Topics for Memoirs。

分形象地反映了生在传统社会的顾维钧对新事物、新风尚的追求。另有一张照片，顾维钧头戴西式宽边礼帽，身穿一套深色西服，上衣敞开着，白衬衫上映着花格领结，脚穿一双白皮鞋，一副洋场少年的派头。这几张照片，都有"宝记 Pow Kee"的馆铭。"宝记"是晚清民初公共租界内最有名的照相馆，老板叫欧阳石芝，是广东新会人康有为的学生和同乡。当时去"宝记"拍照是上海滩富商和文人的时尚。这显示出租界生活对顾维钧的另一层重要影响，即西方文化对一个十多岁少年的示范效应，以及由此导致的他对西方文化的向往和接受。在租界和教会学校的氛围中，这种对西方文化的向往与民族主义意识同时进入顾维钧的心中，交汇融合，形成一种能够包容外部世界的民族主义意识。这在顾维钧年少的心灵中留下了深刻的印记，成为不会褪去的底色。

顾维钧入圣约翰时，学校为顺应社会潮流，聘请了一些具有新思想的中国教师。顾维钧的中文教师就是一位刚从日本留学归国的新派人物，赞同康有为、梁启超的维新派主张。十来岁的顾维钧对社会变革和政治运动缺少深刻的理解，但像同时代大多数受到新思想影响的读书人一样，他已经开始向往变革。他在晚年回忆时说，"主要是由于新教师的思想的缘故，我和我的同学越来越感到需要变革。但这里所说的变革，并不是政府机构的变革，也不是重大政治制度的变革，因为我年岁太小，对这些还不能理解。我们只是感到有些事不对头，需要新方法和新思想"，"模模糊糊地希望维新运动能够成功"。[①]

20世纪初，正是近代中国留学运动蓬勃兴起的时期。由

---

① 《顾维钧回忆录》第1分册，第22、19页。

于得风气之先，圣约翰书院中有越来越多的学生到国外去求学。这对向往西方文化的顾维钧有着很大的影响。他的同班同学施炳元和施赞元也准备出国留学，并劝他同行。施家兄弟有一个叔叔叫施肇基，1887 年入圣约翰书院学习三年，后来赴美学习，获得康奈尔大学的学位，此时已在晚清政府中任职，被期望出国留学的学生视为成功的榜样。去国外接受正规西方教育的渴望，使顾维钧决定与施家兄弟同行。

顾维钧的母亲极力反对，她不明白儿子为什么要远渡重洋去异国他乡学习。顾溶毕竟是一个见过世面的商人，并不反对儿子出洋，并允诺承担儿子赴美留学的费用。虽然与顾溶相识多年的两江总督端方提出要为顾维钧提供官费，但被顾溶婉言谢绝了，他认为官费应给家庭经济条件差的学生，而他自己能承担这笔费用。① 决定出国后，顾维钧找裁缝做了几套西服，这使他很兴奋，因为这是属于他自己的西服，以后照相不用再穿照相馆提供的西服了。他还去理发店剪掉了辫子，理发师在动手前反复问他是否真的要剪掉，最后收了他双倍的价钱。临行前，顾维钧全家又去了"宝记"照相馆，顾维钧和两位兄长一起与父亲母亲各合影一张。顾维钧留着平头，一身西装，系着领带，而他的父亲和两位兄长的后脑都拖着辫子，穿着传统的长衫。这正是 20 世纪初急剧变化的中国社会在一个传统家庭中的投影。年轻人向往变革，要去国外见世面，而年长的迈不开步子，还停留在传统社会中。顾维钧的母亲在"宝记"合影时神色安详，但到他离家的那一天，她哭喊着拉着他不

① 《顾维钧回忆录》第 1 分册，第 23 页。

让走。①

1904 年 9 月 8 日，顾维钧还未从圣约翰书院毕业，就与几个同学一起乘坐"蒙古"号（Mongolia）轮船离开上海赴美国留学。② 虽是自费留学，但他与湖北省的官费生同行，由圣约翰的前辈学长、担任湖北留美学生监督的施肇基带队。

这里有必要将顾维钧与施肇基两人的家庭和教育背景放在一起做一番考察。顾维钧在上海租界内长大，而施肇基的家乡在离上海不远的吴江县。上海在 19 世纪中叶开埠后取代广州，迅速成为中外交往的中心城市，在这一华洋杂处的环境中成长起来的人，耳濡目染，不仅对对外交往不觉陌生，而且还有了解外部世界的愿望。从家庭出身看，顾维钧的父亲是个官商，施肇基则出身于一个丝商家庭。两人的家庭不仅生活富裕，而且父辈都因经商与外国人有直接或间接的联系，对外面的世界有不同程度的了解。从所受教育看，他们在少年时就得风气之先进入圣约翰书院接受西式教育，然后又都到美国留学。顾维钧与施肇基的这些相同之处，也是 20 世纪上半叶大多数中国外交官的共同点。多年以后，顾维钧与施肇基自然就成为中国外交界的同事。

二 校园中的明星学生

施肇基留学时在康奈尔大学学习，于是就将他带的这批学生都安排在位于纽约州伊萨卡的康奈尔大学附近。顾维钧与另

---

① 顾维钧与徐景灿的聊天录音，1980~1985 年，纽约。

② Li Chen, "The Making of China's Foremost Diplomat and International Judge," *Jus Gentium*, Vol. 4, No. 2, 2019, pp. 527-564.

一位中国学生孙嘉禄进了坐落在蒙图尔瀑布村的库克学院学习语言和预科。

1904 年 10 月，施肇基将顾维钧和孙嘉禄带到库克学院，交给校长诺顿（A. H. Norton）。多年后，诺顿十分骄傲地谈起这一天，因为施肇基和顾维钧这两位后来成为中国驻美国大使的中国人同时来到了他的学校。[①] 诺顿见到顾维钧问的第一句话是，"你为什么来美国学习？"顾维钧的回答直截了当："我来这里要通过学习成为一名政治家。"[②]

库克学院是一所男女合校的农村寄宿学校，面向附近村庄的居民。一年的学费包括食宿是 900 美元，这在美国是很便宜了，但折算成中国通行的白银约 1200 两，足够一个中等家庭十年的开销。

诺顿非常热情地接受了中国学生，但一些从未见过中国人的师生却另有看法。有一名女教师见到中国学生入校，曾考虑辞职不干，但在几个月后，顾维钧和孙嘉禄的刻苦学习和出色成绩使她改变了想法，反而希望美国学生都能像中国学生一样努力学习。有一些美国学生联合起来，给校长诺顿发了一封最后通牒式的信，说如果学校不让中国学生走，他们就离开学校。诺顿的回答是："我很抱歉你们想离开，因为我希望你们愿意留下；但我想，你们不得不收拾行李走人，因为那些中国孩子将留下。"最后那些美国学生不得不改变主意，没有离

---

① Charles Hurd to Wellington Koo, June 22, 1977（徐景灿提供）。Hurd 是美国西北大学化学系荣休教授，诺顿校长是其继父，1902 年与 Hurd 的母亲结婚。

② *Cook Academy Bulletin*, October, 1946, 转引自 Li Chen, "The Making of China's Foremost Diplomat and International Judge," *Jus Gentium*, Vol. 4, No. 2, 2019。

校。其中一个叫帕克·布朗的学生多年后写信给诺顿为此事道歉，并为有顾维钧这样出色的同学而感到高兴。① 由于整个学校，实际上也是整个村庄，只有顾维钧他们两个中国人，这为他们提供了学语言的良好环境，加上学习刻苦，他们的英语水平提高很快。顾维钧和孙嘉禄都以一年的时间完成了原定两年的预科学习任务。

　　预科毕业前夕，顾维钧面临着学什么专业和去哪所大学的选择。与他同在库克学院的孙嘉禄准备去康奈尔大学学工程，并极力劝说顾维钧与他同去。孙嘉禄的理由是中国需要大批工程师建造铁路和桥梁，而做工程师也是一个生活有保障的职业。但顾维钧的志向是学政治学和外交学。顾维钧之所以具有这一志向，是因为想为国家做些有益的事，而在上海这座近代中外交往最密切的城市所亲身感受到的外国人根据不平等条约在中国所享受的种种特权，使他想在外交方面做些事情。父亲在这方面对他也有影响，顾溶希望他能够进入政界。决定学外交和政治后，顾维钧选择了哥伦比亚大学。还在圣约翰书院学习时，顾维钧就仰慕哥伦比亚大学的名声，知道这是一所著名的大学，它的国际政治学科十分有名；他还知道学政治学的严锦荣是第一个获得哥伦比亚大学博士学位的中国人。在库克学院学习期间，他翻阅过哥伦比亚大学的介绍，发现上面所列教授的名字有不少经常出现在报纸上，因此认定这就是他应该去的学校。②

_____

① Charles Hurd to Wellington Koo, June 22, 1977.
② 《顾维钧回忆录》第 1 分册，第 27~28 页。《顾维钧回忆录》将第一位获得哥大博士学位的中国人音译为叶庆云，应为严锦荣，见 Li Chen, "Shattering the Glass Ceiling: The World's First Chinese Ph. D. Graduate," *The Law Teacher*, published online: 1 November, 2018。

　　顾维钧参加了哥伦比亚大学的入学考试，通过后被哥大录取为新生。在口述回忆录时，顾维钧说，入学考试除了化学其他各科都及格，但他显然记错了。根据成绩单的记录，入学考试并没有考化学，没有及格的是英语阅读和历史科目中的古代史两门，通过的科目有英语、英国史、美国史、德语和包括代数、几何、三角函数在内的数学。①

　　1905 年 9 月，顾维钧开始了在哥伦比亚大学这所常青藤名校的学习生活。20 世纪初，美国国内种族歧视还很盛行，排华风潮在各地尤其是西部屡见不鲜。相比之下，坐落在纽约哈德逊河边的哥伦比亚大学却以友善的态度欢迎来自世界各国的学生，而不管其肤色和种族。纽约是一座国际化的移民城市，就城市气质而言，中国的城市中上海与其最为接近，在租界中长大的顾维钧对哥大和纽约的环境不会陌生。也正因为此，20 世纪上半叶有许多中国留学生来到这所著名的大学学习。入学半年多后，《纽约时报》报道了哥大学生群体的多样性，顾维钧与其他 3 位分别来自南非、伊朗和印度的学生被作为国际学生的代表报道。这篇文章称他"只有 17 岁，但他的想法在许多方面比一些年长的美国同学还要开放和民主"。②因为这种国际化的氛围，顾维钧一进哥大就有"回家"之感，从未感到有何不适。

　　哥伦比亚大学的本科教育水平很高，顾维钧入学时虽然还没有后来享有盛誉的核心课程，但他接受的就是典型的通识教

---

① 《顾维钧回忆录》第 1 分册，第 29 页；顾维钧成绩单。

② *The New York Times*, 15 April, 1906, 转引自 Li Chen, "The Making of China's Foremost Diplomat and International Judge," *Jus Gentium*, Vol. 4, No. 2, 2019。

育。第一学年的课程都是必修的，包括英语、历史、物理、德语、哲学、化学、体育、数学、法语和生理学，这充分反映了哥大本科教育的特点。① 第一学年的英语课有两门，其中一门是朗诵课，顾维钧修读了两个学期，这门课为他参加演讲和辩论打下了很好的基础。②

虽然在圣约翰书院时接受的已经是美国式的英语教学，但进入哥大这样的顶尖大学学习，顾维钧开始还是不能完全适应。第一学期五门课程，一个 B，三个 C，一个 D。但他的学习能力很强，第二学期八门课，已经是一个 A，四个 B，三个 C 了。哥伦比亚大学有一规定，攻读文学学士学位的学生必须修拉丁文甲班的课程，这一课程是以在中学学过四年拉丁文为基础的。而顾维钧从未学过拉丁文。为了能修这门课以获得文学学士学位，他利用一年级升二年级时的暑假开始学拉丁文，结果用六周的时间学完了中学四年的课程，取得了修课的资格。一年后，他在拉丁文甲班的考试中得了 A。③

第二学年开始，顾维钧的课程除英语外，集中于历史、政治和经济，因为他希望以国际法和外交为主修目标。他选修了后来大名鼎鼎的历史学家比尔德（Charles Beard）教授的三门课：1832 年改革法案前的英国史、美国政党和比较政治学。比尔德此时获得博士学位不久，在哥伦比亚大学刚开始他的教学和研究生涯，日后他担任过美国历史学会主席。顾维钧参加了比尔德组织的模拟美国政党全国大会，学生按州分成不同的代

---

① 顾维钧成绩单。
② Li Chen, "The Making of China's Foremost Diplomat and International Judge," *Jus Gentium*, Vol. 4, No. 2, 2019.
③ 顾维钧成绩单；《顾维钧回忆录》第 1 分册，第 38~39 页。

表团，每个代表团提名自己的总统和副总统候选人。顾维钧被指定在模拟共和党大会上发言，提名当时的众议院议长坎农为总统候选人。这一经历使他能够更好地理解比尔德教授在课堂上讲授的美国政党制度。教顾维钧欧洲大陆史的老师是肖特威尔（James Shotwell），他在巴黎和会时是美国代表团的顾问。①

在三年级的时候顾维钧修满了大学本科四年所需的学分，1908 年 9 月新学年开始时，他注册为政治系的研究生，主修国际法。根据学校要求，需要有两个副科，顾维钧最初选了罗马法与比较法学、古代史，后来将后者改成了宪法。哥伦比亚大学在国际法和国际政治方面拥有一支一流的教师队伍，为继续深造的顾维钧提供了一个优良的学习环境。攻读硕士学位时，讲授宪法和行政法的教授是后来担任过袁世凯顾问的古德诺（Frank Goodnow），顾维钧对他的评价是"一位第一流的教师"，经常向他请教。② 讲授法学、历史学、社会学、经济学等课程的都是当时具有国际声望的著名教授。这个一流的师资阵容使顾维钧获得了以后作为一个优秀外交官所必须具备的基本理论和学术素养，也使他的思维方式和思想观念深受他的美国老师的影响。在哥大读书期间，对顾维钧影响最大的当然是他的博士学位论文指导教授穆尔（John Moore）。顾维钧 80 多岁的时候，有人问他，对他一生影响最大的人是谁？他回答说是穆尔教授。③ 穆尔是国际法权威，编有多卷本的国际法巨著《国际仲裁》，当时有不谈穆尔就不用谈国际法的说法，而且

---

① Li Chen, "The Making of China's Foremost Diplomat and International Judge," *Jus Gentium*, Vol. 4, No. 2, 2019；《顾维钧回忆录》第 1 分册，第 44 页。
② 《顾维钧回忆录》第 1 分册，第 34~35 页。
③ Koo to Yorken, July 21, 1971.

他还有丰富的外交经验，担任过美国国务院的助理国务卿，其间处理过与中国相关的事务，如美国传教士对中国的权利主张和中国对美国排华法案的不满。① 不过因为生病请假，1908 年和 1909 年的两个学年穆尔没到学校来。顾维钧的硕士学习是在顶替穆尔讲授国际法的斯科特（George Scott）的指导下完成的。②

顾维钧的硕士论文题目是《"卡尔德拉"号案件的历史与法律》（History and Law of the Case of Caldera）。③ "卡尔德拉"号是一艘挂智利国旗的三桅帆船，1854 年 10 月在九龙附近的一个海湾遭到海盗抢劫，中国地方当局获悉后抓捕了海盗，并缴获了部分货物。船上的一些货物属于美国人，并在美国投了保。1858 年底，美国投保人通过美国公使提出了损失货物的索赔要求，尽管美国政府指定的负责调查美国商民损失的两名委员有着截然不同的意见，美国驻华公使还是支持了索赔要求，支付了 5 万多美元。这笔钱来自 1858 年中美上海谈判时商定的清政府给美国的赔款。顾维钧研究的就是半个世纪前发生在中美两国间的这件外交和法律案件。这篇约 5000 个单词的硕士论文就像一篇法庭上的辩护词。在仔细梳理事件过程的基础上，顾维钧引证国际法和中美间的条约，逻辑严密地论证

---

① Stephen G. Craft, "John Bassett Moore, Robert Lansing, and the Shandong Question," *Pacific Historical Review*, Vol. 66, No. 2（May 1997），pp. 231-249.

② Li Chen, "The Making of China's Foremost Diplomat and International Judge," *Jus Gentium*, Vol. 4, No. 2, 2019.

③ 《顾维钧回忆录》的译者因没见到论文原文，将 Caldera 按词的本来意思译成了"破火山口"。该硕士论文见 *Jus Gentium*, Vol. 4, No. 2, 2019, pp. 655-666。

道，"卡尔德拉"号案件完全是一起海盗事件，因此中国政府无须承担任何法律责任；美国没有条约权力就发生在一艘智利船上的案件向中国提出任何要求；中国政府获悉情况后立即逮捕并惩处了海盗，缴获了部分货物，所以没有任何责任。论文的结论是：中国政府不应支付损失货物的赔款。① 这篇论文的选题表明顾维钧对近代中外关系的重视，他学国际法的目的十分明确。整篇论文显示了顾维钧对国际法和其他法律文件的掌握和运用，也显示出他在校园辩论和演讲比赛中锻炼出来的论辩能力。他后来在国际外交舞台上严谨、雄辩、注重法理的演讲风格和处事能力在这篇硕士论文中已初露端倪。论文写作期间穆尔还在病假中，但论文中引用了穆尔的《国际仲裁》，可见穆尔对顾维钧的影响。

1909 年 6 月，顾维钧获得了文学硕士学位，当他与 1905 级的同学一起高兴地参加本科毕业典礼时，他比同学们多了一个硕士学位。顾维钧此时已是哥大校园中的明星学生。他的名声不仅在于作为一个外国学生，用同样的时间多获得了一个硕士学位，更在于他在专业学习之外，踊跃参加课外活动，显示出过人的精力和才干，在校园中引起广泛的关注。

1905 年 11 月，入学不久的顾维钧就申请参加了新生辩论协会。1906 年 1 月，该协会组织辩论赛，辩题是排华法案是否利于美国。顾维钧与其他两个美国同学组成队伍作为正方，最终赢得了比赛。这是顾维钧在哥伦比亚大学赢得的第一次辩论赛，是他成为辩论明星的开始。当时，同为常青藤名校的哥

---

① Koo, History and Law of the Case of Caldera, 参见 Li Chen, "The Making of China's Foremost Diplomat and International Judge," *Jus Gentium*, Vol. 4, No. 2, 2019。

伦比亚、康奈尔和宾夕法尼亚大学每年要举行一次三校辩论赛。1908 年，顾维钧通过校内竞争获得了代表哥伦比亚大学参加三校辩论赛的资格，成为第一个参加这项传统赛事的中国学生。因此，哥大代表队一到比赛地康奈尔大学所在的伊萨卡，就引起当地报纸的关注，舆论对这位中国学生评头论足道："穿着得体，一身棕色的西装配着棕色的格子真丝领带，插着琥珀色的领带夹。他的英语几乎没有外国口音。他的整个打扮与在美国通常看到的中国人甚至是中国的上层人物形成了明显的对比。"① 这场辩论赛的辩题是国会是否应该要求所有从事跨州业务的公司持有联邦许可证，哥伦比亚大学作为反方，顾维钧担任二辩。哥大最终战胜了康奈尔。但伊萨卡当地的报纸对顾维钧的两位队友的表现评价不高，一辩表现"紧张"，三辩"没有做出所需要的有力的总结"，对顾维钧却不吝赞美之词："顾是哥大队表现最好的人。顾对英语的掌握出奇的好，讲得流利轻松。他表现优雅，虽并非总是充满说服力。他的反驳十分得体。"②

　　辩论队获胜不仅在哥大校园内赢得一片赞扬和欢呼，也吸引了纽约当地报纸的报道。销量最大的《太阳报》采访了凯旋的顾维钧，刊出了半版的专访。顾维钧回答了为何如此执着于辩论赛以及辩论与自己今后职业生涯的关系："一个人需要通过学习和写作积累自己的词汇量。如果一个人考虑以后投身

① *Ithaca Daily News*, 28 February, 1908, 转引自 Li Chen, "The Making of China's Foremost Diplomat and International Judge," *Jus Gentium*, Vol. 4, No. 2, 2019。

② *Ithaca Daily News*, 29 February, 1908, 转引自 Li Chen, "The Making of China's Foremost Diplomat and International Judge," *Jus Gentium*, Vol. 4, No. 2, 2019。

公职，没有什么比参加大学辩论赛所获得的素质对他的帮助更大了。"细心的记者注意到顾维钧在谈自己的获胜之道时，并没有去贬低对手，因此这样来描写他："他像一个老派的外交官。虽然他正准备在现在的学校继续攻读法学的研究生学位，但他承认——他很少的几个承认中的一个，因为他并不总是直接回答——最终会进入外交界服务。"①

　　顾维钧还对当报纸编辑表现出极大的兴趣，也投入了大量的精力。哥伦比亚大学有一份学生自己编辑的校报《哥大旁观者》（Columbia Spectator）。这是美国校园中历史最悠久的校报之一，负责向全校师生报道学校的各种新闻，并登载师生所写的评论文章，是哥大师生了解本校各种活动的主要渠道。二年级时，顾维钧申请进《哥大旁观者》做编辑，被编辑部选中录用，从副编辑开始，一步步做起，到1908年4月被选为《哥大旁观者》的总编辑，成为美国大学校报中首位担任总编辑的中国人。一个月前刚因辩论赛专访过顾维钧的纽约《太阳报》马上报道了这一新闻，称这个具有卓越才能的辩论者是哥大校园中最有人气的学生之一。②

　　担任总编辑后，顾维钧与编辑部的同学一起改进校报，特别是增加了对教师的报道。这一改进引起了大学校长巴特勒（Nicholas Butler）的关注，他专门给顾维钧写了封信，称赞他和他的同学们的工作，并说整个校园都在赞赏校报新编辑部成

---

① *The Sun*, 15 March, 1908, 转引自 Li Chen, "The Making of China's Foremost Diplomat and International Judge," *Jus Gentium*, Vol. 4, No. 2, 2019。

② *The Sun*, 22 April, 1908, 转引自 Li Chen, "The Making of China's Foremost Diplomat and International Judge," *Jus Gentium*, Vol. 4, No. 2, 2019。

立后出现的变化。顾维钧后来回忆总编辑的工作时说，"这段经历是很有益的。它确实大大有助于我提高写作能力和密切与同学的关系"。① 后来做外交官时，顾维钧善于与媒体交往和周旋，与他在校园中办报的经历有关。

除辩论和编报外，顾维钧还积极参加校园中其他很多活动。他通过竞选成为由 7 名学生组成的学生代表委员会的一员，这个委员会是代表全体学生与学校行政当局打交道的。在这样的竞选中，他学会了与不同文化、宗教背景的人打交道，以争取尽可能多的选票。只要有人来向他拉票，他都同意，但要求对方也投票给他。顾维钧还参加了戏剧社、语言社、法语协会、基督教协会、棋社、田径协会、曲棍球协会、赛艇协会等许多社团的活动，并在二年级生节庆表演中登台演出。作为哥大的一名优秀学生，顾维钧获得机会参加了时任普林斯顿大学校长的威尔逊（Woodrow Wilson）的家宴，两人就政治哲学进行了深入的交谈，互相留下了深刻的印象。这为日后顾维钧出任中国驻美公使时与担任总统的威尔逊建立密切的关系奠定了基础。

顾维钧以一个外国留学生参与这么多的校园活动，并担任了一些重要的工作，确实显示了他的才干和在校园中的影响。而这些课外活动也锻炼了他的组织才干和公关能力，这是一个外交官所必须具备的基本素质。哥伦比亚大学是常青藤名校，学生大多来自美国精英阶层家庭。与这些学生一起学习和参加校园活动，是顾维钧了解美国社会的主要渠道，他对美国的认识主要是通过精英阶层获得的。成为外交官后，他与美国政

---

① *Columbia Spectator*，10 October，1908；《顾维钧回忆录》第 1 分册，第 42~43 页。

府、媒体等各界人士交往自如，与这段学习经历密切相关。

哥伦比亚大学宽松的氛围和顾维钧自己的努力使他完全融入了美国的校园生活，因此哥大校长巴特勒称赞顾维钧是外国学生中善于适应新环境的典型。比尔德教授告诉纽约《太阳报》，顾维钧是"这所大学最优秀的学生之一"。多年后，当顾维钧的儿子进哥伦比亚大学学习时，校方还称他是哥大历史上最有才华的学生之一。① 确实，在这所常青藤名校中，顾维钧毫不逊色于美国本土最优秀的学生。

三　留学生活动的先驱

20 世纪初顾维钧留学美国期间，正是中国留美学生人数快速增长的时期。顾维钧到美国的前一年，中国留美学生才50 人，到 1911 年已增长了十多倍，达到 650 人了。② 而这一时期也正是近代中国变革进程中的一个重要时期。日益觉醒的民族意识和强烈的爱国情感，使留美学生产生了结社的愿望。在美国最早的中国留学生组织是旧金山、伯克利等地的留学生于 1902 年在旧金山成立的"留美中国学生会"，此后美国东海岸的中国学生也成立了留学生组织。③

---

① 《顾维钧回忆录》第 1 分册，第 37 页；The Sun，22 April，1908；黄蕙兰：《没有不散的筵席——顾维钧夫人回忆录》，中国文史出版社，2018，第 110 页。

② 王奇生：《中国留学生的历史轨迹（1872~1949）》，湖北教育出版社，1992，第 45 页。

③ Stacey Bieler, "Patriots" or "Traitors"? A History of American-Educated Chinese Students, M. E. Sharpe, Inc., 2004, p.171；叶维丽：《为中国寻找现代之路：中国留学生在美国（1900~1927）》，周子平译，北京大学出版社，2017，第 24、26 页。

顾维钧积极参与了中国留美学生的社团活动。1905 年他刚进入哥伦比亚大学就担任了纽约中国学生联谊会的主席。那年冬天，清政府派出考察西方立宪政治的五大臣考察团来到纽约，顾维钧代表纽约的中国学生欢迎考察团，陪同他们参观哥伦比亚大学，考察团的随员中有带顾维钧到美国来的施肇基。①

美国东部的中国留学生组织是在 1905 年 8 月成立的，顾维钧成为东部学生会成立后创办的会刊《中国留美学生通讯》（ *Chinese Students' Bulletin* ）的主编。1906 年 8 月，东部学生会在麻省的阿默斯特举行第二届年会，顾维钧担任年会的议程委员会主席，参与了年会的组织工作。从这次年会一直到留学结束回国，除了 1908 年的年会，顾维钧参与了东部学生会每届年会的组织工作，担任了东部学生会的一些职务，帮助处理了许多事务。1906~1907 年，除继续负责《中国留美学生通讯》的编辑工作外，他还担任东部学生会的英文秘书。1907 年 8 月，在麻省的安多弗举行的第三届年会上，顾维钧以英文秘书的身份做工作报告。这次年会后，《中国留美学生通讯》改名为《中国留美学生月刊》（ *Chinese Students' Monthly* ），顾维钧担任主编。《中国留美学生通讯》篇幅有限，改成《中国留美学生月刊》后内容大为扩展，成为美国的中国留学生中影响很大的刊物。后来，他还主持过东部学生会章程的修改。1910 年 8 月的第六届年会上，顾维钧当选为东部学生会主席，并最终于 1911 年促成了美国东部、中西部、西部的中国学生

---

① 《顾维钧回忆录》第 1 分册，第 31 页。

会合并成统一的中国留美学生会。① 1910～1911 年，在担任东部学生会主席，并作为《中国留美学生月刊》顾问期间，顾维钧处理了 900 多封信，可见他对学生会工作之投入。在结束任期的述职报告中，顾维钧特别强调，在参与学生会活动的过程中，学生会成员学得了美国文明的基本精神，即服务与真诚的合作，而学生会乃至中国的未来都将建立在此基础之上。② 这是顾维钧对学生会工作的总结，也是他自己多年参与学生会工作的体会。这一工作使顾维钧在留学生中建立了广泛的人脉关系，譬如后来也做外交官的王正廷这一时期也是学生会的积极分子，他和顾维钧在学生会的工作有交集。

顾维钧没有参加东部学生会 1908 年暑期的年会，因为这一年的暑假他回国了。这是他留学美国 4 年后第一次回国探亲，父母急切地希望他回家，主要是关于他的婚姻问题。还在顾维钧 12 岁的时候，他的父母就按习俗为他安排了亲事，办了隆重的订婚仪式。但顾维钧没有也不可能见到他的那位未婚妻，年少的他对父母的安排还不太理解，以一种局外人的心态看待这件事。大学三年级的时候，顾溶来信，希望儿子回家成亲，说他们兄弟姐妹五个，就只剩他一个还没成家了，作为父亲，这成了自己的心病。接受了新思想的顾维钧当然不愿接受这桩老式婚姻，但在父亲和大哥的反复催促和劝说下，决定回家一次。

回到上海家中后，顾溶坚持要他立即结婚，在儿子回绝后开始了绝食。大哥顾维新也来劝说。在这样的压力下，顾维钧

---

① 李永胜：《顾维钧与中国留美学生会》，《史学集刊》2020 年第 3 期。

② Koo, "Report of the President of the Eastern Alliance," *Chinese Students' Monthly*, Vol. 7, No. 1 (November 1911), p. 93.

只得屈从，对大哥说，既然父亲把这事看得这样严重，他当然不想使父亲不愉快，甚至生病，表示愿意履行结婚仪式，以使父亲高兴并顾全其面子。① 新娘是上海滩上的名医张聋聋的侄孙女，与顾家可谓门当户对。传统的婚礼仪式办得很热闹，但新婚第一夜顾维钧却睡到了母亲的卧室里。回美国时，顾溶一定要儿子将新娘一同带去，否则不许他走。顾维钧不得不再次屈从于父亲的意愿。

到了美国后，顾维钧就有了主动权。抵达纽约的第一天，他就将新娘送到了一百多公里外的费城，让她住在一个美国家庭中学英语。每逢假日，他会到费城去看望她，像朋友一样见面。按顾维钧自己的话说，两人真正做到了以朋友相处。在她来到美国一年，对美国的生活有了一定的了解后，顾维钧正式提出了离婚的问题。她很平静地接受了这一结局。此后，她继续留在美国学习了一段时间，直到辛亥革命爆发后才回国。临行前，顾维钧还去为她送行。顾维钧的第一次婚姻就以这样一种尚属友好的方式结束了。②

顾维钧面临的婚姻问题在 20 世纪初的留学生中并不罕见。同在哥伦比亚大学获得博士学位，后来又都在美国做过外交官的胡适和蒋廷黻，也都是幼年由家庭安排订了婚的。胡适与顾维钧一样是 12 岁订婚，蒋廷黻更是在 5 岁就订婚了。胡适在

---

① 《顾维钧回忆录》第 1 分册，第 54 页。
② 《顾维钧回忆录》第 1 分册，第 60~61 页。另据《申报》记载，1913 年顾维钧与唐宝玥结婚后，顾张氏携陈姓律师于 8 月在上海地方厅起诉顾维钧重婚，被法庭以不在管辖范围为由发回；10 月顾张氏前往南市第一初级厅再次起诉，仍未准行。《申报》有文章说此事最后"慑于国务总理之势而止"。见《申报》1913 年 8 月 21 日第 7 版、10 月 25 日第 10 版；剑秋：《民国二年风流史》，《申报》1914 年 1 月 16 日，第 13 版。

留学时与美国女子韦莲司（Edith Williams）坠入情网，但最终服从母亲的意愿与传统乡村女子结婚。蒋廷黻到美国后给父母写信要求解除婚约，最后以不同意就不回国迫使父母让步，并通过自由恋爱与留美女生结婚。[①] 这三位哥大博士，胡适没能摆脱旧传统，蒋廷黻毅然决然地追求新生活，顾维钧则通过迂回的方式挣脱了传统的束缚。

1908 年回国省亲返回美国不久，顾维钧就经历了留学生涯中对他日后人生道路有着重要影响的一件事。年底，清政府派遣的奉天巡抚唐绍仪以专使大臣名义到达华盛顿。唐绍仪此行是为答谢美国政府将庚子赔款核减额退还中国，他还希望趁此机会来接洽东三省借款，探寻与美国在东三省合作的可能性。唐绍仪访美使得中美合作和结盟一时成为媒体关注的焦点。在被美国媒体问到对此的看法时，顾维钧说，暑假回国时，他遇到的政商两界人士就鼓励他在美国尽力呼吁两国的合作。他认为这样的合作能使中国进步得更快，美国的对华贸易也能从中获益。"中国人单纯、率真，做生意和在政治上交往都很诚实。他们不会用外交来欺骗，不像某些邻近的岛国，嘴上说要做这件事，实际上却想着并正在做另一件事。"[②] 这是顾维钧在美国媒体上对中国外交事务最早的表态，其中表现出的对中美友好的期望和对日本的厌恶是他以后几十年外交活动的基调。

唐绍仪本人是中国最早的官费留美学生，即 120 名留美幼

---

① 叶维丽：《为中国寻找现代之路：中国留学生在美国（1900~1927）》，第 174~176、195 页。

② *New York Herald*, 8 October, 1908，转引自 Li Chen, "The Making of China's Foremost Diplomat and International Judge," *Jus Gentium*, Vol. 4, No. 2, 2019。

童之一，曾就读于哥伦比亚大学，因此对留美学生十分关注。访美期间，他提出邀请104名中国留学生作为他的客人来华盛顿度圣诞节假期。作为留学生活动的积极分子，顾维钧在被邀之列。被邀留学生的名单是中国驻美使馆秘书颜惠庆确定的。[①] 唐绍仪邀请留学生来使馆，是为了认识并了解他们，并告诉他们中国的未来需要他们。到华盛顿的第二天，在使馆的欢迎宴会上，唐绍仪鼓励留学生们努力学习，回国后将大有作为。顾维钧被一百多名留学生推选为代表向唐绍仪致辞答谢。顾维钧简短的发言得到唐绍仪的赏识，他当面称赞他的发言，并向他表示祝贺。这次与唐绍仪的见面成为后来顾维钧进入民国外交界的重要铺垫。在华盛顿期间，顾维钧与中国留学生在唐绍仪的带领下去白宫见了西奥多·罗斯福（Theodore Roosevelt）总统。[②]

从华盛顿刚回到纽约，就传来袁世凯被清政府罢免的消息。因为刚与唐绍仪见过面，知道唐与袁之间的关系，暑假回国对国内情况也有所了解，顾维钧认为袁世凯以及他周围的一批人是代表中国未来方向的"进步政治家"，所以在美国记者问到他对袁被罢免的看法时，他毫不犹豫地表达了对袁世凯的同情，认为袁世凯和围绕在他身边许多能干的人推行的新政成效明显，要退回到过去是荒谬的，事实上也是不可能的。[③]

---

① 《颜惠庆日记》第1卷，上海市档案馆译，中国档案出版社，1996，第55页；《顾维钧回忆录》第1分册，第64页。
② C. T. Wang（王正廷），"One Week with Our Special Ambassador in Washington," *Chinese Students' Monthly*, Vol. 4, No. 4, 1909, pp. 245-250.
③ "People Will Revolt," *Los Angeles Times*, 6 January, 1909, 转引自 Li Chen, "The Making of China's Foremost Diplomat and International Judge," *Jus Gentium*, Vol. 4, No. 2, 2019.

顾维钧晚年在回忆留学生活时谈到，中国留学生不属于任何党派，很少表达政治见解，但他们关心祖国的前途。① 对袁世凯被罢免的表态就是出自这样的关心。在哥大求学期间，顾维钧与到纽约的孙中山有过一次见面，也表明了他对政治人物的关注与党派无关。他后来回忆了与孙中山的这次见面：

> 那时我正在哥大读政治学，在阿姆斯特丹大道的一幢学生宿舍里。除了卧房外，我还有一间小小的书房，内有书橱数件，满藏中西文书籍。我记得孙先生一进来以后，对书非常注意，对我的中国书、外国书，四面八方看得很有兴趣。到了晚上七点多钟，是吃晚饭的时候了，我就请孙先生和我这位江同学到一百廿五街去吃中国饭。饭后他想回我那里去谈谈，就一同再到我的宿舍去，一谈就谈到十二点半的样子，他的兴致一直很好。——他一共耽搁了三天。第二天又到我那里来，另一位在哥大研究矿学的郑先生，也加入了我们的谈话。和前天一样吃过晚饭后再作长谈，非常尽兴。第三天他就走了。我觉得他的确是青年的领袖，他虽然岁数比我们大——那时他已有四十多岁了！可是他的见地，他的热忱，都是和我们青年一样的。②

顾维钧关于中国国内政治消息的来源主要是美国的报纸。他曾受《纽约先驱报》（*New York Herald*）之邀，帮助该报翻译有关中国的电讯中所涉及的复杂事态和人名、官衔等，编辑

---

① 《顾维钧回忆录》第 1 分册，第 66 页。
② 《顾维钧对民国史几个问题的自述》，《传记文学》（台北）第 174 期，1976 年 11 月，第 99 页。

也常常会问他对消息可靠性的看法。这不仅使他得以更详尽地了解国内发生的一切，也使他与美国报社的编辑有了直接接触，了解美国报纸的运作。后来顾维钧在北京政府外交部任职时十分重视外国报纸的作用，并善于与外国记者交往，这与此一经历是分不开的。

因为有自己办报和帮美国报纸翻译的经历，顾维钧还主动给美国报纸写稿，向美国读者阐述他对中国国内政治的看法，尤其在辛亥革命后，直面美国媒体关于中国局势的错误报道和评论。1912 年 1 月 2 日，顾维钧给纽约《太阳报》投过一封信，针对美国报纸上出现的中国应该先行君主立宪制然后再发展到共和制的主张提出尖锐的批评。他认为，中国不必像那些报纸所主张的那样由君主制经君主立宪再走向共和制，这与美国自己的政治制度也不相符。美国媒体不能因为中国人民总体上不如今天的美国人民开明，而对中国人民建立共和政府的热情冷漠对待，视而不见。他充满感情地指出，中国人民正在做美国人民在 1776 年、1781 年、1789 年所做的一切，努力为共和政体的未来发展奠定基础。①

1912 年元旦中华民国成立，中国留美学生会为推动赞同民国的舆论成立了"爱国会"，推顾维钧为会长。该会的宗旨是"非政治，非干涉，非革命，非党派，非宗派"。② 虽然学生会对该会寄予厚望，但成立后并无大的活动，顾维钧也在三

---

① "Confusing Counsel From America to the Revolutionists," *Chinese Students' Monthly*, Vol. 7, No. 4, 1912, pp. 352-353.

② P. W. Kuo, "President's Letter," *Chinese Students' Monthly*, Vol. 7, No. 4, 1912, p. 363; "The Ai-Kwoh-Hwei," *Chinese Students' Monthly*, Vol. 7, No. 3, 1912, p. 222.

个月后回国了。不过，该会宗旨多少反映了顾维钧对国内政治的态度。

2月底3月初，北京城中发生兵变，并蔓延至天津、保定等地。美国一些媒体由此预测中国局势将恶化。顾维钧延续了过去对袁世凯的信任和对刚成立的民国的期望，在3月初给《纽约时报》写信，指出骚乱仅发生在直隶一省内的少数几个城市，且是清朝军队的残余所为。"因此，从这些不法行为推断民国政府不稳定或不能维持国内秩序是错误的"，并相信随着袁世凯宣誓就职，秩序就将恢复。他呼吁美国尽快承认"太平洋彼岸最年轻的姐妹国"。① 在这些给美国报纸的信件中，顾维钧表达了一个留学生对新生的民国和共和政体的期望和支持。

留学期间，顾维钧对校园活动和留学生活动投入了很大的精力，同时一直关注着国内政治的发展。在美国的校园中他深受西方思想的影响，而身处海外也使他对自己的祖国有了更深一层的认识。1911年，在回答基督教青年会的马特（John Mott）关于中国留学生来到美国后对自己祖国的态度有何变化的问题时，顾维钧写道：

> 我注意到，每一个中国学生在旅居国外一年后，对中国的态度或多或少地发生了变化，但总是向好的方面变化。通过比较和对照，他开始抛弃原先的傲慢与偏见，而

① V. K. Wellington, "Present Disorders 1,000 Miles from Its Seat Are Not Fatal," *New York Times*, 7 March, 1912, 转引自 Li Chen, "The Making of China's Foremost Diplomat and International Judge," *Jus Gentium*, Vol. 4, No. 2, 2019。

更真实地观察中国。在痛苦绝望之际，他常常会放纵自己
的情感，在较为持重的同胞面前毫无约束地对处于困境中
的祖国贸然做出评判，还可能激烈地指责中国的每一件事
情。但是，他心中对中国的爱一点也不亚于他的同胞，而
经深思熟虑后他总能对中国有一个更为清醒的认识，并因
而激发他以更坚定的决心更积极地投身于服务祖国的事
业中。

在西方所受的教育使他有可能比他那些没有机会出国
学习的同胞对一个问题有更深刻的认识。因此出于自信，
面对民众喝彩赞同的狂潮他会发出不同的声音。在这种情
况下，他完全可能被蛊惑民心的政客斥责为"带有偏见
的"或"卖国的"。但是，毫无疑问，他对祖国的爱与他
的同胞一样真诚，只是更为审慎而不那么狂躁。[①]

顾维钧描述的是他观察到的中国留美学生的一般心态，也
是他的夫子自道。在美国所受的教育，虽使他深受西方思想观
念的影响，但他始终没忘记自己是一个中国人，没忘记年轻人
留学报效国家的责任。同时，他又认识到，留学期间在思想观
念上发生的变化，由于与中国的传统观念存在很大的反差，会
与国内同胞的普遍认识发生冲突。作为一个学业尚未结束的年
轻留学生，顾维钧对学成后回国服务充满期待，同时对服务过
程中可能面临的困境也有清醒的预判。以后在外交界服务时，
他也确实遇到被人指为"卖国贼"的情况。

---

① Koo to John Mott, Janurary 28, 1911. 该信原件由徐景灿提供。马特是
1946 年诺贝尔和平奖获得者。

四 哥伦比亚大学博士

1909 年同时获得学士和硕士学位后，顾维钧开始攻读博士学位。他的指导教授就是 1910 年结束休假回到学校的穆尔。穆尔开设了国际法、外交史和美国外交史三门课，顾维钧全都选修了，尽管他已修过斯科特开设的同样名称的三门课。顾维钧十分尊敬穆尔，经常就学习上的问题去向他请教。穆尔明白顾维钧的志向，完全按照外交官的标准来要求、培养他。他花费很多时间与顾维钧讨论将来要从事的职业，应该做些什么，不应该做些什么，特别要求他在法律上下功夫，认为这对日后处理外交事务会十分有用。因此，顾维钧在哥大的法学院学了除司法程序以外的所有法学课程。

在准备博士学位论文时，顾维钧确定的题目是《外国对中国政府的权利要求》，这个题目出自斯科特的建议。① 论文拟由九章和一个导论组成。导论部分准备提供中外关系的一般背景、外国人在华地位、约束中国的条约的性质，以及居住在中国的外国人所享受的治外法权。正文部分的重点是评析外国向中国提出权利要求的全部案例，以及解决这些权利要求的一般原则。② 论文的提纲得到穆尔教授的认可，认为这是一个有重大现实意义的题目。于是，顾维钧开始搜集资料，进入写作阶段。

论文开始写作后，顾维钧利用留学生的活动将自己的思考与他人分享。1909 年 12 月 2 日，他在哥大中国学生俱乐部做

---

① 《顾维钧回忆录》第 5 分册，中华书局，1987，第 270 页。
② 《顾维钧回忆录》第 1 分册，第 71、73~74 页。

了一次演讲，题目是"在华外国领事裁判权：问题及解决的建议"。在这场两小时的演讲中，他详述了在华治外法权体系的实际运作情况及其对中国主权的损害，并提出了终止列强享有的治外法权特权的一些步骤。① 这是顾维钧博士学位论文中要重点论述的内容。

1911 年，顾维钧在用中文刊行的《留美学生年报》时事感言栏目发表《中国外交私议》。他在开篇指出：鸦片战争以来，"昔之堂堂华夏，今降而为第三等国"，丧失之权益有战败后而不得已者，也有非不得已者，即无形之放弃，"其为吾衮衮诸公而甘心放弃者，亦何可胜道哉。此事之最可痛而害尤深者也"，将关注的重点放在中国外交应对的失误上。因此，"中国不欲定外交方针则已，中国而欲定外交之方针，必先自保存未丧失之权利始"。在列举了中国丧失的租界里的领土权、赋税权以及外国人游历内地等权益后，他感叹道："呜呼，强邻眈眈，风雨卷欧美而来；禹域茫茫，大利随江河日去。"随后指出："中国外交之所以败坏决裂而无可收拾者有三故焉。一曰无法理之思想，朝野上下不知法理为何物……二曰无统系之办法，部臣与疆吏异意，督抚与僚属殊方……三曰无胆识之外交家……始则延宕以避之，继则婉词以缓之。"在顾维钧看来，中国外交亡羊补牢之计在得外交之人才：

> 所谓外交人才者，其必有法学上高等之学识，料事决谋之果敢，所谓足智足勇是也。难者曰：智者尚矣，而勇者何为哉？我国当国事衰弱之秋，无海陆军以为后盾，而

---

① *Chinese Students' Monthly*, Vol. 5, No. 3, 1910, p. 161.

> 欲以姜桂之性言外交，毋乃启强邻之怒而速自亡之机乎？
> 余答曰：否。当今日之世虽曰有强权无公理，然国际交涉
> 之时诚能以公理争强权，则强权者亦不能以一手掩天下之
> 目，而抹杀公理也。①

这是目前看到的顾维钧在留学期间用中文发表的唯一一篇文章。文章讨论的重点是近代以来中国丧失的条约权益，也正是他在撰写中的博士学位论文的内容。文章结论部分提出的解决中国已丧失的权益需要具备法学知识的外交人才，是顾维钧博士学位论文研究的动力，也是他对自己的期许。"以公理争强权"预示了国际法的学习对他此后处理外交事务的影响。在阐述强权不能抹杀公理后，顾维钧还写道："不观乎嘉庆晚年，法国当大创之余，其使臣达里兰卒能操纵英俄普奥四雄于维也纳会议乎？"达里兰（今通译塔列朗，Charles de Talleyrand-Périgord），是19世纪初的法国外交家，担任过多届政府的外交大臣。1814年拿破仑法国战败后，他代表法国参加英、俄、普、奥四国操控的维也纳会议，在各国间纵横捭阖，实现了维护法国利益的目标。顾维钧显然将塔列朗看作一个成功的外交家，后来他进入外交界，可以看到塔列朗对他的潜在影响。

1912年2月中旬，正在准备博士学位论文的顾维钧接到中国驻美使馆要他去华盛顿的通知。到了使馆后，公使张荫棠告诉他刚担任临时大总统的袁世凯请他回国担任总统府英文秘书。事后顾维钧知道这出自不久之后担任内阁总理的唐绍仪的

---

① 《留美学生年报》，1911年（版权页上署辛亥年六月出版，但封二署庚戌年留美学生会出版）。内页留美学会职员肖像中有会长顾维钧。

推荐，但他当时对此毫无心理准备，遂以尚未完成学业为由予以婉拒。穆尔获悉后却持完全不同的看法，他告诉顾维钧，攻读国际法和外交学的博士学位就是为了担任政府公职，而袁世凯的邀请是千载难逢的机会，因此极力主张顾维钧接受邀请回国服务。当时顾维钧的博士学位论文只完成了导论和另外三章，他为难于论文尚未完成。穆尔在阅读了已经完成的部分后表示，导论这一章已足够作为一篇完整的博士学位论文了，并着手安排有古德诺、比尔德等教授参加的答辩。在穆尔的鼓励和支持下，顾维钧最终接受了袁世凯的邀请，并以原论文的导论作为博士学位论文提交，于3月29日顺利通过了答辩。①

完成答辩后，穆尔让顾维钧找答辩老师中最年轻的比尔德帮助解决论文的出版问题。比尔德表示，出版方面的一切事务可由他来负责，校对则由比尔德太太承担，顾维钧只要抓紧完成一篇序言就可以了。顾维钧的博士学位论文最后以《外人在华之地位》(*The Status of Aliens in China*) 作为哥伦比亚大学历史、经济和公法丛书的第126种于1912年出版。作者名下注明其是中华民国总统的英文秘书，顾维钧的序言则是在回国途中于4月16日完成的。②《外人在华之地位》是顾维钧在哥伦比亚

① 《顾维钧回忆录》第1分册，第77~78页。通过答辩的时间据 *Columbia Spectator*, 2 April, 1912。据后来帮助顾维钧撰写回忆录并且也在哥伦比亚大学获得博士学位的唐德刚教授的看法，其实这篇引言作为博士学位论文是"不够"的，顾维钧获得的是他人无法获得的殊荣。而且由于回国时间紧迫，论文的最后定稿还是穆尔帮助完成的。见唐德刚《广陵散从此绝矣——敬悼顾维钧先生》[《传记文学》(台北) 第283期，1985年12月] 及其与笔者的谈话 (1995年7月1日，上海复旦大学)。

② Vi Kyuin Wellington Koo, *The Status of Aliens in China*, Columbia University, New York, 1912. 1925年，该书中文版《外人在华之地位》由北京政府外交部图书处出版。

大学七年学习的结晶，体现出顾维钧在美国学界影响下对中国对外关系的看法，这些看法成为其后来外交活动的思想根源。

在写于大西洋途中的序言中，顾维钧阐述了《外人在华之地位》的宗旨："外人因通商、传教、游历和其他事务大量来华后，他们在华期间之地位问题，在今日不仅广受关注，且日益成为重要的现实问题。要及时解决因中外人民交往而产生的五花八门有时甚至复杂的问题，需要准确地了解外人根据法律及条约所享有的权利、特权和豁免权，以及这些权利、特权和豁免权运用的限度和制约。这样的了解因外人在华享有治外法权而更显迫切。"他指出，目前尚无一本全面讨论外人在华地位的专著，因此该书"有志于此"，显示其在学术上开拓的雄心。[1] 全书共 19 章，分为上下两编。上编为前条约时期（The Pre-conventional Period），共 7 章，涉及公元 120 年至 1842 年外人进入中国的历史、外人在华所获权利、中国历代政府对外人的法律管辖、中国对外贸易的规章和组织等内容，叙述较为概要，约占全书七分之一的篇幅。下编为条约时期（The Conventional Period），共 12 章，是全书的重点。顾维钧在这部分剖析了近代以来治外法权、通商口岸、租界、外人在华旅行和在内地经商权、外人在华传教权的起源和演变，尤其对近代以来对中国危害甚大的治外法权，从它在中国的产生、它对外人的保护、应用的范围及限度等方面进行了详尽的讨论，约占全书三分之二的篇幅。[2] 这显示出顾维钧关注的重点是中国在被迫打开国门后所丧失的主权。

---

① Koo, *The Status of Aliens in China*, pp. 7-8.

② Koo, *The Status of Aliens in China*, pp. 62-227.

在逐项考察外人在华所享权利和特权后，顾维钧指出，尽管列强声称中国人是排外的，但外人在华享有在其他国家无法得到的各种特权。他认为，这些特权虽有条约依据，但最初却是凭借"剑的帮助"获得的，并且正是由于中国政府和人民的友善宽厚，外国人才得以和平地享受这些特权。① 在这里，顾维钧显然想说明，中外关系中存在矛盾和冲突的根源并不是像一些外国人所说的在于中国人的"排外"，而那些依靠"剑的帮助"获得的特权，其条约依据是存在问题的。

在分析中外关系的现状时，顾维钧认为，传教和通商是产生中外矛盾的两个主要根源，这是因为在华的外国人主要就是由传教士和商人构成。传教引发的教案近代以来层出不穷，皆以中国让步赔款而结案。他指出教案并非信仰不同引起的宗教之争，而是中国百姓对基督教的无知导致他们误信关于外国传教士做荒诞之事的传言，或是传教士的宗教狂热和鲁莽。他认为，随着中外之间互相了解的加深和对教案的妥善处理，虽间或还会有教案，但传教将不再会成为中外交往中的主要问题。②

至于中外间在商业交往中产生的问题，顾维钧认为这是与治外法权联系在一起的，因此解决的方法是以单一的中国法律和法院体系取代治外法权，同时允许外国人在中国境内自由游历和居住，实际上就是主张在维护主权基础上的"门户开放"。他指出，要做到这一点需要中外双方共同的努力，如果中国或任何一个国家只想得到而不愿付出，那么中国无法恢复领土主

① Koo, *The Status of Aliens in China*, pp. 350-351.

② Koo, *The Status of Aliens in China*, pp. 352-353.

权，而外国也无法获得在华商业自由。"国与国之间的关系和人与人之间的关系一样，相互忍耐和互惠让步是最好的政策；历史证明，重要的国际问题不遵循这些普通的原则就无法得到和平的解决。换言之，只有理智的合作才能使各方实现自己合法的目标，无论是司法的还是商业的。"他以乐观的语气写道，由于中国和列强都开始认识到，公正和平稳的国际关系必须建立在国家间诚挚友善的基础上，这样一种合作正在来临。①

不仅对中外间的商业交往，而且对中外关系的总体发展，顾维钧也寄希望于这样的合作。他认为，"如果中国人民为复兴祖国所做出的充满理智和爱国热情的努力，能得到列强的同情和道义上的支持，那么一个强大的进步的中国肯定会百倍迅速地崛起，而进步和强大的中国意味着远东的永久和平"。②

通观顾维钧的《外人在华之地位》，可以得出如下看法。

第一，顾维钧选择这样一个课题撰写他的博士论文，与他选择国际法和外交作为他的主修课程一样，有着很强烈的现实关怀。如他在前言中所说，外人在华地位这一问题具有重要的现实意义，"要及时解决因中外人民交往而产生的五花八门有时甚至复杂的问题，需要准确地了解外人根据法律及条约所享有的权利、特权和豁免权，以及这些权利、特权和豁免权运用的限度和制约。这样的了解因外人在华享有治外法权而更显迫切"。③ 少年时代在租界长大的经历是这一选题的最初动因，顾维钧是出于改变不平等的中外条约关系的愿望来研究这一课题的。

---

①　Koo, *The Status of Aliens in China*, p. 355.

②　Koo, *The Status of Aliens in China*, p. 356.

③　Koo, *The Status of Aliens in China*, pp. 7-8.

第二，尽管《外人在华之地位》仅仅是顾维钧最初的博士学位论文撰写计划中的导论部分，论文的答辩在时间上又很仓促，但它在学术上仍有其自身的价值。这是讨论外国人在华条约权利的第一本专著，在相同课题的研究中，具有开拓性的意义。因此出版后即引起国际学界的关注，英文本出版三年后，就有日译本问世。[①] 美国约翰斯·霍普金斯大学教授韦罗壁（Westel Willoughby）颇有影响的同类著作《外人在华权益》要到 1920 年才出版。[②]

第三，《外人在华之地位》已显示出顾维钧日后处理中外关系的基本立场。这一立场包括两个方面：一是主张中外间基于相互忍耐和互惠的合作，二是重视中外关系的法理基础，强调中外间存在的问题要通过法律途径加以解决。前一点使他在对外交涉中以灵活有时甚至是妥协的方式求得问题的解决，后一点则使他注重将国际法的原则运用到中国的外交事务中，给中国的外交带来以往未有的新因素。顾维钧在租界中长大，形成了包容外部世界的民族主义意识。他在博士学位论文中表现出来的对待中外关系的基本立场，是他从小形成的民族主义意识的进一步发展。这一立场对顾维钧长达半个世纪的外交活动产生了持续影响。

1912 年 4 月 5 日晚上，顾维钧离美返国前，哥伦比亚大学 1909 级同学、《哥大旁观者》报和顾维钧参加过的各社团的同学以及老师，在哥大俱乐部为顾维钧被任命为中华民国总

---

① 顧維鈞（著）、南満洲鉄道株式会社総務部交渉局第一課（訳）『支那ニ於ケル外国人ノ地位』南満洲鉄道総務部交渉局、1915。

② Westel Willoughby, *Foreign Rights and Interests in China*, Johns Hopkins Press, 1920.

统的英文秘书和即将离开哥大举行晚会。会场中特地挂起了刚
成立的中华民国的国旗。在多位参加者发言回顾他的留学生涯
并表达美好祝愿后，顾维钧致答词，表达了结束留学生活之际
对哥伦比亚大学和美国的感激之情：

　　　　我非常激动，不知该如何开始。作为一个缺少实际经
　　验的年轻人，我认为今天晚会给予我的荣誉让我受之有
　　愧。我的感激之情无以言表，我所说的都发自肺腑。虽然
　　我很高兴应召为中华民国服务，但我很遗憾我不得不马上
　　离开这个国家，离开我的同学和朋友。我会将你们的美好
　　祝愿和对这个国家以及这所伟大学校的美好印象带回中
　　国。我想，今天的晚会是我得到各位热情款待和帮助的最
　　好证明。而我所做的一切都是因为有你们的帮助和热心。
　　　　前些天我去拜访几位教授时，他们要我以最简短的语
　　言谈谈我对这所大学的印象。哥伦比亚大学给我最深的印
　　象是公正和友谊。每一个教授和同学总是乐于十分体贴地
　　帮助我。我要强调我们这所伟大学校的国际性。我在离开
　　中国之时就想进哥伦比亚大学。从轮船扬帆起航的那天我
　　就下决心要成为哥大之子。在哥大的七年我从未为这一决
　　定有过丝毫的后悔。我将带着最美好的记忆回国。你们和
　　所有的人以最温文尔雅和彬彬有礼的方式接待我，现在该
　　轮到中国表达回报之心了。你们中的任何人到中国来都会
　　受到最高贵的接待。①

---

① *Columbia Spectator*, April 9, 1912.

晚会上代表教师发言的是哥伦比亚大学首位汉学教授夏德（Friedrich Hirth），他祝顾维钧回国后前程远大，并幽默地说希望以后致辞时可以称呼他为"顾博士阁下"。夏德没有料到的是，仅仅三年多后，他就可以这样称呼顾维钧了。

第二天，4月6日，顾维钧在纽约港乘坐"格兰特总统"号（President Grant）离开了美国。此时，在美国留学的中国学生有六七百人，顾维钧是这第一代留美学生中的佼佼者。

哥伦比亚大学七年的留学生活对顾维钧日后从事外交活动并成为闻名于世的外交家产生了重要的影响。哥伦比亚大学的一流师资使顾维钧获得了作为一个优秀外交官所必须具备的国际法基本理论和学术素养，校园活动和中国留学生的社团活动锻炼了他处理和应对各种实际问题的能力，留学期间结识的老师、同学则使他获得了此后进行外交活动尤其是对美外交时宝贵的人脉关系。也许更重要的是，作为一个来自中国的留学生，在哥大这所常青藤名校脱颖而出，给了他超强的自信。进入外交界后头几年，虽然年轻资浅，他却敢于表达自己的意见，并勇于付诸实施。

顾维钧做好了投身外交报效国家的准备，中国的外交界会怎样接纳一位常青藤名校的博士呢？

第二章　外交界的年轻人

一　初入民国官场

中国的外交体制在晚清发生了根本性的变化。自第二次鸦片战争后设立总理各国事务衙门，对外事务开始由"夷务"向近代意义上的外交转化。但此时办外交的人仍由出身士大夫的传统官员担任，如李鸿章、曾纪泽、郭嵩焘等。19世纪80年代初留美幼童返国后，不少人进入各地官署或驻外机构，协助办理外交或"洋务"。这是留美学生进入中国外交界的开始。20世纪初，这批最初进入外交界的留美学生中已有人担任外交要职，如驻美公使梁诚、外务部侍郎唐绍仪、外务部尚书梁敦彦等。尽管留美幼童回国后进入外交界的人数按比例不能算少，但因为留美幼童总人数有限，故就整个晚清外交界尤其是高层而言，留美学生仍只是少数。①

1901年《辛丑条约》签订后，总理各国事务衙门改为外务部，列六部之前。此举虽迫于列强压力，但清政府内对外交体制改革已有呼声。② 按列强要求，外务部侍郎中必须有一人通西文西语。这为有西方教育背景的人升迁高级官员开辟了一

---

① 据统计，留美幼童服务外交界共有21人，占留美幼童总人数六分之一稍强。见石霓《观念与悲剧：晚清留美幼童命运剖析》，上海人民出版社，2000，第254~257页。

② 参见李文杰《中国近代外交官群体的形成（1861~1911）》，三联书店，2017，第7章第1节。

个专门的通道。从实施情况看，这一规定实际上主要为留学生提供了机会，如唐绍仪和梁敦彦先后担任外务部侍郎和尚书。从总理各国事务衙门改为外务部，也使原先主管外交的官员如章京、大臣只是兼差而不是正式职官的状况得到改变，从1907 年起驻外使领馆也设置正式职官，这就为职业外交官的出现提供了制度上的可能。[①] 与之相关联，清政府于 1905 年废除科举制度，并对"游学毕业生"进行考试，授予他们相应的功名，这又为留学生担任官职提供了新的途径。例如1906 年对留学生的考试，赐进士出身的 10 人几乎都是留美学生，第一名陈锦涛、第二名颜惠庆、第五名施肇基日后都进入外交界，并在北洋时期担任过外交总长。[②] 清末外交制度上的这些变化为留学生日后在民国外交界的发展做了重要铺垫。

在请顾维钧担任英文秘书的同时，袁世凯任命陆征祥为新政府的外交总长。陆征祥是在广方言馆和京师同文馆学习法文后，被派往驻俄使馆开始外交生涯的，属于晚清洋务运动中成长起来的外交官。虽然还没能够接受完整系统的西方教育，但他有外语能力，又有出使与外国人直接交往的经历，这是优于李鸿章那一辈的地方。陆征祥任外交总长后按西方国家外交部的模式改组前清外务部。其中最重要的一点是从事外交的人员均须受过专门训练，外交职位由职业外交官担任。陆征祥认为，"凡是办政治，尤其是办外交，决不可用外行"。[③] 1912年 6 月，外交部颁布部令，重组本部，部内人员除已经总统任

---

① 参见王立诚《中国近代外交制度史》，甘肃人民出版社，1991，第 10、11 章。

② 《颜惠庆自传》，吴建雍等译，商务印书馆，2003，第 52 页。

③ 罗光：《陆征祥传》，台北：商务印书馆，1967，第 64 页。

命及收文和电报两处的事务人员外，"一律解散，另候新令，再行到署"。此举使外务部留下的无法胜任外交工作的人员离开外交界，而为具有专业背景的人留出了位置，"旧制既废，新制更始，自此次解散后，新制旧制颇若两界"。① 顾维钧归国之后将要进入的外交界已是旧貌换新颜了。

1912年4月下旬，顾维钧乘坐火车，穿越欧亚大陆回到中国。此时，民国成立刚刚四个月，而袁世凯正式登上总统的位置还不到两个月。

到北京的次日下午，唐绍仪亲临顾维钧下榻的六国饭店来见他，随即带他去中南海总统府见袁世凯。第一次见到袁世凯，顾维钧的印象是"坚强、有魄力"，"是个野心勃勃、坚决果断、天生的领袖人物"。② 在担任袁世凯的英文秘书的同时，顾维钧还被唐绍仪聘为国务院的秘书。身为国务总理的唐绍仪一共聘了8个秘书，除顾维钧外年龄都在四十开外，且在官场中历经磨炼。24岁的顾维钧是其中最年轻、资历最浅的，但发布任命时却位列第四，可见唐绍仪对他的偏爱。③

唐绍仪与袁世凯私人关系密切而特殊，唐绍仪在晚清官场的步步上升离不开袁世凯的提携与支持。但唐绍仪毕竟是留过洋的，出任国务总理后想依据《临时约法》来行使内阁权力，与独断专行的袁世凯产生了分歧，最终在任命直隶总督问题上

---

① 外交部主事吴成章等编《外交部沿革纪略》，中国第二历史档案馆编《中华民国史档案资料汇编》第3辑《外交》，江苏古籍出版社，1991，第4~5页。

② 《顾维钧回忆录》第1分册，第85页。

③ 《申报》1912年5月10日，第1版。

闹翻，于 6 月中旬辞职。由于亲见唐、袁两人称兄道弟，一下子又分道扬镳，顾维钧十分震惊，第一次亲身感受到政治的扑朔迷离和官场的错综复杂。按当时秘书随总理共进退的惯例，他辞去了国务院秘书的职务，同时也辞去了在总统府的职务，跟随唐绍仪到了当时北方政坛失意人士的避风港天津。

唐绍仪见顾维钧连总统英文秘书一职也一并辞去十分惊讶。他认为辞去国务院秘书是应该的，而总统英文秘书则不该辞去，顾维钧才刚刚开始自己的事业，在总统府任职是很好的机会。此时，袁世凯派总统府秘书长梁士诒到天津来见唐绍仪，并请顾维钧回总统府继续任职。唐绍仪也劝他回北京，并认为他合适的职位是在外交部，回北京后可以在总统府和外交部同时任职。唐绍仪的这番劝说决定了顾维钧此后的人生道路。

几年前在华盛顿第一次见到顾维钧时，唐绍仪就十分欣赏他的才干，因此将他推荐给了袁世凯。此次顾维钧来天津住在利顺德饭店，在半个月的时间内，唐绍仪几乎每天请他到自己家里来吃饭。这位刚下台的总理大人有一待字闺中的千金叫唐宝玥，英文名 May，通常被称为唐梅。吃饭之外，唐绍仪总是让顾维钧陪女儿出门，或闲逛，或买东西。唐宝玥比顾维钧小两岁，会说英语，这在女孩中十分罕见，马上就赢得顾维钧的好感。唐宝玥对这位谈吐不凡、稍后有京城三大美男子之称的哥大博士也是一见倾心。离开天津时，顾维钧要先回上海探望父母，唐绍仪一听就说唐宝玥也要到上海去看望她的姑妈，请顾维钧顺道陪同。这样，两个年轻人一路上又多了倾心交谈的机会。从上海回来后，顾维钧就与唐宝玥订婚了。此时，袁世凯来请唐绍仪做媒人，要将自己的第五个女儿许配给顾维钧，

唐绍仪告诉他顾维钧已经定亲了。① 一年后的 1913 年 6 月 2
日，两个年轻人要按计划结婚时，唐绍仪却要求他们将婚期推
迟一天，因为再次结婚的他也已定下要在这天办婚礼。唐绍仪
的字与顾维钧的字一样，也是少川。最后，老小两个少川相隔
一天在上海的虹口公园举办了婚礼。两张结婚照刊登在《妇
女时报》同一期上。②

　　1912 年 8 月，顾维钧探亲后回到北京，继续担任总统英
文秘书，并于 8 月 16 日被任命为外交部秘书，③ 开始了近半
个世纪的外交生涯。此时外交部在总、次长下仅设 4 个司及由
4 名参事组成的参事室和 4 名秘书组成的秘书处。

　　在总统府，顾维钧负责袁世凯会见外交使节和外国显要人
物时的翻译，起草在外文报纸刊登的政府声明或公告，以及处
理总统的英文往来函件。袁世凯与英美重要人物的会见都有顾
维钧在场。1913 年 11 月，新到任的美国驻华公使芮恩施
（Paul Reinsch）向袁世凯递交国书，由顾维钧翻译芮的颂词和
袁的答词。顾维钧在哥伦比亚大学时的老师古德诺来华担任袁
世凯的法律顾问，古、袁两人的会面交谈，均由顾维钧担任翻
译。袁世凯与英国驻华公使朱尔典（John Jordan）的会谈，也
是他担任翻译的。对外事务之外，总统府内有些国内事务也会
交给顾维钧来办。1913 年 3 月 4 日，全国禁烟研究会第一次
会议在北京举行，顾维钧就作为总统代表到场致辞。④

　　由于得到袁世凯的赏识，顾维钧在总统府并非仅仅承担英

----

① 这是根据顾维钧对徐景灿所说，顾维钧口述录音由徐景灿提供。
② 《妇女时报》1913 年第 10 期。
③ 《申报》1912 年 8 月 18 日，第 2 版。
④ 《申报》1913 年 3 月 10 日，第 3 版。

文秘书的工作。1913 年，中英就西藏问题开始谈判，英国公使朱尔典以他与袁世凯的私人关系要好，常常直接到总统府与袁世凯面谈，此时顾维钧就充任两人间的翻译。但有时袁世凯不便或不愿见朱尔典时，就派顾维钧去英国驻华使馆与朱尔典会谈。这样，顾维钧就直接参与到中英有关西藏的交涉之中。

中英西藏交涉在两个地方同时进行。一在印度的西姆拉，由中、英两国政府代表和西藏地方代表举行谈判。一在北京，除袁世凯与朱尔典面谈外，顾维钧与朱尔典先后进行了十余次会晤。在西姆拉会议举行前，顾朱会晤的焦点是西藏代表的身份问题。英国企图借此让西藏摆脱与中国固有的统属关系，成为一个独立国家。顾维钧对此据理驳斥，认为这不符中央政府与西藏的历史关系，也有违中英间的现有条约。西姆拉会议开始后，西藏与内地的划界成为焦点。英国千方百计要将青海、四川西部和云南西北部划入西藏范围，朱尔典在会谈中辩称此举是想让青海成为缓冲地带。顾维钧当面反驳："设置中立之境或是有益双方之事，然何必以中国完全管辖之领土为之哉，如贵公使所言，中国吃亏亦不太甚乎？"当朱尔典提出清政府对靠近川藏边界的西藏地区没有实施过管辖权时，顾维钧一一列举清政府对西藏行使主权的历史事实，并反问："若欲追溯古史为根据，则唐时吐蕃当并入印度，元朝版图亦列入印度，焉能为证据？"[①] 1914 年 4 月 27 日，出席西姆拉会议的中国代表陈贻范迫于英国压力画签约稿，但同时声明如果政府不同意则此举取消。顾维钧知悉此事后，于 5 月 1 日向朱尔典抗议，代

---

① 许详：《民初中英涉藏事务交涉之补证——基于"顾维钧档案"的研究》，《民国档案》2020 年第 2 期。

表政府不予承认。但朱尔典表示"一经双方画行即为定局"。顾维钧辩驳道，按照国际惯例，谈判时的全权代表，"凡遇重大之举，如画行签押之类，仍须请示本国政府，奉到训条后方可举行"。况且中国政府不承认此次所签订的约款，是因为"画行之前曾向英员声明，画行与签约当分为两事，如未奉政府允准签押，则画行当即取消，是陈使之画行非单独画行，系附有条件者"，因此中国政府不承认该画行草约的合法性，表明了中国政府的严正立场。① 此后，中英交涉陷入僵局。

中英西藏交涉是顾维钧参与的第一次重要外交交涉。他的对手朱尔典，在华 30 多年，能说一口流利的汉语，有着与中国官员打交道的丰富经验。顾朱会晤时，朱尔典之外，英方还有他的中文秘书和曾骑马游遍西藏的武官，中方则顾维钧单枪匹马一人。但每次会晤前，顾维钧都做了大量准备，弄清所谈问题的历史与现状，并请教蒙藏事务局的专家。② 因此，在与朱尔典的交锋中，他总能做到胸有成竹、针锋相对，既能坚定地守住国家主权的底线，又能熟练地运用自己的国际法知识有理有据地驳斥英国的无理要求。朱尔典此前与许多晚清官员打过交道，总能凭借英国的强势占据上风，这次却在比他小 30 多岁的年轻外交官前碰了钉子，只能自嘲地对顾维钧说，自己没有得过博士学位，因此辩论中说话没有那么流利。顾维钧则反唇相讥道，公使先生在华从事外交多年，经验丰富，在与中国官员交往中总能如愿以偿。③ 顾维钧在中英西藏交涉中的表

① 许详：《民初中英涉藏事务交涉之补证——基于"顾维钧档案"的研究》，《民国档案》2020 年第 2 期。
② 《顾维钧回忆录》第 1 分册，第 114~115 页。
③ 《顾维钧回忆录》第 1 分册，第 115 页。

现，当得起他留学期间在《中国外交私议》中对外交人才所提的"足智足勇"这四个字。

与朱尔典的会谈，顾维钧既是总统袁世凯的代表，也是外交部的代表。1913 年 4 月，顾维钧由秘书升任署理参事，9 月正式任参事。[①] 当时外交部设总长、次长各一人，次长下设参事四人，排名在司长之前。在外交部，顾维钧的主要工作是负责与英语国家的驻华使馆即英国和美国等使馆的联系。由于中外间存在的不平等关系，列强外交使节与中国政府商讨问题，不是按通行的外交惯例拜访外交部，而是常常要中国外交部派人去他们的使馆，就如中英西藏交涉时顾维钧去英国使馆那样。因此，作为外交部的秘书或参事，顾维钧实际上承担着中外间直接交涉的任务。

顾维钧在外交部的另一工作是负责与外国记者及在华出版的外文报纸打交道。在外交部未设新闻司和新闻发言人的情况下，他承担的实际就是这一性质的工作。留学期间办报的经验使他能自如地做好这件事。1914 年 7 月底第一次世界大战爆发后，美国《星期六晚邮报》（*The Saturday Evening Post*）总编辑到北京约见袁世凯并采访。会面中这位总编提了关于战争及对中日关系影响的许多问题，袁世凯事先没有准备，无法当场回答。顾维钧建议总统在会面后给记者一份书面声明。起草声明的任务当然就落到了顾维钧身上。由于美国人第二天上午就要离开北京，顾维钧只得通宵工作，起草声明的英文稿，并请外交部的助手译成中文。第二天早晨，顾维钧将中文稿递给

---

① 郭卿友主编《中华民国时期军政职官志》（上），甘肃人民出版社，1990，第 55 页。

袁世凯，袁看后认为很好，无须改动。于是，他赶到火车站将英文稿交给了美国人。① 有关北京政府的新闻稿，不仅仅是英语国家，其他语种的国家也在顾维钧的职责范围之内，如1913年中俄关于外蒙古交涉的新闻也是顾维钧负责。②

顾维钧还经手北京政府资助外国新闻机构的工作。袁世凯的政治顾问莫理循（George Morrison）好几次就受北京政府资助的外国新闻机构发出错误报道之事致函顾维钧，要他管管这类事，停止这一浪费金钱并有损国家声誉的做法，相信他"定会慎密处理"这类事的。③ 这一工作使顾维钧与一些在华外国记者建立了联系，这一关系网后来在中日"二十一条"交涉期间发挥了作用。

在外交部工作期间，顾维钧建议成立档案科和翻译科，前者旨在纠正以往档案保存中的问题，后者是为了向外交总长、总统府和国务院及时报告外国报纸上的动态。顾维钧做的这些事情使民国初年的外交部在专业化的程度上迈进了一大步。

顾维钧在与外国使馆和媒体交往中的表现赢得了外交总长和次长的信任。作为参事，每遇外交大事，他总会被邀参加高层讨论，而他也总能发表自己的看法。遇到外交部内部意见不一时，外交总长出于对他的信任，通常会站在他的一边，采纳他的建议。

————————

① 《顾维钧回忆录》第1分册，第111~112页。
② 《莫理循致顾维钧函》（1913年11月24日），骆惠敏编《清末民初政情内幕——〈泰晤士报〉驻北京记者袁世凯政治顾问乔·厄·莫理循书信集》下册，刘桂梁等译，知识出版社，1986，第268页。
③ 《莫理循致顾维钧函》（1913年12月16日、1914年1月27日），骆惠敏编《清末民初政情内幕——〈泰晤士报〉驻北京记者袁世凯政治顾问乔·厄·莫理循书信集》下册，第288~291、303~304页。

　　但顾维钧的勤奋和才干也遭到一些同事的妒忌和不满。那些进入官场已经有几十年的同事，看见比自己小一辈的顾维钧因为有国外留学的经历，刚入职就到处抛头露面，受到上司的青睐，心里自然不平衡。外交部参事室中，有一位同事是顾维钧的亲戚，在官场已混了 20 多年，作为过来之人，劝告他说："在北京官场，多做事，多犯错误；少做事，少犯错误；不做事，不犯错误。这就是在官场上一帆风顺的奥妙。"顾维钧感谢这位亲戚的好意，但他在美国所受的教育让他认识到，担任公职就是要做一个有用的人，自己学习国际法和外交就是要为中国的外交服务，现在有了机会，当然要全力以赴。①

　　在繁忙的政府公务之余，顾维钧对组织回国留学生的活动充满兴趣和热情，就如留学期间在紧张学习之外对留学生会投入了许多精力一样。当时北京已经有了留美学生、留英学生和留法德比学生的留学生小团体，这些团体是社交性质的，每年聚餐几次，回忆一下留学时光。顾维钧不满足于这种社交性的留学生团体，希望留学生们可以定期集会，请美国或中国各界的著名人士来演讲，也可以就大家关心的问题举办讨论会。这个主意得到清华校长周诒春的响应。周是耶鲁毕业的，也参加过美东留学生会，因为清华校园在郊区，具体的筹办工作就交由顾维钧负责。在组织和推进欧美同学会活动时，顾维钧与美国公使芮恩施多次联系，并请他帮助筹款建同学会的图书馆。在顾维钧的推动下，几个分散的留学生会最终合并成立了

---

① 《顾维钧回忆录》第 1 分册，第 108~109 页。

"欧美同学会"。① 1913 年 10 月 18 日，欧美同学会在位于西交民巷的同学会本部举行盛会，到会者百余人。作为发起人的顾维钧以同学会主任干事的身份主持集会并致欢迎词，请专程到会祝贺的外交总长孙宝琦、教育总长汪大燮致辞。② 对留学生团体的热心，显示出顾维钧强烈的留学生群体意识，希望通过留学生的集体力量推进中国社会的进步。

二　"二十一条"交涉中的美国牌

1914 年 7 月 28 日，第一次世界大战爆发。英、法、俄、德等列强都卷入了欧洲大陆的战争，对中国一直有野心的日本企图趁西方列强无暇东顾之际，扩大在华权益。这是顾维钧进入外交界后第一次面临影响国运的外交危局。

大战的消息传到中国，北京政府决定采取保持中立的方针，以免战祸波及中国。8 月 6 日，北京政府宣告中立，公布了"局外中立条规"。当天，顾维钧赴美国驻华使馆会晤代办马慕瑞（John MacMurray），表示北京政府希望由中美日三国共同倡导在远东限制战区，请求美国帮助中国实现中立。顾维钧解释说，将中立范围不限于中国，是希望日本能够同意并参加。③ 但北京政府尚未等到美国的明确答复，日本就已对中国联络美国的做法提出责问。8 月 8 日，日本首相大隈重信在与中国驻日公使陆宗舆的交谈中指责中国有联美之意。8 月 10

---

① 《顾维钧回忆录》第 1 分册，第 135~138 页。
② 《申报》1913 年 10 月 20 日，第 6 版。
③ 李毓澍主编《中日关系史料——欧战与山东问题》，台北：中研院近代史研究所，1974，第 9~10 页。

日，日本驻华代办小幡酉吉直接到外交部，称中立是"关系东方重大事件，中国何径先向美邦提议"。① 日本的公然反对使北京知难而退，"原拟联合日美，日不赞同，出头无益"。②

与美联络受挫后，北京政府又转向了英国。英国与日本签有同盟条约。8月11日，顾维钧前往英国使馆会晤朱尔典，在向英国通报中国向美、日倡言中立事由后，主要探询英日在华对德国作战的可能性，并请朱尔典有这方面的确切消息后能够以非正式的方式通知中国。③

8月15日，日本在与盟友英国未完全取得一致看法的情况下，向德国递交了最后通牒，要求德国将胶州湾租借地无条件交与日本，以便日本将来交还中国。8月23日，日本迫不及待地向德国宣战，日军随即在山东登陆，向青岛推进。面对列强在中国领土上开始交战，袁世凯急忙在总统府召开会议，除内阁总长外，两名国务院参事伍朝枢、金邦平以及外交部参事顾维钧都应召参会。伍朝枢留英，金邦平留日，也都是学法律的。袁世凯请这三位在不同国家学习法律的留学生参会，是想听听他们从国际法视角提供的意见。顾维钧被请出第一个发言。他说，中国已宣布中立，交战双方都应尊重中国的中立，日本军队在山东登陆是公然违反国际法的行为，因此保卫国土以维护中立完全正当。伍朝枢赞同顾维钧的意见。但陆军总长段祺瑞表示，中国军队如对日作战只能坚持48小时。于是，袁世凯无奈地说，中国没有能力尽到中立国的义务，只能援引日俄战争时的做法，划出一交战区让日本经此区域进军青岛。

---

① 李毓澍主编《中日关系史料——欧战与山东问题》，第19、22页。

② 李毓澍主编《中日关系史料——欧战与山东问题》，第29页。

③ 李毓澍主编《中日关系史料——欧战与山东问题》，第26~28页。

起草中国政府有关交战区的声明及执行细则的任务被交给了参会的三位参事。①

但日本并不满足中国划定的交战区域，进而向北京政府提出，要划山东省境内黄河以南一大片地区为中立外区域，名义上是便利日军行军作战，实际上妄图长期占领。北京政府不愿应允，欲将日军的行动限制在沿海岸地区。8 月 27 日，顾维钧前往美国使馆会晤马慕瑞，向美方提出，根据美日 1907 年罗脱-高平协定，日本在华行动须事先征询美国，因此日军在山东登陆，应获得美国的同意，表达了希望美国出面干预日本的意愿。但马慕瑞回答说，罗脱-高平协定的适用范围只是中国的内乱，而非针对外国，并且通常被看作协定的这个文件只是双方的联合声明，不具备法律意义，由此拒绝了中国的请求。②

11 月上旬，日本军队占领了青岛，接管了德国在中国山东的权益。对德战事结束后，英军开始从山东撤走，但日军丝毫不见撤军的迹象。1915 年 1 月 7 日，北京政府正式照会日本和英国驻华公使，宣布取消原先划定的战区，恢复中立状态。但日本于 1 月 12 日复照，反咬一口，指责中国政府"独断处置，实属轻视国际礼仪，不顾邦交，措置诚有未当"，蛮横地声称不承认取消战区，日军行动不因此受约束。③

日本拒绝撤军使山东问题成为北京政府面临的头等大事。顾维钧与国务院参事伍朝枢等为此拟了一份题为《山东问题

① 《顾维钧回忆录》第 1 分册，第 119~121 页。

② Charge d'affaires to the Secretary of State, September 10, 1914, *Papers Relating to the Foreign Relations of the United States*（以下简称 *FRUS*），1914, Supplement, p. 187.

③ 李毓澍主编《中日关系史料——欧战与山东问题》，第 657 页。

之分析》的稿子。这份稿子详细列举了因日军进兵山东而产生的各种问题。这些问题包括如何检讨已经采取的政策，如中国对于此次战事有无划出战区之必要；也包括日军对中国主权的侵犯及赔偿，如日本擅自行使管辖权、伤害人民生命之抚恤；还包括今后交涉中中国会面临的和须应对的问题，如日本欲永久占领青岛为己有应如何对付、处置青岛时如何对付英国等。① 从所列举的问题看，顾维钧和他的同事已经充分认识到日本强占青岛的严重后果，但苦无良策，没能提出切实可行的因应之道。就在拟定这份稿子几天后，日本向中国提出了"二十一条"。

1915 年 1 月 18 日，日本驻华公使日置益以违反外交礼仪的方式直接向袁世凯当面递交了勒索中国权益的"二十一条"。"二十一条"有五方面的内容：第一号有关山东的权益，第二号有关东北的权益，第三号有关长江流域的权益，第四号有关福建的权益，第五号涉及聘请日人担任北京政府政治、财政、军事顾问和中日合办警察等问题。日本"二十一条"的提出使北京政府面临严峻的挑战，外交上如何应对成为棘手的难题。

袁世凯连夜召开会议，与国务卿徐世昌、陆军总长段祺瑞等商讨对策，决定派人去日本探询日本内阁真实意图及其对华要求的最低限度，决定交涉步骤应逐项商议以延缓时日，并认为不应让"二十一条"之事对外泄露。② 袁世凯此时定下不泄

---

① 伍朝枢、顾维钧等所拟《山东问题之分析》稿，中国第二历史档案馆编《中华民国史档案资料汇编》第 3 辑《外交》，第 161 页。
② 李毓澍：《中日二十一条交涉》（上），台北：中研院近代史研究所，1982，第 273 页；尚小明：《"二十一条"交涉的另一条管道——总统府相关活动透视》，《安徽史学》2017 年第 2 期。

露的原则，除了日本要求对"二十一条"内容绝对保密外，也有自己的考虑，除了担心国内的反对派借此事引发政潮，更担忧的是其他列强获悉后联手行动，使中国在外交上更为被动。1月24日，一份递交总统的条陈分析道，"二十一条"提出后英法俄必定会跟在日本后面一起参与瓜分，袁世凯阅后批示"援引均沾，须留意"，并将该件批转给外交部，① 表明他不让泄露"二十一条"之事确有防止列强联手引起瓜分的考虑。

面对突如其来的外交危机，作为负责与英语国家联系的外交部参事顾维钧，首先想到的是中国"急需从国际上获得外交方面的支持"，"而根据世界的形势，唯一能给中国以外交和道义上的支持的是美国"，因此"有必要让华盛顿了解'二十一条'的内容，也应该告知伦敦"，"中国保护自己的唯一途径是尽力争取盎格鲁-撒克逊国家的支持"。顾维钧知道日本已威胁中国对此事必须保密，政府也允诺了，但他向总统和外长说明，这种允诺是在威胁下做出的，中国没有义务遵守。② 但如前所述，袁世凯因为担心列强"援引均沾"，并不打算对外披露"二十一条"的消息。

尽管如此，有关"二十一条"的消息在北京的外交官中还是很快就传开了。美国驻华公使芮恩施是北京最早获悉这一消息的少数几个外交官中的一个。1月22日，他获悉日本驻华公使向北京政府提出要求一事，并知道这些要求完全损害"门户开放"政策和中国的主权。两天后，他知道了日本的要求一共有"二十一条"，它使中国面临着最严重的危机。随后几天，他

① 《中日交涉宜延缓不可开议》（1915 年 1 月 24 日），北京政府外交部档案（中研院近代史研究所档案馆电子档案），档号：03-33-084-02-001。
② 《顾维钧回忆录》第 1 分册，第 123 页。

在给国务院的电报中又陆续提到，日本的要求具体涉及南满的行政权、中日合办汉冶萍和矿产权等。2月1日，芮恩施在给国务卿布莱恩（William Bryan）的电报中引述了他认为"二十一条"中最重要的一些条款，包括中日合办警察，聘日人为政治、财政和军事顾问及购买日本军械等第五号的内容。①

可以看出来，芮恩施的消息是相当灵通而且很准确的。他的消息来源正是北京政府负责与美国驻华使馆联络的顾维钧，用芮恩施自己的话说，顾维钧充当了北京政府与美国使馆之间的"联络官"。②芮恩施是1913年来中国担任公使的，他向袁世凯递交国书时与后者的第一次见面就是顾维钧担任翻译的。来中国前，芮恩施在威斯康星大学担任了十多年的政治学教授，与古德诺等联合发起创办了美国政治学会，并担任第一任副会长。而顾维钧的导师穆尔担任过这个学会的会长，因此他与顾维钧的关系就超出了外交场合的公务往来。作为驻华公使，芮恩施积极参与并推进已回到国内的留美学生的团体活动，建议留美学生仿照美国政治学会创建中国社会政治学会。③顾维钧正是北京留美学生团体的热心组织者，因此芮、顾两人的交往在公私两个方面均十分密切。在想到要让华盛顿了解"二十一条"之事时，顾维钧向芮恩施通报就是很自然

---

① Reinsch to the Secretary of State, Janurary 23, 24, 26, 27, *FRUS*, 1915, pp. 79 - 80; Reinsch to Bryan, Feburary 1, 1915, in Arthur Link ed., *Papers of Woodrow Wilson*, Vol. 32, Princeton University Press, p. 170.

② 保罗·S. 芮恩施：《一个美国外交官使华记——1913～1919年美国驻华公使回忆录》，李抱宏、盛震溯译，游燮庭校，商务印书馆，1982，第115页。

③ 马建标：《"进步主义"在中国：芮恩施与欧美同学会的共享经历》，《复旦学报》2017年第2期。

的一件事了。

顾维钧还与芮恩施达成默契，将有关"二十一条"的消息透露给在北京的美国记者，希望通过美国舆论对日本施加压力。1月25日，《芝加哥新闻》报道："日本的要求使局势紧张，若中国接受则成日本附庸。"1月27日，《纽约时报》在第三版以"日本向中国提出多项要求"为题发表来自北京的消息，称"这些要求如果得到满足，所有相关区域就会成为日本的势力范围，而其他列强的条约权利就会受到损害"。① 在这前后，京津沪各地的中外文报纸相继刊登有关"二十一条"的消息。

有关"二十一条"的消息通过中外报刊传播，有违袁世凯的本意，一旦消息泄露北京政府就十分为难了，尤其是它根本无法管束外国报纸。2月2日，北京政府政事堂在北京各报刊上刊登通告，严禁外交人员向新闻媒体泄露消息，违者依法惩治，希望从源头上加以控制。② 但这份通告刚发出，袁世凯的想法就发生了变化。2月3日，袁世凯的日籍法律顾问有贺长雄给日本元老松方正义写了一封1500字的密函，其中提到驻华公使日置益告诉他，日本政府决定在3月下旬之前逼迫中国"将廿一款囫囵承诺"，所以必须阻止中国"将要求各款故意漏泄，借此激励舆论，或煽动商民排斥日货，或依赖其他强国以牵制日本"。这封密函经总统府秘书翻译后呈交给了袁世凯。③ 与此同时，日本在中日交涉开始后屡屡指责中国泄露消

① Noel Pugache, *Open Door Diplomat in Action*, New York, 1979, p. 149; *New York Times*, 27 Janurary, 1915, p. 3.
② 李毓澍：《中日二十一条交涉》（上），第276页。
③ 尚小明：《"二十一条"交涉的另一条管道——总统府相关活动透视》，《安徽史学》2017年第2期。

息，进行恫吓。2月5日，中日就"二十一条"进行第二次会谈。一开头，日置益就提出2日第一次会谈的消息已泄露，上海某外国报纸4日的北京通讯还报道了上月18日见总统事。"此次交涉事件，彼此均应保守秘密，业经面告大总统及孙总长。且按国际交涉之例，亦必系议定之件始克发表，今则业已泄漏，殊不可解。"① 日本的态度使袁世凯对泄露消息有了不同于先前的理解，于是改变了最初不向列强透露"二十一条"的做法。

2月6日，袁世凯派政治顾问莫理循访问英国驻华公使朱尔典，告诉他日本向中国提出的要求有"二十一条"，其中包括要求长江流域的特许权。而英国一直视长江流域为它的势力范围。9日，顾维钧再访朱尔典，询问"英国政府是否掌握日本所提要求的全部内容"，强调中国"有理由相信，日本并未向列强传达'二十一条'全文"，并特别向朱尔典指出，日本所提要求中包含长江流域铁路问题、中日合办警察及战争物资共享等三项。② 在这之前一天，外交总长陆征祥业将"二十一条"中的第五号内容告诉了俄国驻华公使。③ 这样，北京政府从最初不愿泄露消息，唯恐列强联手瓜分中国，变为主动联络，透露消息，以争取列强支持来制约日本。顾维钧与美国使馆的联络沟通迈出了最初的重要一步。

这之后，顾维钧与芮恩施的来往就更为频繁了。按顾维钧

---

① 李毓澍、林明德主编《中日关系史料——二十一条交涉》（上），台北：中研院近代史研究所，1985，第21页。

② 侯中军：《英国与中日"二十一条"交涉》，《历史研究》2016年第6期。

③ 章伯锋、李宗一主编《北洋军阀（1912~1928）》第2卷，武汉出版社，1990，第858页。

的说法，"我每次在外交部开完会后，如不是在当天下午，至晚在第二天便去见美国公使芮恩施和英国公使朱尔典"。而芮恩施在回忆录中写道，中日"二十一条"交涉期间，"顾维钧博士始终充当中国外交总长和我之间的联络官，尽管我也同时会见中国外交部的其他许多官员。在讨论谈判的各个阶段进行的情况时，顾博士曾多次和我在一起进行长时间的有意思的讨论，研究外交策略和进行分析。在这方面，我很钦佩他的敏锐的洞察力"。① 在这过程中，他们两人间的了解和默契又进了一步。

有关中日交涉"二十一条"的消息逐渐公开后，各国通过各种渠道想进一步了解详情。面对来自列强询问的压力，日本政府欲盖弥彰，于2月8日由驻美大使向美国国务院递交了大加删减的十一条。② 在这前后，日本也向其他列强通报了十一条。芮恩施获悉这一消息后，请美国驻日大使告知日本送交的十一条的内容。14日，美国驻日使馆将十一条内容电告芮恩施。③ 顾维钧是北京政府中最早知道日本又抛出十一条的人之一。他从美国驻华使馆处获悉该内容后连夜翻译并报告："今晚间接觅得日本政府通告英俄美法四国政府之条文十一款，谨即译请钧览。"袁世凯获悉这一消息后，于2月16日让他的另一名英文秘书蔡廷干请莫理循找一份日本给英国的十一条副本，显然是要与顾维钧呈报的十一条互为对照，以进一步

① 《顾维钧回忆录》第1分册，第123页；保罗·S. 芮恩施：《一个美国外交官使华记——1913~1919年美国驻华公使回忆录》，第116页。

② Japanese Embassy to the Department of State, 9 Feburary, *FRUS*, 1915, p. 21.

③ Reinsch to the Secretary of State, 15 Feburary, *FRUS*, 1915, p. 90.

判断日本的意图。①

十一条与"二十一条"出入甚大，如果各国听信日本的十一条，就不会太关注中日间的交涉，中国也就很难去争取列强来制约日本，而这正是日本政府希望看到的。芮恩施注意到，顾维钧等中国官员对可能出现的局面忧心忡忡，"深恐公众舆论默然同意这个受到较少谴责的文本，从而鼓励日本更强烈地迫使中国接受全部要求"。从一开始顾维钧就主张通过让美国等国家了解情况而获取支持，此时他认为中国到了公开"二十一条"全文的时候了。2月17日，北京政府决定将"二十一条"全文告知美、英等国。三天后，芮恩施从北京政府外交部得到了"二十一条"全文的英译本。② 从1月18日日本向北京政府递交"二十一条"起，经过整整一个月的时间，顾维钧"有必要让华盛顿了解'二十一条'的内容"的主张终于为北京政府所采纳并付诸实施。

中国将"二十一条"全文内容告知美、英等列强后，日本的外交气势一时受挫。英国驻华记者观察到，"自探知日本未将'二十一条'而仅以十一条通告列强以来，北京吃紧情形稍松"。面对舆论压力，日本驻美大使则赶紧向美国国务院解释，报纸上所载"条款过于张大"。③ 受挫的日本对中国的

---

① 中国第二历史档案馆藏档，档号：1039-373；骆惠敏编《清末民初政情内幕——〈泰晤士报〉驻北京记者袁世凯政治顾问乔·厄·莫理循书信集》下册，第402页。

② 保罗·S. 芮恩施：《一个美国外交官使华记——1913~1919年美国驻华公使回忆录》，第108页；*FRUS*, 1915, p. 99。

③ 《驻英施公使电》（1915年2月19日），北京政府外交部档案，档号：03-33-085-02-017；《驻美夏公使电》（1915年2月17日），北京政府外交部档案，档号：03-33-085-02-006。

做法十分恼火。2 月 22 日中日举行"二十一条"交涉的第三次会谈，会谈一开始，日置益就宣读日本外务大臣的电报，指责"中国当局故意泄漏"。① 在中日谈判开始前，日本就力图将北京政府中与英语国家有联系并且与新闻界来往密切的人排除在谈判人员之列，要求出席人员只能有 3 人，即外交总长、次长之外，只能带一个秘书，而不是中方最初提出的 5 人。如果是 5 人的话，按顾维钧自己的判断，他是"必定在数的"。②

尽管日本强烈反对中国向美、英等国通报"二十一条"交涉，但顾维钧与美国使馆仍然保持密切的联系。正如芮恩施所说，"他仍继续同我来往，因为这是正当的"。不过，为了掩人耳目，顾维钧有时也不得不从后门溜进美国使馆。从芮恩施给国务院的报告中可以看到，每次中日会谈后一两天，他都有一份关于会谈的详细报告，并反复提醒国务院，日本在谈判中一直在强逼中国接受第五号的内容。③ 正是通过这一渠道，北京政府得以向美国政府传达相关的信息和中国的愿望。

芮恩施接二连三有关"二十一条"的报告没能引起华盛顿足够的重视。美国政府先是天真地认为，所谓的第五号内容可能遭到中国的强烈反对而被日本删除，所以有了十一条；当日本无法掩盖"二十一条"，向美国表示第五号内容仅是让中国友好考虑之"希望"，并非日本坚持之"要求"时，国务卿布莱恩又信以为真，还认为这是美国质询的结果。直到 3 月中

---

① 李毓澍、林明德主编《中日关系史料——二十一条交涉》（上），第 55 页。

② 《顾维钧回忆录》第 1 分册，第 122 页。

③ 保罗·S. 芮恩施：《一个美国外交官使华记——1913～1919 年美国驻华公使回忆录》，第 115 页；Reinsch to the Secretary of State, 23, 26 Feburary, 6 March, *FRUS*, 1915, pp. 97-99。

旬，美国才向日本送交了表达对"二十一条"看法的照会。
这是中日"二十一条"交涉后美国政府的第一次正式表态。
按照会起草者之一、国务院顾问蓝辛（Robert Lansing）的话
说，这份经美国总统威尔逊修改的照会"语调是和缓的"，
"避免了威胁的念头"。它声称："美国不妒忌日本在东方的突
出地位和中日互利的密切合作，也无意阻碍日本或影响中国反
对日本。相反，美国的政策是维护中国的独立、完整和商业自
由，并保障美国在华合法权益。"①

美国的照会使日本政府对美国可能干预中日交涉的担忧减
轻了，却使北京政府大为失望。3 月 23 日，袁世凯亲自出马
找芮恩施长谈，希望美国对日本施加压力。同时，北京政府争
取在北京的美国侨民向华盛顿呼吁。4 月 8 日，在北京的美国
传教士向美国政府发了一份长长的请愿电报，呼吁作为西方最
大的共和国美国站在东方最大的共和国中国一边"伸张正
义"。从北京向华盛顿发这份长电的费用高达 7000 美元，是北
京政府支付的。② 顾维钧在外交部负责英语国家事务，又经手
对外国新闻机构的资助，显然参与了此事。

北京政府的外交努力通过芮恩施和美国传教士对华盛顿产
生了影响。4 月 14 日，威尔逊在给布莱恩的信中写道，美国
应在环境许可的情况下尽可能显示自己是中国主权的支持者。
第二天，布莱恩致电芮恩施，授权他以非正式、非官方的方式
表明美国从未放弃在华任何条约权益。③ 芮恩施代表美国政府

---

① Robert Lansing, *War Memoirs of Robert Lansing*, New York, 1935, p. 283.
② 罗伊·沃森·柯里：《伍德罗·威尔逊与远东政策（1913～1921）》，张
珐瑛、曾学白译，社会科学文献出版社，1994，第 110 页。
③ *Wilson Papers*, Vol. 33, pp. 520－521.

的表态使北京政府受到鼓舞，认为"英美对于此事，舆论渐激"。在此后的中日会谈中，中国代表的态度明显趋于强硬。①

4月底5月初，中日关于"二十一条"的谈判陷入僵局。5月7日，日本向中国提出最后通牒。次日，北京政府开会讨论应对之策。二十多年后，顾维钧在给叶恭绰的信中谈到在会上他提出，"日方最后通牒实则外强中干，希望速了"，因此"力主对于第五款尽可声明拒绝商议，不必承认日方之保留"。② 会议最后决定除第五号内容外接受最后通牒，回答日本的复文由顾维钧起草。复文十分简短，对第五号明白表示不能接受。复文的措辞得到外交总长陆征祥和总统袁世凯的认可。正式送出前，外交部将复文先给日本公使看，日本公使提出对于第五号应加上"容日后协商"的词句，北京政府最终竟予接受。北京政府送交复文后，顾维钧建议就中日交涉的全过程及被迫接受最后通牒的情况发表一份声明，因为和平时期一个国家接受有损国家主权的最后通牒是很不寻常的，必须给历史学家留下真实的记录，并自告奋勇承担这一任务。当时因发烧住院的顾维钧请澳大利亚记者端纳（William Donald）来帮忙，由他口述，端纳记录，连夜完成了声明的英文稿，然后交外交部译出于5月13日发表。③

这份声明以《北京政府外交部关于中日交涉始末宣言书》发表，概述了从日本提出"二十一条"到北京政府接受最后

---

① 王纲领：《欧战时期的美国对华政策》，台北：台湾学生书局，1988，第54页；王芸生编著《六十年来中国与日本》第6卷，三联书店，1980，第215页。

② 《顾维钧致叶誉虎（恭绰）函》（1938年12月6日），*Wellington Koo Papers*，Columbia University，box 31。

③ 《顾维钧回忆录》第1分册，第125~127页。

通牒期间中日交涉的全过程，分别列举了"二十一条"中中国已经接受的条款和予以拒绝的条款。整个声明的语调是相当温和的。声明在表示北京政府不得不接受日本最后通牒所开条件后又称："如列强对于保持中国独立及领土完全暨保存现状，与列强在中国工商业机会相等主义所订之各条约，因此次中国承认日本要求而受事实上修改之影响者，中国政府声明非中国所致也。"① 这表明在中日"二十一条"交涉已结束的情况下，顾维钧对美国依据"门户开放"政策干预中日交涉结果仍抱有一丝希望。

5月11日，美国政府向中日两国政府发出照会，称中日两国达成的任何协定，若有损美国在华条约权利、中国行政或领土完整以及与中国有关的门户开放政策，美国概不予承认。照会的口吻与顾维钧起草声明中表达的期望似乎相符，但美国的目的并不是进行干预。蓝辛在起草这份照会时告诉布莱恩："它（指照会）不能阻止日本达到强迫中国接受要求的目的，但它表明了对可能影响美国和中国利益的各种权利的完全保留。"②

中日"二十一条"交涉是顾维钧进入外交部后经历的第一次影响全局的对外交涉。作为外交部的一个参事，顾维钧还不能对这一时期北京政府的外交政策产生决定性的影响，但他并不是完全被动地执行政策，而是充分利用与芮恩施的关系密切中美之间的交往，尤其在向美国透露"二十一条"这件事上推进了北京政府政策的转变。王芸生在九一八事变后编写

---

① 《东方杂志》第 12 卷第 6 号，1915 年，第 1~6 页。

② *Wilson Papers*, Vol. 34, p. 140.

《六十年来中国与日本》时，认为"二十一条"交涉中中国的外交"错误甚少"，在评论了袁世凯、陆征祥等最高层人物的表现后，他也称赞了官位不高的顾维钧的外交活动，指出所有这些"皆前此历次对外交涉所少见者"，给出了很高的评价。①

第一次世界大战引起的远东国际格局的变化，以及此次涉及日、德、美、英诸列强的外交交涉，带给进入外交界时间还不长的顾维钧一个十分重要的机会，使他能够观察和了解中国对外关系的全局。还在美国留学时，他就认识到日本外交的欺骗性，指出言行不一致是日本外交的特征。② 日本趁欧战出兵山东，随即提出"二十一条"，将它对华侵略的野心暴露无遗。这使顾维钧看清日本是对中国最大的威胁。而在英国等传统列强忙于欧战时，美国在远东和中国外交中的地位上升了。正是基于对中国外交全局这样的判断，中日交涉一开始，顾维钧就认识到能给中国以外交和道义支持的只有美国，因此让美国了解情况，推进其为中国发声。对顾维钧以后的外交来说，参与中日"二十一条"交涉，最大的影响就是对中国外交的首要威胁和主要盟友有了清醒而坚定的认识，形成了联美制日的主张。这一主张，随着顾维钧越来越深地参与到中国外交事务中，也影响到整个中国的对外政策。而对最高决策层来说，其通过中日交涉认识到中国外交需要顾维钧这样的年轻人。

---

① 王芸生纂辑《六十年来中国与日本》第 6 卷，大公报社，1933，第 398 页。1980 年该书重版时，此段评论被删除。

② *New York Herald*，8 October，1908，转引自 Li Chen，"The Making of China's Foremost Diplomat and International Judge," *Jus Gentium*，Vol. 4，No. 2，2019。

三 华盛顿最年轻的公使

中日交涉刚刚结束，袁世凯就决定重用顾维钧，将其放洋出任驻外公使。1915 年 7 月 11 日，袁世凯发布总统令，任命顾维钧为中国驻墨西哥公使。[①] 以 27 岁的年龄和从未在驻外使馆工作过的资历而言，这一任命是颇不寻常的。这也成为中国外交史上前无古人，也可能是后无来者的一项纪录。

根据顾维钧的回忆，这一任命起因于驻美公使夏偕复在对美外交中的重大失误。1915 年初，夏偕复在既未征得袁世凯同意，也未事先请示外交部的情况下，擅自向美国国务卿提议，应当邀请袁世凯总统出面调停结束世界大战，并说这是袁本人的意愿。北京政府在芮恩施前来询问此事时，方才知晓，袁世凯大怒之下命令外交总长孙宝琦立即将夏偕复撤职调回。但夏偕复是孙宝琦的内弟，驻美公使一职又是他力荐的，因此，孙宝琦恳请袁世凯由他来承担责任。此后不久，陆征祥接替孙宝琦出任外交总长，他与袁世凯商议后，决定派顾维钧去华盛顿出任中国驻美使馆参赞，主持馆务，为日后出任公使打下基础。陆征祥告诉了顾维钧这一安排，但顾维钧认为不妥，以资历尚浅为由请另委派一位新公使。最后，陆征祥又拟定了一个新方案，任命顾维钧为驻墨西哥公使，以增加资历，为避免刚到任就离开对墨西哥失礼，发布任命后让他先去伦敦见驻英公使施肇基，然后改派驻美公使。[②] 不过，根据外交部次长

---

① 《申报》1915 年 7 月 14 日，第 2 版。
② 《顾维钧回忆录》第 1 分册，第 138～140 页。

曹汝霖的回忆，顾维钧任驻美公使，是他向袁世凯推荐的。①

　　顾、曹两人的回忆不尽相同，其实说的是各自经历的一个方面。调换夏偕复是北京政府急于派顾维钧赴美的主要因素，但夏与美国联络调停大战之事，外交部并非毫不知情，② 而袁世凯要在对美外交上重用顾维钧不只是因为此事。曹汝霖的推荐应该也属实，顾维钧在外交部的工作，他作为次长都看在眼里，况且他们两人还是嘉定老乡，在总统面前美言几句是很自然的事。但曹汝霖不会是唯一向袁世凯推荐顾维钧的人，外交总长陆征祥肯定也是推荐之人，安排顾维钧去做使馆参赞的决定就是他与袁世凯商量后做出的。实际上，对常在自己身边工作的顾维钧，袁世凯已有直观的了解和基本的评判，尤其是中日"二十一条"交涉期间顾维钧积极联络美国的主张和活动对他产生了重要影响。顾维钧放洋出使，袁世凯下达的谕令中有一条是"联英、美、俄以防日"，并具体表明中国"练陆军助英、美，英、美出海军助我，利益互换"，顾维钧称赞此"远交近攻之要图"，"精论至当，谋虑深远，钦佩莫名"。③正如前面所指出的，争取美国制约日本正是顾维钧在"二十一条"交涉中的主张和做法。袁世凯的这一谕令透露出他派顾维钧出使有加强与美联合的意图，这正是重用他的主因。

---

① 曹汝霖：《一生之回忆》，台北：传记文学出版社，1970，第 114 页。
② 1914 年底，外交部指示夏偕复便中向美提及调停事，《发驻美夏公使电》（1914 年 12 月 14 日），北京政府外交部档案，档号：03-37-001-01-009。参见罗毅、金光耀《北京政府筹备参加欧战和会考析》，《历史研究》2015 年第 6 期。
③ 《收驻美顾、驻英施公使电》（1915 年 12 月 12 日），北京政府外交部档案，档号：03-13-032-03-001。参见承红磊《帝制运动期间顾维钧在美外交活动》，《复旦学报》2017 年第 2 期。

8月上旬，顾维钧离京南下，从上海乘船前往北美。同行的有40名清华庚款留美学生。《申报》称顾维钧顺道与清华副校长赵国才一同护送学生赴美，这显然是政府故意施放的烟幕，因为该报的另一则报道称顾此行"似有代夏使驻美之希望"，北京政府之真实意图已成为公开的秘密。①

8月底，顾维钧抵达美国旧金山。此时顾维钧有可能出任驻美国公使的消息也传到了大洋彼岸，正在美国国内的芮恩施奉国务院指令延缓返华，专程赶到旧金山与他见面。9月3日和4日，顾芮两人晤谈了三次，其中顾维钧探询的一个重点是美国对华政策的底牌。因为与芮恩施很熟，顾维钧直接问道："美政府对华政策如何，两国亲交有何方法？"芮恩施的回答也很直接，说美国政府曾认真研究，"以亲华助华为政策"，他到北京后会与英国驻华公使接洽，以便"一致进行"，并表示美国的政策目标是"挫谋中国者之野心"。芮恩施未挑明对中国有野心者是谁，对他和顾维钧来说这是不言而喻的。顾维钧在汇报与芮恩施会晤的电报中说，会晤的话题是遵外交总长的电令进行的。② 这也表明顾维钧此行确实有推进联美外交的任务。

顾维钧抵达美国之时，正是国内袁世凯酝酿帝制的敏感时期，不免会引起舆论的关注和联想。按顾维钧自己的说法，他竭力避免与帝制复辟有任何纠葛，要求等待改任驻美公使期间，政府不安排他任何涉及帝制的任务。③ 顾维钧的这个回忆

---

① 《申报》1915年8月4日第10版、8月8日第2版。

② 《收驻墨顾公使电》〔1915年9月7日（4日发）〕，北京政府外交部档案，档号：03-13-043-03-001。

③ 《顾维钧回忆录》第1分册，第141页。

故意"遗忘"了他此行的另外一个重要任务——这并不是他在口述回忆中的唯一一次遗忘。

在与芮恩施的会谈中，顾维钧就确认了关于帝制的传闻，虽然他告诉芮恩施袁世凯本人对此是迟疑的，但芮恩施通过这次会谈得出的结论是，顾此行的主要目的是在欧美为袁称帝制造舆论和打好基础。① 芮恩施的这一判断是准确的。

在旧金山逗留数日后，顾维钧赴美国中部的芝加哥。在这两个大城市，他与"美国官、绅、商、学、报各界重要人物处处来往"，其中大多数人会询问帝制一事，有同情者，有反对者。顾维钧都详加说明，称民国成立后中国人民"爱国心发达甚速"，一般民众"知非有强固永久政体，不足图富强、谋立国"，他为国体变更辩护，说是"以救国为前提"，并且是"民心之趋向"。顾维钧在给外交部的电文中表示，"现奉钧电，自当竭力进行"，表明他向美国各界解释帝制确是奉命而行。②

不过顾维钧的使命并不仅仅是说明和解释，他还发挥善于与媒体打交道的特长，推动美国媒体为中国国体变更做宣传。9月下旬，顾维钧联系了一家美国报纸，交给该报请人写好的稿子，刊登于报纸的头版。该文称，袁世凯反对改变国体，但政界、商界请愿恢复帝制，军队全体赞成帝制，因此袁本人抵挡不住赞成之声。在顾维钧运动下，该报还刊发了古德诺赞成

---

① 保罗·S. 芮恩施：《一个美国外交官使华记——1913～1919年美国驻华公使回忆录》，第134～135页。

② 《收出使墨国顾公使电》（1915年9月21日），北京政府外交部档案，档号：03-13-032-01-001，转引自承红磊《帝制运动期间顾维钧在美外交活动》，《复旦学报》2017年第2期。

君主制的文章。①

12 月中旬袁世凯宣布接受帝位后，顾维钧联系在新闻界有影响的记者端纳、密勒（Thomas Millard）等在美国主要媒体上发声。12 月 13 日，密勒在美国《华盛顿时报》（*The Washington Times*）、《首都日报》（*Daily Capital Journal*）、《周日电讯报》（*The Sunday Telegram*）等报发文，强调袁世凯接受帝制本身并不会带来动荡，因"大多数中国人倾向帝制，且赞同袁继续做中国领袖"，只有在出现外来干涉的情况下，才会产生动荡。而日本是倾向于制造混乱的。② 在引导帝制舆论方面，顾维钧积极主动，花了很大力气。从密勒的言论来看，在鼓吹帝制时也有对日本侵华野心的揭露和警示，这又是与顾维钧联美的初衷一致的。

前面提到过，顾维钧留学时曾于 1912 年 1 月 2 日给纽约《太阳报》投过一封信，针对美国报纸上出现的中国应先行君主立宪制然后再行共和制的主张提出尖锐的批评，明确指出中国不必经君主立宪再走向共和制。③ 仅仅三年多的时间，他对共和的看法为什么会发生如此之大的变化呢？

从顾维钧向美国各界所做的说明和推动媒体发表的文章来看，对帝制复辟除了解释是"民心之趋向"，政界、商界和军队都赞成，还特别强调中国需要强有力的政治体，以保证国家

---

① 承红磊：《帝制运动期间顾维钧在美外交活动》，《复旦学报》2017 年第 2 期。

② 承红磊：《帝制运动期间顾维钧在美外交活动》，《复旦学报》2017 年第 2 期。密勒又译米勒，1911 年在上海创办《大陆报》（*China Press*），任主笔。1916 年创办《密勒氏评论》（*Millard's Review*）。

③ "Confusing Counsel From America to the Revolutionists," *Chinese Students' Monthly*, Vol. 7, No. 4, 1912, pp. 352-353.

的稳定和富强。辛亥革命在推翻了延续两千余年的帝制的同时，也瓦解了从晚清起不断走向衰落的中央集权。民国成立后，军阀政治的萌芽就已出现，北京政府缺乏必要的统治权威。在此背景下，这种认为中国需要强有力的中央政府的主张，并非顾一个人的想法，当时留学美国的中国学生此种认识相当普遍，对"中央集权的民族主义"的信奉使他们能够容忍袁世凯的独裁。[①] 而因为有在袁世凯身边工作的经历，顾维钧在帝制期间的活动还包含着他个人对袁世凯的好感。他根据自己的观察，认为袁世凯处理外交事务"颇有经验"，虽是总统，"实际上同时又是外交总长"，在对外关系上亲力亲为，煞费苦心，"对政府所做的一切亲自承担了责任"，是一个"天生的领袖人物"。[②] 因此，顾维钧对帝制的态度包含着对袁世凯的肯定和信任，以及对袁领导下中国强盛的期望。1916 年 1 月 29 日，帝制已经推行，顾维钧在美国政治和社会科学学会的讲演中，表示只有一个统一且强有力的政府才能够成功应对中国的复杂形势，最近实行的帝制就是这样一个举措。面对美国的知识精英，他充分发挥他的演讲才能："给我们十年，我们会给你一个强大的中国。"[③] 这显示出他对袁世凯领导中国的信心，强国的愿望使他愿意接受袁世凯这样一个强人。但复辟帝制最终使袁世凯身败名裂，所以顾维钧晚年口述回忆时就"遗忘"了这段重要的史实，从中不难看出他后来对自己卷入帝制运动的否定态度。

---

① 叶维丽：《为中国寻找现代之路：中国留学生在美国（1900~1927）》，第 46 页。

② 《顾维钧回忆录》第 1 分册，第 390~392、85 页。

③ 承红磊：《帝制运动期间顾维钧在美外交活动》，《复旦学报》2017 年第 2 期。

1915 年 10 月 25 日，北京政府发布总统令，任命顾维钧为中国驻美公使。顾维钧担任过总编辑的哥伦比亚大学《哥大旁观者》次日就在头版显著位置报道了这一消息，分享了这位校友重返美国的喜悦和荣耀。

任命颁布时，顾维钧还在英国，11 月下旬回到美国。按照外交礼仪，他必须递交国书后才能正式履行公使的职责。但美国方面却等不及了，国务院希望顾维钧能以中国公使的身份出席威尔逊总统与高尔特（Edith Galt）的婚礼，提出只要将国书内容通过电报发到华盛顿，并附一份给国务院的副本，他们就可以安排递交国书了。12 月 16 日，递交国书仪式举行。顾维钧致颂词时称："中美睦谊素敦，利益相共，极愿将两国已有之亲善利益更谋发展，惟冀美政府推诚相助。"威尔逊在答词中说："中美两国日益亲密，遇事必极力相助。"并特地称赞顾维钧"贵公使熟悉本国情形，学问优长，办理外交，自必浃洽"。① 两天后，顾维钧参加了威尔逊总统第二段婚姻的婚礼。早在留学期间，顾维钧就参加过当时任普林斯顿大学校长的威尔逊的家宴，两人就政治哲学、美国行政管理以及中国政治发展的趋向进行过深入交谈，彼此都留下了很深的印象。② 在中国外交官中，不管是晚清出使的还是当时驻外的，还没有人与驻在国元首有过密切的私人交往，这成为顾维钧开展对美外交的独特优势。

到任之初，除了推动帝制舆论、加强中美邦交外，争取美国借款也是顾维钧着力甚多的一件事，当然这与前两件事也密

① 《收驻美顾公使电》（1915 年 12 月 18 日），北京政府外交部档案，档号：03-44-019-01-001。

② 《顾维钧回忆录》第 1 分册，第 144 页。

不可分。顾维钧争取的第一笔美国借款是与利益坚顺公司（Lee Higginson & Co.）商谈的。这笔借款在他上任前就由北京政府财政部委托驻美使馆经办，以作充实实业、市政、教育及其他事业之用。顾的前任夏偕复在与利益坚顺公司代表商谈时，该公司代表提出须有代表中国在美国办理财政之权。1915年10月29日，北京政府财政部同意委托该公司为经理人在美发行中国债票，但中国政府仍有权自行委托其他公司经理其他债票。①

顾维钧上任后接过此事。至1916年3月下旬，该借款大体谈妥之际，国内政局因袁世凯帝制复辟而扑朔迷离动荡不定，美国舆论对此多有报道。利益坚顺公司遂"疑虑丛生，推诿延宕"，"要求待询各重要美人之意见后再商"。顾维钧向该公司代表尽力解释仍无成效，于是充分利用他在美国的人际网络，联络"与中国感情素好之人"，然后让利益坚顺公司去询问这些美国人，打消他们的顾虑。同时他还联系媒体，"将中国大局无碍情形，密托美人著论登报"。经顾维钧"反复晓譬，几致舌敝唇焦"，利益坚顺公司最终同意与中国政府签订借款合同。②4月7日，顾维钧代表北京政府与利益坚顺公司签署了《六厘金币库券合同》。合同规定，利益坚顺公司承担出售总额为500万美元的中国金币库券，期限3年，年息6厘；该公司先垫付100万美元给中国政府。③

借款达成的消息传回时，正是国内反袁运动高涨之际，反

① 财政科学研究所、中国第二历史档案馆编《民国外债档案史料》第5卷，档案出版社，1991，第348~350页。
② 《民国外债档案史料》第5卷，第357~358页。
③ 王铁崖编《中外旧约章汇编》第2册，三联书店，1959，第1173页。

袁力量将此看作对帝制的支持，极力反对。唐绍仪以国会议员代表的身份致电美国国务卿，抗议借款给"背誓叛国"的袁世凯，并不承认借款有效。同时因舆论认为顾维钧是借款中"最出力之一人"，唐绍仪还在《申报》上刊登致顾维钧的公开电：

> 华盛顿中国公使顾维钧先生鉴：报传袁借美款二千五百万，已由公签字。若然，是无异甘心助逆，与全国国民为敌。兹由旅沪国会议员二百十六人公推仪向驻京美使及华盛顿美政府声明，袁世凯背誓叛国，已失其政府资格，此项借款国民绝对不负偿还之责外，请立将该约向前途声明作废。稍留余地，以与国民相见。速复。唐绍仪。①

唐绍仪是顾维钧的岳父，电文刊登在影响甚广的《申报》上，又有"稍留余地，以与国民相见"这样尖刻的言语，顾维钧收到电文后"甚为不快"。但唐绍仪不仅是他的岳父，也是他进入官场的引路人，此时又是南方政治力量的代表人物，顾维钧不得不忍下心中的不快，给唐绍仪写了一封长信详加解释。② 这是顾维钧第一次经历外交与国内政治交织在一起的困境。

由于反袁力量的反对，利益坚顺公司付出首笔钱款后裹步不前。日本则出于反对美国资本进入中国，大肆渲染借款会引

---

① 《申报》1916 年 4 月 13 日第 3 版、4 月 16 日第 6 版、4 月 18 日第 2 版。
② 《顾维钧回忆录》第 1 分册，第 146 页。顾维钧在回忆中将唐绍仪的电文与 1916 年 11 月的芝加哥借款联系在一起，但从其回忆的电文内容看，应是这笔借款，芝加哥借款已在袁世凯死后了。

起中国的抵制美货运动，离间中美之间的关系。随即，袁世凯去世后政局进一步动荡，利益坚顺公司的借款在实交 119.1 万美元后就搁置了。[①]

袁世凯去世后黎元洪继任总统，段祺瑞组阁。混乱的政局和空虚的国库使北京政府陷入严重的财政危机。日本为进一步控制中国，又扣留存在横滨正金银行中的中国盐税余款。芮恩施对日本趁火打劫的做法十分恼火。从 5 月底到 6 月中旬，他接连给国务卿蓝辛发出 4 份密电，呼吁华盛顿贷款给中国，以抵消日本在中国的影响。他认为，作为目前唯一能给中国实际财政支持的大国，局势的发展已要求美国承担起自己的责任。如果要阻止日本完全控制中国的财政，美国的银行界必须马上采取行动。他建议，美国应该给中国一笔 1500 万美元的银行贷款。[②] 蓝辛接到芮恩施的电报后，向威尔逊做了汇报。同时，他还会见了美国银行团的代表，建议他们立即向中国政府提供 400 万或 500 万美元的贷款，以帮助中国政府应付行政上的急需。但是，美国银行团成员认为，向中国政府提供行政贷款会受到善后借款协议的约束，而提供非行政贷款则应由美国政府正式提出，并提供必要的担保。[③] 由于为美国银行团在海外投资提供明确的担保不符合威尔逊政府的政策，蓝辛没有进一步要求美国银行团采取行动。但国库空虚的北京政府已无法等待下去了，财政总长陈锦涛于 9 月下旬授权顾维钧直接向美

---

① 《民国外债档案史料》第 5 卷，第 347 页。
② Reinsch to Lansing, May 27；14，15 June，1916，*Wilson Papers*，Vol. 37，pp. 234-236.
③ *FRUS*，1916，pp. 134-138.

国银行界商谈借款，设法至少借到 500 万美元。①

　　这是顾维钧上任不久接手的又一个借款任务。几经询问后，顾维钧锁定了芝加哥大陆商业信托储蓄银行。双方谈判的难点在贷款的担保问题上。自晚清中国政府大量举借外债后，每笔借款都以中国的关税、盐税、烟酒税或厘金等作为抵押，并由外籍顾问监督、管理相应的税收。这些规定自然损害了中国的主权。有志于改变中外关系中不平等现象的顾维钧希望能改变举借外债中的这种状况。他上任不久，在与担任过美国驻奉天总领事的司戴德（Willard Straight）的会谈中，就表示美国银行界贷款给中国不应在担保方面提出苛刻要求，否则中国宁愿不向外国借款。② 此次贷款谈判，芝加哥银行仍按往常的惯例提出要由烟酒税来担保，并由银行派代表对烟酒税进行监督。顾维钧向银行指出，不应提出对税收进行监督这样的政治性要求，希望纯从做生意出发，为向中国贷款开一个好的先例。在顾维钧的努力下，芝加哥银行最终放弃了派代表对中国的烟酒税进行监督的要求。11 月 16 日，顾维钧代表中国政府与芝加哥银行签订借款合同。合同规定，中国政府向芝加哥银行举借 500 万美元，以烟酒税为担保，发行国库券，期限 3 年，年息 6 厘。芝加哥银行还获得 2500 万美元补充贷款的优先借贷权。③ 除了没有对中国的烟酒税派人进行监督，这一借款合同与这一时期签订的其他借款合同并没有很大的不同。在

① 《顾维钧回忆录》第 1 分册，第 144~145 页。
② Memorandum：Mr. Straight Called on 16 December, 1915, 中国第二历史档案馆藏，档号：1039-395。
③ 《顾维钧回忆录》第 1 分册，第 145~146 页；《民国外债档案史料》第 5 卷，第 654~659 页。

改变传统的举借外债方式上，顾维钧只向前迈出了很小的一步。

　　这笔借款一签署就遭到了英、法、俄等国银行家的反对，理由是有违 1913 年善后借款的有关规定。日本更是故意散布谣言，说芝加哥银行因为有德国背景才同意了这样一笔旨在反对协约国的借款。美国政府是支持这笔借款的。因此在列强表示反对后，威尔逊总统要求蓝辛指示芮恩施以明确的语言坚定地表明美国政府的态度。12 月上旬，芮恩施根据华盛顿的指示，分别会见北京政府财政总长和列强驻华外交代表，表示芝加哥银行借款并未损害他国在华权益，也未与现有的各种协定发生抵触，因此任何排除美国银行家与中国正当合作的企图，都将遭到美国政府的坚决反对。① 美国政府的强硬态度保证了芝加哥借款合同的顺利履行。借款中的风波实际上体现了美日两国在对华资本输出方面的激烈竞争，这使顾维钧进一步观察到美日在远东的矛盾和冲突。

　　出使华盛顿第一年，因为与帝制运动有牵连，争取借款又与国内政争有关联，顾维钧身心疲惫，萌生过退意。1916 年 9 月下旬，有媒体称被任命为外交总长的唐绍仪有意另派人出任驻美公使，另有媒体称这与顾维钧和帝制运动的牵连有关。随即，顾维钧称病请辞，但未获批准。辞职的消息还流传了一些时日，直到 1917 年初，美国国务院远东司发表消息，确认顾维钧仍将担任中国公使，传言才终止。②

① Reinsch to the Secretary of State, 2, 18 December, *FRUS*, 1916, pp. 145, 148; Lansing to Wilson, 4 December 1916, *Wilson Papers*, Vol. 40, p. 140.
② 《申报》1916 年 9 月 26 日第 2 版、9 月 30 日第 2 版、11 月 2 日第 2 版；*Columbia Spectator*, 29 September, 1916; 6 January, 1917。

四　"远交美以制近逼之日本"

第一次世界大战改变了远东的国际关系格局，并由此深刻地影响了中国的外交。中国最初从弱国立场出发制定中立政策，以图置身事外。但中立政策的失败和日本趁机扩大侵华，使不少有识之士认识到中国必须采取新的外交策略。顾维钧联美制日的主张顺应了中国外交面临的这一变化。与一些仅仅提出政策建议的人不同，顾维钧驻节华盛顿，在开展对美外交中可以身体力行地将自己的想法付诸实施，从而影响中国的外交政策。

直到 1917 年初，美国还未卷入世界大战。但德国此时开始实行无限制潜艇战，于是 2 月 3 日，美国政府宣布对德绝交，并于同日指示美国驻各中立国使节照会驻在国，照会表示"相信如果各中立国采取与本政府相似的行动，将有助于世界和平"。这一照会更多是一种外交姿态，并非真要各国仿效美国。但一心要推动中美合作的芮恩施却对这一指令有自己的理解，认为就是要让中立国跟随美国采取行动，以阻止德国的无限制潜艇战。因此，"我的明确的任务就是说服中国按照我国政府的建议赞同美国的行动"。2 月 4 日，接到国务院指示当天，他就拜访北京政府总统黎元洪和总理段祺瑞，劝说中国追随美国。此后几天，他除继续与黎元洪和段祺瑞见面外，还拜访了外交总长伍廷芳和财政总长陈锦涛等人。[1]

---

① 保罗·S. 芮恩施：《一个美国外交官使华记——1913～1919 年美国驻华公使回忆录》，第 187 页；*Wilson Papers*，Vol. 41，p. 175。

美国宣布对德绝交当天，顾维钧将此消息通报外交部，并提供了未来局势可能发展的信息："政界议论，如德国无意外举动，美国当不致宣战。"几天后，又将探询所得欧洲中立国的态度报告外交部："欧洲中立国虽抗议德国封锁，但均不赞成对德绝交。"① 此时，顾维钧只是通报情况，对中国该如何应对并无建议。

北京政府最高层对芮恩施的游说表现出不同的反应。黎元洪虽赞成外交总长伍廷芳追随美国的建议，但在与芮恩施会谈中却表现出怀疑和不赞成的态度，认为中国保持完全的中立较为稳妥，因为他担忧一旦追随美国，中国就会参战，这会增强掌握军权的段祺瑞的势力。② 段祺瑞在这之前对中国参战就有考虑，芮恩施劝说后他精明地看出这对中国，包括对他自己派系的发展是一个机会，因此向芮恩施提出若中国参战美国需承诺的条件，包括中国的军事力量不受外国控制、中国在战后和平会议上享受充分权利、美国给中国 1000 万美元的财政援助。③ 此时北京与华盛顿的电报线路恰巧发生故障，芮恩施无法将段祺瑞的要求通报国务院，更无法获得明确的指示。急于推进中美合作的芮恩施自己做出决断，向北京政府表示如果中国追随美国，美国将给予援助。尽管芮恩施同时表示这并非明确的承诺，尚需美国政府正式认可，但段祺瑞内阁得到这一答

---

① 《收顾公使电》（1917 年 2 月 3 日、9 日），北京政府外交部档案，档号：03-12-006-01-005、03-12-006-01-010。
② 张国淦：《对德奥参战》，章伯锋、李宗一主编《北洋军阀（1912~1928）》第 3 卷，第 79~80 页；保罗·S. 芮恩施：《一个美国外交官使华记——1913~1919 年美国驻华公使回忆录》，第 187~191 页。
③ 张国淦：《对德奥参战》，章伯锋、李宗一主编《北洋军阀（1912~1928）》第 3 卷，第 75~76 页。

复后于 2 月 9 日决定向德国提出抗议照会，并口头照会芮恩施，一旦美国对德宣战，中国至少对德绝交。①

但是华盛顿并不赞成芮恩施鼓励中国追随美国的做法。威尔逊获悉后，在给国务卿蓝辛的一封信中写道："我们可能正在引导它（中国）冒毁灭的危险。"在国务院给芮恩施的指令中，威尔逊加上了这样的词句：美国政府"不希望使中国陷入危险"。②美国政府担心的是这会给日本进一步控制中国提供机会。芮恩施还要执着地向华盛顿表达自己的看法，认为这是一劳永逸地解决中国问题的机会，但他没能说服威尔逊和蓝辛改变主意。在 3 月 12 日给芮恩施的电报中，蓝辛明确地表示，芮恩施误解了 2 月 3 日的指令，国务院坚持不向中国做任何承诺的立场。③

芮恩施允诺的美国财政支持无法兑现，而原先反对中国参战的日本政府却在此时改变了态度，赞成中国向德国抗议的举动，并进而鼓励对德绝交，同时又意味深长地表示对中国未事先与日本接洽感到遗憾，显露出在中国参战问题上要与美国一争高低。2 月中旬，日本政府委派寺内正毅首相的私人代表西原龟三来华，商谈对华借款事宜。

美国政府和日本政府的不同态度对北京政府最高层产生了重大影响。对于对德绝交和参战问题，段祺瑞主要是从国内角度而不是亲美或亲日的角度来考虑的，他认为，"吾国最难是财政，参战后，各国对我财政能有所援助，则政府办事方能顺

---

①　*Wilson Papers*，Vol. 41，pp. 175-178；*FRUS*，1917，Supplement，p. 407.

②　*Wilson Papers*，Vol. 41，pp. 175，187.

③　*Wilson Papers*，Vol. 41，p. 229；*FRUS*，1917，Supplement，p. 419.

利"，且参战还可以一扫北洋军队中已有之暮气。① 所以，在芮恩施允诺美国将给中国财政援助后，段祺瑞内阁立即通过向德国提出抗议的决定。但在美国财政援助没能兑现的情况下，段祺瑞又在对德问题上转向了主动来商谈对华借款的日本，筹划按日本要求立即对德绝交。黎元洪最初在对德问题上意存犹豫，主要就是担心段祺瑞趁机扩张势力，因此虽在芮恩施劝说下一度倾向赞成对德绝交，但当段祺瑞在这一问题上成为主导力量时，他又极力主张在对德外交上持审慎态度。3 月初，黎段矛盾激化，总统府与国务院之间围绕对德问题展开了激烈的争斗。府院之争的第一回合以黎元洪让步、北京政府于 3 月 14 日宣布对德绝交而告一段落。

顾维钧对国内府院之争的复杂背景并不了解。3 月 17 日，他将中国对德绝交一事通知美国国务院。此后，他更密切关注美国对德立场。4 月 2 日，威尔逊向国会演讲对德宣战事，6 日国会通过对德宣战，他都及时向国内报告。② 当然，他更关注美国对中国的态度。4 月 5 日，即美国对德正式宣战前一天，顾维钧拜访国务卿蓝辛，除探询美国对德政策外，并询问如果中国对德作战，美国是否有意接济。蓝辛回答道"如中国事实上确向德作战，美国允接济"，并表示，"为中国计，为全局计，中国宜先从容布置，待时而动"，流露出希望中国及早准备的意愿。③

① 张国淦：《对德奥参战》，章伯锋、李宗一主编《北洋军阀（1912～1928）》第 3 卷，第 76 页。

② 《收顾公使电》（1917 年 4 月 2 日）、《呈大总统电》（1917 年 4 月 6 日），北京政府外交部档案，档号：03-12-006-01-043、03-12-006-01-048。

③ 《美国对中国参战的态度》，《近代史资料》总 38 号，中华书局，1979，第 183 页。

　　蓝辛的态度和美国正式对德宣战，使顾维钧两个月来观察所产生的思考最终形成了完整的想法。4月9日，他给总理段祺瑞和外交总、次长发了一份长电，开头就表明自己"有不能已于言者"，欲将自己对中国参战及外交全局的想法向高层一吐为快。在他看来，中国对德先抗议，后绝交，参战已势在必行。但究竟是追随美国参战还是加入协约国参战，"利害出入洵属毫厘千里"。顾维钧的态度十分明确。他指出加入协约国参战有四害。第一，已表示与美一致，若转而加入协约国，美方不免疑我诚意，在我自失信用。第二，日本国策在趁欧战之机控制中国，将以协约国名义，借口助我作战，在我内部擅自行动，甚至逼迫中国允从一切。第三，英法将以强力使用我原料和人力，届时从则失主权，不从则背盟约。第四，英法默认日本为东亚霸主，将更便利日本控制中国。而随美参战则有四利。第一，与美各自处第三交战团地位，不受人迫，仍保行动之自由。第二，加入协约国义务必重，权利未必多，而美之于我，不独无所求，且有能力与意愿助我。第三，日本对我始终有野心，终必思动，英法碍于同盟不便干涉，更无余力助我，而美国谊当还助，并有余力顾我防患未然。第四，战后国际外交上获益不浅。①

　　不难看出，"四害四利"立论的出发点就是"联美制日"，这是顾维钧在"二十一条"交涉中就形成的看法，经过两年的实践和思考，表述更为完整和系统。这一看法不仅基于对第一次世界大战后远东国际格局变化的分析，也基于对与中国有关联的列强的总体判断。在顾维钧看来，列强中绝大多数与中国

---

① 《美国对中国参战的态度》，《近代史资料》总38号，第184～185页。

都有利害冲突，"如英之于西藏，俄之于蒙古，日之于山东，葡之于澳门，均属未了问题"。所以与这些国家，即便中国想与他们接近，"亦难持久"。而美国与其他列强完全不同，"美对我无阴谋，待我以至诚，我正可赖美为助"，显示了对美国的充分信任。这种信任在顾维钧以后的外交生涯中一直延续着。正是出于对美国的信任，他强调"诚"对于弱国在与强国交往中的重要性："交必出于诚，方可不分强弱而均得其益，若以利交，终归于强者。"这份洋洋千余字的长电表达的是顾维钧对中国外交的基本看法——"远交美尚足以制近逼之日本"。①

出使之后，顾维钧给国内的电报，大多是报告各种信息，间或会附上自己的分析和判断，有时也会就一些具体问题提出建议。但像这份长电，系统地对中国外交的全局提出自己的看法，并做出深入的分析，还是第一次，在当时的驻外使节中也不多见。出使海外才一年多，他就希望自己的思考能对整个中国外交有所推进。因此，这份电报不像通常那样只发外交部，而是一并发给了国务总理。

长电发出后，顾维钧意犹未尽，一周后又向段祺瑞和外交总、次长发出一电。在4月9日的电报中顾维钧虽主张追随美国参战，但在具体时机上尚提出"不宜过急"。4月16日的电报中，他力主马上采取行动，因为一周来"情势又经一变"，中国既然对德绝交，"已处于不得不战之地"。立即参战的理由有二。一是美宣战后中南美多国跟进，而停战呼吁又接踵而起，此时参战，"国家荣誉，所关非浅"。如果"迟疑瞻顾，或转瞬而和议宣传，入战不便，中立难堪，时机一失，莫可挽

---

① 《美国对中国参战的态度》，《近代史资料》总38号，第185页。

回"。二是美国国会马上要通过参战拨款，若在通过前参战可获接济，否则将被排除在外。美日两国仍然是顾维钧考虑的重点："美日两国素不相能，日本忌吾甚切，美则利吾强盛。"因此他建议北京政府"当机立决，自行宣战"。①

发出上述两电后，顾维钧又多次拜访国务院，与蓝辛等人交谈，讨论一旦中国参战美国对华提供财政援助的问题。4月26日，他又托英国友人安排，与到访美国的英国外交大臣格雷会晤，询问英国对中国参战的看法。格雷表示，不管追随美国，还是加入协约国，要点在参战。② 对追随美国参战，顾维钧抱着极大的热情。

但此时中国国内的政局却发生急剧的动荡。段祺瑞内阁在对德绝交后，为获取日本的支持进一步谋求对德宣战，黎元洪被迫同意将参战案提交国会。但参战案在国会遭拒。段祺瑞控制下的督军团要求黎元洪解散国会，黎元洪却干脆于5月23日罢免了段祺瑞。段祺瑞遂赴天津策动督军团解散国会，驱逐黎元洪。府院之争趋于激烈。

芮恩施对中国混乱的局势十分关注，他向蓝辛建议美国与其他列强共同发表一个声明，重申保证中国的领土完整和不谋求领土与特许权。蓝辛接受了这一建议。6月4日，美国政府照会中国，表示"中国参加对德作战，或继续其与德政府现行关系是次要之事，当务之急是恢复和继续其政治统一"，"对中国的政府形式或执政者，美国的兴趣仅在于其友谊能有

---

① 《电外交部》（1917年4月16日），北京政府外交部档案，档号：03-12-006-01-051。
② 《致国务总理外交总次长电》（1917年4月26日），北京政府外交部档案，档号：03-12-006-01-033。

助于中国。但美国对中国维持一个统一的负责的中央政府深感兴趣，并衷心希望中国为自己和世界的利益立即消除派系政争"。蓝辛要求芮恩施以非正式方式将照会内容告知反对黎元洪的督军团首领。[①] 对在府院之争中处于下风的黎元洪来说，美国的照会是一个支持。

美国发出照会的次日，在府院之争中站在黎元洪一边的外交总长伍廷芳通过芮恩施致电顾维钧，向他通报督军团反对黎元洪的情况，指示他请求蓝辛和威尔逊发表声明支持黎元洪。顾维钧获悉府院之争激化的消息后，"深为惊骇"，于 6 月 10 日致电外交部请转呈总统黎元洪：

> 窃念国基未固，几经动摇，已甚危险。况欧战尚烈，和议无期，东亚均势既破，外交益难对付。此间各界谈论均谓为中国大局计，为世界计，极愿中国自保和平，方免意外之患等语，足见其深悉我国之现情，并竭诚忠告之雅意。钧默察外交大势，亦见险象环生，今见报载某督军拟遣兵进逼北京，更为焦灼。盖恐兵事一起，干涉立至，以我国内多故，反中强邻觊觎之计。用敢以钧个人名义电请徐东海力主和平，劝各方面捐除意见，均以国家为前提，万勿轻动干戈，致召外来之大患。钧职居外交，本不敢于内政妄有所陈。特身处海外，国际情势见闻较切，反观国内益用寒心，祸福所关，难安缄默。区区苦衷，谅邀垂鉴。[②]

① *FRUS*, 1917, pp. 46-49.

② 《收驻美顾公使电》[1917 年 6 月 14 日（10 日发）]，中国第二历史档案馆藏，档号：1039-287。

两个月前的长电专论外交，这份电报却是因国内政争影响外交格局而发。在顾维钧漫长的外交生涯中，这样对国内政争直接发表意见的做法并不多见。他呼吁各方捐除意见，为国家计万勿轻动干戈，主要是担忧"兵事一起，干涉立至"，关注的还是外交，尤其是对"强邻觊觎"的担忧。顾维钧为险象环生的国内政局焦灼难安，但在外交部收到他电报的那天，即6月14日，张勋率领辫子兵进京了，乱成一团的北京城中已无人关心他的意见了。

"强邻觊觎"马上从担忧变成现实。美国与日本在远东的竞争与矛盾因其他列强忙于欧战而日益激化。日本政府希望在世界大战结束前能与美国在远东尤其是中国问题上达成某种妥协，巩固其在中国的优势地位。美国对德宣战后，关注的重点转向欧洲，也希望在远东缓和与日本的矛盾。正是在这样的背景下，日本政府于6月14日通知美国政府，前外相石井菊次郎被任命为特使，将赴美讨论双方共同关心的问题。

顾维钧对日本这个强邻的外交一直高度关注，石井访美的消息马上引起他的警觉。6月16日，他与美国国务院官员会面时对石井访美表示关切，询问美国是否会承认日本在华拥有特殊利益，一眼看清了石井此行与中国的关联。[1] 他也将这一消息马上报告国内。6月26日，他进一步分析了石井访美的目的并提出中国的应对之策。顾维钧对石井访美的基本判断是："名为磋商，实将密提中国问题，而使美国俯就范围，用意至险。"这一判断基于他对日本对华政策的认识。他指出，日本对

---

[1]　Polk to Williams, 20 June, 1917, *State Department Files*, Microcopy No. 337. 711. 9312/22.

中国的大政方针是乘机渐进操纵中国，对其他列强则先谋束缚其在华发展自由，鼓吹日本在华特别优越之地位。他对日本对华施行的各种诡计看得十分清楚，"今日下哀的美敦书，明日发要求条件，后日议中日交亲"，但换汤不换药，目的就是要控制中国。他预判石井访美会涉及三个问题：（1）日本在华优势地位；（2）对华经济同盟；（3）日本在山东地位。他提出应将日本对华野心向美通报，希望美国政府不与他国讨论与中国有关的问题，留待大战结束后再共同协商妥善解决。因为相信美国对华"向无野心"，所以他认为这次交涉"不至有意损及我国"。[①] 从后来美日谈判和签订的协定来看，顾维钧对日本的分析和判断是深刻和准确的，而对美国的对华态度则太过乐观了。

8 月下旬，石井菊次郎抵达华盛顿。日本政府给石井的公开指示是与美国讨论太平洋防卫等与世界大战有关的问题，但秘密指示包括要求美国承认日本在华有至高无上的利益。美国政府对石井访美十分重视，对日本拟提出在华之特殊要求也有警觉。负责远东事务的助理国务卿朗（Breckinridge Long）在一份备忘录中认为，美国不应承认日本"在中国的优先地位"及在南满、东蒙和山东的特殊地位。国务院远东司司长卫理（Edward Williams）指出，如果承认了日本的优先地位，美国就无法反对俄国、英国、法国提出相同的主张，"我们也就实际上赞同被剥夺在华投资的所有机会"。他们两人主张，美国最好的对策是在大战结束前"回避和拖延"讨论中国问题。[②]

---

① 《收驻美顾公使电》［1917 年 6 月 27 日（26 日发）］，北京政府外交部档案，档号：03-33-076-01-001。

② Medeleine Chi, *China Diplomacy, 1914-1918*, Harvard University Press, 1970, pp. 108-109.

拖延到战后的建议与顾维钧的主张不谋而合。但国务卿蓝辛却准备在中国问题上与日本达成妥协。

从9月6日至11月2日，蓝辛与石井举行了12次会谈。会谈的内容涉及美日双方在大战中的协作、日本继承德国在太平洋上的岛屿以及中国问题。双方的分歧主要集中在中国问题上。在第一次会谈中，蓝辛就提出美日双方应该联合或同时重申"门户开放"政策。石井表示，日本政府当然赞同并会像以往一样遵循这一政策，但重申"门户开放"政策必须以承认日本在中国有至高无上的地位为前提。蓝辛表示美国不能接受"至高无上"的提法，但愿意对日本在中国"基于地理位置的特殊利益"予以考虑，"理解日本的人口压力和工业扩张的需要"。为了说服日本放弃"至高无上"而接受"特殊"的提法，蓝辛解释说，这样的措辞"为双方做出合适的解释留下了足够的余地"。这一解释最终得到日本的认可。蓝辛又提议美日宣布不利用目前形势谋求在华特权，日本最初予以反对，在美国的坚持下，同意作为美日协定的秘密条文。① 11月2日，蓝辛与石井以交换照会的形式达成了协定，其主要内容是：美国承认日本在中国尤其在与其属地邻近的地区有特殊利益；这样的特殊利益并不意味着歧视他国的贸易和无视中国的商业权利；美日两国否认他们有任何企图损害中国独立和领土完整的意图。

蓝辛与石井会谈期间，对会谈内容高度保密，连美国驻华公使芮恩施也无法获悉详情。顾维钧在华盛顿想方设法去了解

---

① *FRUS*, *Lansing Papers*, *1914-1920*, Washington, 1939, Vol. 2, pp. 433-437, 445-449.

会谈的内容。他频繁访问国务院，并多次与蓝辛直接会晤。有时也通过关系，设法获取内幕消息。他最为关心的就是日本在华特殊地位问题，但美日均不愿在谈判期间对外泄露，"关防益密"。10 月 6 日，顾维钧拜访蓝辛，询问谈判进展，蓝辛告诉他美国将承认日本在华有"特殊利益"。10 月 13 日，他再与蓝辛见面，要他解释"特殊利益"的确切含义，蓝辛说这与优越利益或特别势力不一样，只是因中日地理邻近而产生，与政治经济也无关。顾维钧明白，蓝辛是在安慰他，日本原先的要求已被美国拒绝，现在只是承认一个地理事实，但这样的解释仍使他忧心忡忡。①

蓝辛与石井互换照会时商定，双方于美国时间 11 月 6 日在美国和日本同时公布这一协定。但国务院有官员在 3 日就向顾维钧透露了协定内容。5 日，顾维钧拜访蓝辛，正式获得协定的文本，当即再请蓝辛对日本在华有"特殊利益"进行解释，蓝辛称只指商务，不涉及政治。顾维钧表示中国没有参与这一协定，因此并无遵守义务。②

北京政府获悉《蓝辛-石井协定》后，向美国政府提出照会，称中国政府不受他国条约之束缚。11 月 12 日，顾维钧向蓝辛递交了这份照会，表示中国舆论对美国"颇示失望"。蓝辛再次解释日本在华"特殊利益"基于其地理邻近，这只是叙述了一个不言自明的事实。顾维钧紧紧追问，如果是事实为

①　《收驻美顾公使电》［1917 年 10 月 9 日（6 日发）］，北京政府外交部档案，档号：03-33-076-01-011；《收驻美顾公使电》［1917 年 10 月 16 日（13 日发）］，北京政府外交部档案，档号：03-33-076-01-012；《顾维钧回忆录》第 1 分册，第 158~159 页。

②　《收驻美顾公使电》［1917 年 11 月 7 日（5 日发）］，北京政府外交部档案，档号：03-33-076-01-025。

何要写进协定。蓝辛不得不辩称，这是为了换取日本对"门户开放"政策的承认，而这一交换是有利于中国的。他接着说，中国也可以对自己的近邻国家应用同样的原则。① 一位美国学者在评论蓝辛最后一句话时说，不幸的是，中国不仅没有能力到其他国家宣称"特殊利益"，甚至没有力量防卫自己的独立和主权。② 作为中国驻美的外交代表，不难想象顾维钧听到蓝辛辩解时的无奈。但基于对远东国际形势的理解和对美国的信任，他对中国与美国的关系仍抱很大期望。

1917 年秋，在《蓝辛-石井协定》签订前后，顾维钧在纽约做过一次演讲。他在演讲中说：

> 中国和美国为我们树立了国家间关系的具体榜样：两国间的交往建立在公正的基础之上，关系和睦，充分理解。一个多世纪的贸易往来，87 年的传教工作，70 多年的外交关系以及近半个世纪的教育合作，充满着长久的友好和睦的感情。因此，无论中国人与美国人在何处见面，他们都能毫无保留、互相信任地进行畅谈。他们间既无猜疑也无摩擦。两国间的友好关系与日俱增。这两个国家做到的其他国家也可以做到。③

这种旨在推进中美关系的演讲，是顾维钧驻美期间经常做

---

① 《收驻美顾公使电》[1917 年 11 月 15 日（12 日发）]，北京政府外交部档案，档号：03-33-076-02-017；Robert Lansing, *War Memoirs of Robert Lansing*, New York, 1935, p. 304。

② Medeleine Chi, *China Diplomacy*, *1914-1918*, p. 114.

③ Reginald Wheeler, *China and the World War*, New York, 1919, pp. 153-155.

的活动。例如在华盛顿美国商会一次题为"互相依赖及公共利益"的演讲中，他也强调两国利益的一致："中美两国之利益实在一并行线上进行，有特别之共同关系"，"除中美两国而外，他国亦无能协力同心谋太平洋商务与远东经济之发展"。并特别指出，在中国美国人要比其他国家的人受到更友好的对待。① 在哥伦比亚大学读书时练就的演讲术，成为顾维钧履行公使职责的重要手段。

五　未雨绸缪备和会

早在日本以对德作战为由进占山东后，北京政府就认识到山东问题须待战后和会方能最终解决。中国对德宣战加入世界大战后，参加战后和会成为中国外交的重点，北京政府开始了具体的谋划和准备。立志改变中国对外关系状况的顾维钧，更是敏锐地认识到，战后和会是中国外交"一次非同寻常的机会"。②

顾维钧驻节华盛顿，工作的重点是中美关系，但他的视野很开阔，注意观察国际形势及其对中国的影响。美国参战前，他多次向外交部报告美国与德国和其他欧洲国家外交往来的情况。1918 年 1 月 8 日，威尔逊总统在国会发表演说，宣布"十四点计划"，主要涉及和平、贸易、殖民地三项议题，提

---

① 《驻美公使顾维钧在华盛顿美国商会演说》，《申报》1916 年 3 月 23 日，第 11 版。
② 《顾维钧回忆录》第 1 分册，第 164 页。关于北京政府对和会的筹备工作，参见罗毅、金光耀《北京政府筹备参加欧战和会考析》，《历史研究》2015 年第 6 期。

出了为解决这些问题而设想的战后国际政治经济新秩序蓝图，
即国际联盟、贸易自由和民族自决。顾维钧对此十分敏感，当
天以密件形式致电外交部，并就其内容分析道："与我国相关
最切者即第五款，谓解决各属地问题，须以开诚公道为重，使
属地人民之利益与要索政府之权利相提并重；及第十四条，谓
组织万国公团，各国彼此担保政治独立与领土完全，不分大
小，一体待遇。"第五条显然与外国在华各租借地有关，这其
中当然包括了前属德国、现为日本所占的胶州湾租借地。第十
四条即关于建立国际联盟的构想，顾维钧对此十分看重，认为
是"对人类至关重要的问题"，后来与参与拟订"十四点计
划"的威尔逊总统顾问豪斯（Edward House）有过多次讨
论。[①] 在当时的中国外交官中，顾维钧对国际组织最为重视。

　　4月下旬，北京政府外交部成立议和筹备处，专门讨论战
后和会问题。参与讨论议事的有外交总长陆征祥、次长陈箓等
十余人。5月4日，北京政府外交部致电驻外各公使，征求他
们对于和会筹备工作的意见。电文称："现距和局虽远，亦应
及早筹备。如各国对华政治倾向及政治中心人物对华态度及议
论，并我国应与何国提携、从何入手等事，均与我国参预和会
有密切关系，希派员专司调查，随时电部，并望发表卓见，以
备参考。"[②]

　　顾维钧对战后和会早有关注，接外交部电报后即回复了一
封长电。他报告说，因为到任以来，对此问题"倍加注意"，

①　《收驻美顾公使电》[1918年1月11日（8日发）]，北京政府外交部档
　　案，档号：03-37-002-01-007；《顾维钧回忆录》第1分册，第163页。
②　《发驻英等各使电》（1918年5月4日），北京政府外交部档案，档号：
　　03-37-002-01-044。

所以"先从搜集材料入手"，为详尽之研究做准备，"各种材料经年累月之搜罗，累积盈筐"。根据这些材料，顾维钧将与和会相关的问题分为六类：（1）各国对待中国之政策问题；（2）中国由欧战直接发生之问题；（3）中国所希望解决之问题；（4）各项国际公法之问题；（5）维持世界和平之问题；（6）欧洲各国之特别问题。在他看来，前三类问题与中国有直接关系。"第一类各国对华政策关系我国命脉，洵属首要之图。"第二类问题如日本占领德国胶州湾租借地，"日、德调查必详，研究必细，事论驳诘，必以我国为鹄的，亦属重要"，必须要有充分准备。第三类是中国希望解决的问题，"能办到一分，即是挽回权利一分，若有预备，届时可相机提议"。这里，顾维钧提出了要解决中外间因不平等条约而存在的问题。他举日本攻占山东为例，指出"各租借地之存在与否实与将来世界和平有关"，希望将修订中外间条约列入战后和会的议题。后三类问题与中国关系不大或完全没关系，但即使如此，顾维钧也建议应有准备。如对第六类问题，他明白各国不会与中国商量，但中国若有准备，"倘偶议及，应付裕如，足动人观感"，也会增加中国外交的得分。① 在 5 月 21 日给外交部的另一份电报中，他又指出，"欧战发生，均势破坏，其方有余力且素主门户开放等主义，足为我助者，厥惟美国"，②重申了他之前的看法，表达了在和会上要与美国合作的立场。

与其他各驻外公使回复外交部的电报相比，顾维钧的电报

---

① 《致外交部报告研究议和情形函》（该件无日期，当在 1917 年 5 月上半月），北京政府外交部档案，档号：03-12-008-02-011。

② 《函外交部》（1918 年 5 月 21 日），北京政府外交部档案，档号：03-12-008-02-012。

是十分详尽并具体的。除驻法公使胡惟德在这之前也提出修约的主张外，其他驻外公使主要是回答外交部"与何国提携"的询问，而对参加和会应"从何入手"的询问，回答问题的视野就不如顾维钧那样开阔了。① 从顾维钧的电报中，可以看到他是从中国外交的全局出发来思考问题并提出对策的，因此将与大战并没有直接关联的修约问题也提了出来。

顾维钧的电报对外交部议和筹备处讨论的议题产生了影响。议和筹备处在讨论战后和会时，除与战争直接相关的山东问题，还涉及了关税自主、废除领事裁判权和《辛丑条约》等并非直接与战争相关的问题。② 顾维钧与美国合作的主张自"二十一条"交涉后得到越来越多的认同，这次也得到外交部的肯定。外交总长陆征祥在给顾维钧的一封电报中称赞他"对于和议，热心筹划，素所钦佩"，并告诉他"中国政府方针，抱定美总统历次演说要旨，作为加入大会时惟一之根据"，要顾维钧据此与美政府积极接洽。③ 这一和会方针显然吸纳了顾维钧的建议。

对和会筹备提出建议之外，顾维钧还利用留学期间形成的人际网络，联络美国政界、学界的重要人物，为中美关系和战后和会积聚人脉。自近代被迫打开国门后，中国因为缺少外交人才，常聘用外国人尤其是美国人为中国外交出谋划策，甚至折冲樽俎。1868 年，清政府第一个派往国外的使团

---

① 罗毅、金光耀：《北京政府筹备参加欧战和会考析》，《历史研究》2015年第 6 期。

② 《议和筹备处会议录》，中国第二历史档案馆藏，档号：1039-373。

③ 《发驻美顾公使电》（1918 年 10 月 16 日），北京政府外交部档案，档号：03-13-067-01-001。

就由刚卸任美国驻华公使的蒲安臣（Anson Burlingame）率领。1895 年甲午战争战败后，清政府聘请担任过美国国务卿的福士达（John Forster）为李鸿章赴日谈判的顾问。此后，福士达长期担任中国驻美使馆顾问。顾维钧到华盛顿时，他还是使馆的顾问。顾维钧能与蓝辛建立个人关系，在蓝辛、石井谈判期间多次与他会面，就少不了福士达的帮助，因为这位前任国务卿是现任国务卿的丈人。1917 年下半年，福士达去世了。对于这个空出来的重要位置，顾维钧马上想到了他的老师穆尔教授。

1918 年 1 月 15 日，顾维钧致电外交部，提出战后和会事务繁多，必须"以欧美著名国际法家之意见为后盾"，而哥伦比亚大学教授穆尔就是当今"国际法学泰斗"，他对中国情形熟悉，对华"感情亦佳"，如若聘请他，"不特我国筹备和会可请襄助，裨益匪浅，本馆平时交涉亦得借资咨询"。1 月 23 日，外交部复电同意了顾维钧的意见。1 月 26 日，顾维钧给穆尔写信，要与他当面讨论要事。事情进展得很顺利。3 月 30 日，穆尔签了一份担任中国驻美使馆法律顾问（为期三年）的合同。法律顾问的职责是负责使馆的"所有法律事务"，包括谈判条约等。这一职位的薪金是一个季度 1000 美元，一年 4000 美元。合同是秘密的，穆尔没对任何人提起此事，所以在美国没有人知道他的这一身份。①

----

① 《电外交部》（1918 年 1 月 25 日），北京政府外交部档案，档号：03-12-008-02-001；Wellington Koo to J. B. Moore, 26 Janurary, 1918, box 38, *Moore Papers*, Library of Congress；Koo to Moore, 30 March, 1918, box 94, *Moore Papers*，转引自 Stephen G. Craft, "John Bassett Moore, Robert Lansing, and the Shandong Question," *Pacific Historical Review*, Vol. 66, No. 2（May 1997），p. 233。

1918 年 10 月，大战临近结束，顾维钧在华盛顿的活动更为繁忙。但恰在此时，他经历了丧妻之痛。唐宝玥因"西班牙流感"于 10 月 10 日去世，① 留下了两岁的儿子和一岁的女儿。顾维钧在使馆为妻子举行殓礼后，一度考虑辞职，但在国家用人之际，最终还是下决心报效国家。

刚办完妻子的丧事，顾维钧就接到外交总长陆征祥的电报，告诉他国务会议已决定派他先赴欧洲参加和会，"协商各政府接洽，并布置一切报界舆论"，同时指示他邀请穆尔同去。② 于是，顾维钧马上去见穆尔，请他担任中国出席和会的"技术代表"。穆尔对这一邀请十分兴奋。作为一个享有盛誉的国际法专家，他很想参加和会，但已经获悉威尔逊总统不会请他参加美国代表团，因为他不需要与旧式外交有关联的老派人士。中国的邀请来得正是时候。但作为中国代表团的成员与使馆的顾问不同，这一公开的身份必须让美国政府知道并征得其同意。

穆尔去见蓝辛，将中国的邀请告诉了他。蓝辛马上提到他的丈人福士达作为中国代表团顾问参加 1907 年海牙保和会一事。对穆尔任职中国代表团，他并不反对。但几天后，蓝辛却告诉他，威尔逊对此坚决反对，理由是一个美国人在和会上成为非美国政府的代表是不合适的，因为这会引起他代表的国家与美国之间的冲突。随后，助理国务卿朗告知顾维钧，美国政府反对中国在和会上聘用美国人，如果中国届时需要听取意

---

① 《申报》1918 年 12 月 21 日，第 10 版。
② 《发驻美顾公使电》（1918 年 10 月 16 日），北京政府外交部档案，档号：03-13-067-01-001。

见，"美国代表团乐意提供"。①

　　一心想去参加和会的穆尔对政府的阻拦很不高兴，他给蓝辛写信抱怨，并提到聘用外国人是近几十年中国外交的惯常做法，还举了蒲安臣的例子。私底下在给女儿的信中，穆尔怀疑这一禁令牵涉个人因素。对此，顾维钧与他的老师持相同看法。他告诉穆尔，福士达病重时将自己的外孙杜勒斯（John Dulles）推荐给他，希望由杜勒斯来接替他使馆顾问的职位。但顾维钧认为杜勒斯缺少经验，回绝了这一推荐。后来，福士达太太又来对顾维钧说，如果杜勒斯不合适，使馆顾问的职位可以空一段时间，待她的女婿蓝辛卸任国务卿后来接任。师生交谈后终于明白，福士达家族将中国使馆顾问的职位看作自家禁脔。② 穆尔很遗憾无法与自己的得意门生一起去巴黎，但他向顾维钧表示，和会"筹备事宜愿继续襄助"，对酬劳也没提具体要求。因此，顾维钧"仍随时密与讨论，以收咨询之效"。③ 驻美使馆随员金问泗，工作同时在哥大跟穆尔读国际法硕士，就根据顾维钧的安排去询问关税自主和领事裁判权收回问题，包括研究方法和相关材料，穆尔"周详指导，受裨

---

① Lansing to J. B. Moore, October 30, 1918, *Moore Papers*; Memorandum of Long-Koo Conversation, November 26, 1918, *Breckinridge Long Papers*, Library of Congress, 转引自 Stephen G. Craft, "John Bassett Moore, Robert Lansing, and the Shandong Question," *Pacific Historical Review*, Vol. 66, No. 2 (May 1997), pp. 233-234。

② Stephen G. Craft, "John Bassett Moore, Robert Lansing, and the Shandong Question," *Pacific Historical Review*, Vol. 66, No. 2 (May 1997), p. 235.

③ 《收驻美顾公使电》[1918 年 11 月 8 日（5 日发）]，北京政府外交部档案，档号：03-13-067-01-001。

良多"。① 后来在巴黎和会上穆尔对顾维钧帮助甚大。

穆尔是顾维钧出使海外主持馆务后，自己做主提出聘请的第一个外国顾问。虽然这是晚清以来中国外交的惯常做法，但顾维钧与他人的不同之处在于，他可以与外国顾问没有语言障碍、推心置腹地进行交流，尤其他与穆尔有师生关系，更便于充分发挥外国顾问的作用，并通过他们去建立、扩展人际交往圈。正式顾问之外，他也经常临时性地聘请外国人，或者通过邀请外国人到中国旅行的方法请他们为中国办事发声。1915年底，他就建议北京政府邀请美国经济学教授精琦（Jeremiah Jenks）访华，以便后者能在美国报纸上多发表有利于北京政府的言论。这一建议得到北京政府的同意，给精琦支付了14000银元作为川旅杂费。② 他还向北京政府建议资助美国人密勒5000美元，使他能撰写关于中国问题的著作，影响美国舆论。③ 在与驻在国各界人士打交道、联络他们推进中国外交方面，顾维钧办得积极而稳妥，是同时代外交官中的佼佼者。正因为如此，北京政府会派他先赴欧洲，布置与和会有关的"报界舆论"。

---

① 《金问泗、郭云观致顾维钧》（1918年11月9日），北京政府外交部档案，档号：03-12-008-02-024。

② 承红磊：《帝制运动期间顾维钧在美外交活动》，《复旦学报》2017年第2期。

③ 《函外交部》（1918年5月21日），北京政府外交部档案，档号：03-12-008-02-012。

第三章　国际舞台上的中国声音

一　巴黎雄辩威名扬

1918 年 11 月 11 日，持续了四年之久的第一次世界大战终于结束，中国期待已久的和会召开在即。

11 月 14 日，顾维钧致电外交部："风闻和会地点大约在巴黎，计年内、年初可开会。"① 中国出席和会代表的选派问题就此被提上日程。停战当天，与顾维钧关系密切的美国记者密勒称，"顾在华盛顿有名望，很受重视"，一旦被任命为和会代表，"必定能以这种身份发挥重要作用"。② 持相同看法的也有中国的外交官。驻法公使胡惟德不止一次向外交部建议，顾维钧应该在中国代表团的名单中，但他同时将驻日公使章宗祥也列入这个名单。③ 胡惟德希望中国的和会外交能在美、日之间保持一定的平衡。但是，外交部对在和会上依靠哪个国家已有主意。

11 月 27 日，外交总长陆征祥致电顾维钧，告诉他"政府业经决定，派祥与施、胡二使为大使，另派执事与魏驻使为大

① 《驻美顾公使电》（1918 年 11 月 14 日），天津市历史博物馆编《秘笈录存》，中国社会科学出版社，1984，第 59 页。

② 《密勒来函》（1918 年 11 月 11 日），骆惠敏编《清末民初政情内幕——〈泰晤士报〉驻北京记者袁世凯政治顾问乔·厄·莫理循书信集》下册，第 769 页。

③ 《收驻法胡公使电》（1918 年 10 月 15 日），北京政府外交部档案，档号：03-37-002-02-031。

使兼专门委员，参列议席"。① 即由外交总长陆征祥、驻英公使施肇基、驻法公使胡惟德、驻美公使顾维钧、驻比公使魏宸组五人出任和会代表。除陆征祥外，其余四人均系驻欧美国家的外交使节。而胡惟德建议的驻日公使章宗祥被排除在外。在要面对与日本有关问题的和会上，不派驻日公使，表明了北京政府的态度。

在这之前，11 月 21 日，陆征祥给顾维钧发了一份近两千字的长电，要求他通过蓝辛向威尔逊表达中国参加和会时对美国的期望，并具体指示了与美国谈话的内容。陆征祥对中国"不顾内乱"追随美国对德参战的过程做了详尽的叙述，以此表达对美国尤其是威尔逊总统的看重，"现中国全国人民之眼光，无一不注意于美大总统，以为可以为中国一援手者，惟在美总统一人"。表明了希望美国在和会上支持中国的愿望。陆征祥在电报结尾提到，"此电只发尊处，不发他馆"。② 表达了对顾维钧的倚重，也表明了对美外交的重要性。

外交部的参会方针与顾维钧一直呼吁的联美主张是一致的。陆征祥直接参与了"二十一条"交涉，对顾的这一主张有亲身的体认，此时在电文中表达中国"不得不依赖美国之赞助"，要求顾维钧加强对美外交。正是通过这样的互动，联美的主张在中国外交界逐渐被接受认同，并付诸实施。

根据陆征祥的指示，顾维钧于 11 月 25 日与国务卿蓝辛见面，向他递交了一份非正式备忘录，阐述中国准备向和会提出

---

① 《陆总长来电》（1918 年 11 月 28 日），北京政府外交部档案，档号：03-12-008-02-081。

② 《发驻美顾公使电》（1918 年 11 月 21 日），北京政府外交部档案，档号：03-13-067-01-001。

的基本要求。这份备忘录是根据陆征祥 11 月 2 日电报指示由顾维钧拟定英文稿的。① 顾维钧在备忘录中明确指出中国向和会提出的要求基于三个原则，即领土完整、维护主权和经济财政独立，"遵循这三个原则不仅对于维护中国的独立，而且对于实现威尔逊总统于 1918 年 1 月 8 在国会演说中提出的伟大计划，都是必不可少的"。顾维钧着意将中国的要求与威尔逊的"十四点计划"联系在一起，就是要赢得美国的同情，争取美国的支持。备忘录详尽阐述了基于这三个原则中国将提出的具体要求：根据领土完整原则，中国将要求取消在华租界和租借地；根据维护主权原则，中国将要求取消《辛丑条约》规定的外国军队在京津地区的驻兵权以及领事裁判权；根据经济和财政独立原则，中国将要求获得关税自主权以及取消列强在华势力范围。② 这是和会召开前，中国向外国政府第一次完整系统阐明对和会的期望和要求。

　　次日，顾维钧又去白宫拜见威尔逊，进行了 15 分钟的会谈，向他直接表达中国的期望，并了解他对中国的立场。在简单重申递交蓝辛的备忘录内容后，顾维钧表示，"中国人民期待着总统和他所代表的伟大国家帮助他们实现这些公正的要求和愿望"。威尔逊称自己对中国始终抱有同情心，"乐意尽己所能在和会上支持中国"，并"与中国代表团合作"。但是他又坦承，中国与其他列强间的秘密条约十分棘手，这会使"十四点计划"在远东的推行殊为不易。顾维钧看出威尔逊对

① 《发驻美顾公使电》（1918 年 11 月 2 日），北京政府外交部档案，档号：03-13-067-01-001。

② Informal Memorandum by Koo, 25 November, 1918, *Wellington Koo Papers*, box 1。

国际联盟更为关注，因此保证中国一定全力支持。① 威尔逊的谈话虽然简短，却概括了他对中国问题的基本立场，即同情并愿意支持中国，但也明白中外间秘密条约将给这种支持带来的麻烦。而在他的议程上，中国问题排在国际联盟之后。

此后，顾维钧还与助理国务卿朗谈了两次，并在 29 日与蓝辛又会谈了一次，目的都是在进一步阐释中国对和会的要求。蓝辛表示，之前匆匆浏览备忘录后并没记住主要内容，但顾的解释使他抓住了要点。② 11 月最后几天顾维钧与美国最高决策层的接触是中国为参加巴黎和会的重要准备，它向美国表明了中国的要求和期望，也得到了美国支持中国的承诺。

12 月 1 日，顾维钧乘船离美赴欧，11 日抵达巴黎，与同日到达巴黎的驻英公使施肇基以及驻法公使胡惟德会合。此时，中国政府的首席代表、外交总长陆征祥尚在旅途之中，在巴黎的中国代表虽群龙无首，但马上就开始了工作。与刚抵达巴黎的美国代表团沟通是顾维钧关注的重点。他与施肇基和胡惟德一起走访国务卿蓝辛，并单独与威尔逊的顾问豪斯会面，进一步沟通中美间对和会的看法。顾维钧还去见了美国代表团顾问肖特威尔教授，在哥大时他上过后者的欧洲大陆史课程。③

---

① Memorandum of a Conversation at an Audience with President of U. S. Wilson at the While House, 26 November, 1918, 中国第二历史档案馆藏，档号：1039-375。

② Memorandum of an Interview with Mr. Lang, 26, 27 November, 1918; Memorandum of an Interview with Robert Lansing, 29 November, 1918, 中国第二历史档案馆藏，档号：1039-375。

③ Conversation between Mr. Lansing, Hoo We-teh, Alfred Sze and Koo, December 18, 1918; Conversation with House, 18 December, 1918, *Wellington Koo Papers*, box 1; J. T. Shotwell, *At the Paris Peace Conference*, New York, 1937, p. 92。

由于在华盛顿使馆时对和会问题已开展研究，顾维钧为代表团拟了一份工作计划，开列了 7 个问题，让大家分头去准备。他自己承担了其中的 4 个问题，即"二十一条"和山东问题、归还租借地、取消外国在华领事裁判权和恢复中国关税自主。① 但此时他发现，自己对和会的准备和设想与政府的指令并不一致。

11 月 28 日，北京政府外交部致电中国驻法使馆，给中国代表团发出训令。这份训令并列中国参会的普通原则：保持与世界各国平等之地位，与美国"应始终一致，力与提携"，欧洲问题听从协约国多数意见。中国希望向和会提出的问题则是之前已向美国政府提出的三项原则：领土之完全、主权之恢复、经济之自由。此外还有对德奥如何恢复国交、撤销彼此条约等具体问题。② 训令中没有提及大战与中国最为密切的山东问题。正如唐启华指出的，这反映了北京政府在美日之间力图保持平衡、脚踩两只船的态度。北京政府希望能依赖日本善意，解决山东问题，收回胶州湾；依赖美国善意，提出希望条件。③

顾维钧是到巴黎后知道政府这一立场的。12 月 20 日，他与施肇基、胡惟德一起致电外交部发表意见。他们认为，中国希望提出的问题并非由此次战争直接产生，但事关"我国前途"，应当"悉心研究，协力进行"。表示出一定程度的谨慎。对山东各问题，他们认为，此皆因战争直接产生，"损我主权

① 《顾维钧回忆录》第 1 分册，第 170~171 页。
② 《发法京中国使馆电》（1918 年 11 月 28 日），北京政府外交部档案，档号：03-13-067-01-001。
③ 唐启华：《巴黎和会与中国外交》，社会科学文献出版社，2014，第 145 页。

领土尤多"，因此建议应在会上"相机提出"。① 表明了对政府训令忽略山东问题的不同看法。

但北京政府并未就山东问题做出直接答复。12 月 27 日，顾维钧在巴黎与美国代表团某成员会晤时，被问到中国对山东问题所持立场，他只能以外交口吻回答说："此次和会，我国首重保障领土完全之原则，所询各端正在筹商之中，陆总长抵法后，可望商定。"次日，顾维钧致电外交部，询问政府对山东等问题"抱何方针"，希望政府在山东问题上有明确指示。1919 年 1 月 5 日，外交部回电称，"山东系中国腹地，尤不愿他国有特殊势力"，对于山东等问题"自以保障领土完全为原则，已与陆专使详洽，陆到时，请与商定"。② 仍是吞吞吐吐，欲言又止。

陆征祥是于 1 月 11 日清晨抵达巴黎的。此前陆征祥指示顾维钧加强与美联合，但他在赴欧途中先经日本，也打算与日本政府接洽沟通，虽因担心美国反对而减少与日本官员的接触，但在山东问题上仍对日承诺按中日成议办理，即不提交和会。③ 1 月 15 日，顾维钧陪同陆征祥去见美国国务卿蓝辛，谈话的内容主要是关于中国参会代表的人数问题。④ 顾维钧见到陆征祥后，自然会向他提出山东问题并表达自己的看法，外交

---

① 《收法馆电》［1918 年 12 月 29 日（20 日发）］，北京政府外交部档案，档号：03-13-067-01-001。

② 《收驻美顾公使由法京来电》［1918 年 12 月 30 日（28 日发）］；《发驻美顾公使电》（1919 年 1 月 5 日），中研院近代史研究所编《中日关系史料——巴黎和会与山东问题》，台北：中研院近代史研究所，2000，第 24~25 页。

③ 唐启华：《巴黎和会与中国外交》，第 127 页。

④ 《发外交部电》（1919 年 1 月 15 日），北京政府外交部档案，档号：03-13-010-05-001。

部的电报也是请顾与陆商定办法。虽然缺少两人交谈的记录，但是陆征祥抵达巴黎一星期后，对山东问题的态度就发生了变化。1月18日，在给外交部的电报中，他明确表示"山东问题即须提出"，请国内电告有关山东铁路借款合同，否则，"勉强提出，措词稍有不符，不但遭彼反诘，且可发生极危险之影响"，表明将向和会提出山东问题。① 这一变化显然是受了顾维钧的影响。

1月18日，巴黎和会正式开幕。由于只获得两个席位，中国代表团由陆征祥和王正廷出席。在开幕式上，威尔逊与中国代表握手时问道："顾维钧博士应该在这里，他人呢？"王正廷尴尬地解释说，中国只获得两个席位，代表们只能轮流出席。②

1月22日，中国代表团举行第二次工作会议，讨论与会基本方针，陆征祥未出席。会议决定向和会提交议案先从与欧战有直接关联的德奥方面入手，但可在议案中略提中国对其他事项之希望，以观反应。会议还议定对德奥议案六条大纲，包括废除中国与德奥间一切条约及以往德奥所占之一切权益，并公推顾维钧起草这一议案。与会者认为，"二十一条"为日本"胁迫我国承认"，此次应提交和会，力争废除；而山东问题应由"中国提出议案，直接向德国要求退还中国"。③

1月23日，代表团举行第三次会议。陆征祥首先通报刚收

① 《发外交部电》（1919年1月18日），北京政府外交部档案，档号：03-13-010-05-001。

② Patrick Gallagher, *America's Aims and Asia's Aspirations*, New York, 1920, p. 197.

③ 《我国讲和专使团会议记录七十五次》，第2次会议录，张一志编《山东问题汇刊》（1），台北：文海出版社，1986，第142页。

到的中日间关于山东济顺、高徐铁路的换文。顾维钧第一次确切知道中日间有这样的秘密换文。陆征祥发言后，他马上表明自己的态度："关于山东问题，所有领土权、路矿权，似应归一案录议。"因为自"二十一条"以后中日间各种条约换文，"均由欧战发生，仅属战期内之暂行办法"；"现在和会已开，一切由欧战发生之问题，正须求永久之解决，我国山东问题，亦可公诸大会议决"。这一意见成为代表团的主导看法，决定将因战争而发生的中德、中日问题，"先在大会提出纲要"。① 这次会议做出的决议，超出了北京政府给代表团的训令。

　　然而，中国代表团还未完成向大会提出山东问题的准备，日本就抢先提出这一问题。巴黎和会开幕后，由美、英、法、意、日五国各派两名代表组成"十人会"，为和会最高机构，一切重要问题皆由十人会决定。1 月 27 日上午，日本代表牧野伸显在十人会上临时动议，要求无条件继承德国在山东的权益，企图撇开中国造成既成事实。但美国出席十人会的威尔逊和蓝辛提出，有关中国事宜应先听取中国方面的说明，于是十人会决定请中国代表于当日下午 3 点到会。② 威尔逊此时没有失诺，他的提议挫败了日本的阴谋，帮助了中国。

　　当天中午，在十人会正式通知到达之前，美国代表团顾问卫理将情况先期通报中国代表团，请预做准备。这一消息对代表团犹如"一个晴天霹雳"。陆征祥根据卫理建议称病不赴会，代表团其他成员面对突如其来的严峻局面沉默不语。顾维钧遂提议根据代表的排序，应由王正廷和施肇基赴会。施肇基说他

---

① 《我国讲和专使团会议记录七十五次》，第 3 次会议录，张一志编《山东问题汇刊》（1），第 143～144 页。

② *FRUS*, *Paris Peace Conference*, Vol. 3, pp. 739-940.

对山东问题没有准备，而顾维钧对此素有研究，应由顾出席。王正廷则表示，如果非要他出席，应由顾维钧代表中国发言。最后决定由王、顾两人出席十人会，顾维钧代表中国发言。①

此时离下午 3 点开会时间已经不多了，顾维钧想到的是要先争取美国的支持。会前半小时，他与王正廷赶往美国代表团驻地拜访蓝辛。顾维钧告诉蓝辛，由于事出突然，他无法查阅文件准备发言，因此希望会议能给一段时间让他做准备。蓝辛认为这一请求是合情合理的，会议可以给中国代表团 24 小时进行准备，并保证美国将尽全力支持中国。顾维钧在谈话中担忧地提起中日间关于山东铁路的换文，显然已认识到该换文对中国的严重不利。②

下午 3 点，王正廷、顾维钧偕代表团秘书魏文彬走进十人会会场。会议主席、法国总理克里孟梭（Georges Clemenceau）宣布开会后，日本代表牧野首先发言，称"日本政府认为有正当理由要求德国无条件让与"其在胶州湾和山东的权益，根据日本对大战的贡献，这些要求是"合理和公正的"。由于与蓝辛已有商定，顾维钧只简短说明，山东问题关系中国利益甚大，希望待中国表达意见后再行审查定议。会议决定给中国代表一天时间准备，于次日发言。③

下午会议结束后，顾维钧立即与陆征祥一同去拜访威尔逊。

---

① 《顾维钧回忆录》第 1 分册，第 183~184 页。

② Memorandum of an Interview with Lansing, 27 Janurary, 1919, 14：30, *Wellington Koo Papers*, box 1.

③ Secretary's Note of a Conversation held in Pichon's Room, 27 Janurary, 1919, *Wellington Koo Papers*, box 1.《六十年来中国与日本》提到牧野在这次会上公然表示日本与英法俄意之间有秘密谅解，见该书第 7 卷第 263 页。但上述会议记录并无此表述。

在陆征祥与威尔逊做了礼节性寒暄后，余下的时间就是顾维钧与威尔逊围绕山东问题的交谈。顾维钧先重申了几小时前向蓝辛表明的中国要求直接归还山东的立场，然后解释了德国掠夺胶州湾租借地时的情况、胶济铁路的重要性、山东省的战略地位以及该地一旦成为外国势力范围的危险性，并且强调"二十一条"提出后中日间签订的条约必须交由和会审议，因为战争改变了日本夺取胶州湾时的情况。做完阐述后，顾维钧问威尔逊中国以这样的方式向和会提出山东问题是否合适，政治学学者出身的威尔逊认为这些阐述在法理上是十分完美的。他建议顾维钧发言时要像牧野那样直截了当，并对牧野以赤裸裸的语言要求山东权益感到又惊又恼。顾维钧希望威尔逊总统在和会讨论山东问题时站在中国一边讲话，威尔逊表示一定尽力帮助中国。① 因为之前对山东问题已有关注和研究，顾维钧向威尔逊的阐述表明，仅仅几个小时他就对次日发言有了基本的构想。

会谈结束后，顾维钧和陆征祥又与卫理共进晚餐。席间，陆征祥不得不将中日胶济铁路换文相告，卫理当即表示这使美国帮助中国变得十分困难，"譬如脚下踏板已经抽去，何以措辞"。晚餐后，代表团在顾维钧寓所讨论应对之策，商定一面向大会提出，一面请政府将相关铁路合同提交国会，再令国会否决，"以民意为政府后盾"。②

代表团其他成员离开后，顾维钧连夜准备发言稿。来自驻美使馆的代表团秘书金问泗记下了当晚的情况：顾维钧"就

---

① Memorandum of Interview with President W. Wilson, 27 Janurary, 1919, 5：45 p.m., *Wellington Koo Papers*, box 1。
② 《发外交部电》（1919 年 1 月 27 日），北京政府外交部档案，档号：03-13-010-05-001。

平时搜集的资料，作十分透彻的勾稽，深宵写稿，成竹在胸"。① 他的老师穆尔也提供了及时的帮助。因为穆尔使馆顾问的身份是秘密的，此事当时没人提及。1 月中旬，穆尔完成了一篇题为"中国租借地"的备忘录，专论山东问题，长达29 页，于 1 月 14 日寄给顾维钧。② 27 日晚上，这篇文章应该就在顾维钧的案头。

1 月 28 日上午 11 点，顾维钧和王正廷偕代表团秘书赵泉再次走进位于法国外交部内的十人会会场。会议在讨论托管制后进入山东问题，顾维钧代表中国发言。这是顾维钧第一次在国际外交讲坛上发表演说，面对的是列强巨头，问题又如此重要，所以尽管在哥大读书期间参加了无数次演讲和辩论比赛，他仍不免有些紧张，"初似发言稍颤，既乃侃侃而谈"。虽然前一天做了准备，但他完全脱稿发言。③

顾维钧开头就表明他是"代表人类四分之一人口，即四亿中国人说话"，这使他深感责任重大。随即，他从文化、经济、战略等方面阐述山东是中国不可分割的一部分，"山东省是中华文明的摇篮，孔子和孟子的诞生地，对中国人而言，这是一块圣地"。根据威尔逊的建议，他直截了当地提出，大会所倡导的民族自决和领土主权完整的原则，使"中国有权要求山东主权的归还"。作为一个有经验的演讲者，他不失风度地提到日本将德国势力清除出山东的"贡献"，并表示感谢，但马上就接着

① 金问泗：《从巴黎和会到国联》，台北：传记文学出版社，1967，第 17 页。
② Stephen G. Craf，"John Bassett Moore, Robert Lansing, and the Shandong Question," *Pacific Historical Review*, Vol. 66, No. 2, 1997, p. 237.
③ 金问泗：《从巴黎和会到国联》，第 17 页；《顾维钧回忆录》第 1 分册，第 185 页。

说，如果以出卖同胞的天生权利来表示感激，"将是对中国和世界的失职行为"。牧野在回应顾维钧的发言时，故意提到中日间已有协议，并友好地交换了意见。威尔逊抓住机会问牧野能否将中日间协议提交和会，牧野尴尬地表示须请示政府。他随后辩称，胶州湾的转让必须在日本与德国达成协议之后，届时可由日中两国直接讨论。顾维钧立即表示不同意牧野的说法，并清晰地阐述了中国的立场：中国相信日本对中国和世界做出的不会占据山东的保证，但在直接归还与间接归还问题上，中国宁愿一步到位直接归还。至于中日间的协议，这是在"二十一条"谈判后期日本最后通牒情况下中国政府被迫同意的，充其量只是因战争产生的临时性协议。并且，这些协议因为中国对德宣战，根据国际法情势变迁的原则已无法执行。再者，中国对德宣战已废除中德间相关条约，因此德国在山东的所有权益已归中国。而且，即使这些条约未予废除，德国也无权转让给他国。①

顾维钧与牧野的交锋时间不长，仅半个多小时。他的发言用语平实，有理有据，无懈可击。发言一结束，威尔逊总统就离座走过来向他表示祝贺。随后，英国首相劳合·乔治（Lloyd George）和外交大臣贝尔福（Arthur Balfour）、美国国务卿蓝辛也来向他祝贺。蓝辛在自己的会议笔记中写道："他（顾）的论点完全压倒了日本人。"法国总理克里孟梭则评论道，顾之对付日本，有如猫之弄鼠，尽其擒纵之技能。② 当天

① 顾维钧演说的英文记录稿和中文翻译见金光耀、马建标选编《顾维钧外交演讲集》，上海辞书出版社，2006，第11~20页。
② 《顾维钧回忆录》第1分册，第186页；Robert Lansing, *The Peace Negotiations, A Personal Narrative*, New York, 1921, p. 253；金问泗：《从巴黎和会到国联》，第18页。

中午会议刚结束，称病未出席的陆征祥就致电外交部报告十人会情况，称日本代表在会上"答复支吾"，英美法各全权代表均露不满意之颜色。而对顾维钧的发言，各强国代表"屡有美意之表示，现于颜色"，发言结束后各国代表以中国理由充足，"均与顾王两使握手"。[①]

顾维钧的发言是中国政府的代表第一次震动国际外交舞台的成功演讲。发言当天，顾维钧离 31 岁生日还差一天，在老谋深算的欧美巨头占据舞台中心的国际外交界，这位年轻的外交官崭露头角，一举成名。顾维钧发言的准备时间，从卫理通报算起，不满 24 小时。但他为这一时刻的准备，从他进哥伦比亚大学学习国际法和外交学时就已开始了。他的硕士学位论文《"卡尔德拉"号案件的历史与法律》说理透彻，层层辨析，逻辑严密。28 日十人会上的发言风格与之一脉相承，不用激烈的语词，不直接怒斥对方，充分发挥法律和逻辑本身的力量。这是他在哥大学习国际法和演讲实践的结果。"二十一条"交涉的经历和驻美期间对远东外交的关注，使得顾维钧对山东问题早有准备，不致仓促上阵。当然，穆尔的帮助也十分关键。在那份"中国租借地"的备忘录中，穆尔指出，中国应该明确要求主权国家的权利得到承认，并指出战争发生使租借地的情况已发生了变化，还指出中国给德国的租借地并没有放弃其主权等。[②] 穆尔备忘录中的这些观点，在顾维钧的发言中都有体现。

---

① 《发外交部电》（1919 年 1 月 28 日），北京政府外交部档案，档号：03-13-010-05-001。

② Memorandum on Leased Territories in China, 转引自 Stephen G. Craft, "John Bassett Moore, Robert Lansing, and the Shandong Question," *Pacific Historical Review*, Vol. 66, No. 2, 1997, pp. 237-238。

顾维钧的这个发言成为中国近代外交史上的一个里程碑，因为它出现在中国近代外交的关键时刻。20 世纪初，民族主义在中国渐成潮流，改变不平等的中外关系的呼声日益高涨。巴黎和会是近代中国首次以战胜国身份参加的国际会议，和会筹备过程中，包括顾维钧在内的一些外交官提出修约建议，预示着修约将成为中国外交的主要诉求。顾维钧的发言正是顺应了这一时代潮流，他在国际外交舞台上率先发出中国的声音，占天时之先。顾维钧发言的场合也占尽地利之便。这是在巴黎塞纳河边凯道赛（Quai d'Orsay）的法国外交部大楼，是欧洲外交的中心。十人会上，英、美、法等列强首脑都在现场，顾维钧的发言引起他们的关注，也吸引了国际媒体。

天时、地利、人和，三者的结合造就了顾维钧这次具有里程碑意义的演讲。

顾维钧的发言改变了代表团内最初获悉日本提出山东问题时的沉闷气氛。代表团顾问、驻丹麦公使颜惠庆在日记中写道："顾向委员会前作了很好的发言。"在北京，总统徐世昌收到报告后，称赞"顾使在会中陈述各节，洵为探骊得珠，条约等件交会决定，尤属扼要"，"深堪嘉尚"。山东省籍国会议员张玉唐等致电代表团顾、王专使，称"公等雄辩，声震环宇"，"不独山东之幸，实全国所渴望，乞坚持不让"。①

但日本对顾维钧的发言十分恼火。2 月 2 日，日本驻华公使小幡酉吉面见代理外交总长陈箓，对中国 1 月 28 日的表态

① 《颜惠庆日记》第 1 卷，第 815 页；《收外交部电》［1919 年 1 月 31 日（30 日发）、2 月 1 日（1 月 31 日发）］、《收山东国会议员电》（1919 年 2 月 9 日），北京政府外交部档案，档号：03-13-006-01-001、03-13-006-02-001。

提出抗议。小幡的矛头直指顾维钧，称"顾氏此举，是漠视日本之体面，且违反外交之惯例"，又说"顾氏欲假外国之势力以抑压日本，殊予日本以不快之感"，① 企图通过北京政府施压中国代表团。美国方面对日本向北京政府施压一事十分关注。威尔逊获悉后告诉蓝辛，"我认识到此事的严重性"，让他给芮恩施去份电报，要芮鼓励中国政府站稳脚跟。威尔逊还叮嘱蓝辛，"可向顾建议按他认为正确的道路走下去"。蓝辛随后在与顾维钧的会面中给其鼓劲："日本公使在京饶舌，望贵政府不为所动，贵代表在会所持态度甚为正当，如能坚持到底，当可得良好结果。"顾维钧答道："府院来电均属坚持，内外一致，决不为所动。"②

1 月 28 日十人会后，顾维钧赶紧准备拟提交和会的山东问题说帖。2 月 11 日晚，代表团在顾维钧寓所开会，他将说帖稿交付讨论审议。王正廷提出，说帖中关于"二十一条"问题"措词尚觉太轻"。顾维钧解释说，说帖专论山东问题，对"二十一条""先仅伏根"，留待以后详释。这一解释获代表团同意。两天后，代表团决定说帖在送交和会及英国和日本前先送美国一份。顾维钧特别提出，给日本的那份不要附上中日间全部密约，"恐生枝节"。③

2 月 15 日下午，中国拟向和会递交说帖前，日本代表团秘书吉田茂来到中国代表团驻地，顾维钧出面接待。吉田指责

① 王芸生编著《六十年来中国与日本》第 7 卷，第 267~270 页。
② *Wilson Papers*, Vol. 54, p. 548；《发外交部电》（1919 年 2 月 13 日），*Wellington Koo Papers*, box 2。
③ 《我国讲和专使团会议记录七十五次》，第 14 次会议录，张一志编《山东问题汇刊》（1），第 157 页。

顾维钧 1 月 28 日的发言，称如与牧野"预为接洽，岂不甚佳"？顾维钧反问道，牧野先在十人会背着中国提出山东问题，中国"即使欲接洽，何从接洽起"？吉田顿时语塞。①

　　顾维钧起草的说帖全称为《中国要求胶澳租借地胶济铁路暨德国所有他项关于山东省权益之直接归还说帖》，分四部分。前两部分分别概述德国和日本侵占山东的过程，后两部分"中国何以要求归还""何以应直接归还"是整个说帖的重点所在，详论中国要求收回主权的理由。在这份洋洋万言的文件中，顾维钧仍以擅长的国际法作为立论的依据。他认为山东各项权益归还中国，"实不过依据公认之领土完整原则为公道之一举"，深信"和平会议对于要求胶澳租借地、胶济铁路暨关于山东省之他项德国权利之直接归还，必能认为合于法律公道之举"。②

　　这份说帖得到美国代表团的肯定，称其"理由充分，措词得体，语气和平，阅之颇为满意"。③ 说帖的目的就是要争取列强尤其是美国的同情和支持，美国的回应使中国代表受到鼓舞。在和会上中日的第一轮交锋中，中国代表团暂居上风。

二　周旋于代表团内外

　　2 月 14 日，美国总统威尔逊离开巴黎返回美国，与国会

---

① 《我国讲和专使团会议记录七十五次》，第 18 次会议录，张一志编《山东问题汇刊》(1)，第 160 页。
② 金问泗编《顾维钧外交文牍选存》，上海，1931，第 15~30 页。
③ 《收法京陆总长（征祥）电》(1919 年 2 月 19 日)，《中日关系史料——巴黎和会与山东问题》，第 48 页。

沟通他最为在意的国际联盟问题。山东问题被和会暂时搁置。这一搁置使中国代表团无法趁热打铁，失去了解决山东问题的时机，也使代表团内部从成立之初就因代表排序存在的矛盾趋于激化。

巴黎和会根据对战争的贡献大小，将参会国分为几等，英、美、法、意、日为第一等大国，可派 5 名全权代表，中国列为三等，只可派两名全权代表。但北京政府对和会期望甚高，先委派了 5 名代表，并都在和会开幕前到了巴黎。这成了外交总长、首席代表陆征祥一抵达巴黎就面临的棘手问题。当知道虽只有两名代表，但每次会议代表可以轮换，并不限于固定两人后，陆征祥决定代表团全权代表仍为 5 人，排列顺序是：陆征祥、王正廷、顾维钧、施肇基、魏宸组。顾维钧知道在官场中名次排列的前后意义重大，主动提出他本人排第五为宜。陆征祥为代表的排序煞费苦心，既然顾本人提出，他便将顾与施的位置做了调换。因为王正廷代表南方政府，陆本人对他的排名有过承诺，不能挪后，而魏宸组负责起草中文文电和代表团内务，无须靠前。1 月 17 日，陆征祥致电北京，按陆、王、施、顾、魏的排列，请正式任命中国出席和会的全权代表。①

如果北京政府接受陆征祥的提议，代表的排序不至于引发代表团内部的矛盾。总统徐世昌收到陆征祥来电后，交外交委员会讨论并提出意见。外交委员会委员长汪大燮晚清就入总理各国事务衙门做章京，后来担任过驻英公使和外交总长，对外

① 《顾维钧回忆录》第 1 分册，第 173~174 页；《发外交部电》（1919 年 1 月 17 日），北京政府外交部档案，档号：03-13-010-05-001。

交圈很了解。最初他以为中国可以有三人出席和会，但排名靠前的三人，陆能力不够，王缺外交经验，施是怕多事的官僚，对这份名单甚为踌躇。负责外交委员会秘书事务的叶景莘建议将顾维钧提至第二位，因为他发来的电报最多，"二十一条"交涉后的英文声明颇为得体，且熟悉中日问题。汪采纳这一建议后报徐世昌，获得同意。代理部务的外交次长陈箓看到新的排序叫苦不迭："这是要捣乱了。"对北京政府来说，这样的排序有很现实的考虑，陆征祥身体虚弱，一旦无法支撑，"可请顾出席相助会议"，而王正廷毕竟是南方的代表。①

　　1月21日，徐世昌的委任电到达巴黎，代表排序为陆、顾、王、施、魏。② 这一排序使顾维钧陷入尴尬的境地。施肇基是顾维钧赴美留学的带路人，魏宸组在顾刚回国时已是国务院的秘书长，代表南方政府的王正廷民国刚成立就担任署理工商总长，后又任参议院副议长。与他们相比，顾维钧资历最浅，年纪最轻。出于减少内部摩擦的愿望，顾维钧要求陆征祥维持之前致电北京的排序，还主动去施肇基下榻的旅馆做解释。但陆征祥不愿变更北京的训令，施肇基一听代表排序就"面色铁青，悒然不语"，对顾的继续解释一言不发。顾维钧明白，这一排序"必将使代表团成员之间难以相处"。③

　　代表排序问题使王正廷和施肇基对陆征祥心生怨恨，并将顾维钧归在陆征祥一边。因为有成见，代表团内在不少问题上

①　叶景莘：《巴黎和会期间我国拒签和约运动的见闻》，《文史资料选辑》第2辑，中华书局，1960，第146页；《收外交部电》（1919年1月23日），北京政府外交部档案，档号：03-13-006-01-001。
②　《收国务院来电》（1919年1月21日），北京政府外交部档案，档号：03-13-006-01-001。
③　《顾维钧回忆录》第1分册，第175~176页。

产生分歧，意气之争层出不穷。前面提到 2 月 11 日代表团第
14 次会议上，王正廷提出顾维钧起草的山东问题说帖"措词
尚觉太轻"，但自己却不愿在和会上就此代表中国发言。代表
团第 4 次会议上，魏宸组根据陆征祥的意见提议此后会议在顾
维钧寓所而不是代表团所在的旅馆举行，王正廷立即反对，显
然因为提议出自陆征祥，且是在顾维钧寓所。和会期间，顾维
钧代表中国参加国际联盟委员会，负责起草中国关于国联的备
忘录。王正廷和施肇基对顾起草的文件吹毛求疵，严词批评。
在顾维钧看来，"他们的批评显然并不准确，因为批评得不对
题，看来主要是有意使陆总长和我难堪"。①

　　代表团顾问、驻丹麦公使颜惠庆在他的自传中对代表团内
矛盾评论道："代表团内重要代表的意见分歧，自始即难望和
衷共济，而首席代表复缺乏整饬纪律能力，难使各代表谨遵命
令。当时所面临的任务何等艰巨，人人公忠礼国，困心衡虑，
通力合作，尚恐于事难济。何况党见深固，尽情倾轧，口舌争
辩，虚耗光阴，无补实际。大敌当前，竟有人不惜运用阴谋，
争取席次。此种行为，岂特令人齿冷，实为国事痛心。"② 颜
惠庆的自传是 1946 年完成的，当事人都还在世，除了称陆征
祥软弱，没有指名道姓其他人。但颜惠庆在日记中留下了清晰
的记录。

　　1 月 29 日，颜惠庆刚到巴黎，就听到施肇基扬言如受排挤
将辞职不干。此后，颜惠庆几次记下施肇基在代表团内争吵、
发脾气，称施"易激动又野心勃勃"，并与王正廷"通力合

---

① 《顾维钧回忆录》第 1 分册，第 181 页；《我国讲和专使团会议记录七十
　　五次》，第 4 次会议录，张一志编《山东问题汇刊》（1），第 145 页。
② 《颜惠庆自传》，第 100 页。

作"。2月21日，他听到王正廷散布顾维钧将与曹汝霖女儿结婚的传言。① 曹汝霖当时被视为亲日派代表，这一传言旨在败坏顾维钧的名声。从颜惠庆的日记看，他与王、施、顾都有应酬往来，并无明显的个人偏好。但他对王施通力合作使陆征祥一筹莫展、代表团运作受阻是不满的，特别对施是语含讥评的。

顾维钧在代表团内争中的表现，颜惠庆日记也有记录。2月15日，顾维钧与颜惠庆共进午餐时，讲述了自己被任命为全权代表的经过以及施肇基对此的暴躁反应，显然是要澄清代表排序与他无关。② 2月20日，代表团第21次会议上，王正廷责问陆征祥和会记录中国全权代表名次为何前后有别，施肇基接着询问代表名单送和会共有几次，陆征祥"眼泪汪汪"地回答，代表名单送和会时曾"擅将施顾次序更调，未先与诸同事商量，实深抱歉"，说话口气根本不像外交总长和首席代表。颜惠庆在日记中还记，王正廷说名单排序的变化肯定是"顾在幕后操纵，想名列第二"。而顾维钧在会上对变更排序的总统令表示反对，随后以健康理由离会了。③ 此后两天顾维钧未参加代表团活动。23日，外交部电令到达，同意按陆征祥最初开列的次序，并另外专电顾维钧，慰勉他"不沾沾小节"，他才"心平气和了"，但对王正廷的指责仍然心绪难平，希望要说明一下"从不争地位"，被颜惠庆劝阻了。④

---

① 《颜惠庆日记》第1卷，第815、823、825、827页。
② 《颜惠庆日记》第1卷，第824页。
③ 《我国讲和专使团会议记录》，第21次会议录，张一志编《山东问题汇刊》（1），第166页；《颜惠庆日记》第1卷，第826~827页。
④ 《收外交部电》（1919年2月23日），北京政府外交部档案，档号：03-13-006-02-001；《秘笈录存》，第80页；《颜惠庆日记》第1卷，第827~828页。

　　这场因代表排序引发的内争，顾维钧是被动的卷入者。无论是陆征祥最初将他排第三，还是后来北京政府将他升至第二，都不是他的本意，更非他"幕后操纵"。如果首席代表陆征祥果断处事，坦率沟通，矛盾不至于如此尖锐。颜惠庆就近观察的结论是："陆的软弱是一切纠纷的根源。"① 对于排名往后靠而且不明就里，王正廷与施肇基当然是不满的，除了陆征祥，怨气就洒向了顾维钧。顾维钧在和会上的发言赢得广泛赞誉，也是一个诱发因素。内争激烈的2月上半月，代表团收到的国内来电，无论是总统的，还是国会参众两院的，还是以山东代表自居的国会议员的，开头都称"顾王两使"。② 王正廷读到自然更为不快。

　　就顾维钧而言，主动向陆征祥提出排名靠后，应该是出自内心的，毕竟他年资最浅。在向施肇基解释时，他说，除了公务的考虑，还有个人的理由："我比你年轻十岁，我比你多十年的机会。"③ 这是他的自信和坦诚。还有一个重要的因素，因为争取并依靠美国的支持是代表团的共识，作为驻美公使，顾维钧不用担心自己在代表团中的实际地位和发挥的作用。不过，尽管他对排名不在乎，但卷入内争的旋涡后，颜惠庆注意到，他也"易于激动，难以控制自己"。④ 尤其对王正廷散布他与曹汝霖女儿订婚的传闻怒不可遏，两人就此结下怨恨。对外交事务中发生的内争，顾维钧还缺少应对的经验。此次内争

---

① 《颜惠庆日记》第1卷，第827页。
② 《收国务院来电》（1919年2月1日）、《收参众两院电》（1919年2月13日）、《收山东国会议员电》（1919年2月9日），北京政府外交部档案，档号：03-13-006-02-001。
③ 《顾维钧回忆录》第1分册，第176页。
④ 《颜惠庆日记》第1卷，第829页。

在他内心留下了长久的影响。二十多年后，他与朋友谈起时仍无法冷静地叙述："施王均视余运动，故对余种种为难，不堪言之。"①

全权代表的排序，外交部 2 月 21 日电同意了陆征祥最初开列的次序，即陆、王、施、顾、魏。但陆征祥在收到 1 月 21 日总统令后，向和会做过一次改动，将施顾次序互换，顾排到了施前面。于是，陆征祥将此情况报告，请北京再做确认。3 月 4 日，国务院回复，全权代表的排序确定为陆、王、顾、施、魏。②

代表团内部的矛盾使生性懦弱的陆征祥知难而退。和会开幕第二天，他就致电北京，以身体虚弱请派"素负〔孚〕元老重望、精力强健之大员"来法国，自己愿做个帮手。③ 此后，又几次流露退意。3 月 8 日，他干脆不辞而别，离开巴黎赴瑞士休养。3 月下旬，北京政府以总统谕令的形式加派陆征祥"为全权委员长，所有和会事宜，即由该委员长主持一切"，并给予"便宜行事"之权，其他人员"概不得以个人名义对外擅行发表"，提升了陆在代表团内的权力。④ 于是，陆征祥返回巴黎，代表团内因排名顺序产生的矛盾才稍稍平息，但裂痕已难修复。

代表团虽然内争不断，好在起草向和会提交文件的工作并没有完全停顿下来。顾维钧将主要精力放在文件准备上。2 月

① 《顾维钧日记》，1946 年 5 月 13 日，*Wellington Koo Papers*，box 216。
② 《收国务院电》［1919 年 3 月 7 日（4 日发）］，北京政府外交部档案，档号：03-13-006-03-001。
③ 《发外交部电》（1919 年 1 月 19 日、20 日），北京政府外交部档案，档号：03-13-010-05-001。
④ 《秘笈录存》，第 115 页。

28 日，顾维钧将初拟的对德奥要求草案交代表团会议讨论。3
月 3 日，他完成了租借地问题备忘录草案。3 月 6 日，他完成
的对德奥要求修正案在代表团通过。此后中国代表团又向和会
提出中国希望条件。希望条件共七项，其中撤退外国军警、归
还租借地、归还租界三项为顾维钧所撰写。①

在巴黎和会上，中国代表团先后提交了四个重要文件，即
山东问题说帖、对德奥要求条件、废除中日民四条约说帖和中
国希望条件。中国希望条件是中国政府第一次正式向列强要求
废除不平等条约，在近代以来的中外交涉中意义重大。这四个
文件中，第三个文件由王正廷主持起草，顾维钧主持起草了前
两个文件和最后一个文件近一半的内容。他在代表团中的作用
由此可见一斑，北京政府对他的看重并非没有道理。代表团中
也有曾留学欧美的外交官，但以国际法为专业获得博士学位的
就顾维钧一人。在起草文件时，他也确实发挥了他的专业特
长。3 月初，颜惠庆在读完租借地备忘录的草案后，就称赞
"这是一份完全根据法律而具有权威性的备忘录"。②

顾维钧在代表团中还有一个不可替代的作用，就是开展对
美外交。3 月 14 日，美国总统威尔逊返回巴黎。顾维钧与威
尔逊和美国代表团其他成员频繁接触，力争使山东问题获得有
利于中国的解决。

3 月 24 日，顾维钧介绍梁启超和张君劢与威尔逊会面，
利用这次机会主动提出山东问题，询问是否存在和约签订前尽

① 《我国讲和专使团会议记录七十五次》，第 30、34、37 次会议录，张一志
编《山东问题汇刊》（1），第 172、174~177 页；金问泗编《顾维钧外交
文牍选存》，第 31~48 页。

② 《颜惠庆日记》第 1 卷，第 831~832 页。

早解决山东问题的可能性。威尔逊回答说，山东问题的解决要写进和约，随后问道，日本要求德国在山东的权益先归日本再由其归还中国，是否意味着它将占有胶济铁路而归还胶州地域。顾维钧答道，日本不仅要占有铁路，而且还会就归还胶州湾租借地向中国勒索其他权益，如在胶州设日本专有租界。如果日本在山东得到铁路和专有租界，那么山东的归还对中国而言只是徒有虚名。因为胶济铁路贯穿山东全省，连接北京，一旦被占，就如扼住中国的喉咙，将危及中国的独立，因此山东问题的解决事关远东和平。顾维钧的阐述得到威尔逊的赞同。他乘势提出，是否由和会再召集一次会议听取中日双方的阐述。但威尔逊忙说无此必要，他已理解中国的立场和原则，山东问题解决办法可"于和约内规定，未必再邀中国出席"。①

4月上旬，顾维钧又先后拜会了美国代表团顾问豪斯与国务卿蓝辛。顾维钧告诉对方，"中国的唯一希望是美国。如果威尔逊总统有意坚持公正地解决这一问题，中国就能得到满意的结局"。他强调山东问题必须尽早解决，以便写进和约。由于3月下旬十人会已改为由美、英、法、意四国首脑组成的四人会，顾维钧希望四人会能对此问题做出决定。他还指出，一旦山东问题得不到圆满解决，中国国内将会出现亲日倾向，这将对包括美国在内的西方国家产生不利影响。希望以日本影响的上升来刺激美国采取行动。与蓝辛会谈后，顾维钧根据会谈内容准备了一份备忘录，请蓝辛转交给威尔逊。威尔逊于4月12日得到备忘录后认真阅读，并在"否定中国的要求会危及

---

① Memorandum of an Audience with President Wilson, 24 March, 1919, *Wellington Koo Papers*, box 1.

它的政治独立、领土完整和经济富强""中国政府真诚地希望美国政府进行斡旋"等句子下做了记号。①

顾维钧的奔走努力，对美国代表团进一步认识到山东问题的重要性和中国要求的合理性，起了重要作用。4月16日，在由美、英、法、意四国外长和日本代表参加的五人会上，蓝辛提出德国在华权益应归还中国，"惟先由本会暂收"，认为由日本收回交中国与由和会收回交中国并无差别。日本代表牧野当即"起而抗议，以青岛问题中日已有成约，应交由日本转交"。由于英、法、意三国外长对此保持沉默，蓝辛"深恐激生意外"，将提议搁置。次日，和约起草会上，美国代表再次提出这一问题，不同之处是将德国权益交和会改为交美、英、法、意、日五国，牧野虽仍反对，但交五人会后"将该条通过"。②

中国代表团虽不能参加五人会，但可以通过美国代表团了解事情进展。4月17日上午，顾维钧引导王正廷、施肇基、魏宸组及代表团顾问、驻意大利公使王广圻与威尔逊见面，并再提山东问题。威尔逊表示，对蓝辛的提议"确以为然"。当天，顾维钧将山东问题说帖再递交威尔逊一份。③

----

① An Interview with Colonel House, 2 April, 1919; An Interview with Mr. Lansing at Hotel Crillon, 4 April, 1919, *Wellington Koo Papers*, box 1; A Memorandum by Wellington Koo, 8 April, 1919, *Wilson Papers*, Vol. 57, pp. 298-301.

② An Interview with E. T. Williams, 21 April, 1919, *Wellington Koo Papers*, box 1；《发外交部电》［1919 年 4 月 19 日（电报尾署 18 日）］，北京政府外交部档案，档号：03-13-068-02-001。

③ 《发外交部电》（1919 年 4 月 17 日），北京政府外交部档案，档号：03-13-068-02-001；V. K. Koo to W. Wilson, 17 April, 1919, *Wilson Papers*, Vol. 57, p. 431。

　　直到此时，可以说，顾维钧的对美外交进展顺利，威尔逊、蓝辛在山东问题上都支持中国的立场。但4月22日，风云突变。意大利代表团因为对阜姆的领土要求遭各大国拒绝而宣布退出和会。这使和会的最高机构四人会成了三人会，五大国只剩四大国。由此产生的问题是，如果日本再因山东问题步意大利后尘，整个和会将不可避免地走向失败。威尔逊认识到面临的严峻形势。使和会进行下去以实现成立国际联盟的计划，是威尔逊在和会上的首要目标。这样，在山东问题上面对日本的蛮横立场时，他就没有选择的余地了，对中国的态度也就因此发生了变化。

　　4月22日上午，缺少了意大利首相的三人会听取日本对山东问题的陈述。此时，日本代表团已经得到东京的指示，如果对山东问题的要求不能得到满足，就不在和约上签字。因此，牧野在三人会上态度强硬，坚持日本必须拥有德国在山东的权利。英国和法国在1917年与日本签订过密约，承认其在华利益，此时都站在日本一边。威尔逊一方面表示必须考虑中国的困境，一方面又说要维护日本的尊严，处于左右掣肘的境地。最终，他提议让中国到三人会再陈述一次。[①]

　　4月22日下午，中国代表团又一次出现在和会最高会议。会议在威尔逊住处召开，出席者是美英法三巨头和中国的陆征祥与顾维钧。主持会议的威尔逊一开始就列举了中日1915年条约和1918年关于山东问题的换文，特别提到了中国驻日公使对中日条约"欣然同意"的表示，实际上是在向中国代表

---

① 罗伊·沃森·柯里：《伍德罗·威尔逊与远东政策（1913~1921）》，第257~258页。

团表明，由于中国自己与日本签订的这些条约，美国已无法给予先前承诺的支持和帮助了。威尔逊发言后，陆征祥请顾维钧代表中国答复。顾维钧明白威尔逊的潜台词，立即据理答道，中日间的条约"都是'二十一条'的结果，是日本最后通牒的结果"，中国人认为它们与中国和其他国家间的条约不是一回事。

在这次为时75分钟的会议中，顾维钧面临的最具挑战性的问题来自劳合·乔治。这位英国首相在顾维钧发言前对日本在1915年向中国提出最后通牒一事毫无所知，此时发问道，让日本根据中德条约继承德国在山东权益，或根据中日条约承认日本在山东地位，两者之间中国愿意选择哪项？顾维钧稍做考虑后明确回答，两者都是中国不能接受的，同时又指出日本的条约比德国的条约对中国危害更大。尽管顾维钧对中国的立场做了出色的阐述和辩护，但这一次却没能得到威尔逊的赞扬。威尔逊此时已背离了自己"十四点计划"中提出的废除一切密约的主张，反而认为"遵循一个坏的条约要比撕破它好些"，并劝说中国先让步，待国联成立后情况自会好转。对此，顾维钧马上回应称："与其疗治于发病之后，何如防范于未病之先。"但英法首脑坚持他们必须履行对日条约义务，威尔逊趁势说，即使中日间条约的合法性存在问题，但英法与日本间的条约是没有疑问的。①

这次会议使中国在山东问题上一下子陷入失败的险境。面对美国尤其是威尔逊态度发生变化的现实，顾维钧与代表团一

---

① Meeting of the Council of Four（Three），22 April, 1919, *Wellington Koo Papers*，box 1；《发外交部电》（1919年4月23日），北京政府外交部档案，档号：03-13-068-02-001。

起考虑调整直接归还山东的要求。4 月 23 日，顾维钧为代表团起草了一份给美国的备忘录。这份备忘录开头就明确表示，中国不能接受劳合·乔治二者择其一的办法，并责问："将中国的权益和未来因此而牺牲于日本的扩张政策是公正的吗？"备忘录指出，如果山东问题得到公正解决，远东至少会有持续半个世纪的和平，而如果以英法与日本间的条约为基础解决，那就是在播下死亡的种子。顾维钧建议，山东问题的解决可由德国将其权益交给五大国，以便最终归还中国。实际上就是按美国在五人会上的提议办理。第二天，顾维钧将备忘录交给了威尔逊。[①] 与中国代表团最初直接交还的方针相比，间接交还是一个退让，但显示了顾维钧依靠美国解决山东问题的苦心。

4 月 30 日，在和会决定山东问题前夕，顾维钧仍没有放弃最后的努力。他致函威尔逊，提请他关注两点：第一，如果根据中国代表团 24 日提出的妥协方案解决山东问题，英法并没有违背它们对日本做出的承诺；第二，如果按日本的愿望解决，就是肯定日本以最后通牒方式强迫中国签订 1915 年条约的合法性。[②] 他对威尔逊仍抱着希望。

但是，威尔逊已经要放弃自己原先的理想和做出的承诺了。他感到了山东问题的棘手，与此相比，意大利问题只能算是"茶壶里的波澜"。他明白，"如果我遵循公正和正义的原则，日本、英国和意大利就不会签和约，我就将承担阻扰世界和平的责任"，而"如果我们要求日本退让而它拒绝，那意味着我们只能诉诸武力"，但这又是美国不愿也无法做到的。因

① Koo to Wilson, 24 April, 1919, Enclosing a Brief Memorandum, *Wellington Koo Papers*, box 1.

② Koo to Wilson, 30 April, 1919, *Wilson Papers*, Vol. 58, p. 270.

此，"我唯一的希望是能找到一个保住日本人面子而让国联来决定以后事情的办法"。① 于是，为了国联和所谓的"世界和平"，威尔逊不得不对日本做出让步。在他的国际政治的天平上，中国的分量太轻了。

4月30日，三人会接受了日本的要求，决定将德国在山东的权益交给日本，形成了和约中第156、157、158条款。威尔逊明白这一决定对中国意味着什么。4月29日，他几乎一夜未眠，但又自我安慰地说，这是"从肮脏的过去所能得到的最好的结果"。② 中国山东的权益就这样被威尔逊的"理想"牺牲了。

三　拒签和约

三人会决定通过当天，威尔逊让美国代表团新闻秘书贝克（R. S. Baker）将消息通知中国代表团，并解释美国的为难之处。贝克知道这是一项棘手的任务，只能硬着头皮在当晚前往中国代表团驻地吕特蒂旅馆（Hotel Lutetia）。出面接待的是顾维钧与王正廷。贝克说明情况后，顾维钧表示对威尔逊"前后在会竭力维持之意，至深感谢"，并直言相告："惟结果如此，非常怅望，亦无可隐讳。"在场的美国记者加拉法尔（Patrick Gallagher）注意到，顾、王两人获悉对中国不幸的消息时，"脸色苍白，焦虑万分"，但仍极力控制自己的情绪，尽可能显得镇定自若，"人们不得不赞赏他们保持尊严的姿

---

① From the Diary of Dr. Grayson, *Wilson Papers*, Vol. 58, pp. 110-113.

② The Diary of R. S. Baker, 30 April, 1919, *Wilson Papers*, Vol. 58, p. 270.

态"。贝克离开后，顾维钧对加拉法尔说，中国代表团在获得
和会正式通知后将立即提出正式抗议。① 此时代表团尚未商
议，顾维钧的这番话表明他对和会有关山东问题决议一开始就
持反对立场。

5 月 1 日，中国代表团举行山东问题决议通过后的第一次
会议，讨论应对之策。会议认为有三种选择：（1）照意大利
办法全体离会回国；（2）不在和约上签字；（3）签字但不承
认山东问题条款。但第一种办法，因中国与意大利地位不同，
影响有异，无法采取。第二种办法，则对德和约除山东问题
外，还有撤废领事裁判权等问题，且不签和约对德仍处于战争
状态，日后中德直接订约是否有利也属疑问。而第三种办法，
列强又可能不会答应。代表中还有意见认为，英美法三国居中
周旋，不无善意，"我仍不认，于国际感情能否无碍，似均不
可不加审慎"，倾向于接受和会决定。代表团内对几种办法权
衡再三，无法达成一致意见，决定"拟电中央，请示办法"。②

尽管代表团尚未形成统一意见，顾维钧已开始起草代表团
的正式声明。5 月 3 日，中国代表团将顾维钧起草的声明送交
新闻界。声明表示，"中国人民对会议的决定感到极大的失望
和幻灭"，"如果像暗示的那样，三人会是为了挽救国联而全
部认可日本的要求，中国当然不应抱怨，而应该相信为了成立
国联这样崇高的事业做出牺牲是一种责任。然而，中国代表团

① 《陆征祥致外交次长》（1919 年 5 月 1 日），北京政府外交部档案，档号：
03 - 13 - 068 - 04 - 001；Patrick Gallagher, *America's Aims and Asia's Aspirations*, pp. 335-336。
② 《我国讲和专使团会议记录七十五次》，第 74 次会议录，张一志编《山东问题汇刊》（1），第 199 页。

还是希望三人会能够明白，让强国日本放弃它因扩张欲望而产生的要求比让弱国中国交出理应属于它的东西更为合适，因为这更符合即将成立的国联的精神"。① 声明中说中国可以为了国联做出牺牲，只是外交辞令，接下来一句日本放弃它的要求方符合国联精神才是实质。这一声明延续了顾维钧在和会上发言的风格，不用激烈的语词怒斥对手，而是用法律和正义来阐明自己的立场。

5 月 6 日，和会全体大会公布对德和约。陆征祥当即在大会上发表声明，称中国对和约山东问题条款"不能不表示其深切失望之情"，因为这些条款"未顾及法律公道及中国之安宁"，若和会不能予以修正，"本代表团对于上述条款实有不能不保留之义务，并请将声明各节列入记录"。② 这样，中国代表团向和会正式表明了对山东条款的保留态度。

两天后，5 月 8 日，国务院的电报到达巴黎，认为日本对中国"着着进逼，殊堪痛愤"，指示陆征祥"在我国只有坚持，断难承认，如果总约案内加入此条，我国当然不能签字"。北京政府这一指示受到了国内政治的影响。电报的后半段提到 5 月 4 日北京学生"聚众千余，以还我青岛为词，高揭旗帜"。③ 因此，不签字主要是针对国内舆论的。但对德和约

---

① Thomas Millard, *The Shandong Case at the Conference*, Shanghai, 1921, pp. 31 - 33; Wunsz King, *China at the Paris Peace Conference in 1919*, St. John's University Press, 1961, pp. 25 - 26. 陆征祥致外交部电称声明是 2 日送新闻界，但该电无声明内容，《发外交部转国务院电》（1919 年 5 月 2 日），北京政府外交部档案，档号：03 - 13 - 068 - 04 - 001。

② 《发外交部电》（1919 年 5 月 6 日），北京政府外交部档案，档号：03 - 13 - 068 - 04 - 001。

③ 《收国务院来电》（1919 年 5 月 8 日），北京政府外交部档案，档号：03 - 13 - 068 - 03 - 001。

除了有关山东条款，还涉及中德关系和国际联盟，因此，陆征祥接电后马上询问，要求给予明确的指示，即不签字，"是否全约不签，抑仅不签胶州问题一条"？①

国内此时因山东问题交涉失败而爆发了五四运动，群情激昂，舆论汹涌，要求收回山东主权。北京政府面对国内政治的压力，最初主张不签字，随后权衡再三，于5月中旬指示在对山东条款保留的前提下签字。但列强中英、法均反对保留签字，代表团中对此也有不同看法，北京政府面临着保留不成是否签字的抉择。5月21日，国务院和外交部发电指示陆征祥，第一步为保留签字，如保留不成，"应即全约签字以保国本"。②

对德和约宣布后，顾维钧明白山东问题已成定局，保留签字是中国的最后办法，如保留不成就应拒签。由于不愿接受山东问题的条款，顾维钧决定离开巴黎，并订好了船票，准备5月底动身。但收到北京政府要他留在巴黎的电文后，他退掉了预订的船票，为保留签字做最后的努力。③

5月20日，顾维钧陪同陆征祥访晤蓝辛。5月22日，顾维钧又面见豪斯。对于中国保留签字，蓝辛和豪斯都予以支

---

① 《发国务院电》（1919年5月8日），北京政府外交部档案，档号：03-13-068-04-001。

② 《收国务院电》［1919年5月20日（15日发）］、《收国务院外交部电》［1919年5月29日（21日发）］，北京政府外交部档案，档号：03-13-068-03-001。北京政府对签约的决策，参见邓野《巴黎和会与北京政府的内外博弈》，社会科学文献出版社，2014，第7章；唐启华《巴黎和会与中国外交》，第298~301页。

③ Patrick Gallagher, *America's Aims and Asia's Aspirations*, p. 354. 顾维钧要离开巴黎一事已报告过北京，外交部27日电有"若顾使已行"句，显然已知他的计划，并似已劝阻，《发法京陆总长（征祥）电》（1919年5月27日），《中日关系史料——巴黎和会与山东问题》，第189页。

持。蓝辛表示，如保留不成而不签字，"则咎不在中国"。豪斯还建议顾维钧专门去拜访威尔逊，并相信威尔逊对此不会反对。①

但豪斯的判断错了。5 月 27 日，顾维钧与陆征祥拜访威尔逊。这是和会通过山东问题条款后，威尔逊第一次与中国代表团成员见面。在威尔逊对和约做了一番解释后，顾维钧直接提出了保留签字的问题："现在中国人民，无论在国内或在国外，全体主张不签和约，政府顾念民情一致之主张，又不愿破坏协约各国对敌之联合，万不得已定签字而保留之计。"威尔逊此时最关心的还是国际联盟，担心中国此举会影响和会的最后结局，因此表示："此于法律问题有关，我不敢骤答，务请与著名公法家慎加考量。"② 威尔逊的态度增加了保留签字的难度。

5 月 28 日，中国代表团举行全体会议，讨论和会如不接受保留签字的应对之策。此时国务院和外交部 21 日发出的保留不成就签字的电报还未到达。王正廷首先在会上发言，明确表示："不能保留，则万不能签字。"但发言者中也不乏主张保留不成就签字者，驻意公使王广圻、驻法公使胡惟德都在此列。他们认为，"签字一层，苟利于国家，毅然为之，不必为个人毁誉计"。顾维钧立场鲜明地表明自己的观点："日本志在侵略，不可不留意，山东形势关夫全国，较东三省利害尤

---

① 《发外交部电》（1919 年 5 月 20 日），北京政府外交部档案，档号：03-13-068-04-001；Memorandum of Conversation with Colonel House, 22 May, 1919, *Wellington Koo Papers*, box 1。

② 《发外交部电》（1919 年 5 月 27 日），北京政府外交部档案，档号：03-13-068-04-001。

巨。不签字则全国注意日本，民气一振，签字则国内将自相纷扰。"施肇基也主张不签。会上两种对立的意见难分上下，陆征祥没有表态，只是表示"取决审慎研究，再行决定"。①

以委员长身份主持代表团并有"便宜行事"之权的陆征祥自己不拿主意，将难题上交北京，认为代表团中两种意见"互有利害，究竟孰为较善"，难以定夺，请"详审裁定，立速电示"。在会议结束当天发出的这份电报中，陆征祥也告诉北京，主张拒签者中，王正廷和施肇基原先都主张签字，但现在态度改变了，而顾维钧"原在不签字一方为多"，即前后皆不主签字。② 根据邓野的研究，陆征祥本人实际上是主张签字的，只是签字的责任不能由他来承担，必须另派他人。③

因此，5月29日收到国务院和外交部21日电报明令"全约签字"后，陆征祥只能再提辞职之请。6月9日，他密电北京政府总理钱能训，以所患之病"伏根颇深，非力加调养不可"为由，请"开去外交总长"一职，并推荐驻法公使胡惟德"接长外交，用明令发表，请其留欧签字"。④ 陆征祥的辞职电到达北京的时候，总理钱能训已经辞职，连总统徐世昌也提出了辞职，政局动荡，政府无暇顾及陆征祥辞职一事。而陆征祥不待北京回电，已于14日住进医院，称"旧病骤发，异常困惫"，医生意见"现在不能用心，须将公事一切放下"，

---

① 《我国讲和专使团会议记录七十五次》，张一志编《山东问题汇刊》（1），第203页。
② 《收法京陆（总长）征祥电》[1919年6月2日（5月28日发）]，《中日关系史料——巴黎和会与山东问题》，第203~204页。
③ 邓野：《巴黎和会与北京政府的内外博弈》，第206~208页。
④ 《收法京陆（总长）征祥电》[1919年6月14日（9日发）]，《中日关系史料——巴黎和会与山东问题》，第214页。

并提议"派顾使在会签约"，将代表团事务交顾维钧负责。①

5 月 28 日会议是中国代表团最后一次会议。由于内部意见难以统一，陆征祥随即躺倒不干，代表团作为一个整体逐渐停止运作。6 月初，施肇基离开巴黎返回伦敦。王正廷虽在巴黎，但毕竟代表南方政府，且与顾维钧多有龃龉，不参与顾出面之事。魏宸组自始就只负责团内事务。这样，进入 6 月后，5 个全权中就只有顾维钧代表中国出面交涉了。

6 月 5 日，顾维钧拜会美国代表团斯科特（James Scott），与他讨论中国保留签字的法律问题。斯科特谈了三点看法：（1）中国像任何一个独立国家一样有权决定以何种方式签署或拒绝签署对德和约；（2）是否行使这种权利应由中国自己决定；（3）保留签字对日本在三人会上所做声明无任何影响，这是互不相干的两件事。顾维钧询问是否可以将这些看法告诉威尔逊总统，斯科特表示他不反对。在这之前，顾维钧与蓝辛见面时，也希望对方同意他将其支持中国保留签字的态度告诉威尔逊。② 这表明，顾维钧想利用美国代表团其他成员的意见来影响威尔逊，争取他对中国保留签字的支持。

但北京政府此时改变了原来先保留，保留不成则签字的立场。6 月上旬，北京政府获悉日本在三人会上对于交还胶澳主权及继承德国在山东经济权益的限度有过保证，日本外相也有交还的声明。因此 6 月中旬后，北京政府几次电令代表团，"为收还青岛计，为参战权利计，为国际地位计，均有全约签

① 《发外交部电》（1919 年 6 月 17 日），北京政府外交部档案，档号：03-13-068-06-001。

② Memorandum of Conversation with James Scott, 5 June, 1919; Memorandum of Conversation with Mr. Lansing, 29 May, 1919, *Wellington Koo Papers*, box 1.

字之必要", 随后进一步认为保留一层即使能够办到, 也无须提出, "不必多此一举"。①

顾维钧没有遵从政府"不必多此一举"的指令, 直到6月下旬对德和约签字临近前, 仍在为保留签字做最后的努力, 力争为山东问题获得一个有法律保障的公开的国际承诺。

6月24日中午, 顾维钧去见和会秘书长杜塔斯塔 (Paul Dutasta), 明确表示中国代表团"愿于德约签字时, 将关于山东条款声明保留"。但杜塔斯塔答称, "照订约通例", 只有签字或不签字两种办法。顾维钧立即指出保留签字"不无成例", 并举了1815年维也纳公约时瑞典保留签字的先例, 表明他对保留签字从法理上已反复思考。杜塔斯塔只能表示需请示和会主席。当晚6点半, 顾维钧再见杜塔斯塔。杜氏称, 已请示大会主席即法国总理克里孟梭, 保留签字"势不能行"。顾维钧表示, 保留签字已是中国"委屈筹商"之不得已办法。但杜氏坚持不能保留是"原则之办法", 顾维钧又转而提出, 中国可不在和约内注明保留, "而另筹一种正式之手续, 于开会前数分钟前, 备函通知会长声明保留, 一面即分函各国"。这是希望通过保留形式上的让步, 即从约内保留转向约外保留, 实现保留签字的目标, 其关键是要通过"正式之手续"。杜氏明白顾的提议是另一种"不满意之表示", 答应再报告大会主席。25日傍晚6时, 杜塔斯塔约请顾维钧见面, 转达克里孟梭不能保留的意见, "此项约内只有签字与否两层办法"。顾维钧希望这一表示并不包括约外保留, 但杜氏表示"系指

① 《收国务院外交部电》［1919年6月13日 (11日发)、6月24日 (19日发)］, 北京政府外交部档案, 档号: 03-13-068-05-001; 唐启华: 《巴黎和会与中国外交》, 第317~318页。

各项保留"。① 这使顾维钧十分失望。

顾维钧的希望始终寄托在美国身上。与杜塔斯塔会面一结束，他就于晚上 8 点去拜访威尔逊总统，告诉他"国内人民对于山东问题主张绝对不能签字，异常愤激"。威尔逊不赞同保留签字，但提出"于不得已之中，似可另筹一转圜之法，中国可备一正式通告或宣言，即声明中国在和约中关系山东问题，将来于相当之时间、适宜之机会，有请求继续讨论之权"。威尔逊的办法与顾维钧前一天向杜塔斯塔的提议相似，但刻意回避了保留两字。威尔逊称自己非国际法专家，请顾维钧明天上午与蓝辛面商，还说已请法国外长与顾接洽，听取中国的意见。② 从安排顾维钧与蓝辛和法国外长见面来看，威尔逊确想为中国找到"转圜之法"。

26 日上午 10 时，顾维钧根据威尔逊安排与美国国务卿蓝辛会面，讨论昨晚威尔逊所提办法。蓝辛认为，中国要求保留，"无非欲日后有权要求复议"，威尔逊的提议"于声明书中既将此层说明，则中国将来重提之权利已有保证"，认可了声明的保留效用，并称若保留不成拒签，和会最高机构"或不坚拒"。蓝辛还向顾维钧表示，在顾与法国外长沟通后，中国提出的声明书，他可参与斟酌最后的文本。③ 蓝辛的表态使

---

① Interview with Dutasta, 24 June, 1919, *Wellington Koo Papers*, box 1;《发外交部电》(1919 年 6 月 25 日)，北京政府外交部档案，档号：03-13-068-06-001。

② 《发外交部电》(1919 年 6 月 25 日)，北京政府外交部档案，档号：03-13-068-06-001。

③ 《发外交部电》(1919 年 6 月 27 日)，北京政府外交部档案，档号：03-13-068-06-001。因该电 27 日发，电文中写今晨见蓝辛，故唐启华书将此次会面误为 27 日 (见该书第 322 页)。但电文中有"昨晚见威总统"句，应是该电拟于 26 日晚，发于 27 日。

顾维钧看到了保留签字的希望。

与蓝辛会面后，顾维钧接着于 11 点半与法国外长毕勋（Stephen Pichon）会面。毕勋一开头就表示，他是受和会最高机构的委托与顾见面的，表明了会谈的正式性。顾维钧发言首先指出"此次和会解决山东问题，我侪认为不公道"，因此"中国委员并非不愿签字，惟对于山东几款必须保留"。毕勋称"约内保留一层殊多未便"，此种做法"并无先例"。顾维钧再举维也纳公约之例，毕勋仍坚持"万难办到"。顾维钧退而求其次，提出"如保留字样实不能于约内声明，则附于约后亦可勉允"。附于约后，即作为和约的附录，仍是和约的一部分。毕勋仍不同意。顾维钧再退一步，提出"如果约内保留万做不到，则约外保留非办不可"。毕勋将这一提议做了笔录，表示要向和会最高机构报告。①

27 日下午 5 点半，顾维钧再与法国外长毕勋会面。毕勋代表和会正式答复顾维钧，"会长言未签以前，不能允许有提出保留之事"，但可在签字后"酌备一函交会"。顾维钧争取保留签字的要点是从法律上保留中国重新提出山东问题的权利，因此问毕勋签字后保留"有无效力"。毕勋答同样有效。顾追问："效力既同，和会何不于签字前接受我函？"毕勋坚称"未签以前不准有保留"。顾维钧是学国际法的，当然明白同样是保留，但签字前后法律含义大为不同。签字前提出，保留与签字是连在一起的，具有法律效力；而签字后提出，那就是马后炮，是不相干的两件事了。和会实际上拒绝了中国约外

① 《发外交部电》（1919 年 6 月 26 日），北京政府外交部档案，档号：03-13-068-06-001。

保留的提议。至此，顾维钧起身答复："若不能保留而签字，我全国民心必益忿激。中国为顾重和会全局，已一再让步至于极点，会中尚不能承认，深为可惜。准此情形，恐中国委员团未能签约。万一中国委员不签约，中国政府不能负责，其责任当在和会。"① 在外交场合，顾维钧十分注重礼仪，即使在 1 月 28 日与牧野当面辩驳，也注意不出"恶言"，但此次与毕勋会面，最后时刻起身作答，可见他心绪难平，无法接受和会对保留签字的拒绝。他的回答表明，已经下决心不签约。

与毕勋会面后，顾维钧马上给威尔逊写了一封信，通报交涉情况，并写道："接受中国保留重提山东问题权利的声明，对和会最高委员会并不是不可克服的困难（毕勋对此并无解释），而对中国代表团却意义重大，因此我恳请您运用您友好的影响力，以使中国代表能够签约而不致牺牲他们的民族荣誉感和自尊心。中国不愿拒签和约并退出和会，除非每一个体面的妥协方案都遭拒绝。" 在信中，顾维钧附上了他起草的中国声明保留的文稿："在今天签署对德和约之时，鉴于不公正的 156、157、158 款将德国在中国山东省的权利转让日本，而不是归还给对此领土享有正当主权并在大战中作为协约国伙伴的中国，中华民国全权代表以中国政府的名义宣布，他们的签约不能被理解为中国不能在合适的时候要求重新考虑山东问题。对中国的不公正最终应根据远东永久和平的利益加以纠正。"②

---

① 《发外交部电》（1919 年 6 月 27 日），北京政府外交部档案，档号：03-13-068-06-001。电文中记，说最后一段时"顾使起云"。

② V. K. Koo to W. Wilson, 27 June, 1919, Enclosure of Koo to Wilson, *Wilson Papers*, Vol. 61, p. 289. 声明稿中文本见王芸生编著《六十年来中国与日本》第 7 卷，第 352 页。

虽对威尔逊支持中国以声明形式保留签字仍抱希望，但屡屡遭拒后已做好不签的准备。

写完给威尔逊的信和声明稿后，顾维钧赶往陆征祥养病的圣克卢德医院，向他通报最后交涉的情况，并将声明稿交他过目。陆征祥虽赞同签字，但对主张保留的声明也"毫不迟疑地签署了"。当晚圣克卢德医院外面聚集了许多留学生和华侨，反对签约，并扬言要杀死签约的代表。有一位女留学生在大衣口袋里用"手枪"对准了代表团的秘书长。这位女留学生叫郑毓秀，后来成为中国驻美大使魏道明的夫人。多年以后，顾维钧与她见面，知道当时她的口袋里并不是手枪，而是一根树枝。①

6月28日下午3时是对德和约的签字时刻。清晨，顾维钧约见和会秘书长杜塔斯塔，杜氏拒绝了中国发表声明的要求。中午，驻法公使胡惟德送往和会的声明稿也被拒绝。此时，顾维钧明白，"中国无路可走，只有断然拒签"。②

28日下午，中国代表团致电外交部报告最终未赴和会签约情况："此事我国节节退让，最初主张注入约内，不允；改附约后，又不允；改在约外，又不允；改为仅用声明，不用保留字样，又不允；不得已，改为临时分函声明不能因签字而有妨碍将来之提请重议云云，岂知直至今午仍完全被拒。"这一节节退让的经历让代表团忍无可忍。"大会专横至此，竟不稍顾我国家纤微体面，何胜愤慨！弱国交涉，始争终让，几成惯例，此次若再隐忍签字，我国前途将更无外交之可言。""详

① 《顾维钧回忆录》第1分册，第207~208页。
② 《顾维钧回忆录》第1分册，第208页。

审商榷，不得已决定不往签字。"同时，在巴黎的四位全权代表共同请辞，"明令开去祥外交总长、委员长及廷、钧、组等差缺"。代表团还向报界散发声明，"中国代表团既多方调和而不可得复，鉴于一切可保国家体面之迁就办法，无不见拒，则惟有遵循其对于国家及对于国民之义务"，不往签约。①

代表团电报发出后，下午5时，北京政府国务院"万急"电报才姗姗来迟，通知代表团因国内群情愤激，"政府仍决定保留"，改变了之前不保留签约的指令。此时代表团已采取拒签的行动，这一命令失去了实际意义。顾维钧后来在回忆录中说，"北京政府很可能是在得知最后会议已经召开之后才发出电谕的"。②

从1月28日到6月28日，列强巨头的纷纷赞扬，变成了和会上的处处碰壁，顾维钧沮丧到了极点，那一天留在他心中的记忆是："我觉得一切都是那样暗淡——那天色、那树影、那沉寂的街道。我想，这一天必将被视为一个悲惨的日子，留在中国历史上。"③

中国合理的要求被拒的这天是一个悲惨的日子，但中国代表团拒签和约的决定维护了国家的尊严，打破了近代以来与列

---

① 《发外交部电》（1919年6月28日、29日），北京政府外交部档案，档号：03-13-068-06-001。顾维钧在回忆录中称，作为排名前两位的代表，陆征祥与王正廷的印章已送交和会（见《顾维钧回忆录》第1分册，第211页），但1946年5月他与人交谈时称，两人印章已盖在和约正本上，只是他不愿将此告诉国人，见《顾维钧日记》，1946年5月13日，*Wellington Koo Papers*，box 216。

② 《收国务院电》[1919年6月28日（27日发）]，北京政府外交部档案，档号：03-13-068-05-001；《顾维钧回忆录》第1分册，第210页。关于北京政府的拒签决策，参见邓野《巴黎和会与北京政府的内外博弈》，第214~216页。

③ 《顾维钧回忆录》第1分册，第209页。

强交涉中"始争终让"的惯例。正如邓野所指出的，拒签的行动开创了一个敢于抗争的先例，对此后的中国外交产生了明显的积极影响。① 拒签顺应了国内民意，得到了舆论的称赞。7月5日，全国学生联合会致电中国代表团："国人得我国未签德约消息，感佩诸公不辱使命，尚祈坚持到底，勿为外力胁迫。"7月8日，全国和平联合会致电代表团以为声援："诸公力拒签约，举国佩慰，请勿辞职，愿为后盾。"② 主张抵抗日本、拒签和约的直系将领吴佩孚获悉拒签消息后，在给总统徐世昌的电报中称赞道："亦见我国外交尚有人也！"③

对德和约签约的最后关头，顾维钧是中国代表团最为忙碌的人，担负起整个代表团的重任。从24日中午到28日凌晨，他一个人先后7次与和会秘书长、美国总统、美国国务卿、法国外交部长会面，还给威尔逊写信，力争保留签字。在交涉中，他有专业能力，如以维也纳公约瑞典一事反驳保留签字无成例；能够灵活应对，通过妥协寻找解决方法，即从约内到约后，到约外，再到声明；但妥协并不放弃底线，也就是一定要有"正式之手续"。在一再被拒后，他则起身作答，正气凛然，身体力行地"以公理争强权"。三十刚过，顾维钧娴熟高超的外交技能不逊于他面对的任何一位欧美对手，包括威尔逊这样的资深政治家。Wellington Koo 因此在国际外交界赢得了尊重和声誉。

在美国留学期间撰写的《中国外交私议》一文中，顾维

① 邓野：《巴黎和会与北京政府的内外博弈》，第226页。
② 《申报》1919年7月5日第10版、7月8日第10版。
③ 《吴佩孚致徐世昌电》（1919年7月9日），中国第二历史档案馆藏，档号：1016-64。

钧对塔列朗作为一个战败国的外交家，能纵横捭阖于大国操纵的维也纳会议大加赞赏。巴黎和会是维也纳会议一百年后的国际会议，顾维钧在会上与日本唇枪舌剑、与列强争辩呼吁时，心中不能说没有塔列朗的影子。塔列朗虽是战败国的外交家，最终取得了成功，而顾维钧代表的中国还算是战胜国，却铩羽而归。不能不说，个人的外交才干无法超越国运。

顾维钧在巴黎和会上的外交带有他一直主张的联美制日的鲜明特征。从和会筹备时期起，他就积极与美国高层联络，争取其在和会上支持中国，成为中国代表团与美沟通的主要渠道。这些活动对美国在和会前期支持中国起了重要作用。而威尔逊在和会后期所采取的立场，与顾维钧对美国所抱的期望产生很大的落差。但另一方面，美国代表团中蓝辛等人对中国代表团的同情和不同程度的支持，包括中国拒签后提议将对华外交关系升至大使级，又使他看到美国在中国的外交中所能发挥的作用，如他自己所说，"从那一片黑暗中觅得了一丝光明"。[1] 这也是威尔逊食言后，顾维钧并未放弃联美制日主张的原因所在。

中国代表团拒签对德和约后，和会事宜并未完全结束。7月上旬，代表团筹商善后办法，确定应将目标集中在两件事上，即接洽美国以期补签对德和约，以及签署对奥和约。[2]

6月28日中国拒签当日上午，蓝辛根据威尔逊指令提出八点调停方案交给日本，其要旨是要日本做出承诺，明确其归

---

[1] 《收国务院来电》（1919 年 7 月 29 日），北京政府外交部档案，档号：03-13-067-03-001；《顾维钧回忆录》第 1 分册，第 206 页。

[2] 《发外交部电》（1919 年 7 月 3 日），北京政府外交部档案，档号：03-13-069-02-001。

还山东权益和撤出军队的期限。提出调停方案后蓝辛于 7 月 11 日离法。与美国代表团接洽沟通之事仍由顾维钧承担，他与美国代表怀特（White）和波尔克（Frank Polk）有过多次会面交谈，希望美国的调停方案被日本接受后，中国可以补签对德和约。但日本于 8 月 2 日由外相内田发表声明，重弹老调，实际上拒绝了美国的提议。8 月 14 日，顾维钧致电外交部，认为"就目下情形，在我似仍以暂不补签为宜"。① 补签交涉无果而终。

签署对奥和约是中国代表团和会善后的另一重要工作。反对拒签对德和约的各种意见中，有一条理由就是中国由此不能加入国际联盟了。但顾维钧与蓝辛等人讨论后发现，通过签署对奥和约中国也可以成为国联成员国。9 月 10 日，陆征祥与王正廷代表中国签署对奥和约，中国成为国联成员国。

8 月 23 日，北京政府电令中国代表团，"奥约签字后，委员团应即解散，陆总长即行回国，王专使、魏专使偕同回国"，"顾专使暂留巴黎"。② 陆征祥等离开后，顾维钧留在巴黎继续处理和会善后问题。

和会后期，事务不如前期那样繁重紧张。稍得闲暇的顾维钧在公务之余，在个人生活方面办成了一件大事。他在一个社交场合看见了一位华人小姐的照片，随即提出要与她见面。这位小姐是爪哇华侨首富"糖王"黄仲涵的女儿黄蕙兰，她马

---

① 《收法京陆总长（征祥）电》［1919 年 7 月 31 日（26 日发）］，《中日关系史料——巴黎和会与山东问题》，第 286~287 页；《收法京顾公使（维钧）电》［1919 年 8 月 17 日（14 日发）］，《中日关系史料——巴黎和会与山东问题》，第 320 页；A Memorandum of a Conversation with Frank Polk, 2 August, 1919, *Wellington Koo Papers*, box 1.

② 《国务院致陆专使电》（1919 年 8 月 23 日），《秘笈录存》，第 253 页。

上被从意大利叫到了巴黎。擅长外交辞令的顾维钧求婚的方式
却很直接：我有两个孩子，需要一位母亲，成为我的妻子能够
受邀进白金汉宫、爱丽舍宫和白宫参加国事活动。没有多久，
黄蕙兰就成了顾维钧夫人。[①]

四　华府会议再发声

1920 年 6 月，顾维钧结束和会事务，于月底返回美国。
回到华盛顿不久，北京政府于 8 月上旬任命顾维钧为中国驻国
际联盟代表，随后于下旬改派他为驻英公使，与施肇基互换任
所。[②] 改派驻英是为了让顾维钧便于出席设在日内瓦的国际联
盟。还在巴黎和会进行、国际联盟尚未成立之时，陆征祥就向
北京政府建议派顾维钧为中国出席国联的代表，认为他"才
大心细，干练勤能"，"我国适宜之员无出其右"。和会期间，
顾维钧代表中国参加"国际联盟委员会"，为盟约的制订贡献
了中国的意见。[③]

顾维钧于 11 月初抵达巴黎。10 日，他与黄蕙兰在布鲁塞
尔中国驻比利时公使馆举行了婚礼。婚礼十分隆重，中国驻法
国和西班牙的外交官也赶来参加，新娘十分高兴。但婚礼结束
回到旅馆后，黄蕙兰发现顾维钧已在工作，正同时口述指示和
备忘录，四个秘书围着他在做记录。当晚，他们乘夜车去日内

①　黄蕙兰：《没有不散的筵席——顾维钧夫人回忆录》，第 95~99 页。

②　《申报》1920 年 8 月 11 日第 3 版、8 月 28 日第 6 版。顾维钧回忆说是 10
　月返回华盛顿，应为误记，见《顾维钧回忆录》第 1 分册，第 215 页。

③　《发外交部电》（1919 年 6 月 19 日），北京政府外交部档案，档号：03-
　13-068-06-001；唐启华：《北京政府与国际联盟（1919~1928）》，台
　北：东大图书公司，1998，第 25~38 页。

瓦，要赶上参加国联第一届大会。①

在国联第一届大会期间，顾维钧力主"分洲主义"，积极与参会小国联络沟通，最终使中国当选国联行政院非常任理事国。行政院常任理事国是英、法、日这样的大国，而非常任理事国只有4席，因此这一当选是中国外交的一大成功。与巴黎和会上山东问题受挫相比，更显示出非同一般的意义。1921年8月，顾维钧还被选为行政院第14次会议主席，并因此担任国联第二届大会临时主席，在开幕式上致欢迎词。②

1921年3月，哈定（Warren Harding）出任美国第29任总统。此时，美国在太平洋上面临着并不太平的局势，日本在大战期间的扩张已威胁到美国在远东的利益，美日关系潜伏着严重的危机。为了制约日本势力的扩张，确保美国在远东的地位，也为了顺应国内要求裁军的和平运动，美国政府决定召开一次有关裁军的国际会议。英国对召开这样一次会议也有自己的期望。美英之间经过磋商，最终决定由美国倡议在华盛顿召开一次国际会议，讨论裁军和远东问题。

顾维钧在6月下旬通过外交渠道获悉英国有意召集一次有关远东问题的国际会议，此时美英间还未就会议之事最后商定，但他敏锐地觉察到此事对中国的意义，立即向外交部报告，并建议"在我无论究能加入与否，似以及早准备为得"。③

7月4日，顾维钧拜访英国外交大臣寇松（George Curzon）。寇松是位资深政治家，在外交界以难打交道而闻名，但与顾维

---

① 黄蕙兰：《没有不散的筵席——顾维钧夫人回忆录》，第104~105页。
② 唐启华：《北京政府与国际联盟（1919~1928）》，第24、128~129页。
③ 《发外交部电》（1921年6月30日），北京政府外交部档案，档号：03-39-001-01-001。

钧却很谈得来，每次会面通常要超过预定的时间。在这次会谈中，寇松告诉了顾维钧英美正在筹划有关远东问题的国际会议，并会邀请中国参加。顾维钧马上表示，中国政府肯定乐意接受邀请，并会提出修改关税和收回租界、租借地等要求。他还主动提出山东问题，询问该问题是否会包含在会议的议题中。寇松答道，山东问题主要是中日间的问题，但列强对此有兴趣，可以在会上进行讨论。会谈中，顾维钧还提出，希望英国摆脱英日同盟的束缚，成为远东公正的仲裁者。会谈后，顾维钧马上向外交部报告，认为"此次会议于我国前途关系重大"，建议政府及早筹备并给予指示。①

8 月 11 日，美国总统哈定正式向英、法、日、中等八国发出参加华盛顿会议的邀请。8 月 16 日，北京政府外交部复照接受邀请。8 月 18 日，总统徐世昌令外交总长颜惠庆专任会议筹备事宜，组建中国代表团。鉴于巴黎和会时代表团排名造成内部矛盾，颜惠庆此次处理十分谨慎。他先通过私人渠道得到顾维钧愿在排名上居于驻美公使施肇基之后的承诺，随后10 月 6 日总统令正式任命施肇基、顾维钧、大理院长王宠惠、伍朝枢为中国出席华盛顿会议的代表，由施肇基任首席代表。② 任命代表南方政府的伍朝枢与巴黎和会时任命王正廷一样，是为了对外显示举国一致，但伍朝枢并未赴美参会。

早在 7 月中旬，顾维钧就向北京政府提交了他对中国参会

---

① Curzon to Alston, 8 July, 1921, *Documents on British Foreign Policy*, *1919–1939*（以下简称 *DBFP*），First Series, Vol. 14, London, 1966, pp. 329–331;《驻英顾公使电》（1921 年 7 月 4 日、5 日），《秘笈录存》，第310~312 页。

② 《顾维钧回忆录》第 1 分册，第 217~218 页;《秘笈录存》，第 387 页。

的看法。他认为，此次会议"主要目的在远东问题，而尤以我国为远东问题之中心点。是此项会议与我国前途关系较之巴黎和会尤属重要"。这一判断基于他在巴黎和会的悲痛经历。中国问题因在和会上排在次要地位，最终因列强间的利益交换而被牺牲掉了。强调华盛顿会议的重要性就是提醒政府要避免巴黎和会的结局。顾维钧建议中国在会议上的提案应"求实际而不贪多"，具体可分为甲乙两部。甲部为原则，计有四种：（1）要求各国担保尊重我国主权及领土完全，以杜外患；（2）要求废除条约上各种不公平之束缚限制，求自由发展；（3）申明赞成各国在华工商业均等主义，并于全国一律遵守；（4）宣告我国建设计划大纲，以慰各国期望。乙部为具体问题，亦有四种：（1）商订实行担保尊重我国主权及领土完全办法，英、美对此点颇为注意，由我提案，"可望以我国看法为协商主观"；（2）要求解决山东问题及"二十一条"问题；（3）重提在巴黎和会上所提之希望条件七条；（4）国内建设办法。第四项事关内政，本无对外宣告之必要，但我国政局与会议关系綦切，我如不提，彼必质问，或致代为建议。他希望，各项原则与具体问题，"亟应通盘从长决议"。①

顾维钧虽提出向会议的提案应求实际而不贪多，但事实上，上述原则和具体要求已涵盖了在当时情形下中国应向会议提出的所有主要问题。四项原则中的前两项是对巴黎和会前向美国递交的备忘录中领土完整、维护主权和经济财政独立三原则的重申。具体问题的第三项延续了中国向巴黎和会提出的希望条件，具体问题的第二项是巴黎和会未解决的、国内最为关

----

① 《驻英顾公使电》（1921 年 7 月 16 日），《秘笈录存》，第 333~334 页。

注的山东问题。从列出的这些问题看，顾维钧是将华盛顿会议看作巴黎和会的继续，1919年6月28日那一天在他心中挥之不去，他希望这次能完成和会未完成之任务。原则第三项是赞同美国倡导的"门户开放"政策。在这之前，中国政府还未对美国的这一政策正式表明过态度。顾的这一建议，目的在于以美国倡导的原则来制约当时侵华势头最盛的日本。此前他向北京政府分析过美、英等国"于我收回领土主权原则，固系完全赞成，而于维持机会均等主义"，"亦视为根本"，所以中国在谋求从日本手中收回权益时，"不得不稍寓顾念欧美各国之希望，俾唤同情，免有梗阻"。① 其实质还是联美制日。

10月24日离英赴会前，顾维钧再次拜访寇松，探询英国对华会的态度。寇松谈了三点。(1) 中日可在华盛顿于会外交涉山东问题，英美愿予以帮助。美国是中国的朋友，而英国可以影响日本。(2) 中国应放弃以夷制夷政策，中国的出路在于列强的合作而不是竞争。(3) 中国应默认日本在中国东北的发展，以换取中国长城以南地区的安定。顾维钧并不完全赞同寇松的看法，但他请求英国政府能在华盛顿支持中国代表团，尤其在山东问题上能站在中国一边。寇松对此不愿给予明确的保证，只表示英国将以友好的精神对待中国问题，但希望中国不要在会上以中美为一团体，以英日为另一团体。② 寇松的谈话表明，英国在远东问题上仍然倾向日本，尤其表现在要中国在东北地

① 《收驻美顾公使电》（1920年10月19日），中研院近代史所编《中日关系史料——山东问题》上册，台北：中研院近代史研究所，1987，第272页。
② 《收顾公使电》[1921年10月26日（24日发）]，北京政府外交部档案，档号：03-39-016-03-015；Curzon to Alston, 24 October, 1921, *DBFP*, First Series, Vol. 14, pp. 451-452。

区对日本做出让步。但与巴黎和会时完全站在日本一边相比，英国的态度又有微妙的变化，即不愿中国将英日视为一体，并表示愿在山东问题上对日施加影响。与 7 月 4 日同寇松的会面一样，顾维钧都特别提到山东问题，表明他对此特别关注。

10 月 26 日，顾维钧与正在欧洲的王宠惠一起离英赴美。与此同时，由 130 人组成的中国代表团于 10 月底抵达华盛顿。

在中国代表团启程前夕，北京政府外交部于 10 月 17 日给施肇基、顾维钧、王宠惠三位代表发出密电，阐明对会议之期望："此次太平洋会议关系我国前途之巨为前所未有……在政府最切之希望，欲于此次会议之后，中国在二十年中不使国际地位发生危险，故所积极注意者，厥有三事：一、……中日为唇齿之国，亲善自属首图。中英关系密切，亦应互相提携。惟英日同盟若仍得以继续，则中英、中日之解决不易达到。自应竭力设法先将该同盟解散为第一步办法。二、美日两国以利害冲突之故，此猜彼忌，设使一旦失和，我国介在两大，自必首当其冲……欲避去危险，应如何设法防范，或由与会国订立公断专约，或将中国沿海沿边一带如山东、福建、满蒙等处宣告永久局部中立，总以无碍我主权独立，保全我疆土治安为标准，请酌量研究办理。三、现在中央财政困难已达极点，罗掘乏术，借贷无门，若不增加岁入，内外公债无法整理，政府势将瓦解。各国如果诚意援助，莫若许我关税自由。承认原则后，万一一时未能实行，至少须先将税率即予增加一倍，值百抽十。"外交部强调此三点"为我国对于太平洋会议重要目的"。①

①《发英京顾、王，美京施代表电》（1921 年 10 月 17 日），中国第二历史档案馆藏，档号：1309-307。

10月31日，外交部向代表团发出训条。训条包括主要提案六项：（1）英日续盟问题，应设法他国提出；（2）取消势力范围，否认特殊利益；（3）取消蓝辛－石井协定及其他类似之条约、协定；（4）与会国共订公断条约；（5）关税自由及关税目前应商问题；（6）定期召集会议讨论远东国际重要问题。次要提案六项：（1）胶澳善后问题；（2）"二十一条"问题；（3）修止不平等条约使中国在国际上立于平等地位；（4）成约地位问题；（5）外侨纳税问题；（6）裁厘加税问题。外交部特别指出："我国提案之中，最注意者厥有四端：一、取消英日续盟；二、取消特殊地位；三、订立公断条约；四、关税自由。"①

这两份电报集中体现了北京政府对华盛顿会议的看法与期望。与巴黎和会时相比，北京政府对华盛顿会议对中国的重要意义有较清醒的认识，这明显是受顾维钧之前电文的影响。北京政府外交部所拟向会议提出的要求，准备得也较为详尽，但将中日亲善作为"首图"之事，对美日矛盾不是主动加以利用，而是主张消极防范，甚至考虑再取局外中立之法，这与顾维钧希望以美国的"门户开放"原则来制约日本在华扩张的外交主张截然不同。在具体策略上，外交部将取消英日续盟列为中国在会上首要之事，而将山东问题列为次要问题，也考虑欠妥。事实上，会议期间山东问题成为中国代表团的首要任务，而当时国内舆论也强烈主张解决山东问题。这表明外交部并没有完全采纳顾维钧在这之前提出的建议。

---

① 《发美京施、顾、王代表电》（1921年10月31日），中国第二历史档案馆藏，档号：1309-307。

1921 年 11 月 12 日，华盛顿会议正式开幕。出席会议的
有美、英、法、日、意、中、荷、比、葡共九国。美国国务卿
休斯（Charles Hughes）以东道国身份任会议主席。会议按议
题分为限制军备和太平洋远东两个委员会，前一个委员会只有
美、英、法、日、意五国参加，后一委员会由与会九国组成。

在中国代表团内，三位全权代表的具体分工是：施肇基负
责外国驻华军队撤军和撤销及移交外国邮局问题；顾维钧负责
山东问题、关税问题及租借地、势力范围、废除或修改不平等
条约等问题，并监督代表团的对外宣传工作；王宠惠负责收回
租界和废除领事裁判权问题。① 从分工来看，施肇基虽是首席
代表，但顾维钧承担着最多的工作，包括最为国内关注的山东
问题。

11 月 16 日，太平洋远东委员会举行第一次会议，中国三
位全权代表全部出席。在休斯致辞后，中国首席代表施肇基向
会议提出了"用以解决中国问题"的"概况原则"，即十项
原则。

十项原则的主要内容是：（1）各国尊重并遵守中国领土完
整及政治行政独立，中国不以本国领土割让或租借于任何国家；
（2）中国赞同"门户开放"，即有约各国在中国工商业机会均
等原则；（3）各国不预先通知中国，不得订立直接有关中国或
太平洋及远东和平之条约；（4）各国在华特权暨一切成约均应
公布，未公布者概作无效，公布者应予审定；（5）中国政治、
司法、行政之行动自由上现受之限制，应立即或于情势许可时
废止；（6）中国现时之成约无限期者，须确定期限；（7）解释

---

① 《顾维钧回忆录》第 1 分册，第 221 页。

与特权有关之条约时，应依照有利于让予人之原则；（8）将来如有战争中国不加入时，应完全尊重中国中立之权利；（9）应订条约以便和平解决太平洋与远东国家纷争；（10）应订条约以便随时召集会议，讨论有关太平洋与远东之国际问题。①

从内容上看，十项原则的主要部分与顾维钧向北京政府提出的建议是一致的。第一项是整个十项的主旨，第二项是为达到联美制日而推行的政策，第四、五、六项是要求废除不平等条约的束缚，是十项中最实质性的内容。这几项正是顾维钧建议向会议提出的原则问题。第八、九、十项则是北京政府在10月底给代表团的训令中提出的。因此，十项原则是三位全权代表在综合顾维钧的建议和北京政府训令的基础上拟定的，其主要部分可明显看到顾维钧建议的影响。与中国在巴黎和会上提出的希望条件说帖着重阐述需加以修订的各种特权不同，十项原则并没有直接提出具体问题，而是着眼于基本原则。在当时列强不肯放弃已获取的在华特权的情况下，直接提出具体问题，势必遭拒或一时纠缠难决，而提出列强难于反对的原则却可为具体问题的讨论和解决先奠定一个法理上的基础。这显示了顾维钧这批外交官的智慧及重视国际公法的特点。十项原则中最值得注意的是中国第一次正式承认美国的"门户开放"原则，这正是顾维钧倡导的联美制日外交方针的体现。

十项原则是由三位全权代表拟定的，提交会议前未交中国代表团内讨论，这引起一些不满。17日的代表团会议上，代表团顾问黄郛"陈述十原则之不同，达二小时以上"。代表团

---

① 中华民国外交部编《外交文牍——华盛顿会议案》，中华民国外交部印行，1923，第59~60页。

内个别成员也有批评，主要集中在"门户开放"这一点上，认为一旦因开放发生纠葛，"必是我国吃亏"。①

但与会各国代表对中国提出的十项原则"有普遍良好之反应"。当日散会后，顾维钧抓紧时机与各国代表交谈，沟通对中国提案的看法。法国总理认为"中国提议甚佳"，顾趁势请他会中"遇事相助"。英国和比利时代表表示"中国提议规模阔大"，葡萄牙代表则称"中国所提宗旨稳健"。②

顾维钧最初建议中国在会上率先提出议案的一个主要考虑是"可望以我国看法为协商主观"。中国提出十项原则后，英国代表询问此提案是否应在其他问题之前讨论，美国国务卿休斯明确表示，"因中国已有提案，故拟先讨论"。在此后的议程与程序委员会第二次会议上，休斯再次表明，在有关中国问题的讨论取得进展前，最好不要提出其他问题的议程。③ 这样，太平洋远东委员会在讨论中国问题时，首先就要从中国的议题开始。中国由此取得了一定程度的主动权，达到了预期的目的。

11 月 19 日，太平洋远东委员会举行第二次会议讨论十项原则。各国代表对中国所提原则均表赞同，即使日本代表也不得不声明，无条件无保留地赞成"门户开放"和机会均等原则。两天后，美国代表罗脱（Elihu Root）在太平洋远东委员会第三次会议上宣读了会议委托他起草的决议案：（1）尊重

① 沈云龙：《黄膺白先生年谱长编》，台北：联经出版事业公司，1976，第 120 页；李景铭：《太平洋会议日记》，《近代史资料》总 75 号，中国社会科学出版社，1989，第 69~70、72 页。
② 《美京施、顾、王代表电》（1921 年 11 月 16 日），《秘笈录存》，第 402 页。
③ 《美京施、顾、王代表电》（1921 年 11 月 16 日），《秘笈录存》，第 400 页；U. S. Department of State, *Conference on the Limitation of Armament*, Washington: GPO, 1922, p. 858.

中国之主权与独立暨领土与行政之完整；（2）给予中国完全无碍之机会，以发展维持一有力巩固之政府；（3）尽吾人力所能及，为世界保护各国在中国全境商务实业机会均等之原则；（4）不得因中国现在状况，乘机营谋特别权利或优先权利而减少友邦人们之权利，并不得奖许有害友邦安全之举动。① 罗脱提出此草案前，与顾维钧有过一小时的会谈。②

从美国对华政策来看，罗脱提案重申了海约翰（John Hay）宣布的"门户开放"政策。罗脱在发言时就表示，因曾与海约翰共事过，他对"门户开放"有一种"个人偏好"。与海约翰的声明相比，罗脱提案增加了"尊重中国主权"的内容。但罗脱提案的第四条却是美国希望与日本达成的一个交易。罗脱告诉顾维钧，这一条一方面维护了日本在东北的地位，另一方面以不妨碍他国的既得利益为交换。由于寄希望于联美制日，顾维钧未对罗脱提案的不妥之处提出异议，但向会议表示中国不必列为该提案的发表宣言国。③

罗脱提案在会上通过后，太平洋远东委员会的重心从一般性原则讨论转向具体问题。关税是讨论具体问题时涉及的第一个与中国有关的问题。在中国代表团内，关税问题由顾维钧负责。

对顾维钧来说，这不是一个陌生的课题。在巴黎和会前，他就基于经济财政独立的原则准备向和会提出关税自主的要

---

① 《外交文牍——华盛顿会议案》，第65页。

② 罗家伦：《我对于中国在华盛顿会议之观察》，《东方杂志》第19卷第2号，1922年，第26页。

③ *Conference on the Limitation of Armament*, p. 880；金问泗：《从巴黎和会到国联》，第39页；《外交文牍——华盛顿会议案》，第67页。

求，这一要求后来列入向和会提交的希望条件说帖。离英参会前，他就关税自主问题专门询问了英国原驻华公使朱尔典，并表达了中国收回关税主权的愿望。①

北京政府对关税问题也十分关注，将此列为中国参加华盛顿会议最为关切的三件事之一。但与顾维钧从废除不平等条约和恢复中国主权这一角度看重关税问题不同，北京政府主要着眼于解决国内迫在眉睫的财政危机。正因为如此，北京政府在会议讨论关税问题前夕，于11月17日致电代表团，拟依据日本的提议，在现行关税实际值百抽三七（即3.7%）的基础上，增加百分之二十五，达到实际值百抽四六（即4.6%），要求代表团据此向会议提出，以解燃眉之急。② 被财政困境弄得一筹莫展的北京政府只想先渡过眼前难关，连不平等条约规定的值百抽五都无信心达到。这与顾维钧对关税问题的主张有着很大不同。因此收到该电后，顾维钧等复电外交部，希望勿"因小失大"，而应"忍痛须臾，以免牵动会议"。③

11月23日，顾维钧代表中国在太平洋远东委员会第五次会议上就关税问题发言。他没有按北京政府的指示仅提微弱的增税要求，而是依据自己的思路从主权角度阐述关税问题："世界各国均有自定关税之权，中国现行关税制度，实侵犯中国之主权。兹以中国代表团名义，应请恢复中国关税自主权。"在分析现行协定关税制度损害中国主权及其造成的危害后，顾维钧提出："请各国允认将关税自主权交还中国。中国政府提出此项请

① 《顾使与朱尔典谈话》（1921年10月25日），《秘笈录存》，第421页。
② 《外交部致代表团暨驻英、法、日本各公使电》（1921年11月17日），《秘笈录存》，第420页。
③ 《美京施、顾、王代表电》（1921年11月25日），《秘笈录存》，第420页。

求，并无干涉现行海关管理之意，因现行之海关管理，一般认为满意，而且办理得法。中国亦无干涉支配海关款项之意，因已经抵押为清偿外债之用。盖中国之所以请求允认其关税自主权者，乃在订定税则及区别等级之权利。"最后，他提出从 1922年 1 月 1 日起，对进口税先值百抽十二又五（即 12.5%）。①

顾维钧主张的关税自主权仅涉及订立税则的权利，没有包括海关行政管理权。这显然是因为他考虑到中国海关的现状，期望在美英的支持下通过渐进的办法逐步收回关税自主权。这种渐进温和的方法是顾维钧外交活动的一个特点。

为讨论中国的关税问题，会议专门成立了一个分股委员会，由美国人安德伍德（Oscar Underwood）任主席。中国关税分股委员会于 11 月 29 日开第一次会议，至 1922 年 1 月 4 日，共举行 6 次会议。在第一次会议上，顾维钧提出六点具体建议：（1）现行值百抽五之进口税应增加至切实值百抽十二又五；（2）中国允于 1924 年元旦裁废厘金，各国允于进口税上增加某种附加税；（3）五年内立约重订关税制度，进口税最高税率为值百抽二十五；（4）陆路进出口关税减免应即废止；（5）中国与各国关于关税税则的条约，自此次协定签字后十年即废止；（6）中国自愿声明，对现行海关行政制度不做根本之变更。② 顾维钧的这些建议，既有立即付诸实施的内容，又有在一定时期内须达到的目标，是一个具有可操作性的渐进方案。

各国代表对顾维钧的这一计划反应不一。美国代表安德伍德表示在原则上赞成，但他仍坚持中国增税应基于政府对款项

① 《外交文牍——华盛顿会议》，第 72 页。
② 《外交文牍——华盛顿会议》，第 264 页。

的需求程度，因此第一步办法"似可将中国加税之需要先行调查，其他问题稍缓再考量"。顾维钧反对这一做法，因为这样的调查本身就涉及中国的主权，"难免不受中国人民之指摘"，而列强也"无干预中国内政之理"。英国代表提出，将目前实际实行的进口税征收先改为切实值百抽五，以后再逐渐增长，7 年后在废除厘金的前提下，可增至中国希望的值百抽十二又五。日本代表认为，日本对华贸易占日本对外贸易三分之一，中国增税对日本影响太大，"最受痛苦者亦惟日本"，因此只赞成在现行税率上增加百分之三十。顾维钧对此立即予以反驳，指出照此中国只能值百抽四七（即 4.7%），连值百抽五都达不到。①

日本的反对成为解决关税问题的主要障碍，由此顾维钧又灵活地表示中国可参照英国的提议，并与美英代表积极沟通，寻找解决关税问题的途径。

此时，北京政府正经历着严重的财政危机，因此特别希望关税问题尽快解决，"以救眉急"。12 月 28 日，国务院、外交部、财政部联合致电代表团，诉说国内困境："旧历年关在即，库空如洗……为目前救急计，暂时勉允立即加征关税百分之三十，或根据小幡公使面称之百分加五十，于明年二月实行开征，以纾急困。"同时要代表团宣布实行值百抽七五（即 7.5%）后将保证偿还外债。北京政府的这一立场，不同于顾维钧在交涉中主张先切实值百抽五并且不对增税用途做出保证的做法。对此，顾维钧等回电时指出，"在我库空如洗，增税一厘，固可减一厘之痛苦"，但若对增税附加条件做出承诺，

---

① 《外交文牍——华盛顿会议》，第 265~270 页。

"不独有碍主权，国体攸关，且亦饮鸩止渴，隐患弥深"，表
示将一方面要求增税，一方面坚持不对增税款项加以限制，以
"不失兼顾之意"。① 此后，北京政府频频电催代表团，请优先
解决加征百分之三十至五十。

顾维钧对北京的指令并未完全听从，仍按自己的主张与列
强进行交涉，以尽可能争取中国权益。经他与各国代表多次沟
通，分股委员会采纳了他提出的一些意见，如将讨论中国关税
问题的特别委员会改为临时性质的特别会议，以防止委员会成
为永久机构，侵犯中国主权。1922 年 1 月 5 日，分股委员会
将最后议决的中国关税问题解决方案提交太平洋远东委员会第
17 次会议，获得通过。其主要内容是：以切实值百抽五为标
准尽快修订税则；由签字国组织一特别会议，从速筹划废除厘
金及征收附加税。由于对中国关税问题的处置仅涉及修订税
则，顾维钧又在会上就中国关税自主权发表正式声明，表示中
国虽承认这一决议，"然并无放弃恢复关税自主之意，并欲于
将来有适当机会时将此问题重行讨论"。②

华盛顿会议关于中国关税问题的决议，并没有完全解决中
国的关税自主权，甚至也没能完全满足顾维钧代表中国提出的
相当温和的要求。这是由当时的国际环境和中外关系的格局决
定的。但作为一个弱国政府的代表，顾维钧为恢复中国的关税
自主权尽了最大的努力，取得了部分成功，为此后关税会议的
举行和关税问题的逐步解决奠定了基础，成为中国恢复关税主
权的漫长历程中的重要一环。

---

① 《国务院、外交部、财政部致代表团电》（1921 年 12 月 28 日）、《美京施、
　顾、王代表电》（1921 年 12 月 29 日），《秘笈录存》，第 452~453 页。
② 《外交文牍——华盛顿会议案》，第 132~133 页。

五 山东问题的结局

山东问题是顾维钧在中国代表团内负责的又一重要任务，也是巴黎和会悬而未决后留给参加华盛顿会议的中国代表团最为棘手的问题。

巴黎和会上拒签对德和约后，顾维钧对山东问题念兹在兹。1920 年 1 月对德和约各签字国交换批准文本后，日本政府向北京政府提出派代表商议解决山东问题。北京政府对此提议感到"允拒两难"，允则有承认对德和约及日本因此而获取的山东权益之虞，尤其将招致国内舆论的反对；拒则山东问题主动权为日本所得。此时还在巴黎的顾维钧向政府表达了自己的看法，认为"山东问题，今昔情形不同，日政府既将交还办法请我商议，似难拒绝"，主张与日交涉。但注重国际法的顾维钧又指出，中日交涉的法律依据不能是双方于 1915 年和 1918 年签订的条约，而应以巴黎和会三人会记录"为日本已允之条件，再图较为满意之解决"。① 此时国内舆论将与日直接交涉视为对日退让，一片反对声浪，北京政府没有采纳顾维钧的建议。

美国发起华盛顿会议后，日本担心山东问题列入会议对己不利，再提与中国直接交涉。9 月 10 日，北京政府外交部致电顾维钧，请他探询英国政府看法，并陈述自己的意见。顾维钧于 9 月 21 日复电，指出日本为避免山东问题在华盛顿会议

① 《收法京顾专使电》（1920 年 1 月 28 日），《中日关系史料——山东问题》上册，第 10 页。

上提出，已做出一些让步，因此国际社会"望我能与开议，我如拒议，则在彼为有辞，在我为孤立"。他建议，为不丧失外交上的主动权，对日本提议应"择其可允者"，如归还胶州湾，"即行承认原则，使其不能收回"，对其余各项则应做出声明加以限制，"以免有默认山东条约之嫌"。他提出中日交涉的地点以华盛顿为宜，"俾至不能就绪之时，仍可设法交会办理"。① 先将对方已经让步的予以接受，使其不能收回，而对其余中国权益则声明并未放弃，这是顾维钧常用的外交手法。他赞成有条件地与日本直接交涉，同时又主张这一交涉放在华盛顿进行，以与华盛顿会议产生关联，一旦陷入僵局可求助会议的帮助。但国内舆论仍普遍反对中日直接交涉，北京政府在舆论压力下将顾维钧的建议搁置一边。

10 月下旬，顾维钧在伦敦与寇松和美国驻英大使会晤，了解到英国和美国对中日关于山东问题交涉的态度是一致的，即希望在华盛顿会议之外由双方谈判解决。这与顾维钧建议的中日在华盛顿交涉有共通之处。但北京政府直到 11 月上旬仍寄希望于将山东问题列入华盛顿会议讨论。

11 月 10 日华盛顿会议正式开幕前两天，顾维钧与施肇基、王宠惠联名致电外交部，就山东问题"请速密示，以资应付"。11 月 14 日，顾维钧等再次致电北京，认为将山东问题向会议提出，"难望他国相助，政府如拟会外解决，宜从速决定进行，俾在会议期内了此悬案，否则对他项要求既受牵制，或遭完全失败，即鲁案问题于会议告竣以后更不易要挟日

---

① 《发驻英顾公使电》（1921 年 9 月 10 日）、《收驻英顾公使等电》（1921 年 9 月 24 日），中国第二历史档案馆藏，档号：1039-307。

秉公解决"。北京政府外交部于 11 月 15 日电示："总以各方面情势为解决此案之标准，诸公审度时会相机进行，随时电告为盼。"① 顾维钧等赞同会外交涉的倾向在电文中已表露得相当明显，只是由于事关外交决策，顾维钧等希望北京能给予明确指示。但外交部的复电言辞闪烁，所谓"相机进行"，即如巴黎和会拒签和约时那样，将最后决定权推给了代表团。

　　由于北京政府外交部没有明确指示，代表团内部又有不同意见，顾维钧等虽赞同，却不敢贸然答应美英的中日会外交涉提议，而是希望美英站在中国一边进一步调停。11 月 17 日，顾维钧会晤英国代表贝尔福，再次强调中国舆论始终反对直接交涉。贝尔福遂提出，可考虑将中日商定的解决办法交会议通过，作为会议解决事项之一。这一提议实际上将中日交涉与华盛顿会议联系在了一起。北京政府外交部获悉这一消息后，电示代表团："所称由该二国（即美英）发起介绍讨论及商定后仍由大会通过两层，如能办到，即希商酌进行，但不能由彼预定范围。"② 北京政府终于同意了中日在会外交涉山东问题。

　　接到北京政府上述电报后，顾维钧与施肇基于 11 月 29 日午后访晤美国国务卿休斯和英国代表贝尔福。在顾、施两人的坚持下，美、英两国最终同意，休斯和贝尔福于中日交涉第一次会议时到场介绍，以后每次中日交涉美英均派代表列席，中日交涉的议决案须提交华盛顿会议，倘议而不决，山东问题仍

① 《收驻美京施、顾、王代表电》（1921 年 11 月 11 日、16 日）、《发太平洋会议代表电》（1921 年 11 月 15 日），《中日关系史料——山东问题》上册，第 342、345、343 页。
② 《收驻美京施、顾、王代表电》（1921 年 11 月 20 日），《中日关系史料——山东问题》上册，第 345 页；《外交部致代表团电》（1921 年 11 月 26 日），《秘笈录存》，第 410 页。

提交大会。次日，休斯在太平洋远东委员会第十次会议上宣布，请中日两国自行谈判山东问题，美英各派代表列席，并称无论谈判结果如何，均须报告大会。[①] 这样，中日有关山东问题的交涉最终既未采取日本提议的与华盛顿会议无关的直接交涉，也未如北京政府最初所愿正式提交会议，而是采取了在华盛顿会议外中日交涉的方式。这正是顾维钧在 9 月下旬建议的方式。由于休斯在太平洋远东委员会宣布了中日交涉一事，交涉时又有美英代表到场，并且中日之间的议决案要提交会议，这一交涉已经在很大程度上与华盛顿会议联系在一起。因此，会外交涉更接近中国的愿望，对中国较为有利。

华盛顿会议期间，中国各界对会议十分关注，期盼中国外交不再重蹈巴黎和会覆辙。11 月 29 日中午，由全国商教联合会派到华盛顿就近观察会议的国民代表、上海青年会总干事余日章到代表团驻地，表示反对中日直接交涉，并询问代表团对此持何立场。施肇基没有正面回答，尽管此时外交部同意会外交涉的指示已经到达。在华盛顿的国民代表和中国留学生获悉中日将在会外交涉山东问题后十分不满，认为会外交涉就是直接交涉，就是对日让步。12 月 1 日，中国留学生到代表团驻地，高举"反对直接交涉"的标语抗议。顾维钧出面向学生解释，说反对直接交涉并不意味必须将山东问题提交大会，二者间还有美英调停的第三种途径，但这一解释并没能使激动的学生平静下来。[②] 当天，顾维钧与施肇基、王宠惠联名通电国

---

① 《外交文牍——华盛顿会议》，第 100 页；《收美京施、顾、王代表电》（1921 年 12 月 3 日），《中日关系史料——山东问题》上册，第 348~349 页。

② 何思源：《华盛顿会议中山东问题之经过》，《东方杂志》第 19 卷第 2 号，1922 年。

务总理，各部总长，各省督军、省长及各民间团体，说明会外交涉的原委，保证"于国家主权领土两无损伤"，争取国内舆论的理解和支持。[①] 国民代表和留学生对会外交涉的反对立场，对代表团接下来的交涉是一个很大的制约因素，增加了谈判交涉中灵活处置的难度。

12 月 1 日，中日关于山东问题的会外交涉正式开始。至 1922 年 1 月 31 日交涉结束，中日间共举行了 36 次会谈，中国参加的是施肇基、顾维钧和王宠惠三位全权代表，日本参加的是币原喜重郎、出渊胜次和埴原正直。美英方面在休斯和贝尔福第一次出席致辞后，分别由美国国务院远东司司长马慕瑞与英国原驻华公使朱尔典列席。在中国代表团的分工中，山东问题由顾维钧负责，因此会谈中顾维钧是中方主要发言人。

因为日本已经宣布归还胶州湾，山东问题的焦点就是胶济铁路的归属。这是中日交涉中分歧最大、争辩最激烈，费时也最多的议题。双方的分歧集中在中国以何种方式收回该路。日本坚持中国向日本借款赎路，以求继续控制该路；中国则提出或以现款赎路，或以国库券 12 年内分期付款，但 3 年后可一次付清，以尽快地完全收回路权。在这一复杂的交涉过程中，顾维钧灵活应变，起了关键的作用。1922 年 1 月初，日本利用其驻华公使小幡与北京政府总理梁士诒会晤一事大肆宣传，称中日在北京会商借日款赎路已有端倪，由此引起中国国内政局动荡，会外交涉突生变局。在这之前，由于顾维钧等的努力，日本谈判代表对中国以国库券赎路已有允意，但在这之

---

① 《收美京施、顾、王代表电》（1921 年 12 月 3 日），《中日关系史料——山东问题》上册，第 348~349 页。

后，日本代表态度又趋强硬，坚持借款赎路。在会外交涉陷入困境的情况下，顾维钧等请美英出面帮助，最终美英答应做非正式调停。[①]

1月9日，美英代表分别非正式向中日提出四种调停方案。这四种方案的主要内容是：甲、日本政府自协定成立后3个月内将胶济铁路转移于日本资本团，日本资本团再根据商定的日程将铁路转移给中国银行团，中国银行团以债券形式偿付路价，期限12年，3年后得一次还清，还清前聘日人为总工程师；乙、向日本财团借款赎路，期限12年，3年后得一次还清，还清前聘日人为总工程师；丙、中国以现款赎路，聘日人为车务长、会计长；丁、中国以国库券赎路，期限12年，3年后得一次还清，还清前聘日人为车务长、会计长。[②]

美英的四种调停方案综合了中日双方在此前谈判中的主要诉求。顾维钧等在向北京政府报告调停方案时指出："我国争点，一为不用借款形式，二为保守用人权。现在英、美将此两点分晰调剂，以便最后折衷解决，并望双方能多择数种，庶易彼此接近。此在调人用心良苦，惟在我仍亟待详审。"[③] 他们对这四种方案的意见是："甲种用意颇巧，惟执行时丛生困难。乙种用人条件较轻，第察国内外舆论，对于借款形式恐多波折。丙种不近情，已详九日汉文电。至于丁种可无借款问题，惟管理权不免暂操诸彼。现探闻东邻代表颇注意该种。我

---

① 《美京施、顾、王代表电》（1922年1月7日），《秘笈录存》，第485~486页。

② 《收施、顾、王代表电》［1922年1月11日（9日发）］，北京政府外交部档案，档号：03-05-012-03-026。

③ 《收施、顾、王代表电》［1922年1月11日（9日发）］，北京政府外交部档案，档号：03-05-012-03-027。

为求早日解决鲁案起见，丁种或须一并采择，但应声明所用两项，日员仅为助理，其主任仍用华人。"① 由于知道政府无法筹集到一大笔现款赎路，顾维钧等主张在丁种方案的基础上做些调整，对日方用人权做出限制。

日本在美英介入调停后，不得不做出一些退让，也倾向于丁种方案。1月18日，日本代表向贝尔福提出在丁种方案基础上修改的新方案：同意中国以国库券赎路，期限15年，5年后可先行付清；该路雇中日会计长各一人，职权相同，并雇日人为车务长。②

此时华盛顿会议已进入尾声，美英急切希望中日会外交涉能取得成果，因此对日本的新方案很满意，认为日本放弃借款，同意中国以国库券赎路已做出了重大让步。1月19日和22日，休斯和贝尔福两次约顾维钧、施肇基等前往休斯寓所，劝说中国接受日本的新方案。休斯认为，日本的提案并非完善或公平，但"华会将闭幕，现在确切解决之时机已到中国国民与代表之前，失此不图，则机会决不再来，即欲再行集会，势亦有所不能"。他告诉中国代表，"不必留此问题仍不解决，而放弃一切已得之利益也"。顾维钧等理解美英的调停，但对日本的提案仍尽力设法修正，提出在用人上，应改为日人在华人下任副车务长、副会计长，这样的安排在日本12月20日的方案中出现过。休斯和贝尔福建议折中修改为日人享有同等权力。这两次会晤后，顾维钧等均向北京政府外交部汇报，并提

① 《收施、顾、王代表电》［1922年1月18日（16日发）］，北京政府外交部档案，档号：03-05-012-03-035。

② The Secretary of State to the Minister in China, 22 Janurary, *FRUS*, 1922, Vol. 1, p. 942.

出自己的看法："窃以为所提解决办法，未予中国以完全公道，但可得亦不过如此。大会事项系于本问题之解决者甚多，似应各方兼顾，并于中国对外关系之前途，详为考虑也。"①通过与休斯和贝尔福的会谈，顾维钧等对美英态度有了更贴切的了解，而休斯建议的不放弃已得之利益也正是顾维钧处理外交难题的基本思路，因此上述电报是在向北京政府建议接受日本的新提案。

　　1月25日，美国总统哈定亲自接见施肇基，进一步施加影响，希望中国接受日本方案，并表示若中日谈判破裂，美国虽同情中国，"恐中国于五年内未必即能逐出日本也"。同时，休斯指令驻华公使舒尔曼（Jacob Schurman）向北京政府表明美国的态度，如果中国选择中断谈判，将招致可预料的灾难，届时就无法指望美国政府和人民的支持了。②

　　北京政府外交部对美英提出的四种调停方案，最初的看法与顾维钧等并不完全相同。由于受到国内舆论的压力，外交部最认同丙种方案，因为"合人民心理"，只是该方案需要的现款无法筹措。③ 在收到顾维钧等的电报以及美国和英国驻华公使通报美英政府意见后，外交部明白美英的调停是"最后办法"，"虽不能完全满国人之望，特事势如斯"，于是在1月26日电示代表团，称"本部深知代表苦心争持，备历艰辛"，现"时机迫促，如实无商量余地，只可就此决议，仍照原议报告

　　① 《收美京施、顾、王代表电》（1922年1月21日、24日），《中日关系史料——山东问题》上册，第414、416页。
　　② 《施、顾、王代表电》（1922年1月25日），北京政府外交部档案，档号：03-05-012-03-042；The Secretary of State to the Minister in China, 22, 25 Janurary, *FRUS*, 1922, Vol. 1, pp. 942-945.
　　③ 《外交部致代表团电》（1922年1月22日），《秘笈录存》，第496页。

大会公认为要"。虽然外交部在电文中还提出希望能为现款赎路留一余地，但对此能否实现并无信心，也不要求代表必须坚持，实际上接受了顾维钧等的建议。因此，同一天，外交部给代表团发出签订有关山东问题协定的全权证书。①

1922 年 2 月 4 日，在休斯和贝尔福到场的情况下，施肇基、顾维钧、王宠惠代表中国签署了中日《解决山东悬案条约》。条约对胶济铁路的处置采用了日本最后提出的方案，同时对胶州德国旧租借地归还中国、日本军队从山东撤退等事项做了规定。② 巴黎和会留下来的山东问题终于有了一个结局。两天后，《九国公约》签署，华盛顿会议结束。

对中国而言，华盛顿会议是一次具有特殊意义的国际会议。近代以来，在中国与列强的交涉中，这是第一次没有丧失反而争回了一些权益的外交活动，与巴黎和会上山东问题的失败形成鲜明对比。这一成功离不开中国人民民族意识的觉醒和由此激发的以"五四"为标志的爱国运动这一历史背景，而顾维钧、施肇基这批外交官也为此贡献了自己的智慧和努力。

顾维钧在华盛顿会议期间的外交活动，与北京政府外交部的主张存在着一些分歧。北京政府外交部的某些主张，如反对与日直接交涉和主张现款赎路，从表面上看要比顾维钧的主张强硬些，但实际上主要是为了应付国内的舆论，而并非解决问题。例如，现款赎路需 2500 万美元，而当时已募集的款项尚不足 50 万美元，现款赎路根本办不到。③ 相比之下，顾维钧

① 《外交部致代表团电》（1922 年 1 月 26 日），《秘笈录存》，第 497 ~ 499 页。
② 王铁崖编《中外旧约章汇编》第 3 册，三联书店，1962，第 208~212 页。
③ 《顾维钧回忆录》第 1 分册，第 228~229 页。

更注重问题的实际解决。然而，当时一些激进的舆论对顾维钧的做法颇多非议，或指责其"迫于英美胁威"，或批评其"让步过多"。① 这些看法对以后的历史学家也有相当大的影响。这里实际上涉及如何看待外交活动中的妥协问题。民众要求彻底废除列强强加于中国的不平等条约，立即收回中国应有的权益，当然有其正当性。但是对于一个在国际舞台上折冲樽俎的外交官来说，顾维钧必须审慎地考虑所面临的现实，采取适当的策略，以尽最大可能争取最有利于中国的结局，寻求问题的解决。就当时的情况而言，中国并不具备不妥协便立即争回所有丧失的国家主权的条件。因此，在声明保留以后完全收回主权的前提下，在一些问题上做出局部妥协，以先争回某些权利，实在是中国当时切实可行的选择。正如顾维钧自己所说，"宁为玉碎，不为瓦全"，可作个人立身之箴言，但不适用于一国之外交。②

华盛顿会议期间，顾维钧的外交活动贯穿着联美制日的方针。从会前向北京政府建议赞成"门户开放"原则，到会上将这一主张列入中国的十项原则，都是他联美外交方针的集中体现。近代以来，这是中国政府第一次主动地公开赞同由外国提出的一项对华原则。从华盛顿会议的结局看，顾维钧的联美外交取得了成效，举国关注的山东问题的最后解决就与美国的调停和对中国的支持大有关系。会议最后阶段美国对中国施加影响，希望中国接受日本方案，以求会议圆满结束，但这与巴黎和会上威尔逊逼迫中国在主权问题上做出重大让步不同。在

---

① 童志仁：《再记华盛顿会议中山东问题之经过》，《东方杂志》第 19 卷第 9 号，1922 年；《中日关系史料——山东问题》上册，第 369 页。

② 《顾维钧回忆录》第 5 分册，第 580 页。

华盛顿会议上，美国在中日之间总体上是倾向于中国的，其调停也是有利于中国的。美国对中国的这些支持使顾维钧切身体会到联美对中国外交的意义。华盛顿会议临近结束时，顾维钧与施肇基等致电北京，请以总统徐世昌名义致电哈定总统，"直接道谢其友谊的斡旋，俾山东问题和平解决而除去扰乱远东平和之根源"，并请外交总长颜惠庆面见美、英驻华公使，表达对休斯和贝尔福"调停之谢意"。① 对顾维钧以后的外交活动来说，华盛顿会议上联美的经验影响十分深远。

---

① 《收施、顾、王代表电》［1922 年 2 月 4 日（2 日发）］，北京政府外交部档案，档号：03-05-012-03-045。

第四章　北洋外交的主角

一　出长外交

华盛顿会议结束后，顾维钧于 3 月上旬返回伦敦任所。3 月底，他奉政府之命离英回国，汇报会议情况并商讨如何执行华会决议案。华盛顿会议上中国取得的些许进展，如举行关税特别会议、山东问题的善后，都要具体落实。这是中国外交需要面对，也是国人盼望予以解决的问题。

1922 年 5 月 10 日上午，顾维钧搭乘的轮船抵达上海公和祥码头。这是 7 年前他从上海出发任驻外使节后第一次回国。与华盛顿会议期间国民代表和激进舆论的批评指责不同，上海公众对华会代表顾维钧的到达表现出极大的热情。《申报》在本埠新闻版头条以醒目的标题"顾维钧博士昨晨抵沪"予以报道，并配发了他与夫人黄蕙兰下船和王正廷到码头迎接两张照片。[①] 顾维钧在上海逗留半个月，各种团体纷纷邀请他去做演讲。仅 5 月 20 日一个下午，他就去了联太平洋会、职业教育社和华侨联合会三处做演讲。在嘉定同乡举办的欢迎会上，主持者致辞时说，嘉定向来有名的人物大多是文学家，而顾维钧以外交家折冲坛坫，为世界瞩目，同乡无不景仰，与有荣焉。顾维钧母校圣约翰的校长卜舫济（Francis Pott）主持了他

---

① 《申报》1922 年 5 月 11 日，第 13 版。

在美国大学俱乐部的午餐演讲。①

　　在演讲和接受媒体采访时，顾维钧强调了华盛顿会议对中国的重要意义。他指出，华会开辟了"外交上之新途径"，列强"纸面上声明表示尊重中国主权独立"，并归还中国少许已丧失之权益。因此，中国外交今后的重点在两个方面。"第一层将未失者加以保障，使以后不再失；第二层将已失者愈多收回愈佳"，也就是"切实保守中国现有主权""逐渐收回已失权利"。至于具体的外交应对，顾维钧提出要"务求实际"，不能希冀于速战速决，一蹴而就，而应"循序渐进，前仆后继，多一分努力，则于成功路上自增一分痕迹"。② 中国在华盛顿会议上取得的进展使顾维钧敏锐地认识到，中国外交的重点已经发生了变化，开始了保障已有主权、收回已失权益的新阶段。而要达到这一目标，需要"务求实际"，"循序渐进"。顾维钧的这些见解正是此后北京政府修约外交的基本方针和具体策略。

　　顾维钧根据自己在国际外交舞台上的经历看清了中国外交的任务，但离国多年的他没有考虑到动荡变化的国内政局会对外交产生多大的影响。5 月 28 日中午，顾维钧抵达北京，外交总长颜惠庆、华会代表王宠惠等以及一些大学生来车站欢迎，"极一时之盛"。但当顾维钧去向颜惠庆报告华会及执行会议决议事宜时，却发现这位外交总长对外交事务闭口不谈，反而表示，他本人担任了一段时间的外交总长后想休息一下，希望顾维钧来接替他的职位。顾维钧对此毫无准备，听到后大

----

① 《申报》1922 年 5 月 13 日第 13 版、17 日第 14 版、21 日第 13 版。
② 《顾维钧博士昨晨抵沪》，《申报》1922 年 5 月 11 日，第 13 版；《顾维钧演讲国民外交》，《申报》1922 年 5 月 18 日，第 13 版。

吃一惊。① 接下来发生的事让他更为震惊。6 月 2 日中午，总统徐世昌在总统府设宴招待顾维钧，一同参加的有署理总理周自齐等内阁成员和蔡元培等社会名流。席间，徐世昌谈兴甚高，问顾维钧关于华盛顿会议和英国的情况，丝毫没有任何迹象会发生什么大事。午宴即将结束喝咖啡时，徐世昌突然告诉大家，今天是为顾公使洗尘，也是与诸君告别，因为马上就要从总统位上引退休息了。午宴一结束，徐世昌就坐车离开总统府直奔火车站，随即离开了北京。② 徐世昌是在直系的逼宫下不得不告别北京政坛的。

顾维钧到达北京时，国内政局正处于急剧动荡之中。作为文人总统的徐世昌，在军阀称雄的年代，凭借八面玲珑的权术，在各派系之间保持平衡，在总统的位置上已坐了 4 年。1922 年 4 月，直奉两大军阀之间爆发战争，结果奉系战败，退至关外。直系获胜后，北京政府完全在其控制之下，不愿再让他人占据总统位置，于是演出了逼宫闹剧。逼走徐世昌后，直系打出恢复"法统"的旗号，推出张勋复辟时被推翻的黎元洪复任总统，以便为直系首领曹锟最终上台铺平道路。

黎元洪就任后，任命颜惠庆署理总理，出面组阁。颜惠庆为了组织一个被广泛认同的内阁，托王宠惠转告顾维钧，想请他担任外交总长。稍后，又传来消息，颜惠庆请他担任教育总长，因为外交总长要留给施肇基。这些瞬息即变的消息让顾维钧十分纳闷，他疑惑自己"既没有经历过北京的政治生涯，又是刚刚回国，为什么会被选中"，"对国内的政治现状觉得

① 《顾维钧回忆录》第 1 分册，第 238 页。
② 《徐世昌退位后之政局》，《申报》1922 年 6 月 6 日，第 6 版；《顾维钧回忆录》第 1 分册，第 239 页。

有些茫然无绪"。①

其实，还在顾维钧回国前，就有媒体预测他要参与内阁改组并出任外交总长了。这一预测的依据是，在直奉战争中获胜的直系在外交上要倚重顾维钧或颜惠庆这样的职业外交官。②而公众与舆论对华盛顿会议上中国代表团的表现多有好评，无论谁组阁，选择华会代表入阁有助于内阁名单被国会顺利通过。然而，组阁者的选择还需照顾到各派政治势力，内阁的职位毕竟有限，僧多粥少。颜惠庆虽有意延揽顾维钧，但又有自己的考虑，还要在各派间取得平衡，最后只得舍弃顾维钧，给他安排了一个不是内阁成员的财政讨论委员会委员长的职务。顾维钧对没有入阁并不介意，毕竟他的兴趣在外交方面。

颜惠庆内阁维持了不到两个月就倒台了。8 月 5 日，王宠惠出面组阁，请一同参加华盛顿会议的顾维钧担任外交总长，这时他 34 岁。此时，距民国成立才 10 年，但因政局动荡多变，顾维钧已是北京政府第 12 位外交总长了。③从这时起至1927 年 6 月张作霖军政府上台的近 5 年时间里，内阁如走马灯般调换，除了在 1924 年底至 1926 年上半年间的一年多时间以及其他几次短暂的间断外，顾维钧在 7 届内阁中出任外交总长，很大程度上主导了北京政府最后几年的外交事务。

从驻外使节到外交总长，虽都是处理外交事务，角色变化

---

① 《顾维钧回忆录》第 1 分册，第 239~242 页。
② 《战后之内阁问题》，《申报》1922 年 5 月 12 日，第 6 版。
③ 北京政府的外交总长不仅更替频繁，且任职情况混杂，有的是正式担任，有的是署理，有的是代理，有的是任命而未就，还有下台又上台任职多次的。这里将各种情况合在一起，有上述情况之一就算一位，而不论其任职次数。参见郭卿友主编《中华民国时期军政职官志》上册，第 55、63、76 页。

却很大。驻外使节处理的只是中国与驻在国一国的外交事务，相对单一。顾维钧还担任过巴黎和会和华盛顿会议代表那样的专使，处理的事务比较专门和集中。但外交总长要面对全局，处理的事务就繁重复杂多了。好在顾维钧出使前担任外交部秘书和参事时，参与过中英西藏交涉和中日"二十一条"交涉，对外交全局不算太陌生。而他在驻外使节期间积累的经验和参加国际会议获得的声望对他出任外长也有助益。

1922 年 8 月 9 日，出任外交总长的第 4 天，顾维钧在外交部会见了美、英等国驻华公使。这是新外长与外国使节的礼节性见面。在与美国公使舒尔曼会晤中，顾维钧强调，"鄙人前后寄居海外十有四年，其间居留贵国者有十二年之久。鄙人此次职掌外部，凡事盼与贵使互相赞助，俾中、美历来之友谊，日益巩固"，并希望在美国支持下"实行华会所订条约"，"彼此同心共进，两国邦交之亲善，可操左券"。虽也曾驻节英国，但在同一天的会见中他对英使馆却无如此热情的表达。①

改变中国与列强关系的不平等状态是顾维钧投身外交界时抱定的目标。出任外交总长后，他就朝着这一目标一步一步地迈进。民国初年顾维钧刚进外交界时，外交部要与外国使节商讨问题，都是"反主为客"，派人前往外国驻华使馆，而不是按通行礼仪请外国使节来外交部。作为外交部的秘书，顾维钧经常去的就是美国、英国这些说英语国家的使馆。对这种不合外交惯例的做法，他深感惊异。② 任外交总长后，他着手改变已习

---

① 《总长会晤美舒使问答》（1922 年 8 月 9 日）、《总长会晤英馆克参议问答》（1922 年 8 月 9 日），北京政府外交部档案，档号：03-11-002-02-017、03-11-006-02-001。

② 《顾维钧回忆录》第 1 分册，第 103~104 页。

以为常的这一做法，有要事召见外国使节来外交部商谈。有一段时间，他在杜锡珪内阁中任财政总长，也将这一做法带到了财政部。在他到任前，财政总长就职后都要去拜访担任海关总税务司的英国人安格联（Francis Aglen），尽管后者是财政部属下的官员。顾维钧一上任，部属告诉了他这一惯例，但他坚持要让安格联到部里来见总长，改变了以往丧失尊严的做法。①

但晚清以来中外之间的不平等关系，使列强在对华交往中习惯了高人一等的傲慢态度和蛮横做法。顾维钧要坚持有尊严的平等交往并非易事。1923 年 7 月，顾维钧出任高凌霨内阁的外交总长。此时，一年前被直系推出的总统黎元洪又被直系逼下台离开了北京，总统位暂时空缺。根据民国宪法，在这种情况下，高内阁作为摄政内阁代行总统的权力，结果因此引发了一场不小的外交风波。

7 月中旬，日本新任驻华公使芳泽谦吉抵达北京。按国际外交通例，新任使节到达任所的第一件事，是拜访驻在国外长送交国书副本，请求安排觐见国家元首正式递交国书，以取得代表本国与驻在国政府开展外交活动的资格。芳泽抵京后，以照会通知外交部已经到任，并于 7 月 19 日到外交部见次长沈瑞麟。但无论照会或见面，均未提及呈递国书事，也未送交国书副本。7 月 21 日，外交部派秘书熊垓去日本驻华使馆面见芳泽，催促尽快递交国书。芳泽以国书交给摄政内阁不妥为由予以拒绝。② 在芳泽看来，日本天皇签署的国书不能递交给一

①　《顾维钧回忆录》第 1 分册，第 284 页。
②　《日本芳泽公使呈递到任国书问题》，北京政府外交部档案，档号：03-09-003-02-016；《熊垓赴日本使馆晤会芳泽日使问答》（1923 年 7 月 21 日），北京政府外交部档案，档号：03-09-003-02-010。

个摄政内阁。这是蔑视驻在国主权的无礼做法。说到底，日本自认是一个强国，中国低它一等。

7月23日，顾维钧正式到外交部上任，当天即派人去日本使馆再次催交国书，日方称须等待政府训令，仍拒绝了中国的要求。新外长到任须以公文通知各国使节，并做礼节性拜访，而芳泽不交国书则没有名分，无法与之直接来往。为解决这一难题，7月24日，外交部交际司司长陈恩厚召日本使馆参赞根津到外交部会面，告诉日方因未交国书，新外长到任的公文或暂缓给日使馆，待定下递国书日期再送；或公文抬头只书公使馆不书公使本人名字。根津参赞请示后答复，芳泽认为外交部送公文和日本使馆递国书是两回事，同时表示芳泽希望25日来外交部祝贺顾维钧上任。陈恩厚当即以电话联系顾维钧，顾维钧表示欢迎芳泽来外交部。但次日，因外交部发给日本使馆通知新外长到任的公文只书公使馆，而未书公使芳泽之名，被日本使馆退回外交部，芳泽也没有如约到外交部来。①中日间因国书引发的矛盾升级了。

顾维钧不能容忍芳泽有违外交惯例的无礼做法，坚持如果芳泽不先拜访外交总长送交国书副本，就不具备日本驻华公使的正式资格。陷入僵局后，芳泽去找内阁的其他总长。于是，内阁中两个总长向顾维钧提出，可否在非官方的宴会上，以个人名义将芳泽介绍给他。顾维钧对这一提议感到既可气又可笑。因为这不是他与芳泽之间的私事，而是中日两国政府之间的大事，有关国家的尊严。②对芳泽的做法，英文的《北京日

---

① 《陈司长与日本馆根津参赞会晤问答》（1923年7月24日），北京政府外交部档案，档号：03-09-003-02-012。
② 《顾维钧回忆录》第1分册，第325页。

报》也有评论，称呈递国书乃外交礼节通例，芳泽照会中国外交部，既未提及国书，也未送国书副本，不合常理。①

在顾维钧的坚持下，芳泽只好做出让步。中日双方最后商定，由日本使馆照会外交部，称芳泽所带国书写有黎元洪名字，不便呈递，待新总统选出另换新国书并请觐见呈递，同时将现国书副本送外交部。随即外交部复照，称国书正本呈递事当由双方进一步接洽办理。② 这一外交风波终以日本使馆补交国书副本而告结束。

刚处理完芳泽国书事件，顾维钧在对外交涉中又面临着另一件更为棘手的事。1923 年 5 月上旬，津浦铁路上一列由浦口开往天津的火车在山东临城附近被以孙美瑶为首的一群匪徒劫持，车上的旅客被绑架为人质，其中有外国人 20 余人，绑匪以此向政府勒索。这就是当时震惊中外的"临城劫车案"。劫车案最终以北京政府收编孙美瑶部、孙部释放全部人质而告解决。

但围绕劫车案的中外交涉却并未因外国人质获释而结束。列强认为中国政府无力维持秩序损害了在华外人权益，于是提出赔偿、确保铁路安全和惩办当事人等要求。英国甚至考虑进行海军示威，增加在华北的军事力量，建立外国控制下的铁路警察，只是由于美国不主张对华采取过于激烈的行动而作罢。1923 年 8 月 10 日，驻华外国公使团向北京政府递交了由 16 国驻华公使署名的联合抗议照会。照会不仅提出了苛刻的赔偿要求，如每一个外国人被拘押期间中国政府须按累进加偿的办法

① 《译英文北京日报七月卅号》，北京政府外交部档案，档号：03-09-003-02-020。
② 《补七月十九日日本芳泽公使致沈部长照会一件》（1923 年 8 月 2 日），北京政府外交部档案，档号：03-09-003-02-017。

每天支付 100 元至 500 元不等的赔偿金，还直接援引《辛丑条约》要求中国政府按外交使团开列的名单惩办与事件相关的官员，以及要求改组铁路警察并由外国武官监督等。公使团还以威胁的口吻声称："倘中国政府继续姑容或放任此种扰害，并不剿除此项损害在华外人权（疑脱'利'字——引者注）与利益之匪患，外交团不得不采取何种办法，以保护外人在华之生命财产权利与利益。"① 公使团的这一做法沿袭了晚清以来列强与中国政府交涉时的惯用手段。

收到联合照会的当天下午，北京政府召开国务会议，认为有关赔偿问题可以同意，但惩罚官员、重组铁路警察等因涉及中国主权无法同意，并决定筹组由外交、内务、陆军、财政、交通五部组成的联合委员会讨论联合照会相关之要求。②

作为外交总长，顾维钧认为，临城事件是一个不幸事件，但它并不是由所谓中国国内的排外运动引起的，而是在一个偏僻地区少数盗匪的个别行为，是一个偶发事件。类似的事件在美国的西部荒原也会发生。因此，中国政府出于对被押外国人的同情，可以给予一定的补偿，但并不应承担任何责任。对事件的处理更不能有损中国的独立和主权，也不应违反或超越关于在中国领土上保护外国人的国际法准则。顾维钧这一看法早在其在哥伦比亚大学学习国际法时就已形成。他在《中国外交私议》中指出："凡有华人暴动，扰及外国侨民之事，苟非因地方官之恣意疏忽而酿成者，则我政府有捕缉惩办之义务，

① 王建朗主编《中华民国时期外交文献汇编 1911~1949》第 2 卷下，中华书局，2016，第 748~751 页。
② 应俊豪：《"丘八爷"与"洋大人"——国门内的北洋外交研究（1920~1925）》，台湾政治大学历史系，2009，第 279 页。

而无赔偿之责任。此国际法例也。"①

8月22日，顾维钧与美国驻华公使舒尔曼会晤，提出"使团为临城案来照要求未免太过"，强调临城案"不能与仇外案相提并论"。对于赔偿，他表示可以办到的中国都会尽力去办，但改组铁路警察、惩罚官员等事涉及中国主权，当由中国自行处置。舒尔曼在会晤中称，公使团照会所提要求并不算严苛。顾维钧对此不能认同，坚持事件的处理不能损害中国主权，"让中国总须自己放手去做，不能听别国干涉"。②

9月24日，顾维钧以外交总长身份答复了公使团的联合照会。复照称，中国政府对临城案之愤慨不亚于公使团，但此案"并非排外举动，亦无特种仇视外人之表征"，"实出于土匪之不法行为"。针对公使团照会提出的赔偿要求，照会回复称"详论本案事实，实不能谓本国政府负有赔偿损失之责任，但鉴于外人被掳之情形暨所尝之艰苦，本国政府自愿本优厚之精神，给予公平之偿恤"，但对累进加偿予以拒绝。针对公使团援引《辛丑条约》，复照明确表示，该条约"于本案不适用"，"终以为引用《辛丑条约》实非正当或必要之保障。倘若坚持，非特有牵动中国人民良感之虑，而于外人生命财产之安全亦无所增益也"。对于惩罚中国官员，复照表示："本国政府所不能允从外交团之要求者，实因按照条约，凡惩处中国官吏、人民，皆须由中国政府依照中国法律办理。"③ 顾维钧

① 《顾维钧回忆录》第1分册，第327~329页；顾维钧：《中国外交私议》，《留美学生年报》1911年。
② 《美馆会晤问答》（1923年8月22日），北京政府外交部档案，档号：03-11-003-02-003。
③ 王建朗主编《中华民国时期外交文献汇编1911~1949》第2卷下，第753~755页。

在复照中表达了对匪徒劫车的愤慨和痛恨，也承认铁路维护需要改进，相关官员需要惩处，但强调所有这些应由中国政府自行处置。这份复照有理有节，既表达了中国妥善处理事件的愿望，又坚持了主权不容干涉的立场，体现了顾维钧处理对外交涉时维护主权、据理力争的一贯做法。

但是，列强不满意中国的复照。公使团认为"中国政府似未领会本外交团关于此项紧要之点"，英国更是认为复照"骨子太硬，不能满意"。对中国坚持主权原则下的平等交往，他们还不愿意接受。10月4日，公使团再次照会外交部，驳斥顾维钧照会中的申辩，声称"不得不维持八月十日联衔照会所注意之各点及办法，全部相应照请贵国政府仍按照上述照会内所指定各项办法施行"。①

顾维钧接到外交团第二次照会时，北京政局正面临着新的动荡。10月5日，曹锟通过以金钱收买议员的方式当选总统，引起全国各界的强烈反对。此时，列强的态度对曹锟能否在总统位置上坐稳显得尤为重要。公使团决定利用中国国内的政治危机，以不出席总统就职仪式相要挟，逼迫北京政府在临城劫车案交涉中就范。10月10日，曹锟就任当天，外国公使均未露面。列强的承认是北京政府得以维持的重要条件。于是，曹锟不得不在临城案上让步，将其拜把兄弟山东督军田中玉免职。顾维钧也只得再拟照会送交公使团，对列强未接受9月24日照会"殊以为怅"，但接受了列强关于赔偿的要求，而对维护铁路安全，仍表示为中国内政，"未

---

① 汪朝光：《临城劫车案及其外交交涉》，金光耀、王建朗主编《北洋时期的中国外交》，复旦大学出版社，2006，第399页；王建朗主编《中华民国时期外交文献汇编1911~1949》第2卷下，第758页。

尝放弃"。① 由于田中玉免职满足了列强惩处中国官员的要求，各国公使于 10 月 15 日觐见曹锟。曹锟在外国公使的贺声中当上了总统，而临城案终以中国让步而了结。

临城案以外交让步的方式结束遭到舆论的抨击。《东方杂志》上一篇标题为《临城劫车案的对外屈服》的文章直指顾维钧："以外交上非常的屈辱交换元首怀仁堂的一握手。可怜轰轰烈烈的青年外交家，为维持中国国际地位而就职的外交总长，竟办成如此屈辱的外交!"② 临城劫车案的处理反映了顾维钧在北京政府任职期间因国内因素的制约，在对外交涉中所面临的困境。在军阀政治的年代，北京政府作为中央政府的权威受到其他派系的挑战，外交部也连带受到指责，尤其是有利于当政者的对外交涉。而作为军阀操控之下的中央政府的外交主管，在对外交涉中也要受制于实际掌权者和国内的政治需要，就如临城案的最终让步。对临城案这样由国内问题引发的外交交涉，有学者称之为"国门内的外交"，这种外交往往受内政问题的牵制，外交官难以发挥应有的作用。顾维钧自己则称这类对外交涉，"与其说它属于外交，不如说它属于内政"。③ 晚年谈起临城案时，他仍难忘当年面对的困境。"这是中国外交史上的一个黑点"，"我不幸正好担任外交总长，此时政府并无总统，只能冲在前面承担谈判重任，既要以合理的

①　王建朗主编《中华民国时期外交文献汇编 1911~1949》第 2 卷下，第 758~759 页。

②　引自汪朝光《临城劫车案及其外交交涉》，金光耀、王建朗主编《北洋时期的中国外交》，第 402 页。

③　应俊豪:《"丘八爷"与"洋大人"——国门内的北洋外交研究（1920~1925）》，第 493 页;《顾维钧回忆录》第 1 分册，第 323 页。

手段平息外交使团的不满，又要保证我国的主权"。①

国门内的外交虽要受制于内政，但外交总长毕竟代表中国与列强打交道，地位特殊，有时要与外国谈判签订与中国权益有关的条约，更处在一个关键的位置。顾维钧处理美国和日本公司要求在华设立无线电台一事，颇能反映他处世立身的原则和在对外交涉中作为一个中国外交官的尊严。

1920 年代初，美国和日本的公司都想要在中国建立无线电台，两国间展开了激烈的竞争。为此，美国驻华公使和日本驻华公使都来见顾维钧，催促中国政府尽快做出有利于本国的决定。据顾维钧自己的回忆，"不止一次，日本公使刚离开外交部，美国公使就要求见我；有时则是美国公使刚走，日本公使就来"。② 日本公司的申请最初是向北京政府的海军部提出的，而美国公司的申请是向交通部提出的。顾维钧认为，无线电台通信设施，并非专供军用，因而应归交通部管，以便能为中国公众服务。所以，他对美国公司的申请持同情态度。但是，海军部和交通部各执己见，内阁对此问题总是议而不决，无法做出决定。

美国公司的代表对这一僵持局面等不及了，执意要到顾维钧在铁狮子胡同的私宅登门拜访。这位代表在顾宅直截了当地表示，只要美方的申请获得批准，他的公司愿意捐赠15000 美元，由顾维钧随意支配使用。顾维钧对这种公然行贿的手法十分恼怒，立即送客。随后，他在外交部召见美国公使舒尔曼，告诉他如果美国政府确实希望在中国设无线电

---

① Koo to Pao-chin Chu, 12 November, 1968, *Wellington Koo Papers*, box 214.
② 《顾维钧回忆录》第 1 分册，第 319 页。

台的申请获得批准，那么由这个代表来办理此事是不合适的。舒尔曼表示对发生这样的事情十分懊丧，并答应让该美国公司马上换人。①

相比国门内的外交，国门外的外交给了顾维钧更能施展的空间。顾维钧出任外交总长，正是华盛顿会议结束之后，列强在会上允诺的与中国有关的问题需要具体落实。英国在华盛顿会议闭幕时提出交还威海卫租借地。威海卫租借地是1898年被英国强租的，租期25年。1922年10月，中英就归还事宜在威海卫开始谈判。谈判的焦点在威海湾中的刘公岛。英方在归还威海卫租借地时，提出要继续租借该岛10年，期满后英方仍有权续租。中方对此反对。中英双方僵持至1923年2月移往北京继续谈判，至6月达成草案。该草案允许英国海军租借刘公岛部分房产10年，期满经双方同意后才可交还中国，并且英国海军每年4月至10月可在岛上避暑。②

草案提交到外交部后，顾维钧认为有关刘公岛的安排不妥。按此规定，刘公岛的租借可以无限期延续而成为永久性的，因为租约的终止需要经英国政府的同意。顾维钧主张修改为只有双方政府均同意才能续租，这意味着期满后中国有权终止租借。中国谈判代表梁如浩认为英国已主动提出归还威海卫，在威海湾中一个小小的刘公岛并不重要，他与顾维钧就此进行了辩论。但顾维钧认为，刘公岛虽小，却控制着整个威海湾，战略地位十分重要。而且只要是中国领土，无论面积大

---

① 《顾维钧回忆录》第1分册，第319页。另参见吴翎君《美国大企业与近代中国的国际化》，社会科学文献出版社，2014，第197~198页。

② 王建朗：《中国废除不平等条约的历程》，江西人民出版社，2000，第151~152页。

小，都不应主动租给外国。否则，就会开创一个先例，让其他列强效仿。①

1924 年春，顾维钧直接接手中英谈判后，多次会晤英国驻华公使麻克类（James MacLeay），希望早日商谈结案。② 双方焦点仍然在刘公岛的续借上。顾维钧要求将双方同意才能停止续借的条款删去，麻克类则坚决反对。最后经多次磋商达成协议，有关刘公岛的条款改为"期满后，经两国政府同意后，得适用原条件续借"。③ 双方还商定，如果期满两国政府不能就该岛续租达成协议，则交国际仲裁。在刘公岛续租问题上，顾维钧力争将原先草案中须经两国政府同意才能交还的规定删去，旨在申明中国对领土的主权；而双方有分歧交国际仲裁，则是将一时无法解决的 10 年期满难题搁置起来的妥协办法。在谈判中，顾维钧对麻克类说，我们现在何必自找麻烦呢？我们双方都不能预料 10 年后的形势。如果形势发展顺利，10 年后中英两国不仅能够成为朋友，而且可能成为盟国。到那时，经过中国政府的同意，英国海军不仅可以使用刘公岛，还能够使用中国其他地方。因此，现在完全可以将 10 年期满的问题搁置起来。④

但中英就威海卫交还刚形成一致看法，北京政局就再次动荡。10 月，北京发生政变，曹锟被冯玉祥赶下台，内阁跟着倒台，顾维钧随即离开了北京。新任外长王正廷履职后，准备

① 《顾维钧回忆录》第 1 分册，第 351~352 页。
② 《英馆会晤问答》（1924 年 3 月 26 日、5 月 28 日），北京政府外交部档案，档号：03-11-007-02-002、03-11-007-02-009。
③ 王建朗：《中国废除不平等条约的历程》，第 153 页。
④ 《顾维钧回忆录》第 1 分册，第 353 页。

与英国签署协议，但麻克类却以中国国家元首发生变化等理由拖延搪塞。① 已经商定的威海卫归还协议在北京政府时期一直未能签署。

二　解决中俄悬案

北京政府时期，中国在与各大国的关系中，与苏维埃俄国的关系十分特殊。十月革命后，中国驻俄公使以俄国内乱为由于 1918 年 2 月离职回国。1920 年 9 月，北京政府发布总统令，称"中俄两国正式邦交，暂难恢复"，原俄国驻华公使"久已失去其代表国家之资格"，因此不承认其公使身份，停止其外交官待遇。② 两国政府间正式的外交关系中断了。

苏俄政府成立之初面临着被孤立和封锁的国际环境，为摆脱外交困境，其非常希望发展对华关系。1919 年 7 月，苏俄政府以副外交人民委员加拉罕（Lev Karakhan）的名义发表了对中国人民和南北政府的宣言，即"加拉罕第一次对华宣言"，宣布放弃沙俄政府"向中国夺取之一切侵略品，如满洲及他种地方"，将中东铁路"无条件归还中国，毫不索偿"，放弃庚子赔款及领事裁判权等其他特权。③ 1920 年 9 月，苏俄政府又以致北京政府外交部照会的形式发表"加拉罕第二次对华宣言"，提出了推进两国关系发展的八项具体建议，宣布

---

① 《英馆会晤问答》（1924 年 11 月 6 日），北京政府外交部档案，档号：03-11-007-03-013。

② 薛衔天等编《中苏国家关系史资料汇编（1917~1924）》，中国社会科学出版社，1993，第 135 页。

③ 薛衔天等编《中苏国家关系史资料汇编（1917~1924）》，第 56~57 页。

"以前俄国历届政府和中国订立的一切条约全部无效，放弃以前夺取中国的一切领土和中国境内的一切俄国租界"。但该宣言没有第一次宣言中无条件归还中东铁路的允诺，改为由中俄两国政府另订专门条约。① 加拉罕的两次宣言在中国各界受到广泛关注和欢迎，为改善两国关系提供了契机。

但是，中国与苏俄间的关系也存在着障碍。1921 年 6 月，苏俄政府因与白俄军队作战，擅自派兵进入时在中国版图内的外蒙古。当年底，苏俄政府与外蒙古当局签订了《苏蒙条约》，确认双方政府互相承认，互派外交领事代表，苏军可以驻扎外蒙古。苏俄政府的这一行为，使本来就对苏维埃政权心存疑虑的北京政府，在处理对苏外交时更为谨慎。因此，苏俄政府先后派出优林（Ignatius Yourin）、裴克斯（Alexander Paikes）等人来华，寻求与中国建立正式的外交关系，但都未取得任何实质性的进展。

1922 年 8 月 12 日，顾维钧第一次出任外交总长后一个星期，苏俄政府派遣的又一名使者越飞（Abram Joffe）抵达北京。越飞是苏俄政府重要的外交官，曾率团参加了对德媾和的《布列斯特和约》谈判。8 月 15 日，顾维钧与越飞第一次见面。越飞开门见山地提出"希望从兹中俄间之交通及两国邦交关系得以恢复"，表明此次使命的目的。顾维钧接过越飞的话头，表示"目下有一绝好机会足以促进两国之感情者，即贵国方面自动的撤退在外蒙之红军是也"，并说"贵国方面如能迅予办理，则为中俄间亲善之最好机会，且其他各问题亦易于解决也"。顾维钧的话柔中带刚，抓住苏俄急于恢复邦交，

———————

① 薛衔天等编《中苏国家关系史资料汇编（1917~1924）》，第 87 页。

实际上提出了从外蒙古撤军是两国关系改善的先决条件。对此，越飞解释说，"现在红军驻在外蒙，对于蒙事并不干涉，而地方之秩序及通商之安宁，则赖以维持。故该处华人、俄人及蒙古人中颇有请求红军留驻外蒙者在也"。如果苏俄军队全部撤出，对"中国方面、俄国方面或蒙古方面是否裨益，殊难逆料"。① 表明苏俄并不愿从外蒙古撤军。

顾维钧在接手处理对苏俄关系之初，就直截了当地提出苏俄从外蒙古撤军问题，这是因为他认为此事涉及中国主权，如不妥善解决，两国间正常的外交关系就无从谈起。此外，当时中国朝野对外蒙古问题也十分关注，如处理不当得不到舆论的认同，要推进两国关系也会非常困难。

8 月下旬，顾维钧与越飞又举行了几次会晤。越飞急于两国间开始正式会谈，通过谈判解决双方间一切问题，"以便恢复外交、政治、经济及商务之往来"，即与中国建立正常的外交关系。顾维钧仍坚持先要解决两国间"重要各悬案"，并告诉越飞，要将所有问题一并解决，"未免希望过奢"，"至恢复各项关系之一层并无提及之必要"，仍坚持两国关系的完全恢复须在各悬案解决之后。②

顾维钧所指两国间各悬案，除苏俄从外蒙古撤军外，还有中东铁路问题。中东铁路是俄国根据 1896 年与晚清政府签订的条约在中国东北境内修建的铁路干线。铁路建成后，沙俄政府非法攫取了路区内驻军、设警、司法、行政等条约中并未规

---

① 《总长会晤劳农新代表姚飞问答》（1922 年 8 月 15 日），北京政府外交部档案，档号：03-32-462-02-008。
② 《收总长会晤劳农代表姚飞问答》（1922 年 8 月 23 日），北京政府外交部档案，档号：03-32-473-03-014。

定的权益。在与越飞见面时，顾维钧提出希望能根据加拉罕第一次对华宣言，将中东铁路无条件归还中国。但苏俄在第一次对华宣言中宣布无条件归还中东铁路，着眼点是争取中国民心，对沙俄依据强权获得的这一巨大权益实际上根本不愿放弃，更不用说无条件归还了。11月6日，越飞率领的苏俄代表团致外交部节略，声称"倘以此项宣言为俄国完全放弃其在中国利益之结果，则未免太不公允"。并辩解说，宣言"虽曾声明抛弃帝制政府之侵略政策，并允抛弃俄国以此项政策在中国所得之权利，惟此项问题未经中俄自愿协商解决以前，则俄国在中国之权利尚未失效"。因此，中东铁路路权"倘由俄国让与中国人民之时，则俄国对于该路之利益仍不消灭"。[①]苏俄仍要保持中东路权益。

对苏俄代表团关于中东铁路的这一解释，顾维钧完全不能同意，要求越飞对加拉罕第一次宣言中无条件归还、毫不索偿之意"再行专案声明"，并指出"此事根本办法，仍以该路完全移交我国为最扼要"。越飞的答复竟称，所谓无条件归还、毫不索偿，"查1919年及1920年宣言书内并未载有此项辞句"，完全予以否认。[②]越飞对加拉罕第一次宣言中关于中东铁路内容的否认实际上是站不住脚的。中国正式收到的加拉罕第一次宣言，是苏俄西伯利亚和远东外交事务全权代表杨松受苏俄外交人民委员部全权委托交给中国驻伊尔库茨克领事馆

---

① 《苏俄代表团致中国外交部节略》（1922年11月6日），薛衔天等编《中苏国家关系史资料汇编（1917~1924）》，第395页。

② 《外交部答苏俄代表节略》（1922年11月11日）、《苏俄代表致中国外交部节略》（1922年11月14日），薛衔天等编《中苏国家关系史资料汇编（1917~1924）》，第397~398页。

的。该文本为法文，有无条件归还字句。1921 年 7 月，外交总长颜惠庆会晤远东共和国代表时提到"列宁当初曾有将该路完全无条件交还中国之宣言"，该代表也未予以否认。[1] 但当中国政府真要依据加拉罕第一次宣言来解决中东铁路问题时，苏俄政府却予以否认，表明它对沙俄侵华的遗产仍是依依不舍的。面对两国之间的又一悬案，顾维钧与越飞之间的会谈就更难取得进展了。

越飞对两国间交涉进展缓慢十分不满，在给北京政府外交部的节略中，措辞强硬地表示："倘中国政府继续藐视俄人利益，则俄国终必至迫不得已将其自愿给与中国之允许自由出之矣。"即收回已做出的各项承诺。在与顾维钧会面时，越飞当面告诉他，如果北京政府不愿与苏俄发展双边关系，他将去南方与孙中山商谈双边合作事宜。顾维钧感觉到了越飞这番话中对北京政府的威胁。[2] 1923 年 1 月中旬，越飞离京南下。一个星期后，他与孙中山在上海发表了《孙文越飞联合宣言》。

越飞离开北京时，因为内阁与国会之间的矛盾，顾维钧已与内阁其他成员一起集体辞职。随后，他在家赋闲了几个月，直到 1923 年 7 月再次出任外交总长。在这之前，由于《孙文越飞联合宣言》发表后苏联与南方政府的关系迅速升温，北京政府担忧苏联政府会弃北而联南，一改之前态度，转而谋求改善两国关系，于 1923 年 3 月任命王正廷为中俄交涉事宜督办。1923 年 9 月初，苏联政府新派的全权代表加拉罕到达北京。

---

[1] 见薛衔天等编《中苏国家关系史资料汇编（1917~1924）》，第 59 页注 1。
[2] 薛衔天等编《中苏国家关系史资料汇编（1917~1924）》，第 395 页；《顾维钧回忆录》第 1 分册，第 317~318 页。

9月6日，顾维钧会晤加拉罕，欢迎他奉派来华，并希望之前越飞在华期间未能启动的中俄会谈可以开始，以解决"中俄间一切悬案"。[①] 与顾维钧会晤后三天，加拉罕向顾维钧送交了苏联政府委派其为驻华全权代表的国书副本。加拉罕此举看似循通常的外交礼仪，实际上暗藏玄机，用意深远。因为中苏间并无外交关系，若中国正式接受国书，即意味着承认两国存在邦交，而这正是苏联屡次派遣代表来华的主要目的。顾维钧对加拉罕的用意十分清楚，以外交部名义回复，表示对国书副本"现正在考量之中，一俟适当之时，即行奉达"。以外交辞令回避接受国书之事，实际上还是坚持先解决两国间悬案再行恢复邦交的立场。加拉罕对顾维钧的回复十分不满，认为"此措辞等于未曾答复"，称"中国现在情状四分五裂，北京政府已失去其中心之点，列国有乘此时机提出共管之议，其能奋斗为中国帮忙者，惟独俄国耳"，表明北京政府本身并不稳固，不应先提条件，苏联无法接受先解决悬案的立场。[②]

两国间是否应先解决悬案也成为王正廷与加拉罕之间谈判的焦点。王正廷最初根据顾维钧与越飞会晤时所谈，提出两国间一切悬案通过谈判讨论解决，但加拉罕坚持两国正式邦交恢复前不与北京政府进行谈判。最后两人商定，先通过谈判"将各项大纲签订一种协定"，大纲包括恢复两国邦交，同时规定在协定签字6个月内须完成具体细目的协商。[③] 与顾维钧

---

① 《顾总长会晤喀拉罕问答》（1923年9月6日），北京政府外交部档案，档号：03-32-556-04-037。
② 《朱鹤翔往晤喀拉罕问答》（1923年9月13日），北京政府外交部档案，档号：03-32-556-01-038。
③ 薛衔天等编《中苏国家关系史资料汇编（1917~1924）》，第205页。

坚持的先解决悬案再恢复两国邦交的做法相比，王正廷与加拉
罕达成的谅解是各退一步的妥协，将解决悬案与恢复邦交合在
了一起。

王正廷与加拉罕随后开始的谈判进行得并不顺利，双方在
外蒙古、中东铁路等问题上存在不少分歧。但国内各界尤其是
知识界在加拉罕两次宣言的感召下，纷纷要求政府正式承认苏
联。1924 年 2 月，北京大学李大钊、胡适等 47 名教授致函顾
维钧、王正廷，不满中苏交涉迄无进展，认为俄国革命推翻帝
制后，"显扬民治，实吾良友"，呼吁政府尽快"复其故交"。
北京教育会、八校教职员代表联席会议等 6 团体也致函王正
廷，称"凡我国民谓宜正式承认，恢复邦交，早成舆论"，要
求其"即日无条件承认苏俄，然后双方协议中俄间一切案
件"。① 舆论的呼声对王正廷是一个压力，促使他加快谈判的
进程。

1924 年 2 月 25 日，王正廷提出了解决中俄悬案大纲协定
草案。3 月 1 日，加拉罕对王正廷草案提出了苏方最后修正
案，并要求中方尽早答复。在交修正案时，加拉罕希望王正廷
对苏方修正案表态"个人已赞同，并设法向中政府维持"，以
图在此后谈判中占据先机。王正廷谨慎地回答道："不能说予
个人已赞同，不过已极力设法容纳阁下之意思耳。"②

3 月 8 日，王正廷向国务院内阁会议报告与加拉罕交涉进

---

① 上海《民国日报》1924 年 2 月 18 日，第 6 版；3 月 1 日，第 3 版。又
　见薛衔天等编《中苏国家关系史资料汇编（1917~1924）》，第 293~
　294 页。
② 《筹办中俄交涉事宜王正廷与苏联全权代表加拉罕谈判记录》（1924 年 3
　月 1 日），薛衔天等编《中苏国家关系史资料汇编（1917~1924）》，第
　241 页。

展，指出双方在两国间旧约、外蒙古、中东铁路等问题上还有分歧，但认为加拉罕对所提最后修正案不肯再做修改，此案"虽去中国提案甚远，然本国收回之权利已然不少"，因此主张接受苏方修正案。但内阁会议没有接受王正廷的建议，而是议决由各部分头研究后再行讨论，讨论结果仍须由王正廷与加拉罕进一步磋商。①

内阁各部对王正廷草案和苏方修正案进行研究后都写下了签注，总体上对王正廷的草案和加拉罕的修正案表示不满，对两国间旧约、外蒙古、中东铁路等关键问题均提出了修改意见。② 3 月 11 日后，王正廷几次出席内阁会议，报告与加拉罕交涉最新进展，内阁则告知各部签注意见，并请王正廷依各部意见与加拉罕再行交涉，顾维钧特别提醒王正廷"蒙古部分极为重要"。参加内阁会议的农商总长颜惠庆注意到，王正廷对内阁提出的意见"十分沉默"，却显示出"急于想取得问题的解决"，即尽快结束与加拉罕的谈判。按王正廷自己的说法，3 月 13 日内阁会议后他与加拉罕"作最后之谈判，经彻夜之力争"，考虑到"案经久悬，英意两国既承认于先，诚恐迁延贻误，且国人亦同声主张从速解决。外察大势，内审国情，觉此案实不能再事迟疑"，于是在 3 月 14 日凌晨与加拉罕签署了协定。③

王正廷在未按内阁指令并未获授权的情况下签署协定引起

---

① 薛衔天等编《中苏国家关系史资料汇编（1917~1924）》，第 242 页。
② 杨天宏：《中苏建交谈判中的"顾王之争"（1923~1924）》，《历史研究》2019 年第 4 期。
③ 《颜惠庆日记》第 2 卷，第 124~125 页；《筹办中俄交涉事宜王正廷通电报告交涉经过》，薛衔天等编《中苏国家关系史资料汇编（1917~1924）》，第 268 页。

内阁的强烈反对。顾维钧在当天早晨获悉此消息后就给王正廷打电话，告诉他签署未获政府审议批准的协定是不当行为。对协定本身，顾维钧认为有三方面的内容必须修订。第一，协定规定废除沙俄与中国签署的以及与其他列强签署的有关中国的一切条约，但没有提到苏俄与外蒙古签订的苏蒙条约，这实际上是默认了这一条约。第二，对于苏军从外蒙古撤军问题，协定规定苏军将在双方商定条件后撤出，这使苏联可以条件未商定而长期驻兵外蒙古，中国则处于听任苏联摆布的被动境地。第三，协定规定原俄国东正教教会在中国的所有地产权须移交苏联政府，但由于东正教在中国地产根本无法确认，中国无法履行这一条款。① 顾维钧提出必须修改的三条中，两条与外蒙古有关，延续了他之前与越飞会晤时所持立场。

北京政府内阁其他成员如财政总长王克敏和陆军总长陆锦对王正廷签署的协定也持反对意见，内阁最终拒绝了这一协定。加拉罕获悉北京政府的决定后，于 3 月 16 日向王正廷递交了一份措辞强硬的紧急照会，限 3 日内批准已签字之协定，否则由此引起的一切后果由北京政府负责。收到王正廷转送来的照会后，内阁开会讨论，认为该照会"迹近哀的美敦书，实违国际惯例"，两国谈判中未能解决之处，实际皆因加拉罕"对于我国主权未能十分尊重"，因此所有责任应由其负责，并决定请王正廷按此回复加拉罕。3 月 19 日，未能如愿的加拉罕直接照会外交总长顾维钧，声称与中国政府正式代表之谈判业已结束，拒绝重行讨论已议定并签字的各项协议，并以苏联政府名义"警告中国政府勿铸足以影响于苏俄与中国政府

---

① 《顾维钧回忆录》第 1 分册，第 334 页。

将来邦交上不可补救之错误"。①

如前所述，因为加拉罕之前两次宣言放弃在华特权，中国舆论与社会各界希望政府尽快承认苏联，建立邦交。获悉北京政府不承认王正廷签署的协定后，许多团体发表宣言、通电，反对政府举动，甚至吴佩孚领衔的一些督军和将领也要求立即无条件承认苏联。有些舆论和团体将矛头直指主持外交且反对王正廷签署协定的顾维钧。北京大学师生组成了一个代表团来到外交部面见顾维钧，领队是北京大学教授李大钊，要求政府马上批准中苏协定。北京学生联合会开会决定致函警告顾维钧，敦促他签署中苏协定，信函的语气有着青年学生特有的率直和火爆："倘先生犹执迷不悟，则敝会一息尚存，誓必力争。赵家楼故事，可为殷鉴。伏望先生察之。"② 所谓赵家楼故事，即五四运动当天北京学生火烧曹汝霖住宅、痛打章宗祥之事。火烧赵家楼后顾维钧在巴黎拒签和约，获得国内一片叫好，但不到 5 年，他却被学生列入该火烧痛打之列了。顾维钧在铁狮子胡同的住宅虽没有遭遇赵家楼被烧那样的事，但后来确有两名大学生以考古研究所给外交总长送出土古印的名义给顾家送来了一颗炸弹，结果炸伤了管家和厨师。京师警察厅调查后认为此事是王正廷幕后策划的，顾维钧不认同这一判断，但认为可能是一些在政治上支持王正廷的人干的。③

3 月 20 日，北京政府发布总统令，责成外交部接手对苏谈判，迅速与苏联代表继续商议协定。这样，顾维钧就接替王

---

① 薛衔天等编《中苏国家关系史资料汇编（1917~1924）》，第 251~254 页。
② 《顾维钧回忆录》第 1 分册，第 339~340 页；《申报》1924 年 3 月 24 日，第 7 版。
③ 《顾维钧回忆录》第 1 分册，第 342~345 页。

正廷直接承担起对苏交涉的责任。3 月 22 日，顾维钧以节略形式致函加拉罕，对其 3 月 19 日照会所持立场"深为诧异"，对限期 3 天必须批准的要求"尤难承认"，同时表示"中俄间关系极为重要，中国政府仍不变更愿与苏俄政府恢复邦交之诚意，深盼迅速继续谈判，俾得早日解决"，并通知加拉罕，他本人"现已遵令准备与贵代表继续商议"。①

3 月 25 日，加拉罕回复顾维钧，措辞仍十分强硬，再次为苏联政府所采取的行动辩护，称两国间谈判业已结束，继续进行"实为无益，本全权代表不得已声明断然拒绝此项交涉之任何进行"，坚持必须先恢复邦交，"如贵外交总长及中国政府对于苏联政府交涉如真抱有热诚及坚定之愿望，鉴于现时情形，第一步必须采用立即恢复两国正式邦交之手续，此节办到时，贵总长节略内所提及本代表已预备开始之交涉途径方能实现也"。②

加拉罕坚持先复交再谈判的立场，就是要逼中国政府认可王正廷已签署的协定。顾维钧对此不能接受，但他并不希望两国交涉陷入僵局或完全破裂。这与他面临的社会舆论压力也有关。4 月 1 日，顾维钧再次致函加拉罕阐述中方的立场，指出加拉罕借口谈判已经结束，"坚拒继续商议"，是"不欲尽力免除解决中俄关系前途之任何障阻"；而以 3 天期限"加诸他方"，则"迹近恫吓"。在指出苏方不利于推进双边关系的不当举措后，顾维钧又提出解决问题的具体办法，表示中方愿意

① 《外交部复苏联全权代表加拉罕节略》，薛衔天等编《中苏国家关系史资料汇编（1917~1924）》，第 259 页。
② 《苏联全权代表加拉罕致中国外交总长顾维钧节略》，薛衔天等编《中苏国家关系史资料汇编（1917~1924）》，第 263 页。

将已经签署的协定看作草约，作为进一步谈判的基础，并对草约提出三点修改意见：（1）草约中废除帝俄与第三者签订有损中国主权之条约，应改为包括俄国政体变更以来，即苏俄政府与第三者签订有损中国主权之条约；（2）苏军从外蒙古撤兵具体办法可由双方协商，但撤兵不应附有条件；（3）在华俄国东正教会产业待将来详细讨论。顾维钧表示："以上三点本国政府愿与贵代表商榷，俾得圆满之解决。如果贵代表果有建立中俄邦交之诚意，本国政府深信贵代表当能予以同意，倘贵代表以为修改协定预稿有重大困难，则本国政府本和平之精神及早日开始邦交之素愿，亦可同意将此项修正之点于协定签订时以换文行之。"① 这一函件既直率指出苏方拒绝继续商议的不当举措，坚持中方修订王正廷已签协定的立场，又提出了中方的具体解决方案，并且考虑到苏方不愿修改已签协定，提出以换文形式确认修改意见。顾维钧的回复有理有节，表现了推进双边关系的极大诚意，也充分显示出解决谈判困境的外交智慧，为中苏重开谈判创造了条件。

由于此前已公开采取十分强硬的立场，加拉罕对顾维钧的函件并未正面回复，但他毕竟也希望中苏交涉能尽快打破僵局。4月上旬，顾维钧发高烧卧病在床，加拉罕派他的秘书前来问候病情。加拉罕的秘书祝愿顾维钧早日康复后，以私人名义表示，顾维钧应与加拉罕见面一谈。顾维钧当然明白这一表示的含义，回答说因为高烧不能起床，如果加拉罕能来寒舍，乐意与他见面。就这样，顾维钧与加拉罕在铁狮子胡同顾宅秘

---

① 《外交部复苏联全权代表加拉罕节略》，薛衔天等编《中苏国家关系史资料汇编（1917~1924）》，第263~264页。

密见面了，他们就双方间的分歧交换了意见。随后，两人的秘书开始了一系列非正式谈判，双方的沟通"时续时止"。但自5月中旬起，双方来往的频率加快，"往返磋商不下二十余次，渐能接近，至5月下旬，始能将修正各点及商议各件，议定办法"。① 其间，为避免外界的干扰，外交部参事朱鹤翔等白天在顾维钧家中磋商，晚间赴苏联驻华代表处交换意见。5月30日，内阁在顾维钧家中召开特别会议，顾维钧将与加拉罕所议定各条款交内阁审议，当即获得通过。同日，北京政府以总统令给予顾维钧全权签约证书。②

5月31日，顾维钧与加拉罕在外交部签署《中俄解决悬案大纲协定》《暂行管理中东铁路协定》及作为协定附件的7个声明书。其主要内容是：（1）俄国自帝俄以来与中国或第三者所订一切有损中国主权及利益的条约概为无效；（2）苏联放弃帝俄在中国境内的一切租界、治外法权及领事裁判权、庚子赔款的俄国部分；（3）苏联承认外蒙古为中国之一部分，尊重在该领土内中国之主权；（4）苏联允诺中国以中国资本赎回中东铁路，该路有关中国主权事务概由中国官府办理。③

在这个最终签订的协定及附件中，顾维钧认为王正廷与加拉罕签署的协定文本必须加以修改的三项内容都最终得到了修订。协定签订后向国务会议报告时，顾维钧说明了这三项内容

---

① 《顾维钧回忆录》第1分册，第346页；《外交总长顾维钧出席国务会议的报告》（1924年6月5日），薛衔天等编《中苏国家关系史资料汇编（1917~1924）》，第282页。

② 李嘉谷：《中苏关系（1917~1926）》，社会科学文献出版社，1996，第225页。

③ 薛衔天等编《中苏国家关系史资料汇编（1917~1924）》，第270~277页。

修订的具体情况。关于第一项内容，原协定只写帝俄政府与第三者所订条约，这样就无法包括苏俄与外蒙古所订条约。经谈判力争，双方在声明书中写明"自帝俄政府以来凡与第三者所订定之一切条约"。顾维钧在国务会议上说，"所谓帝俄政府以来，即包括俄国临时各政府及苏联政府而言"，这就将苏俄政府与外蒙古所订条约包括在内了。关于第二项内容，原协定规定苏联从外蒙古撤军，将于撤军之条件商定后进行，顾维钧认为撤军办法虽可讨论，但不应附加条件。"经再四切商，取消'条件'字样。该代表初则坚拒，继允考量，最后以我力争，删去'条件'字样，另加修正，以示尊重领土主权。"关于第三项内容，原协定规定俄国在华教产完全移交苏联政府。顾维钧认为，按照中国法律，外国政府及人民，除各国教会外，不得在内地购置地产，若允移交，会开一先例，引发政教关系上许多问题。且俄国教产散处各地，无法确认。最后根据中方提议，确定此问题按中国法律，由双方将来商定。参加国务会议的颜惠庆在当天的日记中写道："顾的报告受到欢迎。"① 这三项内容中的前两项都与外蒙古相关。顾维钧与越飞第一次见面就主动提出此问题，自此以后，他一直坚持这一问题的解决必须建立在尊重和维护中国的领土主权之上。

顾维钧与加拉罕关于中苏协定的谈判是在秘密状态下进行的，外界毫不知情，因此协定签订的消息一经发布，舆论"深以为异"，"中外报纸突闻此讯，均为讶然"，不少报纸"称此

---

① 《外交总长顾维钧出席国务会议的报告》（1924 年 6 月 5 日），薛衔天等编《中苏国家关系史资料汇编（1917～1924）》，第 282 页；《颜惠庆日记》第 2 卷，第 148 页。另参见杨天宏《中苏建交谈判中的"顾王之争"（1923～1924）》，《历史研究》2019 年第 4 期。

举为顾维钧外交之胜利"。① 这与 3 月中旬北京政府拒绝王正廷签署的协定，并指定顾维钧接手对苏谈判时的舆论形成鲜明的对比。当时舆论对顾维钧多有抨击，不少人还从顾王私人恩怨的角度来解读顾维钧对王正廷签署协定的反对。但从顾维钧对外蒙古问题的一贯立场和最后签订的协定文本来看，他对王正廷签署协定的反对主要出自他对中国主权的维护和对苏联对华政策的警觉。但顾王两人在巴黎和会期间就结下的恩怨确实也是不可完全忽略的因素。顾维钧于 1923 年 7 月再次出长外交时，王正廷已在主持中苏谈判，但直到次年 3 月上旬将中苏协定文本递交内阁会议，王正廷一直未向作为外交总长的顾维钧报告相关情况，这使顾维钧很不满。与顾王两人来往均很密切的颜惠庆在参加内阁会议讨论中苏协定时，就注意到顾维钧"对王抱有敌意"。吴佩孚的谋士白坚武也将顾王分歧看作"争私见之故"。②

根据杨天宏的研究，顾维钧与王正廷两人在对苏谈判中的外交手段也有很大差异。③ 王正廷作为中国政府对苏谈判的代表，不顾自己的官方身份加入社会各界"无条件承认苏俄"的潮流中，在外交谈判中成为顺应民众呼声的政治家，而非与苏联代表斤斤计较国家利益的谈判对手，使自己在对苏谈判中处于被动的地位。顾维钧则从一开始就确定将解决两国间的悬案作为两国邦交恢复的先决条件，以占据外交谈判的主动。从

① 《申报》1924 年 6 月 2 日，第 4 版。
② 《顾维钧回忆录》第 1 分册，第 333 页；《颜惠庆日记》第 2 卷，第 126 页；杜春和、耿来金整理《白坚武日记》，江苏古籍出版社，1992，第 470 页。
③ 杨天宏：《中苏建交谈判中的"顾王之争"（1923～1924）》，《历史研究》2019 年第 4 期。

中苏谈判的焦点外蒙古问题来看，王正廷满足于苏联承认中国
对外蒙古主权的原则性表态，却不在意苏蒙条约对中国主权的
实质性侵犯。顾维钧在此问题上始终坚持维护中国主权，但在
谈判处于僵持时，也能够提出解决问题的切实办法，将中国的
要求写入与协定具有同样效力的声明书。王正廷在对苏谈判中
的不足，正是顾维钧所批评的外交家应避免的失误，即不应受
到公众舆论的影响，不要做讨好公众的事。在他看来，"当办
理重要交涉时，唯一影响你的应当是民族利益，而不是党派和
政治利益，更不能考虑个人政治上的得失"。① 从中苏协定谈
判的整个过程来看，顾维钧基本上是照此去做的。当然，中苏
协定最后能够签署，王正廷最初付出的努力不应否认。在上海
发行的英文报纸《大陆报》社论评论道"此事草创之功，当
然属诸王正廷氏，而最后成绩，则为顾维钧氏所得"，应是公
允之言。②

　　中苏协定的签订结束了十月革命后两国间国家关系的不正
常状态，将双边关系奠定在一个平等的基础之上。苏联政府宣
布放弃旧俄政府在华享有的特权，在民国外交史上具有重要的
意义。顾维钧在协定签订后的一次演说中深有感慨地说，中国
以前同大国签订的条约都是被迫就范的，"但现在这次协定的
性质，却是完全两样的"。③ 但中苏谈判过程中，苏联在外蒙
古等问题上的态度和做法又表明，旧俄时代的外交传统对其仍
有很大的影响。正是顾维钧的努力使中国在协定中争得了更为
平等的内容。

---

① 《顾维钧回忆录》第 1 分册，第 397 页。
② 《申报》1924 年 6 月 7 日，第 4 版。
③ 波赖：《最近中国外交关系》，正中书局，1935，第 149 页。

中苏协定的签订受到全国各界的欢迎，对仍束缚着中国的不平等条约体系是一个巨大的冲击。协定签订后不久，全国出现了一场大规模的废除不平等条约运动。而这又推动了顾维钧主持的北京政府的修约外交活动。

三 终止中比条约

1925 年 5 月，五卅惨案发生，由此引发的反帝爱国运动席卷全国。在朝野各界要求废除不平等条约的呼声中，北京政府在对外交涉中顺应形势，发起修约外交。6 月 24 日，北京政府照会驻华公使团，提出"宜将中外条约重行修正，俾适合于中国现状暨国际公理平允之原则"。修约外交是巴黎和会以后北京政府对外交涉的继续。

顾维钧在 1924 年 10 月冯玉祥发动"北京政变"后暂别政坛，离开京城。北京政府提出修约外交时，他正在上海做寓公。1926 年 5 月，顾维钧重返北京，不久再次入阁，出任财政总长。10 月上旬，他以代理国务总理的身份组阁，因段祺瑞下台后元首虚位，他摄行总统的权力，并兼任外交总长，成为修约外交的主角，在修订不平等条约中发挥了重要的作用。

中国与比利时之间的条约是修约外交面对的第一个与外国到期需修订的条约，也是顾维钧主导修约外交后面临的直接和严峻的挑战。

北京政府于 1925 年 6 月向公使团提出修约照会后，公使团于 9 月 4 日复照，仅对华盛顿会议议决的关税会议和法权会议做出回应，对修约之事则予以回避。北京政府外交部由此认识到，向列强同时提出修约，"列国彼此牵制，共同商改诸多窒碍"，因此，修约应循"单独磋商之一途。单独磋商之进行，在平时自以根据商约期满废止之规定，最为平和"。① 1926 年期满条约中有中国与比利时通商条约。中比条约于 1865 年签署，次年 10 月为两国政府批准。比利时根据这一条约获得领事裁判权、关税协定权、设立租界权等特权。到 1926 年 10 月，中比条约将满 60 年。根据该条约第 46 条规定，条约每满 10 年可以修订。虽然条约仅规定比利时有修约之权，但外交部条约司认为，根据国际法惯例，中国也有此权，比利时"自无拒绝中国请求废约之理"。外交部条约司还指出，当时正在进行的关税和法权两个会议，"前途颇多暗礁"，而在关税和法权之外，还有其他应废除的列强在华不平等特权，中国对此"宜有所表示，使列强知我国除忍耐磋商外，尚有其他项办法"，即中国应主动采取修约行动，而提出中比修约是"第一机会"。②

1926 年 4 月 16 日，北京政府外交总长胡惟德照会比利时驻华公使华洛思（Warzée d'Hermalle），告知对方中比条约于当年 10 月 27 日期满后，"一律失效，并应缔结新约，以代旧约"，表示中方愿在平等的基础上尽快与比利时磋商签订新约。4 月 27 日，华洛思复照胡惟德，认为根据中比条约，"惟独比国方面可有提请修改条约之权"，虽然比利时政府可考虑中国修约之要求，但须待中国政局稳定及关税和法权会议结束之后，才可商议修约之事，拒绝了北京政府的修约要求。③

---

① 《中比条约说帖》（1926 年 1 月 15 日），北京政府外交部档案，档号：03-23-069-01-006。该件实为外交部条约司呈文。
② 《中比条约说帖》（1926 年 1 月 15 日），北京政府外交部档案，档号：03-23-069-01-006。
③ 王建朗主编《中华民国时期外交文献汇编 1911~1949》第 3 卷下，第 923~925 页。

　　北京政府向比利时提出修约之时，政局正经历着又一轮动荡。4 月 20 日，临时执政段祺瑞下野。5 月 13 日，颜惠庆组阁摄行临时执政，并兼代外交总长。5 月 31 日，华洛思拜访颜惠庆，提出在关税和法权会议结束之前旧约继续有效。颜惠庆回答道："会议自是会议，订约自是订约，两种不必混而为一。"华洛思又提出，在两国旧约到期新约未成之时，应有一临时办法。① 6 月 1 日外交部致华洛思备忘录，表示在旧约期满而新约未能完成的情况下，中国政府愿意"另觅一种能保护比国毫无疑问之利益，而又不损及中国正当之权利之临时办法"。②

　　9 月 2 日，北京政府外交部向比方提出临时办法五条，允许比利时在新约未订之前继续保有原有的领事裁判权等特权，但以 6 个月为期限。华洛思于 9 月 29 日复照外交部对临时办法五条不予接受，坚持在新约签订之前旧约继续有效。③ 实际上，比利时政府并无通过谈判与中国缔结一个平等新约的诚意，而是想通过拖延新约的签订来继续享有领事裁判权等特权，因此坚决反对临时办法有明确的期限。这就是顾维钧再次主持外交后面临的情况。

　　10 月 14 日，顾维钧以总理身份主持国务会议，将中比修约问题提交会议讨论。参会者中有人认为，国内局势"纷纭多故"，与列强关系"趋势日非"，此时如直接提倡废除旧约，恐引起列强反感，"促其协以谋我，不得不郑重考虑"。会议

---

① 《比馆问答》（1926 年 5 月 31 日）、《致驻比王公使》（6 月 1 日），北京政府外交部档案，档号：03-23-069-02-010、03-23-069-02-013。
② 《致比华使备忘录》（1926 年 6 月 1 日），北京政府外交部档案，档号：03-23-069-02-014。
③ 王建朗主编《中华民国时期外交文献汇编 1911~1949》第 3 卷下，第 927~928 页。

最终决定依据平等相互原则与比利时修订新约，修约期间旧约期满暂维持原状，但须订期限以示限制，并声明期满后新约未成，中国政府对于旧约保留自由取决之态度。① 国务会议决定虽未提 6 个月期限，但强调中国有自由取决之权，就是要保留中国中止条约的权力。

国务会议后，顾维钧在给吴佩孚的密电中阐明了自己的考虑："惟国民方面与政府主张虽属一致，而进行不必同途，在国民不妨极鼓吹之能事，而政府则必求事实之可行。与其以废约为名，或反引列强之协以谋我，不如重根本改订条约之事实，将旧约之有损国权者，逐一修改，尤为切实易行，泯去痕迹。"② 表明他有用民意推进修约之意。

10 月 18 日，比利时驻华公使华洛思通过私人谈话间接表示，比利时政府对中方至今未答复比方 9 月 29 日照会十分不满，已决定将此案提交海牙国际法庭。顾维钧得此消息后约华洛思于次日下午面谈。10 月 19 日下午会晤时，华洛思首先表示比方 9 月 29 日照会"最为平允"，但北京政府竟搁置三星期之久未做答复，随后称如不能于本月 25 日前答复，比方将交海牙国际法庭公断。面对华洛思咄咄逼人的威胁口吻，顾维钧冷静答复：接任总长后已将半年来双方往来文件仔细看过，两国对旧约有修改之必要持一致看法，比方也同意旧约期满失效，分歧只在旧约期满新约未成的临时办法，并称已命中国驻

---

① 《电驻比王公使》（1926 年 10 月 18 日），北京政府外交部档案，档号：03-23-071-02-004。

② 《顾维钧致吴佩孚密电稿》（1926 年 10 月 16 日），胡震亚选辑《吴佩孚与顾维钧往来函电（1923 年 8 月~1927 年 4 月）》，《民国档案》2009 年第 4 期，第 31 页。

比公使王景岐向比方提出临时办法，待比利时政府答复。①

10 月 23 日，华洛思向外交部递交备忘录，提出比方临时办法新草案，除要求关税最惠国待遇和领事裁判权享受他国同等待遇外，另提临时办法期限"待至最惠国情形许可之时，关税会议竣事揭晓之际，根据平等及尊重领土主权二主义缔结新约之日为止"，仍要推延临时办法期限。顾维钧收到备忘录后即与华洛思见面，强调临时办法应首先规定旧约期满失效，并应规定新约在 6 个月内完成，如 6 个月内因故未成，届时再商。当天下午外交部对比利时备忘录提出修正案，重申顾维钧对华洛思的口头表达，即旧约到期"应视为已失拘束之能力"，新约须在 6 个月内订成。②

10 月 27 日是中比条约期满之日。此前一天，顾维钧再次会晤华洛思，告诉他："明日为约期届满之日，必须办决此事。本总长切盼明日准与贵使签订临时办法。"③ 但 27 日华洛思递交比方备忘录，对临时办法期限提出新修改，即新约如 6 个月内不能订立，"一方得于 3 个月之前通知，要求将本协定再施行 6 个月。以后均照此限类推，至新约实行为止"。28 日下午顾维钧约见华洛思，表示对比方 27 日备忘录"实难同意"。华洛思遂提出，临时办法期满可延 6 个月，如再欲延

① 《电驻比王公使》（1926 年 10 月 18 日）、《总长会晤比华使问答》（1926 年 10 月 19 日），北京政府外交部档案，档号：03-23-071-02-005、03-23-071-02-016。
② 《收驻比使馆备忘录》《总长会晤比华使问答》《致比华使备忘录》（1926 年 10 月 23 日），北京政府外交部档案，档号：03-23-071-03-001、03-23-071-03-004、03-23-071-03-002。
③ 《总长会晤比华使问答》（1926 年 10 月 26 日），北京政府外交部档案，档号：03-23-071-03-016。

期，任何一方可提请仲裁。顾维钧对此也不同意，称"解除不平等条约乃谓本国国民一致之志愿，而愿意继续临时办法与否，又为缔约国之主权，此二层不能付诸公断"。并明确告诉华洛思，临时办法必须确定期限，"否则临时办法无限期延长与未停止旧约有何区别"。与华洛思会晤后，顾维钧主持特别内阁会议，决定对临时办法期限修改为"如6个月期满，经双方之同意，临时办法得延长之，并经任何一方之3个月预先通知，得废止之"，意在保持中方废止旧约的主动权。当晚10点，外交部参事朱鹤翔奉顾维钧之命将中方新的修正案通知华洛思，并希望比方接受，"否则事关两国邦交，本部总长不负其责"。①

北京政府提出修正案后，比方置之不理。一周后，11月4日，外交部催促比方接受中国修正案。5日，华洛思回复外交部，予以拒绝，并称将提交海牙国际法庭。当日，顾维钧召集外交部办理比约的条约司长钱泰等商议应对，决定将交涉结果报告内阁会议，并请终止中比条约。递交内阁的议案在详述交涉经过后指出，中方为达成解决方案，"委屈迁就，无非冀新约克底于成，乃舌敝唇焦，节节退让。比政府始终未能相谅，最后欲以六个月之临时办法为无期之延长。虽经许以双方同意可以延长，犹遭拒绝。其不以诚意相待，欲将旧约中之片面权利继续维持，盖已无可讳言"。但各种交涉办法，"用之已尽，无由再拖，惟有按照公法情势变迁可以废止之原则"，宣布中比条约"自期满日期失效"。11月6日，顾维钧主持内

---

① 《总长会晤比华使问答》（1926年10月28日），北京政府外交部档案，档号：03-23-072-01-001。

阁会议，通过了外交部的议案。①

当天，北京政府发表由顾维钧起草的终止中比条约的宣言。这一宣言条分缕析，从事实、法理上说明中国要求修约的合理性和终止条约的正当性，指出中国之所以要限期修约，"其根本用意在顺从中国人民一致之希望，使中比关系因同治四年中比条约而受不平等地位，得可解放。盖此用意，实出诸中国全国对外欲达同臻平等关系之志愿"。宣言阐述了中国修订不平等条约的基本立场和对建立中外间平等关系的愿望：

> 溯自民国建立以来，中国政府即抱一种果决愿望，使中国在国际团体中得与其他各国处于平等地位，并使其得尽一部分能力，以求人类志愿之完成。此种原则，为中国全国热望所在，是以时时奉为圭臬。顾中外各国间设一日无平等及互相尊重领土主权之可言，则此种愿望之实现，决难成就。自近百年来，中国受压迫而订立不平等条约，于中外人民之间，造成歧异不同之待遇。至今日实为对于各国种种不满及镣辐之原因。夫国与国之关系，既与人与人之关系相同，必也交换相互利益，能使彼此睦谊，足垂久远，而后缔结邦交之主谛乃见。故此项不平等之中外国际关系，实非理所应有。②

---

① 《议案稿提出阁议》（1926 年 11 月 5 日）、《呈上大总统比约事》（1926 年 11 月 6 日），北京政府外交部档案，档号：03-23-072-01-007、03-23-072-01-006。

② 金问泗编《顾维钧外交文牍选存》，第 59~65 页。

这段话是顾维钧的心声流露，显示了他的外交抱负和志向，也顺应了中国人民要求废约的呼声。当时，中国旅居比利时及欧洲其他国家的侨胞组织了旅欧华侨废除中比条约代表团，强烈要求废除中比条约。国内各界和舆论也十分关注中比交涉进程，对北京政府修约交涉进展缓慢多有批评。中华全国商会联合会派代表面见顾维钧，指责外交部对办理中比修约的方针"完全不肯宣布"，并请公布办理条约人员的姓名籍贯，"俾国人周知注意，使其完全负责"。全国学生联合会总会致电外交部，批评其"一再迟延，漫不进行，诚不知是何居心"。上海总工会宣言："北京政府与比公使秘密交涉，希图延长，吾人誓不承认！"① 这些舆论对顾维钧是压力，也是助力。11 月 2 日，顾维钧在与法国驻华公使玛德（Damien Martel）会晤时，对后者关于中比修约的询问回答说，"各省人民及地方法团舆论一律主张废弃旧约"，"现在中国人民国家观念日益发达，是以对于不平等条约金主废弃"，并希望中法间关于越南边界通商章程的谈判也能加快，显示其有意识地以中国民意来推进修约。②

鸦片战争以后，中国在与西方国家谈判交涉中，遇有争执，最终总是根据西方国家的意志和愿望来解决问题。以巴黎和会为起点，以顾维钧为代表的一批外交官开始一步步地改变这一局面。终止中比条约是中国政府第一次在一个缔约国公开、正式反对的情况下，采取主动行动，宣布废除旧的

---

① 王建朗主编《中华民国时期外交文献汇编 1911~1949》第 3 卷下，第 982~983 页；《申报》1926 年 10 月 31 日，第 13 版。

② 《总长会晤法玛使问答》（1926 年 11 月 2 日），北京政府外交部档案，档号：03-23-072-01-011。

不平等条约，在近代中外关系史上具有重要意义。顾维钧自己将此看作"中国外交史上的一个里程碑"。他认为，"中国有必要这样做，不仅因为中国根据情况变迁原则在国际法面前有充分理由，而且因为中国有必要开创一个先例，证明中国决心行动起来，以结束一世纪以来不平等条约给中国人民带来的灾难"。① 原先持批评态度的舆论在北京政府终止中比条约后，也给予政府正面的评价，称此举为"破天荒之大英断"。苏、浙、赣、川等省工商界团体联合声明，称："我国人民一致公认顾维钧为全国人民之代表，责司废除一切不平等旧约，换订双方平等新约之任。无论何国之条约，顾代表均有全权，废旧立新。"②

北京政府在自身统治遭遇严重危机之时采取如此果断的行动，与南方政府在南北政治竞争中开始占据上风密切相关。南方政府激进的废约外交反衬了修约外交的保守，北伐军在军事上的节节胜利也迫使北京政府不得不调整包括外交在内的政策。终止中比条约可以增强北京政府在国内政争中的合法性，这是顾维钧做出这一决策的国内政治背景。

中比条约虽已宣布终止，但作为外交总长，顾维钧知道事情并未结束，善后问题仍须全力应对。11月9日，顾维钧在外交部内新成立的条约研究会首次会议上称"修改不平等条约，不但人民希望，政府亦同此宗旨"，并指出此次终止中比条约"比较的似出于外交常轨之外"，"就约论约，作法理上之解释，比国似较我有所根据"。因此，他认为，"此事吾国

① 《顾维钧回忆录》第 1 分册，第 357~358 页。
② 《时报》1926 年 11 月 10 日、13 日，转引自王建朗《中国废除不平等条约的历程》，第 196 页。

可认定系政治问题，非法律问题，若提倡提交国际联盟大会，似较提交国际法庭为有伸缩余地，且可唤国际间一般舆论界之同情"。对比利时将此事提交海牙国际法庭一事表明看法。①

11 月 26 日，比利时政府正式向海牙国际法庭提交中比条约案。如何应对比利时政府此举，在条约研究会内产生两种不同的主张。曾任国际法庭副法官的条约研究会副会长王宠惠和条约研究会成员、司法总长罗文干反对中国出庭应诉。王宠惠认为，对国际法庭判决如予遵守不妨出庭，否则以不出庭为好，若因判决不利而半途退出，反为不妙。罗文干认为，中国对比约既以政治手段始，自应以政治手段终，若一半用政治手段，一半用法律手段，吃亏必大。以外交总长身份担任条约研究会会长的顾维钧则力主中国应出庭，"我若不出席法庭，外人将谓我不但对比废约，且对国际法庭，亦不肯承认，影响甚大"，列强"将诋毁中国蔑视国际义务，违背公约，将来群起责难，办事更形棘手"。顾维钧预判出庭"失败必十居八九"，但此"失败只限于比约，不出席恐牵动全局，两者相较，似还以出席为是"。而且，"我国一经派员出席，此案必成世界问题，如数年前之山东问题，然或者能因此唤起世界人士一部分之同情，收有一部分之效果"。② 顾维钧主张出席国际法庭，不仅仅考虑中比条约一事，还顾及中国与列强主导的国际体系的关系。

条约研究会最后商议决定，征求各驻外使馆和著名国际法专家意见。在国际法专家中，北京政府选择了包括美国前国务

① 《条约研究会第一次开会成立会议录》（1926 年 11 月 9 日），转引自罗毅《外交系与北京政治：1922～1927》，博士学位论文，复旦大学，2013，第 140 页。

② 罗毅：《外交系与北京政治：1922～1927》，第 141～142 页。

卿蓝辛在内的 4 人。除蓝辛建议中国暂缓答辩以待比利时下一步举动外，其他几位国际法专家皆认为中国不能逃避或不应放弃出庭辩护，并提出了各自的应对建议。[①]

顾维钧的主张与著名国际法专家相似，这是他以国际法处理外交事务的一贯主张。早在哥伦比亚大学读书时，他指出的中国外交败坏的三个原因中居第一位的就是"无法理之思想，朝野上下不知法理为何物"，显示出以公法办外交的思想。[②]作为一个学国际法出身的外交官，他习惯按国际法来思考国际关系和办理外交事务，并且重视中国做出的国际承诺。这是他认为中国应出庭的主要原因。

但是，中国国内的局势发展和列强对华政策的变化使比利时政府不得不调整将方案提交国际法庭的做法。此时，南方政府发起的北伐战争迅速向北蔓延，北伐军已进占长江流域。南方政府反对北京政府的修约外交，主张立即废除不平等条约。在中国民族主义浪潮的冲击下，列强开始调整对华政策。12 月 18 日，英国提出对华新政策备忘录，承认"中国政治上虽见分裂，而强有力之国民运动，已同时发生，其目的在要求国际之平等。此项运动，若不予以同情而加以谅解，殊不合于各国对华之真意也"。建议参加华盛顿会议各国应发表宣言，声明待中国组成有权力之政府时，将与之交涉"修改条约之事及其他悬案"。[③] 英国这一举动对其他列

---

① 唐启华：《被"废除不平等条约"遮蔽的北洋修约史（1912~1928）》，第 377~380 页。
② 顾维钧：《中国外交私议》，《留美学生年报》1911 年。
③ 复旦大学历史系中国近代史教研组编《中国近代对外关系史资料选辑（1840~1949）》下卷第 1 分册，上海人民出版社，1977，第 112~113 页。

强对华政策（包括比利时处理中比条约）产生了极大影响。正如王正廷后来评论说，中比双方"方在相持间，英国突然发表对华新建议案，颇于比国以甚大之冲击。盖比国在海牙诉讼，深仰英、法为之张目，英既表示同情于中国，比国顿失一种精神上之后援"。同时，中国留比学生在比国的宣传和比利时民众主张和平解决的呼声，使"中比形势，遂骤然变更"。①

1927年1月5日，已经因中比条约终止而失去公使身份的华洛思以私人名义会晤顾维钧，寻求两国关系的"补救之方"。顾维钧告诉他，"现在唯一办法，只有根据相互平等及尊重领土主权原则迅速议定新约"。华洛思一改之前与中方交往时的强硬态度，称比利时政府在国内需应付国会内反对党质问，因此希望中国在关税最惠国待遇和比人在华法律地位等问题上有所表示，以使比政府"可得转圜地步"。顾维钧一方面坚持原则，直言比方不应提最惠国待遇，"免生无谓枝节"，一方面又灵活应对，表示愿对比方要求给予"友好考量"，"以便早日开议新约"。②

比利时方面对顾维钧的表态做出积极回应。1月12日，华洛思再次会晤顾维钧，告知比方已通知国际法院"停止一切行动"，同意两国即时开议新约，还称比利时政府为表示善意，将在中比议约开幕之日，自行宣布将比利时在天津之租界交还中国。顾维钧答称，中国对比利时政府"终能明了中国现在民情"深感欣慰，请比方正式递交照会，中方将立即答

---

① 王正廷：《中国近代外交概要》，外交研究社，1928，第125页。
② 《顾维钧会晤华洛思》（1927年1月5日），王建朗主编《中华民国时期外交文献汇编1911~1949》第3卷下，第946~948页。

复，并于 1 月 17 日开始商议新约。①

1 月 17 日，中比新约谈判在外交部大楼正式开始。顾维钧在开幕致辞中称，比利时政府对中国政府建议以平等及互相尊重领土主权为基础缔结新约，予以友好之答复，此为新约谈判之基础。"深信此次各表同情，互相了解，以进行谈判，必能于极短时间内，得美满之结果也。"华洛思在答词中表示，在此次谈判前，比利时政府将"凡足以破坏互相信任空气之一切误解，依中国之愿望，加以消弭"，并宣布将天津比利时租界交还中国，希望谈判"奏美满之效也"。②

比利时政府对中国宣布终止中比条约，最初沿袭列强对华一贯之强硬做法，企图通过国际法庭迫使中国退让，但最终不得不"依中国之愿望"，回到谈判桌前开议新约。这首先是民族主义浪潮下中国民众废除不平等条约要求的结果，但北京政府尤其是主持外交的顾维钧坚持原则灵活应对，也为中比重开谈判铺平了道路。

但中比新约谈判并没有如顾维钧所期望的那样于短时间内取得成果。双方谈判先因停止国际法庭诉讼问题而延迟，待谈判正式开始后，中方于 3 月向比方提交草约大纲。但此时北伐军节节胜利，北京政府的统治摇摇欲坠，而南方政府也宣布北京政府不能代表中国，不承认其签订的条约。于是，中比新约谈判停止了。这再次表明，顾维钧无法完全按他自己的意愿开展外交活动，而是受制于国内政治的影响。

------

① 王建朗主编《中华民国时期外交文献汇编 1911~1949》第 3 卷下，第 948~949 页。
② 王建朗主编《中华民国时期外交文献汇编 1911~1949》第 3 卷下，第 951~952 页。

四　申张主权

　　1926 年 10 月顾维钧再度出长外交后还面临着对外交涉中悬而未决的问题。首先就是万县惨案。这一年的 8 月 29 日，英商太古轮船公司"万流"轮在四川云阳江面撞沉中国木船三艘，溺死 64 人，其中 56 人为川军杨森部官兵。当"万流"号抵达万县时，杨森派官兵赴该轮调查出事经过，却遭泊在江面的英国军舰阻扰，并开枪击伤川军士兵两人。英船这样的撞沉事件此前已有数起，均未处理。杨森遂将停靠在万县的太古公司的"万县"号和"万通"号两轮扣留，以图促使"万流"号肇事案早日解决。9 月 5 日下午，英国军舰从重庆、宜昌驶来，"用大炮轰击县城两岸陈家坝南津街及省长行署等地，焚毁民房商店一千余家，人民数以千计"，万县繁华之区悉为灰烬。① 事发后，北京政府外交部致函英国驻华使馆提出交涉。英国使馆于 9 月 20 日以节略形式致外交部，竟称杨森扣留英船为事件发生之直接原因，甚至指责杨森行为与水寇无异，还声明保留英政府对此案一切权力。

　　顾维钧接手此案时，外交部对英方 9 月 20 日节略尚未答复。他认为这一事件的性质是严重的，英国海军这一恃强逞凶、蛮横无理的行径是与国际法原则和惯例背道而驰的。列强根据不平等条约获得在中国内河航行的特权，并恃武力推行"炮舰政策"，在中国领土上制造事端，损害中国人民的生命和财产，已非鲜见。顾维钧认为，中国必须对英国罔顾事实的

---

　　①　方庆秋、吴菊英：《万县惨案电报一束》，《历史档案》1981 年第 1 期。

节略做出回答，说明事件真相，从国际法角度说明事件的严重性，就此向英国提出抗议。抗议照会是顾维钧本人精心起草的。照会首先陈述事件经过，反驳英国节略掩盖事实真相、强词夺理地称炮击万县为"自卫"的谬论，表明英舰所为是"蓄意用武"，严正声明中国政府"不得不责成该英舰及太古公司对于此次不幸事件负其责任"。照会接着指出英舰在两国邦交正常状态下攻击万县无辜平民，违反了国际公法，中国政府"对于此种任意损害生命财产之举动，不能不痛加反对"。照会还指出，英舰在中国的内河航行权，虽有条约依据，但此种特权"他国断不肯轻以授之外国兵船"，中国因已有条约，"故曲予容忍"，点出了此种特权的不平等性质。但英舰的行为"与条约规定之文字精神实相违反"，甚至超越了不平等特权。在照会中，顾维钧代表中国政府"提出正式抗议，保留中国政府一切权利，以备将来另提充分赔偿万案生命财产损失之要求，以及其他公平解决之条件"。[①] 这份照会表明了中国政府对英舰炮击万县损害生命财产的严正立场。它没有就事论事，仅仅将事件作为中国与英国的一般纠纷，而是通过国际法来剖析英国行为的实质，揭示列强"炮舰政策"的不平等条约根源，将事件的处理纳入整个修约外交的进程之中，努力维护中国主权。因此，顾维钧自己十分看重这一照会，认为它成为处理此类事件的一个范例。[②]

罢免把持中国海关多年的英籍总税务司安格联，是这一时期顾维钧维护中国主权的又一重要举动，由此引发了一场外交

① 金问泗编《顾维钧外交文牍选存》，第354~355页。
② 《顾维钧回忆录》第1分册，第354~355页。

风波。

1927 年 1 月 12 日，顾维钧以国务院摄行大总统名义发布总统令，宣布自 2 月 1 日起开征华盛顿条约所规定的关税附加税。次日，顾维钧以外交总长名义照会各国驻华使馆，请各国予以赞同。北京政府决定开征附加税，一方面是因为财政枯竭，急需筹措资金，顾维钧由于主持内阁，征收附加税就成了他摆脱财政困境的主要途径；另一方面，实行关税自主收回中国丧失的主权是顾维钧的一贯主张和愿望，而征收附加税是实行关税自主的过渡措施。早在巴黎和会开幕前，他就向美国表达了中国希望获得关税自主的要求。华盛顿会议期间，他代表中国提出关税自主的要求，使列强答应在会后 3 个月内召开关税特别会议，讨论废除厘金和征收附加税问题。但关税会议迟至 1925 年 10 月才得以举行，由于列强的阻挠和国内政局的动荡，会议在 1926 年 5 月停顿后再也无法复会，附加税当然也无从开征了。1926 年 10 月，南方的广州国民政府向不平等条约发起冲击，撇开外人控制的海关，开征百分之二点五的内地税。这一税率与华盛顿会议规定的附加税相同，可说是变相的附加税。列强的对华政策此时也开始变化。英国在 12 月 18 日提出的对华新政策备忘录中，"力主各国对于华会附加税，应以无条件准中国全国立行征收"。① 这些因素合起来，使顾维钧抓住时机，发出开征附加税的命令。

北京政府让海关来负责征收附加税。自 19 世纪中叶列强用大炮轰开中国关闭的国门后，海关就在外人的控制之下。19

---

① 《中国近代对外关系史资料选辑（1840～1949）》下卷第 1 分册，第 115～116 页。

世纪末清政府在英国的要求下同意，在英国对华贸易额于各国对华贸易中占第一位时，由英国人担任中国海关的最高职务总税务司。此时担任总税务司的安格联就是英国人，自 1911 年任此职，已有 16 年了。安格联不仅掌管着北京政府的财政主要来源关税，还握有保管内外债基金的大权，是一位控制着政府财政命脉、可以在金融财政界呼风唤雨的洋大人。当时北京政府的内阁如走马灯般更换，总理、总长任职的周期也越来越短，但总税务司的位置却稳如泰山。京城的政界流传着这样一句话："总统易换，总税务司难摇。"总税务司名义上虽由中国政府任命，但安格联对北京政府的命令向来以居高临下的姿态不以为然。

北京政府宣布征收附加税时，安格联正离开北京南下上海、汉口等口岸城市。北京政府即电召其回京商讨征收附加税事宜。安格联非但不从命返京履职，反而向各地税务司发出命令，拒绝征收附加税。税务司易纳士（Arthur Edwards）根据安格联的指示致信财政部和税务处称，海关只能征收经条约批准之关税，只有有关各国一致同意后海关才能征收附加税。财政总长汤尔和对此答复说，征收附加税符合华盛顿条约的规定，安格联认为附加税超出华盛顿条约所允许范围的看法是错误的，总税务司是中国政府任命的官员，应该执行政府交给海关征收附加税的命令。但安格联仍拒绝听从北京政府的命令。①

对安格联这种傲慢无礼无视中国政府的做派，顾维钧已非第一次领教。1926 年 6 月顾维钧出任财政总长后，财政部官

①　张丽：《安格联的平衡之策及其破产》，《兰州学刊》2017 年第 9 期。

员建议他做的第一件事就是去拜访总税务司安格联，并说之前的财政总长都是这样做的。因为安格联虽是财政部属下的官员，权力却很大，财政部的债券没有海关的担保和总税务司的点头是无法发行的。不过，顾维钧还是打破旧规，将安格联约到了财政部来见面。但后来财政部要发行债券，遭到安格联的拒绝，顾维钧对此极为愤怒。此次安格联再次抗命，顾维钧当然无法容忍。

1月31日，财政总长汤尔和呈文请免去安格联总税务司职务："该总税务司兼旬以来，逗留沪汉，既不回京供职，亦不将上项命令转行各关税务司遵办，饬拟办法，迄未据复，多方借延，不惜贻误要政。似此抗令玩公，不能忠于所事，实未便再予姑容。"当天，顾维钧以国务院摄行大总统名义颁布总统令，免去安格联总税务司职务，改派易纨士代理。① 顾维钧罢免安格联，是对其抗命的惩处，但又任命一个英国人继任，表明其并不完全抛开已有的惯例，不想由此引发与列强的激烈冲突。舆论对此看得很清楚："政府中诸西洋博士，又洞悉外情，以为行使职权，只免其个人，仍尊重条约，决无关碍。"②

但在当时的中外关系格局下罢免安格联，仍然是激烈之举，在外交界引起巨大震动。总税务司一职设立以后，中国政府虽名义上有任免之权，而实际上人选的决定权皆在英国政府手中。罢免的决定对列强把持中国海关要职的旧规是一个冲击。中国舆论对此持肯定和支持的态度。《时报》指出"京中

---

① 王建朗主编《中华民国时期外交文献汇编 1911~1949》第 3 卷中，第 797~798 页。

② 《时报》1927 年 2 月 10 日，引自王建朗主编《中华民国时期外交文献汇编 1911~1949》第 3 卷中，第 801 页。

向有'总统易换，总税务司难摇'之言"，安格联此人"以洋财神之资格，据洋迷信之优势，握财政金融之命脉（海关）十余年，其本国及其个人所获之利益，殆难数计，而于中国之利益，则算筋算骨，扣出扣入，毫不放松"。《大公报》的评论说："北京政府突以迅雷不及掩耳手段，发表总税务司安格联免职令。自总税务司用客卿以来，未有之创举也。"《晨报》评论道："安格联向有太上财政总长之称，既握海关全权，又负保管内外债基金之责，操纵金融，左右财政，历来当局，无不仰其鼻息。而安格联之允诺，可以生死内阁；安格联之言动，又可以高低公债，虽安之滥用职权，有以致此，而官僚财阀迷信外人，实为主因，举国人心之愤慨，已非一日。此次当局毅然罢免，无不痛快。"①

列强尤其是英国对北京政府的罢免令十分震惊。英国驻华公使蓝普森（Miles Lampson）获悉北京政府将罢免安格联的消息后，在与顾维钧会晤时，以强硬的口吻警告说，免除安格联会使海关面临崩溃的危险。罢免令公布后的 2 月 1 日，蓝普森到外交部，再次表达不满，称北京政府此举"是对海关完整性的蓄意攻击，是对迄今海关所保护的中外利益的毁灭性一击"。②

2 月 7 日，在蓝普森的倡议下，荷兰、英国、法国、美国、日本和意大利驻华公使集体前往外交部面见顾维钧。荷兰公使欧登科（William Oudendijk）作为领衔公使代表各国公使

---

① 王建朗主编《中华民国时期外交文献汇编 1911~1949》第 3 卷中，第 798~801 页。
② 《蓝普森致张伯伦》（1927 年 2 月 4 日），王建朗主编《中华民国时期外交文献汇编 1911~1949》第 3 卷中，第 816 页。

对征收附加税和罢免安格联提出抗议。蓝普森直接询问罢免安格联的理由。顾维钧回答，这是中国政府内部事务，作为公使无权过问和干涉。蓝普森又称以关税担保的中国公债持有人和英国银行代表的身份询问，顾维钧回答说，罢免安格联的理由十分简单，就是他"抗命"。蓝普森称这一指责没有实质内容。在接下来的会谈中，各国公使强调如果海关为北京政府征收附加税，南方的国民党政权就将趁势破坏整个海关行政的完整性。由于海关的完整对于北京政府的财政来源尤其是北京政府作为中央政府的合法性意义重大，对于各国公使这一语带要挟的回答，顾维钧只得调整语气，表示北京政府将重新考虑整个问题。各国公使作为一个整体前来外交部专门谈一件事本身就是一个不寻常的举动，公使们的联合施压使顾维钧十分不快，认为"这是一次不愉快的会见"。蓝普森在会见后则认为，"顾博士似乎被我们说得有点不知所措"，"在争论中远不如平常能言善辩"。①

2月8日，内阁会议讨论六国公使抗议一事，认为罢免安格联事关国家威信，绝对不能退让，但附加税的具体实施可以重新考虑。会后，顾维钧与司法总长并兼税务督办的罗文干商量，决定请此时不担任内阁职务的王宠惠去英国使馆与蓝普森沟通，探寻双方都能够接受的解决办法。②

蓝普森见王宠惠来访，明白他来是为了找到令各方"保全面子"的解决办法。在坚持让安格联复职还是谋求妥协之

---

① 《蓝普森致张伯伦》（1927 年 2 月 15 日）、《马慕瑞致国务卿》（1927 年 2 月 8 日），王建朗主编《中华民国时期外交文献汇编 1911~1949》第 3 卷中，第 821~822、834 页；《顾维钧回忆录》第 1 分册，309~310 页。

② 《申报》1927 年 2 月 10 日，第 7 版；《顾维钧回忆录》第 1 分册，第 311 页。

间，蓝普森选择了后者。在与顾维钧的几次会晤后他认识到，让北京政府撤销成命几乎是不可能的，而由英国人继任总税务司是更为重要的问题。因为这事关英国利益，如果处理不当，会危及英国人继任此位。几经反复，蓝普森与王宠惠达成共识，对安格联的罢免改为准其请假回国，并由税务处致函安格联，嘉赏其劳绩，一年内仍给予总税务司待遇。①

2月10日，顾维钧在关税会议委员会上报告事件经过，称"目下外交内政因此事转多纠纷，不得不变通办理，惟政府既已下令，自难撤销，以损威信"，拟通过税务督办致函安格联准假一年。参会的罗文干、王宠惠、颜惠庆等均表同意。会议还决定，另立征收附加税处，附设于海关内，由海关与财政部会同办理。②

罢免安格联是北京政府在政权根基摇摇欲坠之际做出的超乎寻常的举动。但顾维钧说："这不是一时的冲动，内阁从各种观点的角度作了讨论，在完全明了这次行动的意义和可能发生的各种反应的情况下作出了最后的决定。""任何一个外国政府，如果它的官员像安格联一样行事的话，不论其职位多高，它也会像中国政府一样将其革职。"③ 担任过内阁总理和外交总长的颜惠庆的评论也持相同的看法："从法治与政纪立场上看，此举非常恰当有理。"④ 这与终止中比条约一样，是

① 《蓝普森致张伯伦》（1927年2月15日），王建朗主编《中华民国时期外交文献汇编1911~1949》第3卷中，第822~824页。
② 王建朗主编《中华民国时期外交文献汇编1911~1949》第3卷中，第802页；习五一：《论顾维钧内阁征收海关附加税和罢免安格联事件》，《民国档案》1987年第1期。
③ 《顾维钧回忆录》第1分册，第313页。
④ 《颜惠庆自传》，第205页。

出于维护中国主权而采取的行动。事件最终经妥协得到解决，一方面是时局使然，因为南北政权的对立，削弱了北京政府讨价还价的筹码；另一方面，也与顾维钧处理外交争端的理念有关，只要中国有所得，就可考虑做出一些让步。他说过，"办外交，要会争，也要会让，当争的时候必争，当让的时候也必让。只争不让，那就是下命令，强迫对方接受我的命令"。① 在安格联罢免事件中，中国政府最终调换了倨傲无礼的安格联，并且由财政部会同海关征收附加税，达到了预期的目的。

事件过去后，蓝普森在给英国外交大臣张伯伦（Austen Chamberlain）的函电中写道："目睹安格联离开中国，尤其是在这样羞辱、令人恼怒的气氛中离去，我很难过。"他还担心由英国人担任总税务司的惯例"是否还能够保持"，说明其至少已经不像以往那样确定无疑了。安格联在给蓝普森的信中也表示，"很遗憾在这个关键时刻被迫放弃领导权"，不无伤感地承认离开的方式缺少了以往一直享有的"尊严"。② 从这两封信中不难读出"安格联们"在失去了以往与中国人打交道时趾高气扬的"尊严"后恼怒而无奈的心态，也可看到北京政府对安格联罢免事件的处理冲击了中外间的不平等关系，伸张了中国的主权。

---

① 杨玉清：《我所知道的顾维钧》，《全国文史资料选辑》第 17 辑，中华书局，1990。
② 《蓝普森致张伯伦》（1927 年 2 月 15 日）、《安格联致蓝普森》（1927 年 2 月 11 日），王建朗主编《中华民国时期外交文献汇编 1911～1949》第 3 卷中，第 827、831 页。

第五章 在派系政治的旋涡中

一 外交官登上国内政坛

顾维钧职业生涯的大部分时间是在驻外使节岗位上度过的，但 1922 年回国后一直到北京政府垮台，却有好几年的时间在北京政府中担任总长甚至总理。这正是民国历史上政局最为动荡混乱的时期。作为一个已在国际外交舞台上崭露头角的外交官，顾维钧身不由己地卷入到国内派系政治的旋涡中。

1922 年 5 月底，顾维钧刚到北京不久，就遇上徐世昌被直系逼宫、黎元洪接替总统的政局动荡。6 月中旬，颜惠庆署理总理，出面组阁，最初请顾维钧出任外交总长，后来因为内阁位置有限，转请他担任全国财政讨论委员会委员长，虽不是内阁成员，也是一个政府职位。7 月底，颜惠庆离职。8 月 5 日，王宠惠代理总理，请顾维钧出任外交总长。9 月 19 日，王宠惠正式组阁，顾维钧继续担任外交总长。在直系赶走徐世昌之后的北京政局中，各种政治派别争相角逐内阁职位，而向来与国内政治无甚干系的顾维钧却屡屡被邀入阁，甚至有舆论称他可能出来组阁。① 而像他一样的外交官颜惠庆和华盛顿会议代表王宠惠也于此时异军突起，获得组阁权。一批在外交界享有盛誉的外交官在这样一个政治动荡期集中进入北京政治的中心，并不是偶然的，而是外交与内政互动的结果。

---

① 《专电》，《大公报》1922 年 7 月 19 日，第 3 版。

这年 2 月结束的华盛顿会议是晚清以来中国第一次没有丧失反而争回了一些国家权益的外交活动。外交官在国际上为维护国家权益所做出的努力在国内各界得到广泛认可，他们在国内的声誉也因此得到提升。顾维钧及与他一同出席华盛顿会议的王宠惠回国时都受到民众热烈的欢迎。王宠惠于 3 月回国，下旬到达北京时，各界集会予以盛大欢迎。① 顾维钧 5 月回国初在上海受到的欢迎前已述及。5 月下旬到达北京后，北京大学、北高师等学校争相邀请他去演讲。北大校长蔡元培为顾维钧至北大演讲亲撰启事，称"顾公使近年历驻美英及在巴黎会议、国际联盟、华盛顿会议之成绩，全国共见"，"此青年外交大家，实我国大学学生之模范人物也"。② 6 月中旬，顾维钧至天津小住，天津青年会及南开、中西、成美等多所学校纷纷邀请其前往演讲。③ 这都显示出民众对顾维钧的高度肯定。值得注意的是，民众对顾维钧等华盛顿会议代表的肯定不仅仅在于赞赏其外交业绩，还包括对其推进国内政治的殷切期望。北京学界代表在欢迎顾维钧时就表示："对于顾先生今后的希望，我们深信好的政治，是以民众为基础的，现在国内政治腐败，达于极点。顾先生年壮力强，将来接重多多。我们希望顾先生今后不染一点旧官僚之习气，仍本民意民情向前做去。"④

民众将国内政治的希望寄予原本应在国际舞台上折冲樽俎的外交官，实在是出于外交与内政不堪之现状。华盛顿会议结

① 《欢迎王代表与赎路年限》，《顺天时报》1922 年 3 月 25 日，第 2 版。
② 《北京大学日刊》1922 年 6 月 6 日。
③ 《顾公使在津演讲记》，《大公报》1922 年 6 月 16 日，第 10 版。
④ 《欢迎顾维钧代表志》，《大公报》1922 年 5 月 29 日，第 2 版。

束后，国内民众对按照华会上列强与中国的约定，开始修订关税和废除领事裁判权等寄予厚望。但华会刚结束，国内就发生直奉之间的军阀战争，随后得胜的直系将徐世昌赶出京城，北京政局陷入混乱之中。关心时局的人们不仅担心政局持续动荡下去，更对由此可能使华会成果付诸东流忧心忡忡。《大公报》上署名"远公"的一篇短文这样评论顾维钧在天津的演讲："吾人对于顾使表示极诚之欢迎，岂非感其华会之功乎？夫顾使之勋猷，昭昭乎，妇孺皆知，无待吾人之赘述。而听其演说，不能无感焉。当此华府闭会，友邦所期望于我国，至殷且厚，而当事者，方鹜权利之争，又孰有国家观念者。国家乃吾民之国家，非少数军阀官僚政客之国家也。乘此绝好时机，吾民不自爱其国，求所以自立于世界，而听彼军阀官僚政客之倒行逆施，不其将陷吾艰难缔造之民国于万劫不复之地位。……试观今日之时局，政争迭起，兵祸相寻，贻吾民无穷之痛苦者，非彼军阀官僚政客乎？倘仍无所觉悟，不独其依赖之积习，振其自决之精神，吾恐内乱縻矣。则华会所得，终成泡幻。"① 这一评论反映了当时许多人的忧虑。

正是这种对时局的忧虑产生了蔡元培、胡适等人著名的《我们的政治主张》，指出"中国所以败坏到这步田地，虽然有种种原因，但'好人自命清高'确是一个重要的原因"，主张"政治改革的第一步在于好人须要有奋斗的精神。凡是社会上的优秀分子，应该为自卫计，为社会国家计，出来和恶势力奋斗"，并且认为正是好人不出来，所以总长、次长都被旧官僚占去了，因此号召"做好人是不够的，须要做奋斗的好

---

① 远公：《顾使演说之感言》，《大公报》1922 年 6 月 16 日，第 7 版。

人；消极的舆论是不够的，须要有决战的舆论。这是政治改革的第一步下手工夫"。① 因在巴黎和会与华盛顿会议上的表现而得到国内民众和舆论充分肯定的外交官，理所当然地被视为社会上的优秀分子，并被寄予厚望。这是顾维钧等回国受到热烈欢迎的原因所在。1922 年底，《密勒氏评论》做了"中国当今十二伟人"的问卷调查，12 人中有顾维钧、王宠惠、王正廷这三位参加过巴黎和会与华盛顿会议的外交官，顾维钧高居第三位，列在孙中山、冯玉祥之后。② 可见这些外交官在民众心目中的地位。

不仅民众和舆论如此，政界和军阀也十分看重职业外交官。到 1920 年代初，外交部各级官员已由专业背景很强的职业外交官构成，其他人员已不可能进入这一专业化程度相当高的部门。因此不管哪一派政治力量组阁，外交总长一职不得不请职业外交官出任。而在第一次直奉战争后主导北京政局的直系比起其他军阀派系尤为重视这批新崛起的外交官，直系赶走徐世昌后就主张新内阁中应包括华盛顿会议中国代表团的成员。这一时期政潮汹涌，内阁不稳。各派政治势力相争不下时，没有派系色彩的外交官反而成为各派可以接受的人物。而当内阁总理难产时，名列各部之首的外交总长也因而成为优先考虑的人选。当然，更主要的原因还在于军阀和政客都认为这些职业外交官能够得到列强的认可，由他们出长外交甚而组阁，整个政府更易得到列强的支持，而这在动荡的政局中是必不可少的。这也是顾维钧这些外交官处理外交事务获得很大自

① 《我们的政治主张》，《努力周报》第 2 期，1922 年。
② 杨天宏：《军阀形象与军阀政治症结——基于北洋时期民意调查的分析与思考》，《近代史研究》2018 年第 5 期。

主空间的国内政治因素。而顾维钧等外交官在办外交的过程中，确也获得列强的信任，使列强更愿意看到由这些人执掌北京政府的外交部乃至内阁。1922 年 1 月华盛顿会议还未结束时，美国驻华公使舒尔曼就向兼代总理职务的颜惠庆表示，他的代理将有助于山东问题的解决。8 月初顾维钧出任外交总长时，舒尔曼又称："中国外交得如公等者，本使敬为中国得人贺。"①

中国在华盛顿会议上取得的些许成果和会后中国国内政局迅速恶化之间形成的反差，使民众在对时局忧虑之时寄希望于在国际舞台上有成功表现的外交官。直系对新崛起的外交官的看重，和列强对中国政局所具有的影响，更增强了外交官在动荡政局中的地位。在派系林立的北京政坛，短时间内集中进入内阁的这些外交官因此获得了一个"外交系"的称号。②

与这一时期的其他派系不一样，"外交系"既不像直系、奉系那样是一个掌握军队占据地盘的军事政治集团，也不像"政学系"或"研究系"那样是一个有相对明确的首领、稳定的成员乃至固定的活动场所的政治派别。但这个由职业外交官组成的群体，又确实被政界与舆论作为一个单独的派别与其他众多派系相提并论。进入内阁担任外交总长后，顾维钧成为这

---

① 王聿均：《舒尔曼在华外交活动初探（1921~1925）》，《中央研究院近代史研究所集刊》第 1 期，1969 年。

② 除了顾、颜、王宠惠三人外，未加入颜阁、王阁但在政界和外交界都有影响的王正廷被舆论列入"外交系"。在王阁中任财政总长的罗文干虽无直接的外交经历（担任过华盛顿会议中国代表团顾问），但因与王、顾关系密切，也被看作"外交系"成员。还有于 1923 年初短暂回国的施肇基也被视为"外交系"成员。参见金光耀《外交系初探》，金光耀、王建朗主编《北洋时期的中国外交》，第 194~197 页。

一群体中的重要成员。

顾维钧留学时选择外交和国际法为自己的专业，就是立志要在外交方面为国效力，此时转而介入国内政治，除了政局演变的客观因素，还在于巴黎和会与华盛顿会议上的亲身经历使他对外交与内政间的关系有了新的认识。国内南北分裂、军阀混战不已的状况，使他在对外交涉中备感非同寻常的艰辛。而华盛顿会议上通过的有关中国问题的决议，更使他期望国内有一个稳定的政局和一致的民意，以使中国在华盛顿会议上的所得能够付诸实施。但现实却令人失望。

顾维钧在天津青年会演讲时谈到动荡的国内政局令他在对外交涉中遭受了窘迫和耻辱。他提到在欧洲时曾与一著名外交家谈东亚局势和中国遭强邻紧逼之状况，希望其能支持中国，该外交家则反诘道："何以中国以如是辽阔之幅员、富厚之天产、众多之人民，竟不能自强其国，而反以外侮为忧乎？"顾维钧坦言当时"心中百感俱集，几至无词以答"。而在华盛顿会议上，"鄙人与我国其他代表，将收回租界、中国关税自由、撤回洋兵等案，竭力提出，希望各国表示同情于我，将各案通过。惟是各国代表对我代表所称述者，非不极端表示同情。然至提议中国问题时，无不曰现在中国内乱频仍，南北尚未统一，收回领事裁判等事，今日尚非其时。当时鄙人等私衷之惭窘与愤慨，是非言语所能形容"。顾维钧认为华会期间，美国舆论持同情中国、支持中国的主张，"无如我国内争不息，坐使他人得所借口，而所希望各事，亦竟不能如志，为可痛耳"。顾维钧作这篇演讲时，北京刚经历了直系驱徐迎黎的闹剧。有感于国内时局的现状及对外交涉的亲身经历，他在结束演讲时说："现在大局日坏，南北至今分裂，吾人应早自决，以国民之资格，促进南北之统一。使强有力政府早日成立，则吾辈所希望者，又何难件件办到。吾辈须知自决云者，须有一定之宗旨，譬如驾一叶之扁舟，飘摇于汪洋巨浸之中，只要认定一方向，则早晚终必达得目的地。不然，飘摇不定，日晚间必至触礁沉没。吾愿诸君深味此言，并勿忘欧洲某大外交家反诘鄙人之词。人人奋发图强，则我国之前途，正有无穷之希望也。"① 在天津的另一次演讲中，顾维钧谈到了国内民众对外交的贡献，认为巴黎和会的拒签和华盛顿会议的结果皆与民众的奔走呼号相关，并进而言道："对外如此，对内亦然。望我青年，不分党派，不分畛域，作全国一致之主张。废督也，裁兵也，皆可迎刃而解。"而他本人回国后之最大希望也是"中国早日统一"。②

　　与顾维钧一同进入王宠惠内阁担任财政总长的罗文干在当时是这样表述外交与内政关系的："我国积弱由来甚远。外交胜败每以内政为衡。""言外交者，必先言内政。内政不修，则无外交。"③ 这可看作被称为"外交系"的这批人的共识，也是他们最终卷入国内政治的主观动因。正是基于这样的认识，王宠惠和罗文干都在胡适发起、蔡元培领衔的《我们的政治主张》上签名。

　　顾维钧一到北京，还没投入政坛，就加入了王宠惠、罗文干和胡适等人的朋友圈。这些人尽管有的在政界，有的在学界，但都有留学的经历。顾维钧在结束留学刚回国时就组织过欧美同学会，热心联络归国的留学生。到北京不久，他就与蔡

① 《顾专使在青年会之演说》，《大公报》1922 年 6 月 16 日，第 3 版。
② 《顾公使在津演讲记（续）》，《大公报》1922 年 6 月 17 日，第 9 版。
③ 罗文干：《狱中人语》，台北：文海出版社，1966，第 112、118 页。

元培、王宠惠、罗文干一起发起了一个茶话会。茶话会的地点就在顾维钧位于铁狮子胡同的大院，所以他还是茶话会的东道主。顾维钧的这所宅院已有 300 年的历史，是明朝末年吴三桂为陈圆圆所建，占地几十亩，有小桥流水、长廊楼阁，共 200 多间屋子。顾维钧刚到北京时，一位失势下台的官员要避祸离京，但怕大院被没收，就借给了他。后来，黄蕙兰让她的父亲出钱买了下来，又花钱重新装修，装上了暖气系统和浴室。

顾维钧与蔡元培等发起茶话会的目的是"讨论今日切近的问题"。6 月 20 日，茶话会在顾宅举行。参加者除四位发起人外，还有胡适、丁文江、张君劢、蒋百里、林长民、陶孟和、李石曾等"二十多位欧美同学"，讨论的主题是统一。胡适对茶话会很为赞赏："这种谈话会，无论怎样无效果，总比那'群居终日，言不及义'的留学生生活要高一点。"因此他与罗文干一起提议，继续定期办下去，每次由四五个人做主人。① 这样，以后几个月中，顾维钧铁狮子胡同的大院就成为学界和政界的归国留学生聚会议政的场所。

6 月 27 日，第二次茶话会又在顾宅举行，参加者多于第一次，讨论的话题是中国是否要实行邦联制。此后在 7 月 14 日的茶话会中讨论了省自治的问题。② 茶话会讨论的"今日切近的问题"都不是外交问题，而是国内政治问题。这些问题与顾维钧在天津演讲中提到的"废督""裁兵"一样，都指向制止内乱、南北统一这样的内政根本问题，表明他与参加茶话会的学界人物有相近的看法。

---

① 曹伯言整理《胡适日记全编》第 3 册，安徽教育出版社，2001，第 704 页。
② 《胡适日记全编》第 3 册，第 710、728 页。

从顾维钧到北京最初一个月的言和行，已可看出他对国内政治的关注和热情。

二　内阁频繁更替中的总长

从一个已有国际声誉的外交官转入国内政治舞台，顾维钧最初并无准备也不太愿意，不过因对内政与外交之关系已有一番认识，"勿忘欧洲某大外交家反诘鄙人之词"，并深望"强有力政府早日成立"，所以他最终并非毫不情愿地入阁担任外交总长。

1922 年 8 月 5 日担任王宠惠代理内阁的外交总长是顾维钧进入北京政府内阁的开始。在黎元洪接替徐世昌的政局动荡期，直系吴佩孚主张由参加过华盛顿会议的代表组成内阁，王宠惠因此代理总理主持内阁。他首先想到的是请顾维钧出长外交，亲往铁狮子胡同顾宅密谈两小时，"共商新政计划"，请顾入阁为自己帮忙。舆论称顾与王"私交甚深，且同为外交系之中坚分子"。在王宠惠的力邀下，顾维钧改变原来不入阁的想法，但声明"专以王代阁任内为度"。[①] 但一旦入阁，他的态度也就发生了变化。9 月 19 日，黎元洪在吴佩孚压力下任命王宠惠署国务总理。当王宠惠对正式组阁裹足不前时，顾维钧则从旁积极鼓励。王内阁组成后，舆论称"奔走有功者，厥惟顾维钧"。[②]

在王宠惠的新内阁中，顾维钧继续担任外交总长。时评称

---

① 《新内阁发表后之新形势》，《大公报》1922 年 8 月 7 日，第 6 版。
② 《专电》，《大公报》1922 年 9 月 21 日，第 3 版。

他"为新外交系中特出之才，其外交学识尤长，久已脍炙人口。舍去驻英公使本职，就任外长，设非王署阁，顾决不肯轻允牺牲个人之宗旨"。① 在这届内阁中，总理王宠惠、财政总长罗文干、教育总长汤尔和都署名于《我们的政治主张》，倡导好人要出来，组织一个好政府，因此这届内阁也就被称作"好人政府"。顾维钧虽不是《我们的政治主张》的署名者，但与王宠惠和罗文干均是顾宅茶话会的发起者，政治理念相同，又都被时人视为外交系，在新内阁中成为同道。王内阁得到吴佩孚的支持，因此舆论称王宠惠内阁是"洛方（即吴佩孚）与所谓外交系结合成功"之结果。有论者则指出"好人政府"与"外交系"实际上是互为表里的。②

"好人政府"登台，对之最为关注的莫过于《我们的政治主张》的署名者和顾宅茶话会的参加者了，而前者就是后者的核心成员。但他们对王内阁受制于吴佩孚颇为担心。9 月 8日，在顾宅茶话会上，有参加者请王宠惠就政府的计划谈谈想法。"宪政的政府""公开的政府""有计划的政治"是《我们的政治主张》中对今后政治改革的三个基本要求，前两者一下子办不到，因此参加者就提出了第三点。但被动荡政局搞得焦头烂额、此时还没完全下决心正式组阁的王宠惠没好气地回答："那能有工夫做计划？"茶话会的气氛由此紧张起来。顾维钧忙起身说："今天天太晚了，下回再聚会，请诸位即用'今日政治计划'做讨论的题目。"胡适对顾维钧出面打圆场称赞道"少川究竟是漂亮的人"，但又称若王宠惠说此话，岂

---

① 天籁：《王署阁果然实现矣》，《大公报》1922 年 9 月 21 日，第 2 版。
② 《王内阁发表之经过（二）》，《申报》1922 年 9 月 23 日，第 10 版；罗毅：《外交系与北京政治：1922~1927》，第 59 页。

不漂亮?① 茶话会因王宠惠等人入阁产生了明显的分歧。

9月22日，即王宠惠新内阁组成三天后，顾宅茶话会的争论更为激烈。王宠惠到会就大发牢骚，称除了应付财政危机造成的"吃饭""过节"问题，别无政策。胡适发言则回应顾维钧前次会上出的讨论题目"今日政治计划"，提出应"消除奉直私斗"，实际上是要王内阁表明不受直系吴佩孚控制的立场。担任过总统府外交委员会秘书的叶景莘说，"希望王内阁用华盛顿会议的议决案作大政方针的依据，这个内阁可叫做'华府会议善后的内阁'。一切政策都可包在这个大题目里"。蔡元培马上呼应赞成："王内阁在今日大家的眼里只是一个洛阳武人的内阁；若能用华府会议作标题，可以使王内阁的旗帜一新。"参加者也都赞同。眼看王宠惠成为众人指责的对象，顾维钧又出来为王解释："亮畴不是全无计划，不过他此时迫于现状，不愿作空谈……"②

顾维钧"迫于现状"的解释，确实道出了王宠惠内阁也包括他自己入阁后面临的困境和无奈。"外交系"登上政坛时，社会声誉甚佳，各界期望很高，拥有相当的政治资源。但他们能够入阁和组阁，靠的是直系的支持，因此在国内政治中并无多少自己的施展空间。顾维钧称王宠惠"不愿作空谈"，可看作他对茶话会上各种对王内阁批评及建议的含蓄回应，进一步显示出顾维钧、王宠惠这些入阁者与以在野身份议政者之间的分歧。两拨人之间的关系因入阁者越来越深地卷入国内政治而不可避免地走向破裂。10月27日，顾宅茶话会上，王宠

① 《胡适日记全编》第3册，第790~791页。
② 《胡适日记全编》第3册，第804~806页。

惠和罗文干又大发牢骚，使其他人都不满意，最后蔡元培提议茶话会停止，要开也须等王宠惠等退出内阁之后。这表明入阁者与在野者之间的矛盾已无法调和，大家坐不到一起了。胡适对茶话会上三位入阁者的评论是："亮畴竟是一个无用之人；钧任（罗文干）稍胜，但也不能肩此重任；少川稍镇静，头脑也稍明白，但他终为罗、王所累，不能有为。"① 在胡适看来，顾维钧是入阁三人中头脑稍明白因此也稍镇静的。而这三人中，顾维钧之前是一个职业外交官，他实际上延续了办外交的处事方式。

面对错综复杂、变幻莫测的国内政治，顾维钧确实是以办外交的经验来办"内交"的。茶话会的停办只是原先志趣相近的朋友圈的分裂，双方的争执还只在唇枪舌剑，而其他派系对内阁的攻击是顾维钧入阁面临的更严峻的挑战。

王宠惠内阁得到直系洛（阳）派吴佩孚的支持，吴的心腹孙丹林和高恩洪分别出任内务和交通总长，成为内阁的重心。舆论对此看得十分清楚："王亮畴不过为洛阳傀儡，而孙丹林、高恩洪实操中枢之全权。王氏胸无所主，每有国务会议，辄听由孙、高把持。"② 这招致直系中（天）津保（定）派的嫉妒，他们暗中策划倒阁。而国会中的各政治派系对新内阁也不满意，尤其是众议院议长吴景濂。吴景濂是在民国政坛上翻滚了多年的政客，掌握着国会中最大的政治派系益友社，一直觊觎着内阁总理的权位。直系赶走徐世昌后引来的总统黎元洪在内阁与国会之间则偏向内阁。顾维钧是这样描述入阁后

---

① 《胡适日记全编》第 3 册，第 870 页。
② 《傀儡内阁动摇之内幕》，《民国日报》1922 年 10 月 20 日，第 3 版。

所面临的复杂政治关系的："以内阁为一方，以总统为一方，以国会为第三方，再加上所谓的'实力派'，这就再次形成了一种四角安排。"对政府的实际工作来说，这种关系使"互相之间的政治利害冲突一直非常激烈"。①

内阁成员确定后应将名单提交国会批准，但吴景濂一派放出风声，称会对孙丹林和高恩洪投否决票。王宠惠为了不使国会得到推翻内阁的机会，就决定不将内阁名单提交国会。吴景濂当然不能容忍这一无视国会的行为，不断催总统黎元洪将内阁名单送到国会，黎元洪则不予理会。内阁与国会的摩擦促使财政总长罗文干拒绝给国会支付必要的经费，吴景濂就带着议员登门找罗文干索取国会经费。内阁与国会的冲突逐步升级。

在这场与国会的冲突中，与王宠惠和罗文干相比，顾维钧仍然"头脑明白"、处事镇静。按他自己的话说，"担任了内阁与国会之间的联络员"。② 王宠惠不愿出席国会接受质询，有几次顾维钧就代表内阁去国会，他认为这是根据宪法行事。面对议员的质询，他态度诚恳，有礼貌地回答，尽可能说明真实情况，因此得到议员们的鼓掌欢迎，称其应付质询很得体。他还有意识地以"中国式方法"处好与议员的关系，同时宴请议员和内阁各部总长，客人常多达三五桌，尽力疏通各方关系。有一次，顾维钧在外交部大楼设宴，请了国会领袖和内阁成员，希望让双方坐到一起进行说和。但吴景濂一见到王宠惠就直面斥责："你是总理吗？你是什么总理？你对宪法还有丝

① 《顾维钧回忆录》第 1 分册，第 246 页。
② 《顾维钧回忆录》第 1 分册，第 249 页。

毫尊重吗？”尽管顾维钧忙打圆场说：“别提这些事了，我们喝酒！”宴会还是不欢而散。《申报》获悉此事后评论道：“顾维钧之宴会席上，吴景濂与王宠惠互相诋谟，面红眦裂，不欢而散。则国会之于内阁已到极端地步，直不可掩之事实也。”①

《申报》评论称国会与内阁关系“已到极端地步”，这一看法一针见血。11 月 18 日，吴景濂以财政总长罗文干签订奥地利借款展期合同有渎职受贿行为，逼总统黎元洪下令拘捕罗文干。当天晚上，顾维钧参加海军总长李鼎新在海军俱乐部举行的宴会，包括罗文干在内的内阁成员都参加了。但宴会后刚回家，顾维钧就得到罗文干在家中被军人带走的消息。② 这就是政坛上轰动一时的“罗案”。

“罗案”是吴景濂在津保派支持下打击王内阁及其背后洛派的举动。吴佩孚最初对吴景濂的做法予以驳斥，但在津保派首领曹锟支持将罗文干案交法庭后，也只得表示静候法庭的判决了。没有了吴佩孚的支持，王内阁也就无法延续下去了。11 月 25 日，顾维钧与王宠惠一同辞职，“好人政府”只维持了两个多月就垮台了。此时距顾维钧出任外交总长仅 111 天。两天后，众议院又通过了查办顾维钧的议案，称顾作为外交总长预闻奥地利借款合同，应一同惩办。③

“罗案”是顾维钧进入国内政坛后遇到的第一次挫折。他与王宠惠、罗文干三人被北京的外国使馆圈视为得到吴佩孚保护的“进步的自由主义的少年中国派”，王内阁的倒台被看作

---

① 《顾维钧回忆录》第 1 分册，第 249 页；《申报》1922 年 11 月 19 日，第 6 版。
② 《顾维钧回忆录》第 1 分册，第 250~251 页。
③ 《申报》1922 年 11 月 29 日，第 6 版。

这些年轻有为的政治家的出局。[1] 这些被视为"外交系"的人遭到吴景濂等政派的攻击，根本原因是他们被看作吴佩孚洛派操纵内阁的工具，由此成为派系冲突的焦点。舆论对此有精到的评论，"此次阁潮如为排斥外交系而生，则如此结果可以暂安"，但如为国会以及直系内保洛派之暗斗，"仍不能一朝安也"。[2] 因此王阁倒台后，各政派又开始了新一轮的争斗。

此时的北京政坛，不管哪一派得势，都不得不倚重职业外交官来掌管外交。顾维钧辞去外交总长后，王正廷、施肇基两位参加过巴黎和会与华盛顿会议的外交官先后被请出，短暂担任外交总长，王正廷还同时代理了 20 多天的总理职务。施肇基被提外长最终未能在国会通过，当时有报道指出这与众议院议长吴景濂相关，吴欲另提他人，"以铲除外交系"。《申报》则称"系议员多数忌克华府会议出力人员"，足见此时其他政派对半年多来外交系在政界影响骤长之忌惮了。[3] 此后由并非职业外交官的黄郛出任外交总长，其间曾邀顾维钧、王宠惠、施肇基等商议外交事务，[4] 但黄郛很快因"金法郎案"辞职。这样，外交总长一职又成为政坛的焦点。此时的内阁总理是在倒王宠惠内阁时兴风作浪的张绍曾，他生怕出现没有外长而无法维持内阁的局面，于是在 1923 年 4 月初，不待顾维钧同意就下令派其署理外交总长，可见顾维钧这样被视为"外交系"

---

① Robert Jarman, eds., *China Political Report*, Archive editions limited, 2001, Vol. 2, p. 437.

② 《内阁改组说》，《申报》1922 年 11 月 26 日，第 3 版。

③ 《专电》，《大公报》1923 年 1 月 25 日，第 3 版；《国内专电》，《申报》1923 年 1 月 26 日，第 3 版。

④ 张梓生：《中日二十一条交涉之解剖》，《东方杂志》第 20 卷第 4 号，1923 年，第 20 页。

的人物已无法从北京政坛上轻易"铲除"了。"罗案"后不到半年，顾维钧又成为舆论关注的中心。

胡适知道此消息后，以诚恳的口吻给顾维钧写了封信："我以为张内阁非可与共事之人，而今日之民气与国势皆不足为外交后盾。此次，先生出任外交，别无他种正当之 justification（理由），只有'为国家而牺牲'一个动机尚可得国人的原谅与佩服。先生如果真是为国家外交的重要而出，则不可不先有几种基本的主张：对中日的问题，究竟希望争到什么地步？对中俄的交涉，究竟希望如何进行？……若先生久已胸有成竹，自不妨忍暂时的苦痛，以图政策之进行。若对于这些问题本无主张，徒以情面难却，轻于一试，则先生进退失据，徒为一班无耻的政客作'掮末梢'之器，那就不免使我们大失望了。"①胡适是以朋友身份来劝顾维钧不要出长外交的。

顾维钧听到张绍曾要揽他入阁的消息后，就去面见总统黎元洪，表示担任外长一职国会能否通过是一问题，而本人也无此能力，请黎"另行物色贤能，以免贻误外交"。② 顾维钧不愿再度出任外长，还有一个原因就是"罗案"尚未了结，罗文干仍在被拘押之中，而他本人也因该案被国会查办，因此他坚持以"罗案"解决为出任前提。顾维钧虽不愿马上接任外交总长的职位，但他的想法与胡适劝阻他的理由是不同的，因此并没有关死入阁的大门。

但"罗案"尚未解决、外交总长一职仍虚位以待之时，北京政局急剧变化，直系开始上演逼黎元洪交印的闹剧，以为

---

① 《胡适日记全编》第 4 册，第 13 页。
② 《顾维钧长外已定之情形》，《益世报》1923 年 4 月 6 日，第 3 版，转引自罗毅《外交系与北京政治：1922~1927》，第 83 页。

曹锟登台铺平道路。此时发生不久的临城劫车案尚未解决，列强中对中国进行"国际共管"的呼声甚嚣尘上。内乱外患更突显了"外交系"在政局中的特殊角色。与一年前直系驱徐迎黎时相比，由于有了1922年下半年的政坛经历，顾维钧和"外交系"其他人在直系导演的这一幕政治闹剧中显得要老练多了，并不完全是被动的角色。

6月上旬，直系逼宫日紧，黎元洪先后请颜惠庆、顾维钧出面组阁，希望依靠直系能够接受的"外交系"渡过难关，保住总统的职位。顾维钧与颜惠庆对黎元洪的邀请均有允意，两人虽暗中有竞争，但还是互相予以支持。黎元洪最初属意颜惠庆，顾维钧曾至颜府劝其出山。颜惠庆退却后则极力荐顾以代己。6月8日中午，黎元洪在总统府邀顾维钧、颜惠庆、王正廷等"外交系"人士午餐，席间讨论由顾出面组阁事，至席散时此事业已确定，顾维钧对此并不拒绝。但当晚回家后，有人告诉他黎元洪一日不离京，政局一日不安，劝阻他不要助黎。于是，顾维钧即打电话给黎元洪，坚拒组阁。但此后几天，顾维钧、颜惠庆、王正廷相互间以及与黎元洪、张国淦等人之间走动仍十分频繁，东厂胡同黎府几乎每日都有顾、颜、王的踪影，直至13日他们一起送黎出京。[①]

黎元洪被逼走后，直系为维持北京局面，并为在外交上取得列强对变动后政府的承认，迫切需要外交系参加甚至主持新内阁，尤其力促顾维钧就任外长。[②] 国会中与直系有关联的议

---

① 章伯锋、李宗一主编《北洋军阀（1912~1928）》第4卷，第256~260页；《民国日报》1923年6月12日，第3版；《益世报》1923年6月10日，第3版，转引自罗毅《外交系与北京政治：1922~1927》，第88页。

② 《本社专电》，《民国日报》1923年6月24日，第2版。

员也致函顾维钧，催促其早日就职："阁下自派署以来，谦让未遑，莫肯就职，同人等曾一再敦促，未蒙采纳。"如今政局变化，"敦请阁下，旦夕就职，出任艰巨"。① 而一部分反直议员则离开北京，与其他反直派为阻止直系掌权，纷纷反对"外交系"加入内阁为直系撑台。包括顾维钧在内的"外交系"因此卷入了政治旋涡的中心。当时《顺天时报》一篇评论从列强的角度道出了外交系在北京政局中的重要性："由外国而观，北京政府所以较广东政府、黎氏政府更为重要，再申言之，北京政府所以为内外所重视者，因有外交总长之故也。由斯而观，外交总长一席之虚悬，实为内外轻视北京政府之原因。倘长此久悬不决，恐难免灭亡之虞，此直派所以竭尽一切手段，而促顾外长就职也。"② 顾维钧与颜惠庆、王正廷等"外交系"中人此时对北京政局这潭浑水已有切身的了解，明白直系中有津、保、洛的分歧，国会内又有各派的纷争，因此采取较为谨慎的态度，对直系邀请既未坚拒，也未慨然允诺，而是称"尚在审慎考虑之中"。③ 7 月初，在反直舆论的压力下，顾维钧离开京城暂避风头，赴西山"养病"。④ 颜惠庆与王正廷也都暂离京城。

但至 7 月中旬后，京城各种势力尤其是直系内各派请"外交系"出山的呼声日高，暂时主持内阁的高凌霨更是力邀顾、颜、王三人同时入阁相助。吴佩孚的心腹白坚武也给吴献策，让他电催顾维钧"赶行就职，维持内外现状"，并要吴给曹锟等

① 《摄政内阁大起暗潮矣》，《益世报》1923 年 6 月 23 日，第 3 版，转引自罗毅《外交系与北京政治：1922~1927》，第 94 页。

② 《顾外长之就职》，《顺天时报》1923 年 7 月 25 日，第 2 版。

③ 《顾少川出处未定》，《大公报》1923 年 6 月 28 日，第 2 版。

④ 《专电》，《民国日报》1923 年 7 月 7 日，第 2 版。

发电请他们也劝顾就职，称顾与财政总长王克敏若不就任，"京况益难矣"。① 7 月中旬，顾、颜、王三人几乎同时返回京城，顾维钧并对报界表示要颜惠庆、王正廷一同上台方肯就职。②

在直系的力邀下，7 月 23 日，顾维钧宣布就任外交总长，不过颜惠庆、王正廷并未能随他同时入阁。在同记者谈话时，顾维钧称此举"专为外交"，因为"数月以来，外交积案甚多"，并表示"外交一事，本应超出国内政治旋涡之外，国内党派纷竞，不过阋墙之争，仍属一家之事。兹因此而旷废对外必要之处置，致列强失其交涉之对手，则影响于国际地位与国家资格者，危险莫可言状"。他声称作为外长，"决不为一方有所活动"。③ 但从当时报刊报道所透露的信息来看，顾维钧在拖延月余后此时就职，并不仅仅是其个人"专为外交"的行为。有媒体称，顾维钧就职前与颜惠庆、王正廷一起商定，由顾先上任，颜、王再谋登场。而就在顾维钧上任 4 天后，冯玉祥出面邀集各方人士，提出请颜惠庆出长农商并兼总理、王正廷出长司法。④《东方杂志》的一篇时事评论对此时的"外交系"做了这样的分析："平常所称为接近直系的外交系，实并不完全为直派而活动，又不曾出力帮助直派以打击反直派，颇可称之为中立派。外交系七月底因直派想利用他们加入内阁以装门面，曾有组织超直派内阁的企图，当时传说，颜惠庆、

① 《颜、顾、王之态度》，《晨报》1923 年 7 月 14 日；《白坚武日记》，第 429 页。
② 《民国日报》1923 年 7 月 12 日、14 日。
③ 《顾外长昨午就职情形》，《大公报》1923 年 7 月 24 日，第 2 版；《申报》1923 年 7 月 24 日，第 4 版。
④ 《本社专电》《冯玉祥职权的上帝化》，《民国日报》1923 年 7 月 25 日第 2 版、7 月 29 日第 3 版。

顾维钧、王正廷将乘保定改造内阁的时机拉王克敏及二三名流组织超直派内阁，一面借以打破'直派即中央'的北京政局，一面以中间人资格向反直派说话，以便进行解决时局。"① 外交系组织"超直派内阁"的意图和活动，只是舆论的推测。不过，自6月初以后顾、颜、王三人来往密切，共商进退，并在政局动荡之际跃跃欲试却是有迹可循的。顾维钧与颜、王等人此时欲参加内阁，固然主要出自外交上的原因，期望以此结束无外交当局处理中外交涉的局面，尽力维护中国的国际地位，但对整个政局并非毫无想法。顾维钧在就任外交总长后对外国记者说："中国目下因政治上之发展，不但经过一种危险的过渡时期，且政府反得一种极大之经验。中国之共和政体，此时系一试验时期，亦为亚洲所仅有者。"② 这番专向外国媒体表达的看法，透露出这些有留学美国背景的外交官对共和政体在中国发展的期望，这也可说是他们参与内阁的一个潜在动因。

顾维钧出任外交总长结束了黄郛离职后内阁无外长达4个月的局面，也使掌控内阁的直系得以全力以赴推进"最高问题"，将曹锟推上总统之位。因此不管顾维钧如何表白入阁"专为外交"，"超出国内政治旋涡之外"，"决不为一方有所活动"，反直各派均视顾维钧入阁为投靠直系，助曹锟上台。国民党系的褚辅成率领离京国会议员致书顾维钧，驳斥其所谓专为外交、维持国际地位的言论："所谓维持国际地位者，无非运动外人承

---

① 《时局迁延中各方内部的活动》，《东方杂志》第20卷第13号，1923年，第3~4页。另一篇时评则提到"外交系诸人据传竟有要保定通电停止最高运动的要求"，见《长期政变中的国际共管声》，《东方杂志》第20卷第12号，1923年，第9页。

② 《顾外长与外报记者之谈话》，《顺天时报》1923年7月27日，第2版。

认北京之伪政府耳；所谓维持全局安宁者，无非断送国权、挹注外资，以燃北京残局之死灰而助直派之战费耳。"并告诫顾维钧："国人以满腔之热诚期待我公者甚远大，而公乃勇于自杀、为虎作伥，此真傀儡公者所快意，而爱护公者所痛心也。一念之差，迷途未远，望公熟思，及早回头。若其执迷不悟，是公自绝于国人，而国人必有以处公者矣。言尽于斯，惟公自择。"①

杨永泰领衔的另一批离京议员以更犀利的语言斥责顾维钧："悍然竟就伪职，好官自做，人言何恤。"并嘲讽其所凭借的外交声望："足下遭逢时会，少年知名于国际，虽华而不实，器小易盈，然能进之以锻炼，不得谓非前途有望之器也。仆等本爱人以德之义，窃惧其堕入浊流，使白圭有玷，虽曰可磨，君子终惜其非完璧焉。故不惜时以不入耳之言来相劝勉，弗图足下炫于目前之虚荣，而甘为军阀乱党之鹰犬。"最后以严厉的口吻敦促顾维钧悬崖勒马："足下果犹有丝毫之天良未尽泯没者，则请速自断决，孑然引去，犹不失为知几之明哲也。若必恋恋不舍，积怨既深，终有报复之一日。语云：千夫所指，不病而死。请足下自思果有抵抗民怨之毅力否耶？苟其无之，则悬崖勒马，急流勇退。"②

反直政派之外，原先参加顾宅茶话会的学界人物也加入抨击的行列。几个月前胡适尚以诚恳的口吻劝顾维钧不要"为一班无耻的政客作'掮末梢'之器"，此时胡适主办的《努力周报》刊发多篇文章对其进行猛烈的批评。一篇题为《中国的泰勒兰》的文章，将顾维钧比作19世纪初纵横捭阖于维也纳和会

① 《离京议员复顾维钧书（其一）》，《申报》1923年7月30日，第6版。
② 《离京议员复顾维钧书（其二）》，《申报》1923年7月30日，第6版。

的法国外交家塔列朗，以尖刻的语言奚落他："顾维钧自负其才，甘为人用。唐少川（绍仪）可以用他，袁慰亭（世凯）可以用他，陆子欣（征祥）、徐菊人（世昌）也可以用他。将来何论什么人具有实力，全都可以用他。倘使为好人所用，他也可以做些好事体；倘使为坏人所用，也就可以做些坏事。他本是一个'人用之才'，随人转移，我们也不必用'审慎出处'的话去劝勉他。"① 如前所述，顾维钧内心确以塔列朗自许，这篇文章点出了顾维钧以外交之才甘为当政者所用的要害。

其他报刊也充满类似的批评。《民国日报》连续几日以《全国共弃之顾维钧》为标题，刊登各界批顾的言论。一则消息称，顾维钧派人接其母亲去北京，但其母因顾助曹而拒绝，反敦促顾离京回南方，并言："儿不来，此生不复相见。"女权同志会获悉后致函顾母，对其行为大加赞赏后又请其"严词责训，再电京师，促少川先生敝屣荣华，克日南下，庶令誉得之挽回"。也有人公开致函顾维钧，痛斥其"卿本佳人，何为作贼"。②

此时舆论对顾维钧的尖刻而激烈的批评，与一年多前他刚回国先经上海后到北京时的一片赞誉形成强烈的反差，"青年外交大家"成了"为虎作伥"的帮凶。直系逼走黎元洪就是要将曹锟推上总统之位，司马昭之心路人皆知，此举遭到其他各派政治力量和社会各界的强烈反对，顾维钧却为其火中取栗，遭到舆论的痛斥也就不足为奇了。

1923年10月，曹锟贿选当上总统后，在外交上充分信任

---

① 顾实：《中国的泰勒兰》，《努力周报》第65期，1923年8月。
② 《全国共弃之顾维钧》，《民国日报》1923年7月25日第10版、7月27日第10版。

顾维钧。内阁中有直系阁员欲干预外交官的任命，曹锟明确表示："顾先生办外交有经验，我把这摊工作完全委托给他，你们为什么要出来干预？这件事完全由顾总长决定。"[1] 几次内阁变动，都有人提出要更换外交总长，但均遭曹锟拒绝。曹锟将外交完全放手交给顾维钧，固然因为在当时的中外关系格局下，与列强驻华使馆保持正常的联络是北京政府生存的必要条件，而此事只能委诸顾维钧这样的外交官，但也与曹锟、吴佩孚比其他军阀更看重顾维钧有关。直系的倚重和信任给了顾维钧相当的空间可以按自己的意愿在外交事务方面施展身手，而在派系林立的北京政治中这又反过来使得他十分注重与直系包括直系内各派之间的平衡关系。直系因外交而倚重顾维钧及外交系，外交系因要开展外交并立足政坛亦不能没有直系的支持。这一时期特殊的内政和外交环境使直系和外交系之间形成了一种互相依靠的共生关系，当然这一共生关系并不是对等的。

顾维钧出任内阁职务时表示是为维持国家体面而尽匹夫之责，这未尝不是实话，但一旦进入政坛，其实无法完全抵御权力的诱惑和侵蚀；而且随着在政坛中越陷越深，他也增加了对权位的迷恋。黄蕙兰对此看得很清楚，顾维钧"并不讨厌来自他的地位的权势和荣誉"。[2] 外交系中其他人在这一点上也都相似。1924 年 1 月中旬，当顾维钧、颜惠庆、王宠惠都成为内阁总长后，王正廷就对能否也成为内阁一员十分在乎，甚至含蓄地威胁如未能如愿将参加其他派系。[3]

北洋时期政局的特点就是动荡多变，而顾维钧由于曹锟的

---

①　《顾维钧回忆录》第 1 分册，第 268 页。
②　黄蕙兰：《没有不散的筵席——顾维钧夫人回忆录》，第 132 页。
③　《颜惠庆日记》第 2 卷，第 110 页。

信任，从 1923 年 7 月起连续担任外交总长达 1 年 4 个月，在其他总长频繁更换的情况下，实属罕见。1924 年 7 月初，孙宝琦辞去总理职务，按总理缺席由总长中排位第一的外交总长代理的规定，曹锟任命顾维钧代理总理。顾维钧推辞不准后接受了这一职位。这一代理时间不算太长，9 月 14 日，颜惠庆出任总理。在组阁过程中，颜惠庆考虑过由自己兼任外交总长，而安排顾维钧去担任农商总长，但曹锟坚持外交总长还是要顾维钧担任，甚至宁可放弃让颜惠庆任总理也要让顾留任。① 于是顾维钧在颜惠庆内阁中继续担任外交总长。

　　颜惠庆内阁是一个短命内阁。在颜内阁成立后的第一次内阁会议上，颜惠庆副署了曹锟对奉系的讨伐令，帮助直系完成了开战的法律程序，随之第二次直奉战争在关内外打响了。直奉双方正激战之际，10 月下旬直系阵营的冯玉祥阵前倒戈，率部杀回北京逼曹锟交出总统大印，颜惠庆内阁也一同倒台。顾维钧不得不离开了外交部。

　　像当时绝大多数下台或失意的政治人物一样，顾维钧离开北京后去了天津。他在天津有自己的房产，在天津小住一阵后南下上海。随后一年多的时间中，顾维钧没有官职，但仍与政界人士保持接触，了解政坛的种种动向，尤其是外交方面如关税会议的进展。1925 年 11 月，顾维钧应吴佩孚之电召赶往武汉，吴就关税会议事"面授机宜"，请顾与各国公使和商人沟通，转达吴的意见。② 他还经常与罗文干、汤尔和在吴佩孚亲信孙丹林任职的银行里相聚，互通信息。他们四人都曾在王宠

---

① 《顾维钧回忆录》第 1 分册，第 272 页。
② 《顾维钧奔走沪汉之任务》，《申报》1925 年 11 月 13 日，第 13 版。

惠内阁中任职。在北京政坛中沉浮了一阵后，顾维钧似乎已不太甘于寂寞了。

寓居上海期间，顾维钧回故乡嘉定为唐宝玥落葬。唐氏病逝后，顾维钧在美国置玻璃棺以殓遗体，随后运回国内，安放于嘉定城西门顾氏宗祠内。1924 年 10 月，军阀齐燮元、卢永祥交战，嘉定成为战场。兵士见玻璃棺豪华，将其打开，期望有所收获。据当时报纸记载，因为入殓时"抽气成空"，开棺后"其尸如生"。战事结束后，顾维钧专程返乡安排落葬，玻璃棺外再置一外棺，"丧仪甚盛"。①

三　依违于直奉之间的总理

1926 年春，原本兵戎相见的直奉两系联起手来攻打冯玉祥，迫使其下野，随即控制了北京政局。在上海做寓公的顾维钧一直关注着北方政局。4 月中旬，在孙丹林的安排下，顾维钧以为吴佩孚祝寿的名义赴汉口，而主要目的是商谈北京的政府改组事宜。吴佩孚请顾维钧到汉口是要请其担任直系准备推出的颜惠庆内阁的财政总长，顾维钧对担任此职并不愿意，表示兴趣仍在外交方面。但对吴佩孚请他出面与各方沟通，推动颜惠庆内阁尽快登台却并不推却，因为他对时局已有自己的判断。在汉口期间，顾维钧向媒体表示，"国内战事已至终了时期，吴、张、孙必能合意，共组一合法政府"，相信直奉的吴佩孚和张作霖以及占据东南五省的孙传芳能够联合起来控制北京政局。② 因

---

① 《唐夫人埋玉记》，《申报》1925 年 11 月 21 日，第 11 版。

② 《申报》1926 年 4 月 21 日，第 5 版。

此，从 4 月下旬到 5 月上旬，为了为吴佩孚组织新一届内阁，顾维钧往来于沪、汉、京之间，在赋闲了一年多后显示出重返北京政坛的强烈意愿。在北京仔细观察政治风向为登台做准备的颜惠庆注意到顾维钧在汉口那边"很卖力"。①

5 月 5 日深夜，顾维钧衔吴佩孚之命抵达北京。在北京政局敏感之际到达，面对媒体的提问，顾维钧并不避讳来京目的，称此行"受吴佩孚托催颜惠庆就职"。次日，他先见颜惠庆，递交了从汉口带来的内阁名单，他自己的名字也在其中。晚上又见奉系少帅张学良，代表吴佩孚与奉方沟通。② 在直奉联合组阁过程中，顾维钧为未能来京的吴佩孚积极奔走，成为吴在北京的重要代言人。

5 月 13 日，颜惠庆宣告复职，并由内阁摄行总统职权。③ 顾维钧成了颜阁的财政总长。担任颜阁教育总长和外交总长的分别是王宠惠、施肇基（在海外未就，由颜惠庆自兼）。三位华盛顿会议的代表全部进了内阁，加上颜惠庆，10 名阁员中外交系占了 4 名。颜惠庆在劝王宠惠入阁时，称"这是欧美留学生的首次机会"，显示出他虽由吴佩孚主导推出来组阁，但也有自己的考虑。④ 与赶走黎元洪后直系一手遮天的局面相比，直奉之间貌合神离的联合，看上去似乎更有利于组织一个"超派系"的政府。在北京政府中长期任职的李景铭这样观察

① 《顾维钧回忆录》第 1 分册，第 277～280 页；《颜惠庆日记》第 2 卷，第 328 页。

② 《本馆要电》《各社要电》《顾维钧到京后之行动》，《申报》1926 年 5 月 8 日第 4、5 版，5 月 14 日第 6 版；《颜惠庆日记》第 2 卷，第 332 页。

③ 因直系认为颜惠庆出任总理是恢复 1924 年 10 月北京政变时被推翻的内阁，故称复职，而此时无总统，故由内阁摄行总统职权。

④ 《颜惠庆日记》第 2 卷，第 330、335 页。

此时的颜惠庆:"颜惠庆固素抱乐观主义者也……自太平洋会议后,以为各国予中国以有为之机,际此人才毕集,身居元首地位,适值贞下起元之时,故于五月十三日摄阁。"①

但颜惠庆对时局的估计太过于乐观了。直奉之间虽在军事上已经联手,但对北京政府的安排则各有打算。由于奉系拒绝合作,颜惠庆内阁根本无法正常运作。舆论称颜惠庆是"单人跳舞",内阁成员均以各种理由躲避,连顾维钧也以家事为由离京赴津。②拖至 6 月 22 日颜惠庆不得不辞职。实际上在军阀掌控北京政治的格局下,并不存在颜惠庆或顾维钧他们所想象的欧美留学生的机会。

颜惠庆辞职后,由吴佩孚的亲信海军总长杜锡珪代理内阁总理。顾维钧在杜阁中继续担任财政总长。财政总长并不是顾维钧所希望的职位,所处理的事务对他来说也相当陌生。但在直奉围绕内阁的明争暗斗中,总长职位的接受或拒绝并非个人意愿所能决定。

财政总长的主要职责是为政府筹措各种经费。吴佩孚让顾维钧出任此职,当然希望他能为其部队多调拨军饷。9 月上旬,北伐军攻克吴佩孚的大本营汉口。率部撤离的吴佩孚急需军费,于 9 月 18 日致电顾维钧告急:"需饷甚急,望设法速为筹拨。"次日,吴佩孚又亲笔写信给顾维钧求援:"敬希无论如何先筹三百万汇下应用,以鼓士气而策万全。"③

---

① 李景铭:《一个北洋政府官员的生活实录》,《近代史资料》总 67 号,中国社会科学出版社,1987,第 155 页。
② 《僵局中之政府与时局》,《申报》1926 年 5 月 27 日,第 5 版。
③ 胡震亚选辑《吴佩孚与顾维钧往来函电(1923 年 8 月~1927 年 4 月)》,《民国档案》2009 年第 4 期,第 29 页。

顾维钧收到吴佩孚的函电时，离中秋节只有两三天的时间了，他正为钱款事忙得焦头烂额。当时过节称为"节关"，财政部至少要筹到三四百万现款应付各方，才能安然过关。为筹集这笔钱款，顾维钧专门设宴请各大银行代表，请他们认购"秋节库券"。但银行界巨头张嘉璈因顾维钧刚出任财政总长就修改银行给政府贷款的过高利率而记恨在心，故意刁难，不予合作。结果，顾维钧只筹到 100 余万现款，于是提出行政机关薪金发 40%，军警薪饷和教育部门薪金发 70%，以此应付节关。

尽管顾维钧为筹款费尽心机，但北京的军警拿不到全薪就不满意。就在吴佩孚致电顾维钧催拨军饷的当天，京畿宪兵司令率大批军警荷枪实弹包围正在举行内阁会议的国务院，点名要找财政总长，并表示不见现款不散，任何人不得离开国务院。顾维钧与内阁同僚"被困于内阁会议室，饮食全无"，直到次日凌晨 4 点，才获准离开。但军警仍寸步不离地跟着顾维钧到了他在铁狮子胡同的大院，聚集在院内，守候着索要钱款。陪同顾维钧回家的总理杜锡珪只得去找来中国银行的董事长，向军警当面做出保证，军警才离开顾宅。这时已是上午 9 点了。事后知道此消息的颜惠庆在日记中写道："内阁阁员们昨日被军警包围。顾遭侮辱，几乎挨了揍。"这是顾维钧在做外交总长时没有遇到过的事，晚年回忆时他说，这是"政治生涯中最值得回味的一页"。①

京畿宪兵司令是奉系的人，因此军警索饷实际上有政治示威的意味，表明奉系不再希望吴佩孚的人一手控制内阁了。经

---

① 《颜惠庆日记》第 2 卷，第 370 页；《顾维钧回忆录》第 1 分册，第 291~293 页。

历过阁潮的颜惠庆对此看得很清楚："现奉系在北方已成为最高权威了。"① 因此，杜锡珪内阁无法再维持下去了。

直系吴佩孚对北京政局影响力的下降是因为其在与北伐军的交战中屡遭重创，失去了与奉系争锋的资本。而因为北伐军的节节胜利步步进逼，奉系仍需维护北方阵营至少形式上的团结，所以还不便直接出面全盘接收直系主导下的内阁。在这样的情况下，内阁总理就应该是一个直奉双方都能接受的人。② 在京城中，这样的人就只有顾维钧了。

从 1922 年 8 月第一次入阁后，顾维钧就一直是直系支持的人。1926 年春夏，他又作为吴佩孚的代言人在京城四处活动，所以直系当然乐见其出来主持局面。顾维钧与奉系原无多少来往，但他在"内交"上也能长袖善舞。1926 年 5 月返回北京后，他与奉系少帅张学良开始接近。最初是代表吴佩孚与奉系谈公事，随后就有了个人之间的来往，关系密切起来。铁狮子胡同的顾宅有一个 50 英尺宽、80 英尺长的跳舞厅，喜欢玩乐的张学良成了舞厅的常客。黄蕙兰与张学良的太太也是来往密切的好朋友。③ 杜锡珪辞职要请顾维钧接替，当然要得到奉系的首肯。10 月 3 日，阎锡山收到的一份关于北京政情的报告，内称："顾少川得汉卿（即张学良）之赞助，可以就职，并拟另组阁员，以期顺手。"④ 显然，因为张学良这一重

---

① 《颜惠庆日记》第 2 卷，第 371 页。
② 罗毅：《外交系与北京政治：1922～1927》，第 125 页。
③ 李纶波：《王怀庆二三事》，《文史资料选辑》第 10 辑，第 118～119 页；黄蕙兰：《没有不散的筵席——顾维钧夫人回忆录》，第 159 页。
④ 《北京钱孟材致太原阎督帅江电》（1926 年 10 月 3 日），台北"国史馆"藏《阎锡山史料》，转引自罗毅《外交系与北京政治：1922～1927》，第 126 页。

要因素，奉系支持顾维钧组阁。

10 月 5 日，顾维钧就任外交总长并兼代总理，因为与颜阁和杜阁一样是摄政内阁，所以他也行使总统的权力。如果说从财政总长回到外交总长任上是他自己所希望的，代理总理主持内阁则多少有些迫不得已。当天顾维钧先去外交部，然后到国务院，在以代理总理身份演说时诉说不得不代阁的心情："（民国）十五年至今战乱，杜代阁维持数月，煞费苦心，因病告倦，弟勉承乏，自惭亦无建树，惟外交案不易决，国际地位日堕，不得不勉为支撑一时。"并称代阁只是"暂支短局"。重返外交部，顾维钧也是大叹苦经，"此次来部，已第三次，惟觉此次困难，远过往昔，明确待决悬案、交涉棘手之案极多，甚为提心"，表明入阁仍是为外交而勉为其难。① 顾维钧对内阁没做大的更动，自己空出的财政总长一职交给了奉系推荐的潘复。按他自己的话说，"这是一个由依附于张作霖和吴佩孚的人士组成的联合内阁"。②

虽说是联合内阁，但奉张的影响力已经远在直吴之上了。时评就指出："顾阁貌为吴佩孚系下之政府，而重心实已转移。"顾维钧与"京津之奉要人周旋"密切，"奉方可以不居操纵中央之名，转得其实也"。③

但顾维钧并不因此就疏远了吴佩孚。舆论对此看得很清楚："顾之于吴，则仍拟于不即不离之间，维持一二。"④ 担任代理总理后，顾维钧与吴佩孚之间仍密电往来频繁，从组阁的

① 《申报》1926 年 10 月 6 日，第 4 版。
② 《顾维钧回忆录》第 1 分册，第 296 页。
③ 《顾阁与奉方之关系》，《申报》1926 年 10 月 11 日，第 5 版。
④ 《顾阁与奉方之关系》，《申报》1926 年 10 月 11 日，第 5 版。

人选，到中比修约的考虑，顾维钧都向吴佩孚报告，有所沟通。对吴佩孚推荐的印铸局长人选，顾维钧则予接受并发表任命；而对奉系推荐的盐务官员，他也发电向吴询问，以示尊重。[1] 在错综复杂、变幻莫测的派系政治中，顾维钧处事十分稳重、圆滑。

当然，此时与奉系的关系更为重要。随着吴佩孚在军事上的失利，1926 年底张作霖的部队从关外陆续进入华北，实际控制了北方。顾维钧十分明白，"军政是同出一辙的，军事形势改变之后，往往紧跟着政治上也要有相应的变化"，"所以有必要改组内阁以反映改变了的军事形势"。[2] 11 月上旬和下旬，顾维钧两次发出辞职通电，表示在"险象骤生"之际，愿意"让贤"。但顾维钧的这两个通电，更多的是在奉直力量更替之时对奉系的一种表态。颜惠庆经历过类似的情况，明白这种手法，知道发通电只是表面文章，在他看来，"顾仍想干下去"。[3]

对顾维钧的辞职通电，张作霖虽以不过问政治予以敷衍，但实际上已在紧锣密鼓地推进对中央政治的直接干预了。12 月 1 日，张作霖在天津就任安国军总司令。随后，天津传出内阁将置于安国军总司令之下的消息。[4] 于是，12 月 17 日，顾维钧内阁发出第三次辞职通电。12 月下旬，张作霖进京后，顾维钧与他有多次面谈。顾维钧"将困难情形详细披陈"，张作霖虽"仍殷殷以维持相责"，却对新内阁提出了具体要求：

---

① 胡震亚选辑《吴佩孚与顾维钧往来函电（1923 年 8 月~1927 年 4 月）》，《民国档案》2009 年第 4 期。
② 《顾维钧回忆录》第 1 分册，第 297 页。
③ 《颜惠庆日记》第 2 卷，第 387 页。
④ 《津议拟设临时内阁》，《申报》1926 年 12 月 4 日，第 5 版。

"阁员现不在京者甚多，自应补充改组，总须整齐完全在职，
庶政令可以进行，观瞻亦可维系。"即维持顾为总理，但内阁
成员需调整。随即，张作霖提出由张景惠出任陆军总长，以替
换直系的蒋雁行。吴佩孚此时对内阁的组成已无影响力，此前
对顾维钧也已明言内阁事由张作霖"就近主持"。但要更换直
系人马，顾维钧仍不忘致电吴佩孚，以婉转的口吻与之商量，
以示对吴的尊重。吴佩孚当然不会有异议，只能接受。① 顾维
钧在直奉之间的周旋于此可见一斑。

1927 年 1 月 12 日，内阁在奉系主导下改组。顾维钧由代
理总理成为署理总理，仍由内阁摄行总统权力。内阁成员中，
"有几名吴佩孚的人被忠于张大帅的人所接替"。② 新一届内阁
组成时，南方的北伐军已进入长江中下游地区，列强中如英国
和美国也先后宣布对华新政策，声明愿与能代表中国人民或有
权力谈判的当局来往，北京政府的正统性受到挑战。顾维钧在
此时出面主持内阁，一方面是因为奉系还不愿直接站到前台，
需要顾维钧维持，另一方面确有他几次入阁时所表示的"专为
外交"的考虑。作为代理和署理总理，顾维钧只能十分勉强地
维持着内阁。但在外交方面，他做出了终止中比条约和罢免安
格联的决定。这是北京政府后期中国对外关系中的两件大事。

北方的政治格局在 1927 年春又经一变。3 月初，张作霖
与吴佩孚之间在河南发生战争，这是北洋军阀史上最后一次有
规模的混战。4 月中旬，战争以吴佩孚失败而告终，张作霖扫

---

① 《顾维钧致吴佩孚密电》（1927 年 1 月 7 日、8 日）、《吴佩孚致顾维钧密
电》（1927 年 1 月 9 日），胡震亚辑《吴佩孚与顾维钧往来函电（1923
年 8 月~1927 年 4 月）》，《民国档案》2009 年第 4 期，第 34 页。
② 《顾维钧回忆录》第 1 分册，第 297 页。

除了北京政坛上最后一个有威胁的对手。于是，奉系不再需要顾维钧为他们出面维持内阁了。奉系阁员纷纷拆台离去，内阁会议"屡屡停开"。时评称："顾维钧虽尚有不舍之意，而实已不成局面。"① 有过以往几年政坛沉浮的经历，顾维钧明白，张作霖要指向"最高问题"了，"实现他做中国元首的毕生野心（这也是中国军阀们的共同野心）"，"了解到这一切之后，我有了准备，并希望解除我自己的一切政治职责"。②

6 月 16 日，孙传芳等安国军将领通电拥戴张作霖由安国军总司令改做海陆军大元帅，组织军政府替代原内阁。当天，顾维钧宣布辞职，并致函内阁，称："胃病复发，深为痛苦。中西医士皆言病根甚深，药石难效，非静养不可。新阁未成立前，重要政务应请胡惟德召集阁议决之。外交现正紧急，故内阁已任命王荫台〔泰〕代理。"③ 所谓胃病，只是为辞职所找的冠冕堂皇的理由。

与 3 年前冯玉祥占领北京后立即离京不同，此次辞职后顾维钧往京郊的西山暂避，这是耐人寻味的。几天后，张作霖的把兄弟、担任过黑龙江督军的吴俊升来到西山见顾维钧，代表张作霖请他回城。第二天，顾维钧即返城去见张作霖。尽管张作霖坚持要顾维钧接受一个他愿意担任的官职，顾维钧还是推辞了，但答应了张作霖的另一个要求，即留在北京城内。按顾维钧自己的说法，"我既与政府无正式联系，也未离开北京，而是与新政权保持了友好的和私人之间的关系"。顾维钧此时已经看出，张作霖的部队不足以战胜南方的国民党军队，而民

① 《北京通信》，《申报》1927 年 5 月 1 日，第 9 版。
② 《顾维钧回忆录》第 1 分册，第 299 页。
③ 《顾维钧已辞摄阁》，《申报》1927 年 6 月 17 日，第 7 版。

心也在南方这一边，但他还是选择了留在北京，其在南北对抗中的倾向是很明显的。[①]

四 "外交系"中的派系政治

在北京政府任职的几年里，顾维钧不仅卷入了北洋军阀的派系政治中，与颜惠庆、王正廷等被舆论称为"外交系"的同僚之间也因对权位的竞争以及个人不和而时有矛盾和纷争。"外交系"虽不同于"政学系""研究系"那样的政治派别，然而在派系政治的环境中，它的政治行为与那些真正的政治派别又有一些相同的特征。

"外交系"以外交声望而进入北京政坛，顾维钧、颜惠庆、王正廷等又皆以外交专才而自居，外交总长是他们最为看重的内阁职位。因此他们之间对权位的竞争主要围绕外交总长一职展开，尤其在他们都有机会入阁之时，这种竞争会相当激烈。1922 年 6 月黎元洪入京后，颜惠庆获得组阁的机会，尽管他想尽力将参加华盛顿会议的中国代表安排进内阁，洛阳吴佩孚方面也极力推荐顾维钧入阁任外交总长，但他并不愿将外交总长一职交给顾维钧，而是想由自己兼任。拒绝顾维钧任外交总长的理由是生怕影响中日关系，因为顾被看作中国反日政策的倡导者，日本对他十分反感。最后颜惠庆安排顾维钧去担任财政讨论委员会的委员长。[②] 1923 年初，张绍曾组阁，王正廷欲获得外交总长职位而向张预约，但张绍曾却任命王为司法

---

① 《顾维钧回忆录》第 1 分册，第 301~303 页。
② 《顾维钧回忆录》第 1 分册，第 242、273 页。

总长，向国会提交的外交总长是施肇基。王正廷对这一安排十分不满，不愿就任司法总长一职。按顾维钧的说法，王正廷因此以自己曾任参议院副议长的影响力使施肇基的提名未能在参议院获得通过。① 1924 年初孙宝琦出面组阁，准备安排颜惠庆（颜惠庆的妻子是孙的妹妹）接替顾维钧担任外交总长，但曹锟坚持由顾维钧留任该职，最后孙宝琦拟任颜惠庆为内务总长，而曹锟正式发表时又将颜改为农商总长。② 从颜惠庆愿意入阁和对外长职位的看重来看，在孙宝琦最初的提议被曹锟否决时他的心情是不难想象的。

孙宝琦内阁仅维持了半年就因孙与财政总长王克敏间不可调和的矛盾而总辞职。由于外交部列于各部之首，曹锟于 7 月初任命外交总长顾维钧代理总理。此时顾维钧与颜惠庆都是下一任正式总理的热门人选，而两人对此职位均颇为心动，跃跃欲试。顾维钧在回忆录中谈到此事时，称自己对总理一职没有什么兴趣。但根据颜惠庆的日记记录，顾维钧一代理总理就与颜多次讨论内阁形势。而当传出颜惠庆将组阁的消息时，他则"感到失望"，并进一步了解颜对此事的态度。③ 颜惠庆最初虽向曹锟、顾维钧等表示不愿组阁，其实也是一种姿态，主要担心组阁无法获得通过。因此当获悉曹锟"有诚意"，在筹款方

---

① 《张阁将成与巨变将至》，《大公报》1922 年 12 月 25 日，第 3 版；剑公：《张阁成立与最高问题之昨讯》，《大公报》1923 年 1 月 5 日，第 3 版；《顾维钧回忆录》第 1 分册，第 257~258 页。《大公报》1923 年 1 月 26 日第 3 版也有报道称"施被参议院否决，实出于王正廷破坏所致"。

② 《中华民国史事纪要（1924 年 1~6 月）》，台湾"中华民国史料研究中心"，1983，第 89 页；《顾维钧回忆录》第 1 分册，第 270 页。

③ 《顾维钧回忆录》第 1 分册，第 271 页；《颜惠庆日记》第 2 卷，第 155~158 页。

面极具能力的王克敏"肯协助"后，他立即开始为组阁活动
起来，如设宴招待"愿意协助"的江苏人士，"为合作问题"
与陆军总长陆锦交谈，并着手酝酿内阁成员的具体构成，显得
十分积极。① 由于颜顾两人均有意于该职，因此存在着明显的
竞争关系，当时舆论也都关注于此。7月中旬《华北正报》就
刊登了关于"顾颜之争"的文章，但他们两人都不希望媒体
炒作此事，于是联名写信给该报予以澄清。颜惠庆最初也颇为
注意与顾的关系，欲"避免与顾维钧发生误解"。② 但事实上
颜惠庆和顾维钧彼此都在为总理一职进行活动，相互间不可避
免地会暗中较劲，所以最终此事多少还是影响了两人间的关
系。颜惠庆在这一时期的日记中，多次记录下他人对顾维钧的
负面评价，他的朋友中有人请他留神顾的活动，甚至痛斥顾为
"大阴谋家"。③ 而颜惠庆本人也将此时两人间的关系形容为
"同室操戈"，认为顾维钧为争取总理职位进行了"阴谋活
动"，因此有时会"显得有些神经过敏"，对一些不利于己的
政治活动他会怀疑顾维钧是"幕后策划者"，当顾无望成为正
式总理时，他又认为顾因恋栈想延长代理总理的时间。④ 此时
颜惠庆对顾维钧已缺少基本的信任。

　　当颜惠庆出任下届总理已成定局之时，外交总长一职的归
属又加深了颜顾之间的隔阂。颜惠庆在年初孙宝琦内阁中未获
该职，如今自己出面组阁想再次亲兼，并以此为组阁的条件，
而让顾维钧去任财政总长。但曹锟仍坚持外交之事全权委诸顾

① 《颜惠庆日记》第2卷，第156~157、161页。
② 《颜惠庆日记》第2卷，第156、159页。
③ 《颜惠庆日记》第2卷，第156、158、162、164页。
④ 《颜惠庆日记》第2卷，第165~166、169页。

维钧，即使换总理也不能换外长，于是颜惠庆不得不做出让步，另兼列于外交总长之后的内务总长。而经过这番周折，顾维钧担任颜惠庆内阁的外交总长时，已感到"心情并不舒畅"，因为颜让他当外长"很勉强"，"并非出自他的本心，只是由于曹锟总统和他的拥护者的坚持"。①

此后顾维钧与颜惠庆两人围绕外交总长的职位还有过一次暗中交手。1926 年 5 月颜惠庆被吴佩孚推出来组阁，他以国务院摄行大总统名义任命仍在驻美公使任上的施肇基为外交总长，然后以施未到职为由自己兼代外交总长，而顾维钧则被任命为他本人并不愿意担任的财政总长。由于有了以往的经历以及此时复杂的局势，顾维钧对该职位"持冷淡态度"。② 6 月下旬，颜惠庆内阁被迫辞职，由杜锡珪代理总理。这时颜惠庆向杜推荐的外交总长却是并无驻外使节经历的蔡廷干，于是顾维钧只得再任财政总长。③ 与以往极力重用外交专才的情况相比，颜惠庆的这一举动是耐人寻味的。

"外交系"内因个人不和产生的纷争以顾维钧与王正廷间最为激烈。顾维钧与王正廷两人之间的恩怨可追溯到巴黎和会期间。当时王正廷因与顾维钧将娶曹汝霖女儿的谣言有关，而使顾维钧对其大为恼火，两人间的关系由此产生了无法弥合的裂痕。④

---

① 《顾维钧回忆录》第 1 分册，第 272~273 页。颜惠庆内阁是 9 月 14 日宣布的，他在当天日记中记"赞成将顾留在阁内"。《颜惠庆日记》第 2 卷，第 173 页。
② 《顾维钧回忆录》第 1 分册，第 280 页。
③ 《颜惠庆日记》第 2 卷，第 349 页；《顾维钧回忆录》第 1 分册，第 282 页。
④ 《顾维钧回忆录》第 1 分册，第 192~193 页。参加讨巴黎和会的梁和钧对此事的回忆与顾的回忆稍有不同，见杨方溉、卢申芳《"王正廷八十晋华诞辰"口述历史座谈会纪实》，《近代中国》第 29 期，1982 年。

当顾王两人都进入北京政府后，他们个人间的过节甚至影响了中国的对外交涉。这就是前面已经提及的 1924 年中国与苏联之间的谈判。中苏谈判中顾维钧与王正廷的冲突，与他们两人之间对苏联对华政策的不同理解及外交应对策略的差异有关，但两人间的个人过节与成见确实产生了重要影响。顾维钧对王正廷谈判数月不向其报告颇为不满，因此在审议王提交的已草签的条约时，多了一层挑剔，参加内阁会议的颜惠庆就看出顾"对王抱有敌意"。① 支持顾维钧的吴佩孚的谋士白坚武则认为，顾维钧对王所提意见"近于无意识"，主要是顾王两人"争私见之故"。② 顾王矛盾是圈内人所共知的事。但在 1923 年夏直系逼走黎元洪后短暂的政治真空期，顾维钧与王正廷一度又走得很近。

这些事例显示，在外交系内部的纷争中顾维钧是一个主要角色。在外交系中，就在北京政府中的资历而言，顾维钧远不及其他几人。1912 年，当 24 岁的顾维钧回国担任袁世凯的秘书并进入北京政府外交部时，颜惠庆是外交部的次长，王正廷是署理工商总长，王宠惠是司法总长，而之前后两人还分别担任过武昌起义时湖北军政府的外交部副部长和南京临时政府的外交总长。但在巴黎和会上一举成名后，顾维钧在外交界的声望已不在上述几人之下了，他因此获得了比其他人更多的出长外交的机会，也因此更易于成为矛盾的中心。此外，还有一不容忽视的因素。顾维钧曾这样评价外交系的其他几人："王正廷是个很能干的人物，当然他在外交方面不曾受过任何特殊训

① 《顾维钧回忆录》第 1 分册，第 337 页；《颜惠庆日记》第 2 卷，第 126 页。
② 《白坚武日记》，第 459、470 页。

练。但在颜惠庆向我推荐他时，认为这个问题无关紧要。"而
王正廷的博士称呼"只是美国公众随时准备赠与任何外国政
治家以表示恭维的通常头衔。我想王或许后来被授予过某种荣
誉学衔，但他从未获得过任何学术上的博士学位。颜惠庆博士
和施肇基博士的情况也是如此。他们也都没有攻读过也未获得
过任何学院或大学的博士学位，但照样被人称为颜博士和施博
士。中国外交界历来有一个传统，即政府当权者考虑外交官合
格与否的重要标准是讲外语的能力。如果某人曾在国外求学，
并获得过西方大学的学术头衔，那么他就具备了在外交界供职
的一切条件。而外交人员必须具备起码的国际法和外交史方面
的知识这个问题，却从未引起国家高级当局的重视"。① 而顾
维钧本人恰恰是以国际法和外交为专业获得了哥伦比亚大学的
博士学位，他当然会认为出任外长于他是实至名归的。顾维钧
的这一观念为他与其他几人的关系增加了紧张因素。

　　就在外交界的资历而言，"外交系"诸人中当首推颜惠
庆。1908 年他就入中国驻美使馆任二等参赞，一年多后回国
进入外务部。"外交系"于 1920 年代初出现于北京政坛，固
然有前述的各种因素，但与颜惠庆出面组阁时有意识地安排外
交人才有很大关联，可以说他是"外交系"形成过程中的关
键人物。因此"外交系"中其他几人都与他有着相当密切的
关系。② 顾维钧与颜惠庆的关系较为特殊复杂，两人间有过
师生和上下级关系。顾维钧在圣约翰读书时，上过颜惠庆的
翻译课，刚回国进外交部时颜是次长。两人又因外交总长和

总理两职产生过竞争。两人间虽因此互有看法，但关系并未完全恶化，因为顾颜两人在外交方面有着相当一致的立场，他们间的竞争一定程度上来自彼此间的"瑜亮情结"。1924年9月颜惠庆成为总理后就表示要与担任外交总长的顾维钧合作，对顾所主张的外交方针也持肯定的态度。[①] 顾维钧在他的回忆录中也谈道："颜和我一直是好朋友，在外交政策方面我们经常看法一致。一般说来，我们都坚持维护中国的主权，愿意尽自己最大努力使中国与其他国家在国际上处于平等的地位。我们都认为有关中国主权的问题，中国不应该屈从于外国。"[②] 在"外交系"中，除了顾维钧与王正廷之间个人恩怨太深以至于关系太僵之外，与其他人之间的分歧或纷争并未演进到激化的程度。

有着留学美国背景的"外交系"在进入国内政坛时，有按照西方模式推进国内政治的潜在愿望。但是在军阀操控的派系政治中，"外交系"实际上是一个被动的角色，他们在内政方面的愿望根本无法获得实现。顾维钧晚年在回忆录中说，他对国内政治不感兴趣，无意卷入国内各派纷争，还谈到"外交系"的力量就在于"不参与他们之间的倾轧，超脱于各派斗争之上。这样，各军事集团就能利用像汤（尔和）、王（宠惠）、罗（文干）、颜（惠庆）和我自己这些文官。我们在人们的心目中，被认为是独立的，未直接卷入政治斗争，更没有参与旨在统治国家的军事斗争"。[③] 颜惠庆在自传中也有相似的表示。不过从前面所述来看，顾维钧的这番表白显然并非他

---

① 《颜惠庆日记》第 2 卷，第 179、183 页。
② 《顾维钧回忆录》第 1 分册，第 272 页。
③ 《顾维钧回忆录》第 1 分册，第 297 页。

当时的想法，而在时人眼中，他们也不是完全独立的。这些话其实是顾维钧在经历了派系政治的倾轧之后产生的对派系政治的厌恶，折射出他和"外交系"诸人入阁卷入国内政治不算成功的经历。正是这一经历使他此后学会了对政治保持距离，也对他与国民党的关系产生了影响。

但在北京政府中任职留下的不全是苦涩的记忆，正如黄蕙兰所说顾维钧不讨厌来自他的地位的权势和荣誉。因为出任过摄政内阁总理，这就与一般的总长不一样。1941 年 6 月，顾维钧即将从驻法大使转任驻英大使，法国维希政府要授予他一级十字勋章，这是法国的最高奖章，专授国家元首。顾维钧认为不妥，告诉法方切勿如此行事。但法方回答说，因为他担任总理时摄行总统的权力，所以授予这个勋章是完全有理由的。顾维钧非常认可这一答复，认为"法国确实在处理有关礼宾方面的问题上经验丰富，十分在行"。[1] 从中不难读出顾维钧对被尊为国家元首的自得。这种自得也传染给了黄蕙兰，她自称"实际上是中国的第一夫人"。[2]

由于顾维钧在北洋后期多次在内阁中出任要职，尤其在1927 年初北伐军已进入长江中下游地区后，还担任总理出面组阁，因此被舆论和南方政治力量视为北洋要员。1928 年 7 月初，南京国民政府第二次北伐进占北京后，庆祝大会通过的决议中有一项就是要求中央政府通缉北洋"腐化官员"，顾维钧名列其中。7 月 10 日，国民政府委员会开会议决，对顾维钧等"劣迹昭著"的北洋官员十余人"一体通缉，归案惩办，

---

① 《顾维钧回忆录》第 4 分册，中华书局，1986，第 585 页。

② 黄蕙兰：《没有不散的筵席——顾维钧夫人回忆录》，第 155 页。

以儆奸邪，而申国纪"。列席国府会议的有已经担任国民政府外交部长的王正廷。① 国民政府还下令没收顾维钧在铁狮子胡同的大院和天津等处的房产。

于是，顾维钧只得离开中国，赴欧洲躲避国内的政治风浪。此时，距他从驻英公使任上回国在北京政府中任职已过了6年。

---

① 《北京祝捷大会余音》《国府通缉安福余孽》，《申报》1928年7月9日第9版、7月11日第8版。

第六章 国难当头

一 张学良的外交高参

顾维钧于 1928 年底抵达欧洲。此后的几个月中，他主要住在巴黎，但也与黄蕙兰一起去地中海边的尼斯及摩纳哥等地休闲度假。摩纳哥是著名的赌城，顾维钧偕夫人出现在那里，引起媒体的关注，称"顾博士夫妇环游欧洲，忘情政治舞台，逍遥于欧洲著名消闲别墅"。[①]

但作为一名外交官，顾维钧其实是无法沉溺于欧洲的湖光山色之间的。虽远在欧洲，他仍关注着国内政局和与中国有关的外交动态，经常与欧洲各国政界人物见面交谈，以了解国际局势的变化及对中国的影响。一次，在与法国外交部政务司长贝特洛（Philippe Berthelot）谈话时，顾维钧问他对苏联的看法。贝特洛说，从欧洲的标准来看苏联还不算一个强国，但在远东，它的军事实力具有明显优势，因此中国与其打交道必须小心谨慎。此次谈话后，顾维钧给罗文干发了一封电报，请他转告张学良，必须谨慎处理东北的对苏关系。[②]

顾维钧此时关注苏联及其与中国的关系，是因为中苏关系正面临着危机。1928 年底，张学良宣布"改旗易帜"服从国民政府领导后，颇想在东北干一番事业，包括从外人手中收回

---

① 《顾维钧大出风头》，《申报》1929 年 7 月 3 日，第 15 版。

② 《顾维钧回忆录》第 1 分册，第 401~402 页。

一些主权。在东北占据中国权益的主要是日本和继承旧俄的苏联。日本不仅在东北侵占大量权益，而且一心想吞并东北，进而染指整个中国。但年少气盛的张学良没有将直接威胁中国的日本视为主要对手，而是将矛头指向了苏联。1929 年 7 月上旬，东北地方当局查封了苏联在东北的贸易机构，撤销了中东铁路苏籍局长的职务，并下令在哈尔滨和中东铁路沿线的苏联人在 12 小时内离开中国。7 月中旬，苏联做出强硬反应，宣布对华绝交，断绝中苏间铁路交通。7 月下旬，中苏在边境地区开始发生军事冲突，随后发展成一场延续数月的中东路战争。

因此，收到顾维钧的意见后，张学良发电报请他立即回国到沈阳来。这样，在欧洲待了半年多时间后，顾维钧打道回国，于 9 月底抵达沈阳。当晚，张学良就与他见面，参加会面的还有罗文干。会谈的主题围绕着与苏联的关系。此后，每周至少有三次，张学良会邀请顾维钧去打高尔夫球，实际上主要是聊局势。顾维钧与张学良前些年在北京就有了来往，此时就走得更近了。他发现张学良对中苏间已经发生的军事冲突前景非常乐观，就问道："假如你发现你的对手手里真正有好牌，你怎么办呢？"张学良思考了一会，给了一个不是答复的答复："我自有对策。"①

张学良将顾维钧请到沈阳，是要借重他的外交才干。但顾维钧毕竟仍在国民政府的通缉名单上，因此回国的消息一经传出，并有报道称张学良将请国民政府取消对其通缉令，南方国

---

① 《顾维钧回忆录》第 1 分册，第 404~405 页。据《申报》报道，顾维钧于 9 月 27 日抵达沈阳，见该报 1929 年 9 月 29 日，第 4 版。

民党势力便纷纷发声反对。国民党上海各区党部呈请市党部严缉顾维钧。上海国际法学会在顾维钧尚未回国但已有消息传出其将参与对苏外交时，就请国民政府"必须协拿到案，明正典刑"。① 缉拿顾维钧的呼声都指出他是军阀余孽，助长内乱，在直奉操控的北京政府任职成为顾维钧的政治包袱。面对舆论的压力，张学良马上否认向国民政府保荐过顾维钧。顾维钧自己也对报界表明："此行不问政治，专心实业。"②

所谓不问政治只是敷衍媒体的表态，但专心实业却也不全是一句假话。还在北京政府任职期间，顾维钧在外交部的一位同僚因为需要用钱，就将黑龙江齐齐哈尔附近一块二平方英里的土地以 25000 元的价格转让给了他。张学良知道他有这块地，此时有意再送给他同样面积的一块土地。顾维钧以无功不受禄为由辞谢了张学良的好意，但在 1930 年 2 月按实价购买了 7000 垧地，差不多二平方英里。新购买的土地在东北军屯垦的洮安，顾维钧制订了开垦计划，成立了垦荒公司，请了从美国康奈尔大学农学系毕业的陶略猷担任经理主持其事。公司雇了佃农，最早开张的第一村有几十家佃户，村子里盖了几排新房，每户人家住一座平房，有四间屋。公司还雇了持枪的保安。③ 对经营实业，顾维钧确也花了些心思。

当然，顾维钧真正感兴趣的还是外交事务。顾维钧刚回国激起的反对声消退后，张学良即与南京方面沟通，国民政府于

① 《顾维钧不容活动》《严缉顾维钧》，《民国日报》1929 年 9 月 4 日第 1 版、10 月 9 日第 4 版。
② 《大公报》（天津），1929 年 10 月 8 日第 1 版、10 月 12 日第 1 版。
③ 《顾维钧回忆录》第 1 分册，第 408~409 页。垦荒公司的情况来自顾维钧保存的一组照片，见 Series XI, Photographs, *Wellington Koo Papers*。

1929 年 12 月下旬撤销了对顾维钧的通缉令，一同撤销的还有对梁士诒和王克敏的通缉令。十天后，张学良聘任顾维钧为东北外交委员会委员。①

此时，掌控着南京国民政府的是蒋介石，但各实力派仍凭借军事力量占据着各自的地盘。1930 年春，阎锡山、冯玉祥、李宗仁结成反蒋联盟。5 月，以反蒋联盟为一方、蒋介石为一方的中原大战爆发了。7 月，以汪精卫为代表的改组派和以邹鲁等为代表的西山会议派等政治反蒋派聚集北平，组成“中国国民党中央党部扩大会议”。政治反蒋派与军事反蒋派联合起来，筹划在北平另立国民政府。控制东北的张学良成了反蒋派和蒋介石竞相拉拢的对象，作为张学良外交高参的顾维钧由此卷了进去。

1930 年 8 月，顾维钧与张学良一起到北戴河避暑度假。8 月 18 日，汪精卫派郭泰祺持其亲笔信赴北戴河见顾维钧，告诉他反蒋各派将另组政府，由阎锡山当主席，汪精卫当行政院长，请他出任外交部长。② 顾维钧没有接受反蒋派的邀请，但也未中断与他们的联系。这反映的是张学良的立场。张学良对反蒋各派推他担任反蒋联军副司令一职沉默以对，但也没有公开表示站在南京一边，他还在观察局势的发展和两边的力量对比。9 月 1 日，反蒋派在北平宣布成立国民政府，推选阎锡山任主席，并定 9 月 9 日举行就职典礼。就在北方政局变化的关键时刻，顾维钧于 3 日上午抵达北平，并从车站被接去

①　《顾维钧等撤销通缉》，《申报》1929 年 12 月 24 日第 6 版、1930 年 1 月 7 日第 8 版。

②　《申报》1930 年 8 月 20 日，第 9 版；《顾维钧回忆录》第 1 分册，第 410 页。

汪精卫家参加为他接风的午宴。汪精卫再次请顾维钧出任外交部长。顾维钧问汪精卫，他们的政府是否已取得国际承认的保证，并称一个不被列强承认的政府是无用的。[①]虽然顾维钧仍表示对政治没有兴趣，但他问汪精卫的话却是意味深长的。

顾维钧的态度最终还要取决于张学良的立场。此时舆论纷传张学良要倒向反蒋派，并会派顾维钧加入反蒋政府。蒋介石抓紧对张学良的拉拢和施压，9月4日致电进行劝阻，逼其表态。蒋介石派到沈阳的张群和吴铁城也积极活动。张学良权衡再三，于5日致电蒋介石表明态度，称"近日谣言百出，实已辩不胜辩"，顾维钧等赴北平皆因私事，"不能即谓其有何作用"，已令其速归，"以免淆惑听闻"。当晚，张学良还向张群、吴铁城表示，"予之拥护中央始终不渝"。张学良的表态使蒋介石松了一口气，在当天日记中写道："张汉卿（学良）尚能知大体，对于余电恭维如命也。"[②]

顾维钧参加汪精卫接风宴后在4日还表示在北平"尚有数日留"，但因为张学良的电召，5日清晨即离开北平返回北戴河。[③]这一时期，顾维钧是作为张学良的代表与汪精卫等反蒋势力来往的。张学良脚踩两只船时，需要有人与反蒋派周旋保持联系，顾维钧就充当了这样的角色。但张学良一旦亮明自己的态度，他当然就要离开反蒋派聚集的北平了。这一年夏天

---

① 《顾维钧回忆录》第1分册，第410页；《申报》1930年9月4日，第9版。

② 《蒋介石日记》，1930年9月4日、5日；《申报》1930年9月6日，第8版。

③ 《申报》1930年9月5日第8版、9月7日第4版。

在北戴河度假的颜惠庆以局外人的身份观察北方政局，他评论道："张汉卿在最后时刻改变了主意，这样顾等人就上当了。"① 颜惠庆是根据他自己在北京政坛派系政治中沉浮的经历做这番评论的，但顾维钧此时与张学良在一条船上共进退，于他而言，是算不了上当的。

9月18日，张学良发表"巧电"，呼吁"各方即日罢兵以纾民困"，"静候中央措置"，并率20万东北军入关，帮助蒋介石打赢了中原大战。张学良倒向蒋介石一边后，顾维钧与原先并无交往的国民党方面越走越近。10月下旬，顾维钧回上海为母亲举行丧礼，上海市长张群亲临致丧，出席者近千人，极一时之盛。张群在大华饭店办茶话会，外交部长王正廷之外，顾维钧也在被邀之列。②

东北军主力入关后，东北防务被削弱，给虎视眈眈的日本军国主义以可乘之机，其加快了侵华步伐。1931年6、7月间，日本在东北接连制造了"中村事件""万宝山事件"，并大肆煽动战争狂热，为全面侵占东北制造舆论。正在北戴河避暑度假的顾维钧，从日本的新闻报道中读到日本政府和军部正加紧部署，尤其少壮派军人煽动抗议"中村事件"，判断事态严重，会进一步发展。他告诉也在北戴河避暑的张学良秘书长王树翰和奉天省长臧式毅等人，日本人会在东北采取军事行动，也许会用武力夺取沈阳，进行恫吓，迫使中国在处理事件时妥协就范。王树翰等认为顾维钧所谈十分重要，请他去北平与张学良深谈。顾维钧虽未答应去北平，但给张学良写了封

① 《颜惠庆日记》第2卷，第606页。
② 《顾维钧母昨日开丧》《王正廷顾维钧会见》，《申报》1930年10月21日第11版、10月30日第10版。

信，谈了自己的看法。张学良接信后，专门派飞机来接顾维钧到北平，要与他详谈。但见面后，顾维钧觉得，张学良并不认为局势如他判断的那样严重，于是留下一封信，表示怕会发生大事，但愿不发生，然后返回北戴河去了。此时是 7 月份。[①] 接着发生的事情表明，张学良对顾维钧的预警没有予以足够的重视是犯了多大的错误。

9 月 18 日，顾维钧从北戴河回到北平。[②] 当天深夜，日本关东军按照预定的计划，炸毁了沈阳北部柳条湖附近南满铁路的一段铁道，却诬称中国军队挑起事端，向东北军北大营驻地发起突然袭击，并用大炮轰击沈阳城。九一八事变爆发了。

9 月 19 日早晨 6 点钟，张学良的顾问端纳给顾维钧来电话，告诉他沈阳发生的事情。刚放下电话，铃声又响起，张学良请他立即去商量要事。见面后，与十来位东北军将领讨论了一整夜仍苦无对策的张学良要顾维钧谈谈他的看法。在了解事变情况后，顾维钧向张学良提出两个建议：第一，立刻电告南京要求国民政府向国际联盟行政院提出抗议，请求行政院召开紧急会议处理事变；第二，立刻派一位能说日语的人去找在旅顺的日本总督以及南满铁路总裁。顾维钧认为，诉诸国联是为了引起世界各国和公众舆论的注意，给日本以某种压力，使它不再扩大在东北的侵略行动。但由于对诉诸国联究竟能产生多大效果并不抱太大的指望，他又希望能派人去探听在东北的日本负责官员的真正态度，以便为事件的解决寻找可能的途径。

---

① 《顾维钧回忆录》第 1 分册，第 412~413 页。
② 《新闻报》1931 年 9 月 19 日，第 8 版。

作为一个外交官，顾维钧对九一八事变的最初反应就是寻找外交解决的办法。张学良认为顾维钧的第二个建议不会产生什么结果，但在顾维钧的多次陈述下，感到派个人去也不会有害处。对顾维钧的第一个建议，张学良则立即赞成，并请他与在北平的外交使节联络。①

当天，顾维钧以张学良的名义访晤英国驻华公使蓝普森。他告诉英国公使，张学良正考虑依据国联章程或华盛顿会议《九国公约》对日本提出控诉，并询问如果中国采取这一行动，英国能否带头响应。蓝普森表示，以他个人的看法，根据英国与日本的关系，英国不会单独采取行动。②

英国是国联的支柱，蓝普森的态度对中国寻求国联解决事变是一个打击。此后数日，由于国联面对日本的侵略行径反应消极软弱，以及判断日本发动事变"不过是寻常寻衅性质"，张学良对依靠国联解决失去信心，转而倾向于对日直接交涉，以"免除事件扩大"，尽快了结事端。③ 顾维钧在与蓝普森交谈中也表示，国联的权力有限，对日本的侵略行为无法采取有效行动，因此，中日之间的直接谈判可能是解决事端的关键途径。④ 这样，事变发生几天后，张学良与顾维钧都不排除通过中日直接交涉寻找解决问题的途径。然而，这一方针与南京国民政府对事变的应对存在着明显的差异。

① 《顾维钧回忆录》第 1 分册，第 413～414 页。
② Lampson to the Marquess of Reading, 19 September, 1931, *DBFP*, Second Series, Vol. 8, pp. 665-666.
③ 秦孝仪主编《中华民国重要史料初编——对日抗战时期》绪编（以下称《绪编》）第 1 册，中国国民党党史委员会，1981，第 259 页。
④ Lampson to the Marquess of Reading, 3 October, 1931, *DBFP*, Second Series, Vol. 8, p. 706.

二 南京国民政府的外交部长

九一八事变发生后，蒋介石从江西"剿共"前线赶回南京，于 21 日召集军政要员开会，商讨对日方针，决定一面先行提出国际联盟，诉诸公理；一面团结国内，共赴国难。虽然国联对日本侵华的反应不及中国预期，但蒋介石仍坚持须依靠国联来解决事变，认为"国联虽不可尽恃，亦非尽不可恃"，"中央所以尽力于使国联负解决此案之责任者，因维持中国在国际上之地位，与减少日本直接压迫中国之力量，途径惟在于此"。①

9 月下旬，蒋介石两次致电张学良，要其来南京，"对外交事须待面商"。张学良先派东北边防军副司令长官万福麟到南京，代表他见蒋介石。但蒋介石对万福麟所表达的"单独交涉""急求速了"方针不能赞同，表示"委之国际仲裁，尚有根本胜利之望，否则亦不惜与倭寇一战，以决存亡也"。②此后，蒋介石再次电邀张学良来南京，张学良遂派顾维钧南下。

10 月 1 日，顾维钧乘张学良的专机抵达南京。刚下飞机，他向媒体表示："当此国家危急存亡之际，凡个人意见所及，当向政府建议，以供采择。张副司令对东省事件，认为国家整个问题，一切听中央交涉解决。张氏与中央日有电报往还，本人此来，系附带作详细之陈述。"③ 表明他是作为张学良的代表来南京的。

蒋介石获悉顾维钧到南京的消息，当晚在日记中写道

---

① 《绪编》第 1 册，第 281、291 页。
② 《绪编》第 1 册，第 281 页；《蒋介石日记》，1931 年 9 月 23 日。
③ 《申报》1931 年 10 月 2 日，第 8 版。

"顾少川对于外交亦有相当研究，是为一平时之好手也"，流
露赞赏之意。到南京次日，顾维钧在吴铁城陪同下拜见蒋介
石，这是两人的第一次见面。当天，顾维钧被聘为国民党特种
外交委员会委员。[①] 特种外交委员会是九一八事变后为应对外
交危机而成立的机构，由考试院长戴季陶任委员长，财政部长
宋子文任副委员长，委员有蒋介石、孔祥熙、于右任、陈立
夫、陈布雷等。当时外交部长王正廷已因事变而辞职，特种外
交委员会担负着外交决策的重任。顾维钧并非国民党党员，刚
到南京就成为这个委员会的成员，蒋介石还有任命其为国联代
表的考虑，可见在外交上对其之倚重。这是顾维钧在国民党政
权中担任的第一个职务。退出北京政府后，顾维钧在许多场合
表示过要脱离政界，甚至离开外交界，但九一八事变引发的民
族危机又将他推到了中国外交的第一线。顾维钧的一生注定是
要与中国的外交联系在一起的。

与蒋介石和其他国民党高官交谈后，顾维钧看出张学良与
蒋介石对处理事变的不同方针。他认为，在北平的人倾向于与
日本直接接触，以寻找收回事变后被日本所占领土的办法，而
南京政府则反对以任何形式与日本直接接触。[②] 顾维钧本人也
倾向于直接交涉，因此在此后的一段时间中，顾维钧成了沟通
在北平的张学良与在南京的蒋介石之间不同意见的主要渠道。
刚到南京，他向蒋介石说明，张学良在对日方针上"始终与
政府一致"，以打消蒋的担忧。后来 11 月下旬，蒋介石计划

---

① 《蒋介石日记》，1931 年 10 月 1 日；《顾维钧贡献对日外交方针》，《申
　报》1931 年 10 月 3 日，第 4 版。《蒋介石日记》记 3 日与顾维钧谈外交。

② Lampson to the Marquess of Reading, 7 October, 1931, *DBFP*, Second
　Series, Vol. 8, pp. 715-716.

北上，张学良有顾虑，不想让蒋到北方来，顾维钧又在蒋面前予以疏通。①

国联在中国提出日本侵略问题后，于9月30日通过了一个决议案，要求日本政府命令其军队从速撤出自9月18日以来所占领的地区。10月5日，中国驻日公使蒋作宾为撤兵问题照会日本外相币原。但10月9日，币原在答复中国照会时提出，在日本撤兵前中日两国政府必须先直接交涉，"两国间应速协定可为确立通常关系之基础大纲数点，此项大纲协定后，国民感情见缓和时，日军始能全行撤退于满铁附属地内"。② 日本的方针是撇开国联，由中日两国政府直接交涉解决事端。

特种外交委员会讨论日本的这一要求时，出现了意见分歧。一些委员主张拒绝日本关于中日直接交涉的要求，而要其遵守国联决议案撤出自事变以来占领的地区。顾维钧对此有不同的看法。他在讨论中说，指望日本听从国联的决议撤军是不可能的，而根据国联盟约，它也无权强制推行它的决议。因此，他主张在国联的监督和帮助下，中日两国直接谈判解决存在的一系列问题。③ 顾维钧的这一主张得到戴季陶、宋子文和另外几位委员的支持，但当时占主导地位的舆论及民心都不赞成对日直接交涉。

顾维钧主张对日直接谈判，是因为作为一个外交官，他认

---

① 《顾维钧致张学良电稿》（1931年10月16日、11月27日），《九一八事变后顾维钧等致张学良密电选》，《民国档案》1985年第1期第13页、第2期第5页。
② 中国国民党党史委员会编《革命文献》第34辑，台北，1984，第904页。
③ 《顾维钧回忆录》第1分册，第416页。

为谈判是解决国际争端的正常方法，而不管这争端有多么严重。如果中国对日本的提议完全拒绝，那么就正中日本之计，使日本可以实行其抗拒国联的策略。在日本外交军事双管齐下的情况下，中国若没有一个切实可行的全盘方针从容应对，一旦失去国际同情，外交形势将更为严峻，单独面对日本更为不利。华盛顿会议期间中日在美英列席下直接谈判解决山东问题的先例，也是顾维钧采用直接交涉策略的重要原因。他在给张学良的电报中提到，"两国直接交涉终难避免。如能由第三者加入旁听，如华府解决山东问题之例，实属上策"。①

直接交涉要得到蒋介石的赞同。10 月 15 日，顾维钧与戴季陶、宋子文在宋家中讨论外交方针，蒋介石亦到场。顾维钧向蒋介石表示，对日方提出的直接交涉总要有所准备。蒋介石答称，如果直接交涉，"至少须设法办到华府办法，由第三国代表旁听为宜"，立场有所改变。次日清晨，蒋介石约见顾维钧。顾维钧再次提出，"此事关系甚大，恐不能全恃国联，亟望政府速定具体方针与步骤，庶不至拖延愈久，收拾愈难"。经过一番讨论，蒋介石同意"撤兵后，如能得国联或第三国之代表加入为公证人，亦可开始交涉"，有条件同意直接交涉，并要顾维钧根据已有草案提出对日交涉大纲若干条。②

此后数日，顾维钧倾全力于制订一个对日交涉的大纲。10

---

① 《顾维钧致张学良电稿》（1931 年 10 月 14 日、15 日），《九一八事变后顾维钧等致张学良密电选》（上），《民国档案》1985 年第 1 期，第 11 ~ 12 页；《顾维钧回忆录》第 1 分册，第 417 页。

② 《顾维钧致张学良电稿》（1931 年 10 月 15 日、16 日），《九一八事变后顾维钧等致张学良密电选》（上），《民国档案》1985 年第 1 期，第 12 ~ 13 页。

月 19 日早晨，顾维钧与蒋介石、戴季陶、宋子文、颜惠庆进行商讨，确定了具体方案。这个方案关于日本撤兵的内容为：（1）日本赶速撤兵，限十日内；（2）日本撤兵后，我方即须接收，须有中立国人员监视；（3）日军未撤完前，国联行政院不能闭会；（4）日本撤兵的时间和地点，应有商议，中立国人员也要参加。针对币原照会提出的两国应定基础大纲，该方案提出中日两国间任何问题不得以武力解决；保持中国领土主权完整及行政统一；日本尊重中国在东三省实行"门户开放"或机会均等之原则；遵从国联盟约和《非战公约》，中日两国不能解决之问题要在国联协赞下用其他国际方法解决。①这是一个调和了诉诸国联与对日直接交涉两种途径的折中方案，期望在不抛开国联或第三国的情况下，通过一定形式的谈判使日本最终撤兵。它显示了顾维钧在对外交涉和对内协调中务实的精神和圆滑的手段，面对复杂情况总能找到解决的办法。

中国政府根据这一方案进行外交努力，国联行政院于 10 月 24 日又通过一决议案，要求日本在 11 月 16 日前完成撤兵，然后中日开始直接交涉两国间悬案。但日本对这一决议案投了反对票，并于 10 月 26 日发表声明，反要求中国尊重日本在中国东北的条约权利，将日本撤兵与所谓日本在中国东北之条约权利联在一起。

日本反对国联的决议使顾维钧感到问题的棘手："国联结果，道德上固属胜利，实际成为僵局，未免令吾进退维谷，夜长梦多，殊堪忧虑。"但他认为中国仍可努力，应该"请各列

---

① 《顾维钧致张学良电稿》（1931 年 10 月 19 日），《九一八事变后顾维钧等致张学良密电选》（上），《民国档案》1985 年第 1 期，第 15 页；《革命文献》第 35 辑，第 1220~1221 页。

强分头劝告东京开始自动撤兵，以便转圜"，"留与日接洽余地"，并"谋一无损双方体面而有利吾国主张途径"。10 月 28日，蒋介石邀顾维钧面谈，他将此意做具体说明，得到蒋的肯定，"深以速觅两全之途径为然"。①

但几天后，蒋介石的态度就改变了。11 月 2 日，蒋介石邀顾维钧午宴，参加者有戴季陶、李石曾、于右任、吴稚晖等国民党元老。蒋介石在谈话中表示："日军未撤尽以前，不与日方作任何接洽，即将来撤兵后如何开议，手续问题亦不拟先表示。"② 这样，蒋介石又回到了原先不以任何形式与日本直接接触而寄希望于国联的立场。蒋介石的这一变化与国民党内以蒋介石为首的宁方与以汪精卫为代表的粤方开始携手有关。③ 但寄希望于国联的方针因为国联的软弱和日本的强蛮必然使中国的外交陷入僵局，无法取得进展。于是，蒋介石决定重用顾维钧，以应付日本侵华引发的外交困局。

九一八事变后不久，担任了 3 年外交部长的王正廷因民众抗议国民政府对日外交软弱并遭示威学生痛打而辞职。国民政府随即任命施肇基继任外长，但施肇基正代表中国在国联活动，并未回国就任，由次长代理部务。11 月 23 日，国民政府任命顾维钧为代理外交部长。5 天后，改任署理外交部长。顾维钧最初并不愿接受这一任命，在给张学良的电报中谈了最终接受的过程："近日蒋主席及国府诸公，屡以外交一席至关重

① 《顾维钧致张学良电稿》（1931 年 10 月 25 日、28 日），《九一八事变后顾维钧等致张学良密电选》（上），《民国档案》1985 年第 1 期，第 19~20 页。

② 《顾维钧致张学良电稿》（1931 年 11 月 2 日），《九一八事变后顾维钧等致张学良密电选》（上），《民国档案》1985 年第 1 期，第 20 页。

③ 参见蒋永敬《顾维钧诉诸国联的外交活动》，《抗日战争研究》1992 年第4 期。

要，嘱弟暂为应代，迭经陈明种种理由，坚辞至再。顾终以国难当前，谅难督责，今日即正式发表代理。"[1] 顾维钧明白，蒋介石是精明的现实主义政治家，知道必须面对对日谈判，但迫于国内舆论压力无法公开表明，而顾维钧主张对日直接交涉，又不是国民党人，因此将他推到了前面。[2]

劝说顾维钧接受外交部长职务的国府诸公中有财政部长宋子文。顾维钧通过宋子文向蒋介石提出了出任外长的三个要求：（1）为了有效执行外交部长的职权，对驻外使领馆应定期发放经费；（2）对外交人员的选任，由外长全权办理，而不须经过政府的特别指示；（3）国民党中央政治会议作为决策机构有权讨论、决定重要问题，但有关外交的决议，外长应事先得到通知。这三项要求都获得同意。[3] 前两项要求基于顾维钧在北京政府主管外交的经验，第三项要求表明他明白出任国民政府的外交部长与担任北京政府外交总长的不同。

11 月 30 日，国民政府举行顾维钧就任外交部长仪式。蒋介石以国民政府主席身份出席，并发表长篇演讲。蒋介石在演讲中说："外交之折冲樽俎，其效力之远，收效之大，有远胜于军事十倍千倍者。亦在乎任之专，而信之笃，使外交当局，得以负责勇进，以收最后之胜利。""今顾署部长就职于危难之秋，受命于存亡之交，深信其必能力肩艰巨，不辱使命"，"布展其抱负，发挥其长才，俾我国外交得以转败为胜，转危为安，庶不负政府与国民期望之殷也。"这篇演讲词由蒋介石

---

① 《顾维钧致张学良电稿》（1931 年 11 月 23 日），《九一八事变后顾维钧等致张学良密电选》（上），《民国档案》1985 年第 1 期，第 64 页。
② 《顾维钧回忆录》第 1 分册，第 425 页。
③ 《顾维钧回忆录》第 1 分册，第 419~420 页。

手书，显示出其对依靠顾维钧以实现外交解决的厚望。①

仪式结束后，顾维钧到外交部就任，对全体人员致辞，称"本人两年来未问政治，今因国难当前，迭接中央党政当局及蒋主席电召来京，参加特种外交委员会，嗣奉令代理外交部长"，"今后希望大家本数年来勘助王部长、李部长之精神，来勘助本人。如有意见，尽可随时提出，以供研究，本人对事当负全责，对人毫无问题"。②

接长外交后，顾维钧即寻找通过外交谈判解决九一八事变的新途径。11月23日，他在已答应出任代理外交部长后对记者说，"依据华盛顿《九国条约》，可请将两当事国纠纷之文件，实行公布，并召开国际会议，根据《九国条约》，以求解决之途径"。③ 在国联难有作为的情况下，这一谈话透露出希望美国介入中日冲突的想法。

这时，东北的局势在进一步恶化。沈阳沦陷后，东北的军政机关并未撤至关内，而是迁至锦州，以显示中国坚持东北主权的决心。但日本军队为占领整个东北，决心夺取锦州，将中国政府机构完全逐出关外。因此，锦州一时成为中日问题的焦点。顾维钧对锦州的重要性有清醒的认识，认为"锦州一隅如可保全，则日人尚有所顾忌。否则东省全归掌握，彼于独立运动及建设新政权等阴谋必又猛进，关系东省存亡甚巨"，而"东省全失以后，所有边患或将次第引起，患隐无穷，关系全

---

① 《蒋中正"总统"档案事略稿本》（以下称《事略稿本》）第12册，台北："国史馆"，2004，第419～421页；《蒋介石日记》，1931年11月30日。

② 《申报》1931年12月1日，第8版。王部长即王正廷，李部长为王辞职后的代理部长李锦纶。

③ 《顾谈对日外交意见》，《中央日报》1931年12月24日，第7版。

国尤大。是以锦州一带地方，如能获各国援助，以和平方法保存，固属万幸。万一无效，只能运用自国实力以图保守"。[1]顾维钧保全锦州的方法是争取列强的支持以维持锦州的中立，如果不行则只有以本国实力进行抵抗。

11 月 24 日晚，顾维钧在美国驻华公使詹森（Nelson Johnson）家中与美、英、法驻华公使会晤，提出了和平保住锦州的设想。他提出，为避免中日在锦州发生冲突，可在锦州及邻近地区建立中立区，倘日本坚持，中国军队可以撤出该地区，但日本必须向三大国保证不进入该地区。顾维钧向三国公使强调，最后一点即日本向三大国保证是中立区计划的关键。他希望三国公使能探询他们各自政府对此建议的反应，三国公使均表示会请示本国政府。[2]

25 日早晨，特种外交委员会讨论并通过了顾维钧的中立区方案。随后，顾维钧面见蒋介石商讨，获得蒋的同意。[3] 当天，国民政府外交部就锦州中立区发表声明，称中国已向国联行政院提议设立中立区域，"如行政院正式采纳此项建议，中国可将锦州一带军队撤至关内。同时，中国政府通知英、法、美在京公使关于设立中立区之意义与方法，请代为转达各国政府。其办法如下：为避免任何冲突及合法解决满洲问题起见，中国循日方之坚请，业已预备将锦州军队撤至山海关，惟须日

---

① 《顾维钧等致张学良密电稿》（1931 年 11 月 25 日），《九一八事变后顾维钧等致张学良密电选》（下），《民国档案》1985 年第 2 期，第 4 页。

② Interview with Mr. Johnson, 1 December, 1931, *Wellington Koo Papers*, box 4；《顾维钧等致张学良密电稿》（1931 年 11 月 24 日），《九一八事变后顾维钧等致张学良密电选》（下），《民国档案》1985 年第 2 期，第 4 页。

③ 《顾维钧等致张学良密电稿》（1931 年 11 月 25 日），《九一八事变后顾维钧等致张学良密电选》（下），《民国档案》1985 年第 2 期，第 4 页。

方给一保证，能使英、法、美满足，表明日方不将军队开入该区，使不侵犯中国之行政权与警权"。

顾维钧提出锦州中立区计划，出于这样两个考虑：日军已开始向锦州进军，中立区计划可避免东北全境陷于日军之手；中立区计划的实现必须由日本向英、法、美等国做出保证，这是让大国尤其是非国联成员的美国介入中日冲突的有效途径。借助西方大国是顾维钧处理对日问题的一贯思路。此外，这也与顾维钧对日本国内政治的了解和判断有关。顾维钧署外交部长后，日本驻华公使重光葵按外交惯例到部祝贺，并表示日本可接受通过列强提出的锦州中立区建议，离开时还转达币原外相的私人口信，希望两国外长能够找出对双方都公允和满意的解决办法，并说尽管在日本国内有压力，仍会为此努力。[1] 顾维钧与币原在华盛顿会议上是对手，但最终毕竟解决了山东问题，这一经历增进了彼此的了解。顾维钧认为，九一八事变是关东军少壮派激进军人所为，而币原的对华外交政策与军人不同。他当然明白，币原的出发点是日本的利益，但通过外交途径解决总比通过军事手段解决要好，这就是他作为一个外交官的想法。

但列强对中国有关中立区的建议并无积极的回应。11月26日，美国公使詹森告诉顾维钧，美国国务卿史汀生（Henry Stimson）建议中国军队从锦州撤至山海关，以避免进一步冲突；美国不愿介入中立区计划，也不愿提供担保。[2] 而英、法

---

[1] Interview with Mr. Shigemitsu, 30 November, 1931, *Wellington Koo Papers*, box 4；《顾维钧回忆录》第 1 分册，第 421 页。

[2] Interview with Mr. Johnson, 26 November, 1931, *Wellington Koo Papers*, box 4；《顾维钧致张学良密电稿》（1931 年 11 月 26 日），《九一八事变后顾维钧等致张学良密电选》（下），《民国档案》1985 年第 2 期，第 5 页。

两国对中立区的建议则没有直接表态。11 月下旬，顾维钧多次会晤英、法两国驻华公使，希望在英、法控制下的国联能采取强硬些的措施。顾维钧告诉他们，国联解决中日问题的方案，至少要增加三条保证：（1）日本停止敌对行动；（2）日本在确定的期限内撤军；（3）以某种形式的中立国监督使日军撤退。他强调，确定日本撤军的期限十分关键，这是中国对国联的最低要求，否则，无法解决目前严重的局势。[①]

有关锦州中立区的外交交涉尚在进行之中，但消息一经传出，立即在中国国内掀起轩然大波，遭到民众的激烈反对。走在最前列的是全国各地的学生，南京、上海、北平、山东等地的学生团体代表纷纷来到外交部，质问顾维钧。

顾维钧进外交部后担任代理次长的金问泗后来写道：

> 九一八事变发生后，吾国民情激昂，学潮澎湃。顾外长就任无多日，金陵大学数十人，到部请愿，反对锦州中立之议，要见顾氏。适顾氏往中央党部开会，不在外部。我以代理次长接见，谓非外长不可。乃与党部打电话，请顾氏返部。陈立夫先生接话，谓可请学生往党部，又不肯往。我乃请其派代表二三人，在客厅接谈，将其请愿各点写出，允为转陈部长……此后数日，学生们又几次结队成群来部，高呼口号，遍涂标语而去。[②]

在出任外交部长的最初几天，顾维钧差不多每天要与几批学生代表见面，向他们解释外交政策，要他们相信他本人捍卫

---

①　Note of a Converstation between Dr. Koo and M. Wilden, 25, 28 November, and with Miles Lampson, 26 November, 1931, *Wellington Koo Papers*, box 4.

②　金问泗：《从巴黎和会到国联》，第 73 页。

中国权益的决心。12 月 2 日，徐州学生请愿团 1300 余人到南京，顾维钧回答他们的提问时表示，"交涉方针，仍本不撤兵不谈判原则"，"一方信任国联和平处置纠纷，一方在原则上仍力求自卫"。① 这样的会面最初还能起到沟通的作用，学生代表会向集结在外交部外面的大批学生做些解释。但随着日本在东北的步步紧逼和国民政府的应对迟缓，学生越来越不满国民政府的外交政策。大批学生包围外交部，有的在墙上大书"打倒卖国贼顾维钧"的标语。

社会各界对顾维钧锦州中立区的主张也强烈反对，每天有大量的电报潮水般地涌到外交部。上海抗日救国会的电报称："不对日直接交涉之主张，已见动摇，就任伊始，应请努力奋斗，以今日全国民众愤激状况，视'五四'者何如？"上海各大学教授抗日救国会的电报警告顾维钧："公长外交，即直接交涉，划锦州为中立区，卖国求荣，不惜为曹、章、陆之续。若不幡然变计，国人将以对曹、章、陆者对公。"江苏同乡会的电报更是直截了当地说，如果不改变现行政策，就炸掉顾家的祖坟。在给张学良的电报中，顾维钧谈到了民间的激烈反应，"京沪各界亦复函诘责，学界态度，尤为激昂，今日外部亦被学生终日包围，无从办事"，"北平学生示威到部，捣毁颇剧"，并颇为委屈地表示，这是"国人误解，认为辱国"，"似此愤激情形，和平方法恐终无效"。②

---

① 《顾维钧答学生问》，《益世报》（天津）1931 年 12 月 3 日，第 2 版。
② 《各团体忠告顾维钧》，《新闻报》1931 年 12 月 4 日，第 13 版；《顾维钧回忆录》第 1 分册，第 423~424 页；《顾维钧致张学良密电稿》（1931 年 12 月 5 日、16 日），《九一八事变后顾维钧等致张学良密电选》（下），《民国档案》1985 年第 2 期，第 10~11、15 页。

即使在国民党内，对锦州中立区的计划也是意见纷纭。蒋介石虽是国民政府的实际掌权者，但国民党内派系林立，争斗与对抗不断。有些人反对划锦州中立区，是因为他们认为这一做法不利于中国；而有些人反对这一计划，就是为了反对蒋介石，希图利用这一点迫使蒋下台。

面对国内的强烈反对和列强的消极反应，国民政府不得不放弃锦州中立区之议。12 月 2 日，国民党中央政治会议决定：东三省事件应积极进行，于国联切实保证之下解决；而锦州问题，如无中立国团体切实保证，不划缓冲地带，如日军进攻，应积极抵抗。顾维钧明白，锦州中立区的计划难以推进下去了。此后，他向美国、法国驻华外交官表示，中国并不赞成锦州中立区计划，并告诉美国外交官，"没有美国的合作，问题无法得到公正的解决"，由华盛顿会议有关各国举行关于中日问题的会议是"最佳方案"，以此探询美国介入中日冲突的可能性。[1] 在顾维钧的对外交涉中，寻求美国的支持总是处在优先地位。

由于锦州中立区计划引起国内反对风潮，顾维钧明白已很难在外交部长职位上有所作为了。12 月初，他提出辞呈，但未获批准。随后，国内政局更加动荡。12 月 15 日，蒋介石因党内反对派逼迫而辞职。由于国民政府面临重新改组，而顾维钧又是蒋介石请出山的，22 日，他再次提请辞职，终获批准。距国民政府公布他代理外交部长的任命，正好一个月。辞职当天，在给张学良的电报中，顾维钧坦露了自己的心情："此次

---

[1] Interview with Mr. Wilden, 4 December, 1931; Conversation between Dr. Koo and Mr. Peck, 13 December, 1931, *Wellington Koo Papers*, box 4.

不避危难，勉当重任，明知无补时限，坚挚难辞，未获如愿。任事以来，昕夕焦劳，心力俱瘁，殊觉不支，准即乞退，离京休养。"但他认为在这一个月中自己还是为国尽职的："此次临危受任，为期虽短，聊尽匹夫之责。"①

九一八事变爆发后的三个月中，顾维钧致力于通过外交途径解决中日冲突。他先倾向于中日直接谈判，后又提议锦州中立区计划。这些主张均遭民众和舆论的激烈批评。作为一名外交官，顾维钧除了寻找外交解决的途径，并无其他施展才干的空间。由于国民政府对九一八事变的应对总体上为放弃军事抵抗，只依赖外交交涉，使得外交无所凭借。加上国联的软弱和日本的蛮横，外交交涉毫无转圜余地。因此，顾维钧这三个月外交活动的失败也就不可避免了。然而就其个人而言，除对通过币原寻求外交解决显得过于乐观外，对局势的分析和应对的策略尚属得体，即使遭到广泛抨击的锦州中立化提议，他也做好"万一无效，只能运用自国实力以图保守"的准备，坚持维护国家主权的基本立场。

辞去外交部长后，顾维钧来到上海，准备稍事休息后北上，到张学良身边以备外交咨询。然而事与愿违，接下来发生的事情使他仍留在了南方。1 月 27 日，下野后准备重掌大权的蒋介石召顾维钧到南京商谈外交，告诉他因外交无人主持，准备另设外交委员会，请顾维钧参加。② 第二天，日本在上海挑起新的战争，"一·二八"事变发生。

---

① 《顾维钧致张学良密电稿》（1931 年 12 月 22 日、24 日），《九一八事变后顾维钧等致张学良密电选》（下），《民国档案》1985 年第 2 期，第 16 页。
② 《顾维钧致张学良密电稿》（1932 年 1 月 28 日），《九一八事变后顾维钧等致张学良密电选》（下），《民国档案》1985 年第 2 期，第 17 页。

　　事变发生后，顾维钧在上海与国民党军政要人张群、吴铁城、黄郛、蒋百里等每天晚上相聚，讨论军情及相关问题。一日，中国军队追击日军至租界边，因担忧引起国际纠纷而停止追击未进入租界。顾维钧知道后叹息道，穷追敌军之际，正不必因租界而有所踌躇，此乃百年一次的机会，错过未免可惜。① 显露出他处理外交事务中刚强的一面。

　　当时国民党中央在上海设办事处，下有外交组，顾维钧被聘为委员，参与到"一·二八"事变后的外交调停中。此时日本希望上海事件单独先行解决，中国方面也有人赞同此点。但顾维钧"力持不可"。因为英、美等国在上海有更多利益，事变后积极介入调停，顾维钧认为中国应该抓住这一机会，坚持中日间问题须一并解决，否则东北问题"益将棘手"。② 由于国联调查团来华在即，他希望先促成中日在上海的停战，以待国联调查团到来后，将上海战事与东北问题一同解决，谋得有利于中国的结局。为此，他与英、美、法三国外交官多次接触，寻求上海停战的办法。2 月 28 日，在英国驻华海军司令的安排下，顾维钧与十九路军参谋长黄强登上英舰"肯特"号，与日本首相私人代表松冈洋右和日本海军舰队司令野村吉三郎"作私人谈话"3 小时，达成撤兵谅解五点。③ 国民政府认可了五点谅解，但日本政府未予回复。稍后，国联调查团抵达上海，顾维钧转向陪同调查团的工作。

---

① 金问泗：《从巴黎和会到国联》，第 86 页。
② 《顾维钧致张学良密电稿》（1932 年 2 月 2 日、4 日），《九一八事变后顾维钧等致张学良密电选》（下），《民国档案》1985 年第 2 期，第 18 页。
③ 《顾维钧致王树翰等转张学良密电稿》（1932 年 3 月 1 日），《九一八事变后顾维钧等致张学良密电选》（下），《民国档案》1985 年第 2 期，第 20 页。

三　国联调查团的中国顾问

九一八事变后，国民政府在诉诸国联时，多次向后者提议组织国联调查团来华调查事变真相，希望以此制止日本的侵略。但由于日本的反对，国联一直无法就中国的提议做出决议。1931 年 11 月下旬，日本占领齐齐哈尔并向锦州进逼之后，自认为对中国东北全境的占领已是既成事实，转而同意国联派调查团到东北调查，企图改变在国联中的被动地位，并以此拖延时间，使国联在调查期间不再采取对日本不利的行动。于是，12 月 10 日，国联行政院通过了有关中日冲突的第四个决议案，决定派遣调查团赴远东调查一切危及国际关系、破坏中日和平或一切足以影响中日两国友谊的事件，同时规定调查团不得过问中日两国政府之间的交涉，不得干涉中日两国军队的行动，调查团的任务只是就中日双方有争议之点写成报告，并不追究责任所在。

1932 年 1 月 21 日，国联调查团正式成立，由英、法、美、德、意五国各派一人组成。英国人是代理过印度总督的李顿（Victor Lytton）爵士，法国人是担任过驻越南法军司令官的克劳德（Henri Claudel），美国人是曾任菲律宾副总督的麦考益（Frank McCoy）。因为李顿担任团长，所以国联调查团也被称为"李顿调查团"。作为当事国的中日两国派出了各自的代表，中方是顾维钧，日方是吉田茂。顾维钧和吉田在调查团中的正式头衔是顾问。

接受参加李顿调查团的任务后，顾维钧集中了不同领域的专家，都是富有外交经验及对东北问题素有研究者，主要成员是以前在北京政府外交部工作的同事和部下，参加过巴黎和会的前驻意大利公使王广圻担任秘书长，担任过外交部参事的钱泰负责文件起草工作。顾维钧先列出调查团可能提出的各种问题的清单，交一个或几个胜任的人对相关问题写出备忘录，每一份备忘录写出后交顾维钧审阅，再做适当修改后由他最后核准。顾维钧自己则起草一份涉及整个中日问题的备忘录《关于中日纠纷问题之总说帖》。李顿调查团来华后，顾维钧向调查团提交了1份总说帖和28份分说帖。这些文件历数日本侵略东北、发动九一八事变等事实，立论严谨，说理充分，对调查团了解日本侵华行径起了重要作用。①

李顿调查团于3月14日从日本到达上海。17日晚，顾维钧假荣宗敬在西摩路的荣宅设宴招待李顿代表团，中国方面出席的有孔祥熙、宋子文、吴铁城等。顾维钧在宴会上致辞，表达欢迎之意："诸君或系政治家，或系军事家，或系外交家，著名于世界。国联指派诸君来华调查中日纠纷，可谓人选确当。鄙人欢迎诸君，因诸君系正义及和平之信徒。国难期间，虽不能作盛大欢迎，然欢迎却是恳诚的、热烈的。"接着阐述中国对调查团的期待：

> 君来自远方，无成见，定能用公平眼光，观察中国……诸君调查期间，当能发现中国人民于中日关系的问题，民气极为激昂。但是诸君作更进一步的研究，便知中国人民的愤慨，实在是武力政策对付中国的反响。表示愤

---

① 《申报》1932年3月14日，第1版；王建朗主编《中华民国时期外交文献汇编1911~1949》第6卷上，第237页。

慨之方式，虽各有不同，或用语言，或用文字，或在购买
外货上表示区别，但无论用何种方式表示，原因却都在中
国以外，且均非中国所控制者。换言之，九月十八日以后
各种事变，影响尤为重大。贵调查委员会的使命，不但中
国重视，世界各国亦深为关切。具有远大眼光之政治家，
苦心孤诣，用国联盟约及《非战公约》，导世界于和平。
然而此项约章，是否能为国际关系之健全原则，是否有保
障和平之效力，现在已成绝大疑问。和平公约，能否实
行，世界前途如何，现均成为问题。然而国联对于现在远
东问题，异常关切，不断努力于维持和平，力图一种永久
之解决，加之美国对于维持和平诚挚之合作，贵团诸君就
地调查真相，鄙人深信对于尊重中国领土行政之完整，必
有相当办法，和平公约尊严，必能重行恢复也。

顾维钧请调查团从中国领土行政之完整来观察中日冲突，
并将其与保障世界和平及国际关系之健全原则联系在一起。李
顿被顾维钧的致辞所打动，在当晚给妻子的信中写道："他用
漂亮的寇松式的英语做了非常雄辩的讲演。"①

作为调查团的一员，顾维钧的任务是为调查团在中国的工
作提供各种帮助和便利，并向调查团表明中国政府的基本立
场。李顿甫抵上海，顾维钧就表示，愿意为调查团在华之行尽
最大的努力——为调查团提供各种资料和便利；联系安排调查
团想会面的任何人和团体；安排访问或视察相关地区。顾维钧

---

① 《顾维钧欢迎词》，《申报》1932 年 3 月 18 日，第 1 版；《李顿赴华调查
中国事件期间致其妻子信件》（上），《民国档案》2002 年第 2 期，第 27
页。寇松为 1919~1924 年的英国外交大臣。

也向李顿阐明中国的基本立场，即在上海停火以后，日本在东北的军事行动也必须立即停止并且撤军。顾维钧告诉李顿，满洲问题即东北问题不是一个地方性问题，也不仅仅是中国的问题，从根本上说，是一个国际问题，因为它的解决有利于国际和平。在两人的会谈中，李顿提出了满洲中立化的建议。顾维钧回答说，这可作为进一步讨论的基础，以探索最终达成协议的可能性。只要有助于中国恢复对东北领土的管辖，国联的帮助就可以接受。他强调，解决满洲问题必须要做到日本撤军和恢复中国的主权。①

李顿调查团抵华后，先在上海视察硝烟未尽的"一·二八"战场，并斡旋中日在上海的停战谈判。日本政府希望调查团在南方多逗留些时日，延缓进入东北的时间，为此坚持调查团应赴汉口等地了解中国的一般情况。顾维钧明白，时间拖延越长，东北问题就越复杂，对中国也越不利。张学良也给他来电报，对此表示担忧："日本设计在用上海事件移转各国对东北视线，兼以压制我中央政府，俾允所求。及见所谋未遂，则又极力使上海事件与东北问题分离，假退让作交换地步。各国自身商务受痛，自然乐为仲连，使上海早日平静。吾人迁就解决，似正中日人分开东北问题之奸计。国联调查团本为东北事件而来，现羁留上海，一面疲于应酬，一面忙作部分问题之和事佬，劳精疲神，北来无期。日人期此机会在东北巩固其伪国，恐调查团到时已成强弩之末。"② 因此，顾维钧极力劝说李顿及调查团尽快北上。在他的努力下，李顿调查团在 3 月下

① Conversation with Lytton, 15, 27 March, 1932, *Wellington Koo Papers*, box 4；Koo to Lytton, 17 March, 1932, *Wellington Koo Papers*, box 5.

② 《张学良致顾维钧》（1932 年 3 月 20 日），*Wellington Koo Papers*, box 6。

旬离开上海，原定在汉口的视察，也只象征性地逗留了一天。

3月29日至4月1日，调查团在南京与蒋介石、汪精卫等进行了四次会谈，顾维钧都参加了。会谈中，汪精卫希望调查团尽快去东北调查事变真相，并表示，中国政府任命的代表顾维钧将全力协助调查团的工作。[①]

4月9日，李顿调查团抵达北平。顾维钧陪同调查团会见了张学良。调查团来中国的首要任务是赴中日冲突的主要地点东北实地调查，但顾维钧能否与调查团一起进入东北却成了一个引人注目的问题。

日本政府为了阻止调查团的正常调查，反对顾维钧进入东北，理由是东北的局势还不正常，日本无法保证顾维钧在东北的人身安全。同时，日本故意散布各种消息，对顾维钧施加心理压力。法国和比利时驻华公使先后到铁狮子胡同来见黄蕙兰，告诉她他们从本国驻东京的使馆获得可靠的机密消息，如果顾维钧去东北的话，他的生命安全会受到威胁。他们劝说顾太太不要让丈夫去冒这一不必要的生命危险。李顿调查团也收到相关的消息，称中国代表在中国东北出现会引起骚乱，如果调查团由顾维钧陪同前往，日本当局将不会对出现的后果负责。[②]

是否随调查团进入东北成了摆在顾维钧面前的一个严峻问题，也是舆论关注的焦点。顾维钧专门给国民政府外交部长罗文干发去电报，表明自己的态度和决心：如果我遭到任何不测或者为国牺牲，我认为那是极大的光荣。作为中国代表那是我的应尽之责。我早就决定献身于中国的事业；在执行任务

---

① 《1932年3月29日至4月1日四次会议记录》，*Wellington Koo Papers*, box 5。

② 《顾维钧回忆录》第1分册，第428页；李顿4月11日日记，《李顿赴华调查中国事件期间日记》，王启华译，《民国档案》2002年第4期，第21页。

时，我自己就像任何一名被召唤去为国战斗的战士一样，义无反顾。①

4月12日，顾维钧在北平接受日本记者采访，列席的还有美国与中国的记者。他向媒体坦然表明自己的态度：

> 日记者问：对于长春来电，所谓满洲国者拒绝中国代表顾维钧博士入满之举，态度如何？

> 顾答：中国遵照上年十二月十日国联行政院决议案，任命代表为调查团之参加员，与日本政府之任命代表为参加员，其情事相同。两方参加员，均为国联调查团份子，故委员长李顿爵士前曾声明对于任何参加员赴满之拒绝，将视为对于调查团全体之拒绝。

> 问：今日已有满洲国存在之事实，是否为调查团及顾代表所知悉？

> 答：中国对于所谓满洲国之存在，未经正式承认，所称由长春发往南京之电报，业已退发电地点，调查团亦不承认此种政治组织。调查团之目的，在调查满洲之整个情形，尤其关于上年九月十八日以后之举动，自"九一八"以后所发生之事变，连同所谓满洲国在内均在调查范围之内。

> 问：顾代表将不顾可以料见之危险，毅然赴满？

> 答：在任何情势之下，代表有偕同赴满之必要。关于调查团全体之安全问题，据鄙人所知，委员团业已向国联报告，国联当然对于东方所派委员之安全，有适当之处置。

---

① 《顾维钧回忆录》第1分册，第428页。

问：执事既不承认满洲国之存在，然则关于调查团之安全，据执事见解，是否应由日本负责？

答：中国并不准备令日本负责。对于安全问题，将为如何适当之处置，应听由国联决定执行之。但满洲既为中国领土之一部分，故国联如不能筹有适当之办法时，中国自必于全体调查团入满时，周密派队护送。

问：谣传此次满洲国拒绝中国代表之举，系有日本之背景，执事之意见如何？

答：此项之举动背景如何，鄙人并不重视，因日本与满洲种种活动之关系，将为调查团彻底调查之一。[①]

顾维钧的坚定态度得到李顿的支持。他告诉日本人，"如果没有中国的顾问，调查团就不会去满洲；如果反对中国的顾问，将被看作是反对整个调查团"，要求他们为调查团的工作提供必要的活动自由，并根据国联决议提供安全保证。[②] 如果调查团无法进入东北开展调查，日本在国际舆论面前将更为被动。面对李顿的强硬态度，日本政府被迫做出让步，不再坚持反对顾维钧进入东北，但声称不能保证他在东北的安全。

在着手准备东北之行时，走陆路还是走海路又成了一个问题。顾维钧向李顿建议，调查团从陆路坐火车由山海关进入东北。这样，一进入东北就是九一八事变后被日本侵占的地方。而日本坚持派军舰接送调查团到大连。顾维钧认为，大连在事

---

① 《顾维钧接见日本记者》，《申报》1932 年 4 月 13 日，第 7 版。
② 李顿 4 月 14 日日记，《李顿赴华调查中国事件期间日记》，《民国档案》2002 年第 4 期，第 22 页。

变之前就为日本所占，并非此次调查开始的合适地点。① 虽然
李顿认为顾维钧的建议合情合理，但在日本的反对下，调查团
最终采取了一个妥协的办法：调查团部分成员在麦考益率领下
由陆路进入东北。顾维钧和调查团的另一部分人包括李顿乘坐
船只先到大连。顾维钧乘坐的是中国海军的一艘巡洋舰。

几经周折到达东北后，顾维钧面临的是十分险恶的环境。
日本政府虽最终没能阻挠顾维钧进入东北，但他一到东北，就
对他实施十分严密的监视。顾维钧住的旅馆，有日本军警日夜
值班。顾维钧一走出自己的房间，就有人紧跟其后。即便是上
厕所，也有人一直跟到门口。还有人在黑夜从窗户闯进顾维钧
秘书的房间。即使李顿也对日本人提供的"保护"十分不满，
认为到东北的第一个星期就是"一个恶梦"，所以易发脾气，
也很抑郁，原因之一是"操心顾维钧博士的安全"。②

不仅行动受到限制，顾维钧在东北期间还确实遇到了生命
危险。顾维钧有每天散步的习惯，工作再忙，也要忙里偷闲去
运动一下。日本人发现他的习惯，在调查团到哈尔滨后谋划在
其散步时行刺，并故意将这一消息传播出来，以对其进行恐
吓。顾维钧获悉了这一消息，"昨今哈市盛传对弟及团员等将
有轨外行动，并谣称中国代表已遇刺"。他明白日本人下此毒
手并非不可能，但他又不愿就此改变散步的习惯，让日本人认
为是屈服于他们的恫吓。第二天，他叫上比平常更多的人，包

---

① 《顾维钧与李顿会谈记录》（1932 年 4 月 15 日），*Wellington Koo Papers*,
  box 4。
② 《李顿给妻子的信》（1932 年 4 月 28 日、5 月 9 日），《李顿赴华调查中国
  事件期间致其妻子信件》，《民国档案》2002 年第 2 期，第 41 页；第 3
  期，第 33 页。

括同行的顾问端纳，一起去散步。途中，有三个中国学生要靠近顾维钧，被突然冲出的日本人带走了。事后，顾维钧得知，这一天日本人确实计划对他行刺，但三个中国学生的出现打乱了他们的计划。后来，日本人还计划炸火车，用对付过张作霖的办法来对付顾维钧，只是由于顾维钧未乘坐那趟火车，才没有出现第二个皇姑屯事件。①

面临险恶的环境，顾维钧以过人的勇气和智慧冷静应对。在给张学良并转外交部长罗文干的电报中，他写道："弟在此地表面力持消极态度，使彼方稍松监视，以便从中周旋。"②虽身受严密监视，许多求见者遭到逮捕，但顾维钧仍想方设法与东北各界包括在东北的外籍人士进行联系，以求揭露日本侵略的真相。以下这封电报可见他的努力及艰难：

> 吾国代表团在沈备受日警监视，华人来访者遭逮捕，往见者被阻，但尚能借助西人暗通消息，搜材料以供调查团参考。吾团抵长春后，被监视益严，即外国顾问出外，亦有便衣日警强制同车，车后复有电驴相随，寸步不离，形同押解……江日（三日）有美教士二人来访，弟在房中接见。忽有长春警察特务共五六人叩门欲入，坚询来客姓氏及所谈何事，弟拒不以告，一面由刘参议访日代表团，未能设法。适李顿秘书阿斯德来访，目睹情形殊为愤慨，一再斥责。该员等乃问中国代表团见客是否得有警厅

---

① 《顾维钧致张学良并转罗文干、汪精卫、蒋介石电》（原件无日期），*Wellington Koo Papers*，box 6；《顾维钧回忆录》第 1 分册，第 435~438 页。
② 《顾维钧致张学良转罗文干》（1932 年 5 月 16 日），*Wellington Koo Papers*，box 6。

许可，该西人等来访事先已否请示警厅。因阿氏痛斥无礼，几酿冲突。酌告以代表见客经李顿委员会许可，警厅无权干涉，彼始离去。当经弟备文向调查团转为抗议，并查明警厅是否颁有禁令，并请保障代表见客之自由。惟是日人处处仗其实力在手，横施胁迫，即调查团亦不能任便行动。如此情形，所谓调查，殆成画饼。至身体之危险与精神之痛苦，犹属事之小者耳。①

直接的交往十分困难，就通过间接的联络。顾维钧通过各种渠道，收到许多东北民众写给他的信。这些出自不同阶层的信有一个共同的内容：表达东北人民不愿做亡国奴的决心。有一封信写道："我们在请愿书上向调查团所说的话是日本人口述的，我们并不同意……你们会在这信中发现我们真正的感情。"有一封出自两个教员的信，询问顾维钧对还在坚持抵抗的马占山、李杜等有何话要说，表示愿意秘密转达。不少东北民众还对顾维钧不顾个人安危来到东北表示敬意："大人重阁国念，不避危险，深蹈虎穴……大人之功绩，万民衔感，举世同钦。"② 所有这一切表明，东北人民坚决反对日本的侵占。顾维钧认为，百分之九十九点九的东北人民反对日本人，这是对日本所谓"满洲国"是由中国人倡议创立之说最好的驳斥。

作为李顿调查团的中国代表，顾维钧除了将他获得的东北民意报告调查团外，还向调查团就开展实地调查提出各种建议。每到一地，他总要向调查团开出一张应访谈人员的名单。

---

① 《顾维钧致张学良并转南京罗文干、汪精卫、蒋介石》（1932 年 5 月），*Wellington Koo Papers*，box 6。

② *Wellington Koo Papers*，box 6；《顾维钧回忆录》第 1 分册，第 435 页。

这些人是他反复考虑精心选择的。例如，挑选美国花旗银行和英国汇丰银行的中国经理，是因为他们可以较少顾忌日本的威胁。为了避开日本人的干扰，顾维钧还会提出访谈的地点。例如，在沈阳，他建议调查团在美国人梅尔斯的住所会见接受访谈的中国人。在调查团到达长春约见伪满洲国执政溥仪前，顾维钧建议应提出这样一些问题：是谁陪同溥仪来到长春的？伪满洲国的发起者究竟是谁？伪满洲国与日本当局是怎样的关系？作为执政的溥仪有什么权力？后来调查团见溥仪时，向他提出的基本上就是顾维钧所建议的这些问题。①

5月4日，李顿调查团就中日双方在东北的军队状况发表初步报告。由于报告涉及所谓的"满洲国"，顾维钧发布声明表明中国的立场。第一，日本军事当局所称"满洲国"字样，应由调查团说明，此为国联秘书长所不容者，除中日双方外，不能默认有第三者。如目前未便辨明，亦应声明保留将来发表意见，以明态度。第二，不能承认所谓"满洲国"军队得替代日本军队，而使日军卸责。第三，不能承认因"满洲国"军队之无力维持东北治安，而日本军队得继续不撤。②

李顿调查团在东北实地考察一个半月时间。顾维钧在极其困难的情况下开展工作，对调查团了解日本侵略东北的真相起了十分重要的作用。结束东北之行后，李顿给顾维钧的信写道："我们在哈尔滨时你给我写信指出，由于行动自由受限以及中国人受到的恐吓，你无法充分履行作为代表团顾问的职责，将中国方面的证人介绍给我们。我们完全知道你面临的阻

---

① *Wellington Koo Papers*, box 5.
② 中央档案馆等编《日本帝国主义侵华档案资料选编：九·一八事变》，中华书局，1988，第451~452页。

碍。如今满洲之行已经结束，我希望能够告诉你，尽管面临诸多困难，我们已经获得了中国方面的证据。我们不仅获得了中立方的信息，也私下访谈了许多中国人。我们还收到了两千多封中国方面的来信，正在翻译和分类。因此，我们可以说在满洲的六周时间已获取了对于理解中国方面立场的充分信息。我们希望你知道此点，并很高兴你会将此消息转告贵国政府。"①

6月初，李顿调查团从东北返回北平，着手起草报告书。在调查团起草报告书期间，顾维钧与各代表保持接触，力图使他们接受中国的观点，揭露日本侵华的真相。当日本关东军司令被任命为日本驻伪满洲国大使时，顾维钧马上提醒李顿注意这一事实，"此举与日本吞并朝鲜前的举动一样"，"表明日本承认在我东北各省建立的非法政权并最终吞并这片领土的企图"。报告书初稿出来后，他仔细审阅，以求报告书在叙述事实方面能如实反映中国政府的观点和中国提供的情况。6月中旬，汪精卫、宋子文和罗文干从南京专程北上，顾维钧安排他们与李顿进行了3次会谈，以对报告书的拟定施加中国方面的影响。②

除了积极协助、配合李顿调查团的工作，顾维钧还认为，中国不能放弃自身的努力，应该利用各种途径特别是经济手段对日本施加压力。7月中旬，他致电行政院长汪精卫："日方态度显著无可理喻，在我亟应设法自救，以助国联力之所不逮。一面外交军事积极准备进行，一面尤以经济抵制完全操之于我，轻而易举，亟宜努力，秘密提倡。"他还同时致电《申

① Lytton to Koo, 7 June, 1932, *Wellington Koo Papers*, box 5.
② Koo to Lytton, 29 July, 1932, *Wellington Koo Papers*, box 5; Conversation with Lytton, 19, 20 June, 1932, *Wellington Koo Papers*, box 4.

报》总经理史量才和中华职业教育社黄炎培，希望他们以自己的声望"登高一呼"，号召对日经济抵制，"力与国内商界领袖密筹长期奋斗办法，手续务求严密，宗旨务求贯彻，使举国商界同心一德，努力进行，毋稍懈怠。示我人心未死，保我民族精神、国家前途"。①

8月下旬，李顿调查团报告书的起草工作完成，顾维钧在调查团的使命也告一段落。

四　密谋改善中苏关系

1932年上半年，顾维钧主要致力于协助李顿调查团的工作，但他的外交视野并没有仅局限于国联一途。在他看来，为对付日本的侵略，中国的外交还另有施展的空间，苏联就可以是中国对付日本的重要外交伙伴。虽然1929年中东路战争后，中苏之间中断了正常的邦交，但苏联与东北在地理上接壤这一事实，决定了它在九一八事变后中国外交战略中的重要地位。因此，顾维钧主张并推动中苏关系的正常化。

4月23日，随李顿调查团逗留沈阳期间，顾维钧会见了苏联总领事齐那门斯基（Zinamensky）。当时正传闻苏联在与伪满洲国商谈建立外交关系，顾维钧在劝阻苏联不要与伪满建立关系后表示，"中国与苏俄之间外交关系的恢复只是时间问题"，中国希望推进两国间关系的进展。他向齐氏表明了自己对东北问题及两国关系的基本看法：东北问题对中国至关重

---

① 《顾维钧致汪精卫》（1932年7月）、《顾维钧致史量才、黄任之》（1932年7月16日），*Wellington Koo Papers*，box 6。

要，也值得引起苏联的重视。如果中苏合作找到和平解决东北
问题的途径，不仅东北问题本身可以解决，中苏关系及苏联与
美国的关系也能得到解决。这样，苏联就能与中国和其他列强
站在一起，孤立日本，从而确保远东和平。齐氏对顾维钧的看
法表示赞同，并答应向莫斯科报告。①

与齐那门斯基会谈结束当天，顾维钧致电行政院长汪精
卫、军事委员会委员长蒋介石、外交部长罗文干和行政院副院
长宋子文，就对苏关系对解决东北问题以及整个中国外交的重
要意义提出自己的看法："东省问题，将来无论用外交或武力
解决，苏俄态度关系匪浅。""目前苏俄对日利害根本上与我
相同，设使日军侵入俄境，势必抵抗。其对北满权力不愿为日
侵夺，然亦不肯因此单独与之抗衡。倘吾国不与接近，彼必由
消极反对政策改为与日敷衍。""吾若不及早与俄接近，从长
协定一切问题，恢复邦交，日必先发制吾，届时日俄或俄满成
立协约，则吾虽有国联与美主持公道，恐日本以（已）无后
顾之忧。""即无日俄或俄满协约，国联与美欲实在解决东省
问题，亦不能不得苏俄之赞助也。假使外交不能奏效，在吾最
后须诉诸武力，则苏俄对吾之政策尤为全局关键之一。"顾维
钧向国民政府建议："苟能妥拟交涉方案，慎选使节，折冲得
人，当不难消释前嫌，预防后患，以收外交之效而祛内顾
之忧。"②

顾维钧提出对苏关系建议时，朝野上下也出现恢复中苏邦
交的呼声。5月2日，外交部长罗文干对记者谈外交时说，

① Conversation with Zinamensky, 23 April, 1932, *Wellington Koo Papers*, box 4.
② 《顾维钧致汪院长、蒋委员长、罗部长、宋副院长》，*Wellington Koo Papers*, box 23。原件只署漾日，根据电报内容，当为1932年4月23日。

"迩来恢复中俄邦交声浪日高，政府对此问题正熟筹中。设苏联果有诚意，依据平等互惠原则与我国复交，则我亦不妨善意考虑，以促实现"。① 5 月中旬，《申报》接连两天发表时评，提出"试问我国今日在外交上之与国何在"这一问题。在分析美、英、法各国对华关系之长短后，指出"独有苏联为太平洋问题中最应注目之一要角"，"我对苏联复交，在外交之局势上可收互相依庇之效"。②

在这一背景下，国民政府将对苏复交提上了议事日程。5月 19 日，国民党中央政治会议原则上议决积极准备对苏复交，并责成外交部长罗文干和驻日公使蒋作宾起草复交方案。5 月下旬，罗文干与蒋作宾草拟了《中俄复交意见书》。罗、蒋两人提出，对苏复交前，对外应先与美国等国联络，表明"中国政府并无与苏联为任何军事或政治上结合之意思"；对内应做适当宣传，表明"防共与复交纯属绝对二事"，"俾对内对外，不致发生误解"。关于复交的具体步骤，他们认为有两个途径，一是不附加任何条件，通过互换照会恢复两国关系；二是两国先缔结互不侵犯条约，然后复交。③ 6 月上旬，国民党中央政治会议做出决定，着手与苏联谈判恢复邦交，具体步骤采纳罗、蒋建议的第二个途径，即以缔结互不侵犯条约为复交的先决条件。

由于对改善对苏关系已有建议，因此 6 月初刚从东北回到北平，顾维钧就收到罗文干的信函，请他对复交方案发表看

---

① 《罗文干谈外交》，《申报》1932 年 5 月 3 日，第 8 版。
② 《论对苏复交与防遏共产》《从国际情势谈到中苏复交》，《申报》1932年 5 月 12 日、13 日，均第 3 版。
③ 《中俄复交意见书》（1932 年 5 月），*Wellington Koo Papers*，box 23。

法，提供"真知灼见"，以作"政府指针"。①

顾维钧对罗、蒋建议并经国民党中央政治会议批准的先缔约再复交的方针有不同的看法。他认为，两国间如缔结互不侵犯条约则类似订同盟条约，"在我如欲收效，须将两国间重要悬案及将来彼此对外政策，开诚交换意见，先资谅解，否则误会未祛，易滋纠纷，且多流弊"。因此，先订约必然使两国关系的发展拖延时日，甚至遇到障碍。顾维钧的看法是，发展对苏关系"重在谅解，不在订约复交，既有谅解，订约复交徒为形式"。② 从中国外交的全局着眼，他希望尽快推进中苏关系。

基于这一看法，并且罗、蒋在《中俄复交意见书》中也提到派专使赴苏"准备与苏商议"，顾维钧提出利用他自己与苏联副外交人民委员加拉罕在之前谈判中苏建交时建立起来的个人关系，派私人代表赴苏沟通两国关系。这一建议得到了国民政府的首肯。

顾维钧选派的私人代表是一名在中国已生活了二十多年的加拿大建筑师何士（Harry Hussey）。何士民国初年来华，是洛克菲勒基金会聘请的建筑师，参与了协和医学院的建筑设计。③ 来中国后，他与顾维钧建立了终身友谊，与加拉罕也相识，是充当中苏沟通私人代表的合适人选。顾维钧为何士的秘密使命亲拟了四份文件：训令大纲、训令专条、口授各点和致加拉罕信函。

"训令大纲"阐明了国民政府的对苏方针和推进邦交的具体做法：

---

① 《罗文干致顾维钧》（1932 年 6 月 3 日），*Wellington Koo Papers*，box 23。
② 《顾维钧致罗文干》（1932 年 6 月 25 日），*Wellington Koo Papers*，box 23。
③ 《顾维钧回忆录》第 7 分册，中华书局，1988，第 509 页。

一、最近各领袖在南京一度会议，决定设法与苏联成立一种谅解，俾便从速恢复两国外交上之关系，并以此种关系置于好意的及邻谊的巩固基础之上。此项决定旋由政府军政当局第二次牯岭会议确定。

二、其进行方法系派遣私人可靠代表前往，一以免除他方面过分注意，一以使尽量自由交换意见一层易于办到，以备将来派遣正式代表商订协定，使两国关系置于巩固的及友谊的基础之上。

三、假使对于专条内所指各项问题，原则上成立谅解，乃由双方派遣全权正式代表，在天津或海参崴或其他双方同意之地点会晤，以便根据此项谅解，商订协定。

四、倘苏联方面提出有须讨论之问题，可予考量。

"训令专条"列出了中苏双方应互相沟通达成谅解的一些问题及中国的期望：关于日本侵略东北问题，提出苏联可通过参加国联行政院讨论、参加有关国际会议、对中苏日三国接界地方由三国订立互不侵犯条约等方法与中国合作；关于中东路问题，提出应询问苏联是作价让予中国还是继续保留权益；关于外蒙古问题，要求苏联保证不加干涉。此外，还提出双方表示愿订互不侵犯协定等问题。"口授各点"强调了"以谅解好意为基础"恢复两国关系的方针，并表示"中美苏三国之合作可以保证东亚和平，中国可为他两国之介绍者"。在致加拉罕的信函中，顾维钧表示，何士的使命"系得汪精卫和罗文干两先生之同意。再者，鄙人与何士君结交已二十年，伊为鄙人最为信任之友。凡鄙人所知南京政府之各种意见，当由何士君向阁下开诚转达。盼望阁下亦以同样之开诚信任态度，将贵政府意见告知何士君"。"希望通过何士君与阁下秘密交换意见，俾得从速恢复邦交，并将两国邦交置于谅解好意之巩固基础之上。"①

顾维钧在"训令大纲"和"训令专条"中虽也提到双方商订协定，但并不作为复交的先决条件，而是强调双方应达成谅解，以从速恢复邦交，这是何士使命的主要目标，也是顾维钧认为改善和推进中苏关系的关键之点。这与国民政府既定的以缔约为复交先决条件的方针存在着差异。

6月下旬，何士衔命赴苏。在何士赴苏之际，国民政府对苏外交正三管齐下，齐头并进。南京命令中国驻国联代表颜惠庆利用出席国际军缩会议之便，与苏联外交人民委员李维诺夫（Maxim Litvinov）就中苏复交事进行接触。根据南京的指示，颜惠庆在与李维诺夫交谈中，提出了先缔结互不侵犯条约再复交的主张。与此同时，在莫斯科中国使馆的官员王曾思也奉命向苏联外交部东方司长转达中国政府缔约复交的意愿。

顾维钧是在何士出发之后从报上获悉对苏交涉同时还有其他两条渠道，而且中国方面在交涉中提出了先缔约的要求。虽然目标同为推进中苏复交，但颜、王的交涉方针与何士使命大相径庭。于是在7月1日，顾维钧从北平给在南京的罗文干发了一份电报，表明自己的看法：

> 鄙意对俄重在谅解，使两国间利害相同之各点彼此彻底了然，方可冀于东案收国际上协力之效。倘未得此种谅

---

① 四份文件均见 *Wellington Koo Papers*, box 23。其中致加拉罕函署"二十一年六月二十一日作于北平"。

解，则无论先复交或先订互不侵犯条约，在彼已不重视，在我恐亦无裨实际，殊非彻底解决之方。再者，此事进行，一面固须极端机密，以防他方破坏，一面似尤宜确定步骤，以免或有参差。管见所及，率直奉陈，仍请兄商承精卫院长酌夺进行为盼。①

电报中对南京既同意何士使命，又命令颜、王等交涉，多管齐下而方针不一，委婉地表达了不满。

但南京并不愿放弃将先缔约再复交作为对苏交涉的既定方针。由于颜惠庆与李维诺夫接触之初，李氏表示对中国的提议可以考虑，南京对实现先缔约再复交相当乐观。罗文干告诉顾维钧，颜李会谈"尚属接近"，对中国的提议李氏"允考虑后早日答复"，并表示何士使命可与颜李会谈同时进行，并行不悖。②

然而，中国先缔约再复交的提议在颜李会谈进行不久就遭到了苏联的拒绝。7月6日，李维诺夫告诉颜惠庆，苏联不赞同中国的提议，因为两国之间没有外交关系，"若没有这样的关系，将会大大降低两国间协议的重要作用"。但是，"一旦中华民国同苏联之间的外交关系得以恢复，我国政府就将准备着手讨论同中华民国缔结互不侵犯条约的问题"。苏联政府的立场是："不反对立即无条件复交，此举之后，互不侵犯条约将是复交的自然结果。"③ 先缔约还是先复交成了中苏交涉中

① 《顾维钧致罗文干》（1932 年 7 月 1 日），*Wellington Koo Papers*，box 23。

② 《罗文干致顾维钧》（1932 年 6 月 29 日、7 月 3 日），*Wellington Koo Papers*，box 23。

③ 《李维诺夫致颜惠庆的信》（1932 年 7 月 6 日），《近代史资料》总 79 号，中国社会科学出版社，1991，第 198~199 页。

的一个难解之结。

7月15日，何士抵达莫斯科。但他的使命并没有如预期的那样顺利。到莫斯科后，何士虽然很快就与加拉罕的秘书见了面，并请其将顾维钧的信函交给加拉罕，但却一直无法与加拉罕本人会面。加拉罕推托与何士会面的理由是，他的上司苏联外交人民委员李维诺夫正在日内瓦与中国代表颜惠庆商谈两国复交之事，因此他有所不便。不过何士在给顾维钧的电报中，仍乐观地表示不日可与加氏晤面。①

罗文干在获悉此情后致电顾维钧询问："如始终被拒，殊觉进退维谷，兄意如何？"②顾维钧在获悉何士无法见到加拉罕后，一面指示何士告诉苏方，这一使命并不与颜惠庆和李维诺夫之间的会谈冲突，反而有助于加快两国的复交，一面于7月21日致电罗文干再次表达对中苏交涉的意见："对俄事订约复交先后次序原非旨要，重在将两国间利害各点开诚交换意见，使彼此彻底谅解。否则，无论订约复交，恐仍不能对东案收国际上协力之效果。"此电仍指出与苏联达成谅解为改善中苏关系之关键，含蓄地批评了先缔约再复交的方针，并强调改善对苏关系对东北问题的重要性。对于何士之行，顾维钧提醒罗文干，"此事经兄赞同后方肯首途"，"今颜王等既在与俄接洽之中，喀氏（即加拉罕）未能即见某君（即何士）自属意料中事项"；"如喀氏仍以颜李正在谈判进行踌躇不见，则可

① Hussey to Koo, 20, 24 July, 1932, *Wellington Koo Papers*, box 23. 何士在他的回忆录中谈到此次访苏，曾赴加拉罕办公室做一长谈，见 Harry Hussey, *My Pleasure and Palaces: An Informal Memoir of Fourty Years in Modern China*, Doubleday, New York, 1968, p. 311。但他致顾维钧的电报中未提到与加拉罕见面。
② 《罗文干致顾维钧》（1932年7月20日），*Wellington Koo Papers*, box 23。

电某君离俄赴瑞，将所携非正式训令密交颜代表，接洽后即回国。事虽未成，于我无损"。原先对何士使命满怀期望的顾维钧显得颇有些无奈。①

顾维钧发出此电次日，就收到罗文干的一封电报。该电首先转述了王曾思对何士之行的报告："何士求见加拉罕，日来仍无端倪，现又书面请求。据近来经验以测之，恐仍难达其目的。苏联注重实际，不重面子，注重权责，不重个人。对于用私人名义交换意见一节，向所婉拒……难望变更。"虽然罗文干未对王曾思的电文加以评论，但接下来的一段话表明了他的态度："现在似此情形，此间只好拟令颜代表与李维诺夫商谈复交手续。何士行止究将若何，祈裁示弟。"② 实际上表达了终止何士使命的意思。

何士使命最初曾获得罗文干的支持，因此罗的这一态度令顾维钧十分不快。收到该电当晚，他复电罗文干，表示对何士之行的看法与他"相左"："何士此行并非去卖个人面子，王委员未免误会。不过兹事体大，关系重要，不得不设法明了彼此真意，俾达到我方此次复交之目的，而免日后之纠纷……但临渴掘井，本无两全之道。尊意如以为时机迫切，请即由兄照尊旨电令颜代表与李维诺夫商谈复交手续，一面即由弟照马电（即 21 日顾致罗电）所陈，电告何士离俄赴瑞，将所携文件面交颜代表后克日回国。"③

毕竟顾维钧在外交界的资望高过罗文干，而且何士使命又

---

① Koo to Hussey, 22 July, 1932;《顾维钧致罗文干》（7 月 21 日），*Wellington Koo Papers*，box 23。

② 《罗文干致顾维钧》（1932 年 7 月 22 日），*Wellington Koo Papers*，box 23。

③ 《顾维钧致罗文干》（1932 年 7 月 22 日），*Wellington Koo Papers*，box 23。

确实是其同意的，接到顾维钧来电后，罗文干急忙回电解释，表示自九一八事变后，"俄事一再蹉跎，致成难题"，自中央政治会议决定对俄复交从签订互不侵犯条约入手后，即先后令王曾思和颜惠庆与苏方接触，但进展不大。"是时兄适有派某君赴莫与加氏私人接洽之议，弟等亦认为此着未始非打开僵局之一法，故予赞同。"但目前苏联坚持先复交，政府对此认为"时机尚早，则苏联既未直接催迫，似可暂搁置"。对于何士使命，罗文干认为，"如能办妥，宁非佳事？惟证之既往接洽情形，某君终能晤见喀氏，亦难成功。在兄见于国际形势，欲借私人接洽与俄彻底谅解；在政府因洞悉俄方态度，欲依复交订约顺序渐次获得谅解。骏人（颜惠庆字——引者注）在欧与李维诺夫会晤较易，故令商谈。殊途同轨，原无异致"。罗文干表示，在目前情况下，何士只能先赴日内瓦，将所持训令交颜惠庆后回国。①

罗文干的这一电报表明，由于坚持先缔约再复交的方针，南京将颜李会谈作为改善中苏关系的主要渠道。这样，何士使命实际上就显得多余了。顾维钧接电后即致电何士，告诉他继续留在莫斯科只会面临困境，而无法取得任何进展，要他结束使命离苏赴瑞士。② 8 月 4 日，何士到达日内瓦，次日与颜惠庆见面，仍照顾维钧意见反对签订互不侵犯条约。③ 顾维钧一手谋划的何士使命就这样无果而终了，其主因是国民政府先缔约再复交的方针。顾维钧此时的主要工作在李顿调查团，但对改善中苏关系倾注了很大精力，显示出对中国外交全局的总体

① 《罗文干致顾维钧》（1932 年 7 月 23 日），*Wellington Koo Papers*，box 23。
② Koo to Hussey, July 27, 1932, *Wellington Koo Papers*, box 23。
③ 《颜惠庆日记》第 2 卷，第 676~677 页。

思考和把握。

中苏之间的谈判一直拖到 1932 年的年底才打破僵局。12 月 12 日，在中国放弃先缔约再复交的方针，接受了苏联无条件复交的主张后，颜惠庆与李维诺夫在日内瓦互换恢复两国外交关系的照会。此时，顾维钧作为中国出席国联的代表也在日内瓦。他后来回忆道："我同苏联恢复关系出人意料，在日内瓦引起轰动，给人以良好印象。因为时机适宜，此举使日本慌了神，使中国在国联的朋友得到鼓舞。"① 中苏最终复交的进程表明，顾维钧重在双方达成谅解的方针要比先缔约再复交的方针更切实可行，更有助于改善和推进中苏关系。

---

① 《顾维钧回忆录》第 2 分册，中华书局，1985，第 98 页。

第七章　抗日外交第一线

一　在国联讲坛上

1932 年 9 月，顾维钧在离任驻英公使整整十年后，再次赴海外出任中国驻外使节，回到他最擅长的岗位上。

这一年上半年，在任命顾维钧为李顿调查团顾问时，国民政府就考虑在调查团完成实地调查后，派他赴日内瓦在国联讲坛上代表中国。而作为中国驻国联代表的颜惠庆因独木难支，也在催促南京请有国联经验的顾维钧及早赴欧。① 中国驻国联代表通常同时出任中国驻欧洲某个国家的使节，如顾维钧出任中国驻国联首任代表时是驻英公使。因此，国民政府决定让顾维钧仍出使伦敦，以收驾轻就熟之效。

但接下来发生的一件事，却使顾维钧的任所从伦敦换到了巴黎。差不多在任命顾维钧的同时，国民政府决定任命郭泰祺出任驻法公使，顾维钧也将郭介绍给了法国驻华公使。但郭泰祺与法国公使会面后，却来与顾维钧商量要互换任所。原来，郭泰祺发现法国人不愿讲英语，而他自己又不懂法语，到法国不免尴尬。在当时的中国外交官眼中，伦敦的地位要高于巴黎。因为近代以来英国一直是在华影响最大、投资最多的国家，出使英国要比出使法国重要、显赫得多。但顾维钧还是答

---

① 《颜惠庆致外交部》（1932 年 7 月 25 日），*Wellington Koo Papers*，box 8；《颜惠庆日记》第 2 卷，第 674 页。

应了郭泰祺的请求。因为他认为，巴黎是观察国际形势和国际关系的重要场所，是欧洲传统的政治中心，与国联总部日内瓦也近在咫尺。此外，他还有一个个人的考虑。他在哥伦比亚大学时学过法语，多年不用，已经生疏，但他一直有说好法语的愿望，喜欢法语的优美、文雅，认为它适合于错综复杂、变幻莫测的外交事务，是外交场合的正式语言，一个好的外交官应该能用法语交谈。行政院长汪精卫同意了这一调换。① 有意思的是，9 年以后，郭泰祺的驻英大使职位又是由顾维钧接替的。

10 月初，顾维钧抵达巴黎，主持中国驻法使馆。上任伊始，虽然使馆事务繁杂，但顾维钧的主要精力不得不花在国际联盟方面。到巴黎还不满一个星期，国书尚未来得及递交，他就匆匆赶往日内瓦，履行作为中国驻国联代表的职责。此后，他就频繁来往于巴黎和日内瓦之间。

中国驻国联代表团由三位代表组成。首席代表是颜惠庆，还有一位代表就是驻英公使郭泰祺。此外，还有几十名随员，都是各方面的专家。在中国的驻外机构中，国联代表团称得上规模庞大了。此时的驻法使馆只有十一二人。国民政府对国联的看重于此可见一斑。

顾维钧到日内瓦时，中国代表团面临的主要问题是如何应对刚发表的李顿调查团报告书。李顿调查团在中日两国实地调查历时半年，于 8 月底完成报告书，10 月初经各代表签署发表，交国联审议。这一报告书共有十章，前八章着重叙述日本发动九一八事变以来的局势，后两章提出解决中日争端的建议。顾维钧对报告书的基本看法是：“前八章关于事实的叙

---

① 《顾维钧回忆录》第 2 分册，第 8~9 页。

述，看来是正确地反映了满洲的形势，但最后两章（包括建议）则似乎很受既成事实的影响。报告书还应该提供更多的材料来说明日本一贯的扩张政策，以及为执行这种政策而长期准备的满洲军事行动计划。"①

10 月 11 日，顾维钧与颜惠庆、郭泰祺联名致电南京，就中国在即将举行的国联行政院会议讨论李顿报告书时应取对策提出建议：

> 李顿报告，迭探各方空气，并经惠等详加研究，原报告九、十章过于迁就事实，与前八章不相呼应，自未能尽满人意。但东案发生，业逾一载，三省人民，水深火热。拖延愈久，收拾愈难。如国内一时别无办法，似可接受报告书为讨论之根据。

同时，他们认为，在接受报告书时应发表声明，表示中国不承认日本侵略所得之结果、保留赔偿责任等。②

对完全依靠国联解决中日问题，顾维钧在九一八事变爆发之初就持保留态度，但既然出使国联，就希望充分利用国联这一讲坛，争取各国支持，创造有利于中国的外交局面。正如他在代表团内部讨论时所表达的："李顿报告书及其建议，无论修改与否，日本方面都会断然拒绝。重要的是，在中国一方应该确定并表现出公正合理的立场，这样做既可获得国内广泛的

---

①　《顾维钧回忆录》第 2 分册，第 58 页。
②　《颜、顾、郭致外交部》（1932 年 10 月 11 日），*Wellington Koo Papers*, box 8。

支持，又能引起国际舆论的重视与同情。"①

顾维钧等的建议得到了国民政府的基本认可。外交部长罗文干给代表团的指示称："李顿报告书经政府当局审慎考虑后，认为在不妨害中国主权、领土与行政完整秩序之下，有不少部分可按其原则进行东北问题之磋商。"但"九、十两章建议，几完全注重日本希望与其在东三省之实力，而将九月十八日责任弃置不顾。吾国不能不要求国联为必要之修正"。罗文干还转达了蒋介石的指示："对于报告书宜采取温和态度，不可表示过度之反抗。"国民政府对国联仍寄予较高的期望，"中国政府对于国联之信仰始终不变，深信经此次调查团努力之后，国联必能确定办法，为中、日谋一公平适当之解决"，延续了"九一八"以来依赖国联解决的方针。②

中国驻国联的三位代表只有一人可以代表中国出席国联行政院会议并发言。顾维钧来日内瓦之前，这一工作是由颜惠庆担任的。因为国联行政院将讨论李顿报告书，而顾维钧自始至终参加了李顿调查团的工作，颜惠庆向外交部提出由顾维钧接替他在行政院的工作。外交部同意了这一建议。

11 月 21 日，国联行政院开始讨论李顿报告书，行政院会议也就成了中日两国唇枪舌剑的战场。顾维钧代表中国出场，日本代表是以主张对华采取强硬政策而闻名的松冈洋右。"一·二八"事变时，顾维钧在上海与他见过面。首先发言的松冈极力为日本的侵华政策辩护，不但对李顿报告书中的事实部分予以否认，而且对被中国代表认为已过于迁就日本的最后

---

① 《顾维钧回忆录》第 2 分册，第 71 页。
② 《罗文干致代表团》（1932 年 10 月 16 日、17 日），*Wellington Koo Papers*, box 8。

部分也加以拒绝。作为一名外交官，松冈能言善辩，在行政院会议上极尽玩弄辞藻之能事。顾维钧承认，他的确是一个对手。但论辩论技巧，顾维钧毕竟是常青藤名校辩论赛中的佼佼者，更何况正义和公理在中国一边。

轮到顾维钧代表中国发言了。他一开头就针锋相对地驳斥松冈的论点，指出日本对中国东北的侵略是其大陆政策的具体表现，并一一列举甲午战争以来日本对华侵略行径。在称赞李顿调查团工作的同时，顾维钧依据报告书的调查结果提出三条补充原则：第一，不得纵容侵略；第二，被侵略国家对被侵略造成的损害有索赔的权利；第三，日本撤军是解决争端的先决条件。发言的最后，顾维钧将中日争端的解决与维护国联宗旨联在一起，以引起行政院成员的关注："《报告书》对一些事实的调查和结论进行了透彻的论述。现在是国联采取快速并有效行动的时候了。继续优柔寡断将不仅给三千万东北人民带来更多的流血和更深的苦难，而且将不可挽回地动摇世界人民对这伟大的和平体制的普遍信心。""这将不仅置中国于生死存亡的危险境地，而且国联本身的地位也受到挑战。"①

在接下来的几天中，顾维钧与松冈继续舌战。路透社记者报道称："中国代表顾维钧与日代表松冈相对而坐。当松冈演说时，顾代表默坐静听，面色异常安详。"在激辩中，顾维钧不仅义正词严，也时有诙谐的语言，以增强论辩的效果。松冈多次指责中国民众抵制日货是排日，是变相战争，顾维钧回答道，抵制日货是一种自卫措施，是中国民众的一种抗议形式，随即话锋一转，"若抵制日货为变相战争，则中国甚欢迎日本

①　金光耀、马建标选编《顾维钧外交演讲集》，第21~40页。

之排华，而不欢迎日本之占领东三省也。"这番揶揄日本的话引得全场大笑，而松冈之尴尬可想而知。①

顾维钧的发言取得了良好的效果。11月28日，国联行政院不顾日本的反对，通过将李顿报告书送国联全体大会的提案。12月6日，国联大会召开关于中日问题的特别会议，通过决议将中日问题交十九国委员会，要求该委员会研究李顿报告书，草拟建议提交全体大会。十九国委员会是国联为处理中日问题而成立的一个专门委员会。

为使十九国委员会向大会提交的报告尽可能有利于中国，顾维钧与各国代表广泛接触，向他们阐释中国的立场，争取对中国的支持。12月12日，他与颜惠庆、郭泰祺邀请英国外交大臣西蒙（John Simon）午餐，告诉他中国认为国联最低限度应该做到：（1）通过李顿报告书中的调查结果；（2）发表一项不承认"满洲国"和不与"满洲国"合作的声明；（3）对拟议中的调解规定一个基础。对于一个领土被侵占的国家，这些要求实在是低得无法再低了。但西蒙认为，中国的第一项要求是有力的，而其他两项要求却是不明智的，因为会被日本看作对它的威胁而遭到反对。② 英国最担心的就是激怒日本。

英国是国联的台柱，西蒙的态度使中国代表团对国联解决东三省问题的前景产生担忧。12月15日，顾维钧与颜惠庆、郭泰祺联名致电外交部，就接下来的外交应对提出建议："国联懦弱无能日益表露，吾人至相当时机，如决议案与我方希望相距太远，须有坚强之表示。或由代表团退席辞职，或由政府

---

① 《顾维钧两次舌战松冈（路透社电）》，《申报》1932年11月25日，第3版。

② 《顾维钧回忆录》第2分册，第97页。

表示变更政策之意。以国联既不能公平解决东案，中国只得另谋出路，同时采取积极自卫自救办法。"提醒政府做好采取强硬政策的准备。①

尽管事态发展不尽如人意，但中国代表团并没有放弃外交上的努力。各国驻日内瓦的代表很多也是本国驻巴黎的代表，顾维钧以驻法公使的身份积极与这些外交官会晤沟通，争取他们对中国的支持。那些中等国家如波兰、捷克、西班牙对中国更具同情心，顾维钧与他们的联络也就多一些成效。

1933年2月14日，十九国委员会通过了关于中日冲突的报告草案。10天后，国联特别大会除日本投票反对外通过了报告。这个报告肯定了李顿报告书的调查结果，不承认"满洲国"，对中日冲突提议由当事国双方在国联组织的委员会帮助下进行谈判。它大体上符合中国代表团提出的最低要求，表明顾维钧等的外交活动取得了一定成果。日内瓦外交界对报告的普遍反应是，这是中国在道义上和外交上的胜利，而日本则完全被孤立了。

顾维钧与颜惠庆、郭泰祺在对该报告加以研讨后，向国民政府汇报了他们的看法。他们认为，这个报告对中国有利和不利之处各有三点。有利之点是：中国对东北的主权获得承认；国联会员国承诺在法律上和事实上都不承认"满洲国"；日本在东北铁路区以外的军事行动及扶持"满洲国"的行动均遭到谴责。不利之点是：日本撤军将取决于日本是否愿意与中国谈判；对日本一旦拒绝国联建议无应对办法；若日本不接受此

---

① 《颜、顾、郭致外交部电》（1932年12月15日），*Wellington Koo Papers*, box 9。

报告，而中国宣布东北自治，无异于中国受到惩罚。对于中国下一步应如何行动，他们的看法是："报告书的通过达到了我国向国联呼吁的主要目标，并给我方以行动自由。但如我国不决心依靠自己行动来坚决捍卫我领土，则其价值即将消失，而历时十七月之外交努力亦将完全付之流水。"①

在国联通过中日冲突报告书之前，日本军队已于1933年元旦开始将战火烧向长城沿线，相继占领了山海关等处，华北门户洞开。1月10日，顾维钧等致电国内，表达对局势的担忧："东案发生已逾一载，人则得步进步，我则节节退让，人为刀俎，我为鱼肉。抵抗之声愈高，疆土之蹙愈甚。""窃念山海关如华北屏蔽，天险一失，平津震动，并非局部之地方问题。"进而提出："天助自助者。我人苟不积极奋斗，则事实正成，恐国联亦与友邦爱莫能助。应请于拒绝局部忍辱了事之外，更与地方长官熟筹全局，积极收回榆关，徐图恢复东省，以减少列邦之鄙视而增国联之助力。"呼吁政府加强抵抗。②

2月下旬，报告书在国联特别大会通过之际，日本军队又大举进攻热河，呈将热河并入"满洲国"之势。在此时刻，顾维钧认为，国联既已通过报告书，而日本仍在扩大侵略，中国的外交方针就应有一变更，不必在国联再做无谓之周旋。2月26日，他与颜惠庆、郭泰祺联名致电外交部，提出重要建议：

> 东案报告书通过，国联方面告一段落，此后外交如何运用，全视我国抵抗程度而定。友邦爱我者均望我决心尽

---

① 《顾维钧回忆录》第2分册，第176~178页。
② 《颜、顾、郭致外交部转国民政府》（1933年1月10日），*Wellington Koo Papers*，box 9。

力抵抗，庶国联得从容布置……年余以来，日人占领我土地，屠杀我人民，我在国联宣布日人罪恶，而国内方与信使往来，杯盖酬酢，世界各国认为奇事。彼日人进攻热河，欲避免战争名义，借伪国维持治安为名。然伪国既为报告书所否认，自无道德、法律上之根据。现是非既明，我已胜诉，应早日宣布绝交，以正世界视听，使他国不易借口谓中国并未认为战争，盟约第十六条无须适用也。以上两端务祈提出讨论，早计大计。①

这一建议的要旨是，军事上全力抵抗，外交上对日绝交；以抵抗为外交后盾，以外交助军事抵抗。顾维钧等提出对日绝交主张，是希望国联能因此对日本扩大对华侵略实行制裁。根据国联盟约第十六条，只有一个国家诉诸战争时，才能对其实行制裁。但是，有的国家责问中国驻国联代表团，既然中日之间仍存在着外交关系，就表明中国不认为日本对中国进行了战争，那么怎么能要求国联对日本实行制裁呢？因此，顾维钧等希望通过对日绝交争取外交上的主动，使国际社会加强对日施压，更希望国内在军事上尽力抵抗，以实力作为外交之后盾。

绝交与否牵动整个国策。因此电报发出次日即收到外交部回电，告知代表团政府正审议他们的建议，并要他们速报绝交的详细方案。顾维钧他们提出对日绝交，是将之作为应对日本扩大侵略整体方针中的一环，其先决条件是抵抗侵略的意志和

---

① 《国联代表团致外交部》（1933 年 2 月 26 日），*Wellington Koo Papers*，box 9。

能力。但是 2 月底热河前线失守的消息接踵而至，有的部队不战而退，有的指挥官甚至阵前投敌。这使在国联大会上宣称中国要坚决抵抗的顾维钧他们十分难堪。按顾维钧的话说，"颇像讲坛上的发言人，台上说得天花乱坠，而台下发生的事实却完全相反"。于是，2 月 28 日，顾维钧与颜惠庆、郭泰祺联名致电外交部请辞国联代表之职：

> 各国论者，以我军凭崇山峻岭之险，有主客攻守之异。而战线屡缩，失地频闻。友我者对于我国是否真心抵抗，群来惶问；忌我者谓我本无自助决心，国联原可不必多事。惠等待罪海外，无法答辩。且自报告书公布后，军事方面重要甚于外交。将来外交前途，多视军事为转移。惠等心余力拙，应付乏术。应请准于开去代表职务，另委贤能接充。①

辞职电表达了对军事抵抗不力以及由此造成的外交无所凭恃的不满，但辞职请求未获国民政府批准。在国联代表岗位上继续尽职的顾维钧在 3 月上旬接连致电南京，仍呼吁政府在军事上全力抵抗，在外交上对日绝交。他认为："绝交一事，俟热河军事结束，更难进行，此后外交之运用，自愈难着手矣。""窃谓日人蓄意并吞中国，热河不已，将及华北，华北不已，将及华南。际此国家存亡之交，宜有坚毅果决之谋，恐非局部应付所能渡此难关。"他催促国民政府尽快决策，并告

---

① 《顾维钧回忆录》第 2 分册，第 192~193 页。

知军事真相，"不致对外论调太离事实也"。[①]

3月13日，蒋介石给代表团发来一电，阐述了南京的对日方针：

> 尊处对绝交各电均悉。顷钧任（罗文干字——引者注）兄来谈，弟以日军既夺东省热河，又攻沪榆，本无国交可言，故绝交乃迟早问题。现东北军后退，中央军反攻华北，亦准备应战，故以军事战线愈小抵抗愈易。如即绝交，宜顾虑者数端：一、沿江海被封锁，则我兵力分，攻守皆难；二、军火多自外来，现在弹药尚可持一月，如来源断绝，我既乏抵抗力，各国尚未加入制裁，则抵抗何能持久；三、财政全仗关通各税，长江为经济中心，苟日本报复财政，愈加困难；四、共匪尚炽，亦宜分力应付。兄等处境困难，及不绝交十六条亦难适用，弟固深悉。惟军事实情不得不详告。弟意如日本已对我先行封锁，或各国有共同制裁办法，彼时乃绝交最好时机。且此时外交方面既得胜利已告段落，此后当重在军事实际之抵抗，并拒绝妥协，遵守公约及各议决，虽仅召回蒋使（驻日公使蒋作宾——引者注），而未绝交，各友邦或能相谅如何。复钧任兄。[②]

几天后，外交部长罗文干给代表团发来一电，进一步解释了蒋介石的对日方针，称蒋介石虽也认识到国联大会通过报告书后，外交上已告一段落，对通过绝交促使国联对日制裁，

---

① 《顾维钧回忆录》第2分册，第194~195页。

② 《蒋介石致颜惠庆、顾维钧、郭泰祺》（1933年3月13日），*Wellington Koo Papers*, box 19。

"未尝不赞同，惟实行时间不得不审慎考虑"，若日本对中国实行封锁或进攻平津，"则我方一面拼死抵抗，一面实行绝交"。而目前绝交恐"引起日方报复，如封锁港口，甚至扰乱华北或扬子江流域，则我方饷械两缺，应付益觉为难"。罗文干请顾维钧等体谅"军事当局之苦衷"，"仍设法在国际间周旋"。①

顾维钧对南京解释的理由并不赞同，他草拟了一份致罗文干的电报，征得颜惠庆和郭泰祺同意后，联名发往外交部：

> 承示军事当局之困难，弟等深为了解，对介公苦衷尤所佩仰。所云俟日方封锁或攻平津再行断交，窃谓封锁无异对我宣战，日人始终欲避战争之名，恐牵涉各国船务商业，引起国际共同制裁，故迄未实行，非待我先绝交也。至俟日进攻平津再行绝交，似表示我对东省、热河有轻重之分，而于日人所谓关外非我领土之谬说，反有证实之嫌。窃意最好俟军事布置稍为妥帖，即行绝交。②

顾维钧的看法是，既然中国自"九一八"以来致力于诉诸国联解决中日问题，那么在国联通过报告书而日本扩大侵略之际，就应该乘势采取强硬的外交措施，对日绝交。这是依靠国联方针的逻辑结果。否则，中国在国联一年半的努力仅仅换来一纸报告书，而对日本的侵略却无法起到一点制约作用，那

---

① 《罗文干致颜惠庆、顾维钧、郭泰祺》（1933 年 3 月 18 日），*Wellington Koo Papers*, box 19。
② 《颜惠庆、顾维钧、郭泰祺致罗文干》（1933 年 3 月 23 日），*Wellington Koo Papers*, box 9。

就是外交上的失败。

但南京的国民政府却另有一番考虑。蒋介石3月13日电报所述顾虑者数端，要点就是中国尚未做好全面抵抗的准备，立即对日绝交反而于中国不利。3月下旬，汪精卫从欧洲回国重新出任行政院长，也赞同蒋介石不立即绝交的主张。南京的立场是，因为未做好准备，不可采取刺激日本的政策。4月1日，汪精卫致电日内瓦中国代表团，表明政府面临的困境："军数复杂，防备空虚。上个月内仅能对内整理，对外防御，一切反攻收复失地均谈不到。"因此只能"两害相权取其轻"，无法对日绝交："国联经济绝交之进行，固足以困日本，若日本因此向我急攻，则布置未周，全盘动摇，尤为可虑。"针对顾维钧撤回驻日使节的建议，汪精卫于4月7日再次致电代表团予以反对："撤回驻使，等于日只损面子，于我无大利益，不如侧重请国联以经济援助中国。"①

作为一名职业外交官，顾维钧能够凭借自己的经验和才识，向最高决策层建议他认为最有利于中国的外交方针。但外交方针的最终决定权不在像他这样的外交官手中，而决策层考虑问题的视角并非只有外交一途。南京迭次来电使顾维钧认识到，政府害怕绝交后日本宣战，问题还不仅仅是没有做好对日作战的准备。政府正在对江西的共产党根据地进行"围剿"，要先解决国内问题，所以害怕内外两面作战，腹背受敌。他看出来，"政府首先解决江西共产党问题的决心，较全力遏制日

---

① 《顾维钧回忆录》第2分册，第214页；《汪精卫致顾维钧、郭泰祺》（1933年4月7日），*Wellington Koo Papers*，box 24。关于国民政府反对对日绝交，参见鹿锡俊《1933年中国对日绝交计划的浮沉》，载金光耀主编《顾维钧与中国外交》，上海古籍出版社，2001，第204~219页。

军对华北不断入侵的决心为大"。① 九一八事变后，顾维钧提出锦州中立区计划，民众和舆论认为太软弱，斥责其为"卖国贼"。此次他持强硬立场，建议对日绝交，却又为决策层所拒绝。外交官的才干固然重要，而其能否施展，又有多少施展空间，还要受制于错综复杂的内外环境。顾维钧提出对日绝交，还因为他看重国际联盟。作为制订国联盟约的参与者，他坚定地主张维护国际正义和世界和平。尽管执行盟约希望渺茫，他仍然不肯轻言放弃，这是他一直信奉并坚持的"以公理争强权"。

但顾维钧又是一个能审时度势的外交官，国际上大国的反应使他认识到援引国联盟约第十六条以对日制裁不切实际，而国内全面抵抗尚需时日，于是在 4 月下旬对汪精卫上述两电做出回复："日人野心不戢，得寸进尺，意在逼我直接妥协。就其范围，我拟准备期间增加抵抗力量，诚属善计。惟国力薄弱，同时仍宜运用国际，俾直接制裁或间接物质助我之目的。否则，日久各国渐形冷淡，或将视为已成之局，届时再图挽救，未免事倍功半。故鄙意我一面仍根据我国际立场继续进行觅援，一面团结全国，积极准备，庶内外协力，收效较易。"② 期望在政府既定方针之下，继续通过外交寻求对中国的支持。

国民政府反对在外交上对日绝交，而在华北对日军事抵抗虎头蛇尾。5 月 31 日，华北当局与日军代表签订了《塘沽协定》，规定中国军队撤至延庆、通州一线，日本军队撤至长城沿线，中间地带为非武装区。这一协定实际上承认了长城线为

---

① 《顾维钧回忆录》第 2 分册，第 241 页。
② 《顾维钧致汪精卫》（1933 年 4 月 23 日），*Wellington Koo Papers*，box 9。

伪满洲国的"国界"。协定谈判期间，顾维钧就风闻有关消息，十分担忧中国过于退让，但函电询问，国民政府均予以否认。直到协定签署，他才获悉具体内容。对此，顾维钧十分失望，他认为，"塘沽协定"的"某些条款，显然不妥"，"有一些不当的政治含义，迟早必将引起纠纷"。而它对国际舆论的影响，"就显得更不合时宜了。它造成这样一种印象，即中国愿意通过让步解决与日本的严重纠纷，并且愿意默认日军侵略所造成的现状"。①

"塘沽协定"的签订标志着国民政府的外交交涉重点，从"九一八"以来依赖国联解决中日争端，转向对日有限度的直接周旋。这一转变使得中国驻国联代表团的作用大为下降，因此协定签订后，顾维钧等向外交部建议撤销中国驻国联代表团。这一建议被行政院长汪精卫所否决。

由于日本已在3月下旬退出国联，顾维钧在国联的工作转向了争取对中国的援助，即在给汪精卫的电报中所说的"继续进行觅援"，具体工作就是推进国联与中国的技术合作。顾维钧在国联积极活动，推动国联成立了对华技术合作会。在各种公开和私下场合，他说明中国的立场及技术合作的性质，特别强调技术合作"系纯粹技术的，而决无政治之性质"，以消除一些国家的疑虑和来自日本的压力。在国联确定技术合作代表时，他力挺同情中国并与中国政府关系密切的国联秘书处卫生股股长拉西曼（Ludwig Rajchman），使拉西曼最终成行，技术合作顺利推进。②

---

① 《顾维钧回忆录》第2分册，第239、245页。
② 张力：《顾维钧与20世纪30年代中国和国联的技术合作》，载金光耀主编《顾维钧与中国外交》，第220~233页。

二 驻节巴黎

出使欧洲之初，国联的工作虽十分繁忙，但顾维钧善于在纷繁的工作中分出轻重主次，尽职地承担起驻法公使的职责。

一名使节最重要的工作，是与所在国政府及领导人建立起互相信任的良好关系，以利于推动双边关系的发展。30 年代的法国，政局动荡，内阁变动频繁。在顾维钧出使法国不到 10 年的时间里，法国政府经历了 20 次左右的改组。内阁像走马灯一样更换，有的执政一年，有的仅 3 天。注意到法国政局的这一特点，顾维钧尽可能广泛地与各派政治力量建立联系，不仅与当政者来往，也与那些在野的政党领袖保持沟通的渠道。这样，不管哪派政治力量上台组阁，顾维钧都不会有手足无措之感，双边关系并不会因为法国国内政治的变化而受到太大的影响。

在与众多法国政府官员的来往中，顾维钧特别看重关键性的人物。他认为，与法国政府打交道，外交部的秘书长十分重要。外交部秘书长是一个常任官职，在内阁经常变动的情况下很具影响力。新上任的外交部长对外交问题尤其是远东问题并不一定熟悉，这时秘书长的意见往往起决定性的作用。因此，他与法国外交部秘书长莱热（Alexis Leger）建立了良好的私人关系。顾维钧到任后不久，莱热出任秘书长，一直到他离任都任此职，是他与法国政府沟通的重要渠道。

除了与政界首脑保持密切的来往外，顾维钧与法国各界都有接触。他认为，要了解一个国家，就必须了解这个国家的各个方面，分析各种势力所起的作用，然后与之建立联系。在这一点上，他与前辈老派的外交官不同。那些老派外交官通常把自己的活动局限在只与驻在国的外交部打交道，因为语言方面的限制，他们无法与更多的人来往。在顾维钧看来，法国的新闻界非常重要，有好几家报纸是不同政治势力的喉舌，了解这些报纸的编辑是了解政治家的重要途径。在法国知识界中，法兰西学院的院士和大学的教授有很高的声望，他们的看法受到政府的重视。此外，法国天主教徒众多，教会有很大的影响力。充分认识到这些不同势力的影响，顾维钧与各界建立了广泛的联系，从而被认为是巴黎外交官中消息灵通者之一。① 他的法语也在与法国人的交往中越说越流利。法国人不愿说英语，外交部秘书长莱热的英语十分娴熟，但与顾维钧见面从来不说英语，即使在顾维钧说法语遇到困难、费劲地寻找最正确的词语来表达自己的想法时也是如此。不过这样时间一久，顾维钧的法语就运用自如了。②

当时的中法外交，除了争取法国在国联支持中国，处理与印度支那相关的问题也占了很大部分。印度支那在地理上与中国相邻，在历史上有密切的交往，有许多华人居住在这块法国最大、最富饶的殖民地上。中国与印度支那法国殖民当局之间陷入僵局的问题，会移交到巴黎来解决。1933 年底，印度支那当局反对中国对大米征进口税，双方的谈判在南京破裂后，就由顾维钧承担起向法国外交部和殖民部交涉的重任。两国间在西沙群岛问题上产生争议，也是通过顾维钧与莱热

---

① 《顾维钧回忆录》第 2 分册，第 36 页。
② 《顾维钧回忆录》第 2 分册，第 329 页。

进行沟通的。①

巴黎是欧洲重要的外交中心，因此身为驻法使节，顾维钧关注的不仅仅是中法间的外交关系，而是整个国际局势的发展变化以及中国应采取的对策。他认为，"世界上任何重要地方发生了事情，中国都应该了解，因为这些事情常常会影响中国"。② 在巴黎，他与各国外交官有着广泛的联系，以了解各国政府的外交政策。他对美国、苏联、德国情况的掌握常常会超过驻在这些国家的中国使节。可以说，他是当时最具全球视野的中国外交官。

顾维钧与中国驻欧洲各国的使节保持着密切的联系，就中国的外交政策经常交换意见。对于那些到巴黎或欧洲其他地方访问的重要人物，他也抓住机会与他们讨论外交问题，并了解国内的情况。这期间，汪精卫、宋子文、孔祥熙、李石曾等都做过驻法使馆的座上客。

由于巴黎和会的声名和在北京政府的经历，顾维钧虽才过不惑之年，但在外交界已被看作资深外交家。那些与他年岁相差不多但资历却浅的外交官都视他为前辈和可依靠的"后台"，而他对他们也特别关照。中国驻国联代表团中就有几位这样的外交官，其中金问泗在哥伦比亚大学穆尔教授指导下获得硕士学位，随后担任巴黎和会中国代表团的随员，并在"九一八"后担任过外交部的次长；钱泰也参加了巴黎和会，顾维钧任外交总长时，他担任过条约司司长；胡世泽则随中国代表团出席过巴黎和会与华盛顿会议。顾维钧到任不久就向外

---

① 《顾维钧致外交部》（1934 年 4 月 14 日），*Wellington Koo Papers*，box 20。

② 《顾维钧回忆录》第 2 分册，第 39 页。

交部长罗文干推荐了这三个人，建议在承担驻国联代表团工作的同时，任命他们为驻欧洲小国的使节，一方面是适应对欧洲国家外交的需要，一方面也是对这些人以往为国服务的奖励。外交部接受了这一建议，任命金问泗为驻荷兰公使，钱泰为驻西班牙公使，胡世泽为驻瑞士公使。① 在这一时期的国联外交中，这几位公使都是顾维钧的得力帮手。

要开展外交就要与驻在国各界人士来往，少不了各种交际应酬，但在这方面顾维钧却面临着不小的困难。这倒不是他不善于应酬，对此他可说是一个天生的外交家。问题是物质条件太差。首先是使馆馆舍过于破旧。顾维钧到巴黎上任时，使馆只租用了一幢大楼的第一、二层，楼上还住着其他房客，共用一个大门和楼梯。顾维钧第一天去使馆上任，正碰上楼上有房客出殡。虽然他并不迷信，但以一国公使身份，走进挂着黑纱的大门去履新总不是滋味。而他刚在办公室坐下，电话铃声响起，是来问订电影票的。原来这幢楼的另一半是个电影院。这样一个场所做使馆，根本无法招待客人，更谈不上广交朋友。到巴黎的第二天，他在给外交部的电报中就提出这一问题："馆前张贴戏目，尤碍观瞻。亟宜觅屋迁移，以维体面。"② 此后，顾维钧花费了大量精力和时间，一面请政府同意购房并备好钱款，一面寻找合适的房屋。由于经费以及找房的不易，直到1937年3月，中国使馆才搬入花了500万法郎买下的新楼。新馆与西班牙使馆为邻，临近法国总统官邸爱丽舍宫。新馆搬迁不久，正好孔祥熙来法国，称赞这里是中国

---

① 《顾维钧回忆录》第 2 分册，第 120~121 页；第 5 分册，第 156 页。
② 《顾维钧致外交部》（1932 年 10 月 3 日），*Wellington Koo Papers*，box 39。

最好的驻外使馆。①

使馆经费拮据是另一个问题。在整个民国时期，这也是中国驻外使馆面临的普遍问题。1933年3月14日，顾维钧致电外交部报告驻法使馆经费不敷使用、亏欠严重：

> 法馆前积欠电报房租等费，人言啧啧。法外函电代催，殊碍体面。抵法后，各外帐均按时清付，信用稍复。大部谅同此旨。惟到任五月，筹垫不赀。上月承汇另款万元，不敷归垫，更难为继。本月房租及前代办任内欠租共四万五千佛郎，瞬即届期。恳速拨另款两万元电汇为祷。②

中国驻国联代表团面临同样的困境。驻法使馆发出电报后几天，顾维钧又与郭泰祺联名致电外交部恳请拨款："我团两周来，库空如洗。因电报局再次催付时，警告说，今后一切文电，除预先付费者外，概不受理。拟恳迅即电汇三千英镑为祷。"但使馆经费不足的状况并非一两封电报催款就可以解决的。驻国联代表团从4月到6月底都没有收到国内的汇款，此时拖欠的电报、印刷等费用已达7000美元了。③

好在应付经费不足的困境，顾维钧有其他中国驻外使节无法拥有的优势。出身南洋糖王家庭的太太黄蕙兰给了他很大的帮助，使他免于捉襟见肘的尴尬，可以在巴黎外交界广交朋

---

① 《顾维钧回忆录》第2分册，第334页；黄蕙兰：《没有不散的筵席——顾维钧夫人回忆录》，第191页。
② 《顾维钧回忆录》第2分册，第211页。
③ 《顾维钧回忆录》第2分册，第211、243页。

友。驻法使馆新馆第一次正式宴会的宾客是法国总统勒布伦（Albert Lebrun），餐桌上的一套镀金餐具是黄蕙兰结婚时的嫁妆，当年花了一万英镑定制，宾客对此无不赞赏，为宴会增色不少。①

1934 年 6 月，顾维钧获准离欧回国，一方面是向国民政府汇报欧洲以及国际局势的发展和中国在国联活动的情况，一方面是想借此了解国内在对日问题上的全盘方针。

回到国内，顾维钧先后到南京和庐山见了行政院长汪精卫和军事委员会委员长蒋介石，报告在欧洲的情况。根据与汪、蒋的谈话和自己的观察，他明白，国民政府在依靠国联的政策受挫后，对国联已不抱希望，对英、美是否会支持中国抵抗日本也无足够的信心，因此对日本步步紧逼的侵略采取妥协退让的政策，期望以此赢得备战的时间。

顾维钧回国述职，引起各界关注。9 月 23 日，上海市商会、全国商会联合会、中国红十字会、环球中国学生会等十多家团体设宴招待顾维钧，出席者有虞洽卿、陈光甫、杜月笙等各界名流。宴会主持人称赞顾维钧"两载星轺，不辱使命"，请其就中国外交发表"宏论"。顾维钧在演讲中说："国人对外交见解，有两见解：一谓弱国无外交，一谓正惟弱国始须外交。此两说皆可谓确，而亦皆可谓不全确。国无强弱，皆有赖外交，惟其方法则不同。而弱国之外交，尤关重要。因强国外交可较为大意，以稍有所失，尚有其他方法补救，弱国则不能一毫松懈。"此正道出一个弱国外交官的心声。对于国际形

①　《顾维钧回忆录》第 2 分册，第 335 页；黄蕙兰：《没有不散的筵席——顾维钧夫人回忆录》，第 102 页。

势，他指出，"远东情形，亦在风云紧张之中，我国正如风雨中之孤舟，其处境万分困难"，因此"必须全国有一致之意志，始能发为一致之行为，同心一德，始能挽救国难"，希望全国上下团结对敌。①

回国不久，兼任外交部长的汪精卫请副部长徐谟转告顾维钧，想调他去华盛顿担任驻美大使，以此推进与美国在政治和经济上更为密切的交往。获此消息后，顾维钧马上致函汪精卫："徐次长传达尊旨甚感。美馆使务繁剧，植使（施肇基字植之——引者注）老成练达，应付裕如。弟连年奔走，形神交疲，恐难胜任，辱承垂意，弥增惭惶，尚祈酌夺。"② 除了其中提到的理由外，其实顾维钧还担心巴黎和会因排序产生的误会在两人间重演。但汪精卫坚持已做出的决定，请在上海休假的顾维钧到南京去面谈。顾维钧这才明白，汪精卫想推行与美国交往更为密切的新政策，而施肇基不能很好地予以贯彻，因此要用顾去替换施。推进对美关系一直是顾维钧所主张和期盼的，所以他虽然开头仍然没有答应，但随即就做好赴任的准备，并开始与徐谟商量具体事务。但因为施肇基不愿离任，并通过孔祥熙说项，顾维钧最终未能成行，与驻美大使擦肩而过。③

回国述职，原本就是几个月的时间，报纸上时有顾维钧假期将满即将返任的消息，但随即又告知要延期了。最后顾维钧在国内待了近两年才返回巴黎，主要是中法外交关系从公使级升格为大使级造成了延宕。中国自清末与各国互派使节，但只有公使，而无大使，因各国皆轻视中国。1924 年，苏联的加

①　《市商会等十四团体昨晚宴顾维钧》，《申报》1934 年 9 月 24 日，第 8 版。
②　《顾维钧致汪精卫》（原件无日期），*Wellington Koo Papers*，box 30。
③　《顾维钧回忆录》第 2 分册，第 321~323 页。

拉罕成为第一位外国驻华大使，但中国当时并未向莫斯科派驻大使。直到 1932 年中苏复交后，颜惠庆才成为中国第一位驻外大使。国民政府以此为契机，向各国提出升格外交关系。1934 年夏回国前，顾维钧奉命向法国外交部提出这一要求。但法国方面对此并不热情，议会通过的程序又有拖延，一直到 1936 年 1 月，才通知中国同意外交关系升格，在各大国中是最晚的。

在等待中法外交关系升格期间，顾维钧在国内的日子，与驻外使馆时相比，显得十分悠闲。除了有时见记者接受采访外，就是会朋友，交换对时局的看法，不时还会打几圈麻将。有一次蔡元培专程到青岛来看他，顾维钧托人准备了一坛 50 年的陈年老酒，招待喜欢喝黄酒的蔡元培。两人品着佳酿畅谈，三个小时没有离座。①

但顾维钧并没有完全闲着，他的精力又转向了投资。前面提到，九一八事变前相对空闲的时候，顾维钧在东北投资垦荒。此时他的兴趣是西北的石油开发。还在投资东北垦荒时，他就听一位去过甘肃玉门的俄国人说，那里有一条"淌着黑水的河"，当地居民用河水点灯。因此他与几位银行界的朋友组成一个投资集团，准备着手石油资源的勘探和开发。② 但九一八事变后他忙于外交事务，这件事就搁了下来。此时在国内，有了时间，于是石油开发一事又进入顾维钧的视野。

1935 年 7 月，顾维钧联合之前合作过的银行家周作民、钱永铭，以及南洋富商严恩槱和张盛隆，向国民政府实业部申

---

① 《顾维钧回忆录》第 2 分册，第 313 页。
② 《顾维钧回忆录》第 9 分册，中华书局，1989，第 481~482 页。

请特许专探专采甘肃、新疆和青海三省石油，要求给予"探勘石油之经营权，其年限五年"，"探勘工作费用均归呈请人或其组织之公司担任"，并保证"五年内找不到有工业价值之油矿，特许权废止"。国民政府相关各部会同审查后，以"各种矿业依总理遗教，应归国营，惟目前国库竭蹶，无力经营，与其弃置，似不如利用民资提早开采"为由批准，并与11月20日正式颁发特许状。随后，顾维钧等在上海成立了中国煤油探矿公司。①

国民政府核准时称各种矿业按孙中山遗教应归国营，这是孙中山在其《实业计划》中提出的。但因为财力有限，国民政府在1935年4月允许民间资本参与矿业开发，顾维钧等人正是抓住了这一时机。要开发油矿资源，以中国当时的实力，在技术、设备和资金方面都要有外国的合作。还在向政府申请过程中，顾维钧就委托其加拿大好友何士与美国石油业联络。何士以顾维钧代表身份与美孚石油公司主席帕克（P. W. Parker）、董事会主席瓦尔登（G. S. Walder）洽谈，并将商谈情况及时报告顾维钧。因为国民政府不准外资进入石油开发，顾维钧等从政府获得的特许状也有"全用华资"的规定，为规避相关法规，顾维钧提出先注册一家中外合资的矿业投资公司，中美资本各占一半，然后由这家公司与中国煤油探矿公司合作。这样，与美孚的合作就成了两个中国法人的合作。②

此后，按照顾维钧设计的模式，美孚石油公司挑选的地质

① 皇甫秋实、贾钦涵：《顾维钧与中国西北石油开发》，《复旦学报》2017年第1期，第74页。

② 皇甫秋实、贾钦涵：《顾维钧与中国西北石油开发》，《复旦学报》2017年第1期，第75页。

学家韦勒（Marvin Weller）和苏顿（Fred Sutton）来华，于1937年底结束在西北地区的考察，并与中国地质学家孙健初一起完成《西北甘肃、青海两省地质考察报告》。该报告断言，"石油即将出现于甘肃西北部"，该处"将成为一最有价值的产地"，并提出从国防需要看，"当不惜一切代价以求其成"。[①] 此时中国煤油探矿公司因为没有按规定如期开发石油，特许状已被政府收回，但韦勒等的报告书为后来玉门油田的开发奠定了基础。顾维钧在此进程中扮演了重要角色。他在国民政府中的人脉和在国际上的声望，对美国地质学家赴西北完成考察起了关键作用。[②] 从中也可看出，对于投资，顾维钧也颇有兴趣和眼光。

1936年3月下旬，顾维钧从上海乘船离国，于4月中旬抵达巴黎，成为中国驻法国首任大使。返法之后，由于中法之间并无重要的外交事务，顾维钧的主要精力在观察国际局势的变化以及研究对日问题。1936年11月，日本与德国签署《反共产国际协定》。顾维钧敏锐地觉察到，这表明日本将进一步扩大对华侵略。在此情况下，南京正在推行的通过对日谈判谋求妥协的策略毫无成功的希望。因此，他一方面积极与法国、美国、英国和苏联的外交官接触，争取这些国家在远东支持中国，一方面向南京报告自己的观察和分析，希望能推动中国外交方针的调整。外交部长张群也在此时发电征询他对外交政策的意见。

---

① 张叔岩编著《20世纪上半叶的中国石油》，石油工业出版社，2001，第62～63页。

② 皇甫秋实、贾钦涵：《顾维钧与中国西北石油开发》，《复旦学报》2017年第1期，第78页。

11 月 26 日，顾维钧给张群发了一份长电，阐明其对中国外交的看法：

> 我国处境危急，地位孤立。各国对我虽多表同情，均非为我奥援。临难求助，呼应不灵，盖无与国所致也。惟选择与国，宜与彼此国策相容而不背为最要。前此我与德、义（意）接近，凡军事上之一切人才器械，大都取之于彼，当为一时权宜之计，原非得已。现德、义与日结合，实际上同以侵略、主战、反对国联为政策，是不特与我国策国情相背，恐于我国前途有害……现英、法、俄、美均属持盈保泰，无侵略野心。美则虽未加入国联，其对盟约上一切维持和平办法，素表赞成。且此四国，均与远东有领土及其他重要关系。其对日本之侵略国策，尤与我国目前利害相同。而于外交、军事、财政或工业上，均有能力助我。故如我于保全领土主权行政完整之固定范围内，实无与日本妥协之望，则宜速谋与此四国接近。

这份长电对中国外交全局有通盘的考虑和具体的对策，并直指国民政府对外政策的不当之处，如与日本妥协"无望"，与德国接近"于我国前途有害"，而此时国民政府与德国的关系尤其是军事关系发展迅速。顾维钧在电报中强调，外交要旨在"选择与国"。英、法、俄、美就是在外交、军事、财政和工业诸方面有能力助我的"与国"，"我国处今日情况，在亚与苏俄同利害，在国际上与英、法、美同立场，能合作也"，明确主张为对付日本侵略，中国需与英、法、俄、美合作。① 但张群此时正与日本驻华大使川越茂就调整中日关系进行会谈。会谈数月虽无进展，外交部发言人在 12 月 7 日发表谈话仍表示，"张部长对于川越大使为两国邦交诚恳努力之精神，非常钦佩，尤希望于最短期内，依川越大使之努力，得以消除障碍，顺利进行也"。② 因此，顾维钧长电中对中国外交的建言没有引起决策层的重视。

这份电报发出后不久，西安事变爆发了。远在巴黎的顾维钧一时无法了解事件的内幕，好在外交部副部长徐谟及时致电驻荷兰公使金问泗通报情况，并请他转告顾维钧。金问泗于 12 月 15 日收到来电当日即告知顾维钧。了解情况后，顾维钧对张学良采取这样的行动并不感到意外。12 月 16 日，他以个人名义给张学良发了一封电报，希望他以整个国家民族利益为重，迅速释放蒋介石。③

随后，顾维钧赶往意大利的热那亚，与事变后急着回国的汪精卫见面。汪精卫上一年遇刺后辞去行政院长一职到欧洲养病，但仍是国民党内举足轻重的人物。获悉事变消息后，汪精卫准备了一份声明，明确表示反对联合共产党共同抗日，也不赞成与苏联接近。顾维钧对此并不同意。他向汪精卫表明，中国对外应该争取苏联的援助和支持，对内应促进与共产党的谅解。因为中国目前最大的危险来自日本，所以应该设法使共产党的军队与国民党军并肩作战，打击共同的敌人日本。汪精卫问顾维钧蒋介石还有没有可能重新上台，顾维钧

---

① 《顾维钧致张群》（1936 年 11 月 26 日），*Wellington Koo Papers*, box 23。

② 《绪编》第 3 册，第 690 页。

③ 张力编辑、校订《金问泗日记（1931~1952）》上册，中研院中国文哲研究所，2016，第 240 页；《顾维钧回忆录》，第 2 分册，第 370 页。

回答有此可能。汪精卫对此答复很惊讶，因为他认为蒋介石没有出来的可能，即使出来也威信扫地，不足以号令天下。与顾维钧见面后第二天，汪精卫就登上驶向中国的船只，踌躇满志地想回国收拾局面。船离开意大利次日，蒋介石从西安回到了南京。[①]

在驻外使节岗位上，顾维钧十分注重舆论宣传工作。还在赴法上任前，他就告诉外交部长罗文干，中国在国际上的舆论宣传大大落后于日本。要获得各国的同情和支持，必须花功夫加强这方面的工作。[②] 到日内瓦后，顾维钧在中国代表团内设了新闻处，请曾留学美国的杨光泩负责。1933 年杨光泩调回国内任职，并兼任在上海的英文报《大陆报》总经理。但顾维钧仍请他为中国驻国联代表团做舆论宣传工作，将中国代表团在国联的发言编成英语小册子广为传播。[③]

从民国初年进外交部工作后，顾维钧就一直看重外国记者的作用，在驻法期间仍然如此。法国《巴黎时报》记者杜博斯克（Andre Duboscq）经常访问中国，所写有关远东的文章在法国乃至欧洲都有影响。但他以往受日本资助，发表文章多偏向日本。驻法使馆发现后，就与他积极沟通联络，并按季度给予资助，提供中国方面的资料。在驻法使馆的影响下，杜博斯克文章的基调逐渐发生变化，对中国政府及经济发展都有正面的报道。1936 年底，顾维钧获悉杜博斯克准备于次年赴华

---

① 《顾维钧回忆录》，第 2 分册，第 371~375 页；杨玉清：《我所知道的顾维钧》，《文史资料选辑》第 17 辑。

② 《顾维钧致罗文干》（1932 年 7 月 9 日），*Wellington Koo Papers*，box 17。

③ Kuangson Young（杨光泩）ed.，*The Sino-Japanese Conflict and the League of Nations*，Press Bureau of the Chinese Delegation，1937.

游历 3 个月，即给外交部发电报，建议资助其 8000 元经费，使其游历结束返欧后能为中国做宣传，此举"所费不多，收效必巨"。①

全面抗战爆发后，对外宣传任务更重，但国内对战事第一线北平、上海的报道传到巴黎时间迟缓，内容简略，且时常消息混乱冲突。驻法使馆就根据各种消息来源，自己编写报道，并以官方身份发表宣言，交法国报纸刊登。顾维钧还通过任职以来建立的人脉，请法国社会名流或政治家撰写支持中国抗战的文章。但这些工作都需资金推动，"法报势利，殆非金钱资助不可"，而使馆原本就拮据的经费中并无用于此项的专款，为此，顾维钧催外交部"请速统筹"。②

为做好国际宣传，顾维钧还与在巴黎的共产党人吴玉章有来往。1937 年底，吴玉章受中共驻共产国际代表团派遣到巴黎开展国际宣传工作，其间托顾维钧通过使馆向国内发了两份加强国际宣传工作的电报，一份是给蒋介石的，另一份是给八路军汉口办事处的周恩来和陈绍禹（王明）的。给蒋介石的电报称："先生领导全国坚决抗敌，中外同钦。章久居海外，深感国际宣传重要，政府亦早见此。窃以国际宣传，欲收实效，贵有统一领导机关，尤宜派遣政府与各界代表团一致工作。关于扩大与统一国际宣传，章已有意见书航空邮上，乞酌裁赐复，章自当竭力从旁襄助。"给周恩来和陈绍禹的电报称："电悉援华运动美英较强，法仍弱。昨各大使谈话，一致同意设立国际宣传机关，惟须待政府核准接济经费。可

---

① 《顾维钧致外交部》（1936 年 12 月 31 日、1937 年 1 月 7 日），*Wellington Koo Papers*，box 17。

② 《顾维钧致外交部》（1937 年 8 月 4 日），*Wellington Koo Papers*，box 17。

否由兄转请政府，先拨五万元以利进行。"① 从后一封电报
看，顾维钧与吴玉章讨论了国共合作的国际宣传机关，以期统
一开展国际宣传。

三　为抗战声辩

1937 年 7 月 7 日深夜，日本军队在北京城外的卢沟桥边
挑起事端，将侵华的战火烧向华北。中国军民开始了全面
抗战。

卢沟桥事变爆发后，国民政府一方面宣示最后关头已到，
决心应战，并调集军队开赴华北前线，另一方面不放弃以外交
手段解决事端。所谓外交手段就是诉诸国联和争取列强出面调
停。7 月 12 日，外交部长王宠惠致电顾维钧，表示中国正考
虑就日本侵华向国联提出申诉，请他就此与法国政府接触，了
解其态度。②

顾维钧在获悉卢沟桥事变的消息后认为，中国抗击日本的
战争将是一场长期的战争，不能指望靠一次战役就能阻止日本
军队的进犯。作为一名外交官，应该唤起列强与各国人民对中
日战争的关注，揭露日本侵华真相，使国际社会明确日本是侵
略者，必须对其进行制裁，并积极争取各国对中国抗战的支
持。③ 这是民族危亡之际历史赋予一个外交官的责任。

---

① 《吴玉章致蒋介石》（1937 年 12 月 12 日）、《吴玉章致周恩来、陈绍禹》
　（1938 年 1 月 5 日），*Wellington Koo Papers*，box 17。
② 《顾维钧回忆录》第 2 分册，第 461 页。
③ 王建朗主编《中华民国时期外交文献汇编 1911~1949》第 7 卷上，第
　108 页。

根据外交部的指示，顾维钧与法国外交部进行了接触，探讨中国诉诸国联的前景。由于国联在处理九一八事变以及意大利入侵埃塞俄比亚事件中所显示的软弱和无能，作为国联主要成员国的法国认为，中国不可能从日内瓦得到什么具体的结果，但法国并不反对中国向国联提出申诉。

顾维钧对国联的局限也有相同的认识，但赞成向国联提出申诉。因为有丰富的国联外交经验，他马上考虑的问题是如何有效地提出申诉。王宠惠来电中提到将按国联盟约第 17 条提出申诉。这条是针对国联成员国与非成员国之间的冲突。但根据这条，接下来就要运用有关制裁的第 16 条，这是英法等国不会赞同的。所以，顾维钧考虑可以使用第 11 条，即尚未达到交战阶段的一般纠纷，这样可以有较大的回旋余地。为此，他专门与法国和比利时的国际法专家讨论，希望根据国联盟约找到最有利于中国的申诉办法。① 在中国的外交官中，他是最注重国际条约和国际法的。

在为诉诸国联做准备时，顾维钧也在考虑其他外交途径。7 月下旬，他在与法国外交部长会面时，探讨了举行华盛顿《九国公约》签字国会议的可能性，提出根据该条约第 7 条签约国在有需要时可以进行协商。② 显然，顾维钧希望不是国联成员国的美国能够介入中日问题，而诉诸国联是无法做到此点的。但此时美国国内孤立主义盛行，美国政府不愿在远东采取任何有可能得罪日本的行动，对英国有关联合调解的建议，也不予以积极回应。在此情况下，顾维钧认为中国外交应以争取

① 《顾维钧回忆录》第 2 分册，第 461、471 页。
② 《顾维钧回忆录》第 2 分册，第 428 页。

苏联的军事合作为第一步，化解美、英、法等国怕被拖入战争的畏惧心理，然后再争取它们的物资援助。他在巴黎与苏联驻法大使就此进行过商谈。7月下旬，他应此时在欧洲访问的孔祥熙之邀赴伦敦，与孔及驻英大使郭泰祺讨论对日抗战的外交应对，就先争取苏联的支持达成一致看法，由他起草致电外交部提出这一建议。①

7月底，华北前线局势恶化，北平、天津相继失守。而此前外交部来电还说中国军队在廊坊、丰台、通州等处获胜。听到北平这座古城落入日军之手，正在频繁与法国和其他国家驻法国的外交官会面的顾维钧十分沮丧，感到无脸见人。获悉中国军队从天津撤出的当天，他在日记上写道："最令人痛心疾首的消息。中国养兵百万又有何用？"②

8月13日，日本将侵华战争扩大至上海。上海及其邻近地区不仅是国民政府统治的中心地区，也是英、美等西方列强在华利益最为集中的地方。国民政府认为，列强对上海战事的关注必定超过对华北战事的关注，因此一面调集大军开赴淞沪前线抵抗，一面决定尽可能利用国联争取国际社会的支持，国联毕竟是中国能将日本侵华事实公之于世的唯一的国际组织。

作为中国驻国联的首席代表，顾维钧又一次肩负代表中国走上国联讲坛的重任。9月中旬国联大会开会前，他积极活动，与国联官员和各国外交官探讨中国向国联申诉的问题。9月11日，顾维钧会见国联秘书长爱文诺（Joseph Avenol），要求国联对日本的侵略行为予以制裁，但爱文诺表示，制裁在目

---

① 《顾维钧回忆录》第2分册，第418页。
② 《顾维钧回忆录》第2分册，第428、434页。

前是无论如何也办不到的。在明白中国不能指望国联采取像制裁那样强硬的措施后，顾维钧退而希望通过中国的申诉，国联起码能在道义上支持中国，发表一个反对侵略者的宣言。而实际上，要国联做到这点，也不是一件容易的事。

9月12日，中国代表团正式向国联递交了中国政府的申诉书。次日，国联大会开幕，中国的申诉被列入会议议程。顾维钧要求在大会上第一个发言，以便让各国可以首先讨论中国的申诉，这一要求得到爱文诺的认可。9月15日，顾维钧在国联大会上发言。1932年末国联讨论李顿报告书时，顾维钧的主要对手是日本代表松冈洋右，双方要展开针锋相对的唇枪舌剑。此时因为日本已退出国联，发言的对象不同了，顾维钧确定发言的宗旨是激发国际社会对中国的同情，使世界舆论了解事件的真相及其与世界的关联。他首先指出日本的侵略使无数手无寸铁的平民尤其是妇女和儿童丧命，连英国驻华大使乘坐的小车也在上海附近遭日军飞机扫射，并揭露日本对中国的侵略是其既定的大陆政策的必然结果。如果日本的侵略不受到制止，列强在远东的利益就会继续遭到挑战。因此，中国的抗战不只是在保卫自己的领土和主权，也与各国的利益息息相关，"和平是无法分割的；和平的持续是我们所有人的共同利益"。他站在国联讲坛上，向各国发问："能让日本一直这样漠视国际法和条约义务而不受到任何惩罚吗？我们把违反当作必然吗？我们准备眼睁睁地看着它无节制地伸展触须、破坏世界的和平和秩序吗？"[①] 顾维钧的发言总能打动听众，发言结束后，英、法、苏等国代表纷纷向顾维钧表示祝贺。法国哈瓦斯

---

① 金光耀、马建标选编《顾维钧外交演讲集》，第87~94页。

通讯社报道说，"大会议场内，产生异常热烈之印象，不仅顾氏演语毕后，自讲坛退席时掌声雷动，嗣后由译员译成法语之后，听者亦大为鼓掌，此为国联会议场中向所未有"。①

然而，这些廉价的赞扬于事无补。在实质性问题上，国联怯于表明鲜明的态度，只愿息事宁人地进行消极调停，甚至对谴责日本为侵略者都畏首畏尾。9月下旬，侵华日军对上海、南京等中国城市非军事目标肆意轰炸，造成中国平民重大伤亡。顾维钧在劝说法国政府就此向日本提出抗议的同时，决定利用这一时机要求国联宣布日本为侵略者，并采取有效措施予以制止。在国联的顾问委员会上，他发言说：

> 如果国联在强权面前不能捍卫公理，它至少可以向全世界指出谁是为非作歹的人。如果它不能制止侵略，它至少可以斥责侵略。如果它无力执行国际公法和盟约的原则，它至少可以让人们知道，国联并未弃之不顾。如果它不能防止对无辜男女老少的残酷屠杀和对财产的疯狂毁坏，它起码可以表示它愤怒的感情，并借以加强文明世界的普遍要求，立即停止这种非法的、灭绝人性的空袭兽行的行动。②

顾维钧希望在日本对中国城市和平民野蛮轰炸的事实前，国联至少能站在人类正义和国际公理的立场上有所表示。9月30日，他草拟了一个宣布日本为侵略者的决议草案，准备向

---

① 《顾维钧痛述日本暴行》，《申报》1937年9月16日，第2版。
② 《顾维钧回忆录》第2分册，第502~503页。

顾问委员会提出。但是，国联秘书处生怕会刺激日本，要求中国撤回这一决议草案。尽管顾维钧坚持绝不撤回，但对秘书处的行径十分愤慨，认为其"胆怯、操纵和诡计，实在是太卑劣了"。①

当中国代表团继续在国联努力之时，国联的主要支柱英国却不想让中日问题局限在国联范围之内，而由它自己承担过多的责任。10月初，英国驻国联代表提议召开华盛顿《九国公约》签字国会议，商讨以协商办法解决中日冲突。英国提议的目的是希望将棘手的日本侵华问题从国联转向一个专门的国际会议，使不是国联成员国但却是华盛顿条约签字国的美国也介入。这一办法既可以使英国得以摆脱在国联的困境，又可以谋求与美国在远东问题上的合作。由于事先并无所闻，国联其他成员国包括作为观察员的美国对这一提议都颇感突然。顾维钧马上明白，英国的这一提议是想"把烫马铃薯扔进华盛顿公约的篮子里"，硬塞给美国政府。②

美国总统富兰克林·罗斯福（Franklin Roosevelt）虽在英国提出召开《九国公约》会议之际，发表了著名的"防疫演说"，声言要制止国际上正在蔓延的毫无法纪的"侵略瘟疫"，但由于国内孤立主义势力的牵制，他并不想成为会议的倡导者，也不愿会议在美国举行。经过一番周折，会议定于比利时首都布鲁塞尔举行，除《九国公约》签字国外，另邀请与远东有重大利益的国家参加。中国政府于10月19日任命顾维钧和驻英大使郭泰祺、驻比大使钱泰为出席会议的中国代表。

---

① 《顾维钧回忆录》第2分册，第506页。
② 《顾维钧回忆录》第2分册，第568页。

如前所述，对于援引华盛顿《九国公约》召开有关国际会议，顾维钧在 7 月下旬就有过考虑，目的也在于使美国不要置身事外，因为它毕竟是远东国际舞台上举足轻重的角色。他曾向南京提过建议并试探过法国等国的反应，但并未代表中国政府做过正式提议。10 月 6 日国联大会通过召开《九国公约》签字国会议的建议后，顾维钧立即考虑中国应采取的对策。他认为，如果日本出席这个会议，中国应就解决东北问题、华北问题等提出一套具体方案；而如果不出席，中国则应集中精力建立与各主要大国的联合战线。他将自己的看法报告外交部，请政府研讨后尽快确定中国参会的具体方针，以免会议召开后，时间紧迫无法及时获取指示。①

参加会议的列强尽管各有各的算盘，但有一点是一致的，即希望通过斡旋在中日间达成停火，并要求日本与会接受调停。但是中国赞成召开这样一次会议，首先是希望会议宣布日本为侵略者，在道义上支持中国，其次是希望列强能在物质上援助中国。因此，会议尚未召开，顾维钧已经看出中国与列强之间在希望会议达成的目标上大相径庭。

远在南京的国民政府对此形势也十分明白。在给顾维钧等的电报中，国民政府明确中国参加布鲁塞尔会议的方针是："一、依照当前形势，会议无成功希望，此层我方须认识清楚。二、但我方对各国态度，须极度和缓；即对义（意）、德二国，亦须和缓周旋，勿令难堪。并须表示会议成功之希望，我方求在《九国公约》规定之精神下，谋现状之解决。此系我方应付之原则……三、我方应使各国认识会议失败责任应由

① 《顾维钧致外交部》（1937 年 10 月 13 日），*Wellington Koo Papers*，box 25。

日本担负，切不可因中国态度之强硬，而令各国责备中国。四、上海问题应与中、日整个问题同时解决，切不可承认仅谋上海问题之解决。五、我方应付会议之目的，在使各国于会议失败后，对日采取制裁办法。六、我方同时应竭力设法使英、美赞成，并鼓励苏联以武力对日。"[1] 因此，顾维钧代表中国出席布鲁塞尔会议实际上是知其不可为而为之，试图从会议的失败中争得列强的同情，为中国争取外交上的主动，为制裁日本侵略创造条件。

11月3日，布鲁塞尔会议开幕。顾维钧虽屡次代表中国在国际讲坛上发言，但为准备此次会议的讲稿却绞尽脑汁，因为中国面临着极为艰难的境地。一方面，参会的大国不仅自己不愿对日本采取强硬措施，而且力劝中国克制，以免激怒日本，影响日本参会的可能性，而中国政府也定下了不承担会议失败责任的基调。另一方面，会议开幕后两天，日本军队在金山卫登陆，冲破中国军队的防线，淞沪前线局势趋于恶化，中国在外交上更为不利。在仔细考虑各种因素并反复斟酌后，顾维钧认为，中国在会上的发言虽措辞和语调可以平缓，但必须要求会议伸张正义，表明中国为争取公正的和平而抗战到底的决心，中国希望的和平不是不惜任何代价的和平。发言稿不断修改，直至3日凌晨才完成。他在日记中写道："在口授我最后几段演说稿时，精神体力均感到疲劳之极。直至凌晨4时30分才完成。几位僚属彻夜进行抄写翻译和复印。"[2]

会议开幕当天下午，顾维钧代表中国发言。由于深感肩上

---

[1] 《外交部致顾维钧等》（1937年10月24日），*Wellington Koo Papers*, box 25。
[2] 《顾维钧回忆录》第2分册，第609页。

的重任，开始发言时，他出现了少有的紧张。在列举日本对华侵略的事实后，他驳斥了日本拒绝参会的声明。发言的重点是呼吁各国捍卫国际秩序和《九国公约》的神圣原则，提醒他们如果日本的侵略不被制止，世界就会陷入一场大战，所有大国都不能幸免于外。会议对顾维钧寓刚于柔的发言反应颇佳，注重外交辞令的英国外交官称他掌握了"涵蓄的艺术"，舆论则称"措词和平、主张坚决"。①

会议期间，顾维钧十分注意会外的舆论宣传，以配合会中的外交活动。11月8日，他致电正在美国的胡适等人，请他们"努力宣传"，向美国人解释中国的参会方针，揭露日本的侵略野心，以影响美国的舆论和政策。②

外交舞台上的较量离不开国家实力的支撑。当中国代表团在布鲁塞尔折冲樽俎时，国内的军事形势却在急剧恶化。为赢得外交上的主动，顾维钧力促国民政府在淞沪前线顽强抵抗，坚守防线。他认为，中国有许多理由必须这样做：首先，中国的抗战尚未引起国际社会应有的关注，一般西方人认为这场战争与世界局势和全球和平无关。只有中国继续战斗，才能引起国际社会的关注，促使他们了解这场战争对西方的意义。其次，西方国家的民众以及政治家认为中国抵抗日本毫无成功的希望，因此向中国提供援助无济于事。如果中国军队能够取得一些胜利，改变西方的看法，就有助于从

---

① 金光耀、马建标选编《顾维钧外交演讲集》，第119~126页；《顾维钧回忆录》第2分册，第610页；王建朗主编《中华民国时期外交文献汇编1911~1949》第7卷上，第165页。
② 王建朗主编《中华民国时期外交文献汇编1911~1949》第7卷上，第174页。

西方大国得到物资援助。再次，上海集中了西方各国在华的最大利益，这将促使西方国家关心上海的战事。中国军队的顽强抵抗将在国际社会产生巨大的心理效果，而这是在内地作战所无法做到的。因此在上海已失守而消息尚未到布鲁塞尔时，他在给孔祥熙的电报中还表示："如我能支持匝月，局面可望好转。"①

从军事的角度看，中国以精锐部队在上海死守，与日本军队拼硬仗，并不符合国民政府既定的以空间换时间的战略。而在艰苦抵抗两个多月、淞沪前线已肯定无法守住的情况下，在战略上也应该采取有组织撤退的行动。从外交的角度看，淞沪前线的死拼硬打虽能赢得国际社会的关注，改变对中国抗战的看法，为争取援助创造一些条件，但中国既已认为布鲁塞尔会议不可能取得成功，以军事上孤注一掷的行动来换取外交上并不确定的成果，代价太大，并非明智的抉择。不过，作为一个外交官，顾维钧期望以抵抗侵略的决心来增强中国在国际外交舞台上的筹码，这样的心情是可以理解的。对于是否坚守上海，国民政府和军队内部存在着不同的看法。但是，蒋介石持与顾维钧相同的看法，在前线军队已按计划从淞沪战场第一道防线后撤时，亲自下令继续坚守，以配合布鲁塞尔会议。结果，进退失据的中国军队战败。11 月 12 日，上海失守。淞沪之战结束后，军方人士对出席布鲁塞尔会议的中国代表妄议军界事务颇多指责。②

布鲁塞尔会议从筹备阶段到会议开幕后，列强极力邀请日

① 《顾维钧回忆录》第 2 分册，第 678~680 页；王建朗主编《中华民国时期外交文献汇编 1911~1949》第 7 卷上，第 186 页。
② 《顾维钧回忆录》第 11 分册，中华书局，1990，第 290 页。

本与会，以便进行调停。但日本一再予以拒绝，而列强却仍抱希望，期待日本进一步的答复。对此，顾维钧向美、英、法出席会议的代表指出，不能让日本一直拖延下去，"每拖一日，中国之牺牲甚大"，会议应对日本表示强硬态度。① 日本对国际社会的蔑视使列强感到不快。顾维钧抓住时机，在会上发言指出，日本已将和解及调停的大门关闭，各国应采取更为积极的措施，停止对日本提供战争物资及信贷，转而向中国提供援助。在顾维钧的推动下，会议于 11 月 15 日通过了一个声明，语气比以往稍趋强硬，表示如日本固执其与《九国公约》其他签字国相反的意见，各国将不得不考虑采取共同立场。

随后，会议休会一周，以便各国代表与本国政府进行沟通商讨。顾维钧此时明白会议已无成功的希望，于是抓紧休会间隙与各国代表频繁接触，探讨会后采取进一步行动支持中国抗战的可能性。11 月 15 日和 17 日，顾维钧两次与美国代表戴维斯（Norman Davis）会面，提出应考虑采取援助中国削弱日本的举措，并具体提出物资援助"恐缓不济急，如能由英美法三国驻远东之海军联合示威，当能见效"，希望三国海军以军事演习的方式支持中国，威慑日本。但戴维斯回答说，三国在远东现有海军不足以进行示威，予以推脱，并称美国国内舆论对政府牵制甚大。② 顾维钧还向苏联代表提出，请苏军在蒙古与中国东北交界处进行军事演习，也遭苏联代表的拒绝。

---

① 王建朗主编《中华民国时期外交文献汇编 1911～1949》第 7 卷上，第 182 页。

② 王建朗主编《中华民国时期外交文献汇编 1911～1949》第 7 卷上，第 196、202 页。

11 月 22 日，布鲁塞尔会议复会。由于与会各国都无意采取任何有实际意义的行动，24 日举行最后一次会议，通过一纸宣言后草草收场。顾维钧对各国推诿责任无所作为的表现十分不满，在会议最后一次发言中提出严厉的责问：

> 你真相信一纸原则宣言或忠实于誓言的虔诚表白，就足以使其在世界上得到遵守或尊重吗？拒绝给中国以援助，是否意味着中国应该停止抵抗侵略，或者在无足够手段的情况下，能无限期地抗战下去？在清楚而有力地证实了目前冲突中，日本和中国的政策在法律上的区别之后，你是否还认为在侵略者和受害者之间，无需作实际上的区别对待？由于拒绝停止向日本提供继续侵略中国所需的物质和经济资源，你不是似乎已经作了这样的表示吗？[①]

对布鲁塞尔会议的结果，顾维钧认为中国"并不太感到幻想破灭"，因为中国从未奢望会议能取得有效的成果；但同时又是"非常失望的"，这不是因为会议本身，而是由于在远东有巨大利益的大国不愿采取任何措施来制止日本的侵略。他称会议是"一次流产的国际会议"。[②]

布鲁塞尔会议期间，未参会的德国政府指令其驻华大使陶德曼（Oskar Trautmann）在中日之间牵线搭桥，进行调停。对陶德曼调停，蒋介石提出的先决条件是停火，恢复到卢沟桥事变前状态，希望能借此停止日本正在推进的军事行动。而时任

---

① 《顾维钧回忆录》第 2 分册，第 692 页。
② 《顾维钧回忆录》第 2 分册，第 696 页。

国民政府财政部长的孔祥熙对德国调停中日战争颇为积极。11
月中旬，孔祥熙接连致电顾维钧，通报陶德曼调停情况，希望
顾维钧与美、英、法等国外交官接触，探询这些国家联合德国
和意大利共同调停中日战争的可能性，并表示国内局势十分危
急，"我方精锐丧失甚巨，故在现地支持暂久，殊难预料"，
"长此以往，实伤国家元气"。①

　　11 月下旬，布鲁塞尔会议结束后，孔祥熙更是将陶德曼
调停看作立即解决中日战争问题的捷径。12 月 1 日，孔祥熙
将陶德曼转达的日本条件通报顾维钧，称"比会（即布鲁塞
尔会议——引者注）失败，军事不利，国联既无切实助我办
法，国内又险象环生"，询问他"德之提议停战交涉，我应
否接受，请详电示"。次日，孔祥熙再电顾维钧，催促他与
法国及英、美外交官联络，明确列强支持抗战及是否参与德
国调停的立场，"目下情势，间不容发"，"列强如能充分援
助，我当尽力抗战，否则亦应早予明白告我，使我作最后决
定，免误此次德国斡旋良机"。② 孔祥熙接受调停的意向十分
明显。

　　全面抗战开始后，顾维钧认定中国外交的任务是争取国际
社会在道义上的支持和物资上的援助，而不是与日本交涉停
战，更不是媾和。因此，对陶德曼调停，他颇不以为然。11
月上旬，获悉调停传言时，他就致电外交部表明自己的态
度，"德国就其国际立场及为己所谋之主张，若参加调停，

① 《孔祥熙致顾维钧》（1937 年 11 月 15 日、19 日、20 日），*Wellington Koo
Papers*，box 26。
② 《孔祥熙致顾维钧》（1937 年 12 月 1 日、2 日），*Wellington Koo Papers*，
box 26。

非特不能为我协助，恐反足以妨碍英美等国之斡旋努力"，对德国调停表示反对。① 接到孔祥熙多次电报后，顾维钧致电外交部副部长徐谟，询问孔祥熙的看法究竟是其个人意见还是政府决策。徐谟回复说，包括蒋介石在内的所有领导人都赞同调停。② 12 月 4 日，顾维钧致电孔祥熙，表明自己对陶德曼调停的看法：

> 查德国对我国虽有感情，究为日之同盟，其出任调停，为中国耶？为双方耶？抑为日本？不无可疑。且彼于国联公法条约公道向不重视，惟武力是尚，与日义同臭味，与我国策适相反。将来能否为我向日力争主权亦是疑问……鄙意如我军事上实难支持，不得不从速设法缓和，以苏喘息，则于原则上接受德方调停之先，宜采取下列步骤。（一）以我国实情与德愿调停及所提条件密商美总统，询其能否由美即出调停，或会同英法德共同调停。（二）并以我国军事实情及德愿调停二层密告苏联，问其能否即时设法于军事上予我援助，且须告以我国对共同防共条件决不愿同意，以免其顾忌而停止现有接济。（三）告德（甲）任何议和条件须以不违反《九国公约》之原则为主；（乙）须知日本撤退在华军队与停止一切非法行为之保障；（丙）我须与各列强继续维持同样友好邦交，不能偏于任何一方。

---

① 王建朗主编《中华民国时期外交文献汇编 1911~1949》第 7 卷上，第 176 页。

② 《顾维钧致徐谟》（1937 年 12 月 4 日）、《徐谟致顾维钧》（1937 年 12 月 7 日），*Wellington Koo Papers*, box 26。

顾维钧还提醒孔祥熙，对日本所提条件，应要求德使具体说明。① 因为对德国的不信任，顾维钧对陶德曼调停原则上是反对的，但对政府若接受调停也有具体建议，重点是加强与美国及苏联的沟通。

顾维钧刚发出电报，就收到孔祥熙又一封电报，称"对日方针当视列强能否切实助我，如彼等无切实办法，是友邦强我与日妥协。支持至年底，原无不可，所虑者，到时仍无办法，而时机错过，使我徒受巨大牺牲，前途危险益甚"。② 孔祥熙的意思很明白，如果列强对中日战争仍无动于衷，中国就将按日本提出的条件接受德国调停了。

然而，此时日本的态度发生变化。12 月 13 日，南京沦陷，日本开出了新的更为苛刻的条件。12 月下旬，国民政府决定予以拒绝，陶德曼调停终告失败。中国在抗日战争初期的外交活动也告一段落。

四 争取国际援华

全面抗战开始后，国民政府为加强外交活动，派出一批重要官员担任特使赴欧洲各国。孙科是中苏友好协会会长，被派往莫斯科。国民党元老李石曾与法国有很深的渊源，所以来到法国。汪精卫的得力助手陈公博被派到伦敦和罗马。担任过保定军官学校校长的军事家蒋百里则前往德国。这些人都没有做过外交官，他们的使命不涉及一般的外交往来，而是以各自的

---

① 《顾维钧致外交部转孔祥熙》（1937 年 12 月 4 日），*Wellington Koo Papers*，box 26。

② 《孔祥熙致顾维钧》（1937 年 12 月 4 日），*Wellington Koo Papers*，box 26。

资历、声望和人脉推进与有关国家的关系，为中国抗战争取道义支持和物资援助。这些特使到欧洲后，都要来巴黎与顾维钧商讨外交事宜，有些还通过驻法使馆接收和发送电报。中国驻伦敦、柏林、布鲁塞尔等地的使节也常通过电话、信函以及直接见面与顾维钧交流对时局和外交应对的看法。中国驻法使馆一时成了中国驻欧洲外交官的中心。这不仅是因为使馆地处巴黎，交通便捷，更因为顾维钧在外交界的声望和经验，成为时局动荡之际人们倚重的对象。顾维钧自己也没有过多考虑与其他同僚间的平级关系，甚至外交部和政府的领导地位，他只是认为自己在中国外交界服务的时间要长一些，经历比其他人丰富些，应该承担更多的责任，贡献更多的才智。他常常与中国驻其他国家的使节联系，告诉他们法国政府的看法，自己在做什么，并要求他们对驻在国政府相应行事。① 顾维钧这样的主动性在同时代的中国外交官中并不多见。除了责任感之外，也与他认为外交部协调总揽不够，使驻各国的使节缺少对他国和全局的了解有关，而这对开展外交是不利的。在给外交部的一封电报中，他指出，"方今世局紧张，各国连锁关系日密"，但"我国内外各方之欠缺沟通"，因此建议外交部"将内外与主要各国商议接洽情形，每周或随时密示梗概，俾隔阂既祛，应付有资，而收效或亦较易"。②

布鲁塞尔会议结束后，顾维钧深感对中国抗战的国际环境应有一个全球的视野和清醒的认识，并以此为基础对抗战的外交方针做一全面检讨。12月下旬，顾维钧与国内派出的特使

① 《顾维钧回忆录》第3分册，中华书局，1985，第270页。
② 《顾维钧致外交部》（1939年4月28日），*Wellington Koo Papers*，box 18。

陈公博、李石曾、蒋百里和中国驻英国大使郭泰祺、驻德国大使程天放、驻比利时大使钱泰，在巴黎使馆就各国对华政策及如何为抗战寻求有效的外交支持进行了讨论。经过几天讨论后取得的共识是，对待中日间的战争，德国和意大利"别有怀抱"，执行着与英国、法国、苏联和美国完全不同的政策。而在后四国中，英、法、苏都在等待美国带头采取行动，"惟美国马首是瞻"，因此，整个中日问题的关键在美国。在此情况下，中国外交的首要任务是接近美国，弄清美国的态度。12月29日，讨论的结果归纳成一份参与者都赞同的电报稿，以陈公博的名义向蒋介石、汪精卫和孔祥熙报告。①

两天后，顾维钧又发一长电给蒋介石、孔祥熙和外交部长王宠惠，进一步阐发对中国外交的看法。顾维钧认为，抗战指望于外交"最切者"为制裁日本、军火援助和英、法、苏、美的干涉。制裁因为意大利退出国联，德国和其他欧洲国家反对，致国联"残破"而无法实行。军火援助因为英、法扩充军备需用于本国而无法提供；苏联虽对华接济较多，但为防日本仇视报复，也有限度；美国则受中立法案牵制。对英、法、苏、美干涉的可能性，顾维钧分析道，英、法军备扩充尚未完成，欧洲局势日趋紧张，无法在远东有所作为。苏联若无英、法、美合作，也不会单独进一步对华援助。而美国若无英国在远东的合作，则无法采取积极行动。但这些国家均希望中国继续抗战，因"我继续抵抗一日，即多消磨日本一分之实力，亦即多消磨一分日德义集团之权力"。他对抗战国际环境的总

---

①　《陈公博致蒋介石、汪精卫、孔祥熙》（1937年12月29日），*Wellington Koo Papers*，box 11。

体判断是："中日战事不了，反使欧洲苟安，因其苟安而大局不定。故英法俄诸多顾虑，不能积极助我，而美亦不能在远东与太平洋得英法之充分合作。此是我国于国际上不能得充分援助之症结所在。"但他认为，德国和意大利不能也不愿拖延下去，因此第二次世界大战终将"开幕"。[①]

随着欧洲局势的进展，尤其是英、法两国对德国的绥靖政策，最终导致了牺牲捷克的《慕尼黑协定》，顾维钧对列强力量消长及其对远东的影响有更清晰的认识。他认为英、法对德国屈服退让，不仅仅影响欧洲，也影响远东的形势。因为欧洲局势的牵制，英国张伯伦（Neville Chamberlain）政府在远东不愿触犯日本，希望以此换取日本尊重英国在远东的权益，尤其是英国的殖民地。英国这个老牌列强在中日之间对日本的偏袒和同情，进一步凸显了美国在远东局势中举足轻重的作用。在给政府的电报中，顾维钧提出，对中国外交而言，最重要的是，一方面继续争取苏联的援助，另一方面积极接近美国，因为如果要争取有利于中国抗战的国际环境，使各国对日本实行经济制裁，美国的态度最为关键，"各国均以美为枢纽"，即使实行制裁以外之办法，"自目前欧洲形势观之，亦当以美为重心"。[②] 将对美外交置于中国外交的首要地位，是顾维钧步入外交界后的一贯主张。虽然自华盛顿会议以后，他有很长一段时间没有直接介入对美外交，但只要时机合适，就会提出此主张，并力促付诸实施。

---

① 《顾维钧致蒋介石、孔祥熙、王宠惠》（1937 年 12 月 31 日），*Wellington Koo Papers*，box 25。

② 《顾维钧致外交部并转呈蒋介石、孔祥熙》（1937 年 10 月 4 日），*Wellington Koo Papers*，box 39。

顾维钧关于中国外交以美国为重心的主张，与此时国民政府和蒋介石在外交上对美国的日益重视是一致的。1938年1月，蒋介石在致美国总统罗斯福的信中表示，美国"于世界各国之和平与秩序，更于远东国际之公平及和睦，向居领导之地位"，"此次远东大难之应付，各国均盼美国之合作，诚以美国政府对于共谋国际和平与安全，向已公认为各国之前驱"。9月，孔祥熙在致新任驻美大使胡适的电报中，也明确指出："此次使美，国家前途利赖实深，列强唯美马头是瞻，举足轻重，动关全局，与我关系尤切。"[①] 由于对美国在远东的重要作用有日益清醒的认识，国民政府的外交方针在1938年中经历了一次影响深远的调整。无论在战略方针上，还是在具体策略上，对美外交在中国外交中都上升至首要地位。顾维钧的建议推动了中国外交方针的调整，也使他多年来的主张终于成为付诸实施的政策。

虽驻节欧洲，对美外交不是分内事，顾维钧却倾注很大的精力，尽力争取美国对中国抗战的支持。他与先后担任驻美大使的王正廷和胡适经常函电往来，或询问美国远东政策的最新动向，或对开展对美外交提出具体建议。不过，也许因为两人间以往的过节，王正廷对他的询问含糊其词，不愿明确答复，使他颇为不满。

1937年底，与陈公博等讨论形成美国对中国外交十分关键的共识后，顾维钧专门致电王正廷，询问美国对远东局势的

---

① 秦孝仪主编《中华民国重要史料初编——对日抗战时期》第3编《战时外交》（以下称《战时外交》）第3册，第78~79页；中国社会科学院近代史研究所中华民国史组编《胡适任驻美大使期间往来电稿》，中华书局，1978，第1页。

具体政策。王正廷的复电词意含混，称美国政府态度始终未变，又神秘兮兮地称美国已有各种办法，"因内容秘密，未便电告，以防泄漏"。顾维钧去电进一步询问，所谓未变是指罗斯福总统"防疫演说"的主张，还是指不愿卷入远东冲突的政策，并要其就美已有办法之内容略示一二。但王正廷并没有进一步答复，顾维钧就去问美国驻法大使蒲立德（William Bullitt），蒲立德告诉他王正廷的说法是靠不住的，因为美国政府有关远东事务的重要情况都会向他及时通报。后来，顾维钧还给正在美国宣传抗战的胡适写信询问此事。①

顾维钧与胡适之间的沟通就要顺畅多了。1938 年 3 月 19 日，胡适给顾维钧写了 7 页纸的长信，阐述他对国际局势尤其是美国对外政策的看法，希望顾维钧对此进行评论。同时他回复顾维钧关于王正廷所说美国已有办法的询问，称王对你们做大使的尚且"未便电告，以防泄漏"，"何况对我们无官的老百姓呢?"② 顾维钧与胡适的往来信函，对中国外交和国际局势有很坦率和深入的交流，但两人对王正廷都无好感。7 月下旬，国民政府决定以胡适替换王正廷为驻美大使，但王正廷还想多待些时日，使已下决心牺牲几年学术生涯投身抗战外交的胡适又生退意。顾维钧在此时对胡适予以鼓励，并通报王正廷恋栈的信息。胡适对顾维钧表示感谢时，以调侃的口吻说到王正廷："您可能很有兴趣知道我们的朋友 C. T.（王正廷英文名字的缩写——引者注）仍在纽约忙于举借另一笔'巨额'

① 《顾维钧致王正廷》（1937 年 12 月 29 日）、《顾维钧致胡适》（1938 年 3 月 8 日），*Wellington Koo Papers*，box 11、13；《顾维钧回忆录》第 3 分册，第 65 页。

② 《胡适致顾维钧》（1938 年 3 月 19 日），*Wellington Koo Papers*，box 13。

借款，在美国无人知晓他已获假并将离美。"胡适最后于9月中旬正式被任命为驻美大使时正在欧洲，顾维钧与他一起商讨了寻求美国援助的途径及应采取的交涉方式，并提醒他要特别注意了解罗斯福总统的看法。①

　　胡适提到的王正廷忙于举借的巨款，实际上毫无进展，虽然王正廷向国内报告仍称"大借款成功，确有把握"。② 而向美国借款的最终成功，却是顾维钧在巴黎促成的。顾维钧与美国驻法大使蒲立德保持着密切的关系。1938年7月26日，顾维钧赴蒲立德官邸，与正在巴黎休假的美国财政部长摩根索（Henry Morgenthau, Jr.）进行了一次重要的谈话。顾维钧坦率地向摩根索说明中国局势的严重性后，提出"我国决心继续抗战，惟财政与物质深盼友邦援助"，询问欲从美国获得财政援助，取何办法最好。摩根索马上回应，中国可以再派曾谈判中美白银协定的银行家陈光甫赴美，与他本人具体商讨，他将尽最大努力与中国达成协议。摩根索不与驻美大使王正廷商谈援华，却直接回应顾维钧的询问，是因为对王的不满。王正廷在美国为争取援助开展活动，但他主要通过寻找代理人，为此付出许多活动经费。摩根索明确告诉顾维钧，这样的做法是错误的，根本无法从美国获得需要的贷款。③ 顾维钧与摩根索谈话后立即报告政府。正为外援无着落而一筹莫展的行政院长孔祥熙立即回电，对获得美方"开诚相见之良好结果"大加赞赏，表示已令陈光甫尽快赴美，并要顾维钧在摩根索逗留巴

---

① 《胡适致顾维钧》（1938年7月27日、8月13日、8月20日），*Wellington Koo Papers*，box 13；《顾维钧回忆录》第3分册，第209页。

② 《战时外交》第1册，第79页。

③ 《战时外交》第3册，第134页；《顾维钧回忆录》第3分册，第271页。

黎期间与他"切商第二步具体办法",并趁此机会"再促英法之援助","尤为企盼吾兄手腕灵敏,必不致失此良机"。[1]

此后,陈光甫奉命赴美,在交涉中与顾维钧保持沟通,最终于 12 月与美国达成 2500 万美元的"桐油借款"。这是全面抗战以来美国向中国提供的第一笔借款。驻美大使胡适认为:"此款成于我国力最倒霉之时,其富于政治意义至显。"蒋介石称:"借款成功,全国兴奋,从此抗战精神必益坚强,民族前途实利赖之。"孔祥熙致电顾维钧,称赞他对这笔重要借款做出的贡献。[2] 身为驻法大使的顾维钧促成了美国对华借款,足以表明他在中国外交中重要而独特的作用。

这一时期,顾维钧对法交涉的一项重要任务是中国战争物资假道越南过境运输问题。全面抗战开始后,日本对中国海岸实行封锁,企图阻断中国从国际上获取战争物资的通道。1938年 10 月广州沦陷后,中国的海上通道被完全切断。此后,中国获取国外物资援助的通道只有三条,即中国与苏联间的西北交通线、英国控制下的缅甸与云南间的滇缅公路和法国控制下的越南与云南间的滇越铁路。在这三条通道中,西北交通线和滇缅公路都是公路,且前者路途遥远,后者地形复杂,运输能力都无法与滇越铁路相比,何况苏联援华物资尤其是大型装备都需要通过海运使用这一通道。因此,全面抗战一开始,国民政府就电令顾维钧与法国政府沟通,保证援华物资假道越南顺利通过。蒋介石也指示正在欧洲的孔祥熙、李石曾就此与法国

---

① 《孔祥熙致顾维钧》(1938 年 7 月 30 日),*Wellington Koo Papers*,box 26。
② 《胡适任驻美大使期间往来电稿》,第 5、8 页;《顾维钧回忆录》第 3 分册,第 322 页。

政府进行交涉。①

顾维钧于 1937 年 8 月 2 日与法国外交部长德尔博斯
（Yvon Delbos）见面时提出了假道越南运输的问题，希望法国
政府保证中国经由印度支那（主要是越南）将军用物资运入
中国的过境权，并提醒他这一权利是中法之间的条约规定的。
顾维钧提到的条约是中法于 1930 年签订的《中法规定越南及
中国边省关系专约》。但德尔博斯说，印度支那事务归殖民部
管，将此事推托搪塞过去。实际上，法国政府担心中国军用物
资经印度支那通过会引起日本反对，危及它在中国及远东的利
益。8 月 16 日，法国外交部秘书长莱热就坦率告诉顾维钧，
如果法国允许利用印度支那运输武器弹药，日本可以认为这是
敌对行为，就有可能进入上海的法租界，甚至在印度支那制造
麻烦。因此，假道运输不是归外交部还是殖民部管的问题，而
是法国"总政策"的问题。②

正是基于对远东利益的考虑，法国政府于 1937 年 10 月中
旬决定禁止军用物资经印度支那过境运往中国，并于 18 日通
知中国使馆。获悉法国政府这一决定后，顾维钧马上口授一份
致法国外交部的备忘录，反对这一做法，并在当天约见莱热进
行交涉。顾维钧告诉莱热，中国的过境权是有条约根据的，禁
止过境将严重削弱中国对日抗战的力量。莱热辩解说，法国担
心若允许中国借道运输，日本会轰炸滇越铁路，损害法国资
本，甚至侵占海南岛直接威胁印度支那，而法国在远东并无足
够的军事力量。由于顾维钧不断强调禁止过境运输对中国抗战

① 《战时外交》第 2 册，第 732 页。
② 《顾维钧回忆录》第 2 分册，第 520、522 页。

的影响，谈话结束时，莱热松口说，由飞机运军火可予考虑，惟请严守秘密。因为事关中国抗战获得外援的生命线，向来注重外交礼仪的顾维钧，在一小时的会谈中，"有时谈得相当激动"。①

10 月 20 日，顾维钧与外交部长德尔博斯会面，在听了顾维钧的解释后，德尔博斯承认他没有考虑到禁止过境对中国产生的严重后果，并表示会提请内阁重新审查这一问题。10 月 30 日，顾维钧再次与莱热见面，莱热表示先前做出的决定"只是理论上的"，法国政府已决定允许中国全部已订购的物资不受阻碍地通过印度支那。② 法国在过境运输政策上"理论"与实施间的差异反映了它对远东局势的矛盾心态，一方面它不愿因此刺激日本，另一方面也担心中国抗战垮台对其远东利益的负面影响。于是，一些军火通过越南秘密运往了中国。

但是，日本发现过境运输后向法国提出抗议，法国政府迫于日本的压力又重新执行禁运令。1938 年 2 月，莱热告诉顾维钧，去年 10 月的禁令仍将执行。③ 顾维钧多次走访外交部进行交涉，但都无法得到满意的答复，尤其是 4 月新内阁组成后，外交部部长博内（George Bonnet）对实行禁令持十分僵硬的立场。好在顾维钧对法国政界十分了解，知道新内阁的殖民部部长孟戴尔（George Mandel）与外交部态度不同，而殖民部部长可以向印度支那总督发指示，于是就直接去找孟戴尔。4 月下旬，孟戴尔上任没几天，顾维钧就与他见面谈话，希望

---

① 《顾维钧回忆录》第 2 分册，第 547~553 页；《战时外交》第 2 册，第 735~736 页。
② 《顾维钧回忆录》第 2 分册，第 555、565 页。
③ 《顾维钧回忆录》第 3 分册，第 59 页。

印度支那可以成为中国获得海外物资的重要通道，并提醒他第一次世界大战期间有数万华工在法国军队的后方辛勤劳动，立下汗马功劳。孟戴尔表示，他知道中国想扩大通过印度支那的运输量，他对此持积极的态度。两个月后的 6 月 29 日，在孟戴尔的寓所两人又有一次秘密交谈。孟戴尔告诉顾维钧，他赞成给中国运输军需物资的过境便利，虽然外交部对此有不同意见。当顾维钧提到有一批运往中国的装甲车滞留在印度支那时，孟戴尔说他已与总督沟通过，让总督不必遇事都向殖民部请示，实际上暗示其便宜行事。①

1938 年 10 月下旬，日本攻占广州，切断了经香港进入内地的海上通道，滇越铁路的重要性更为突显。顾维钧认为日军在华南发起进攻是其"南进政策"的开端，接下来就会威胁法、美在远东的殖民地印度支那和菲律宾，以及接受英国殖民统治的香港，因此要抓住时机争取这些国家加强援华。10 月下旬，他与孟戴尔多次见面，告诉他自己对局势的判断，强调中国与法国在印度支那方面有许多共同利益。当时有两艘装运从德国和苏联获得的军火的船正在途中，因为日军进攻广州无法按原计划驶往香港，国民政府希望改停印度支那，船上军火经滇越铁路运往中国。顾维钧先向法国外交部提出此事，没有得到积极的回应，转而又找孟戴尔，并建议他绕过外交部来安排。孟戴尔答应马上向总理报告，并尽快给予答复。两天后，孟戴尔告诉顾维钧，已允许这两艘船在西贡靠岸，地方当局接手后再北运转往中国。他会派一名特别代表专程前往西贡办理此事，但不会让外交部知道。这样，顾维钧与孟戴尔两人通过

---

① 《顾维钧回忆录》第 3 分册，第 92~94、142~145 页。

隐秘、曲折的办法为这两船军火打开了前往中国的通道。作为一名外交官，绕开驻在国的外交部，对正常的外交往来而言是很不寻常的。但顾维钧认为，在非常时期这种做法是完全正当的，因为这增强了中国的抗战能力，同时保护了法国的权益。[①] 顾维钧的积极沟通以及法国政府内有识之士对远东事务的全盘考虑，使过境越南运往中国的军火一直没有中断。1938年累积运送货物 7000 多吨，其中包括飞机、坦克。到了 1939年，运送货物量急剧增长，超过了 6 万吨。[②] 这是顾维钧以他的外交才干为中国抗战做出的重要贡献。

1939 年 2 月，日军侵占海南岛，显示出南进与英美等西方列强对抗的意图。蒋介石将这一事件称为"太平洋上之九一八"，决定利用日本造成的这一机会，推进与列强在远东的军事合作。美国此时虽已成为中国外交的重点，并已迈出援华的步子，但其行动仍受国内因素的制约。因此，国民政府将合作的重点放在英、法两国。3 月 24 日，外交部致电顾维钧，要求他与法国政府就中英法三国在远东的全面合作进行商讨，并告知外交部所拟三国合作的四项原则：

> 一、中英法三国对于远东之军事及经济合作，应于适当时期邀请苏联参预，并通知美国请其作平行行动，以期对我采取一致步骤，共同维持在远东之权益。二、参预对

---

① 《顾维钧回忆录》第 3 分册，第 232~235、240~241 页。
② 刘卫东：《印支通道的战时功能述论》，《近代史研究》1999 年第 2 期。但据巴斯蒂论述，1939 年通过印度支那运往中国的物资达到了 20 万吨，见巴斯蒂《法国远东结盟论（1931~1940）》，杨天石、侯中军编《战时国际关系》，社会科学文献出版社，2011，第 580 页。

日作战各国不得单独与敌停战或议和。三、在军事方面，中国允许尽量供给兵力及物力，其他国家允许尽量调遣海空军至远东为共同之作战……四、在经济方面，参预各国允许尽量共同维持各该国法币及商务，并共同对敌实施制裁。

外交部电报强调"此事系蒋委员长发动"，"上开原则已经蒋委员长核准"。①

还在 2 月获悉日军侵占海南岛的消息后，顾维钧就去拜访外交部部长博内，告诉法方日本此举是配合德国和意大利在欧洲的行动向法、英等国施加压力，建议法国政府对此做出强烈反应，并抓住时机推进与英、美在远东的合作。② 对联络各大国在远东合作对付日本侵略，顾维钧之前在布鲁塞尔会议期间就向美国和苏联的代表提出过。接到外交部来电后，他认为这是一个十分果敢而又及时的计划，约法国外交部秘书长莱热进行会谈，并在会谈后应其要求送了一份备忘录，书面说明中国的具体构想。在向外交部汇报与莱热会谈情况时，顾维钧询问"此次我向英法提议保卫办法已否密告美俄接洽？"并就推进这一计划提出了自己的看法：

现欧局紧张，英法对远东问题，遇事每商之华府，惟美之马首是瞻，料彼此次亦必以我所提与美商谈。如我未与美接洽，应否电由胡使密告美政府，或由钧密托此间美

---

① 《外交部致顾维钧》（1939 年 3 月 24 日），*Wellington Koo Papers*，box 37。
② 《顾维钧回忆录》第 3 分册，第 360~361 页。

大使径电罗斯福总统接洽。[①]

虽然是推动中英法合作，顾维钧仍将美国看作实现这一个合作计划的关键。

顾维钧的建议被外交部采纳。4月10日，外交部分别致电顾维钧和驻美大使胡适，请他们与美方沟通。顾维钧于4月18日向蒲立德通报了中国对远东合作的构想，请他转报罗斯福。[②]

顾维钧与法国政府的接洽并不顺利。法国政府关注的重点在欧洲，对远东局势及其与欧洲的关联缺少深刻的认识。为推动法国政府接受中国的倡议，顾维钧与外交部和内阁官员广泛接触，包括对过境运输大力支持的殖民部部长孟戴尔。在与外交部亚洲司官员会谈时，该官员称中英法提携合作"时机或已成熟"，但美国应一起参与，而法方"不便启口"，希望中国先与美国沟通，法国可以随后跟进。[③] 但美国由于受中立法的束缚和国内孤立主义的掣肘，并不愿在多国合作方面有所作为。5月5日，外交部获悉美国不会参与远东合作后致电顾维钧，称："本部默察美方语气，如英法进行至相当程度，美或可采取适当之平行行动，但格于政制，不能预受拘束。在此情形下而论，英应有基于了解之合作，而美则可望其临时事实上之合作。但前者现在即应进行，后者至适当时期协助促进。"

① 《顾维钧致外交部》（1939年4月4日），*Wellington Koo Papers*，box 21。

② 《外交部致顾维钧》（1939年4月10日）、《顾维钧致外交部》（1939年4月18日），*Wellington Koo Papers*，box 37，40；《胡适任驻美大使期间往来电稿》，第15页。

③ 《顾维钧致外交部》（1939年4月24日），*Wellington Koo Papers*，box 21。

顾维钧对美国的反应自然非常失望，对外交部电报的分析也很不满，称之为"言之无物，无所裨益"。①

法国对远东合作原本就畏首畏尾，美国的态度更使它裹足不前。5月16日，顾维钧向外交部报告在法推进远东合作面临的困境，"虽经向法当局再三催促，尚无确复。查少数阁员颇表同情，但大部分集视线于欧洲，不暇顾及远东，并不能完全了解欧亚局势之连锁关系"，因此目前只能"从侧面进行"，实际上就是无奈地搁置了。法国政府对中国有关远东合作提议的消极态度——按美国驻法大使的话说，就是它甚至忘了地图上还有一个中国——使得这个有可能改变远东国际局势的计划最终胎死腹中。②

9月1日，德国进攻波兰，英、法随之对德宣战，欧洲战争爆发了。欧战的爆发对中国的抗战产生了重要影响。一方面，英、法与德国的战争为中国与英、法结为一体，共同对付德、日法西斯创造了条件；另一方面，英、法全力应付欧洲的战争，产生了在远东对日妥协的可能性。如何趋利避害，成了中国外交面临的一个新问题。

顾维钧认为，在这样一个关键时刻，应该将国际局势作为一个整体来观察各大国的政策，并在此基础上对中国的外交政策重新评估。此时，孙科和李石曾都在法国，顾维钧又请驻英大使郭泰祺和驻比大使钱泰来巴黎。11月初，他们连着几天讨论国际局势的变化和中国外交应采取的对策。顾维

---

① 《外交部致顾维钧》（1939年5月5日），*Wellington Koo Papers*，box 37；《顾维钧回忆录》第3分册，第460页。
② 《顾维钧致外交部》（1939年5月16日），*Wellington Koo Papers*，box 21；《顾维钧回忆录》第3分册，第433页。

钧提出，目前国际局势尚有利于中国，但在以后的 6 个月内将恶化而不利于中国，因此应向重庆建议，利用当前的时机，力促美国对日本采取更有力的政策。顾维钧与孙科、李石曾、郭泰祺、钱泰最后联名向蒋介石发了一份电报，汇报讨论的结果：

> 抗战到底，为我国既定政策。自欧战发生，国际形势丕然大变。我国平日所恃以为友者，为英、法、苏、美四国，现在英、法、苏三国均有事于欧西，其全力足以压迫日本者为美国。是以我国外交运用，宜特别注重美国。为达到我国抗战目的，增加我国抗战力量起见，可否密向美国接洽询商：第一步，请其向日本警告，根据条约公平解决中日问题，达我抗战目的，使日本退出中国。如日本不接受，则请其（一）劝告英、法，勿对日本让步，牺牲中国；（二）商约停止期满后，以经济方法压迫日本；（三）增加美国对于中国之援助。是否有当，尚祈裁酌。①

整个电报的宗旨是促请政府继续加强对美外交，延续了顾维钧之前的主张，但超越了其驻法大使的职责。但在顾维钧看来，向外交决策最高层提供对国际局势的判断和外交全盘方针的建议，是驻外使节的责任。在这一方面，他在中国驻外使节中是最为主动、积极的。11 月 11 日，蒋介石给顾维钧回电，并请其转其他四人：

---

① 《顾维钧回忆录》第 4 分册，第 128～129 页。

御（六日）电悉。卓见丞佩。中央对美运用步骤与尊意大致相同。现正在探询美当局之真意。察其表示挺身警告，似尚对敌有所顾虑。仍以尊电末拟三项较易接近。深盼兄等在欧美亦依此分头努力也。①

加强对美外交已成为中国外交决策和执行层的共识。但顾维钧遵照蒋介石指示在法国"分头努力"，却遇到重重困难。自卷入欧战后，由于无暇东顾，法国对日政策口趋软弱，而安抚日本谋求对日修好的倾向却日益加深，同时法国国内政局也动荡不定。虽经顾维钧努力，中法两国于 12 月拟定了一项以中国钨砂换取法国军火的计划，1940 年 2 月又签订了《叙昆铁路借款合同》，但不久，法国就在德国进攻下败退。6 月上旬，法国政府撤出巴黎。

6 月 10 日下午，顾维钧离开巴黎，随法国政府迁移。一路上秩序十分混乱，第一个晚上通宵行车，至次日上午 8 点才到达目的地，这段不到 200 公里的路程平时只要 4 个小时。而到了目的地后，却不容易找到法国政府的官员，因为政府还没有选定办公场所。在给郭泰祺的电报中，顾维钧谈到了离开巴黎后的困境："此间政府五日两迁，弟星夜追随，饥寒交迫，疲乏异常。现内阁改组，军人当权，行将单独媾和，影响所及，亦不利我合作事。"② 法国政府最后迁至南部小城维希，几乎所有国家的大使都住在一家旅馆里，每个大使馆只有两个房间。食物十分匮乏，只能凭票定量供应。这成为顾维钧外交

① 《顾维钧回忆录》第 4 分册，第 129 页。
② 《顾维钧致郭泰祺》（1940 年 6 月 17 日），*Wellington Koo Papers*，box 20；《顾维钧回忆录》第 4 分册，第 285~287 页。

生涯中一段不寻常的外交官生活。

顾维钧在给郭泰祺电报里说的军人当权，就是刚出任总理的贝当（Henri Petain）元帅。贝当一上任，就下令法军停火，放弃战斗，随后于 6 月 22 日与德国签订了条件十分苛刻的停战协定，向德国投降。正如顾维钧所预料的，法国对德单独媾和后，将不利于中国的抗战。贝当政府在远东完全向日本屈服，于 9 月下旬与日本签订协定，允许日军可从印度支那登陆并自由过境，以进攻中国。还在法国与日本谈判这一协定时，顾维钧就反复敦促法国政府不应对日退让，更不能损害中国对日抗战，并提出过书面和口头警告。协定签订后，顾维钧起草了一份抗议书，经外交部审定后送交法国政府。但这些交涉都无法改变贝当政府的远东政策。在这样的情况下，顾维钧在法国已很难为中国的抗战开展有效的外交活动了。

第八章　战时中英关系的推动者

一　不和谐的盟国关系

1941 年 4 月初，顾维钧接到重庆外交部电报，要调他转任驻英国大使，接替即将出任外交部长的郭泰祺。这一消息虽来得突然，但离开驻法大使任所却是他期盼已久的。1940 年夏刚迁至维希不久，顾维钧听闻重庆拟将胡适从驻美大使任上调离，便一反常态，多次致电外交部，主动请缨希望接任此职。这种主动谋求职位的举动对顾维钧来说是罕见的。后来胡适继续留任，听到消息后，他显得有些失望，急切地询问转往他处任职的可能性。而在此前一年，蒋介石和外交部长王宠惠欲调其出任驻苏大使时，他是婉言谢绝的。由于在驻法大使任上已无所事事，顾维钧在给外交部副部长徐谟的电报中表示，若无合适的岗位，他将考虑请长假甚至退休，因为"我的目标是服务"。[①] 顾维钧在维希萌生退意并不奇怪。维希这座小城无法提供他施展身手的外交舞台，实现他为中国外交服务的抱负。此时同辈外交官颜惠庆、王正廷、施肇基都已先后离开驻外大使职位，淡出或完全退出外交界，对他多少也有些影响。但国民政府对顾维钧与对其他几人不一样，不想让他退下

---

① 《顾维钧致徐谟》（1940 年 7 月 20 日、11 月 9 日）、《徐谟致顾维钧》（1940 年 7 月 23 日、11 月 13 日），*Wellington Koo Papers*，box 15；《顾维钧致蒋介石、王宠惠》（1939 年 7 月 9 日），*Wellington Koo Papers*，box 40。

来，而是将他调任到重要的驻英大使岗位上。与同辈相比，顾维钧确有其不一般之处，是处于战争中的国家不可或缺的外交人才。顾维钧当然十分乐意接受这个新职位。

不过，顾维钧调任伦敦一事，在中英两国关系上却引起了一场小风波。按说，以顾维钧在国际外交界的声望和二十年前就曾出使英国的资历，英国政府对中国政府提名他再度使英应表欢迎。但是，英国政府最初对顾维钧使英的反应却不积极，反而旁敲侧击地询问中国为何不从国内选派人员。由于英国政府没有明确表示接受，国民政府的正式任命迟迟不能发表。但顾维钧调任的消息已经传开，日本通讯社还趁机声称这表明中法关系彻底破裂。已经离开维希在葡萄牙焦急等待的顾维钧只得给外交部副部长徐谟发私人电报询问缘由。原来，在伦敦大学获得博士学位的国民政府教育部副部长杭立武热衷驻英大使一职，他与英国驻华大使卡尔（Archibald Kerr）私交很深，后者也希望由留英学生而不是留美学生出任驻英大使，因此伦敦没有及时回复中国的提名。最终由于中国政府的坚持，英国还是同意接受顾维钧为驻英大使。1941 年 5 月 9 日，国民政府的任命正式发表。①

7 月初，顾维钧抵达伦敦上任。虽然是第二次作为中国政府的使节来到英伦三岛，一切似乎驾轻就熟，但他深感肩上的担子不轻。此次奉派使英，顾维钧直接从欧洲大陆赴英，无法回国，也就没有接到政府有关对英外交的正式训令。他想可能是因为在中国外交界，自己比外交部主管和其他驻外使节的资

---

① 《徐谟致顾维钧》（1941 年 5 月 15 日）、《伦敦使馆致顾维钧》（1941 年 5 月 2 日），*Wellington Koo Papers*，box 49；《顾维钧回忆录》第 4 分册，第 563～565 页。

历都要老，所以就不需要训令了。但他对自己的任务十分明确，就是广泛宣传中国抗战对于世界的意义，并为抗战争取各种形式的援助。①

自日本发动侵华战争以来，国民政府就寻求西方列强尤其是英、美两国在道义上和物质上的支持。出于维护自身在远东利益的需要，英国对制止日本侵华也有所动作，在某些时候如卢沟桥事变后的一段日子里比美国要更为积极。但从总体上说，英国对日本侵华采取的是妥协的政策，不断地以让步来换取与日本的短暂相安。1938 年 5 月，英国与日本签订了有关中国海关的协定，1939 年 7 月又签订了《有田-克莱琪协定》，承认日本侵华造成的"中国之实际局势"及其在占领区内享有"特殊之要求"。1940 年 7 月，英国政府更是在日本的逼迫下关闭滇缅公路三个月，切断了中国最重要的国际运输线。英国的这些行为以及中英之间长期存在的不平等关系，使国民政府高层包括蒋介石在内，对英国有着强烈的不满情绪。蒋介石在谈到英国远东政策时称之为"老谋深算"，在与英国驻华大使卡尔见面时，当面批评英国"素以半殖民主义国家估计中国"。② 而在英国方面，由于主要的注意力都集中于欧洲，大多数人对发生在远东的战争不甚了了，漠不关心，不少人对中国还抱有传统的轻蔑态度。表面上风平浪静的中英关系隐藏着许多暗礁。

面对中英双方相互认知的巨大落差，上任伊始顾维钧就十分重视宣传。7 月初他从葡萄牙赶往伦敦上任，就是因为接受

① 《顾维钧回忆录》第 5 分册，第 4 页。
② 《战时外交》第 3 册，第 38 页。

了"中国之战委员会"（The China Campaign Committee）的邀请，要在其组织的集会上向英国公众演讲。演讲当天正是全面抗战爆发四周年，顾维钧阐述了中国抗战的国际意义："中国人民的血泪不仅使国家免于毁灭，而且给整个世界的自由事业作出了卓越的贡献。"如果中国不坚持抵抗，日本的战争机器早就扑向其他国家。面对英国公众，他也称赞了英国对希特勒德国的英勇抵抗，最后呼吁反法西斯国家携手合作，"彼此间合作越是密切，他们的最终胜利就越提前，并且越有把握"。①这样的演讲，或对官员，或向公众，是顾维钧驻英大使期间的日常功课。对于各界的邀请，他尽可能有请必到，以广交友，唤起对中国的关心。他还动员一些在英国的中国人一起来做此项工作，其中有教师、艺术家、银行家和报人。他会列出一些问题和要点，供他们演讲时参考并使用，以增进英国公众对中国抗战的了解。②

　　入住二十年前就待过的位于波特兰街的中国使馆，顾维钧对使馆人员做好对英外交提出具体要求："办公不必客气，有意见须（1）直说，不说反误事，但直说非谓可无礼貌；（2）个人认定一门英国问题，随时留心研究，不久可成为专家，于公于私均属有益；（3）彼此同事须有同舟共济之心，和衷互助，在外各有所长而各人不能尽有各种长处，故不得不互相合作；（4）凡有见到可以改良之处，或有可报告政府参考者，不妨来陈，不分职位之高卑，均愿接谈。"③

　　当然，顾维钧外交工作的重点还是英国政府。8 月中旬，

---

① 金光耀、马建标选编《顾维钧外交演讲集》，第 224~226 页。
② 《顾维钧回忆录》第 5 分册，第 5 页。
③ 《顾维钧日记》（1941 年 8 月 25 日），*Wellington Koo Papers*，box 215。

外交部长郭泰祺给他来电，对英国不重视对华关系表示不满，请其推进加强，并要其密商英国政府，促英方对日本危害滇缅路交通的行为明确表态，"此举于加强反侵略阵线及我国抗战精神上均极重要"。① 电报刚发出，英国首相丘吉尔（Winston Churchill）和美国总统罗斯福联合签署的《大西洋宪章》发表了。这是英美准备联合反对法西斯的重要信号。《宪章》发表后，罗斯福和丘吉尔联名致函斯大林通报两人会谈情况，但对中国却并无任何表示。蒋介石虽对《宪章》发表感到高兴，但对英美不能平等对待中国颇为愤懑。郭泰祺致电顾维钧，要其向英方表露中国的不满之意，并探询其真实意图，"如果彼等对远东确议有具体办法，与外国洽商合作计划，介公当可释然"。8 月 21 日，顾维钧与英国外交大臣艾登（Robert Eden）见面，后者只谈到英国已认识到远东事态对英国的重要性。②

其时，美国政府支持的由美国人陈纳德（Claire Chennault）率领的美国空军志愿队刚成立，中国政府希望英国政府也能组织一支同样的英国空军志愿队，援助中国的抗战。在给顾维钧的电报中，郭泰祺诉说了日军轰炸给重庆造成的灾难——"敌机连日昼夜轰炸，致吾人不遑寝食，百务几陷停顿"，请他"商促英方协同美方早日组织国际空军义勇团"。并提出英方可组为第二团，"将来由两国公推一指挥官在军委会下服务"。8 月 26 日，蒋介石亲自致电顾维钧，请他再与英方商量，并提出英方可派驻新加坡的空军援华，若新加坡发生战

① 《郭泰祺致顾维钧》（1941 年 8 月 15 日），*Wellington Koo Papers*，box 38。
② 《郭泰祺致顾维钧》（1941 年 8 月 18 日、20 日）、《顾维钧致外交部》（1941 年 8 月 21 日），*Wellington Koo Papers*，box 38。

事，仍可返回，"如此一举两得，无须另增人员"。但顾维钧与英国方面商谈，英国却表示爱莫能助，并说英国自己缺少飞行员，许多人还在美国受训，回绝了中国的要求。[①] 11月初，蒋介石直接致电丘吉尔，指出在日本即将攻击云南的危急形势下，英国的空中支援对中国来说必不可少，"我们唯一的希望是在马来西亚的英国空军与美国的合作能付诸实施，支援美国空军志愿队和中国空军"。[②] 这封电报由顾维钧递交。丘吉尔回复蒋介石的电报称，根据英国的情报，日军接下来攻击的目标不是云南而是华南，但英国正考虑尽其所能给予陈纳德航空队最大帮助。稍后，顾维钧访晤艾登，再次表达中国对空军支援的期望："惟望以空军助华一层，务必尽力为之。"[③]

1941年12月7日晚，日本偷袭珍珠港的消息传到英伦三岛，震惊了英国朝野和在伦敦的外交使团。前一天，顾维钧在英国援华会演讲时还指出，日本加紧军事部署，摆出咄咄逼人的架势是为了要挟美国让步。因为他认为，日本不至于愚蠢到孤注一掷冒举国覆没的危险。因此珍珠港事变的消息让顾维钧感到惊诧，但也备感振奋，当天他在日记中写道："这天过得非常兴奋、紧张，也令人十分称心。"[④] 因为，中国不再孤军抗日了，终于与英美面对共同的敌人。

面对战局的急剧变化，顾维钧认为中国应抓住时机促进反

① 《郭泰祺致顾维钧》（1941 年 8 月 5 日、15 日）、《蒋介石致顾维钧》（1941 年 8 月 26 日），*Wellington Koo Papers*，box 38；《顾维钧致外交部》（1941 年 8 月 22 日），*Wellington Koo Papers*，box 41。

② Chiang Kai-shek to Churchill, 3 November, 1941, *Wellington Koo Papers*, box 41.

③ 《战时外交》第 2 册，第 188~189 页。

④ 《顾维钧回忆录》第 5 分册，第 44 页。

法西斯各国之间的合作。8 日，他致电重庆提供自己的意见：

> 窃意我宜速向英、美、和（荷）表示愿以全力与彼合作，共同对日，以获全胜。既属在我应有之表示，且借为提订四国攻守同盟之初步。如美向德、义同时宣战，我亦宜一致办理，借示精神团结，并先期告美，全示友谊。①

12 月 9 日，国民政府发表对日本、德国、意大利宣战文告。中国的抗日战争经过四年多的艰苦岁月终于与世界反法西斯战争连为一体，中国与英、美成为并肩作战的盟友。

虽驻节英伦，负责处理中英关系，但顾维钧仍不忘思考中国外交的全局，并将自己的思考所得报告决策层，以期对外交方针有所贡献："英、苏重心均在欧洲，其重视德国固在意中。惟此层不特与我不利，即为世界整个战局着想亦非上策……窃意惟美地位较为客观，当能了解我方主张之正当，而出为主持较有力量。和与澳及纽丝兰（新西兰）与我利害较多相同，或亦可赞附我议。似宜分头速向美与和、澳、纽等洽商进行。"在给宋子文的电报中，他也强调，反法西斯盟国间的合作，"关键在美"，将对美外交作为中国外交的重点。②

珍珠港事变极大地改善了中国的国际环境，国民政府抓住时机寻求国际对华援助。1941 年底，国民政府向美国提出 5 亿美元贷款的要求，与此同时也向英国提出贷款要求。12 月 29 日，蒋介石在重庆通过英国大使卡尔向英国政府提出 1 亿

① 《顾维钧致外交部》（1941 年 12 月 8 日），*Wellington Koo Papers*，box 41。
② 《顾维钧致外交部》（1941 年 12 月 12 日）、《顾维钧致宋子文》（1941 年 12 月 13 日），*Wellington Koo Papers*，box 41。

英镑贷款要求后，立即致电顾维钧请其在伦敦"积极进行，以期速成"，并具体指示"此次借款手续决非普通财政与商业借款可比，故不便先商用度办法而后告款额"。① 即先确定贷款额度，而不能对使用方法有所约束，这也是中国向美国提出的贷款要求。

顾维钧接电后即与英方接洽贷款事宜，先后与英国外长艾登和财长会谈，强调对华贷款对于"挽救民众之心理"极其重要，请英方着眼于双方的政治关系，而"勿顾虑手续与条件"。艾登对顾维钧的说辞"颇动容"，财长也"态度颇佳"，但并没有立即就贷款问题给予肯定的答复。② 在此期间，中美关于贷款的谈判经过一番周折后，美国同意按中国的要求不附加任何条件提供5亿美元贷款。美国贷款确定后，罗斯福希望英国能同时宣布对华贷款，以彰显盟国团结一致共同对敌的立场。1942年2月2日，英国内阁举行特别会议，决定给中国5000万英镑贷款。会后，艾登立即将此消息通知顾维钧。次日，英国驻华大使卡尔将英国政府的这一决定通知了蒋介石，对未能照"请求之全数供给中国"，请予谅解，并表示贷款之用途"由中英两国政府商酌决定"。③

英国对华5000万英镑的贷款是在美国决定对华贷款后仓促确定的。对于如何使用这笔贷款，中英两国的看法存在巨大差异，由此使两国间原本就不太和谐的关系产生了新的矛盾。已经与德国生死作战两年多的英国本身经济状况糟糕，有赖于美国提供的财政援助，它宣布向中国提供援助主要是一种姿

---

① 《蒋介石致顾维钧》（1941年12月30日），*Wellington Koo Papers*，box 38。
② 《顾维钧致蒋介石》（1942年1月5日、8日），*Wellington Koo Papers*，box 56。
③ 《战时外交》第2册，第260页。

态，意在进行宣传，增强中国的士气，并向美国表明，对于中国的抗战它与美国是站在一起的。因此，宣布贷款决定后，英国迟迟未与中国开展具体磋商。但国民政府认为，英国既然做出了承诺，就不应该背信弃义，它要履行自己的诺言，因此一再指示顾维钧尽快与英方交涉贷款事宜。这一要求的提出，也与国民政府和蒋介石认为太平洋战争爆发后中国国际地位的改善和提升有关。1941 年 12 月下旬，在蒋介石于重庆召集的有英美等国代表参加的讨论远东军事合作的会议上，宋美龄直言："应明白通知英美两国，不能希望中国不得援助而可无限制继续其抗战。"①

顾维钧身在伦敦，了解英国的财政窘况，也目睹艾登在谈到贷款问题时的狼狈相。作为中国外交官，顾维钧认为中国政府要求英国兑现承诺是完全正当的。而作为驻英大使，他又理解英国方面的力不从心，认为中国应考虑它的难处。在与英方交涉时，财政部官员告诉顾维钧，英国原本计划对华贷款1000 万英镑，后来增加至 5000 万英镑，主要是为了对中国抗战表示支持，并认为双方对此有默契。② 为解决这一难题，顾维钧设法让重庆明白，中英之间的贷款问题只有采取折中办法，双方都做些让步。

但急需财政援助又对英素无好感的蒋介石坚持英国必须履行其贷款承诺。4 月 17 日，蒋介石在日记中愤愤写道："对英国借款不签约之举动，应严斥之，英人不可予以体面也。"③次日，他致电顾维钧：

---

① 《战时外交》第 3 册，第 90 页。
② 《顾维钧回忆录》第 5 分册，第 60~61 页。
③ 《蒋介石日记》，1942 年 4 月 17 日。

美国借款已如约交付，而英国借款至今尚滞疑不定，未知何故？英国贷华大款，助我抗日，且其本身亦在困难奋斗之中，对我慷慨应援，使我全国军民闻之兴奋不置，此不仅中与（国？）政府所感谢而已。乃允许至今，时已两月，尚未签字，又使我军民因感奋而失望。请转告英政府，务望早日签字，其所有条文性质，不宜越出美国条文之外，以英与美皆为我盟国，其对我经济共同之义务，不可有宽苛之分，更使我军民对英发生其他感想。如果必须另订有拘束或限制之条件，则中国为两国感情与战友关系计，不敢接受，不如不借之为愈。惟无论借与不借，皆应从速决定，并正式宣布为要。①

蒋的电报字里行间充满对英拖延的不满。顾维钧接电后，于 4 月 20 日访晤艾登，告诉英方，"此次借款，应重视盟约国共作战友之宗旨，事属政治性质，不应加以拘束用度，应与美一致"。② 顾维钧按蒋介石指示表明了中国的态度，但语气则委婉了许多。经顾维钧与英方多次商谈，5 月 13 日，艾登向中方送交了英方的借款合约草案。该草案的主要内容是，英国政府应中国政府之要求，准备以 5000 万英镑借与中国，但以战时在英镑区内购买战争必需品为限，并允以其中 1000 万英镑担保中国发行国内公债。这个草案与蒋介石关于中英借款协议"不宜越出美国条文之外"的要求相差甚远。顾维钧在向重庆报告时称，该草案"虽未能尽如我方之所期，其中已有

① 《战时外交》第 2 册，第 261~262 页。
② 《战时外交》第 2 册，第 262 页。

重要改进之处"，并指出"英国作战为日较久，对于援助中国，其财力不免稍逊"。英国上一个财政年度短缺 270 亿英镑，顾维钧希望让国民政府明白英国有它自己的困难。①

同时，顾维钧和国民政府财政部次长郭秉文继续与英方交涉，希望能对草案再做修改。5 月 30 日，顾维钧专程赴艾登在乡间的寓所进行商谈。6 月 3 日，他又在艾登的安排下与丘吉尔会面。虽然英国对草案又做了些局部修改，但仍无法使国民政府满意，尤其在以英镑担保发行公债方面双方分歧甚大，交涉陷入僵局。英国在贷款问题上的态度使蒋介石对英国更为不满。7 月 20 日，顾维钧收到蒋介石的电报，指示他不要再向英国提贷款一事，也不要乞求任何其他援助：

> 请切勿对英再提借款与发起助华事，此不仅徒增国耻，而不啻为人愚弄，无论如何勿再求助为要。②

晚年口述回忆录时，顾维钧称贷款"是战时中英两个盟国间产生误解的一个主要问题，它给这两个战时盟国的关系蒙上了不幸的阴影"。③

贷款问题之外，影响中英关系的还有印度独立问题。1942年 2 月，蒋介石访问印度，希望调解英国与印度的矛盾，确保中国抗战的国际交通线。访印期间，蒋介石坚持要拜访正被英印当局监禁的印度民族领袖甘地（Mohandas Gandhi），这引发了中英两国的矛盾。访印结束刚返回昆明，蒋介石就致电顾维

---

① 《战时外交》第 2 册，第 263~268 页。
② 《蒋介石致顾维钧》（1942 年 7 月 20 日），*Wellington Koo Papers*，box 56。
③ 《顾维钧回忆录》第 5 分册，第 61 页。

钧，嘱其乘便向丘吉尔转达对英国对印政策的看法："余完全以客观态度，不敢不至诚实告。对于印度政治问题，此时若不急速解决，则危机必日甚一日，如待敌机轰炸印度，人心奔溃时，再言解决，恐已过晚。至待敌军入印以后，则更无办法。"次日，蒋介石自感如此率直之语似不妥当，怕引起丘吉尔误会，又致电顾维钧，请根据英国舆论对其访印反应再定是否向丘吉尔转达。[①] 蒋介石坚持认为，从远东反法西斯战争的全局考虑，英国政府必须满足印度要求独立的愿望。但英国政府尤其是丘吉尔却认为打赢战争是首要任务，印度独立问题无法在战争期间解决。顾维钧奉命向英方表达中国政府的看法，蒋介石与丘吉尔就印度问题的许多电报往来也由他传递。由于中英两国意见相左，印度问题成为顾维钧与英方打交道的一个难题。

　　1942 年初的缅甸战役也加深了中国对英国远东政策的不满。太平洋战争爆发后，中国主动向英方提出，派遣军队协助英军防守缅甸，以保证中国获得国际物资的滇缅公路的畅通。但英国担忧中国在缅甸的影响由此增强，影响其战后统治，直到日军向缅甸发起攻势的最后一刻才同意中国军队入缅作战。然而，在缅甸的英军并不打算与中国军队并肩对日作战，而是利用中国军队掩护其撤退。4 月 17 日，在日军突破多道防线、战局危急之际，蒋介石致电丘吉尔，对英缅军"既不能取得人民合作，更无坚强之战斗意志"表达不满，请英国派 300 架以上飞机迅速增援缅甸。顾维钧将电报送交英方后，丘吉尔答复称，英国因受制于物资供应、路途遥远等因素，无法派遣

---

① 《战时外交》第 3 册，第 434~435 页；《蒋介石日记》，1942 年 2 月 23 日。

中国所期望的空军，只是空洞地表示"将尽力之所及，支持缅甸战争中之盟国陆军"。①

5月初，缅甸战役失败。中国方面对英国军队在战争中的表现颇多不满。6月3日，顾维钧与丘吉尔见面，告诉他中国"对于缅甸战事至为失望"。丘吉尔则因整个战局不利，会谈开始时脸色严峻，与顾维钧往常与他见面时完全不同。随后，顾维钧平静的神态使他也恢复常态，表示英国并未轻视中国战区，希望中国对英国在印度问题上的立场和对远东战场的战略，"万勿误会"。顾维钧回应称，"中英两国相需相因，深望合作不只战期，且及于将来"。②

顾维钧虽与英国高层频频沟通，却无法改变矛盾不断的中英关系全局。中英之间是反法西斯盟国，两国关系的走向与整个反法西斯战争密切相关。重庆方面因为对英国有怨气，与对英外交相关的事情并不都向驻英使馆通报。身为驻英大使，顾维钧对日益紧张的中英关系忧心忡忡，但国内信息却不通达，在给外交部长宋子文的一封电报中，他大叹苦经："近中英间迭起事端，互伤感情。弟亦深以为虑，夙夜筹思补救。所苦者，以昧于各案经过，不易从中疏解。遇英方对弟有所表示，亦每以不明事实，只能以空泛之言设法缓和。"他希望国内能将各种情况包括军事方面的情况及时通报，以便他在伦敦通过外交途径与丘吉尔和艾登当面沟通。顾维钧认为，丘吉尔和艾登"对弟尚推重，遇事开诚相见，弟如能接洽事实，对彼殆无不可谈，而谋一扫既往之误会，增进今后之感情"。因为昧

① 《战时外交》第3册，第130~131、139~140页。
② 《顾维钧致蒋介石》（1942年6月6日），*Wellington Koo Papers*，box 55；《顾维钧回忆录》第5分册，第62页。

于国内情况，他向宋子文表示欲回国一次，向蒋介石当面陈说中英关系。①

在这之前，1942 年 3 月 19 日，顾维钧已经致电蒋介石表示"颇思回国述职，请面示机密"，希望与最高决策层商讨中英关系，并担心"日后时局变化更多，旅行更难"而无法回国。但当时中英贷款交涉正在进行中，蒋介石以"此时伦敦工作重要"为由，没有同意他回国。7 月下旬，贷款交涉陷入僵局，中英关系矛盾重重，顾维钧再生回国述职之意。8 月 7 日，他致电蒋介石，表示"近来关于中英间各问题及此间情形，有待面陈或请示机宜者匪鲜"，希望能于下月回国。这次，蒋介石同意他回国了，但"回国日程待下月再定"，嘱其可先做准备。②

拖延回国的原因是英国议会代表团即将访华，需要顾维钧在伦敦做些前期工作。10 月初，顾维钧从伦敦启程回国。长途旅行前，需要注射预防伤寒、霍乱、黄热病的针剂，因为时间紧，没法按常规分期注射，而是连续注射，结果引起不良反应，浑身发抖并发烧。战时旅行困难且危险，从伦敦到重庆花了近两个星期的时间，顾维钧甚至做好了飞机被击落的准备。10 月 14 日他抵达重庆。此时，距顾维钧上次离开中国已有 6 年多了。

此次回国，虽有陪同英国议会代表团的任务，但顾维钧认为最重要的目的是与决策层讨论中国的外交政策，尤其是中英关系。刚到重庆，他就感受到国民党高层包括蒋介石在内对英国的不满和冷落。10 月 9 日，美国和英国采取平行行动，同

---

① 《顾维钧致宋子文》（1942 年 4 月 8 日），*Wellington Koo Papers*，box 55。
② 《顾维钧致蒋介石》（1942 年 3 月 19 日、8 月 7 日）、《蒋介石致顾维钧》（1942 年 3 月 23 日、8 月 12 日），*Wellington Koo Papers*，box 49。

时宣布与中国谈判废除治外法权。蒋介石最初决定在第二天庆祝双十节集会上宣布此事时只答谢美国，而不提英国，最后在国民党中央宣传部副部长董显光劝说下，才勉强在讲话中对英国表示感谢。① 但在致美国总统和英国首相的感谢电中，蒋介石对美英的亲疏显露无遗。给丘吉尔的电报是寥寥数行的例行公文，给罗斯福的电报不但内容多，且充满个人感情，称自幼就对美国的"自由钟""独立厅"，"寄以热烈之向慕"。在当天的日记中，蒋介石也只记美国放弃不平等条约，而对英国不着一字。②

目睹这样的情况，顾维钧将向最高层尤其是蒋介石阐述自己对中英关系的看法作为头等要事，希望能够消除中英不和的根源，为两国关系铺平道路。蒋介石虽对英国满怀怨恨，但对顾维钧回国述职十分重视。10月15日，顾维钧回国第二天，蒋介石就召见他讨论对英外交。顾维钧对此早有准备，以与丘吉尔、艾登等英国政要的谈话和使馆搜集的机密情报为依据，向蒋介石报告英国对华基本态度和对华政策的特点，包括双方在贷款、印度和缅甸等问题上的分歧，让他了解中英不和的症结。③ 此后，蒋介石多次约他长谈对英关系和外交方针，在日记中记下谈话内容的就有三次，还不包括专门讨论中英新约的两次。

11月23日，蒋介石与顾维钧夜谈。虽然明白蒋介石对英没有好感，顾维钧仍然坦陈自己的看法，强调中美英三国结盟应该成为中国战时和战后外交的核心，并指出中英结合是十分

① 《顾维钧回忆录》第5分册，第106页。
② 《战时外交》第3册，第713~714、752页；《蒋介石日记》，1942年10月10日。
③ 《蒋介石日记》，1942年10月15日；《顾维钧回忆录》第5分册，第93页。

有益的，美国可以充当"媒人"，从道义上保证中英联盟。谈话后，顾维钧感到蒋介石听进了他的话，已在认真考虑这一问题。他的这一感觉是对的。蒋介石在当天的日记中记下了一大段顾维钧的谈话，其中有"彼主张树立中英美为核心之外交基础，以建立世界长期和平"。①

12月13日，送走英国议会代表团后，蒋介石邀顾维钧去他在重庆黄山的寓所住了一个晚上。下午他们一起登山散步，晚饭后又谈至十点。这一次长谈，蒋介石讲了他个人对英国反感的一些缘由，如英国驻华大使卡尔的滑头、丘吉尔8月间关于印度问题来信的无礼（以至于他不屑答复）。这使顾维钧了解到，中英关系除了实质性的重要问题外，还与私人间的关系有关。第二天下山时，顾维钧感到，"同委员长度过的二十四小时非常有益，而且很愉快。我了解到我想知道的有关政府政策，尤其是委员长的个人见解。这次访问还使我更清楚地了解到委员长与英国人之间的摩擦和误解的诸多原因"。②

在重庆期间，顾维钧还与宋子文、孔祥熙、王宠惠等重要官员见面，与他们沟通对中英关系的看法，重申向蒋介石表达的观点。10月下旬，他与刚从美国回来的宋子文交谈多次。宋子文是外交部长、他的上司，谈话中明确表示中国不会从中英结盟中得到任何好处，但顾维钧还是力陈中英结盟的三个理由：第一，虽然中国不能指望英国给予大量援助，但英国的海、空军力量，以及它所采取的外交政策在世界上仍具有相当

---

① 《顾维钧回忆录》第5分册，第120~121页；《蒋介石日记》，1942年11月23日。

② 《顾维钧回忆录》第5分册，第153~157页；《蒋介石日记》，1942年12月13日。

大的影响；第二，中国应力争结成 ABC 三国联盟（America 美国，Britain 英国，China 中国），在战后世界中起主导作用，而中英之间的纠纷会妨碍这个目标的实现；第三，中英结盟将有助于巩固中国在世界上作为大国的地位，因为目前只有美国认为中国是一个大国。在与孔祥熙会面时，他说，中国要在世界上与列强平起平坐，就不仅应该与美国，而且应该与英国合作共事。① 顾维钧是从战时和战后中国外交的全局来考虑中英关系的，并努力让决策层明白搞好中英关系对中国自身的好处。

顾维钧关于中英关系以及中国外交全局的看法得到最高决策层尤其是蒋介石的重视。1943 年 3 月 6 日，顾维钧赴黄山面见蒋介石，进行了此次回国的最后一次长谈。与前几次主要阐述自己的看法不同，顾维钧希望蒋介石就对英外交做出明确的指示。蒋介石虽对英仍无好感，称其外交手腕历来诡计多端，但对中英关系态度已发生明显变化。他对中美英三国结盟从原先冷淡转向持肯定态度，并表示如果美国受和平时期不加入联盟的制约，也赞同中英双边结盟。对英国对华贷款，他赞同顾维钧提出的充分考虑英国自身困难的折中办法。顾维钧感觉到，蒋介石非常认真地考虑了他之前几次谈话中提出的看法，并接受了其中的一些建议。对顾维钧回国述职期间为疏通中英关系做出的努力，蒋介石十分肯定，会谈后在日记中记下预定要做的 9 件事的第一件事就是"发顾大使特别费"。②

对驻外使节站在驻在国一边称赞驻在国的言语，蒋介石通

---

① 《顾维钧回忆录》第 5 分册，第 104~105、240 页。
② 《顾维钧回忆录》第 5 分册，第 228~234 页；《蒋介石日记》，1943 年 3月 6 日。

常是排斥甚至厌恶的，在日记中讥讽这样的外交官"几乎忘其为中国之使节，而变为其驻在国之宣传员矣"。① 但顾维钧对英国的介绍，不是单纯的赞扬，而是为了让最高层了解英国的实际情况；对中英关系的分析和建议，不是局限于一国大使的眼光，而是立足于中国外交和国际关系的全局，并且他也懂得如何表达，可以让最高层听得进自己的想法。因此，蒋介石对顾维钧所谈非但没有上述日记中显露出的反感，反而十分尊重他对中英关系和中国外交的建议。

蒋介石对英态度的改变对国民党高层影响很大，许多官员都认识到中英关系的重要性，重庆对英关系的气氛有了明显改善。英国驻华大使薛穆（Horace Seymour）感觉到，自顾维钧回国后，中国报刊上原先常见的反英观点消失了。宋子文由此称赞顾维钧对国家做出了很大的贡献。顾维钧自己也很欣慰，因为通过自己的努力，政府主要领导人认识到英国在战时和战后对中国的重要性。②

面对中英间的矛盾冲突，尤其是国内对英国的普遍不满，顾维钧让最高决策层了解驻在国的想法、它的难处和它在中国外交全局中所处的地位，从而缓和了原先紧张的中英关系。这是一个驻外大使对国家最好的服务。

二　英国议会代表团访华

中英间虽然存在矛盾，但两国都有想推动双边关系友好发

---

① 《蒋介石日记》，1942 年 11 月 16 日。
② 《顾维钧回忆录》第 5 分册，第 195 页。

展的人士，由此有了英国议会代表团对战时中国的访问。

　　还在太平洋战争爆发前，英国驻华大使馆就向英国外交部建议，派员到中国访问，以改善对华关系，但因为时机不成熟而搁置。① 1942 年 3 月中旬，英国议会上院议员纳逊勋爵（Lord Nathan）与顾维钧交谈，表示经商本国外交部同意，拟派议会代表团访华，由保守党、工党和自由党议员各一名组成，探询中方意见。顾维钧立即向重庆外交部报告此事，对英方提议表示支持："窃以中英现属盟国，此间朝野对我感情浓厚，民间尤重视我国抗战，凡足增进联络之举，有裨两国邦交，能否过华，我国政府亦欢迎。"并询问 4 月底启程是否合适。外交部将此电送交蒋介石，蒋介石批示："应极欢迎，但春季雨水与轰炸较多，如秋季十月中到华，则为最好。"②

　　接到重庆肯定的回复后，顾维钧与英国外交部沟通，转达中国政府的欢迎之意。英方希望由蒋介石以中国政府首脑的身份出面邀请。顾维钧于 4 月 22 日向外交部报告英方要求，并表明自己的态度："窃以如蒙委员长允诺，最属适宜。"重庆很快复电表示赞同。5 月 1 日，顾维钧将此决定通知英方。③

　　英国议会代表团最后由上院的保守党议员艾尔文（Ailwyn）勋爵、自由党议员泰弗亚（Teviot）勋爵和下院的保守党议员卫德波（Scrymgcour Wedderburn）、工党议员劳森（J. Lawson）组成，并有一名随团秘书。顾维钧认为"访华团的组成堪称理想，在我看来，它很能代表英国人民"。9 月 22 日，顾维钧

---

① 肖如平：《蒋介石与抗战时期英国议会代表团访华》，《社会科学战线》2018 年第 3 期。

② 《战时外交》第 2 册，第 121 页。

③ 《战时外交》第 2 册，第 122 页；《顾维钧回忆录》第 5 分册，第 75 页。

在使馆设宴招待代表团，来宾还有艾登、上院议长等英国政要。艾登在致辞中说，议会代表团在中英关系史上是空前第一次，将推进两国人民的相互了解，对顾维钧推动此事大为赞赏，称其为"英中友谊的主人"。①

顾维钧10月中旬回国的一个重要任务就是接待英国议会代表团。一到重庆，他就协助政府制订接待代表团的计划。他认为，接待计划既要考虑到使代表团尽可能多地了解中国情况，使他们对中国的抗战意志和精神面貌有一个良好印象，也要考虑到战争时期不能过分铺张，欢乐气氛不能太浓。他建议国民党、国民政府和国民参政会的领导人要出席讨论接待的筹备会议，接待省份的省主席也要参与到接待计划的制订中。这些建议都得到了采纳。②

11月10日，英国议会代表团乘飞机抵达重庆，开始为期一个月的访问。顾维钧随蒋介石的代表吴铁城等中国官员到机场迎接。代表团成员都是第一次来中国，除顾维钧外与中国其他官员都不相识，顾维钧在主客间穿梭往来，介绍彼此相识，拉近了双方的距离。在现场的《大公报》记者注意到了顾维钧在欢迎人群中所起的特殊作用："顾大使在这里是旧友重逢，伦敦和重庆，随着他的谈笑而更熙洽、融和。"③

11月14日，蒋介石夫妇邀英国议会代表团到黄山官邸度周末并设宴款待。席间，顾维钧充当蒋介石与代表团交谈的翻译。工党议员劳森谈兴甚浓，讲了丘吉尔在议会上与反对党议

① 《顾维钧回忆录》第5分册，第77页。
② 《顾维钧回忆录》第5分册，第123~124页。
③ 《中英关系史之一新页：英议会访华团抵渝》，《大公报》（重庆）1942年11月11日，第2版。

员斗智的故事，经顾维钧翻译后蒋介石听得开怀大笑，称丘吉尔真是厉害，是一个精明、强干的领袖。劳森讲得兴起，语速越来越快，内容也越来越难翻译了。顾维钧怕出错，请求一旁的宋美龄帮忙，但宋美龄夸他翻译十分出色，不需她再来插手。① 与代表团的这次会面给蒋介石留下了很好的印象，顾维钧居间传译功不可没。会面后，蒋介石在日记中写道："英国议员团此次来访，不啻其为英国议会空前重大之举，而其重视我国在东方将来之地位，丘吉尔等已有悔悟之表示，则可断言，从此对英当可放宽一步矣。"而在 10 月底，英国议会代表团因途中行程耽误，未能按计划抵达重庆，蒋介石还认为是"其心多有暗鬼"，"此种贼胆心虚疑惧自私之心理，惟英国人所独具也，可鄙之至"。② 半个月间，对英态度发生了很大变化。

英国议会代表团抵达重庆时，国民党五届十中全会即将举行。顾维钧认为，国民党应该邀请代表团参观全会的一次公开会议，以表达对代表团的欢迎，这会增加代表团对中国的了解，也有助于双边关系的发展。国民党的中央全会从未邀请过外国代表团，这是一个前所未有的做法。顾维钧的建议提到国民党中央常委会，最初孔祥熙坚决反对，但戴季陶、孙科、邹鲁等元老表示支持，最终采纳了顾维钧的建议，同意邀请代表团到会参观。③

11 月 16 日上午，英国代表团来到国民党十中全会会场，顾维钧将四位代表一一介绍给与会者。蒋介石以国民党总裁身份致欢迎词："此次英国议员团抵重庆，正值本党开十中全

---

① 《顾维钧回忆录》第 5 分册，第 126~127 页。
② 《蒋介石日记》，1942 年 11 月 14 日上星期反省录、10 月 28 日。
③ 《顾维钧回忆录》第 5 分册，第 125 页。

会，时会相逢，无任欣幸。四位团员合则为代表英国人民，对我国人民空前之访问，到渝以来，我国各界欢迎之热烈，可见我政府与民众重视此次访问之意义；分则可谓英国之大政党之代表。余兹以我中国国民党总裁之名义，并代表本会向诸君致诚恳之欢迎。今日本会承诸君莅临参观，一睹本党中央执行委员会情形，不胜快慰。英国现为我共同抗战之友好盟邦，余深盼议员团此举，成为我中国国民党与英国之三大政党间联络难得的机会，此不特有裨同盟国为争取自由与民主精神之共同奋斗，且亦可促进战后中英两国之友好合作也。"这篇简短而热烈的欢迎词是顾维钧起草的，表达了对中英友好合作的祝愿和对中英关系的期望。随后，英国代表团四位成员分别致辞，表示能列席国民党全会是"很大的光荣"。自由党议员泰弗亚致辞时几次提到孙中山，每次讲到孙中山名字，就转身向主席台上的孙中山像鞠躬以示崇敬。当天，顾维钧也向全会报告，谈英国时局与国际形势，其内容和演讲风度给参会者留下深刻印象。[1]

顾维钧对英国议会代表团访华将对中英关系产生的积极影响充满期望。在中英文化协会举办的欢迎茶会上，顾维钧在演讲中说，他离开伦敦回国时有两个愿望，一个是在重庆欢迎接待议会代表团，这个愿望已经实现了；另一个是代表团的访问能够大获成功，虽然访问才刚开始，还没结束，但已可确定会取得成功。这一成功是访问团诸君的成功，更是中英关系的成功。[2] 对代表团的访问参观，顾维钧精心安排，细致地照顾到

---

[1] 《大公报》（重庆）1942 年 11 月 17 日，第 3 版；《顾维钧回忆录》第 5 分册，第 128 页。

[2] 《中英文协茶会四篇演词全文》，《中央日报·扫荡报联合版》1942 年 11 月 15 日，第 2 版。

每位成员。泰弗亚是一位化肥专家，希望与中国的同行进行交流，顾维钧就为他专门安排了一次茶话会，请来农业部副部长钱天鹤和农业专家金宝善，让他有机会与同行讨论自己的化肥理论。后来，顾维钧还陪他去访问了农学院。①

11 月 25 日，英国议会代表团离开重庆，去其他城市访问，顾维钧全程陪同。第一站是西安。到西安次日，顾维钧与代表团前往潼关前线，通过望远镜观察黄河对岸的日军。随后观看中国军队演习，陪同的蒋纬国上尉给顾维钧留下了极深的印象——"他待人亲切、为人勤奋，说一口流利的英语"。此后两天，代表团去华清池，看了西安事变时蒋介石藏身的岩石，参观了中央干部训练团等处。在西安的几次招待会上，顾维钧都登台讲话，主要谈外交关系，也介绍英国战时情况，强调人民在促进和维护世界和平中的重要作用。② 四天的西安之行结束时，代表团特意委托顾维钧向蒋介石表示感谢。顾维钧致电蒋介石，称："英议员团到陕四日，所受各界欢迎之热烈、招待之盛厚，颇为感动，参观各处印象甚佳，尤以潼关第一师、赤水第七十八师及第七军分校之军容肃、士气旺，对钧座之精神远注，钦佩万分。泰弗亚勋爵等以纬国兄长才干练，品德超群，为难得之青年军官，十分器重，嘱代道贺。"③

离开西安，代表团来到成都。在成都期间，顾维钧陪同代表团参观访问了中央军校和中央航空学校，与四川大学的教授进行了座谈。代表团还访问了在中央航校附近的英国皇家空军

---

① 《顾维钧回忆录》第 5 分册，第 129 页。

② 《顾维钧回忆录》第 5 分册，第 131~133 页。

③ 肖如平：《蒋介石与抗战时期英国议会代表团访华》，《社会科学战线》2018 年第 3 期。

营地，这里住着缅甸陷落后来到中国的英国飞行员。因为战时
供应困难，这些飞行员的生活状况不好，情绪低落。尽管英国
飞行员不是来中国参加抗战而是因为战败撤退过来的，顾维钧
认为中国政府还是应该帮助改善他们的生活条件，因为这有益
于两国关系。后来，他建议蒋介石在圣诞前夕以他个人名义给
飞行员送些食品和皮背心，蒋介石接受了他的建议，当天就记
在预定要做的事情中。① 虽然参观的行程安排很满，代表团还
是去游览了成都和附近的古迹，如武侯祠、都江堰。顾维钧与
四位英国议员在都江堰的悬索桥前合影留念。但踏上悬索桥，
顾维钧感到"胆战心惊，因为当我们一步步小心翼翼地在桥
上挪动时，吊桥在空中来回摇晃。一步失足就会掉入下面的激
流之中"。②

　　昆明是英国议会代表团的最后一站。在这里，代表团受到
了和之前在其他城市一样的隆重热烈的欢迎。他们参观了陈纳
德的美国驻华空军指挥部，访问了西南联大。在西南联大，卫
德波以代表团的名义向在露天广场的几千名学生讲话。原本没
有安排顾维钧在西南联大讲话，但集会结束后，联大学生一定
要他讲话。于是，他以轻松诙谐的语调做了简短的讲话，受到
联大学生的欢迎，学生们发出阵阵欢呼声和笑声。③

　　英国议会代表团一个月的访华十分成功，结束访华前，顾
维钧建议访问团给蒋介石本人发一个电报，表达谢意。代表团
接受了这一建议，请英国驻华大使薛穆向蒋介石转呈了感谢
函："临别依恋，盛情深感，吾等此次访华，颇感兴趣，尤承

① 《蒋介石日记》，1942年12月13日。
② 《顾维钧回忆录》第5分册，第134~138页。
③ 《顾维钧回忆录》第5分册，第142~143页。

各方款待殷勤，顾虑周到，益觉愉快安适。吾等对于阁下当前所负艰难之工作，谨致竭诚之祝意，同时敬请接受吾等对于阁下暨贵国人民之景仰与真挚之友谊。"①

12月10日下午，英国议会代表团离开昆明返国。送走代表团后，顾维钧即给蒋介石发电报告："访华团全体五人已于今日下午一时半起飞返国，钧与滇党政军长官各界代表，均到机场欢送。"②

英国议会代表团访问中国是中英关系史上的空前之举。由于双方政府的重视，特别是蒋介石的直接过问，代表团访华取得了很大成功。访问增进了两国政府和人民之间的相互了解，顾维钧对此评论道："访华团对战时中国的精神面貌、政府的政策、人民的气质以及中国在战争中面临的问题均获得了一个总的印象。另一方面，这次访问使一部分住在过去被认为是闭塞地区的中国人对英国取得了一个激励人心的印象。"③

作为驻英大使，从最初对英方提议的推进，到协助制订详尽周到的接待计划，再到代表团抵华后的居间周旋、全程陪同，顾维钧是代表团成功访华的关键角色。送走代表团后，一回到重庆，顾维钧即应蒋介石之召汇报代表团访华情况。蒋介石对他的汇报感到满意，认为代表团访华"大体尚佳"。④

英国方面对顾维钧为代表团访华做出的努力也十分赞赏。1943年下半年，顾维钧返回任所后，代表团成员专为他举办

---

① 肖如平：《蒋介石与抗战时期英国议会代表团访华》，《社会科学战线》2018年第3期。
② 《战时外交》第2册，第127页。
③ 《顾维钧回忆录》第5分册，第149页。
④ 《蒋介石日记》，1942年12月13日。

了一次宴会。宴会间，担任过外交大臣的西蒙勋爵致辞，说一个好大使必须具有两种美德，那就是既要使驻在国了解本国，又要能使本国了解驻在国，而顾维钧在这两方面都有杰出表现，是当之无愧的好大使。[①]

三 新约交涉过险滩

顾维钧回国期间，适逢中英两国就废除治外法权、签订新约在重庆进行谈判，他参与了这一在中国近代外交史上意义重大的谈判，起了非常重要的作用。

对于取消列强在华特权，顾维钧一直视之为投身外交界服务祖国的首要目标。巴黎和会期间，他参与起草的"中国希望条件"说帖第一次将中国的这一愿望昭告于世。九一八事变后出任国民政府外交部长，尽管处理事变十分急迫，他仍调阅国民政府与英国等国有关治外法权交涉的材料，将此视为外长任内的重要任务。[②] 出任驻英大使后，顾维钧非正式地向英国外交部提出，英国最好及早主动提出废除治外法权，作为给中国的礼物，因为这一法权战后势在必废之列。他还设法了解英国各界对香港问题的态度，得出的结论是英国各界打算把香港归还中国，但要留到战后去解决。[③]

太平洋战争爆发后，中国国内废约呼声日益高涨。1942年8月29日是近代中国第一个不平等条约《南京条约》签订一百周年的日子。当天，《中央日报》发表社论《弹指百

---

① 《顾维钧回忆录》第 5 分册，第 381 页。
② *Wellington Koo Papers*, box 4.
③ 《顾维钧回忆录》第 5 分册，第 15、334 页。

年!》，表达已成为四强之一的中国废除不平等条约的决心。
《大公报》社论《江宁条约寿享百年》指出，《南京条约》及
由其派生的其他一切不平等条约，"都应该埋葬了，相信我们
的朋友也必然愿见这种历史残骸付诸火化，不留余烬!"[1]

中国废约的要求和呼声，以及中国与美国、英国成为共同
作战的反法西斯盟国的事实，使美英两国协商后同意一起终止
在华治外法权，与中国另订新约，并于1942年10月9日双十
节前夕将这一决定通知中国。

中国各界对美、英宣布将放弃在华治外法权十分兴奋。蒋
介石在日记中写道："双十节接获美英自动放弃对我中国治外
法权、重订新约之通告，此乃为总理革命以来毕生奋斗最大之
目的，而今竟能由我亲手达成，衷心快慰，实为平生惟一之幸
事也。"[2] 但蒋介石又认为，列强根据不平等条约在华享有许
多特权，"领事裁判权之外，尚有其他同样之特权，如租界
及驻兵与内河航行、关税协定等权，应务望同时取消，才得
名实相符也"。因此，他指示尚在美国的宋子文向美方间接
表示，中国"甚望其将过去所有各种不平等条约，一律作
废，整个撤消"。[3] 对于英国，国民政府还提出了归还九龙租
借地的要求。

10月下旬，中国与美国和英国就废除治外法权并签订新
约开始谈判。中美间的谈判在华盛顿进行，中英间的谈判则在
重庆进行。中美谈判经过一个月的磋商，双方在11月下旬达

① 《中央日报·扫荡报联合版》1942年8月29日，第2版；《大公报》（重庆）1942年8月29日，第2版。
② 《蒋介石日记》，1942年10月10日上星期反省录。
③ 《战时外交》第3册，第712、714页。

成共识，只待对条约的文字修订后正式签约。

中英间的谈判却远没有中美谈判那样顺利。对于中国提出在废除治外法权的同时取消内河航行权与沿海贸易权等问题，英国在谈判中一直坚持不予放弃，力图尽可能维持在华特权，并且还节外生枝地提出英人在华购置不动产的问题。中美间的新约谈判在 11 月底大体就绪后，英国方面感到很大的压力，如再不与中国达成协议，就会在对华关系上凸显与美国的差异。正如英国外交部一名官员在一份内部文件中所说："如果美国已经让步，我们大概也只能如此做了。"① 最后，英国被迫放弃在华内河航行权与沿海贸易权，而中国政府也做了让步，同意互相给予对方侨民购置不动产的权利。

但中英谈判还存在着一个更大的难题，这就是九龙租借地问题。九龙租借地又称"新界"，与香港岛、九龙半岛合称为香港。英国政府通过 1842 年的《南京条约》和 1860 年的《北京条约》先后强占了香港岛和九龙半岛，又通过 1898 年的中英《展拓香港界址专条》强行租借了九龙新界。

中英谈判开始后，国民政府外交部在中英新约草案中加入了有关九龙租借地的条款，明确提出中英《展拓香港界址专条》"应予废止"，"英方在九龙租借地之行政与管理权，连同其官有资产与官有债务，应移交中华民国"。② 英国驻华大使薛穆向英国外交部报告时认为，中国的要求只是九龙租借地，没有涉及香港岛和九龙半岛，建议政府接受。但英国外交部明确答复薛穆，绝不考虑九龙租借地问题，因为这与有关治外法

---

① Minute by J. Brenan, 2 December, 1943, FO371/31664，英国国家档案馆（Public Record Office, London）。

② 《战时外交》第 3 册，第 765 页。

权的谈判无关。①

英国不愿谈判九龙租借地，是因为不愿放弃对香港的殖民统治，视九龙新界为维护香港统治必不可少的部分。因此中国提出要求后，英国政府决定拒绝这一要求，并以此作为对中方谈判的底线。但在中国国内，要求归还九龙新界的呼声十分高涨。蒋介石对此态度坚决，对英国不愿谈九龙租借地问题十分不满，"余决心非令其同时撤消，则宁使不予接受也"，即使不签新约也在所不惜。②

12 月中旬，顾维钧送走英国议会代表团，一个月繁重的陪同任务结束了。从昆明回到重庆，顾维钧从主持中英谈判的外交部长宋子文那里获悉，双方的谈判已因九龙新界问题而陷入僵局。顾维钧明白，这个问题是一块礁石，双方的谈判在此遇到险滩触礁了。中国坚持以英国终止它对九龙新界的租借权为签约条件，而英国则强硬表示九龙新界问题不在英国原先承诺的范围之内。双方在谈判桌上互不相让，谈判面临破裂的危险。宋子文请顾维钧帮助解决这一难题。

12 月 19 日下午，顾维钧与宋子文讨论中英关系。宋子文告诉他"九龙问题，仍是棘手"，已要求薛穆电告伦敦重新考虑英方立场。顾维钧此前对英国各界对香港问题的态度专门有过了解，与丘吉尔见面时也几次谈到香港问题，知道英国朝野主张将这一问题放到战后解决。因此，他对宋子文表明自己的看法："欲早了约事，须另筹办法，分为二事，先签约，后续议租借地事。"也就是说，不必将九龙租借地问题与签订废除

---

① Seymour to Codagan, 17 November, 1942; Codagan to Seymour, 4 December, 1942, FO371/31663/F7822.

② 《蒋介石日记》，1942 年 10 月 24 日上星期反省录。

治外法权的新约绑在一起，而是将两件事分开解决。这与中国在谈判中一直坚持的立场完全不同。与顾维钧讨论前，宋子文与蒋介石的立场一致，主张九龙租借地问题必须一并解决，但听了顾维钧的意见后，十分重视，将相关文件给他送去，要与他做进一步商讨。①

12月22日，顾维钧与英国大使薛穆见面，讨论如何解决谈判面临的僵局。顾维钧在当天的日记中写道："余主亟宜设法挽救。"薛穆给艾登的电报更详细地记下了顾维钧与他会面的情况。顾维钧告诉薛穆，新界问题拖延不决会损害两国关系。他向英方建议，由英国政府在条约之外发表一个与华盛顿会议上关于威海卫问题类似的声明，表明英国政府打算将九龙新界归还中国，并在稍后讨论相关安排。薛穆表示英国政府可在战后与中国讨论这一问题。但顾维钧说，如果英国政府不表示愿意终止租借，就无法使中国政府满意。② 顾维钧提到的华盛顿会议上关于威海卫的声明，指的是英国外交大臣贝尔福在会议闭幕时发表的一项声明，答应将威海卫租借地交还中国，但需由两国政府的代表就归还方式和细节谈判达成协议。华盛顿会议后，中英两国就此展开谈判，顾维钧担任北京政府外交总长时参与了这一谈判。顾维钧想以威海卫的事例提醒英方，可以参照此例解决九龙租借地问题。

与顾维钧会面的第二天，薛穆收到英国政府的最新指示，授权他向中国政府表明九龙租借地不在新约范围之内，但如果中国政府愿意，可以在战后和平会议上予以讨论，并通过换文

---

① 《顾维钧日记》，1942年12月19日，*Wellington Koo Papers*，box 215。

② 《顾维钧日记》，1942年12月22日，*Wellington Koo Papers*，box 215；Seymour to Eden, 22 December, 1942, FO/371/31665/F8408。

的形式明确在战后"考虑租借地的期限"。英国在九龙租借地问题上松动了一步，表示可以换文形式承诺战后讨论。12 月25 日，薛穆将英国政府的立场告诉宋子文。宋子文当场表示，所谓租借地期限的说法是不能接受的。因为这实际上表明，英国非但不愿立即解决九龙租借地问题，而且还想在战后继续保有九龙租借地，可以与中国讨论的只是租借的期限问题而已。[①]

当天下午，宋子文召集会议，讨论中英谈判。与会者除顾维钧外，还有国防最高委员会秘书长王宠惠、外交部副部长吴国桢等，他们都是外交决策层的主要人物。王宠惠、吴国桢都认为蒋介石对九龙租借地问题非常坚持，如果问题无法解决，谈判势将破裂，新约无法签订。由于蒋介石在国民党中的权威及在重要问题上的最后决定权，其他人即使有自己的看法，也不愿提出。这时，宋子文问顾维钧有何良策，实际上是要其表明签约与九龙租借地问题分为二事的主张。

顾维钧对此已有准备，开宗明义就指出，问题的关键在于是缔结新约，还是坚持收回九龙租借地，如果坚持后者，那就无从打破僵局；如果将签约放在首位，那就总能找到办法。对中国来说，有必要在新约与九龙租借地之间做出取舍。顾维钧认为，签署废除治外法权的新约毕竟是中国外交上的一个胜利，而九龙租借地问题，中国可以找到体面而不放弃原则的退让办法，就是要求英国声明归还九龙租借地的意愿，并准备为此与中国开始谈判。他拿出已准备好的计划草案交给与会者。

---

① Eden to Seymour, 23 December, 1942, FO371/31665/F8397；Seymour to Eden, 25 December, 1942, FO371/31665/F8457.

此时吴国桢提出，因为美国已同意签约，英国最后终将让步，意即中国不必退让。顾维钧答称并非如此，因为事关殖民地调整的原则，英国会坚持下去。会议最后赞同顾维钧的主张，同意避免与英国的谈判破裂，并将此意见呈报蒋介石。这样，顾维钧将签约与九龙租借地问题分开处理以破解中英谈判僵局的主张，得到了国民政府外交决策层的认同。会上有人建议就将顾维钧的方案报蒋介石，但顾维钧认为不妥，因为这个方案英国未必会全部接受，最后可能还会有调整，若蒋介石批准后成为中方的底线，谈判就没有回旋的余地了。① 谈判原则确定后，顾维钧仍在考虑调整的空间。

12 月 26 日上午，宋子文将昨天讨论的结果报告蒋介石。蒋介石考虑后，同意以换文的形式由英方声明归还九龙租借地的意愿。这是蒋介石对中英新约谈判立场的重要转变。就在四天前，蒋介石还在日记中写下"英国对废弃特权，仍不肯交还九龙租借地，余仍坚持收回之主张，否则宁不订新约也"。② 谈判处于僵局中，中国最高层的态度出现了关键性的变化。

12 月 27 日上午，宋子文将顾维钧叫去，告诉他蒋介石改变后的立场，并要他去见薛穆，做进一步沟通。见面时，顾维钧告诉薛穆，英国政府必须明确声明愿意将九龙租借地归还中国，否则中国政府就不会接受任何解决方案。归还之事可在条约之外解决，实际安排也可在战后进行，但归还的声明必须做出，否则中国就不签约。薛穆在会谈中反复解释，条约对中国十分有利，拒绝签约是很难理解的决定。最后，顾维钧以个人

---

① 《顾维钧回忆录》第 5 分册，第 170~172 页；《顾维钧日记》，1942 年 12 月 25 日，*Wellington Koo Papers*，box 215。

② 《蒋介石日记》，1942 年 12 月 22 日、26 日。

身份对薛穆强调，如果英国不明确归还的意愿，条约就无望签署，因为国民政府和国民党已对民众做出承诺。顾维钧后来回忆说，会谈是坦率的，但气氛有时很紧张，薛穆对谈判将会破裂颇为沮丧。①

与薛穆会谈后，顾维钧立即去见宋子文，告诉他根据自己的判断，英国在九龙租借地问题上不会让步太多，因此对中国来说，即使暂时牺牲九龙租借地，也要签署中英新约。在与薛穆的会谈中，顾维钧的语气是坚定的，向英方传达出中国不会签约的强硬信息，以尽可能迫使对方让步。但在中国决策层内部的讨论中，顾维钧是冷静的，将自己认为可能的最坏结果告诉最高层，以争取做出最有利于国家的理智决策。他向宋子文建议，应该与蒋介石当面谈一次，向他汇报与薛穆会谈的情况和对此的看法。②

12 月 27 日晚上，顾维钧与宋子文赴蒋介石官邸与蒋介石共进晚餐。在座的还有王宠惠和吴国桢。顾维钧先报告上午与薛穆会谈情况。讨论中，蒋介石问顾维钧关于威海卫租借地收回的情况，表明他对分开处理已有考虑。在回答蒋介石关于九龙租借地问题的询问时，顾维钧提出，中国可向英方表示"交还九龙问题应继续讨论"，即由中国单方面声明收回九龙租借地的立场，与先前要求英国发表声明做出承诺的做法相比，又有改变。这是顾维钧与薛穆会谈后做出的调整，他认为这一办法更为现实稳妥。实际上，宋子文和王宠惠与顾维钧看

① Seymour to Eden, 27 December, 1942, FO371/31665/F8482;《顾维钧回忆录》第 5 分册，第 173 页。

② 《顾维钧日记》，1942 年 12 月 27 日，*Wellington Koo Papers*, box 215;《顾维钧回忆录》第 5 分册，第 173~174 页。

法相似。去蒋介石官邸前，王宠惠还向顾维钧提出说服蒋介石的建议。但在蒋介石面前，他们都不敢坦陈自己的想法。顾维钧的言语最后打动了蒋介石——"听取少川报告，加以再三考虑结果，如中英新约不能与中美新约同时发表，此固为英国一时之打击，表示吾人对英之不满，然大体着想，此约于我之利益最大，不宜为九龙局部问题而致破坏全局，且于同盟国之形势亦多不利。故决定让位，只要其换文中对九龙交还问题愿继续讨论，使我民众不过失望而已"。蒋介石当晚在日记中所记想法，就是顾维钧反复表达的观点。在蒋介石官邸的讨论最后决定，为获得最有利的谈判结果，由宋子文通知薛穆，签约一事仍须待九龙问题解决，"加以催促"，施加最后的压力。若英方仍不让步，再提出中国单方面声明的办法。蒋介石表示，中国可拖延至 12 月 31 日再做最后的退让。顾维钧的主张终成为中国最高层的决策。这一结果，让他"又惊又喜"。[①]

12 月 28 日，宋子文与薛穆会谈，要求英国重新考虑在九龙租借地问题上的立场，向中国表明愿意终止租借，否则中国不会签约，并表示谈判的前景十分严峻。薛穆感受到宋子文话语中的分量，在会谈后向外交部报告时认为，如果英国不发表中国所要求的声明，中国真的会拒签条约，使英国陷入困境，两国关系也会严重倒退。[②] 但是，薛穆所表示的担忧并未能打动英国政府。28 日英国内阁开会，艾登报告中英谈判情况，认为目前的情况十分棘手，但仍坚持治外法权与租借地是完全分开的两件事，无法接受中国的立场。内阁会议赞同艾登的主

---

① 《顾维钧日记》，1942 年 12 月 27 日，*Wellington Koo Papers*，box 215；《蒋介石日记》，1942 年 12 月 27 日；《顾维钧回忆录》第 5 分册，第 174 页。
② Seymour to Foreign Office, 28 December, 1942, FO371/35681/F512.

张。会后，艾登在给薛穆的电报中指示说，英国唯一可做让步的是将原来所拟换文中"租借地的期限"中"期限"一词删除，而"顾博士（27 日）所建议的方案是我们所无法接受的，如果中国仍坚持，我们只得放弃签约"。①

12 月 30 日，薛穆将英国政府的最后立场通知宋子文，并递交了英国照会的草案，表示英国同意在战后讨论九龙问题。宋子文将英国答复的内容告诉顾维钧时，神情十分沮丧。但顾维钧对他说，这一答复并不出乎意料，因为早就料到英国在九龙租借地问题上是不会让步的。现在中国只有签约与不签约两个选择，而签约肯定对中国更为有利。宋子文同意顾维钧的说法，但认为最后的决定权在蒋介石那里。

当天傍晚，顾维钧与宋子文、王宠惠再次赴蒋介石官邸。在宋子文报告目前情况后，顾维钧告诉蒋介石，如果中美签约，而中英未能签约，将给世人造成盟国出现分歧的印象，不利于世界反法西斯战争的全局。目前情况下，中国的最佳选择就是先签约，然后声明保留随时提出九龙租借地问题的权利。这样既向公众表明了政府的立场，也确保了中国在九龙租借地问题上对英国的法律地位。蒋介石虽对英国的做法十分愤怒，"此可忍孰不可忍"，但并未改变 27 日讨论中已确定的不因九龙问题而导致谈判破裂的立场，"然余既决定签订新约为主要方针，故亦不愿因此争执，乃以不提九龙问题，只以将来再谈一语作口头声明"。讨论中，顾维钧提出在签约前中国先声明对九龙租借地的保留立场，为以后的谈判预留基础。但蒋介石

---

① Cabinet Records, 28 December, 1942, CAB65/28; Foreign Office to Seymour, 28 December, 1942, FO371/31665/F8482.

认为不必多此一举："余以为连此保留之声明亦不必先提，只要此正约签订后，则九龙、香港必为我军先行进占，造成事实，虽无文字之保留，亦何妨耶。"①

第二天凌晨5时醒后，蒋介石担心英国方面再有变化，在日记中记下："深虑与英国订新约事，我虽不要求其对九龙问题作有何保留之约言，而彼或反要我作九龙不在平等条约内之'声明'或'换文'时，否则，彼竟拒绝签订新约，则我政府惟有作自动废除不平等条约之声明，不承认英国在华固有之权利，在战后用军事由日军手中取回，则彼狡猾必无可如何。此乃最后之手段，如彼亦无所要求，则我待签字以后，另用书面对彼作'交还九龙问题'暂作保留，以待将来继续之谈判，以为日后交涉九龙问题之根据。"② 当天上午，蒋介石召宋子文来官邸，决定最后签约。

1943年1月11日，中英关于废除治外法权及其他有关特权的条约在重庆签署，顾维钧参加了签署仪式。条约签署后，外交部长宋子文向英国提出照会，声明中国政府对九龙租借地"保留日后提出讨论之权"。历时两个多月的中英新约谈判终以双方签约而告结束。

在中英新约谈判过程中，顾维钧提出的签约与九龙租借地问题分开处理的原则是谈判走出困境的关键。在顾维钧看来，废除治外法权是英国人给中国"送上门的礼"，中国应先收下这第一份礼，同时表示在等待第二份礼，这样才有助于盟国间

① 《顾维钧日记》，1942年12月30日，*Wellington Koo Papers*，box 215；《蒋介石日记》，1942年12月30日；《顾维钧回忆录》第5分册，第176～177页。

② 《蒋介石日记》，1942年12月31日。

的合作，而这在战时是极为重要的。① 由于英国政府确定了在九龙租借地问题上不让步的强硬立场，如果中国坚持九龙租借地问题与签约一并解决的立场，中英谈判只有破裂一途。就此而言，顾维钧的主张对于中英新约的最终签署，对于治外法权在中国的废除，起到了独特的作用。

顾维钧对中英谈判中棘手的九龙租借地问题的处理，显示了他在外交交涉中的一贯主张。他说过，宁为玉碎，不为瓦全，可作个人处世立身之箴言，但这一箴言不适用于一国之外交，因为国家是永存的，不能玉碎。在外交上，必须始终考虑对方，如果每一方都坚持百分之一百的成功，那么任何谈判都不可能成功。他认为，在谈判中应以做到百分之五十为目的，如果取得百分之六十就有所获，应该满足了。② 中英新约谈判正是他这一主张的一次典型运用。

中英新约谈判中，除了与英方交涉，表明中国政府的立场并向对方施加压力外，顾维钧将更多的精力花在中国外交决策层内部的沟通上，以期自己的主张能成为中国的对策。废除不平等条约是中国民众的普遍呼声，英国宣布放弃治外法权后，中国政府和民众都希望一并废除英国根据不平等条约享有的其他特权，包括九龙租借地。中国坚持抗战五年多，并在签署联合国家宣言后成为与美国、英国、苏联并列的"四强"之一，这一意愿更为强烈。所以蒋介石最初会持宁可不签约也要收回九龙的立场。对决策层来说，舆论与民意也是坚持强硬立场的一个主要因素。如在 12 月 25 日宋子文召集的讨论中，王宠惠

① 《顾维钧回忆录》第 5 分册，第 17~18 页。
② 《顾维钧回忆录》第 5 分册，第 580 页。

和吴国桢都强调九龙问题不解决，中国舆论是不会满意的，也不会将签署的新约看成外交上的胜利。但顾维钧认为对一国的外交来说，舆论与民意是重要的，但做外交决策时唯一要考虑的是国家利益，不应为了顺应民意讨好公众而不顾及国家利益。[①] 因此，他不受舆论的影响，而是按自己认为正确的主张去说服同僚。宋子文和王宠惠原先持与蒋介石相同的立场，都是在听了顾维钧阐述的主张后改变想法的。

但宋子文和王宠惠虽接受了顾维钧的主张，却不愿去向蒋介石说明，不敢向他表达不同的看法，因此 12 月 27 日和 30 日两次与蒋介石的重要见面，宋子文都请顾维钧出场，由他去向蒋介石说明情况。与在官场多年的官僚患得患失的心态不同，顾维钧认为外交官的职责就是将自己对外交政策的分析和建议告诉最高决策层。而蒋介石确实听进了顾维钧对中英谈判的主张，最终拍板决定签约。对顾维钧这样的做法，宋美龄称赞他"时刻考虑本国政府的威望，而从不考虑个人得失"。[②]

四　筹划宋氏兄妹访英

为消除中英之间的不和与误解，促进两国双边关系的发展，顾维钧努力沟通两国领导人间的了解。1942~1943 年，他积极筹划、推动宋子文、宋美龄访问英国，其中宋美龄访英未果所经历的曲折反映了中英间并不和谐的双边关系。

1942 年刚回国述职，顾维钧就应宋美龄之邀于 11 月 3 日

---

① 《顾维钧回忆录》第 5 分册，第 172 页；第 1 分册，第 397 页。
② 《顾维钧回忆录》第 5 分册，第 109 页。

在重庆与她见面。谈话一开始，顾维钧就说，英国希望邀请她作为政府的贵宾前往访问，并说英国王后和好几位著名的英国女士都有这样的愿望，他建议她接受这一邀请。但宋美龄直截了当地拒绝了访英的建议。她认为她的访问不会成功，因为她会坦率地向英国方面包括丘吉尔阐明自己的观点，这不可能得到英国的理解，反而会引起他们的不快。宋美龄提到她4月19日在《纽约时报》发表的文章，里面谈到她与蒋介石对印度的访问，也指出西方必须要修正对东方的观念，这肯定让英国很不高兴。顾维钧告诉她，丘吉尔虽然可能当面反驳她，但也会赞赏她明辨是非的勇气，并因此更敬佩她。在顾维钧看来，双方能够沟通总是一件好事。但宋美龄仍然表示不愿去英国访问，还说英国对中国的抗战没有给予什么援助。① 宋美龄的态度反映了国民政府高层对英国的普遍看法，即因近代以来不平等关系对英国的反感，以及对英国没有像美国那样支援中国抗战的不满，而太平洋战争爆发后英国在远东的糟糕表现则增加了国民政府对英国的蔑视。

与顾维钧谈话半个月后，宋美龄去美国访问。宋美龄此行虽有治病的安排，但也担负着宣传中国抗战、开展对美国政府和民间外交工作的使命。宋美龄出众的口才和迷人的个人魅力给美国公众和舆论留下了深刻的印象，加深了美国公众对中国抗战的了解，推进了战时中美关系的发展。

宋美龄访美引起英国朝野的关注。中央社驻伦敦记者报道，宋美龄在华盛顿记者招待会上的讲话"已使英国人民发生深刻之印象与敬佩"。英国政界及非官方人士称，宋美龄

---

① 《顾维钧回忆录》第5分册，第107~109页。

"既能使美国为之倾服，如渠一旦来英，自亦可使伦敦及英国人士为之倾服"。英国朝野对宋美龄访英更为期盼，认为访问"能格外增进中英两国间诚挚之友谊与谅解"。① 1943 年 2 月 24 日，英国外交大臣艾登以下院领袖身份在议会宣布，英国政府希望宋美龄访英，整个下院报以热烈欢呼。艾登称，去年年底已向宋美龄正式发出邀请，后来又发出过邀请，此次完全可以相信"此一高贵之夫人能在返华前来访吾国"。②

宋美龄美国之行的成功和英国方面的反应，使顾维钧越发认为宋美龄应该访问英国，以对中英关系带来同样的积极效应。他希望利用还在重庆的时间，在高层中推动此事。回国述职后，蒋介石交给他制定外交礼仪规章的工作，具体与宋霭龄商定。在与宋霭龄讨论礼仪规章时，顾维钧提出了宋美龄访英一事，希望她能去说服自己的小妹。在与蒋介石的文胆陈布雷谈话时，他也提出此事，认为宋美龄访问美国后不去访问英国，相形之下亲疏悬殊可见，会引起英国的种种推测和误解。而且以他对英国的了解，英国人甚至比中国人更看重"面子"问题，如果中国故意采取亲近美国而冷落英国的做法，将对两国关系产生不利影响。陈布雷赞同顾维钧的看法。③

2 月下旬艾登在英国议会表达希望宋美龄访英后，顾维钧与蒋介石有一次见面，当面提出宋美龄访英的问题。此前与顾维钧的多次谈话，使蒋介石对中英关系的态度已有变化，对宋

---

① 《英伦期盼蒋夫人往游》，《中央日报·扫荡报联合版》1943 年 2 月 22 日，第 2 版。
② 《英政府殷望蒋夫人访英》，《中央日报·扫荡报联合版》1943 年 2 月 25 日，第 2 版。
③ 《顾维钧回忆录》第 5 分册，第 200~201 页。

美龄接受英国邀请去访问并不反对。2 月 26 日，他在日记中写道，对英方的邀请"却之不恭"。但此时印度的甘地正在狱中绝食，蒋介石认为时机不合适，可在甘地绝食结束或被释放时再做正式答复。因此，蒋介石告诉顾维钧，他对英方的回复故意含糊其词，但赞成顾维钧返回英国时先去美国，与宋美龄直接商量解决此事，并在她那里待些时间，以便她需要时给予协助。这次会面后，顾维钧认为蒋介石是赞成宋美龄接受邀请访问英国的。①

3 月下旬，顾维钧经印度、北非抵达华盛顿。一见到正在美国的宋子文，顾维钧就提出宋美龄访英问题。此前几天（3月 21 日），丘吉尔就战后问题发表演说，其中谈到由英、美、苏组成一个理事会，而故意不提中国，将中国排除在外。因此，宋子文对顾维钧说，若他处于宋美龄的地位，此时就不会去访问英国。但他接着又说，也许正是为了丘吉尔这篇讲话宋美龄更应该去一次，这显示出排除了个人意气之后他作为外交部长的看法。因此，在顾维钧强调宋美龄访英对中英关系全局的重要性后，宋子文同意他的看法，认为他应该与宋美龄当面讨论，并尽快做出决定，不能让英国一直等待下去。②

在美国各地巡回演讲的宋美龄此时在旧金山，顾维钧在华盛顿停留了一天就从东海岸飞往西海岸。宋美龄对丘吉尔充满"约翰牛"气味的演说十分反感，且蒋介石在丘吉尔演说后也发来电报，指示对"访英问题，不必肯定，亦不必答复"，③

---

① 《蒋介石日记》，1942 年 2 月 26 日；《顾维钧回忆录》第 5 分册，第 212、256 页。

② 《顾维钧回忆录》第 5 分册，第 256~257 页。

③ 《战时外交》第 1 册，第 818 页。

因此她更不愿访英了。顾维钧对宋美龄说，无论从战时还是战后看，中国都需要维持与英国的友谊，中美之间的友谊是重要的，但仅仅有此是不够的，中国的外交应该以形成美、英、中即 ABC 核心为目标。为此，中国的外交要讲实际，不能意气用事。宋美龄对顾维钧所说有所心动，同意对国际关系要采取现实主义的态度，只要对国家有利，可以去英国访问。随后，宋美龄关心在英国将会受到什么规格的接待，并表示不能低于美国给她的规格。①

3 月 27 日，尚未决定是否访英的宋美龄对顾维钧说，她希望与正在华盛顿访问的英国外交大臣艾登先见一次面。顾维钧此时已获悉艾登定于 3 月 30 日离开美国，根本无法从东海岸赶到西海岸来。但在宋美龄的坚持下，顾维钧还是飞往华盛顿去见艾登。艾登表示他必须如期赶回英国，并对丘吉尔的演说做了解释，称那是针对欧洲讲的，并无轻视中国之意，随即再次表达英国欢迎宋美龄访问的愿望，并保证将给予皇家最高欢迎礼仪。他半开玩笑地对顾维钧说，如果中国不满意英国人对宋美龄的接待，可以砍掉他的脑袋。在向宋美龄报告与艾登会面的电文中，顾维钧又一次劝说她做出肯定的决定。②

虽然已有电文报告，宋美龄还是要顾维钧飞到西海岸去当面商量。已经卸任大使还留在美国的胡适知道后说，让连续旅途奔波的顾维钧第二次飞西海岸太不体谅人了。待顾维钧飞往洛杉矶后，宋美龄忙于在好莱坞等处演说，根本顾不上见他。

① 《顾维钧回忆录》第 5 分册，第 262~263 页。
② 《顾维钧致宋美龄》（1943 年 3 月 29 日），*Wellington Koo Papers*, box 56；《顾维钧回忆录》第 5 分册，第 265~266 页。

直到第五天，宋美龄离开洛杉矶，乘上前往美国东部的火车后才召顾维钧到她的车厢里，说她已决定前往英国，时间定在 5 月初，要顾维钧为她准备演说稿，供她访英之用，演讲的内容由他决定。顾维钧对此当然很高兴。在这之前，中国驻英使馆已根据顾维钧的指示预订了伦敦的旅馆套房及郊外别墅一所。与宋美龄谈话后，顾维钧立即致电驻英使馆，嘱咐为访问做准备，并向英国外交部打听接待事宜。①

与宋美龄一同乘坐火车到达美国东部后，顾维钧着手准备演讲稿。但 4 月下旬，宋美龄又改变主意，告诉顾维钧，身体不适难以成行，并说蒋介石也在催她回国。5 月上旬，宋美龄正式决定推迟访英行程。这消息对顾维钧来说，如同当头一棒，令他十分失望。②

恰在此时，英国首相丘吉尔于 5 月中旬来到华盛顿，参加美英首脑讨论军事战略的会议。丘吉尔通过罗斯福总统夫人传话，表示愿意与宋美龄见面。顾维钧对这一主意十分支持，认为两人见面谈一次，胜过外交官间谈十次，对两国关系会产生积极影响，也可对宋美龄不去访英有所弥补。

正在纽约治病的宋美龄希望丘吉尔能从华盛顿前来纽约与她会面，并将安排会面的任务交给了顾维钧。顾维钧提出，丘吉尔能来纽约当然最好，但如果公务繁忙抽不出时间，两人的见面可由中国驻美大使或外交部长宋子文或他本人出面，在华

① 《顾维钧回忆录》第 5 分册，第 275 页；《顾维钧致陈代办》《陈代办致顾维钧》（1943 年 2 月）、《顾维钧致驻英使馆》（1943 年 4 月 8 日），*Wellington Koo Papers*，box 52，56。

② 《顾维钧回忆录》第 5 分册，第 280、286 页。蒋介石 4 月中旬给宋美龄电报"催归"，见《蒋介石日记》，1943 年 4 月 15 日。

盛顿设宴请两人参加，也可由宋美龄自己在华盛顿请丘吉尔到她的旅馆来喝茶。但为宋美龄安排行程的她的外甥孔令侃坚持要丘吉尔来纽约，认为是丘吉尔想见宋美龄，还说宋美龄是女士，丘吉尔应该前来拜访。①

顾维钧奉命专程去华盛顿与英方联系。丘吉尔果然忙于参加美英首脑会议，无暇前来纽约。这时，罗斯福出面帮忙了，请宋美龄到华盛顿来参加白宫的午餐会。这样，宋美龄与丘吉尔就能在华盛顿见面了。顾维钧传达这一消息时，建议宋美龄可以提前一天到华盛顿，然后由丘吉尔来拜访她。远在重庆的蒋介石知道丘吉尔到华盛顿后，虽还不知道罗斯福的安排，也认为宋美龄应该与丘吉尔见一面，在 5 月 14 日给宋子文的电报说："三妹既不访英，则乘丘在美之机，最好与之会晤一次，此乃政治上之常道，不能专尚意见与感情，照现在外交形势似有谋晤之必要也。"② 因此，宋子文知道罗斯福的邀请后认为，宋美龄无论如何应该接受邀请来华盛顿，否则中英间的误会将加深。但宋美龄以另有安排为由拒绝了邀请。白宫为尽可能促成宋丘两人见面，又提出午餐会可推延几天，宋美龄仍然回绝。她告诉顾维钧，与丘吉尔见面是给他增光，她不会帮他这个忙。③

宋美龄拒绝前往华盛顿会见丘吉尔以及不接受访英邀请的举动，使已经不和谐的中英关系再遭挫折。蒋介石对宋美龄意气用事批评道："固执己见，而置政策于不顾。"英国方面当然更为不满，驻英使馆给顾维钧的报告称，丘吉尔的女儿说宋

---

① 《顾维钧回忆录》第 5 分册，第 298 页。
② 《战时外交》第 3 册，第 229 页。
③ 《顾维钧回忆录》第 5 分册，第 300~302、309 页。

美龄不来英国是因为不喜欢英国。罗斯福总统知道宋美龄最终拒绝来华盛顿后大呼"那个女人疯了"。一直到抗战胜利后，中国官员访问伦敦时，薛穆的夫人还对此耿耿于怀，称宋美龄拒绝访英邀请是英国的莫大耻辱。①

在顾维钧看来，宋美龄访英不是可有可无的一般礼仪活动。英国邀请宋美龄访英是为了加强两个盟国间的关系，尤其在宋美龄接受罗斯福邀请访美并获得成功后，英国更盼望她访英。正是出于对英国政府的深切了解，顾维钧努力推动宋美龄访英以及面见丘吉尔，期望以此改善两国关系。但这一切努力最终付诸东流。他在日记中写下了十分失望的感受：

> 这些日子我一直反复思考着中英两国之间在感情和关系上所出现的日益扩大的鸿沟。尽管我全力以赴，力图改善这种情况……但两个月来又发生了许多事件，使得局面每况愈下，令人灰心之至。尤其痛心的是，只要稍具常识或略加克制，这些事件和枝节琐事，本来都是可以避免的，实在太无必要了。

他认为，宋美龄拒绝访英和不见丘吉尔两事"完全无法解释"，"处理欠妥"。② 最终的结局使他深感遗憾。1945 年春宋美龄再想访问英国时，英国人的态度已完全不同，顾维钧对此

---

① 《蒋介石日记》，1943 年 5 月 18 日；《顾维钧回忆录》第 5 分册，第 310 页；《顾维钧回忆录》第 7 分册，第 761 页。
② 《顾维钧回忆录》第 5 分册，第 311~312、344 页。

也意兴阑珊。[①]

在劝说宋美龄访英同时，顾维钧也在积极推动外交部长宋子文访英。还在 1942 年 9 月，顾维钧就致电时在美国的宋子文，转达英方对他的邀请，并主张接受这一邀请："你将不仅是自珍珠港事变以来，且是自我们对日作战以来，第一个来此的中国政治领袖，你来访的重要性将由英国方面最高的诚挚及实质上的成果所展现。"但当时顾维钧即将回国述职，宋子文也将回国参加国民党五届十中全会，两人商定将访英日程推后。[②] 在国内和美国逗留期间，顾维钧与宋子文有过多次交谈，讨论中英关系。宋子文对英国长期以来对华的帝国主义做派十分反感。顾维钧对此完全理解，认为丘吉尔确是典型的帝国主义者和现实主义者，站在中国的立场上当然要予以反驳。但与宋子文不同的是，他认为，作为一个外交官与英国打交道，在表达的方式上可以婉转一些，这样中国的观点更容易被对方接受。不过，对宋子文访英两人持相同看法，宋子文还对顾维钧说，两人要通力合作，改善中英关系。[③]

宋美龄访英计划告吹后，中国政府高级官员访英，沟通双方间存在的隔阂，讨论双边关系中的重要问题，就显得更为重要了。1943 年 6 月 17 日，宋子文从美国致电蒋介石请示访英事宜："英、美方面均希望文早日赴英，与其政府交换意见，

---

① 《顾维钧回忆录》第 5 分册，第 508 页。
② 陈立文：《宋子文与战时外交》，台北："国史馆"，1991，第 89~90 页；《顾维钧宋子文往来函件》（1942 年 9 月 29 日、30 日），*Wellington Koo Papers*，box 168。
③ 《顾维钧回忆录》第 5 分册，第 256、315、318 页。

俟鄙恙调治复元，即拟首途。此除观察英国各派势力及方针，并促成实践攻缅计划外，拟引起彼国朝野注意中国建设合作之机会。英国一般论调，每以战后中国必不愿与其合作。故此举如能成功，对英一切交涉必有良好影响，无论战后能否实现，此时不妨表面上非正式示意。如何？尚祈察夺指导，俾有遵循。"蒋介石接电后批示："既允访英，待康复后应即往访为宜。"①

7月24日，宋子文抵达伦敦，开始了为期半个多月的访英之行。一到伦敦，宋子文就与顾维钧商议与英方会谈的议题以及向英方提出的方式。在英期间，宋子文与包括丘吉尔、艾登在内的英国政要举行了16次正式会谈。顾维钧作为驻英大使，安排并参加了宋子文在英期间的所有活动。

宋子文与英方会谈的主要议题涉及重开缅甸战场、战后中英经济合作和中国对西藏的主权三个问题。在这三个问题上，中英双方分歧很大。宋子文在会谈中直言坦陈，气氛不免紧张，甚而陷入僵局。顾维钧以其娴熟的外交手段和灵活的态度，化解会谈中出现的尴尬局面。7月26日，宋子文与艾登第一次会面，表明中国在西藏问题上的立场，但艾登却提出中国对西藏的宗主权问题，双方的立场截然对立。顾维钧及时提出，双方可各自提出一份备忘录，表达自己的立场和观点，以便进一步商谈。宋子文和艾登都赞同这一提议，会谈得以继续进行。②

8月3日，顾维钧陪同宋子文出席有英国三军参谋长参加

---

① 《战时外交》第3册，第247~248页。
② 《顾维钧回忆录》第5分册，第353页。

的讨论缅甸作战的会议。宋子文将中国对缅甸作战已做准备和对英期望坦率陈述，但英方的回复则避重就轻，闪烁其词。顾维钧感到宋子文"说得铿锵有力"，表达了中国收复缅甸、打击日本的决心，但英国人并没有决心通过一场大战来收复缅甸，而是希望首先打败希特勒德国，将日本和远东问题暂时搁置一边。会后，顾维钧根据宋子文的指示为其起草向蒋介石的报告。①

顾维钧的精心安排以及与宋子文的密切配合，使宋子文访英进展顺利。正如有学者指出，由于英国坚持帝国主义立场和宋子文对英国的戒备心理，宋子文访英无法用"成功"或"失败"这类词来概括。② 因为，从访英的主要议题看，中国并没有取得明显的外交进展。但从访英前宋子文对顾维钧所说要改善中英关系来看，此次访问仍有其积极意义。离开英国前，宋子文总结此次访英说，这次访问的重要性，主要不在于解决了什么具体问题，而在于他同英国政府的领袖们建立了联系。③

宋子文访英之后，顾维钧还安排了中国访英团对英国的访问。还在英国议会代表团即将结束访华之时，顾维钧就建议英国代表团向中国政府表示希望将来中国的代表团能访问英国，代表团接受了这一建议。1943 年 6 月，英国政府通过驻华大使薛穆正式表达了邀请中国代表团访英的愿望。蒋介石将此事

① 《顾维钧回忆录》第 5 分册，第 357 页；《战时外交》第 3 册，第 254~256 页。
② 陈谦平：《民国对外关系史论（1927~1949）》，三联书店，2013，第291 页。
③ 《顾维钧回忆录》第 5 分册，第 362 页。

交给军委会参事室主任王世杰办理，请其拟定访问团名单。①
王世杰最后确定的访英团成员有国民参政会成员王云五、胡
霖、杭立武和立法委员温源宁，由其本人以国民参政会主席团
委员身份率团。蒋介石在访英团出访前专门约见其成员面谈，
关照应注意事项，并致函英国国王乔治六世和丘吉尔介绍代
表团。②

　　中国访英团于 12 月 3 日抵达伦敦。顾维钧参与安排访英
团的行程，参加了大多数的活动。12 月 10 日，顾维钧受邀在
英国皇家水彩协会举办的中国近代画展上致开幕词，他特地安
排访英团一同出席。1944 年 1 月 6 日，顾维钧为中国代表团
访英举办宴会，邀请艾登出席。1 月 25 日，顾维钧陪同访英
团去首相官邸拜访丘吉尔，宾主交谈甚欢。③ 访英团最初预定
行程一个月，最后在英访问一个半月。结束访问时，英国
《泰晤士报》以"远东之友谊"为题发表社论。《中央日报》
在代表团回国后发表题为"访英团回渝"的社论，祝贺访问
圆满成功。④

　　顾维钧出使战时英国，正是中英两国共同抗击法西斯侵略
而双边关系矛盾重重的时期。作为大使，他努力在两国间进行
沟通，让英国政府和人民了解中国，也让中国政府高层了解英

① 《顾维钧回忆录》第 5 分册，第 142 页；《战时外交》第 2 册，第 127～
128 页。
② 《战时外交》第 2 册，第 129～130 页；《蒋介石日记》，1943 年 11 月 25 日。
③ 《英伦中国画展》，《大公报》（重庆）1943 年 12 月 11 日，第 2 版；《顾
维钧欢宴艾登》，《中央日报》1944 年 1 月 7 日，第 2 版；《战时外交》
第 2 册，第 133 页。
④ 《英报盛赞我访英团》，《大公报》（重庆）1944 年 1 月 25 日，第 2 版；
《中央日报》1944 年 3 月 28 日，第 2 版。

国。相比较而言，他花了更多的精力来消除中国高层对英国的成见，取得了明显的成效，推进了两国的战时合作。正如担任过英国外交大臣的西蒙勋爵称赞顾维钧时所说，他在沟通两国相互了解方面做了大量工作，有杰出表现，是当之无愧的好大使。

第九章 参与创建联合国

一 对战后国际组织的期望

1944 年 8 月至 1945 年 6 月，顾维钧作为中国政府的代表，先后参加了敦巴顿橡树园会议和旧金山会议，参与了联合国的创建。

太平洋战争爆发后，国民政府对在战后参与建立一个维护世界和平与安全秩序的国际组织充满期待。1942 年 6 月，国防最高委员会下属的国际问题讨论会在对战后国际组织问题经过一段时间的讨论后，拟定了一份"国际集团会公约草案"。这是中国关于战后国际组织的第一份正式文件，集中了当时众多国际事务专家的意见。[①] 1943 年 10 月 30 日，美、英、苏三国莫斯科外长会议结束。中国虽未与会，但在美国提议并坚持下一同签署了会议通过的《关于普遍安全的宣言》。宣言向全世界宣告，四国将继续对轴心国作战，直至轴心国无条件投降，并根据一切爱好和平国家主权平等的原则，建立一个普遍性的国际组织，以维持国际和平与安全。[②] 莫斯科宣言

---

① 《国际集团会公约草案要点》，1942 年 7 月 4 日王宠惠呈蒋介石，《特交档案：外交——对国联、联合国外交》第 17 卷，台北"国史馆"藏。"国际问题讨论会"成立于 1941 年，旨在讨论研究国际政治、国际经济、中日问题及国际自由平等等事宜，参见《国际问题讨论会规则纲目及人员聘任案》，台北中国国民党党史会藏《国防档》，档号：005/1。

② 叶惠芬编《中华民国与联合国史料汇编：筹设篇》，台北："国史馆"，2001，第 57~58 页。

首次明确表示美、英、苏、中四国将共同建立一个新的国际组织，并确立了四大国为该国际组织重心的设想，奠定了日后联合国的最初基础。

1944 年 5 月，美国政府制订了一个初步计划，拟邀请中国、英国、苏联三国代表赴华盛顿开会商讨筹建国际组织。但 5 月中旬《纽约时报》报道称，英国将出面召集英、美、苏三国会议讨论国际组织事宜，中国不在被邀之列。蒋介石获悉后，急电驻美大使魏道明探明详情。魏道明与美国务院沟通，被告知该报道纯系推测，并无根据。5 月 31 日，魏道明去白宫拜访罗斯福总统，后者明确告诉他"决不忘却中国，彼等只要三国，余必要四国"。蒋介石获悉后立即致电罗斯福表示感谢，"阁下与赫尔国务卿深切注意，中国必须参加此次会议，余更为欣感"，"盖东方人民如无代表，则此会议将对于世界之一半人类失去其意义"，俨然以东方人民代表自居，并表明"中国向来主张早日成立此种机构，如其可能，并望在战时结束以前成立"。美国发起的这次会议定于 8 月在华盛顿的敦巴顿橡树园举行。由于苏联以尚未与日本开战为由，不愿与中国坐在一张会议桌上，最后只得采取开罗会议模式，即第一阶段为美、英、苏三国会议，第二阶段为美、英、中三国会议。7 月 10 日，魏道明将这一安排报告重庆，蒋介石批示"应可赞成"。①

接受参加敦巴顿橡树园会议的邀请后，王世杰任主任的军事委员会参事室、外交部和国防最高委员会秘书长王宠惠等对成立新的国际组织提出了各自的方案。尽管已有多个方案在手，蒋介石仍想知道顾维钧的看法，他于 7 月 26 日致电伦敦，

---

① 《战时外交》第 3 册，第 825~830 页。

嘱其报告英国方面参加会议的准备情况，并就"我国应取之立场及注意事项"，"以研究所得电告为盼"。①

自世界大战爆发，国际联盟名存实亡后，顾维钧对成立一个新的国际组织予以高度关注。他草拟过一个计划，并经常加以修订。1944 年 4 月中旬，美国副国务卿斯退丁纽斯（Edward Stettinius）访问伦敦时，顾维钧与他就国际组织一事进行过商谈。② 因此对中国应取之立场，顾维钧早有周详之考虑。8 月 6 日，他给蒋介石发了一份近两千字的长电，在报告了英国对会议的准备情况后，详尽阐述了自己的看法。关于中国对国际组织应取的基本立场，他提出：

> 至我国应取立场，窃意似宜仍本我国酷爱和平公道之精神及集团安全之原则，着重世界整个和平机构为基础，区域组织仅为其一部分，遇有要事或承中央机构之命执行，或自议决，亦须得中央机构之核准，以其名义行之。（2）[原文漏标（1）——引者注] 确定会员国施行经济与军事制裁之义务，以免临时须付表决或多方推诿不行，一如国联盟约之弊。（3）实施制裁大纲应预为规定。（4）设立国际军事委员会随时调查研究国际军情，改善实施办法。（5）凡法律之一切争执应规定各会员国均有提交法庭审判之义务，不准例外。（6）被委任统治地不必分甲乙丙三等，一律以助其达成自治为共同宗旨，由国际机构随时斟酌情形予以自治或独立，以免曲解国联盟约所许间

---

① 《蒋介石致顾维钧》（1944 年 7 月 26 日），*Wellington Koo Papers*，box 70。
② 《顾维钧回忆录》第 5 分册，第 391 页；Pao-chin Chu：*V. K. Wellington Koo*，The Chinese University Press，Hong Kong，1981，p. 163。

接并合之弊，并应规定由国际机构派员视察该地之权。
（7）采取及加强盟约第十九条所载会员国得请修改条约
之权，俾消弭国际间之纠纷而巩固和平机构之基础。

关于中国参加敦巴顿橡树园会议应取之态度与策略，顾维
钧认为：

> 此项商谈世界和平机构组织会议，虽系专门讨论性
> 质，其结论仍须报告各政府审核后，另由全权代表共同决
> 定，然关系亦匪浅鲜。英、美、苏三国自以为今番出大力
> 抗战，胜利后恐不免各图操纵，彼此疑嫉。不特英美间，
> 即英苏与美苏间难免有各自为谋、主张不同之点。我国地
> 位虽列四强之一，似宜慎重发言，减少提案为得。此番苏
> 联虽参与另一集会，不与我直接商议，然其提案亦必由英
> 美转商于我，以求一致。窃意我宜避免提出与任何一国正
> 面冲突之主张，而多事居间调和、折中三国方案，俾增加
> 我参预此次会议之贡献为上策。

顾维钧在电文中还指出了中国参加会议应注意的事项。如
关于种族平等问题，他认为这是"国际和平要素之一"，但鉴
于该问题的复杂性，中国以不提为宜，"如有直接间接违反此
项原则之规定，应不予赞同或予以保留"。对于国际机构的投
票表决问题，他主张如改国联的全体一致原则为多数原则，则
应包括全体常任会员国方为有效，"以重我地位也"。[1]

---

[1] 《顾维钧致蒋介石》（1944 年 8 月 6 日），*Wellington Koo Papers*，box 75。

综观顾维钧的电文，对国际组织他主要吸取了国联在 30 年代面对法西斯侵略时无所作为的教训，强调新的国际组织的中央机构必须具有权威，尤其关注制裁问题，明确规定会员国有实施制裁之义务，并应预先规定实施制裁大纲，以避免国联之弊端。对中国与会的方针和策略，顾维钧则在权衡中国在四强中地位和会议实际情况的基础上，主张采取现实、灵活的立场，"多事居间调和"，以尽可能确保中国的国际地位。

在顾维钧的电文前，国民政府外交决策层内就成立新的国际组织已有多个方案，其中以王世杰和王宠惠的方案最为重要。王世杰于 7 月 20 日以军委会参事室名义向蒋介石呈报关于国际安全和平组织问题之主张要点，主张国际组织应尽速在战争结束前成立，战争结束共同敌人消灭后，困难将增加。他还强调国际组织应有充分力量，对于侵略国负有执行经济、政治与军事制裁的责任，并应具有执行军事制裁之充分力量，即成立强有力之国际空军。但王世杰虽认为四大国应为理事会常任理事国，却不主张四大国享有过大之特权，因为"我如主张其他特权，势必增加各小国对我之反感。且四国纵令享有其他特权，实际上我亦未必能利用，其能利用此种特权者，实际上将为英、苏等国。彼等利用此权时，容或予我以不利"。①

王宠惠于 7 月 24 日向蒋介石递交了题为"我方基本态度与对重要问题之立场"的方案。他认为，在敦巴顿橡树园会议上"我方似以暂不正式提出整个对案为宜"，"倘我方正式提出整个对案，过重现实，则无甚意义；太重理想，则与美国立场

---

① 《王世杰拟"我政府关于国际安全和平组织问题之主张（要点）"》（1944 年 7 月 20 日），《特交档案：外交——对国联、联合国外交》第 17 卷。

相去悬殊，恐难成立。故转不若就美方所拟草案依照我国立场，提出补充或修改案也"。虽不提整个对案，他仍阐述了对国际组织的基本主张，即国际组织"以愈坚强有力为愈宜"，并应"尽早成立"；中国应与美、英、苏取得平等地位同样参与；议案表决以三分之二多数通过；对侵略应有明确定义，如何应用制裁也应有具体规定；应设置国际警察或国际空军等。①

总体来说，这几个方案对国际组织的基本立场是一致的，即都主张一个强有力的国际组织，国际组织投票表决取多数通过原则，国际组织应能对侵略实行经济和军事制裁。但顾维钧更强调通过法律程序确定会员国承担制裁的义务，而另两个方案则寄希望于设立国际警察或国际空军。顾维钧和国民政府外交决策层的这一基本立场在相当程度上代表了中国的民意，当时中国舆论界对新的国际组织普遍抱有相同的期望，这是从国联面对日本侵华束手无策的惨痛经历中获得的教训。② 但有关包括中国在内的四强在新的国际组织中的地位，这几个方案间存在着差异。顾维钧与王宠惠都主张维持战时形成的四强格局，中国应与美、英、苏三国同等参与国际组织，享有大国特权，"以重我地位"，并据此确定中国参加敦巴顿橡树园会议的策略，即减少提案、避免与其他大国冲突、重视美国意见，以确保中国的大国地位及大国在国际事务中的特殊地位。而王世杰对此则有不同看法，认为四强不应享有过大之特权，因为

①《国防最高委员会秘书长王宠惠呈蒋委员长》（1944 年 7 月 24 日），叶惠芬编《中华民国与联合国史料汇编：筹设篇》，第 157~161 页。

② 如《东方杂志》刊登的王云五《战后国际和平问题》、史国纲《怎样维持战后的世界和平》、杜光埙《论重建世界和平的基本问题》等文及重庆《大公报》社评《战后世界和平机构的性质》，见叶惠芬编《中华民国与联合国史料汇编：筹设篇》，第 88~103 页。

中国未必能利用大国地位，而这反而会增加小国的担忧，再者英、苏享有特权也不利于中国，因此主张淡化大国的特殊地位。

8月中旬，王宠惠综合外交决策层各种意见修订了自己原先的方案，做出两条重要增补。第一条增补为"凡美国草案所未提及之各项重要问题，如一时不易获得一致意见者，我方宜相机决定提出与否及主张至如何程度，必要时宁可留待他日继续商洽，此时不必有所坚持，总以促成会议有初步成果为主"。他吸纳了顾维钧"增加我参预此次会议之贡献为上策"的意见，对与会方针取更灵活策略，更重视美国意见。第二条增补有关投票表决多数通过原则，加上了"中、美、英、苏四国所投之票，必须在赞成之列方能成立"。① 这一增补直接采纳自顾维钧的电文，进一步强调了大国在国际组织中的特殊地位。王宠惠修订后的方案得到蒋介石的批准。8月18日，蒋介石将此方案电达在美国的孔祥熙，指示其"对照前电改正"。②

顾维钧的建议不但为王宠惠所吸纳，也得到蒋介石的重视。8月下旬，蒋介石指示参会的中国代表团："一、此次会议，系初步商谈之性质，吾人希望其成功，对于若干困难问题，我方不必坚持，因在将来联合国之大会中，仍可提出解决。二、对于苏联，虽不共同会议，但仍宜设法联络。"③ 这一指示显然也采纳了顾维钧的意见。

顾维钧最初并不在中国出席敦巴顿橡树园会议的人选之

① 《战时外交》第 3 册，第 868~869 页。
② 《战时外交》第 3 册，第 867 页。
③ 《出席国际和平组织会议代表团会议纪要》（1944 年 8 月 29 日），*Wellington Koo Papers*，box 74。

列。蒋介石同意按开罗会议模式参加敦巴顿橡树园会议后，7
月 13 日，在美国的行政院副院长孔祥熙致电蒋介石，报告与
罗斯福会晤时，罗斯福希望由其代表中国参加敦巴顿橡树园会
议，并表示"总统既要弟参加，不便表示异议"，还说"原留美
国及大使馆并弟此次带来各员，当可勉敷支配"，表达了率领中
国代表团参加会议的强烈愿望。蒋介石收到此电后，一度考虑
同意，但并没有立即予以答复。7 月 24 日，孔祥熙再致电蒋介
石，建议派外交部长宋子文来美，协同进行会议之事。[①] 行政院
副院长官阶在外交部长之上，孔祥熙此电再次表达了率队参会
的愿望。

孔祥熙 24 日的电报正好与蒋介石 23 日发给他的电报交叉
而过。在 23 日的电报中，蒋介石告诉孔祥熙，已决定派外交
部副部长胡世泽为中国出席敦巴顿橡树园会议的代表，并请他
在华盛顿就近指导。[②] 但孔祥熙并不满足于仅负指导之责，于
8 月 1 日又致电蒋介石，以"美方将由赫尔国务卿主持"，情
形与前不同为理由，提出"我方出席人员因英美出席者阶级
较高，讨论问题范围亦广，恐须由弟率同魏（道明）大使、
蒋（廷黻）处长、胡（世泽）次长等出席参加为宜"。蒋介石
接电后批示，交王宠惠和王世杰两人研究后再做决定。[③]

王世杰对孔祥熙和胡世泽印象不佳，认为两人"均非胜
任愉快之人"，与王宠惠商讨后于 8 月 7 日向蒋介石提出，不

① 《孔祥熙致蒋介石》（1944 年 7 月 13 日），《领袖特交文电（七）》，台
　北"国史馆"藏；《战时外交》第 3 册，第 831 页。
② 《蒋介石致孔祥熙》（1944 年 7 月 23 日），《领袖特交文电（七）》。
③ 《孔祥熙致蒋介石》（1944 年 8 月 1 日），《特交档案：外交——对国联、
　联合国外交》第 17 卷。

宜派孔祥熙率团参会，建议胡世泽之外加派驻英大使顾维钧、驻美大使魏道明和驻美军事代表团团长商震为代表。外交部长宋子文也赞同此议。① 8 月 10 日，蒋介石致电孔祥熙通知这一决定："英、美两国皆以外次为首席代表，以地位相当而论，兄仍以就近指导为宜。兹经再四斟酌，除前派定胡世泽次长外，加派顾大使、魏大使及商团长为代表，并指定空军毛邦初、海军刘田甫、陆军朱世明为专门委员。又为表示我国重视此会议起见，拟另由国内派浦薛凤、张忠绂二人来美任专门委员，以备咨询接洽。"②

国民政府决定加派顾维钧为出席敦巴顿橡树园会议的代表，显然与他 8 月 6 日电报中所提主张及他代表中国出席国联的丰富经验有关。驻节伦敦的顾维钧虽对这一任命出乎意料，但又认为由他来率领代表团是理所当然的，因为胡世泽和魏道明在外交界的资历都不如他。③ 但在由谁充当首席代表率领代表团的问题上，又出现了类似当年巴黎和会时代表团内部因排名问题引发纷争的一幕。

王世杰、王宠惠提出加派代表后，外交部长宋子文在向行政院提出新人选时，认为就地位而言，外交部副部长并不低于大使，胡世泽又任命在先，因此排成胡、顾、魏、商的顺序并获通过，并按此通知美、英驻华大使。而外交部在分别致电顾维钧与魏道明时，并未明确排名顺序，只是称"除执事外，另派胡次长、魏（顾）大使、商团长为代表"。这使驻美大使魏道

---

① 林美莉编校《王世杰日记》上册，台北：中研院近代史研究所，2012，第 626 页。
② 《蒋介石致孔祥熙》（1944 年 8 月 10 日），《领袖特交文电（七）》。
③ 《顾维钧回忆录》第 5 分册，第 391~392 页。

明接到电报后认为他排名第一。作为驻在国大使，他确实也希望担任首席代表，于是就按魏、胡、顾、商的顺序通知美方。[①]

孔祥熙在收到蒋介石 8 月 10 日电报后，一方面表示"当遵钧意办理"，另一方面对自荐率团出席会议一事进行解释，称美国国务院与"一般国家外交部有别，其地位居部之上，实际言副国务卿并非次长"，且美国率团参加的副国务卿斯退丁纽斯因赫尔年高体弱，正代行国务卿之职，言下之意，由他出席才算地位相当，可见其仍未放弃率团意愿。在 14 日致蒋介石的电报中，孔祥熙又提到赫尔询问其能否出席会议。蒋介石接该电后批示："美国若由赫尔出席主持，则我国可由兄出席，俾得解决主任代表人选问题也。"[②] 但 15 日，蒋介石决定指派顾维钧为首席代表，并于 16 日致电通知孔祥熙："我方可以顾大使任首席代表，但仍请兄就近予以指导。"[③] 这样，国民政府在最初任命胡世泽后三个多星期、增派顾维钧等代表后近一个星期才正式任命了首席代表。与宋子文将外交部副部长胡世泽列在首位相比，蒋介石的这一决定表明了他对顾维钧的信任和重视。

但是这一决定使已经以首席代表自居的魏道明十分尴尬。8 月 17 日，他致电蒋介石，称此事"难免引起猜测，发生不良印象……我代表团原无两使同时出席之必要。如必须变更，为顾全对外关系起见，只有于开会前一二日，由职借病不能列

---

① 陈布雷在魏道明 8 月 17 日致蒋介石电文上的批注，《领袖特交文电（七）》。并参见 Mona Yung-Ning Hoo, *Painting the Shadows：the Extraordinary Life of Victor Hoo*, Eldridge & Co., 1998, pp. 95-96。

② 《战时外交》（三），第 837、864 页。

③ 《蒋介石日记》，1944 年 8 月 15 日；《战时外交》第 3 册，第 865 页。

会，改由顾大使出席较为适宜"。陈布雷在将该电交蒋介石时批注"此事乃系电讯往返误会而起"，请蒋亲自回复。19 日，蒋介石致电魏道明进行解释："此事全由外部电使馆时措词稍欠明确所致。政府当时先派胡次长为代表，继又派少川兄及兄与启予兄为代表，期以充实我方代表之阵容。以诸兄地位资望相等，故即以令派先后为次序。嗣为便利会议进行起见，经中酌定，就四代表中指定少川为首席代表，已通知英美并发表新闻，并迭电庸兄接洽。此次会议关系重要，务望兄为国宣劳，一同出席，以利进行而全大局。"① 这一因排名引起的风波经蒋介石出面调解才告平息。

人在伦敦的顾维钧对排名风波并不了解。在接获任命后，他即报告重庆："正洽订机位，期尽速成行。"他是在 8 月 25 日抵达美国后才从胡世泽那里了解此事的，认为"这是完全没有必要的"，但也让他马上联想起巴黎和会代表团内所经历的麻烦。②

二　敦巴顿橡树园会议

美国发起的商讨筹建国际组织的会议在华盛顿的敦巴顿橡树园举行，会议因此得名。敦巴顿橡树园是一座美丽而奢华的英国式庭园，离白宫不远，有十来分钟的车程。大门的上方刻着一句拉丁文格言"一分耕耘，一分收获"，很恰当地体现了会议为战后世界播种和平的良好愿望，只是参会四国的想法并

① 《魏道明致蒋介石》（1944 年 8 月 17 日）、《蒋介石致魏道明》（1944 年 8 月 19 日），《领袖特交文电（七）》。

② 《战时外交》第 3 册，第 866 页；《顾维钧回忆录》第 5 分册，第 394 页。

不完全相同。

敦巴顿橡树园会议第一阶段于 8 月 21 日至 9 月 28 日在美、英、苏三国间进行。虽然苏联与美、英之间在安全理事会常任理事国否决权行使范围和会员国资格问题上无法取得共识，但三国还是在基本问题上达成一致：新的国际组织名称为"联合国"；联合国设四个基本机构，即大会、安全理事会、秘书处和国际法院；大国在安全理事会中有常任席位；大会重要决议由会员国三分之二多数票通过，一般决议以简单多数决定。

顾维钧到美国时，敦巴顿橡树园会议第一阶段已经开始。在他来之前三天，孔祥熙已向美、英代表团送交了一份《国际组织宪章中之要点》的文件，阐述中国对制定国际组织章程所持的基本观点。孔祥熙的这一做法与顾维钧"减少提案"、灵活应对的与会方针不同，与重庆的指示也不尽一致。7 月 29 日，蒋介石给孔祥熙电报中明确指示，王宠惠方案"为我代表赴会议时讨论应付之根据"。而王宠惠方案开头就表明"暂不正式提出整个对案"。但孔祥熙与魏道明商量后认为，如果中国不在会议第一阶段美、英、苏商讨时提出自己的主张，以供三国参考，待三国决议后，其便更难采纳中方意见，因此于 8 月 15 日致电蒋介石提出，"拟将我方主张以备忘录形式先期送交大会提供参考"。因为此时已决定顾维钧任首席代表，蒋介石接电后回复道："请与顾大使等商酌，如决定送达，请先将全文电示后再提为盼。"① 但由于美、英、苏第一阶段会议将于 8 月 21 日开始，孔祥熙遂不待与顾维钧商量，

---

① 《孔祥熙致蒋介石》（1944 年 8 月 15 日），《特交档案：外交——对国联、联合国外交》第 17 卷；《蒋介石致孔祥熙》（1944 年 8 月 16 日），《领袖特交文电（七）》。

即根据王宠惠、王世杰等国内寄达方案匆匆综合成《国际组织宪章中之要点》于 8 月 22 日送交美、英代表团。就中国参会而言，当然应向会议表明自己的立场，尤其在不能参加第一阶段会议的情况下，更应该由此让自己的意见受到关注并被考虑。但问题在于，孔祥熙先前对战后国际组织并没有认真思考过，匆忙完成的这份文件与重庆指示和顾维钧对会议所持主张不同，因此顾维钧抵达美国知道后十分惊讶。① 对孔祥熙来说，此举实际上还包含着为代表团定基调、显示自己是实际负责人的意味。

8 月 28 日，顾维钧到美国后与孔祥熙见面，讨论代表团参加会议事宜，一同参加的有胡世泽和胡适等人。会议一开始，孔祥熙就表示自己对代表团的工作负有指导之责，顾维钧明白，这是要表明他才是代表团真正的团长。顾维钧最为关心的是已经交给美、英代表团的文件是否作为中国政府的正式方案，孔祥熙称只是提供给美、英代表团作为参考。顾维钧提出，代表团应该拟订一个更加灵活、留有余地的方案，并且中国的方案也应非正式送交苏联代表团一份。②

顾维钧担心孔祥熙递交给美、英代表团的《国际组织宪章中之要点》内容过于全面而且刻板，不利于彼此的沟通，这是基于他对美、英两国对国际组织所持看法的了解，事实证明这并非过虑。美国国务院官员亨培克（Stanley Hornbeck）就对顾维钧表示，中国的提案包含的都是"应当的条款"。他以建造大楼为例，说中国提案包括了所有现代化甚至豪华的设

---

① 《顾维钧回忆录》第 5 分册，第 393 页

② Note of a Meeting at the Apartment of Dr. H. H. Kung, 28 August, 1944, *Wellington Koo Papers*，box 74；《顾维钧回忆录》第 5 分册，第 395 页。

施，苏联则要建造一个满足安全最低要求的简单大楼，美英则处于两者之间。如果各国的计划要么全部接受，要么全部否决，中国的计划就会被否决。因此，在与美国参加敦巴顿橡树园会议首席代表、副国务卿斯退丁纽斯见面时，顾维钧对已提交的文件专门做了解释："我方书面所提要点，系综核我政府各机关于收到美英方案前所草各案之主张，借资交换意见，并非硬性的整个对案。我方主要目的在促进会议之成功，俾早日建立和平机构之基础。"①

敦巴顿橡树园会议第一阶段原来计划于9月上旬结束，随即开始中国参加的第二阶段会议。但是，因为苏联坚持争端当事国有表决权，会议陷入僵局。苏联代表表示要等待国内的指示，而莫斯科却迟迟不予答复，第一阶段会议就这样拖延下来了。在此期间，顾维钧与美、英代表团保持密切联系，了解第一阶段会议的进展。9月8日，顾维钧与美国代表团格鲁（Joseph Grew）见面。格鲁告诉他，第二阶段会议有望几天后开始，并问中国期望第二阶段会议开几天，能否在三四天内结束，顾维钧回答，第二阶段会议不会比第一阶段会议长，中国的态度是尽早结束讨论，成立新的国际组织。② 但几天后，美国代表团告知中国代表团，由于苏联代表团还没有收到莫斯科的指示，第一阶段会议无法结束，中国参会的时间只得再往后推。中国代表团全体人员已在华盛顿等候多日，而美、英、苏

①　Note of Conversation with S. Hornbeck, 5 September, 1944;《顾维钧、魏道明、胡世泽、商震致宋子文并转蒋介石》（1944 年 8 月 30 日），*Wellington Koo Papers*, box 70。

②　Note of Conversation with J. Grew, 8 September, 1944, *Wellington Koo Papers*, box 77.

三国的代表却在敦巴顿橡树园内一拖再拖，顾维钧叹道："这对中国代表团的忍耐力是个考验。"他认为，与将中国列为四强之一的莫斯科宣言相比，敦巴顿橡树园会议"在这方面几乎倒退了一步"，"很显然，中国只能面对既成事实——第二阶段会议只不过是摆摆样子而已"。①

几经推迟后，中、美、英第二阶段会议终于在 9 月 29 日开幕了。但会议正式的讨论应顾维钧的要求于 10 月 2 日开始，他向美国方面表示，中国代表团希望有足够的时间研究第一阶段达成的协议。②

顾维钧此举是为了统一代表团内部的意见。此时，对第一阶段会议已达成的草案取何态度，在中国代表团内出现了意见分歧。驻美大使魏道明、代表团空军专门委员毛邦初等认为，三国草案与中国的实际要求相差甚远，中国应该提出自己对国际组织的所有建议，与美、英两国进行从容不迫的讨论，不论美、英或者苏联的代表有无可能接受；中国要表现出愿意为会议做出充分的贡献，不能让第二阶段会议草草了事。但顾维钧认为，这一立场是不切实际的，根据"现时之国际情势，与我国之地位，我方对于该建议书（即三国草案），似不宜坚持修改，或拒绝同意"，因为一方面三国草案"需要补充之处固多，但其业已列入者，对于我国之权益，似尚无不利之点"；另一方面，美英两国参加第二阶段会议，主要是为了"维护中国的声望"，而不是听取重要意见，所以，为了装点门面而延长会期的做法是不可取的。顾维钧主张，"中国代表团应该

---

① 《顾维钧回忆录》第 5 分册，第 400、405 页。

② *FRUS*, 1944, Vol. 1, GOP, Washington, 1966, pp. 850–851.

做出适当的妥协"。最终，顾维钧的意见占据了上风，代表团决定取现实的态度："我方主要目的在促成此次会议之成功，使四国能提出一国际和平安全机构方案。再此次会议，原系初步商谈性质，一切现时不能解决之问题，仍可留待将来联合国全体会议中提出讨论，是以我方对于各项问题，可不必坚持，并可借以表示我国爱好和平及与各友邦合作之精神。但对于和平安全机构之重要意见，我方仍应提出并详为说明，一则可使世人明了中国之正义立场，二则又作为将来在大会中或将再行提出之张本。"同时，"我国现时处于四强之一之地位必须维持"。代表团决定，在第二阶段会议期间以补充意见的方式向美英表明中国的看法。①

10 月 2 日，第二阶段会议举行首席代表会议，中国代表顾维钧、美国代表斯退丁纽斯和英国代表吉布（Gladwyn Jebb）均出席，中国方面出席的还有胡世泽和代表团秘书长刘锴。这次会议旨在向中国方面具体说明第一阶段会议的未决问题，特别是美英与苏联在安全理事会投票问题上的分歧。顾维钧在听了说明后表示，中国代表团认为这是一个十分重要的问题，在某种意义上，这是国际组织的根基。随后，顾维钧提出，他希望在全体会议上做一次发言，陈述中国的主张和立场，就美英苏草案提出中国代表团的补充意见。会议商定，全体会议在次日举行。②

10 月 3 日上午，顾维钧代表中国提出补充意见七点并做

---

① 《中国代表团报告书》（1944 年 9 月 29 日）、《中国代表团会议记录》（1944 年 9 月 30 日），*Wellington Koo Papers*，box 74；《顾维钧回忆录》第 5 分册，第 417~418 页。

② *FRUS*，1944，Vol. 1，pp. 851–859.

说明：（1）维持和平与安全必须根据正义与国际公法之原则，以免新的国际组织沦为强权政治的工具；（2）保障各国政治独立与领土完整，以增加各国特别是小国的安全感；（3）对侵略应予定义，并尽量列举侵略的各种行为；（4）组织国际空军，以作为安全理事会权威的象征和采取行动的手段；（5）国际公法的方针与修订应由大会倡导，以有利于推进符合国际公法原则的安全；（6）国际法庭应能强制裁判；（7）应促进教育和文化合作。① 中国代表团的补充意见改变了孔祥熙提交方案中面面俱到的做法，就几个重要问题表达了中国的主张。七点补充意见并非全是顾维钧的个人主张，而是综合了其他方案，如第三、四、七点即出自王宠惠和王世杰的方案，但整个补充意见带有顾维钧本人的鲜明印记，即特别强调国际公法。

对中国提出的七点补充意见，美国和英国代表团并不完全赞同，三国就分歧之处展开了讨论。对于第一点，英国最初认为国际法是不明确的，当出现争端时，国际法只会引起争论。经中国代表团据理力争，美国表示支持中国的立场，英国才同意列入《联合国宪章》。对于第二点，美英方面坚持第一阶段草案中"主权平等"字样已包含政治独立与领土完整的含义，因此不必列入，最后中方不再坚持此点。对于第三点，美英方面均反对给侵略下定义，因为一方面难于对侵略下令人满意的定义，另一方面原草案已说明将制止侵略，于是顾维钧表示对此问题可做进一步考虑，实际上予以搁置。对于第四点，美英明确表示根据实际情况无法予以同意。对于第五点，美英接受

---

① 《顾维钧等致宋子文并转蒋介石》（1944 年 10 月 3 日），*Wellington Koo Papers*，box 70；*FRUS*，1944，Vol. 1，pp. 864–865。

中国的要求，同意联合国大会应负责提倡研究国际公法。对于
第六点，美英原则上同意，但又称："此问题复杂，可由修订
法庭法规之专家委员会讨论决定。"对于第七点，美英同意
"经济与社会理事会"应特别设法促进教育以及其他国际文化
合作。[1]讨论结果，美英接受了中国补充意见中的第一、五、
七点，对第六点表示原则接受，第三点留待以后讨论，而对第
二、四点则予以拒绝。

在讨论中国补充意见的同时，美英方面提出希望尽快结束
第二阶段会议，于10月9日同时在四国首都公布敦巴顿橡树
园会议文件。美英代表强调，美英苏"三国草案经长时期之
讨论磋商始得成立"，而对中国"前提出之要点，亦经特为注
意加入"，因此希望中国政府能予以同意。[2]这样，在补充意
见未被全部接受的情况下，中国代表团面临是否同意并完全接
受第一阶段会议结果的抉择。面对代表团内存在的不同意见，
顾维钧坚持与会的基本方针，认为促成会议的成功和维持中国
的四强地位是首要之事。10月2日，他致电重庆当局，就此
提出自己的看法。顾维钧认为，美英苏三国草案"整个目的
期在以实力保障国际之公安，注重实际之效率，不尚理论之空
谈，欲矫国联盟约规定空疏之病，故凡与此目的无直接之原
则，概不阑入"；该草案对中国主张之主要问题如制裁侵略等
均已采纳，虽有数点未被列入，原因在于"其出发点之不同，

---

① 《顾维钧等致宋子文并转蒋介石》（1944 年 10 月 3 日），*Wellington Koo Papers*，box 70；*FRUS*，1944，Vol. 1，pp. 865—866。中美双方关于讨论的记录基本一致，惟关于第三点稍有出入。顾维钧的电文称，美方表示"此问题仍在考虑中，并可由大会再行讨论"。

② 《顾维钧等致宋子文并转蒋介石》（1944 年 10 月 2 日），*Wellington Koo Papers*，box 70。

故特从略"，但"草案全部对我国家权益似无不利之处"，且美英苏三国已定下发表日期，如变更日期须与苏联商量，"夜长梦多，稽迟时日"。据此，顾维钧对中国在会议中所处的实际地位做了分析，并对应取的相应对策提出自己的看法：

> 钧等察英美首席代表语意，此次会议英美邀我参加，乃系形式之举，与莫斯科会议三强发表宣言请我署名于后同一意义。形势如此，倘我对其草案坚持修改，不予同意，则三国政府同时将其发表，我独向隅，不特四强团结之精神不克保持，我国国际地位亦有影响。钧等思维再四，惟有在开会期间仍将我国立场及主张提出讨论予以阐明外，敢请从速授权，对此事相机办理，至本周最后必要时对草案表示我国政府之同意，一面仍请迅速准备届时公布手续，使四国同时发表之议可成事实。①

这份电报显示出顾维钧对中国在四大国所处的实际地位有准确和清醒的认识，但同时又力图确保这一名实尚有差距的大国地位。顾维钧的建议得到国民政府的认可。10月6日，外交部长宋子文复电："准予授权，相机办理。"②

这时，在如何公布会议结果的问题上，中、美、英三方之间出现了分歧。最初，顾维钧与斯退丁纽斯商定，会议结束时同时发表两个公报，分别公布两个阶段会议的结果，并在第二个公报中写入被接受的中国三点补充意见。但英国方面对此提

① 《顾维钧等致宋子文并转蒋介石》（1944年10月2日），*Wellington Koo Papers*，box 70。
② 《宋子文致顾维钧》（1944年10月6日），*Wellington Koo Papers*，box 70。

出异议，认为第二阶段会议结果如以中、美、英三国名义发表，容易引起误会，以为苏联对此拒绝；而与苏方接洽获其同意又耗费时日，因此提出只以四国名义公布美、英、苏三国草案。对中国来说，英国提议不及中美已商定之办法，但顾维钧予以理解并接受，认为此举至少可以向世界表示四强意见一致，视草案为四国共同建议。①

但当公报草案送交中国代表团时，又出现棘手问题。苏联起草的公报草案只提三国政府达成协议，故意不将中国与三国相提并论，排除在大国之外。英国起草的公报草案虽然提到四国，将中国包括在内，但由于此时会议已到最后关头，英国又趋向于与苏联达成妥协，接受苏联的公报草案。事关中国的国际地位，顾维钧表示中国不能让步。僵持不下之际，顾维钧展现出超群的外交智慧，提出在公报中完全删除相关段落，这样就不会涉及三国或四国的问题。各方代表最终接受了顾维钧的建议。② 第二阶段会议于 10 月 7 日结束，10 月 9 日公报如期在四国同时发表。

作为首席代表，顾维钧对中国参加敦巴顿橡树园会议起了非常关键的作用。与代表团内有些人坚持在某些具体问题上进行从容不迫讨论的主张不同，顾维钧根据中国在四强中所处的地位和会议进行的实际情况，力主采取现实、灵活的应对，不拘泥于某些一时无法解决的问题，以获得会议成功为首要目标。这一务实的主张获得国民政府最高层的支持，成为中国代表团在会议期间的基本方针。

---

① 《顾维钧回忆录》第 5 分册，第 418~419 页；《战时外交》第 3 册，第 892 页。

② 《顾维钧回忆录》第 5 分册，第 419 页。

　　顾维钧以会议成功为首要目标，最主要的考虑是要确保中国作为四强之一的地位。中国虽是莫斯科宣言的四个签字国之一，但由于苏联和英国对自己的轻蔑，会议期间又恰因史迪威事件同美国关系紧张，加之国军在豫湘桂战役中的溃败，四强之一的地位是十分脆弱的，在会议上也处于不利的境地。正如魏道明在代表团会议中所说，中国是"居大国地位，内心有小国忧虑"。① 中国在国际社会中究竟处于怎样的地位，是否应该并能够成为一个大国，是此时中国对外政策中一个具有全局性的问题。军事委员会参事室主任王世杰就主张，中国不必强求大国地位，因为中国无法像美、英、苏那样真正享有大国特权。这一主张承认并接受中国与美、英、苏三国间存在差距的现实。顾维钧虽也承认这一现实，却在此基础上采取积极进取的应对，为中国参会定下"我国现时处于四强之一之地位必须维持"的基调，将提升中国的国际地位作为对外交涉的主要目标，并以灵活的策略和应对保证了中国作为四强之一的大国地位。当然，由于中国本身的国力，这一大国地位是打了折扣的。

　　与美、英、苏三国相比，中国在敦巴顿橡树园会议发挥的作用是有限的。但顾维钧务实灵活的应对，使中国最大可能地对会议和此后的联合国的成立做出了自己的贡献。中国提出的补充意见，经讨论后被采纳三点，日后都写入《联合国宪章》，达到了"增加我参预此次会议之贡献"的目的。

　　会议公报发表当日，孔祥熙向蒋介石报告会议结果，称"国际间对我观感颇佳"，因为中国代表团"本正义立场，态

---

① 《中国代表团会议记录》（1944 年 9 月 9 日），*Wellington Koo Papers*，box 74。

度正大，根据政府指示，应付得法"。孔祥熙这些话并不全是自诩，美国国务院亨培克有相同的评价。他告诉胡适，美国代表团对顾维钧和中国代表团巧妙而策略地提出自己的看法，为会议的成功做出了贡献，深感钦佩。①

三　多党多派的中国代表团

敦巴顿橡树园会议后，美、英、苏三国首脑在 1945 年初的雅尔塔会议上就安全理事国常任理事国否决权行使范围等问题进行了讨论，并根据苏联的建议达成共识：有关需采取经济、政治或军事制裁解决的争端，安理会常任理事国即使是当事国也有权投票；而可以通过和平方式解决的争端，争端当事国不参加投票。三国首脑还商定，于 1945 年 4 月 25 日在美国旧金山召开联合国制宪会议，会议请柬由美国、英国、苏联、中国及法国临时政府发出。② 作为旧金山会议的发起国，中国的大国地位由此得到确认。

2 月上旬，宋子文给顾维钧发来电报，请他在英国了解雅尔塔会议的情况后立即回国。顾维钧明白，这是要让他为中国出席旧金山会议做准备工作了。3 月 1 日，顾维钧回到重庆，发现首先面临的是中国代表团的组成问题。

参加旧金山会议是一个外交问题，讨论的是《联合国宪章》的制定，但中国代表团的组成却与国内复杂的政治形势密切相关。2 月 12 日，雅尔塔会议公报发表后，此前已经提

---

① 《战时外交》第 3 册，第 900 页；《顾维钧回忆录》第 5 分册，第 422 页。
② 《德黑兰、雅尔塔、波茨坦会议记录摘编》，上海人民出版社，1974，第 135、172 页。法国后来未接受发起国的地位。

出联合政府主张的中国共产党决定抓住这一机会，向反对联合政府的国民党提出中共要参加旧金山会议。2 月 18 日，在延安举行的中共六届七中全会全体会议上，毛泽东明确表示，中国共产党"要求派代表参加制定《联合国宪章》的旧金山会议"。当天，周恩来致电美国驻华大使赫尔利（Patrick Hurley），提出中共的要求：出席旧金山会议的中国代表团中"国民党的代表只应占代表团人数的三分之一，中共代表和民主同盟的代表应占三分之二。国民党代表中还应包括国民党民主派的代表，如此方能代表全中国人民的意愿"，并要赫尔利将此意见转达罗斯福总统。① 2 月 24 日，在重庆参加国共谈判的中共代表王若飞向国民党的谈判代表王世杰提出，请考虑由中共派代表参加旧金山会议，但王世杰以中共已拒绝参加国民党提出的"战时内阁"为由，表示"不知如何能使中共参加对外会议"，拒绝接受中共提议。② 3 月 7 日，在收到王若飞关于蒋介石有可能指派中共方面人员参加旧金山会议的电报后，毛泽东批示应"提出我方出席人选，免蒋随意委派"。周恩来据此起草致王世杰信函，反对国民党一手包办旧金山会议代表团："国民党一手垄断旧金山会议代表团，不但不公平，不合理，而且表示了分裂的立场。"并提出中共将由周恩来、董必武、秦邦宪参加代表团，"如不采纳，将对国民党代表团在国际会议的一切言行保留发言权"。信函经毛泽东修改

---

① 中共中央文献研究室编《毛泽东年谱（1893~1949）》中卷，人民出版社、中央文献出版社，1993，第 581 页；中共中央文献研究室编《周恩来年谱（1898~1949）》修订本，中央文献出版社，1998，第 617 页。

② 《王世杰日记》上册，第 680 页。

后于 9 日发出。①

　　蒋介石反对中共提出的联合政府主张，同样坚决反对中共参加旧金山会议的代表团，认为"此次国际会议乃为各国政府会议而非各国之党派会议，如果中共参加此会议，则各国自置其于何地"。因为中国作为旧金山会议的发起国已经定局，蒋介石态度十分强硬："如我政府不参加，则此会其能有效乎?"②

　　顾维钧虽多年远离国内政治，但主张中国出席旧金山会议的代表团必须能真正代表全中国，因为当时美、英两国舆论对国民党一党统治已有批评，包含各种政治力量的代表团可以扭转国际上对中国国内政治不统一的看法，增强中国在会议上的地位。政争止于国内，这是外交与内政发生矛盾时顾维钧的一贯主张。但回到重庆，他发现国民党内的普遍看法是不能接受中国共产党人参加代表团。他的一些亲近的朋友发现他有这样的想法，都劝他不要向蒋介石提起，以免自找麻烦。但他坚持认为，一个多党多派的代表团出席旧金山会议最符合中国的国家利益。③

　　3 月 6 日晚上，顾维钧与蒋介石见面，提出了中国代表团的组成问题，认为代表团应有广泛的基础，包含具有各种政治主张的代表，以便向世界昭示，代表团是真正的全国性代表团，并主张代表团应有一名妇女代表。但蒋介石对顾维钧的提议不以为然，认为国民党以外除了共产党，没有什么其他党派，代表团人数不要太多，只要有三五人就足够了。不过他对

---

① 《毛泽东年谱（1893～1949）》中卷，第 583 页；《周恩来年谱（1898～1949）》修订本，第 619 页。
② 《蒋介石日记》，1945 年 2 月 20 日。
③ 《顾维钧回忆录》第 5 分册，第 509 页。

包括几个无党派代表人物也表示了兴趣。① 一个三五人的小型代表团并不是蒋介石的个人想法，而是国民党高层的共识。2月22日，蒋介石召王世杰商谈中国代表团事，王世杰就提出"代表名额三名似已足"。顾维钧将他与蒋介石的谈话通报宋子文时，宋子文也说"他宁可要一个由三人组成的小型代表团"，也就是他本人、王宠惠和顾维钧。②

但顾维钧的提议还是对蒋介石产生了影响。与顾维钧谈话次日，蒋介石改变了主意，拟定了一份代表团名单，不是三五个人，而是九个人：宋子文、王宠惠、顾维钧、魏道明、王世杰、张君劢、王云五、胡霖、胡适。③ 其中最后三人王云五、胡霖、胡适都是无党派代表，张君劢则是民主社会党领袖。

但这份代表团名单中仍无共产党人。3月中旬，宋庆龄约顾维钧见面，提出中国共产党希望在代表团中占有两个名额。同时，苏联方面也对国民党施加压力。3月15日，苏联驻华大使约见蒋经国，以"恫吓"的口吻要求国民党指派中共代表参加代表团。但蒋介石仍坚持原有立场，不肯做出让步。对宋庆龄为中国共产党说项，蒋介石称此"乃为十五年来第一次"，因为此前她"从不愿与我谈政治"和中共问题。对苏联出面，蒋介石认为这表明中共"已经山穷水尽"。因此，他打定主意，"仍置之不理，视若无睹，彼将于我奈何也"。④

---

① 《蒋介石日记》，1945年3月6日；《顾维钧回忆录》第5分册，第475页。

② 《王世杰日记》上册，第679页；《顾维钧回忆录》第5分册，第476页。

③ 《蒋介石日记》，1945年3月7日。

④ 《顾维钧回忆录》第5分册，第480页；《蒋介石日记》，1945年3月16日、17日上星期反省录。

对蒋介石和国民党高层不接受建议，不愿在代表团中容纳共产党人，顾维钧颇感失望，但事涉国民党的基本政策，他也无能为力。事情最终由于美国总统罗斯福的介入而出现了顾维钧所期望的结局。3月22日，重庆收到落款日期为3月15日的罗斯福致蒋介石电报，称："余愿使阁下知悉，如阁下代表团容纳共产党或其他政治结合或政党在内，余预料不致有何不利情形，实则此种办法有显著之利益。若能容纳此类代表，在会议中必能产生良好印象，而阁下对于统一中国之努力，势将因阁下此种民治主义之表示，而获得实际援助。"罗斯福还有意指出，"美国两大政党之代表，在美国政府代表团内均有其地位"，其他国家如加拿大也都采取相同举措。①

罗斯福电报到达重庆时，蒋介石正在昆明。宋子文给顾维钧看了电报抄件，说这纯属官样文章，甚至怀疑罗斯福是否真正重视这份电报。但顾维钧持不同看法，认为尽管罗斯福在电报中将代表团问题说得轻描淡写，语气谨慎，充满外交辞令，但确实希望代表团中有共产党的代表。因为次日顾维钧将经昆明赴美国，宋子文请其将这份电报面交蒋介石，并讨论代表团的组成。②

3月23日上午，顾维钧抵达昆明后，立即乘坐蒋介石派来的汽车去他住处。蒋介石看了罗斯福的电报后，"起初似乎颇感兴趣，继而显得心烦意乱"，强调中国的情况与其他国家不同，共产党代表参团只会增添麻烦，并问顾维钧罗斯福提出这一建议意图何在？顾维钧解释说，这与中国出任联合国安理

---

① 《战时外交》第3册，第906页。
② 《顾维钧回忆录》第5分册，第489页。

会常任理事国的资格有关，因为在各大国中，中国最易受别国攻击，而罗斯福支持中国成为一个大国，可能对中国在大会上的地位有些担心，因此希望看到中国代表团显得越强有力越好。虽然知道蒋介石对接纳共产党人持反对意见，顾维钧仍向他建议，对罗斯福的电报应留有余地，不要把大门关死。蒋介石当然听出了顾维钧的弦外之音，但谈话结束时仍坚持不让共产党人进代表团。[①]

　　当天下午，蒋介石再读罗斯福电报，感觉"其措辞委婉，余意渐转矣"。王世杰也在当日致电蒋介石，报告在与宋子文商量后，建议在中共所提三人中派秦邦宪一人，无论秦是否愿去，可显示"宽大"，罗斯福也"不能有何闲言"。反复权衡后，蒋介石决定"用逆来顺受之法"，"派中共一人参加旧金山会议代表团，以政治方法全在现实"。但这一决定使他"忍痛极矣"。[②] 3 月 25 日，蒋介石提前结束云南行程返回重庆，连夜与宋子文商量代表团人选事。26 日早晨又约王世杰商谈，决定中共代表指派董必武。随后，国防最高委员会会议通过了参加旧金山会议代表团的十人名单。[③] 当天，蒋介石致电罗斯福，对他 15 日电报所提建议表示感谢，并告知中国已派定十名代表，"其中六人为国民参政员，即国民党以外之共产党及其他两反对党各一人，暨无党派者三"。[④]

　　3 月 27 日，国民政府发表代表团名单，成员为：行政院

　　① 《顾维钧回忆录》第 5 分册，第 490~493 页。
　　② 《蒋介石日记》，1945 年 3 月 23 日、24 日；《王世杰致蒋介石》（1945 年 3 月 23 日），《领袖特交文电（七）》。
　　③ 《蒋介石日记》，1945 年 3 月 25 日、26 日；《王世杰日记》上册，第 687 页。
　　④ 《战时外交》第 3 册，第 907 页。

代理院长宋子文、驻英大使顾维钧、国民参政会主席团主席王宠惠、驻美大使魏道明、前驻美大使胡适、国民参政会主席团主席吴贻芳、国民参政会主席团主席李璜、国民参政会参政员张君劢、国民参政会参政员董必武、国民参政会参政员胡霖。①其中，董必武作为共产党代表，李璜和张君劢分别是青年党和民主社会党领袖，胡适、吴贻芳和胡霖是作为无党派人士参加代表团的。顾维钧向国民党高层推荐过董必武，在任驻法大使期间他与董必武有过一面之缘，讨论过中国的对外关系。

　　中国代表团由宋子文任首席代表，但在两个月的会议期间，他的主要精力放在与美国洽商财政及其他外交事务，有关会议事宜诸如向大会的提案、代表团的内部事务等问题，皆交给顾维钧，让他全权处理。顾维钧最初推托让王宠惠出面负责，因为他的年龄和资历都更资深，但宋子文认为顾维钧对国际事务更有经验，这样后者就成为代表团事实上的首席代表。对顾维钧来说，出席国际会议驾轻就熟。他自己也认为，要准备有关新的国际机构的提案，他比其他代表更为合适。

　　中国代表团由各派政治力量的成员组成，为使大家能够一起工作，顾维钧于4月初抵达美国后，首先拟定了代表团的工作原则。这些工作原则是：（1）每位代表都应该有事做，以增强责任感，不致因无所事事而专挑别人的毛病，这是他以前参加巴黎和会与华盛顿会议得到的经验；（2）所有代表不论政治背景如何，享有同等权利，比如每位代表都会获得会议的全部文件，都有一套同样的房间；（3）重大问题须由全体代

---

① 《我出席旧金山会议代表团人选发表》，《中央日报》1945年3月27日，第2版。

表集体商议做出决定；（4）各位代表可自由接见记者，但谈话不许涉及中国内政，国内政治问题应在国内谈，而不该在国际会议上谈，因为代表们代表的是全中国，而不是某一个政党，"无论如何，家丑不要外扬"。代表团还为此制定了接待记者的规则。顾维钧提出的这些原则得到全体代表的赞同，奠定了相互间合作共事的基础。①

为使各位代表都有事可做，顾维钧细致地规定了代表团的具体分工。旧金山会议的最高机构是由各国代表组成的指导委员会以及由部分国家代表组成的执行委员会，下设4个委员会，4个委员会下还有12个专门委员会。出席指导委员会和执行委员会的都是首席代表，中国代表团在宋子文缺席时由顾维钧出席。负责宪章总则的第一委员会由王宠惠和代表团顾问徐谟出席，负责联合国大会的第二委员会由顾维钧与外交部副部长胡世泽出席，负责安理会的第三委员会由顾维钧与胡适出席，负责国际司法组织的第四委员会由王宠惠和魏道明出席。其余代表也都参加了各个专门委员会，如董必武参加的是第二委员会下的大会机构与程序专门委员会，吴贻芳参加的是该委员会下的经济与社会合作专门委员会。②

参加旧金山会议的英国、苏联代表团抵达旧金山后都举办了记者招待会，顾维钧提出中国代表团也应举行记者招待会，全体代表都应出席，以向国际社会展示代表团团结统一的形象。但王宠惠、魏道明反对这一主意，生怕各国记者会提出难以应付的问题，而胡适、吴贻芳、李璜等赞同这一主张，虽然

① 《顾维钧回忆录》第5分册，第503~504、512页；《代表团设立访员招待处办理规则》，*Wellington Koo Papers*，box 80。
② 《中国代表团报告》，*Wellington Koo Papers*，box 81。

他们中有些人不希望自己来回答记者的提问。最终代表团采纳了顾维钧的建议，于 5 月 1 日在旧金山举行了记者招待会，全体代表都坐上了主席台，一共有 600 多名外国记者到场。国共问题自然成为各国记者关注的重点。有记者要求主持招待会的宋子文向大家介绍中国共产党的代表，让他们"看看他究竟是否看上去危险"。此时，宋子文亲切地称董必武为"我的朋友"，并强调"我们已共事 20 余年"，而董必武也彬彬有礼地起身向记者鞠躬致意，赢得全场热烈的掌声。整个记者招待会气氛轻松，代表团成员表现自然，给记者留下了很好的印象。顾维钧称宋子文在会议期间并不是一味维护国民党，总是用开阔的眼界来看问题。①

代表团中有 6 人是非国民党党员，因为力主团结，顾维钧与他们有许多沟通，实际上成了这些人的联络官。他与董必武有频繁的往来。董必武到美国的当天就来拜访顾维钧，顾维钧也对他做了回访。会议期间，凡有建议或问题，董必武都会来找顾维钧商量，但遵循团内的规则，从来不提及国内政治。顾维钧对他有很好的印象，在日记中写道，"董是一个上了年岁读过古书的人，为人和蔼可亲，但颇机敏"。他对董必武的秘书章汉夫也有很好的评价："他也是共产党的一个杰出人物，为人善良而谦虚，不引人注意但很能干。"② 不过，顾维钧不知道的是，代表团中非国民党代表的行踪都有随团的国民党人盯着，并向重庆最高层秘密报告。如代表团专员郑震宇就向侍从室秘书报告张君劢、李璜和董必武的情况，称他们"到目

---

① 《中国代表团记者招待会记录》（1945 年 5 月 1 日），*Wellington Koo Papers*, box 80；《顾维钧回忆录》第 5 分册，第 513~514 页。

② 《顾维钧回忆录》第 5 分册，第 510 页。

前为止态度尚佳"。①

这样一个规模的代表团难免会产生矛盾，此时顾维钧的作用就非常关键。4月下旬，宋子文将他请外国顾问起草的准备在开幕式上的演讲稿交各位代表传阅，王宠惠等认为稿子中对国联失败攻击太狠，"辞不得体"，"徒然刺激"支持国联的国家，要求修改，并对如此重要的演讲稿只给各代表三小时考虑时间表示不满。宋子文做事习惯自己决断，交代表传阅只是一个形式，并不准备改动讲稿，还厉声斥责主张修改的外交部副部长胡世泽。王宠惠对宋的态度十分愤慨，而其他代表则"默然"不作声。顾维钧知道后，立即去找宋子文，劝他接受建议修改讲稿，删去不必要的段落。宋子文对此很不高兴，表示对所讲内容负责，但在顾维钧反复劝说下，最终还是对讲稿做了修改，将其他代表的意见容纳进去。② 这场可能引发代表团内部矛盾的风波，因为顾维钧出面而平稳解决了。

旧金山会议期间，中国代表团内部基本上做到了团结合作，以举国一致的形象达到了在大会上增强中国地位的目标。这与巴黎和会时代表团内部矛盾重重形成了鲜明对比。对此，顾维钧起了主要作用，做出了很大贡献。

四　宪章签字第一人

与敦巴顿橡树园会议是在给蒋介石提交建议方案后才入选代表团不同，旧金山会议从一开始顾维钧就参与了筹备和政策

---

① 《郑震宇致萧自诚》（1945年5月19日），《领袖特交文电（七）》。
② 《毛邦初致蒋介石》（1945年5月20日），《领袖特交文电（七）》。

制定。从伦敦回重庆时，顾维钧带回了敦巴顿橡树园会议的相关资料。回到重庆后，3 月 14 日，外交部副部长吴国桢将该部草拟的出席旧金山会议方案送交顾维钧，请其审评。3 月 27 日，宋子文将最后定稿的方案送呈蒋介石。3 月 31 日，蒋介石审核完毕。①

外交部拟定出席旧金山会议的方案共七点，分别为（1）国际法院规程应行注意之要点，主张在此问题上，中国"对外可暂勿作硬性主张，并与英美协商，在可能范围内，与苏联采取一致态度，避免不必要之摩擦"。（2）设立领土代管制度之原则，"代管领土之目的在于改善被代管领土之人民经济教育状况，促进其社会福利，并扶助其完成自治或独立"。（3）对于区域组织问题之意见，认为"区域组织流弊甚多，且易为大国所把持"，而"太平洋区域组织对中国远不若对英国有利"，因此应在草拟《联合国宪章》时，将其权力"尽量设法缩减"。（4）中国所提已经英美接受之三项建议编入宪章问题，主张将其编入宪章。（5）对于中国所提而未经英美接受各项建议之态度，认为这些建议既然在敦巴顿橡树园会议上未被英美接受，而此次中国为召集国之一，"似不便再行提出"。（6）各国对敦巴顿橡树园议案之意见与中国应取之态度。针对不少国家减少理事会职权扩大大会权力的呼声，主张凡已经规定者，中国不便提出异议，但未经规定者，"我国可酌量赞成增加大

---

① 外交部：《有关国际和平机构各项问题之方案》（1945 年 3 月），*Wellington Koo Papers*, box 79；《外交部长宋子文呈蒋委员长拟具出席旧金山会议各种问题方案》（1945 年 3 月 27 日），叶惠芬编《中华民国与联合国史料汇编：筹设篇》，第 364～372 页；《蒋介石日记》，1945 年 3 月 31 日。

会职权"；针对一些国家关于常任理事国为当事国时不应投票的主张，提出中国应表明已同意雅尔塔会议的相关决定，"未便再作主张，惟对于常任理事为争议国时仍得投票一点，不必为之辩护"。（7）解散国际联盟之步骤。①

　　这个方案的重点在前三点，其中所提出的问题在敦巴顿橡树园会议之前的几个方案中已有涉及，并曾列入向美、英提出的《国际组织宪章中之要点》，只是由于美、英方面的原因，像领土代管制度和区域组织这些问题在敦巴顿会议中并未展开，而此方案与之前相比其基本立场并无多大变化。该方案的第四、第五点是对中国在敦巴顿会议所提补充意见的处理方针，第六点是围绕各国对敦巴顿草案反应的具体应对，第七点是关于国联的善后，这几点都是较为具体的策略方针。因此，总体而言，外交部为旧金山会议准备的这个方案与顾维钧在敦巴顿橡树园会议上的应对是一脉相承的。外交部的方案延续了对中国与其他大国关系的关注。在美苏两国在大战中形成的合作已出现裂痕之时，提出"与英、美协商，在可能范围内，与苏联采取一致态度，避免不必要之摩擦"。虽力图在三大国间保持平衡，但基点是向美国靠拢。这也是蒋介石与宋子文的基本态度："美方有何主张，中国必然赞同。"② 由于《联合国宪章》的基本框架在敦巴顿会议已经确立，中国的大国地位也因出席敦巴顿会议及作为旧金山会议的发起国而得到保证，外交部方案的重点转移到了国际法院、领土代管制度和区域组织这些与中国本身利益相对不那么直接的问题上，更多地表达

① 叶惠芬编《中华民国与联合国史料汇编：筹设篇》，第364~372页。
② 《宋子文致蒋介石》（1945年4月17日），《领袖特交文电（七）》。

了中国对联合国组织本身的关注。

　　与敦巴顿橡树园会议前有多个方案不同，这次只有外交部一个方案。但这并不意味着外交决策层中没有不同看法。离开重庆前，顾维钧专门去拜访王世杰，与他讨论旧金山会议。在顾维钧看来，王世杰是高层中对国际组织研究得最多的人。王世杰对外交部没有仔细考虑就接受雅尔塔会议有关安理会投票方式提出批评，对方案中没有包含国际空军的内容也表示不满。这都与顾维钧的看法不同，尤其关于安理会投票方式，因为这与中国的大国地位相关。顾维钧将此看作中国的首要目标。但王世杰却认为，中国宁可不要参与大国的行列，因为这样反而可以畅所欲言，在二等强国中当一个代言人，地位倒是很硬的。①

　　顾维钧于 4 月上旬抵达美国，先到华盛顿，与驻美大使魏道明和王宠惠一起商讨中国参会事宜。在顾维钧到达前三天，美国为使旧金山会议顺利进行，由国务卿斯退丁纽斯邀约英、苏、中三国驻美大使讨论会议程序问题。美国提出，会议应设主席一人，由美国人担任，另设副主席三人，由英、苏、中三国人分任。但苏联主张设主席四人，由四个发起国轮流主持会议，以体现平等原则。英国在美苏间调和，表示可接受四个主席轮流主持公开会议，但美国国务卿应是会议指导委员会和执行委员会的主席，主持重要的工作会议。但苏联坚持不接受任何其他方案。顾维钧与王宠惠一到华盛顿，魏道明就将此问题提出讨论。顾维钧表示，中国当然应该支持美国方案，但如果美、英对苏采取妥协，我们也不反对美国代表缺席时由其他三

---

　　① 《顾维钧回忆录》第 5 分册，第 489~490 页。

国轮流主席。魏道明和王宠惠对此都表赞同。但对于苏联取何态度，意见并不完全一致。魏道明认为无须过多考虑苏联提案，顾维钧则稍有不同，认为不要生硬地反对苏联提案，不必在会上冒犯苏联。最后，以顾维钧意见为主向重庆发电请示，电文中有"避免有不赞成苏方提议之嫌"之句。[①]

重庆接到代表团电报后，蒋介石立即给予指示："关于联合国大会主席事，我方可赞助英大使提议由美代表担任，但应事前向苏表示，依照国际惯例，国际会议主席多推由地主国担任，故我赞成美方担任。"当日稍后，中国代表团又接到蒋介石第二个电报指示，嘱顾维钧不用特意向苏联去做解释，只要便中说明就可。[②] 此后，在四国讨论中，中国代表团均表示支持美国立场。有关会议主席的争执一直延续到大会正式开幕后，才在全体会议中以表决方式通过英国方案。[③]

旧金山会议于1945年4月25日正式开幕。与在敦巴顿橡树园会议上只提出有限的补充意见不同，中国代表团在会议期间对联合国及其宪章进一步表明中国的看法，提出新的提案。根据四大国商定，所有提案在提交大会或各委员会前，必须先经四大国审查批准。5月初，中国代表团向四国审查修正案小组会提出对《联合国宪章》草案的三项新的修正案，即：（1）国际间如有危害和平事件发生，安全理事会应有权采取临时办法；（2）国际法院之判决，争执中一方不能遵从时，安全理事会在

---

① 《魏道明致外交部》（1945年4月8日），*Wellington Koo Papers*，box 82；《顾维钧回忆录》第5分册，第497页。

② 《吴国桢来电》（1945年4月9日），*Wellington Koo Papers*，box 82。

③ 《顾维钧致吴代部长》（1945年4月27日），*Wellington Koo Papers*，box 83。并参见 Ruth Russell, *A History of the United Nations Charter*: *The Role of the United States*, *1940-1945*, Brookings Institution, 1958, pp. 634-636。

另一方申请下，可采取它认为必要的措施使裁决生效；（3）当非会员国为国际争议之一造，或当非会员国将争议事件送交大会或安全理事会时，此等非会员国在国际组织中之地位及安全理事会对此等非会员国之权力，在宪章中应有说明。① 这三项修正案是汲取国际联盟在侵略发生后不能迅速做出反应或无法采取有效行动的教训，针对《联合国宪章》草案中相应的不足之处，提出了中国的看法。顾维钧与宋子文一同参加了四国小组会。讨论中国修正案时，对第一项，英、苏赞成，美国最初称须稍加研究，但最终还是认为这一修正案基于九一八事变后国联束手无策的教训，填补了安全理事会执行程序中的一个空白。对第二项，美国表示反对，认为这涉及常任理事国的否决权、主权国家的司法权等复杂问题，由于美国坚持己见，中国表示保留自己的立场。对第三项，苏联起初稍有疑问，但后来也予以赞同。这样，中国三项修正案中两项被四国小组会接受而提交大会并最终被写入宪章。②

在 5 月 3 日四国小组会讨论安全理事会非常任理事国的选举时，英国重提它在敦巴顿会议上提出而被否决的提议，即非常任理事国应根据对安全贡献之大小来确定，意在增加中等国家主要是英联邦国家入选的机会。顾维钧当即以口头修正案的形式，建议非常任理事国的选举应考虑地域平等分配的原则，实际上就是给欧美以外的小国、弱国更多更公平的机会。这

---

① 《中国代表团会议结论》，第 6 次会议，1945 年 5 月 2 日，*Wellington Koo Papers*，box 85。

② 《顾维钧致外交部第 33、34 号电》（1945 年 5 月 3 日），*Wellington Koo Papers*，box 83；Ruth Russell, *A History of the United Nations Charter: The Role of the United States*, 1940-1945, pp. 651, 675-676, 892-893。

延续了顾维钧在国际联盟初创时提出的"分洲主义"主张。最后，中国提案与英国提案同时作为四个发起国的修正案向大会提出，而中国的提案最终获得大会通过被写入《联合国宪章》。①

根据蒋介石4月9日给代表团的指示，在旧金山会议期间美苏发生矛盾或冲突时，中国代表团应站在美国一边，而不必太顾及苏联的反应。顾维钧虽将与美国合作并支持美国作为中国代表团的基本原则，但对苏联的态度并不像蒋介石指示的那样毫不顾及。他认为由于苏联对自己的主张持强硬立场，美、英两国"颇感烦恼"，"会议进行难望一帆风顺"。中国夹在中间，地位比较微妙，从中国的国家利益考虑，不必刻意冒犯和惹恼苏联人。② 因此，会议期间作为中国代表团的实际主持人，顾维钧对美苏冲突虽偏向美国，但并不放弃在两国间居中调停的机会。4月底，大会刚开幕不久，指导委员会下属的分配小组开会，决定各专门委员会主席的人选。参加分配小组的苏联代表是驻美大使葛罗米柯（Andrei Gromiko），他坚持为乌克兰争取一个专门委员会主席的职位，并提出应该担任第三委员会下的强制行动专门委员会主席。美国已考虑将这个职位给南美国家，因此予以反对，提出可以给其他专门委员会主席职位，但提议遭到苏联代表的拒绝。小组会议无果而散。会后，葛罗米柯主动约顾维钧交谈，表示可由中国出面提出适当办

---

① 《顾维钧致外交部第34号电》，*Wellington Koo Papers*，box 83；Untied Nations Information Organization，*Document of the United Nations Conference on International Organization*，London and New York，1945，Vol.3，p.624。

② 《顾维钧致外交部》（1945年5月4日），*Wellington Koo Papers*，box 83；《顾维钧回忆录》第5分册，第516页。

法，如美国能同意，苏联也可同意。显然，葛罗米柯认为顾维
钧可以在美苏两国间进行斡旋。苏联方面松口后，顾维钧提出
新的方案与美国代表沟通，最后促成双方在此问题取得一致，
解决了两国僵持不下的难题。①

　　虽持总体上支持美国的立场，但在涉及《联合国宪章》
基本原则的讨论中，顾维钧并不完全迁就美国的意见，而是尽
可能表达中国的主张。这在有关托管制度的讨论中表现最为突
出，这也是旧金山会议中各国争论最为激烈的问题。托管制
度，也称领土代管制度，是美国最初提出的概念，即在国际组
织监督下由受托国对殖民地进行管理，意在取代殖民地制度。
但这一主张遭到最大殖民帝国英国的强烈反对。英国首相丘吉
尔曾言，他对美国关于托管制度报告的每一个字都不同意，只
要他当首相一天，就绝不让出英帝国遗产的任何部分。② 而美
国对托管制度的看法在大战后期发生变化，认为太平洋地区有
关美国国家安全，必须在美国控制之下，因此主张将太平洋地
区列为所谓的战略地区另类处理。雅尔塔会议期间，美、英、
苏三国就托管制度达成谅解，托管领土仅适用于：（1）国联的
现有委任统治地；（2）此次战争中割自敌国之领土；（3）自愿
要求置于托管制度下之领土。③ 这一谅解意味着托管制度将不
涉及英国的已有殖民地，是美国对英国的一大让步。中国对托
管制度有自己的主张。在为敦巴顿会议准备的几个方案中，军
事委员会参事室的新国联约章草案和外交部方案都提到对托管
地（或称国际治理地）的管理，而王宠惠方案则从中国与会

---

① 《顾维钧回忆录》第 5 分册，第 524~525 页；《战时外交》第 3 册，第 909 页。
② 《德黑兰、雅尔塔、波茨坦会议记录摘编》，第 188 页。
③ 《德黑兰、雅尔塔、波茨坦会议记录摘编》，第 225 页。

主要目标出发，提出该问题"似不必由我方先行提出"。① 外交部为出席旧金山会议拟定的方案中第二点也是关于托管制度的。该方案主旨为，托管制度的目的是"改善被代管领土之人民之经济教育状况，促进社会福利"，尤其是要"扶助其完成自治或独立"；被代管领土若"政治发展已届成熟者"，应"将其独立之日期及早公布"，"其政治发展尚未成熟者，应逐渐予土人以参加当地议会之权，使其能早日获得自治及独立"。② 与三大国在雅尔塔会议达成的谅解相比，中国的主张最明显的特点是以殖民地独立为托管制度的最终目标，符合托管制度提出时的本来意义。

旧金山会议期间，美国提出的结合托管制度建立战略地区的提案遭到一些与会国家特别是小国的反对。中国代表团认为，建立战略地区的设想与以往国联委任统治制度一样，而有违于托管制度的基本目标。虽然中国代表团因与会方针未便直接反对美国的提案，但提议在《联合国宪章》有关托管制度的章节中，对托管地的未来前途，须在自治之外加上独立的字样。5月17日，专门委员会讨论托管制度时，美、英及法国、澳大利亚等国代表均反对中国的提案，反倒苏联代表表示赞同。美国代表的发言措辞十分专断，称中国的建议没有说服力，"应予否决"。顾维钧代表中国四次起立发言，"态度异常坚决"，"会场空气异常紧张，形成中国与英美尖锐之对立"。③

---

① 叶惠芬编《中华民国与联合国史料汇编：筹设篇》，第137、148页；《战时外交》第3册，第833页。

② 外交部：《有关国际和平机构各项问题之方案》（1945年3月），*Wellington Koo Papers*，box 79。

③ 《毛邦初致蒋介石》（1945年5月21日），《领袖特交文电（七）》。

专门委员会无法达成一致意见，只能休会进行会外协商。美国代表为此专门拜访顾维钧，表示只要中国与美、英等国意见一致，可以在托管理事会中给中国一个永久性席位。顾维钧答道，中国在此问题上并无特殊利益，也无意为自己谋求特殊好处，只是希望将民族独立这一点包括在联合国的基本目标之中。① 由于中国的坚持，"独立"两字最终被列入《联合国宪章》第十二章阐述托管制度目的的条文中。中国还在五国（四国加上法国）协商时提出，一旦托管安排遭到侵犯，应提交联合国大会或安全理事会以采取行动。但由于其他四国都不同意，而未被送交会议讨论。②

顾维钧在专门委员会上与美、英观点对立的发言引起美国媒体的关注。代表团专门委员毛邦初向蒋介石报告此事，并对顾维钧的做法提出批评，认为美、英在此问题上立场强硬，中国为获得被压迫民族同情，只要在会上"略作表示"就可以了，"无力争之必要"。③ 在顾维钧的外交活动中，与美国发生正面冲突，尤其是在旧金山会议这样重要的国际场合，是十分罕见的。这实际上涉及顾维钧对会议的定位。参加敦巴顿橡树园会议时，顾维钧将确保中国的四强地位作为首要目标，因此与美、英商讨中多有妥协。但旧金山会议中国作为发起国之一，大国地位已经确定，顾维钧不用像敦巴顿橡树园会议那样心有顾忌，可以放开表达中国的立场了。托管地的最终独立是外交部方案确定的原则，得到了最高层的同意，顾维钧本人也

① 《顾维钧回忆录》第 5 分册，第 530~531 页。
② Ruth Russell, *A History of the United Nations Charter: The Role of the United States, 1940-1945*, pp. 836-837.
③ 《毛邦初致蒋介石》（1945 年 5 月 21 日），《领袖特交文电（七）》。

持此主张，因此会"态度异常坚决"。"独立"两字被写入
《联合国宪章》，正是顾维钧所期望的以公理争强权的结果。

由于在讨论托管制度时与美、英发生正面冲突，会议第二
天讨论侵略定义时，顾维钧调整应对，改变原来赞同对侵略定
义的主张，而不发言，附和美、英立场。这就回到了敦巴顿橡
树园会议时的立场，当时中国代表团补充意见第三条提出对侵
略要定义，因为美、英的反对而搁置。毛邦初在给蒋介石的电
报中对顾维钧此举也有批评，认为与托管制度的表态相比，是
"本末倒置"。

随着会议的进展，《联合国宪章》接近拟定完成。5 月 19
日，宋子文致电蒋介石请示签字事："关于国际组织公约之签
订，美英两国均将由全体代表共同签字。此次我国各代表皆能
诚切合作，步调一致，如能采取同样办法，当更可增加对外良
好观感。倘蒙核准，乞饬外交部电给代表全权签字证书。"5 月
25 日，蒋介石以国民政府主席身份与外交部代理部长吴国桢
一起致电宋子文等全体代表，授以全权签署《联合国宪章》。①
随后，代表团会议讨论决定，在《联合国宪章》上签字时中
文本签中文，洋文本签洋文，后加一括号，内签中文。中国代
表在会议闭幕时用国语致辞。②

旧金山会议历时两月，6 月 25 日，全体大会通过《联合
国宪章》。第二天正午 12 点，大会举行宪章签字仪式。首先
由发起国签字，中国在发起国中按英文字母列于首位，代替
宋子文出任首席代表的顾维钧因此在《联合国宪章》上第一

---

① 《宋子文致蒋介石电》（1945 年 5 月 19 日）、《蒋介石、吴国桢致代表团
电》（1945 年 5 月 25 日），*Wellington Koo Papers*，box 82，80。

② 《中国代表团会议结论》，第 46、49 次会议，*Wellington Koo Papers*，box 85。

个用毛笔签署下自己的中文名字，随后中国其他代表一一签字。签字结束后，发起国代表相继致辞，顾维钧代表中国发言：

> 今天是我们全体联合国极其重要的一天。吾现在代表中华民国签字于新安全组织之大宪章时，心里发生无穷的感想。我们一生已两次遭遇了世界上侵略势力所造成的大流血大破坏。此次战争中国是第一个被侵略的国家。今日联合国能在隆情厚谊的美国旧金山制定奠立世界和平基础之大宪章，实觉无限愉快。现在欧洲胜利既已完成，对日最后胜利不久亦可取得，余个人深信并深望这世界安全组织，一本各国始终不断的合作精神，能使我们的子孙不致重遭战争的苦痛，而得享受和平与幸福。①

发起国代表致辞后，美国国务卿斯退丁纽斯将顾维钧介绍给美国总统杜鲁门（Harry Truman），称赞他在会议形势微妙、需要圆通处理时，帮了大忙。②

6月27日，蒋介石给顾维钧和全体代表及顾问与专门委员发来电报表示祝贺："联合国会议圆满闭幕，世界和平之理想益致具体化。诸君宣勤坛坫，为国家获致佳誉，为人类创奠宏业。两月辛劳，夙夜非懈，曷胜佳佩，特电慰问。"③

《联合国宪章》的制定及随后联合国的成立，是世界反法

---

① 《顾代首席代表签订新安全组织大宪章时演词》，*Wellington Koo Papers*，box 83。
② 《顾维钧回忆录》第5分册，第534页。
③ 《蒋介石致顾维钧》（1945年6月27日），*Wellington Koo Papers*，box 82。

西斯战争的胜利成果。中国作为最早投入反法西斯战争的国家，因为在战争中做出的不可替代的贡献而成为联合国的发起国和安理会的常任理事国。但是，由于中国与其他三大国美、英、苏之间存在的实力差距和不平等关系，以及国内动荡复杂的政局，中国的这一地位在联合国成立前并不是完全确定的。作为中国参加敦巴顿橡树园会议的首席代表，顾维钧将确保中国四强之一的地位作为首要目标，在中国参会方针的确立和会议的具体应对中，均发挥了关键的作用。至旧金山会议时，中国的大国地位已基本无忧，顾维钧又将中国关于联合国的主张向大会提出，如在非常任理事国的地域分布、托管地的最终独立等问题上，完全从道义原则出发，与其他大国考虑一己私利形成鲜明对比，由此代表中国为《联合国宪章》的制定做出了独特的贡献。在对联合国及战后国际秩序的考虑中，顾维钧将中国在其中所处的地位作为头等重要的事情，但也不忘考虑联合国和国际秩序的基本原则，在争取国家利益时坚持公理和正义。这就是他投身中国外交时给自己定下的目标："我毕生的愿望是，在世界大家庭里，应使中国享有适当的地位，并且中国应对维持和促进世界安全与福利作出应有的贡献。"①

　　第一次世界大战结束时，顾维钧参加了巴黎和会，以拒签和约的行为维护了国家尊严，并参与了国联盟约的制定。第二次世界大战临近结束时，顾维钧又参加了旧金山会议，参与了《联合国宪章》的制定，使中国成为联合国安理会的常任理事国。像他这样参加了两次大战后的两个重要国际会议、参与了

---

　　① 《顾维钧回忆录》第 5 分册，第 608 页。

两个国际组织创建的外交官，在全世界都没有几个；而作为自己国家的主要代表在两次国际会议中都发挥重要作用的，只有顾维钧一人；从巴黎和会到旧金山会议，顾维钧是中国外交从受压抗争到正常应对、中国国际地位从弱国到四强之一上升过程的亲历者和见证人。

第十章　重返华盛顿

一　蒋介石委以重任

1945 年 8 月 15 日，日本宣布无条件投降。参加完旧金山会议回到英国不久的顾维钧听到消息后兴奋无比，立即下令使馆悬挂国旗。当天，他在日记中激动地写下："我长期盼望、梦寐以求并为之奋斗不息的时刻终于到来了。"① 从进入外交界之初反对"二十一条"，到巴黎和会上与日本代表激辩，再到九一八事变后参加国联调查团、出使欧洲争取援助，顾维钧外交活动的主要目标，就是反对日本对中国的侵略。20 世纪上半叶日本是对中国主权侵犯最大的国家，如今这个敌国终于被中国和世界反法西斯国家一起打败，亲身经历了从第一次世界大战开始到第二次世界大战结束日本侵华全过程的顾维钧，怎能不为此感到兴奋和激动呢?!

然而，抗日战争结束后，饱受战争苦难的中国并没有迎来和平，国内政局面临着新的危机和动荡。对于国共两党的分歧和冲突，顾维钧最初就像对北洋时期纷乱的政争一样，在政治上不卷入任何一派，只注重外交，所以他会力主共产党人参加旧金山会议。

不过，在驻英大使任内顾维钧的政治身份发生了一个重要

---

① 《顾维钧回忆录》第 5 分册，第 555 页。

变化。1942 年，顾维钧在蒋介石的劝说下加入了国民党。①
1945 年 5 月，正在参加旧金山会议的顾维钧在国民党第六次
全国代表大会上被选为中央执行委员会委员。中央执行委员会
由两百多人组成，国民党内各派系为委员席位争夺十分激烈，
但蒋介石还是安排党龄才三年的顾维钧任中执委。获此消息
后，顾维钧致电蒋介石："得悉忝任中委，惶感交集。窃钧党
资浅薄，贡献毫无，遽膺重寄，深虑勿克胜任。惟有守遵中央
方针，禀承总裁训示，益加勤奋，为国报效。尚恳时赐指导，
俾资遵循。"② 这份电报主要是礼节性的，顾维钧对国民党党
员的身份并不很看重，仍习惯于以一个超党派的人士看待和谈
论国内政治问题。就在发出这份电报前几天，顾维钧与宋子文
在旧金山有一次交谈。谈到国共问题时，顾维钧赞成联合政
府，认为让共产党加入政府比让他们与政府对立要好，这有利
于政府掌控整个局面。③

　　抗战胜利后不久，中国共产党职工运动委员会书记邓发赴
巴黎出席世界职工代表大会途中抵达伦敦，邓发给顾维钧带来
了周恩来的介绍信和毛泽东对他的问候。邓发告诉顾维钧，毛
泽东知道他建议出席旧金山会议的代表团要包括中共代表在
内。顾维钧对中共高层的问候很高兴。邓发在伦敦期间，顾维
钧与他进行了几次会面交谈，坦率讨论国共问题。11 月 22
日，两人一起进餐时，顾维钧谈了他对国共关系的看法："我
看不出两党政策之间有什么大的区别，任何国家只有统一才能
强大。在战后世界现代强权政治的考验中，没有一个统一的政

---

① 《顾维钧回忆录》第 6 分册，中华书局，1988，第 402 页。
② 《顾维钧致蒋介石》（1945 年 5 月 31 日），*Wellington Koo Papers*, box 82。
③ 《顾维钧回忆录》第 5 分册，第 537 页。

府和军队，中国就起不了自己应有的作用。三十年来，我一直为此而努力工作。现在日本的危险终于消除，所有的中国人应该齐心协力，建设一个新国家。一个政党的权力和成功，与整个国家的更高的利益相比是微不足道的。"在顾维钧看来，国共两党都希望中国强大，因此它们之间的不和实无必要，也不值得赞许。在这期间，顾维钧还在使馆为出席世界青年大会的中国代表团举行了一次招待会，代表团中包括了来自国共两党的代表。顾维钧在致辞中，强调代表团内应始终保持统一阵线。他遵循的仍是政争止于国内的信条。①

抗战胜利后毛泽东飞赴重庆与蒋介石就国共问题进行谈判，顾维钧对此非常关注。1946 年 1 月 10 日，国共和谈商定的政治协商会议在重庆召开。获悉此消息，顾维钧十分高兴，认为"此次国共谈判成功，全国统一升平在望"，期盼联合政府的组成。②

1946 年 2 月代表中国出席完在伦敦举行的联合国第一届大会后，顾维钧回国述职，于 3 月 9 日抵达重庆。此时，政治协商会议已结束，国民党正根据政协会议决议酝酿改组政府。因为顾维钧在国共问题上的中立态度，蒋介石与宋子文都考虑由他出任新政府的外交部长。蒋介石还要顾维钧参加国民代表大会，当顾维钧表示自己没有资格成为国大代表时，蒋介石保证为他安排一个席位。媒体也在此时传出顾维钧有望出任外长的消息。③ 顾维钧对外长一职并不拒绝。在等待政府改组期

① 《顾维钧回忆录》第 5 分册，第 611~612 页。
② 《顾维钧致王世杰》（1946 年 1 月 12 日），*Wellington Koo Papers*，box 72。
③ 《蒋介石日记》，1946 年 3 月 12 日；《顾维钧回忆录》第 5 分册，第 675、684 页；《申报》1946 年 3 月 16 日，第 1 版。

间，国内政局成为他关注的重点，也是他与国民党高层会面时的主要话题。

5月14日，顾维钧与外交部长王世杰有一次长谈，在国际问题之外讨论了国共问题。王世杰认为，解决共产党问题有三种选择：第一，将共产党排除在政府之外，让他们在自己的辖区内自行其是；第二，对共产党做出让步，让他们参加到政府中来，但这会产生一个任何事情都做不成的软弱的政府；第三，以武力解决。针对王世杰的三个选项，顾维钧回答说，中国最需要的是有一个进行重建的稳定时期，如果采取第一种选择，不安定的局面将阻碍重建工作的开展。第三种选择则无论中国人民或国外公众都不会理解和支持，对国民党而言等于自杀。因此，国内外的形势要求中国走第二条道路，它至少可以缓和紧张局面并提供合作的机会。即使成功希望不大，依然要朝此方向努力。①

两天后，顾维钧与宋子文见面，也谈到了国共问题。宋子文说，他对共产党没有信心，因为共产党参加政府的目的就是阻碍和削弱政府，以便最后接管政府。顾维钧提醒宋子文，正在国共之间进行调停的美国特使马歇尔（George Marshall）渴望两党实现和解，由此间接地表达了他的看法。②

第二天，5月17日，蒋介石请顾维钧一起晚餐。顾维钧到蒋介石的官邸后，发现他是唯一的客人，不免有些惊异。其实，在前一天，蒋介石就定下要约他来专谈外交。在晚餐后两小时的谈话中，蒋介石在了解了顾维钧对国际局势和

---

① 《顾维钧回忆录》第5分册，第696页。王世杰当天日记无与顾维钧谈话记录，见《王世杰日记》上册，第789页。

② 《顾维钧回忆录》第5分册，第698页。

美、苏政策的见解后，又询问他对国共问题的看法。顾维钧直率地告诉蒋介石，他应该在扩大了的政府里，坚定不移地与中共合作，而不是凭借他的军队优势来解决问题。如果局势停留在目前的状态，政治动乱和经济不稳定就会继续下去，这就不可能从国外获得有效的援助，中国的国际地位就会进一步下降。顾维钧还是从中国外交的视角来看国共问题。尽管他知道蒋介石对国共问题有与他不同的看法，仍然当面表达了自己的主张。①

在顾维钧与王世杰、宋子文和蒋介石交谈的 5 月中旬，国民党大批军队已进入东北，向中共军队发起攻势，一时占据优势。由于国共冲突日益尖锐，政府改组一事被搁置一边，顾维钧也就无缘再度出长外交。此时，马歇尔正代表美国政府在国共间进行调停，对美外交成为国民党对外事务中的头等大事，于是国民党最高层决定将顾维钧调往华盛顿，出任重要的驻美大使一职。

还在旧金山会议刚结束时，行政院长宋子文就已准备将顾维钧调往华盛顿，并向蒋介石汇报获得批准，只是由于需要顾维钧在伦敦出席联合国第一届大会，这一任命才没有马上发表。随后，国民党最高层有了让顾维钧任外交部长的考虑。因此，让顾维钧任驻美大使是旧事重提。与伦敦的职位相比，顾维钧当然更看重到华盛顿任职，他始终认为对美外交是中国外交最重要的任务。因此，当 1945 年 7 月下旬宋子文告诉他蒋介石已同意他任驻美大使后，他随即询问新的任命什么时候可

---

① 《顾维钧回忆录》第 5 分册，第 702 页；《蒋介石日记》，1946 年 5 月 16
日、17 日。

以公布，流露出赴华盛顿的急切心情。[1]

在接受转任华盛顿的使命后，在国内继续逗留期间，顾维钧对国共两党问题的看法发生了很大的变化，从主张国民党容纳共产党转向赞同以武力方式解决共产党问题。6 月 10 日晚，蒋介石宴请天主教第一位中国籍主教田耕莘等，顾维钧参加作陪。晚宴后，顾维钧与其他客人一起告辞时，蒋介石叫住了他，要与他单独谈话。当蒋介石再次提出国共问题时，顾维钧表示，为了实现政治上的统一，使用武力不失为一项办法，这对任何国家来说都是必要的，因为不把政府统一起来并实行对全国的统治，要重建国家甚至保持和平都是很困难的，并举了林肯为维护联邦统一而战的事例。但他又说，自己作为一个文官，无法评价国民党的军事实力，只有蒋介石才能判断以武力谋求政治统一的政策是否明智。顾维钧认为，如果国民党的武力确实能给全国带来统一，那么就可以使美国人相信中央政府能够在全国实施法律和命令。[2]

距上一次与蒋介石谈话相隔仅二十来天，处事向来稳重的顾维钧对国共问题的看法何以发生如此急剧的变化呢？

这主要与顾维钧对当时东北局势以及苏联在其中所起作用的认识有关。抗战胜利后，东北成了国共两党激烈争夺的地方，苏联在东北的介入使局势更为错综复杂。5 月底 6 月初，顾维钧赴东北考察，亲身感受到国共在东北激烈的军事对抗和苏联对东北局势的影响。到沈阳后，他与东北行营主任熊式辉

---

[1] 《宋子文致顾维钧》（1945 年 7 月 25 日）、《顾维钧致宋子文》（1945 年 8 月 3 日、12 月 10 日），*Wellington Koo Papers*，box 49，52。

[2] 《顾维钧回忆录》第 5 分册，第 720 页；《蒋介石日记》，1946 年 6 月 10 日。

有次长谈。熊式辉告诉他，东北的局势源于苏联的干预，他们
阻碍国民党军队进入东北，并暗中帮助共产党军队发展。苏联
正窥测时机向中国提出要求以便攫取东北权益。负责东北经济
接收的张嘉璈带顾维钧去看了机器已被苏联搬运一空的两家工
厂，并告诉他东北局势如虎踞山岗，这头猛虎不会静待太久，
随时准备扑向山下的猎物。顾维钧明白张嘉璈口中的猛虎就是
苏联。东北的记者也追问顾维钧对苏联运走中国物资的看
法。① 此前顾维钧对中苏两国政府于 1945 年 8 月签署的条约
就极感失望，对苏联通过条约索取中国权益的做法不满。东北
之行使他认为国共问题并不仅仅是原先认为的国内政治问题，
而与苏联的干预直接相关。

　　回国期间与国民党高层官员的接触也是一个重要因素。
顾维钧此次回国，待了 3 个多月。在此期间，除与蒋介石多
次会面外，他与宋子文、孔祥熙、陈果夫、陈立夫、王世
杰、吴铁城、李宗仁、熊式辉、杜聿明等都有过交谈，有的
还不止一次。在这些交谈中，国民党的文官对国共问题的前
景几乎都持悲观态度，表示对与共产党合作不抱希望，而国
民党将领又大多倾向于武力解决，自恃军事力量比共产党强
好多倍。由于长期驻节海外，对国内情况了解有限，这些国
民党高层官员反复阐述的观点对顾维钧就有很大的影响力
了。当他认为国共之间不可能通过政治途径达成妥协，而且
国共问题也不仅仅是国内问题时，他原先所持的中立态度就
发生了变化。与首次使美为袁世凯推动帝制舆论相似，顾维

① 《顾维钧回忆录》第 5 分册，第 712~714 页；《苏运走东北物资事，顾维
钧在沈谈我之准备》，《益世报》（天津）1946 年 6 月 1 日，第 1 版。

钧仍期望一个强有力的中央政府。

使顾维钧对国共问题的立场发生变化的另一个重要因素，是他即将出任驻美大使。此时美国特使马歇尔正在调处国共矛盾，美国政府实际上已介入中国的国内政治了。作为代表国民党政府与美国打交道的外交代表，顾维钧也就无法像以往那样完全回避国内政治问题了。

国民党高层确定顾维钧出任驻美大使后，蒋介石希望他尽早赴美履职。6 月 14 日晚，顾维钧离国前夕，蒋介石与他做了一次长谈。蒋介石强调宣传工作是对美外交的重点，并对在美开展宣传的具体内容做了以下三点指示。第一，政府始终对共产党让步并与其达成协议，但共产党人却不遵守协议。第二，中国必须实现统一才能走向强大繁荣。没有统一，任何一个国家都不能有所作为。和平统一是可取的，但是面对一个拥有独立军队的政党，政府不能只是采用政治手段。第三，关于美国对中国"一党专政"的批评，政府正在稳步扩大自身基础。蒋介石还叮嘱顾维钧在美做宣传，要"联系在美之英人宣传家，为我协助"，因为英国人在美国有特殊的影响力。蒋介石要求顾维钧最好不要迟于 7 月 1 日到达华盛顿，因为在这以后中国将进入一个重要的时期。① 在做这番表示时，蒋介石正在部署向共产党发起全面进攻的最后军事准备。12 天后，国共之间的全面内战就爆发了。这次临别谈话表明蒋介石是将派遣顾维钧出使美国与解决共产党问题联系在一起的，希望通过他的宣传活动和外交经验影响美国的舆论和政策，以获得美

① 《顾维钧回忆录》第 5 分册，第 725～727 页；《蒋介石日记》，1946 年 6 月 15 日。

国对国民党发动内战的全力支持。这使得顾维钧这次出使美国
与他以往出使海外有一个根本的不同——国内问题而不是国际
问题成为他对美交涉的主要任务。

在漫长的外交生涯中，顾维钧历经袁世凯、皖系、直系、
奉系和国民党等各届政府，面对纷乱的政争，他总是力图与国
内政治保持距离，专注于外交事务。但这一次他面临的是与以
往完全不同的国内外形势。国共冲突是 20 世纪中国最激烈的
两大政治力量的角逐，并且牵涉到美国与苏联两个大国，而美
苏之间的冷战此时已经拉开帷幕。顾维钧是从巴黎和会走上国
际舞台的外交官，他所熟悉的是第一次世界大战后形成的国际
秩序，立志于以公理争强权，擅长在与列强的交涉中纵横捭
阖，维护作为弱国的中国的主权和利益。第二次世界大战后出
现的有着强烈意识形态特征的冷战格局，对他来说，超出了以
往的外交经验范围。因此，东北的所见和国民党高层的所言使
他最终在国共问题上表明了自己的态度，从而使他外交生涯的
最后一段时期与国民党政府联系在了一起。

6 月下旬，顾维钧返回伦敦，向英国政界告别。7 月 5 日，
顾维钧飞抵华盛顿，再度成为中国驻美使馆双橡园的主人。6
天后，美国政府也任命了新的驻华大使司徒雷登（Leighton
Stuart）。

顾维钧抵达美国正是中国国内全面内战爆发之时，因此向
美国政府说明中国的局势成了他上任伊始的第一件事。7 月 16
日，顾维钧向杜鲁门总统递交国书时，杜鲁门询问了国共对抗
的情况。顾维钧回答说，中国的局势不十分安定，中国政府正
致力于在国内实现和平、统一和民主；这些目标能否达到要看
国内各方势力能否合作，其中包括中国共产党在内。但该党的

合作态度似有不足，它没有履行与政府业已达成的协议，似在一心扩大其影响与实力，拖延和解，缺乏对等的合作精神。①

此时，国民党军队正在向中国共产党控制的区域发起进攻，为了尽可能使国共不完全破裂，美国特使马歇尔决定向蒋介石施加最后的压力，他与司徒雷登一起代杜鲁门起草了一封致蒋介石的信。8 月 10 日，杜鲁门将此信交给顾维钧转送蒋介石。信中提到刚发生在昆明的民主人士李公朴、闻一多遭国民党特务刺杀的"李闻血案"，指出这是"企图采取强权、军队或秘密警察，而不是采取民主方法，来解决主要的社会问题"，要求蒋介石以和平方法解决国内问题，并在短期内取得进展，否则，"我有对美国人民重新说明和解释美国的立场的必要"，希望能从蒋介石那里尽快得到"令人鼓舞的好消息"。②

顾维钧从美方接到这封信后，认为它表明杜鲁门"对中国目前局势极为失望"，整封信"措词严峻，甚至唐突"。他一面立即将信译成中文以最快方式送交蒋介石，一面向美方探询杜鲁门此信的真实意图。8 月 12 日，他请美国国务院负责中国事务的远东司司长范宣德（John Vincent）共进午餐，了解到美国政府并没有置国民党政府于不管的想法。餐后他立即向蒋介石报告："经向美方探询，此举用意似尚不恶，重在我方此时有所表示，采一切实步骤以明我政府之宽宏态度，而反映共方缺乏诚意。"③

---

① 《顾维钧回忆录》第 6 分册，第 5 页。
② 世界知识出版社编《中美关系资料汇编》第 1 辑，世界知识出版社，1957，第 671 页。
③ 《顾维钧致蒋介石》（1946 年 8 月 12 日），*Wellington Koo Papers*，box 123；《顾维钧回忆录》第 6 分册，第 19~20 页。

蒋介石刚接到杜鲁门信时，对其态度和措辞非常气愤，"其语意之侮辱、压迫殊难忍辱"，"直觉美国外交之无礼与可惜"。待顾维钧电报到达后，他了解了美国的底牌，因此写了封敷衍搪塞的回信，由顾维钧于 8 月 28 日交给杜鲁门。回信中将中国国内问题完全归咎于共产党，坚持"共产党必须放弃其武力攫取政权、推翻政府及建立一个犹如目前东欧的集权的政权的政策"。①

在向美国朝野说明中国国内局势时，顾维钧集中表述了这样几个观点：第一，中国必须统一，如同南北战争期间的美国一样，不过解决办法应以和平方式为先；第二，中国局势实质上是世界局势的一部分，在世界局势中，苏俄是推进国际安全与合作的主要障碍；第三，中国人的天性具有民主气质；第四，美国人根据中国共产党宣传使用的标语口号来衡量中国情况十分危险。这样的说明已经完全站在国民党一边，按蒋介石的意愿为其政策做辩护了。

二　尽心竭力争美援

当蒋介石将内战的战火烧向全国而又在战场上接连失利之时，美国的军事援助和经济援助就对国民党政权的生存显得至关重要，争取美援也就成了顾维钧对美外交的首要任务。

美国在抗日战争结束后以延长《租借法》和转让剩余物资等方式向国民党政府提供了大量援助。但由于美国政府尚希

---

① 《蒋介石日记》（1946 年 8 月 15 日）；《中美关系资料汇编》第 1 辑，第 671 页。

望通过马歇尔调停解决国共问题，因此对国民党政府的援助仍遮遮掩掩，尤其对国民党政府的大笔贷款要求并未给予积极的回应，以美国进出口银行名义给予的对华5亿美元指定用途贷款也一直未予动用。1947年1月马歇尔结束在华使命，宣告美国政府调停政策的失败。回国后的马歇尔随即出任国务卿，在华调停失败的经历对马歇尔此后制定对华政策产生了重要影响。2月上旬，远东司司长范宣德根据马歇尔的指示重估美国对华政策，提出将视中国情况"改进"的程度，即中国政府按美国的期望进行改革的进程，来决定美国对华经济和其他方面的援助，而如何认定"改进"，美国政府应持"同情而不是苛求和挑剔的态度"。范宣德还提出，美国的援助应有助于中国的经济复兴和改革，而不应提供助长或鼓励中国内战的军事援助，但以不使国民党政府无法抵御共产党的军事进攻为前提。①

2月17日，顾维钧请求会见马歇尔。这是马歇尔就任国务卿后顾维钧与他的第一次会面，要求美国对华提供经济援助是会谈的主要议题。此前一天，蒋介石刚发表声明，承认中国的经济"已届非常严重之时"，并宣布法币大幅度贬值，与美元的比价从7000多比1下调为12000∶1。② 会谈中顾维钧在提及蒋介石的声明后，即向马歇尔提出由美国进出口银行提供2000万美元商品贷款，以用于购买棉花和小麦的要求。他强调，中国提出这笔贷款请求，不仅是希望能得到具体的物资支持，更期望贷款能对中国民众的心理产生影响，因此希望美国政府能发表有关援华的政策声明。但马歇尔明确表示这样一笔

---

① *FRUS*, 1947, Vol. 7, Washington, 1972, pp. 789-793.
② 《中美关系资料汇编》第1辑，第714~715页。

贷款目前实现的可能性很小。① 在马歇尔看来，尽管美国政府迟早要向国民党政府提供援助，但在其还未迈出改革的步子时，提供援助只会推迟改革。

3 月 12 日，美国总统杜鲁门向国会发表了此后被称为"杜鲁门主义"的总统咨文，声称世界上"不论什么地方，不论直接或间接侵略威胁了和平，都与美国的安全有关"。"杜鲁门主义"虽是直接针对希腊和土耳其局势提出的，但标志着战后美国外交政策的重大转变，一出台就引起顾维钧的高度重视，认为这"应该适用于远东，更主要的是适用于中国"。② 在内战中处于困境的国民党政府对此极为兴奋，随即加快了向美国求援的步伐。

4 月 6 日，外交部长王世杰致电顾维钧，称政府将于两周内完成改组，此后将向美国提出借款请求，询问其对推动美国援华的意见，以及在尚未动用而将于 1947 年 6 月底期满的进出口银行 5 亿美元贷款之外，是否另提借款要求。顾维钧于 4 月 18 日答复王世杰，认为根据美国政府屡次表示对华援助须视中国政局改善程度，"现拟于我政府改组后提出借款，应合时机"；但进出口银行 5 亿美元贷款须由该行个别审定每项具体用途后才能动用，"恐于我目前财政经济缓不济急"，因此，顾维钧建议"宜扩大数目，增加五亿美元以应急需"，用于购买棉花、汽油、交通工业器材和稳定金融。由于进出口银行的贷款系采用商业办法，"条件精细，期限缩短，于我国现情形颇多不利"，顾维钧提出另增的 5 亿美元援助请求"不能不用

---

① *FRUS*, 1947, Vol. 2, pp. 1066 - 1068；《顾维钧回忆录》第 6 分册，第 49~53 页。

② 《顾维钧回忆录》第 6 分册，第 87 页。

政治性质借款，如希土之例，由美政府专案向国会提出通过"。顾维钧还指出，美国现"力图减税节流"，而"对我既往运用借款之效率，咸认为不甚显著"，因此要获得美国的援助，需"提出切实精审方案，俾美政府与国会双方均感我实事求是"。① 顾维钧这份电报，提出要求美国增加5亿美元贷款，达到10亿美元的金额，并且提出将新增的贷款定为政治性质，与"杜鲁门主义"挂起钩来，这成为国民党政府此后争取美援时说服美国的主要依据。

顾维钧发出电报的当天，国民党政府进行了改组，由张群出任行政院长，并吸收了青年党等小党派负责人和一些社会贤达参加政府，以求改变形象，博取美国政府的好感。改组后的国民党政府随即着手向美国提出援助的请求。4月27日，刚辞职下台的前行政院长宋子文通过傅泾波转告美国驻华大使司徒雷登，中国政府将向美国提出巨额棉麦借款、军火援助及完成装备八又三分之一飞行大队等要求。当日，蒋介石又直接向司徒雷登重复了这一要求。而司徒雷登通过其他渠道也获悉南京将通过驻美大使提出正式的援助要求，包括蒋介石在内的国民党官员都希望获得大额商品贷款。② 5月6日，外交部长王世杰致电顾维钧，指示其向美国务院递交以他名义签署的照会，正式向美方提出借款的要求，并"特别注重三点"：（1）中国"无意以借款弥补预算决算之收支差额"；（2）"借款将纯为建设之用"；（3）原定5亿美元之数不够，"故请美方将借款数目定为10亿"。王世杰还要求顾维钧在向美方交

① 《顾维钧致王世杰》（1947年4月18日），*Wellington Koo Papers*，box 123。
② *FRUS*，1947，Vol. 2，pp. 824，1107-1108。

涉时，"措词方面至希坚定，俾免彼方视为试探"。① 王世杰的
要求显然是根据顾维钧 4 月 18 日的建议提出的，显示出在华
盛顿第一线与美方交涉的顾维钧对南京决策的影响力。

　　5 月 8 日，顾维钧拜访马歇尔，正式提出国民党政府的 10
亿美元借款要求。顾维钧在会谈中说明了中国的局势及对经济
援助的需要，强调仅靠原先安排的进出口银行的 5 亿美元贷款
无法应对目前的局势，并保证美国的援助不会被用来弥补财政
上的赤字。他解释说，由于单靠指定用途的 5 亿美元贷款无法
满足中国的需要，因此奉命提出 10 亿美元贷款，其中一半用
于购买美国的物资和设备，一半用于恢复交通、农业和建立发
电厂等。马歇尔虽表示他一向热心于为中国提供援助，也欢迎
最近中国政府改组所带来的进步迹象，但他希望顾维钧能将中
国的要求以非正式的备忘录形式递交给他，以便他亲自做进一
步的研究，然后与中国方面再行讨论。根据参加这次会谈的美
国国务院远东司司长范宣德的看法，马歇尔有关非正式备忘录
的要求与中国的意图并不一致，中国方面实际上希望通过公开
的请求引起美国国会和公众的同情，以有助于得到大笔贷款。
不过顾维钧对这次会谈的结果还是表示满意，在当天给外交部
的电报中，他报告在会谈中"以我政府名义及坚定口吻提
出"，马歇尔听后"颇动容"。②

　　5 月 13 日，顾维钧向马歇尔递交了一份非正式备忘录，
重申了与马歇尔会谈时提出的 10 亿美元借款要求，并表示如
果美国政府原则上接受这一要求，中国政府将递交正在准备中

---

① 《王世杰致顾维钧》（1947 年 5 月 6 日），*Wellington Koo Papers*，box 136。
② *FRUS*，1947，Vol. 2，pp. 1114–1115；《顾维钧致王世杰》（1947 年 5 月
　 8 日），*Wellington Koo Papers*，box 123。

的更详尽的计划。但美国国务院认为在仔细研究并与财政部、进出口银行和国会领袖协商前，无法做出中国所希望的"原则上接受"的承诺。[①] 但国民党政府已无法等待下去了。5 月 15 日，王世杰致电顾维钧，告诉他"政府坚盼借款数目为十亿元"。几天后，王世杰又将借款详细计划送至驻美使馆，要求尽快与美方达成协议。[②] 因此，5 月 27 日，不待美方做出原则接受的承诺，顾维钧又向美国国务院递交了一份正式的备忘录，详尽解释了中国提出借款的考虑、借款的性质和用途，表明中国希望原来由进出口银行提供的 5 亿美元贷款用于购买各项建设计划所需要的装备和物资，而新申请的 5 亿美元用于购买棉花、小麦等，以使中国政府能用这些物品换取货币，应付国内开支。这份备忘录最后建议中美两国立即就 10 亿美元数额达成谅解，或至少在 1947 年 6 月 30 日前就进出口银行的 5 亿美元贷款签订正式协议。[③]

接到备忘录后，马歇尔与他的主要助手副国务卿克莱顿（William Clayton）、助理国务卿索普（Willard Thorp）及范宣德等于 6 月 11 日讨论了对华援助问题。克莱顿列举了要将 6 月底到期的进出口银行 5 亿美元贷款重新指定用途的各种难处，表示对此感到悲观。但马歇尔表示中国最近局势的发展使他担忧，也使他确信美国必须马上采取行动制止局势恶化，尽管他坦言并不清楚知道该做些什么。这次讨论达成的共识是，不再考虑对进出口银行的 5 亿美元贷款重新指定用途，但应立

---

① *FRUS*, 1947, Vol. 2, pp. 1119–1121.

② 《王世杰致顾维钧》（1947 年 5 月 15 日），*Wellington Koo Papers*，box 136；《顾维钧回忆录》第 6 分册，第 143 页。

③ *FRUS*, 1947, Vol. 2, pp. 1126–1128.

即在具体项目的基础上给予中国贷款。①

6 月 17 日，顾维钧根据马歇尔的建议与副国务卿克莱顿会晤，再次介绍了 5 月 27 日备忘录，表明中国希望美国尽快实现两笔 5 亿美元的贷款，并强调由于中国的形势非常紧急，美国对华贷款不仅具有经济意义，更具有政治意义。克莱顿明确表示要对进出口银行的 5 亿美元贷款重新指定用途是不可能的，而第二笔 5 亿美元贷款需要美国国会批准，这就要有详尽且成熟的计划，使国会确信贷款能产生预期的效果。②

然而，南京方面对美援已十分急迫。6 月下旬，外交部电示顾维钧，向美国政府就援助问题提出三点新的要求：（1）进出口银行 5 亿美元贷款必须重新指定用途；（2）美国政府至少给予中国 2 亿美元商品贷款以购买棉花；（3）希望美国政府发表正式通告，表明决心援助中国长期经济建设。顾维钧接电后向外交部表示，"一面遵照承示三点进行，尤以促订五亿元总额为要，一面催促美方早日通过若干具体计划，以收速效"。③

6 月 23 日，顾维钧将南京的三点新要求通报给负责经济事务的助理国务卿索普，让其先转告马歇尔。两天后，顾维钧约晤马歇尔，就三点要求做了一次长谈。对于第一点，美国方面表示，进出口银行的 5 亿美元贷款重新指定用途是不可能的，但中国可以通过提出认真准备的方案从银行获得贷款。当顾维钧说大使馆已有多个完全齐备的方案，其总数刚超出 5 亿

---

① *FRUS*，1947，Vol. 2，pp. 1132~1133.

② *FRUS*，1947，Vol. 2，pp. 1136~1139；《顾维钧回忆录》第 6 分册，第 150~154 页。

③ 《顾维钧致王世杰》（1947 年 6 月 23 日），*Wellington Koo Papers*，box 123；《顾维钧回忆录》第 6 分册，第 155 页。

美元时，马歇尔当即指出这是不合适的，因为会被认为是为凑
5亿这个数目，中国的援助方案应总数少些，但要精些。对于
第二点，美国认为可以考虑，但2亿美元的数额太大。由于进
出口银行的5亿美元款项展期无望，顾维钧"期盼美政府对
我所请其他五亿元及长期建设协助，作一正式表示，以安我民
心，此举为对华心理作用甚大，不可少"。对于第三点，马歇
尔最后同意按顾维钧的建议发表一个声明。①

与马歇尔会晤结束后，顾维钧根据美方要求，从原拟提出
请美方审批的40多个项目中挑选出21个项目，其挑选原则
是：（1）目前受战事影响较大者缓提；（2）资料过于简单或
条理有欠明晰者缓提；（3）增加农业项目比例，因美方注重
于此；（4）总额不宜过大，以免反致拖延。6月28日，顾维
钧向国务院提出这21个总额为2.68亿美元的项目。两天后，
顾维钧将这些项目正式递交进出口银行。②

但美国进出口银行认为中国无法有效地运用美国贷款进行
经济建设，决定5亿美元贷款于6月底期满后不再延期。顾维
钧对进出口银行的这一决定十分不满，认为该银行的董事、原
美国驻华大使高思（Clarence Gauss）从中作梗，起了很坏的
作用。蒋介石接到顾维钧报告后，对美国贷款落空失望之极，
一肚子怒气洒向了高思，对其"态度及刁难情形不胜愤慨，
其侮辱欺凌，可谓已极"。③

① *FRUS*, 1947, Vol. 2, pp. 1147-1149；《顾维钧致王世杰》（1947年6月
25日），*Wellington Koo Papers*, box 123。
② 《顾维钧致王世杰》（1947年6月24日、28日），*Wellington Koo Papers*,
box 123；《顾维钧回忆录》第6分册，第167～168页。
③ 《蒋介石日记》，1947年7月2日。

顾维钧代表南京国民党政府加紧推进求援活动之时，马歇尔与美国国务院也因中国局势的变化正在考虑调整对华政策，加强对国民党政府的援助。作为政策调整的信号，马歇尔于7月初决定派魏德迈（Albert Wedemeyer）使华。虽然当时普遍认为，美国政府有关对华援助的正式决定将待魏德迈结束其使华行程后才能做出，但顾维钧并未因此而停止其求援活动。7月下旬，他会见助理国务卿索普讨论2亿美元棉花贷款事宜。8月上旬，他向进出口银行递交2亿美元贷款的方案。但是，美国方面除放宽对中国通过商业渠道获得军火的限制外，对顾维钧递交的求援计划并未给予积极的回应。这一时期顾维钧代表国民党政府进行的求援活动，只是让美方了解到国民党政府的要求及其迫切性。但他向南京提出的建议则定下了国民党政府求援活动的基调，即尽可能拓宽美国对华援助的渠道，并增加援助数额。

按顾维钧的说法，1947年11月是美国对华援助政策变化的一个转折点。这是因为，国务院在考虑调整对华政策的过程中，到10月下旬已明确国民党如果没有外援，要扭转共产党得势的趋势希望甚小，而"显然外援的来源就是美国"。① 在美国国内，亲国民党势力在这期间对杜鲁门政府的对华政策展开攻势，指责政府迟迟不向中国提供足够的援助。正是在此背景下，美国国务院和马歇尔就援华问题的态度逐渐明朗起来。

11月10日，马歇尔在国会两院外交委员会联席会议上提交援欧计划时表示，美国"应该对中国政府和人民作某种经

① 《顾维钧回忆录》第6分册，第251页；资中筠：《美国对华政策的缘起和发展（1945~1950）》，重庆出版社，1987，第166页。

济上的支援与协助"。次日，在参院外交委员会审查援欧计划的听证会上，委员会主席范登堡（Arthur Vandenburg）称如援华计划不包括在援欧计划内，则援欧计划就是一"单关系方案"，美国的政策"不能贯彻"，并追问马歇尔援华约需多少款项。马歇尔回答确数尚未决定，但从1948年4月至1949年6月约需3亿美元。①

马歇尔的这一表态与他此前的立场相比是一个很大的变化。顾维钧对此十分敏锐，立即于11月13日前去与马歇尔会晤，请他就在国会的表态做进一步解释，并就他所说援华将从1948年4月开始，提出"我国目前需要紧急救济，并不亚于欧洲之法义奥"。马歇尔承认，他没想到国会会提出援华问题，援华日期与数额"均系因议院突将助华问题提询，不得不临时答复"，尚无具体计划，而法国、意大利、奥地利三国需要援助比中国更为急迫。对此，顾维钧反复说明，中国"通货膨胀日益危险，非于四月前获有紧急援助，难免现状更将恶化"，因此希望美国将中国在1948年4月以前所需紧急援助与法、意、奥三国"同时办理"。在会晤结束后给外交部的电报中，顾维钧称，马歇尔听了他的说明后"似为动容"。②在这次会晤中，顾维钧根据美国将向欧洲国家提供紧急援助的新情况，将重点放在争取美国同时向中国提供紧急援助方面。会谈后，顾维钧向南京建议，为推动此事，南京方面也应做美国驻华大使司徒雷登的工作，请其致电马歇尔，"俾收内外同时进行之效"。他还提醒南京，此时报纸上对美国在援华方面

① 《中美关系资料汇编》第1辑，第411页；《顾维钧致王世杰》（1947年11月12日），*Wellington Koo Papers*，box 123。
② 《顾维钧致王世杰》（1947年11月13日），*Wellington Koo Papers*，box 123。

的批评应格外谨慎，以免增加麻烦。[1]

顾维钧关于美国政府将援华与援欧联系在一起放在同等重要地位的建议，再次获得南京的采纳。11 月 17 日，外交部致电顾维钧，表示希望美国制定对外援助方案时，不将中国摈除于紧急援助之外，并同时宣布长期援华计划。[2] 11 月 21 日，国民党政府向美国政府递交一份备忘录，强调中国日益严重的经济状况已无法等待至来年 4 月，希望能提供临时性的紧急援助，从 1948 年 1 月起每月至少 2500 万美元。[3] 于是，为获取紧急援助，顾维钧在美国开始了新一轮的求援活动。

新的援华计划需要国会的通过，顾维钧在继续与国务院交涉的同时，积极与国会内外的亲国民党人士接触，争取他们对援华的支持，推动他们在国会提出相关议案。在给外交部的一份电报中，顾维钧报告，共和党要人已"允助我紧急援助"，并"密函上院领袖，公开主张一律予我紧急法案"。[4] 蒲立德是此时顾维钧交往最为频繁的一名亲国民党人士。1930 年代蒲立德任美国驻法大使期间，两人建立了密切的私人关系。此时他虽已从大使的职位上退下，但与政府官员和国会议员都有来往，在政界有很大的影响力。马歇尔提出援欧计划后，顾维钧向蒲立德力陈应将对华援助列在一起的必要性，并多次与他讨论美国援华的具体问题。在这之前的 10 月中旬，蒲立德在

① 《顾维钧致王世杰》（1947 年 11 月 14 日），*Wellington Koo Papers*，box 123。
② 《外交部致顾维钧》（1947 年 11 月 17 日），台北"外交部"档案，档号：471，《美国援华》第 1 册。（本文所用台北"外交部"档案，承蒙台湾师范大学吴翎君教授提供，特此致谢）
③ *FRUS*，1947，Vol. 2，pp. 1223–1224.
④ 《顾维钧电》（1947 年 11 月 22 日），台北"外交部"档案，档号：471，《美国援华》第 1 册。

《生活》杂志上发表《向美国人民报告中国》的长文，鼓吹美国应在三年内向国民党政府提供 13.5 亿美元的经济和军事援助，以帮助蒋介石打败共产党。因此，顾维钧的请求得到蒲立德的积极回应。他向顾维钧表示，他在国会和政府中有许多朋友，可以推动援华计划的通过。[①] 亲国民党的众议员周以德（Walter Judd）也是顾维钧经常拜见的对象。马歇尔在国会两院外交委员会联席会议上提交援欧计划时，周以德当场发言，要求向中国提供经济和军事援助。11 月 25 日，周以德又在众议院外交委员会提出议案，要求给中国增加紧急援助款项 6000 万美元，而开始的日期正是国民党政府提出的 1948 年 1 月 1 日。

周以德的议案在众议院外交委员会获得通过后，顾维钧立即为此拜访助理国务卿阿穆尔（Norman Armour），催促国务院支持这一拟议中的紧急援助项目，尽快提出具体使用计划，以使这笔紧急援助款项能与法国等国同时开始动用。但美国国务院却摆出种种理由，先称中国情况不如欧洲几国紧急，继称国务院正制定一项长期援华案，如另提紧急援助，反将影响长期援助，就是不愿推动此项紧急援助。顾维钧竭力说明长期援助与紧急援助"无混为一谈之必要"，并强调中国国内"情形严重，需助紧急"，如先给予紧急援助，有助"前方士气，后方民心"，而且也"有俾长期援助计划"。最终，美国务院表示对顾维钧的请求"容加研究"。这次会谈后，顾维钧感到，美国国务院在对华援助问题上"态度似不易变更"。[②]

---

① 《顾维钧回忆录》第 6 分册，第 252 页。
② 《顾维钧致王世杰》（1947 年 12 月 16 日），台北"外交部"档案，档号：471，《美国援华》第 1 册；《顾维钧回忆录》第 6 分册，第 268~269 页。

顾维钧明白，美国国务院及马歇尔在对华援助方面迟迟不能下最后决心的一个重要原因，是担心国民党政府无法有效地使用美国的援助，从而白白浪费大把美元。在上述参议院的听证会上，马歇尔坦承他对美援能在中国发挥百分之七十的作用都无把握。因此顾维钧认为要推动美国尽快援华，中国自己也需有所作为，于是他再向南京建议，向美国提出的受援计划必须"注重能即开始实行者"，尤其要表示中国政府"决心改革，而于美朝野以最有效之影响"。此后，行政院长张群就在公开声明中表示，政府已下决心对行政、财政、经济与军事做彻底的改革，"欲求获致外援最大之效力，应即在国内实施一适当而现实之自助方案。此方案应首重财政与经济目前急需之改革方法"，以向美国示意，美援不会在中国被浪费掉。① 为使美国对中国有一较好印象，有助于获得援助，顾维钧还提醒南京，专程来美商订援助条款的代表团"人数宜少，以免铺张"。由于在与美会谈中，美方对美国货轮受限不能行驶至汉口表示不满，顾维钧又建议暂时放宽这一限制，以增加美国对华好感。②

周以德提出的 6000 万美元紧急援助款项最后在众议院拨款委员会被卡住，整个款项被大幅度削减至 1800 万美元。1948 年 1 月 6 日，顾维钧为此拜访助理国务卿索普，提出在1800 万美元之外另增援助中国的款项，并要求国务院将援华置于与援欧同等重要的地位。但索普表示，1800 万美元的援

---

① 《顾维钧致王世杰》（1947 年 12 月 31 日），*Wellington Koo Papers*，box 138；《中美关系资料汇编》第 1 辑，第 417 页。

② 《顾维钧致王世杰》（1947 年 12 月 21 日）、《顾维钧致外交部》（1948 年 1 月 6 日），台北"外交部"档案，档号：471，《美国援华》第 1 册。

助属于临时性质，国务院将在近期提出长期援华计划。言下之意，美国不会考虑另外提供临时性的紧急援助。顾维钧遂将会谈的重点转移到长期援华计划上，追问其总数、向国会提出的时间等问题。但索普并未给予明确回答，只是说援华计划总数尚待马歇尔最后核定。①

此次会谈后，顾维钧向外交部报告美国国务院援华态度，并提出应对之策："美政府意旨仍坚主欧洲第一，欲先将欧案通过，再议华案。现议会方面对欧案意见纷纷，争论必烈，讨论时间势必拖延，一般推测或需至四、五月间。美国朝野反对积极援华者正拟利用政府此项心理，亦附声欧洲第一重要，意欲拖延华案，夜长梦多，以待我国不测之变动，而达其破坏之目的，似不能不设法抵制。钧与此间美友洽商，咸以华案情势紧急，为数之小比援欧者不可同日语，问题亦较简单，最好以能先通过华案为上。即不能办到，亦须与欧案同时通过。然此间政府方案恐转移非易，当酌向提议。一面已预先商托友好向议会方面鼓吹推动。"② 顾维钧仍希望通过将援华与援欧绑在一起的手段推进求援活动。

在临时性的紧急援助计划受挫的情况下，国民党政府只得将求援的重点放到长期援华计划上，希望借此一揽子地解决美国援华问题。1 月 18 日，外交部长王世杰致电顾维钧，指示他向美方提出总额为 15 亿美元的四年援华计划，同时请求美国在最初的四五个月内先给予一笔接济。王世杰强调，"此时

---

① 《顾维钧致外交部》（1948 年 1 月 6 日），台北"外交部"档案，档号：471，《美国援华》第 2 册。

② 《顾维钧致外交部》（1948 年 1 月 12 日），台北"外交部"档案，档号：471，《美国援华》第 2 册。

不必过分顾及美政府或国会能否接受，而重在说明我国期望与计划"。① 次日，顾维钧带领专为商谈美援具体细节而来美国的技术代表团去见马歇尔时，提出中国在 1948 年急需一亿美元的军援贷款，或者在拟议中的援华计划中增加一亿美元，准许用于支付军需品，并希望能当面从马歇尔那里了解美国援助中国的总政策。在会晤中，马歇尔虽表示愿考虑军援贷款计划，但总是闪烁其词，不愿详细解释美国的援华政策。②

此后，顾维钧一面继续频繁走访国务院，推动援华；一面则充分利用美国国内在援华方面出现的不同意见，与蒲立德、周以德等人积极联络，依靠这些人向议会方面鼓吹推动。他曾将一份亲国民党的美国各界人士的名单交给蒲立德，告诉他国会可请这些人在援华问题上作证，希望通过国会对国务院施加压力。③ 国民党的求援活动、美国国内的政治压力、中国局势的急剧变化，终使美国政府提出了援华计划。

1948 年 2 月 18 日，杜鲁门总统向国会提交了由国务院起草的经济援华方案，要求国会拨款 5.7 亿美元支援国民党政府，其中 5.1 亿美元用于购买粮食和工业物资，其余 6000 万美元用于少数特定工业项目及交通复兴。整个计划为期 15 个月，而不是国民党政府要求的 4 年时间。虽然这个援华方案比马歇尔原先提到的款项增加了 2 亿多美元，但顾维钧对这个以临时性救济为宗旨的计划并不十分满意，认为它与援欧计划"大不相同"，字里行间"没有丝毫热情"。原因在于整个方案

---

① 《王世杰致顾维钧》（1948 年 1 月 18 日），台北"外交部"档案，档号：471，《美国援华》第 2 册。
② 《顾维钧回忆录》第 6 分册，第 291~293 页。
③ 《顾维钧回忆录》第 6 分册，第 297 页。

仅仅涉及经济援助，而未提及向国民党提供此时它最急需的军事援助。当天，顾维钧就去拜访助理国务卿索普，一方面对美国政府提出该案表示谢意，并催促美方尽快通过该案，以使中国得到这笔贷款；另一方面又再次向美方提出一亿美元军事贷款问题，建议在经济援助之外另加这笔贷款。①

但美国国务院在援华问题上坚持自己的立场。在援华方案提出后向参众两院外交委员会宣读的声明中，马歇尔称，自日本投降以来，美国已在军事和经济方面给了中国许多重要的援助，因此国民党政府要维持其自身，"则大部分的工作必须由中国当局自己去做，任何人都不能越俎代庖"；而如果美国不断扩大援华规模的话，就有可能"直接参与中国的内战，或直接卷入中国的经济危机，或两者兼备，以致听任其资源倾入无底的深渊"。在另一声明中，马歇尔明确表示这一方案与援欧方案不同，"美国在行动上不当置身于对中国政府的举措及其政治、经济和军事的事务直接负责的地位"。②马歇尔的这些话表明，国务院认为美国已向中国提供了足够的援助，继续增加对华援助是美国不该也无法做到的，至于提供这笔5亿多美元贷款之后，国民党政府能否生存下去就得看它自己了。

作为国民党政府的驻美大使，顾维钧全力以赴致力于争得美援尤其是军事援助。针对马歇尔和国务院的做法，他进一步联络国会议员和其他亲国民党势力，希望通过国会推进军事援助性质的贷款。在与国会共和党议员接触中，一些议员考虑对5.7亿美元的贷款另行指定用途，转向购买军火、稳定货币及

---

① 《顾维钧回忆录》第6分册，第299~304页。
② 《中美关系资料汇编》第1辑，第419~422、1008页。

增加建设，顾维钧就向他们说明，若以减少经济援助的方式提供军援，实于中国不利。他向国会议员强调，对中国而言，"经济与军事援助同样紧急"，"短期与长期援助均属需要"。[①]蒲立德仍是顾维钧联络的重要对象。他告诉蒲立德，马歇尔在他的声明中所说的并不符合事实，而是夸大了美国的对华援助。蒲立德要顾维钧向他提供美国援华军事物资的清单，以便交国会议员向马歇尔发难。在递交给蒲立德这样一份清单后，顾维钧又与他商讨推动国会通过援华计划的最好办法，提出应制定像援助希腊和土耳其那样的修正案以对华提供军援，并使对华经援成为欧洲复兴计划的一部分。之后蒲立德到众议院外交委员会作证时，便建议向中国提供一亿美元用于军援。顾维钧还将中国方面拟定的两份备忘录给他——一份是关于援华法案的修正案，另一份是关于军援法案的草案，以供他转交在国会中的朋友。[②]

　　杜鲁门提交援华方案后，国会参众两院的外交委员会开始讨论。由于1948年是美国大选之年，共和党、民主党的两党之争对援华方案的最后通过也有影响。顾维钧对此十分注意："本年将有大选，故政府与议院要人一切举措均不无政治意味，因此援华方案之关系，恐尚多变化，使我于推进应付工作，亦增困难。"[③] 他特别重视与那些反对国务院当时的援华政策而在国会中有影响的共和党议员的联络，如参议院外交委

---

① 《顾维钧致外交部》（1948年2月26日），台北"外交部"档案，档号：471，《美国援华》第4册。

② 《顾维钧回忆录》第6分册，第307~310页。

③ 《顾维钧致外交部》（1948年2月26日），台北"外交部"档案，档号：471，《美国援华》第4册。

员会主席范登堡和众议员周以德等人。

3月下旬，参议院外交委员会讨论对华援助问题时，最初多数议员以国务院未提军事援华，主张否决军事援华的提案。顾维钧明白这一讨论对中国至为关键，因此在国会中积极游说，并通过"重要友人数人分头疏通，直至半夜今晨得通过一亿元专款"，即在经济援助款项之外另拨一亿元专款，实际可用于购买军事装备。[1] 由于这一专款数额不及众议院外交委员会提出的1.5亿美元专款，顾维钧又设法推动参议院增加数额。3月26日，顾维钧特地去拜访参议院外交委员会主席范登堡，争取他在参议院以最有利于中国的方式通过援华法案。顾维钧向范登堡提出两个要求：第一，中国急需军援，因此希望将专款数额增至1.5亿美元；第二，国务院提出的5.7亿美元作为经济援助不变，军援作为追加数字。范登堡直言相告，第一点有可能办到，而第二点几乎没有希望。由于范登堡对蒋介石能否在军事上再坚持下去表示怀疑，顾维钧极力使他相信，蒋介石是一个坚强的人，决不会放弃斗争，所需的只是美国在军事和经济上的援助。[2] 顾维钧的这些话语打动了范登堡。几天后，当范登堡发现外交委员会向参议院提交的报告中包含许多贬低国民党政府的言辞时，他撤回了这一报告，并在参议院发言赞扬蒋介石，驳斥反对援华法案的论点，支持向国民党政府提供援助。顾维钧获悉后在日记中称赞"范登堡的

---

① 《顾维钧致外交部》（1948年3月23日），台北"外交部"档案，档号：471，《美国援华》第5册。

② Note of Conversation with Vandenberg, 26 March, 1948, *Wellington Koo Papers*, box 125；《顾维钧回忆录》第6分册，第323~325页。

话字字珠玑。他的发言有力地支持了援华法案"。①

3月30日，参议院通过援华法案。次日，众议院也通过了援华法案。4月2日，国会参众两院联席会议经磋商调整两院法案不同之处后通过了最后的援华法案，规定对华援助以一年为限，授权美国政府提供总数为4.63亿美元的对华援助，其中1.25亿美元为特别赠款，由中国政府自行决定其用途。虽然由于平衡了各种不同意见，最后通过的援华法案中没有"军援"的字眼，但国民党政府实际上可使用1.25亿美元的特别赠款购买军事装备。这笔特别赠款的安排突破了国务院原先不向中国提供军援的限制，一定程度上满足了国民党政府的愿望。近半年来一直在为美援忙碌的顾维钧松了一口气，他明白特别赠款"包括了军事援助（尽管没有明白说出来）"，因此结果是"令人满意的，甚至可以说是令人满足的"。② 这笔特别赠款的安排在很大程度上就是顾维钧活动的结果。

援华法案在国会通过后，尚待国会参众两院的拨款委员会核定拨款的实际数额，中美两国政府也须签署相关的双边协定规定援助的实施细则。4月9日，顾维钧拜会副国务卿洛维特（Robert Lovett），商讨执行援华计划的手续问题，催促美方在国会确定实际拨款之前能采取措施使部分援华款项先行使用。但洛维特表示双方首先要签署一个草约，规定先行使用援华款项的细则。顾维钧向美方表示希望这样一个草约尽可能简单。4月30日，根据美国国务院提供的稿本，顾维钧与马歇尔就如何先行使用美国援助互换照会。按照会规定，在正式签署双

① 《顾维钧回忆录》第6分册，第327页。
② 《顾维钧回忆录》第6分册，第330页。

边援助协定前，美国向中国提供的援助除某些例外仍按 1947
年 10 月双方签署的救济援助协定的规定办理。① 在这之前，
顾维钧希望美国对华援助应仿照美国与欧洲国家的模式，而不
是沿袭处理救济问题的规定，因此对该照会内容并不十分满
意，但为使美国尽快实施援助计划，也只得接受美方对援助的
安排。

　　中美互换照会后，1948 年援华法案的部分援助开始实施。
但该法案在国会两院的拨款委员会审核时，却发生了一些周
折。6 月初，众议院拨款委员会审议援外法案时，削减了整个
对外援助计划，对华援助款项也相应地从援华法案确定的
4.63 亿美元削减至 4 亿美元。顾维钧获悉后，立即找众议员
周以德了解情况。随后又约见参议院拨款委员会主席布里奇斯
（Styles Bridges）等人，希望他们能使参议院的拨款法案仍保
留 4.63 亿美元的数额。但在参议院拨款委员会审议援华款项
时，国务院的代表提出援华款项不应涉及军事援助，因为军事
援助可能因国民党的失败而损坏美国的声誉，并可能使美国卷
入同苏联的冲突。为此，顾维钧专门约请布里奇斯到大使馆会
谈，具体反驳国务院的论点，并专为其准备一份备忘录，详细
说明中国急需军事援助的情况，以及国务院的作梗使中国难以
获得军火的困难。顾维钧的话语打动了布里奇斯，他专门给马
歇尔写了一封信，责问国务院为何拖延援华法案的实施，要求
他向国会做出解释。② 在此情况下，参议院通过的拨款法案仍
维持了 4.63 亿美元的数额。最后，参众两院联席会议经过协调

---

① 王铁崖编《中外旧约章汇编》第 3 册，第 1593~1596 页。
② *FRUS*，1948，Vol. 8，pp. 102-103.

后确定的拨款法案规定向中国提供总数 4 亿美元、为期 12 个月的援助，但可用于购买军事装备的 1.25 亿美元特别赠款数额维持不动，削减后的经济援助计划的数额为 2.75 亿美元。① 这样，最后付诸实施的美国援华计划，尤其在军事援助方面，与美国国务院的初衷并不一致，而更符合国民党政府的期望。

7 月 3 日，中美经过数月谈判后签署关于经济援助之协定，援华法案进入全面实施阶段。至 10 月 3 日，即援华法案通过 6 个月后，1.25 亿美元特别赠款使用了 88275170 美元，约占 70%，经济援助计划的 2.75 亿美元动用了 97908000 美元，约占 35%，另有价值 22285000 美元的化肥和汽油正在采办之中。②

只是滚滚而来的美元并没能扭转国民党在军事上的颓势。就在这些美援物资源源不断地运往中国之时，国民党军队在战场上接连败退。9 月 24 日，山东省省会济南被人民解放军攻克。这是国共全面内战开始后国民党失守的第一座大城市。于是国民党政府紧急呼吁美国加大援助，发起了新的求援攻势。9 月 28 日，蒋介石电令顾维钧向杜鲁门转交一份特别密电，请杜鲁门亲自干预，立即采取措施加强军事援助。接到蒋介石的电报后，顾维钧掂出了它的分量，感到"密电措辞极为迫切，语气近乎告急，说明军事局势确实十分严重"。为尽快将电报送到杜鲁门手上，顾维钧并不像往常一样由国务院转交，而是直接送交杜鲁门的私人参谋长李海（William Leahy）。③ 这种超乎

---

① 《顾维钧回忆录》第 6 分册，第 355~358 页。
② 驻美使馆发《白宫发布截止 10 月 3 日经济军事援华款项运用情况》，台北"外交部"档案，档号：471，《美援统计资料》。
③ *FRUS*, 1948, Vol. 8, p. 175；《顾维钧回忆录》第 6 分册，第 503 页。

外交常规的做法此后因局势的紧张成了常态。

国内局势的急剧变化使顾维钧在向美国求援时有了新的想法。他认为，仅仅是货币形式的援助已经不够，必须争取美国政府直接提供武器和弹药，参与到中国的内战中来。先前在与美国商讨双边援助协定时，顾维钧还十分注意维护中国作为一个主权国家的地位和权益，而此时他却主张在争取美国援华时，应避免提出中国的主权问题，不必担心美国干涉或侵犯中国的主权。因为在他看来，美国本质上不是帝国主义，国民党借重美国的力量解决共产党问题后，什么时候叫它撤，它就会撤。① 为了挽救濒临崩溃的国民党政权，顾维钧已经将自己投身外交界的初衷即恢复中国丧失的主权搁置一边了。而蒋介石此时为了挽回败局，也期望美国能介入中国的内战。11 月 9 日，蒋介石致电杜鲁门，以急切的口吻请求迅速增加军事援助，发表一项支持国民党政府的强有力的声明，并派遣一名高级军事顾问共同拟订援助方案，包括参加指挥作战。②

11 月 11 日，顾维钧访晤马歇尔出国期间代理国务卿职务的洛维特，希望在杜鲁门正式答复蒋介石前知道美国政府对蒋介石函电的态度。洛维特公事公办地回答道，增加军事援助要由国会决定，发表声明得由总统本人决定，而派遣高级军官则根本无法办到。顾维钧对洛维特的答复十分不满，他在当天的日记中写道"他很冷淡，毫无同情心"，"整个谈话虽然彬彬有礼，但令人沮丧"。③ 11 月 24 日，顾维钧又拜访杜鲁门总

---

① 《顾维钧回忆录》第 6 分册，第 505~506 页。
② *FRUS*，1948，Vol. 8，pp. 201-202.
③ *FRUS*，1948，Vol. 8，pp. 199-200；《顾维钧回忆录》第 6 分册，第 529 页。

统，当面提出蒋介石 11 月 9 日函电中的三项要求。杜鲁门对此也只是泛泛地表示愿予以考虑。①

顾维钧仍在竭尽全力地争取美国加强援华，但与半年多以前援华法案通过前后相比，他的求援活动处处受阻，因为美国政府正着手调整其对华援助政策乃及整个对华政策。国民党政府因济南失守而急于获得更多的美援，而美国也因济南一战对中国国内的局势有了新的评判。济南被人民解放军攻克次日，美国驻华大使司徒雷登在向马歇尔报告时称，"济南失守对政府影响的确切性质尚难预测，但肯定是严重的"，"公众对政府生存能力的信心必定降到新的低点，并且肯定将立即在经济领域内显现出来"。② 此后一段时间，司徒雷登和美国驻华各地的领事发回国务院的电报都是关于国民党政府接连败退的消息，并请示如何应对局势及对华政策应如何变更。10 月 26日，马歇尔给司徒雷登发了一封长电，在对后者所发的报告进行评论后指出，"总之，采取第 1971 号电报建议（即增加对华援助）的方法，有违于决定美国对华政策的一切基本考虑，这将使美国直接卷入中国的内战中，并将使美国政府在军事和经济上为中国政府承担责任，而其代价是无法估计的，因为此时美国在全世界承担着与援外计划相关的繁重义务"。③ 十天后，司徒雷登召集美国驻华军事代表团的高级军官和大使馆的武官讨论军事形势，与会者得出的一致结论是"任何数量的军事援助都无法挽救目前日益恶化的局势，除非美国军队参与

① Conversation with President Truman, 24 November, 1948, *Wellington Koo Papers*, box 125；《顾维钧回忆录》第 6 分册，第 553～557 页。
② *FRUS*, 1948, Vol. 7, p. 473.
③ *FRUS*, 1948, Vol. 7, p. 516.

作战"，"而美国军队的参战是不可能的"，"中国或美国都没
有充分的时间来采取军事措施挽救这一军事形势"。① 正是认
为增加军事和经济援助无法挽救局势，也非其能力所及，美国
政府才将国民党政府的求援要求搁置一边，不予理睬。也正是
出于这一考虑，美国国务院在 1949 年 3 月明确表示反对参议
院所提出的以 15 亿美元作为军事和经济援助的新的援华法案，
而建议国会只延长 1948 年援华法案到期后尚未动用的约 5400
万美元的使用期限。美国国会后来根据国务院的这一建议于
1949 年 4 月中旬通过了新的法案。

　　顾维钧这一时期的求援活动四处碰壁，心情十分沮丧，对
处理对华事务的美国国务院官员屡有怨言。在一次与马歇尔会
面遭到冷遇后，他在日记中对马歇尔评论道：

　　　　过去三十多年中，我至少和十几个国家的三四十位外
　　交部长谈过话，打过交道，其中包括六位美国国务卿，但
　　这是我第一次感觉到难以开诚布公交换意见，不仅在普遍
　　关心的问题上如此，而且在即使是中美双方特殊关心的专
　　门问题上也如此。谈话的气氛几乎一直是生硬而拘
　　谨的。②

　　顾维钧重返华盛顿的主要使命是争取美援。但对是否以及
如何向国民党政府提供援助，美国国内有着不同甚至对立的主
张。以马歇尔为代表的国务院对军事援助不甚积极，只愿意在

① *FRUS*, 1948, Vol. 7, p. 543.
② 《顾维钧回忆录》第 6 分册，第 323 页。

经济上援助国民党政府，但将国民党政府自身的改革作为先决条件。国会中的共和党议员，尤其是国会内外的亲国民党势力则不满国务院的做法，积极主张全面援助国民党政府。按照通常的外交渠道，顾维钧在美国寻求援助首先面对的正是对援华消极的国务院。但他没有被动地接受这一不利的局面，而是凭借对美国政治的深切了解和丰富的人脉关系，一方面按常规与国务院打交道，另一方面积极联络国会内外的亲国民党势力，向他们介绍情况，提供材料，争取国会议员的支持，并通过国会向国务院施加压力，从而影响了美国援华政策的制定。因为身处第一线，顾维钧向南京提出的许多建议，也成为国民党政府争取美援的基本方针。无论对中国还是对美国而言，他都是双边关系中的关键人物。

但随着军事和经济上的失败，国民党在美国的求援活动失去了最基本的依据。美国政府逐渐与之拉开距离，即使亲国民党势力仍为它积极奔走，也难于扭转整个局势。顾维钧的求援活动由此陷入了困境。

三 台前幕后忙游说

在争取美援的过程中，游说美国朝野是顾维钧的主要手段，这也是他驻美期间的经常性活动。作为驻外大使，顾维钧一向很看重与驻在国朝野各界的广泛接触，以此进行沟通并取得对方的信任，达到预期的外交目标。而他善于应酬的交际才能和出色的口才也使他能游刃有余地周旋于社会各界。蒋介石派顾维钧重返华盛顿，正是希望发挥他这一优势，对美国的对华政策施加影响，使美国全力支持国民党政府。

顾维钧离华赴任前，蒋介石与他最后一次谈话中，特别强调了在美国做好宣传工作的重要性，并指示他注意与在美国的英国"宣传家"和天主教等宗教团体多联系，因为他们对舆论的形成有影响。顾维钧则表示，商界与教育界也同样重要，而尤其应利用广播电台，并结交各界知名人士，向他们介绍中国情况。蒋介石对顾维钧的话十分重视，指示他做任何他认为有效的事来推进宣传，并保证在经费上予以支持。① 蒋顾谈话中说的宣传就是在美国朝野进行游说。顾维钧抵美后向蒋介石提出，进行宣传游说每月需经费 5000 美元，请先拨 6 个月 3 万美元，但具体使用"仍实支实报，务求事属有济，款不虚耗，届时再审核效果，酌为增减"。蒋介石接电后，立即令财政部按每月 5000 美元给驻美使馆拨款。常规经费之外，还经常有特别经费。如 1946 年 12 月，蒋介石给驻美使馆一次性增拨 6 个月特别机密费 3 万美元。1950 年 3 月，又让人给顾维钧送来一张 2 万美元的支票，作为特殊支出的费用。②

上任伊始，顾维钧确定了在美国进行游说宣传的四个要点（见本章第一节）。在上述几点中，顾维钧特别强调中国统一的重要性，以此作为蒋介石发动内战的依据。他告诉美国人，"我所期望之中国和平、统一、民主三端，统一实为先，国不统一，任何新政难收全效"。③ 但在杜鲁门主义出台后，遏制

① 《蒋介石日记》，1946 年 6 月 15 日；《顾维钧回忆录》第 5 分册，第 726 页。
② 《顾维钧致蒋介石》（1946 年 8 月 16 日）、《蒋介石致顾维钧》（1946 年 8 月 17 日、12 月 9 日），*Wellington Koo Papers*，box 123，138；《顾维钧回忆录》第 7 分册，第 713 页。
③ 《顾维钧回忆录》第 7 分册，第 21 页；《顾维钧致蒋介石》（1946 年 8 月 16 日），*Wellington Koo Papers*，box 123。

共产主义成为美国全球外交战略的主要目标，顾维钧相应调整了在美宣传的重点。他从原来强调内战是因为中国必须统一，转而强调解决共产党问题是在全球遏制共产主义和苏联扩张的一个组成部分，以此来争取美国对国民党政府的援助。

　　政府官员、国会议员和社会名流是顾维钧在美国进行游说的主要目标。作为一名大使，国务院自然是顾维钧跑动最勤的政府机构，国务卿是他会见较多的美国官员。但他并不忽视与级别稍低的官员会面。他常凭借私人关系，以不泄漏消息来源或不向南京报告为保证，从国务院官员那里探询美国对华政策的具体情况，以寻求应对之策。如前述 1946 年 8 月 10 日杜鲁门致蒋介石信，顾维钧就通过请远东司范宣德来使馆午餐，探得该信"并无恶意"，向蒋介石做了报告，然而并未向蒋提及消息来源，也未提与范宣德的会面。[①]

　　在与政府官员的会面中，顾维钧很注意利用美国政府内不同部门在对华政策上的分歧。按他自己的话说，"我没有错过任何机会利用那些对美国政府政策持不同见解的内阁成员的同情和有利态度"。[②] 如国防部与国务院在对华政策上主张不一致，他就有意识地与国防部官员尤其是助理部长格里菲斯（Paul Griffith）保持密切来往，以此推动美国加强援华，并借此探询政府决策内情。这样的做法自然会引起国务院的不快。

　　在国会议员中，参议院前后两任外交委员会主席范登堡、康纳利（Thomas Connally），以及亲国民党议员周以德、诺兰（William Knowland）等都是顾维钧经常拜见的重要对象。其他

① 《顾维钧回忆录》第 6 分册，第 20 页。
② 《顾维钧回忆录》第 6 分册，第 399 页。

人如参议员布里杰斯、富布赖特（William Fulbright）、兰格（William Langer）、麦卡伦（Patrick McCarran），众议员博尔顿夫人（Frances Bolton）、麦科马克（John McCormack）、富尔顿（James Fulton），也在驻美使馆所开列的有固定联系的国会议员名单上。顾维钧常利用各种机会与国会议员在宴会和其他社交场合见面，向他们介绍国民党的观点，倾听他们的意见，设法引起国会对中国问题的足够关注，并向议员提供相关资料，甚至由使馆为一些议员代拟发言稿或议案的草案。例如，1946年12月，顾维钧亲自为范登堡拟了一份美国应无条件加强援助国民党的说帖，交范氏与杜鲁门讨论对华政策时用。①

在社会名流中，顾维钧与《时代》周刊老板卢斯（Henry Luce）、"飞虎将军"陈纳德、美国对华政策协会的柯尔伯（Alfred Kohlberg），尤其是蒲立德来往密切，通过他们影响议员、舆论以及政府的对华决策，也听取他们的各种建议。此外，因"宗教界于美国舆论势力亦大"，"教育、工商、实业、妇女各界要人左右舆论，其效亦宏"，顾维钧也积极予以联络。②

顾维钧很看重私人关系在游说中的作用。他认为，对周以德、蒲立德这样国民党的真诚朋友不必通过金钱来游说，但不能因此而忽视相互间的感情联络。1948年4月初援华法案通过后第二天，顾维钧就致电蒋介石，称"此次美援案获有今日结果，美友中蒲立德君出力最多"，建议蒋介石以个人名义邀请蒲立德再次访华，"借示友谊"。他还向蒋介石提出，蒲

①　《顾维钧致蒋介石》（1946 年 12 月 6 日），*Wellington Koo Papers*，box 123。
②　《顾维钧致蒋介石》（1946 年 8 月 16 日），*Wellington Koo Papers*，box 123。

立德"素爱我国工笔画及古玩，其他议会助我友人亦多同好"，请在国内采办或在美购买后分别赠送这些人。此后根据蒋介石"就近购赠"的指示，顾维钧购得一对 12 寸翡翠雕凤，以蒋介石名义赠送，蒲立德十分高兴。当获悉参议员诺兰的儿子即将结婚时，顾维钧致电蒋介石，建议以蒋的名义送礼。周以德访华前夕，顾维钧专电外交部，为他安排会见蒋介石、行政院长张群、外交部长王世杰，并特别指出"该议员一向拥戴我政府，实为中国挚友"，请在其访华期间"予以适当招待，但宜力避铺张，免招指摘，反于其回国后发言活动有所不便"。① 对于结交朋友、笼络感情，顾维钧十分在行，分寸感掌握得恰到好处，照顾到方方面面。由此建立起的私人关系为他的游说活动提供了极大的便利。

顾维钧在美国进行游说的另一个重要目标是新闻舆论界。临行前与蒋介石的谈话中，他就提到了广播电台的重要性。顾维钧认为影响新闻舆论界不能仅仅依靠向他们提供中国人自己写的文章和小册子，而更应该与之直接接触，当面沟通。一旦他们对国民党有了信任，由他们为国民党说话，更易获得美国公众的认可。因此，顾维钧经常举行记者招待会，通报中国的情况。他还常举行与报刊主要负责人、专栏作家和资深记者编辑的非正式座谈会，以对话的方式来解释中国的局势。他认为，这种方式比正式的记者招待会更为有效。他还自己出镜上电视，到美国全国广播公司（NBC）"会见媒体"栏目与美国著名记者一起讨论中国问题。记者的提问十分尖锐，但按节目

---

① 《顾维钧致蒋介石》（1948 年 4 月 3 日、28 日，1950 年 7 月 8 日）、《顾维钧致外交部》（1947 年 10 月 17 日），*Wellington Koo Papers*，box 138，167，137。

主持人的说法，顾维钧的回答有力、有礼。"会见媒体"是美国最有影响的时事评论栏目，与顾维钧一起讨论的记者说，这档节目的观众有 1000 多万，参加这样的节目要胜过他演讲一百次，他是"一支单人大军"。[①] 根据驻美使馆负责对外宣传官员的一份统计，从 1948 年 11 月至 1949 年 3 月初的四个月间，由于顾维钧本人的活动，有美联社、合众社、《纽约时报》、《纽约先驱论坛报》、《基督教科学箴言报》等十多家主要媒体按顾维钧所解释的观点和提供的材料发表了关于中国的文章和报道。[②]

向美国社会各界发表演说是顾维钧的又一重要活动，即直接向美国公众进行游说，通过公众舆论对政府的决策施加影响。熟悉美国政治运作的顾维钧知道，美国公众在美国对外政策的形成过程中是一个不容忽视的重要因素。因此，他频繁奔赴美国各地，出现在大学、社会团体和俱乐部的演讲台上，可说是当时演说任务最繁忙的大使。有时，他一天要做 4 次演讲，使用英语、法语等不同的语言。凭借着在哥伦比亚大学读书时练就的演说才能，顾维钧也总能吸引住美国的听众。1948年 4 月中旬的一天，他在匹兹堡做了两场演说。其中一场演说的题目是"远东形势的国际利害关系"，他讲了 35 分钟，而接下来的提问延续了 45 分钟。提问者中有一些被顾维钧认为对国民党不是十分同情或友善的人，但他没有回避那些带挑战性的问题。演说结束后，一些听众向顾维钧表示，他们转而信服他的说法了。[③]

---

① 《顾维钧回忆录》第 7 分册，第 494 页。
② 《顾毓瑞致顾维钧》（1949 年 3 月 8 日），*Wellington Koo Papers*，box 163。
③ 《顾维钧回忆录》第 6 分册，第 332 页。

在进行游说和宣传时，顾维钧主张要将事实真相以最合适的方式告诉美国官方和公众。他认为，政府应该让使馆充分了解国内的情况，有政策变化应提前告知，并提供全部事实，以便在第一线做宣传的人可以视情况而采取灵活的对策，事实"宛如作战之弹药，无事实即不能办有效之宣传，若仅仅辟谣或于事后辩正，效力甚微"。① 但实际上政府对所采取的政策及相关的事实真相往往不能全部提供，尤其到内战后期，使馆无法获得国内的真实情况，顾维钧在游说中常感到捉襟见肘，无法施展。

在游说活动中，顾维钧有两个重要的助手——使馆公使衔参赞陈之迈和使馆秘书兼新闻发布官顾毓瑞，前者主要负责与国会的联络，后者主要负责与新闻舆论界的联络。上述由顾维钧本人直接进行的游说活动基本上不是以金钱来推动的。对于金钱与游说的关系，顾维钧说过，"企图用收买的办法在美国扩大宣传，只会把事情越弄越糟。因为一旦这种做法被发现，反应就会非常不利。另一方面，真诚朋友的帮助总是更起作用的。因为那些丝毫没有想要报酬或报答的中国的朋友们，站出来支持中国的事业，他们的话就会更有分量"。② 重返华盛顿之初，顾维钧是照此行事的。他为在美国游说向南京申请的专款，主要是用于一般的交际、雇人收集资料等。但随着国民党在战场上的接连失败而产生的对美援的迫切需要，以及为了挽回国民党在美国一落千丈的形象，从 1948 年起，国民党在美国的游说活动开始更多地使用以金钱推动的各种手段，顾维钧

① 《顾维钧日记》，1949 年 4 月 22 日，*Wellington Koo Papers*，box 217。
② 《顾维钧回忆录》第 6 分册，第 316 页。

也就被卷入这一类游说活动中去了。

用金钱推动游说的一个手段是资助亲国民党的院外集团。例如，1949 年 6 月，顾维钧要求外交部增拨一笔专款，其中资助中国应急委员会（China Emergency Committee）每月 3000 美元，一次资助 6 个月共 18000 美元，资助全美妇女协会 4000 美元。[①] 中国应急委员会是这一年 3 月成立的旨在向美国政府施压以增加对华援助的团体。它的主席是亲国民党企业家麦基（Frederick McKee），众议员周以德是它的全国咨询委员会成员。

资助院外集团是为了间接地疏通国会议员，此外还有直接疏通议员的手段。1948 年 2 月，顾维钧致函外交部长王世杰，曰：

> 兹有一事奉商者。日昨某议员之挚友密告之迈（即陈之迈——引者注），谓援华关键既在议院，彼愿充本馆与议员间之联络员，从事疏通联络。该议员为某领袖之一，声望经验均足左右议案。惟此项工作在在需费，估计须支五万美元。其数虽巨，但须与该议员之法律顾问分润，该议员及其至友与法律顾问（原手稿此处有五个字字迹不清——引者注）。窃以此类联络工作似属有用。前年英国所得三十七亿五千万元借（款），闻亦聘有联络员多人疏通议员，卒得通过，所费甚巨。现某对我所索者，在彼目中为数甚微，全为开销必需用途，而在我外汇奇绌之时，或有难乎筹措之虑。又此项工作最宜秘密，否则有损无益。故即能筹措，其实施方法亦须谨慎。弟意最好由

---

① 《顾维钧致叶次长》（1949 年 6 月 2 日），*Wellington Koo Papers*, box 135。

商业机关出面聘为顾问，须付款项亦由该机关直接交付，不由使馆出面办理，以防泄漏影响。细思中国银行、中央通讯社或世界贸易公司等中择一代理最为妥贴……①

此事后来如何进展，《顾维钧文件》中没有进一步的材料，《顾维钧回忆录》对此也一字未提。但从以下所述事例来看，当能得到南京的批准。

国民党以金钱推动游说活动的主要手段是雇佣代理人。这一时期国民党究竟雇了多少美国人为其进行游说活动难以确定，但可以肯定的是并非个别现象。根据美国国会的统计，到1951 年还有 10 个登记过的国民党代理人仍在活动，当然这不会是总数，因为还有未登记的代理人。② 这其中几个重要的代理人就是由驻美使馆聘用的。

驻美使馆聘用的一个重要说客是威廉·古德温（William J. Goodwin）。古德温是美国两党政治中的活跃人物，担任过民主党全国委员会司库，转投共和党后担任过西部五个州的共和党政治顾问。1948 年 3 月 31 日，古德温以国民政府资源委员会驻美办事处公共关系顾问的名义被聘用。按国民党对外公开的说法，聘用古德温是"为了让美国人及其政府和国会，以及工业、金融界的领导人更好地理解（资源）委员会的目标和政策"，以吸引美国资本投资于中国的工业，因此这一任务是非政治性的。③ 但实际上，古德温从事的都是政治性很强的游说活动，与他保持联系的不是资源委员会驻美办事处，而是

① 《顾维钧致王雪艇》（1948 年 2 月 28 日），*Wellington Koo Papers*，box 169。

② *Congressional Quarterly*，1951，p. 941.

③ The Employment of William J. Goodwin，*Wellington Koo Papers*，box 158.

顾维钧手下的公使陈之迈。这也就是前面顾维钧给王世杰信中所说"不由使馆出面办理"，而找一家其他机构代理的办法。根据合同，古德温一年的聘用费是 3 万美元，其中包括酬金、法律顾问费和其他一切相关费用。但研究国民党游说活动的美国学者凯恩（Ross Koen）认为这 3 万美元仅仅是报酬，国民党还支付了其他费用。确实，1948 年 9 月因《援华法案》通过，古德温就得到 1 万美元的额外补助。加上这笔补助，古德温第一年获得 4 万美元，他用于游说的支出是 22857 美元，纯报酬至少是 17143 美元。当时驻美使馆一等秘书的月收入是 315 美元，古德温的报酬应该说是非常丰厚了。①

古德温为国民党进行游说活动的主要目标是国会议员。通常他会出面设宴，邀请国会议员与顾维钧、陈之迈等同桌交谈，规模一般在十人左右，目的在于向议员说明国民党的立场，争取他们在国会中对国民党的支持。1949 年 1 月 25 日，古德温在大都会俱乐部设晚宴，出席者共 13 人，包括尼克松（Richard Nixon）等 6 名参议员，驻美使馆参加的是顾维钧、陈之迈和使馆秘书顾毓瑞。席间，顾维钧向议员们强调了共产党一旦控制全中国的严重后果。2 月 1 日，古德温安排另一次晚宴，邀请共和党参议员巴特勒（Butler）、民主党参议员伊斯特兰（James Eastland）和 5 名来自两党的众议员与顾维钧见面。顾维钧请这些议员发表一项支持中国的政策声明，派一个由军事及其他方面专家组成的代表团去中国，并制订一项援

---

① The Employment of William J. Goodwin, *Wellington Koo Papers*, box 158. 罗斯·Y. 凯恩：《美国政治中的"院外援华集团"》，商务印书馆，1984，第 52 页；《顾毓瑞致顾维钧》（1949 年 2 月 3 日、1950 年 6 月 6 日），*Wellington Koo Papers*, box 180。

助国民党的计划。几天后，古德温又以同样的方式安排顾维钧与另一批国会议员见面。① 驻美使馆在 1949 年 3 月的一份备忘录中写道，在最近一段时间里，古德温非常积极地与国会领袖接触，已安排了 6 次晚宴和几次午餐，使顾维钧有机会向他们表达国民党的观点。②

　　安排与议员见面是公开的活动，私下里古德温还有事要做，就是向议员提供有关中国的材料，甚至为他们起草发言稿，以便他们在国会中为国民党说话。1948 年 10 月，古德温帮助参议员米利金（Milikin）起草发言稿，有关中国的内容特地征询了陈之迈的意见。他告诉陈之迈，这篇发言十分重要，因为它代表了以塔夫脱（Robert Taft）为首的一大批参议员的观点。报告发表后，所有的重要报纸都予以报道。1948年总统大选前，古德温自己并介绍陈之迈向共和党全国委员会提供了大量有关中国的材料，为共和党攻击民主党的对华政策提供炮弹。③

　　古德温受聘之初，主要与国会中的共和党议员保持密切联系，对民主党议员关注相对不多。但在 1948 年 11 月总统大选中共和党出人意料失败后，国民党急于摆脱向共和党一边倒的尴尬境地，在陈之迈的推动下，古德温加强了与民主党议员的联系，运动南方各州的民主党议员在对华问题上与共和党站在一起。古德温与两党都有很深的渊源，对此他十分自得："我

---

① 《顾维钧回忆录》第 7 分册，第 26～27、32～33 页；《陈之迈致顾维钧》（1949 年 1 月 31 日），*Wellington Koo Papers*，box 180。

② 《顾毓瑞致顾维钧备忘录》（1949 年 3 月 8 日），*Wellington Koo Papers*，box 180。

③ 《陈之迈致顾维钧》（1948 年 10 月 28 日、8 月 12 日），*Wellington Koo Papers*，box 180。

在国会很有影响力，因为两党的许多领导人都尊重我，并完全相信我的真诚，而不管我在政治上或商业上担任怎样的职位。"①

古德温作为"国民政府资源委员会驻美办事处公共关系顾问"的聘期是一年。1948 年 11 月，他向陈之迈提出，希望在次年 3 月期满后续聘一年，并将聘用费提高到 5 万美元，他保证会使国会在次年春天通过一个大规模的援华法案。陈之迈在向顾维钧报告时建议，可视古德温能否使国会通过新的援华法案再做决定。② 多半是因为国会没能通过新的援华法案，聘期期满后古德温没有被续聘。但他屡屡向陈之迈表示继续为国民党进行游说的意愿，在给顾维钧的信中甚至提出可以"只要求经费，而放弃酬金"。③ 1949 年 7 月 6 日，古德温以中华新闻社公共关系顾问的名义被驻美使馆再聘一年，聘用费25000 美元。顾维钧向代理外交部长叶公超报告时称，最后拍板做出决定的是"在纽约的幕后实权人物"，即此时在纽约的宋美龄。经宋美龄修改批准的古德温的聘书上写着："以期影响美国立法，使之有利于国民政府之大业。"④

古德温在第二个聘期内很快就遇到了麻烦。9 月 18 日，《华盛顿邮报》在头版刊登了题为《蒋在国会搞院外活动》的文章，揭露国民党以一年 25000 美元雇用古德温游说国会

① 《陈之迈致顾维钧》（1948 年 11 月 11 日）；Goodwin to Kohlberg, 9 December, 1948, *Wellington Koo Papers*, box 180, 158。
② 《陈之迈致顾维钧》（1948 年 11 月 11 日），*Wellington Koo Papers*, box 180。
③ 《陈之迈致顾维钧》（1949 年 5 月 13 日），*Wellington Koo Papers*, box 180。
④ The Employment of William J. Goodwin；《顾维钧致叶公超》（1949 年 9 月 19 日），*Wellington Koo Papers*, box 158；《顾维钧回忆录》第 7 分册，第 381、733 页。

一事。其他报纸也纷纷就此事大做文章，一时间闹得满城风雨。在美国舆论的压力下，中华新闻社打算发表声明，表示对古德温之事并不知情，但马上被顾维钧制止。后来，顾维钧口述回忆录时也表示，驻美使馆与雇用古德温一事毫不相干，也毫不知情。其实，此事经美国媒体披露后影响极坏，几乎成为国民党出钱进行游说的代名词，这才是顾维钧后来推托说不知情的缘由。1950 年 4 月 10 日，古德温的合同被提前解除。①

古德温的游说活动主要集中于国会，虽然他对新闻媒体也做工作，但在这方面离国民党的期望有很大距离。驻美使馆负责新闻舆论工作的秘书顾毓瑞对此有这样的评论："古德温的工作是称职的，但肯定不是第一流的。他的接触范围有限。他没有也无法影响新闻和广播界。"为此，顾毓瑞在 1949 年初建议顾维钧另聘一流的公共关系专家专门对媒体开展工作，并重点推荐了诺曼·佩奇（Norman Paige）。②

佩奇是一名电台记者，第二次世界大战期间以及战后担任美国广播公司（ABC）驻远东的记者，战后自己在菲律宾开办了三家商业电台，大为获利。顾毓瑞在 1949 年 5、6 月间与佩奇进行了多次接触，探讨其为国民党对美国媒体开展工作的可能性。佩奇对此工作很感兴趣，在 6 月上旬提交了一份备忘录，提出了自己的工作设想。在备忘录中，佩奇表示他将与驻美使馆的官员保持密切联系，用大部分时间与纽约、芝加哥、洛杉矶、旧金山等地的媒体领导人接触，尽全力通过新闻、广

---

① The Employment of William J. Goodwin, *Wellington Koo Papers*, box 158;《顾维钧回忆录》第 7 分册，第 381 页。
② 《顾毓瑞致顾维钧》（1949 年 2 月 3 日），*Wellington Koo Papers*, box 180。

播、影片等向美国公众宣传国民党的政策，重点是发动一场强调共产党在中国的胜利将威胁美国安全的"恐怖"战役。佩奇提出完成这些任务每月的最低费用是 2500 美元，其中 2000美元是薪金，500 美元是工作经费。① 顾毓瑞在与佩奇接触后得出这样的印象："他似乎非常熟悉新闻和广播界，因此能在这一领域内做出色的工作。"于是向顾维钧建议由国民党在美国的某一机构出面聘用佩奇。与此同时，陈之迈根据自己获得的情报也向顾维钧报告，佩奇是一个优秀的作者、组织者和行政管理者，在美国的广播和杂志圈联系广泛，并且在大电台的主管中享有很高的声誉。②

在顾毓瑞和陈之迈的共同推荐下，顾维钧决定以中华新闻社公共关系顾问的名义从 1949 年 7 月起聘用佩奇 9 个月，每月费用 2500 美元，任务是与电台联系安排广播节目，并且每周在大报上、每月在杂志上各安排发表两篇文章。驻美使馆负责与佩奇联系的是顾毓瑞。顾维钧刚做出这一决定，就于 7 月19 日收到代理外交部长叶公超的电报，要求他与李普曼（Walter Lippmann）等重要的专栏作家以及电台评论家建立密切联系，向他们提供信息并提出建议，以此影响美国的舆论，为此将拨给特别经费。顾维钧遂向叶公超报告了聘用佩奇一事，要求每月拨给 3500 美元，其中 2500 美元是佩奇的薪金，1000 美元是各项支出，首期 9 个月一共 31500 美元。9 月 10

① Memorandum by Norman Paige to Joseph Ku, 9 June, 1949, *Wellington Koo Papers*, box 180.

② 《顾毓瑞致顾维钧》（1949 年 5 月 25 日、6 月 10 日）、《陈之迈致顾维钧》（1949 年 6 月 20 日），*Wellington Koo Papers*, box 180。

日，外交部核准了这笔费用。①

在 9 个月的聘期中，佩奇进行了两次工作旅行，尤其对国民党以往关注较少的西部地区倾注了很大精力。在工作旅行中，佩奇访问了全美各地 40 余家有影响的报纸，让它们接受并使用国民党提供的材料。这 40 余家报纸每天的读者总共约有 5000 万人。

西部的一些主要报纸如《旧金山纪事报》（*San Francisco Chronicle*）、《波特兰日报》（*Portland Journal*）、《洛杉矶镜报》（*Los Angeles Mirror*）、《洛杉矶时报》（*Los Angeles Times*），原先的社论都持批评国民党的立场，佩奇就重点上门游说，使它们的出版商和编辑改而采取对国民党同情的态度。据佩奇向使馆的报告，经过他 9 个月的努力，一条能够向美国媒体输送有利于国民党的材料的渠道已经建立起来。在密西西比河以西，只剩一家大报《圣路易斯邮报》（*St. Louis Post-Dispatch*）尚未改变反对国民党的立场。佩奇是电台记者出身，每到一地，必访问当地电台。经他做工作后，这些电台最显著的变化是有利于国民党的报道在头条新闻中的比例增加了。在加州，他还专门去访问好莱坞，与各大制片公司商讨以电影的形式宣传国民党的可能性，其间与米高梅公司就拍摄陈纳德"飞虎队"的故事片进行了探讨。②

从国民党的角度来看，佩奇 9 个月聘期内的工作是很有成

---

① 《叶公超致顾维钧》（1949 年 7 月 19 日）、《顾维钧致叶公超》（1949 年 7 月 26 日）、《外交部致驻美使馆》（1949 年 9 月 10 日），*Wellington Koo Papers*，box 163。

② Memorandum by Norman Paige, 14 March, 1950, *Wellington Koo Papers*, box 163.

效的。顾维钧对此非常满意，因此在 1949 年 12 月向宋美龄提出，希望在佩奇的合同到期后，由她出钱继续雇佣佩奇。但此时古德温事件风波刚过，宋美龄以无经费为由予以拒绝。[①] 1950 年 3 月 15 日，顾维钧致电叶公超，认为佩奇过去 9 个月的工作非常成功，建议续聘他 6 个月或 9 个月。叶公超予以同意。4 月 4 日，顾维钧与顾毓瑞、陈之迈一起与佩奇见面，通知他原先的合作将延续下去，同时对他的工作提出新的具体要求：要着重宣传国民党军队士气的提高、政局的好转、中国大陆人民的不满以及中国共产党的苏联背景，要着重报道"事实"，既有新闻，又有资料数据，让"事实"引导人民得出有利于国民党的结论，而不要总是敦促报纸撰写有利于国民党的社论。[②]

佩奇续聘后仍以主要精力赴各地旅行，联络报纸和电台。在 1950 年 10 月给"使馆"的报告中，他写到，从 1949 年 7 月受聘至今，已在全美旅行了 10 万英里。[③] 1950 年 12 月上旬，在顾维钧安排下，佩奇赴台湾访问。访台的经费预算是 3000 美元。在台湾的一个多月中，他先后与蒋介石、宋美龄、陈诚、叶公超、吴国桢、孙立人等晤谈。回到美国后，佩奇再次周游全美各地，向媒体和公众做宣传。据他自己说，这使美国公众对台湾的看法普遍有好转。[④] 佩奇最初的工作主要集中

---

① 《顾维钧回忆录》第 7 分册，第 536 页。
② 《顾维钧致叶公超》（1950 年 3 月 15 日），*Wellington Koo Papers*，box 169；《顾维钧回忆录》第 7 分册，第 727 页。
③ Memorandum by Norman Paige, 24 October, 1950, *Wellington Koo Papers*, box 169.
④ 《顾维钧致叶公超》（1950 年 6 月 15 日），*Wellington Koo Papers*，box 169；《顾维钧回忆录》第 8 分册，中华书局，1989，第 300~301、320 页。

于美国西部，1951 年上半年，他又根据顾维钧的建议对南方和新英格兰地区进行了访问，以便与那里的媒体领导人建立密切的联系。

顾维钧对佩奇推动报纸和电台宣传国民党的工作评价很高，称赞他采用"悄悄地"同出版商、专栏作家、电台和电视评论员、经理人员进行接触的办法，"宣传工作是相当成功的"。① 因此每当佩奇聘期届满，他都力主续聘。1951 年 1 月，佩奇获续聘 9 个月。7 月，顾维钧致电叶公超，请在这一个聘期期满后，再聘用佩奇。但叶公超没有赞成，理由是"外汇短绌，又值所谓游说问题甚嚣尘上，为避嫌计，与 Norman Paige 合同拟不续签"。顾维钧接电后，立即回电表明自己的看法："贝奇（即佩奇）君向专心于联络报界及广播方面重要人物，俾助宣传唤起美民众注意，对美国会及政界从无接触，应不至涉及所谓游说之嫌，突然解聘，恐反滋揣测。"在顾维钧的坚持下，叶公超同意续聘佩奇一年。② 1952 年 1 月，由于外汇短缺，佩奇同意将其薪金和经费削减百分之二十。10 月下旬，顾维钧向正在美国访问的叶公超提出佩奇续约问题，建议再续约一年，并为此准备了一份备忘录。叶公超同意了这一要求。但 12 月，叶公超以外汇短缺、预算无法平衡为由决定不再与佩奇续约。中华新闻社对佩奇以该社公共顾问名义活动却不归该社管辖一直就不太情愿，况且佩奇一人的报酬就等于

---

① 《顾维钧回忆录》第 12 分册，中华书局，1993，第 606 页。
② 《顾维钧致叶公超》（1951 年 7 月 23 日、8 月 7 日）、《叶公超致顾维钧》（1951 年 8 月 6 日、8 月 20 日），*Wellington Koo Papers*，box 169。

该社全年的预算，自然支持这一决定。① 至此，从 1949 年 7
月起，佩奇以中华新闻社公关顾问名义被驻美使馆雇佣达三年
半之久。

古德温和佩奇虽是为驻美使馆工作，但都有个资源委员会
或中华新闻社公关顾问的对外公开身份。除了这种以公开名义
开展的活动外，驻美使馆还以暗中资助的方式请美国人做宣
传，这就是伊曼纽尔·拉森（Emmanuel Larsen）和他的《远
东通讯》（*Far Eastern News Letters*）。

1948 年 2、3 月间，拉森在与陈之迈、孔祥熙商讨并得到
资助的承诺后，创办了《远东通讯》。陈之迈是国民党方面的
主要联系人。《远东通讯》是月刊，有关中国的新闻皆反映国
民党的观点，其材料大多由陈之迈提供，每期的内容也是在与
陈之迈讨论后确定的。该刊发行量不算大，但在所有大学图书
馆和相当规模的公共图书馆中都有陈列，关心远东事务的人都
能读到。一些亲国民党的美国人告诉陈之迈，《远东通讯》在
为国民党做宣传方面所起的作用要比国民党的中华新闻社办的
《中国杂志》（*China Magazine*）大，后者因为完全是"宣传"
而"无人阅读"。陈之迈认为，《远东通讯》提供了一个便利
的渠道，使得国民党能够在一般媒体不合作的情况下发表有利
于自己的观点和材料，而不被认为是"宣传"。②

《远东通讯》的经费主要由驻美使馆资助。根据陈之迈给

① Memorandum Employment of Mr. Norman Paige, 25 September, 1952, *Wellington Koo Papers*, box 169；《顾维钧回忆录》第 9 分册，第 618、652 页；《顾维钧回忆录》第 10 分册，中华书局，1989，第 380、507、517 页。
② 《陈之迈致顾维钧》（1948 年 6 月 14 日、12 月 3 日），*Wellington Koo Papers*, box 180。

顾维钧的报告，《远东通讯》的开办费 2000 美元来自孔祥熙，通过陈之迈分两次资助。开办后，陈之迈根据顾维钧的指示，以拉森给美国报刊写读者来信宣传国民党观点的形式给其报酬，至 1948 年 12 月初，这样的报酬一共给了 1500 美元。此外，陈之迈从自己每月 300 美元的活动经费中不时给拉森 50 美元或 100 美元的资助，至 1948 年 12 月累计达 1200 美元。顾毓瑞也从自己的活动经费中另外资助了拉森 200 美元。这些款项共计 4900 美元。此外，《远东通讯》按驻美使馆的要求加印增刊也会得到补助。1948 年 8 月，共和党众议员巴斯贝（Busbey）在国会做了有关美国对华政策的长篇发言后，陈之迈请拉森将该发言作为增刊印行一万份免费发放，为此支付给拉森 400 美元稿费、120 美元赴芝加哥与巴斯贝联系的差旅费和 257.9 美元的印刷费。10 月，众议院外交委员会发表题为"共产主义在中国"的"博尔顿报告"，这份报告的内容对国民党十分有利，但过于冗长。陈之迈请拉森将其缩写后作为《远东通讯》增刊发行，为此支付了 550 美元。① 由于《远东通讯》每期的发行并不赢利，而且还有亏本，陈之迈在 12 月初专门致信顾维钧，说明它的财政窘况，请顾维钧予以特别考虑。顾维钧对陈之迈该信的批复是："已由余支出转付，免留痕迹。"② 虽具体资助多少不得而知，但想对外遮掩使馆与拉森的联系则是十分明显的。

顾维钧与驻美使馆在美国进行的游说活动，按美国法律来说，有的是合法的，有的则是非法的。顾维钧对国会议员、政

---

① 《陈之迈致顾维钧》（1948 年 8 月 12 日、9 月 21 日、10 月 18 日、12 月 3 日），*Wellington Koo Papers*，box 180。

② 《陈之迈致顾维钧》（1948 年 12 月 3 日），*Wellington Koo Papers*，box 180。

府官员、社会名流和舆论界的游说是合法的，因为向驻在国说明本国的情况并施加影响是使馆的正常职责；但为议员代拟讲稿、起草议案就卷入了美国国内政治，不是外交官该做的事了。至于雇用代理人进行游说，美国于1938年通过的《外国代理人登记法》规定，所有"代表外国政府、外国政党和其他外国政治委托人进行政治宣传和其他活动"的人必须"向公众曝光"，这包括代理人必须向司法部登记，报告本人和外国委托人的姓名及住址、与委托人签订的合同、活动的性质和范围、接受的金钱及其具体用途，并递交政治宣传的文本。① 古德温两次受雇都向司法部做了登记，但他实际从事的是与法律条文规定不相符的活动。古德温第一次受雇是作为资源委员会公关顾问登记的，但他根本不是为资源委员会而是为驻美使馆工作，从事的是与资源委员会毫不相干的活动。因《援华法案》通过，古德温在1948年9月得到1万美元的额外补助，但在司法部却无此项记录，即他未按规定报告。② 至于顾维钧向王世杰提出的通过巨款运动议员以使议案通过，那就完全是违反美国法律的活动了，所以顾维钧主张由商业机构出面，尽可能将事情做得隐蔽些。

以金钱推动的游说活动在1948年以后迅速展开，与国民党因国内失败急切需要美援相关。这样的游说活动需要大量金钱，顾维钧在1949年时感叹"人财两乏"，因为各项游说活

---

① *Congressional Quarterly*，1951，pp. 942-943. 另参见熊志勇《简析对美国国会的游说》，《美国研究》1998年第3期。

② The Employment of William J. Goodwin, *Wellington Koo Papers*, box 158; *Congressional Quarterly*, 1951, p. 955.

动"均需巨款方能实施"。①

这一时期国民党在美国的游说活动，除了顾维钧主持使馆开展的以外，正在美国的宋美龄和孔祥熙也在推进。对于在美游说活动政出多门，顾维钧出任大使后不久就向王世杰提出，在美宣传工作应有"适当划一之指导"。但这一状况始终没有改变。在一次驻美外交官员的内部会议中，顾维钧抱怨说，在美宣传游说，"使馆理应主持，但经费不统一，用人无权，而中央派至美国之宣传负其使命工作，咸不与使馆接洽，亦无片纸只字之报告到使馆，以收统一之效"，一些人获得一些皮毛之见，就赶紧向国内报告急于邀功。② 这种政出多门、互不协调的做法给国民党在美国的游说活动带来了负面影响，也给后人了解国民党游说的全貌增加了困难。

四　自由主义者的无奈

1948 年秋，当顾维钧在为争取美援不遗余力地奔忙时，中国国内的局势发生了重大变化。9 月下旬，济南失守之际，蒋介石几夜未得安眠，叹道："以济南失陷，对外对内关系太大，有损于政府威信莫甚，政局、外交、经济更为拮据。"③此后，国民党在战场上失利的消息接踵而来，国内各方面人士也纷纷来美，滞留不归以寻退路，驻美使馆中人心浮动，有人还提出了离职要求。

① 《顾维钧致叶公超》（1949 年 5 月 7 日），*Wellington Koo Papers*，box 135。
② 《顾维钧致王世杰》（1946 年 9 月 27 日），*Wellington Koo Papers*，box 123；《顾维钧日记》（1949 年 4 月 22 日），*Wellington Koo Papers*，box 217。
③ 《蒋介石日记》，1948 年 9 月 25 日。

1948 年底，蒋介石的心腹陈布雷因对时局绝望而自杀。1949 年初，国民党元老戴季陶也因同样原因而自杀。顾维钧与两人都有来往，消息传来，对他震动很大。这一时期，国内来人很多，与他们见面，顾维钧都要询问军事方面的情况以及推行金圆券造成的后果。他对急剧恶化的局势十分不安，对国民党短时间内在军事、经济、政治各方面的溃败感到困惑，与当时许多人一样思考着其中的原因。在一则日记中，他写道：

> 局势是可悲的。它说明过去多年我们在政治、军事和经济上有某些错误。忽略了在治理国家中应当注意人民意愿的原则，以致损害了中国。中国古训"民为邦本"，意义至深。按现代的意义说，人民是国家的股东，政府不过是董事会。董事会不可能一直违反股东的利益进行经营而不遭到股东的怀疑，失去他们的支持，以致引起抗议和反对。①

顾维钧的这一分析显然触到了国民党失败的主因，即人心的背离，也显示出信奉英美式民主政体的他对国民党专制统治的不满。顾维钧自认是一个自由主义者。第二次世界大战结束时，他在英国目睹了丘吉尔领导的保守党内阁在大选中被工党击败，随后在外交场合看到工党的外相贝文和刚下台的前外相艾登相互间可以毫无拘束地交谈，称赞这是真正的民主制度。② 然而，对民主制度的称赞和对国民党政权的不满，却没

---

① 《顾维钧回忆录》第 7 分册，第 10 页。日记中"民为邦本"为汉字，见《顾维钧日记》，1949 年 3 月 19 日，*Wellington Koo Papers*，box 180。

② 《顾维钧回忆录》第 5 分册，第 607 页。

有让他在时局动荡之际放弃为这个政权服务。1948 年 12 月，刚结束在欧洲的访问来到华盛顿的驻加拿大大使刘锴告诉顾维钧，他与驻欧洲各国的大使如驻法大使钱泰、驻苏大使傅秉常等讨论了一旦共产党攻占南京后如何应对的问题，他们有主张立即辞职的，也有不赞成的，但普遍都对现政权不满，觉得变一变对中国来说会好一些。但顾维钧对此看法不以为然，认为即使南京陷落了，战斗还会继续下去，总会有一个代表中国的政府，尽管也许设在广州或重庆。这表示了他继续追随国民党政权的意愿。①

在对国民党统治表示不满的同时还继续追随国民党，主要原因在于顾维钧对国民党的对手共产党的看法。如前所述，在赴华盛顿上任时，顾维钧已认识到国共之间不可能通过政治途径达成妥协，国共问题也不仅仅是国内问题，他原先所持的超然中立的态度因此发生了变化。随着共产党在全国的胜利进军并将它的各项政策在各地付诸实施，既受中国传统思想熏陶又接受了西方教育的顾维钧，对共产党及其意识形态产生了一种本能的对立感。他认为，共产党背离了中国传统的儒家观念，走极端地接受并鼓吹共产主义意识形态。这一看法与当时冷战正酣的国际局势完全合拍，而顾维钧又恰身处反共意识强烈的美国，自然会受到冷战思维的影响。在他看来，中国共产党领导的革命是苏联全球计划的一个组成部分，"如果亚洲沦于共产党之下，即使目前苏俄在欧洲失败，它最终仍将获得胜利。如果它失去亚洲，即使眼前在欧洲得胜，它也完不成世界革命和建立一个共产主义世界的目标"，"而中

---

① 《顾维钧回忆录》第 6 分册，第 589～590 页。

国则是亚洲的关键"。①

1948 年 12 月 25 日，中国共产党宣布了一批国民党战犯。在 43 人的名单上，顾维钧榜上有名，列在第 22 位，排在宋美龄、阎锡山等人之前。在这份战犯名单中，顾维钧是唯一的驻外大使，更是唯一在 1928 年北京政府垮台后被国民政府也通缉过的人。顾维钧被共产党宣布为战犯，显然是因为他在国共内战中竭尽全力为国民党争取美援。对于名列战犯，顾维钧没有太激烈的反应。当参议院外交委员会主席康纳利听到消息表示惊讶时，顾维钧还说，对他而言这是"一种荣誉"。② 然而，被列入要惩处的战犯名单后，在正进行战略决战的国共之间，顾维钧就没有什么可以选择的余地了。

统治了中国 20 多年的国民党此时确已是一座将倾的大厦。1949 年 1 月 21 日，蒋介石在军事上一败再败和内部桂系的压力下发表文告，以因故不能视事为由宣布引退，把总统职务交给副总统李宗仁代理。1 月 27 日，李宗仁致电毛泽东，表示愿按中共提出的条件进行和谈。顾维钧此时对国共和谈不抱希望。在蒋介石下野前夕致蒋的电报中，他认为，"共党决无诚意言和，必仍图恃武力压迫政府无条件降服，以造成共党把持之政府"。1 月下旬，他又致电蒋介石、李宗仁等，请他们在与共产党打交道时务必坚持体面的和平，反对按中共的条件进行和谈。③ 中国共产党提出的和谈条件第一条就是惩办战犯。

① 《顾维钧回忆录》第 7 分册，第 27 页。
② 《顾维钧回忆录》第 7 分册，第 34 页。
③ 《顾维钧致蒋介石》（1949 年 1 月 13 日），*Wellington Koo Papers*，box 167；《顾维钧回忆录》第 7 分册，第 31 页。

　　蒋介石下野后，仍在自己的老家溪口发号施令，通过亲信嫡系继续掌控着国民党尤其是军队。李宗仁在南京城中虽顶着代总统的头衔，却很难行使实权。远在大洋彼岸的顾维钧感觉到国内混乱的局势，有一阵子大使馆的武官甚至连国防部是在南京还是广州或其他什么地方都无从得知，也不清楚谁在当国防部长。

　　面对纷乱的政局，顾维钧在应对"内交"方面像往常一样十分老到。他既接受南京的指令，也与溪口保持密切的联系。在致蒋介石的电报中，他仍称其为总统，并报告在美交涉的一切情况，包括李宗仁私人代表甘介侯来美后的活动。在他看来，"引退"并非辞职。① 因此在蒋介石与李宗仁之间，他对前者靠得更近。顾维钧的这一态度使李宗仁十分恼火，认为他"玩忽法统"，完全听命于蒋介石，而对自己则"完全采敷衍态度"，这是他另派甘介侯来美的主要原因。②

　　让顾维钧感到更为棘手的是美国政府对国民党的态度，这是他作为驻美大使必须面对的问题。当国民党在政治、经济尤其是军事战场上溃败之时，美国政府认定美国的援助已无法挽救这个正在崩溃的政权，也无法阻止共产党夺取全中国，因此对国民党的求援无动于衷，敷衍了事。在与美国高层官员的交往中，他得到了这样的印象："一旦蒋委员长决定下台，美国人决不会为他洒一滴眼泪。"③ 尽管如此，顾维钧对获得美国的援助并没有完全失去信心，而是认为关键在国民党自己能否采取

---

①　《顾维钧回忆录》第 7 分册，第 7 页。

②　李宗仁口述，唐德刚撰写《李宗仁回忆录》，广西人民出版社，1988，第724～725 页。

③　《顾维钧回忆录》第 7 分册，第 4 页。

措施进行改革，以取得美国的信任。1 月底，顾维钧与天主教大主教于斌讨论国内局势，提出国民党迫切需要改革的六个方面：（1）组成一套无私、有勇气和有经验的顾问班子帮助蒋介石；（2）重组军队，由忠诚、精干的军官担任指挥；（3）用有为的年轻人替换老年官员；（4）各省主席任用文官以恢复老百姓的信任与合作；（5）照顾及任用大学生；（6）在经济和贸易方面采取自由竞争的政策。他认为，如果蒋介石重新掌权并实行这些改革，美国就不会抛弃中国，美援就会源源不断地进来。作为外交官的顾维钧对改进国内政局提出如此具体的计划，以至于他自己也认为自己似乎一下子变成了一个政治家。[①]

大厦将倾之际，主张国民党必须改革，同时仍寄希望于蒋介石，这不仅仅是顾维钧一个人的立场。驻联合国常任代表蒋廷黻和 4 月下旬从国内来美国的胡适都有相似的看法。4 月 27日，顾维钧与刚到纽约的胡适以及蒋廷黻一起午餐，话题是如何挽救局势。当天顾维钧回华盛顿处理使馆事务，胡适与蒋廷黻继续交谈时谈到了国内糟糕的经济和军事状况对蒋介石声望的打击，但认为蒋介石仍坚持反共。[②]

5 月 2 日，胡适在华盛顿驻美使馆与顾维钧晚餐，国内局势是他们讨论的主题。第二天，胡适带着一份使馆起草但经他修改过准备发往国内的电报稿回到纽约，与蒋廷黻讨论。蒋廷黻对电报稿提出修改意见，包括国内应在仍掌控的南方范围内

---

① 《顾维钧回忆录》第 7 分册，第 30 页；《顾维钧日记》，1949 年 1 月 28 日，*Wellington Koo Papers*，box 217。

② 《顾维钧日记》，1949 年 4 月 27 日，*Wellington Koo Papers*，box 216；《蒋廷黻日记》（*Tsiang Tingfu Diaries*），哈佛大学燕京图书馆藏，1949 年 4 月 27 日。

促进各派团结、鼓励新人与新政策等。胡适接受了修改意见。① 5 月 6 日，这份由胡适最后改定的电报由顾维钧领衔向蒋介石、李宗仁、何应钦等国民党高层发出，在顾维钧后面签名的依次是胡适、于斌、蒋廷黻，以及联合国托管理事会代表刘师舜、联合国经济和社会理事会代表张彭春、远东委员会代表李惟果等。除于斌外，其余 6 人都是哥伦比亚大学的博士。

电报称，由于"长江不守，京镇苏杭不战而陷"，美国国内对华"失败主义气焰遂更高涨"，使馆因此连日召集专家商讨对策，一致认为国民党"只有事实上的大改善"，才可以扭转美国政府的失败主义心理，继续获得美国的援助，以支撑住战局。电报提出必须立即着手进行的三项事情：

> 第一，眼前亟需军事上有所表现，必须在大陆上明定必守的区域，全力固守，建起一个自由中国的规模，尤须在有利地带予共军以有效的打击，始可以使世人相信我尚有斗志，尚有力量。第二，必须使世人昭知我国军政各方各派系实已精诚团结，一致反共，一致为民族国家奋斗。第三，必须使世人相信我政府实能扫除旧习，充分用新人，行新政，争取人民的拥戴。以上三事，实为恢复友邦信心、转移世界舆论的要图，而尤以军事上能撑得住为最要。我若真能撑住一个自由中国，则友邦援助必来无疑。②

---

① 《胡适日记全编》第 7 卷，第 758 页；《蒋廷黻日记》，1949 年 5 月 3 日、5 日。

② 《顾维钧等致蒋介石、李宗仁等》（1949 年 5 月 6 日），*Wellington Koo Papers*，box 170。

　　这份电报虽由胡适定稿，使馆却是发起者，并拟出了初稿，电报中主张的三点是顾维钧此时反复强调的国民党要获得美援的三个前提：抵抗、团结、争取民众支持。电报表明顾维钧、胡适等人有相同的看法。蒋介石、李宗仁等收到电报后都有回复，称赞顾维钧等"忠忱谋国"，"所提三点确为当前最重要之方针"。①

　　电报发出后两天，顾维钧与美国出席联合国大会的代表杜勒斯（John Dulles）就中国局势及国民党应该如何赢得美国政府的好感和支持进行交谈。顾维钧表示，中国的当务之急是重建一个新内阁，全部由胡适、晏阳初、吴国桢、孙立人这些美国人熟知的富有才干的人组成，并且实行改革的计划。杜勒斯赞同这一看法，认为这是纠正美国国内对国民党偏见的唯一办法。② 顾维钧的这一主张是上述电报所提方案的具体化。这一方案并不是抛开蒋介石、李宗仁这些人另起炉灶，而是"补天"，是在承认他们掌控权的基础上引入新人，增加活力，以取得美国的信任。此后几个月，顾维钧为组建一个由有留美背景的自由主义者所组成的内阁，推动国民党改革，倾注了很大精力，表现出极高的热情。在这一过程中，他与胡适、蒋廷黻来往密切，互动频繁。

　　6月4日晚，顾维钧与蒋廷黻在华盛顿有一次长谈。他表示，美国能否援华取决于国民党自身能够做些什么。在重申团结、抵抗、争取民众支持三项主张时，他强调团结不仅是领袖

<hr />

① 《蒋介石致顾维钧等》（1949年6月11日）、《李宗仁致顾维钧等》（1949年5月13日），*Wellington Koo Papers*，box 170。蒋介石的电报是一个月后从台湾高雄发出的，开头说明因"辗转传递，今始诵悉"。

② 《顾维钧回忆录》第7分册，第118页。

之间以及中央政府与地方政府间的合作，还包括政府与人民之间的合作。为达到此目标，顾维钧提出应让胡适出来担任行政院长，并有权挑选内阁成员。在回答蒋廷黻关于新内阁成员的询问时，顾维钧谈了他所考虑的内阁重要职位的人选，如由蒋廷黻本人或王世杰任外交部长，孙立人任国防部长，陈光甫或蒋廷黻任财政部长，晏阳初任经济部长，而其他几个不太重要的部长职位应该留给西北马家集团、国民党、川系、桂系等。顾维钧设想的这个内阁是由以胡适为代表的留美学生为主的自由主义者组成的，在这个内阁中国民党被视为与桂系一样的一个派系，但并不完全排斥蒋介石。蒋廷黻告诉顾维钧，前些天与胡适谈过，他也有相同想法，可以齐心合力一起来做。顾维钧说，这是拯救中国的最后一个机会和最后一张牌了，目的就是通过实行改革取得美国的援助。① 第二天，顾维钧又在驻美使馆双橡园召集会议，出席者有青年党的曾琦以及于斌等人。在会上，顾维钧强调了与蒋廷黻交谈中提到的各点。②

　　顾维钧等人在美国酝酿新内阁之时，国民党在国内正要更换内阁，任命胡适出任外交部长。顾维钧获悉这一消息十分兴奋，将此看作自由主义者组阁的第一步，立即给胡适送去祝贺，胡适这才知道自己被任命的消息。6月16日，顾维钧与胡适在双橡园就此问题进行了3小时的长谈。顾维钧力劝胡适接受外长一职，但胡适对此有种种顾虑，一是认为蒋介石并不愿意他接受此职，二是对李宗仁的度量大小有看法，三是与新任行政院长阎锡山有宿怨，且不满阎内阁的人员组成。顾维钧

---

① 《顾维钧回忆录》第 7 分册，第 125~127 页。
② 《顾维钧回忆录》第 7 分册，第 127 页。

竭力说服胡适，称出任外长是为下一步准备的台阶，接下来就是成为一个由具有自由主义思想的新人组成的新内阁的首脑。这样一个内阁是美国人乐意看见的，因此应该按美国的期望行事，以保证获取美国的援助；而没有美援，国民党的处境就会非常危险。他对胡适说，你"是我们的王牌"，成败在此一举了。但胡适仍不为所动，说即使出任行政院长，没有一个自己挑选的班子也不能做成什么事，但说可能会在9月回国后组织一个像政党那样的自由主义社。①

6月21日，胡适致电阎锡山坚辞外交部长："日夜自省，实无能力担任此职。"并称"适在此为国家辩冤白谤，私人地位实更有力量"，即以一介平民身份反能为国民党做些事情。②第二天，他给顾维钧看了电报稿。6月23日，顾维钧与胡适、蒋廷黻共进午餐。席间，顾维钧仍竭力劝说胡适出山担任行政院长，并说时间是一个重要的因素。针对胡适关于在蒋介石与李宗仁对立的情况下无法有所建树的疑虑，顾维钧给他出主意说，可任用50来个无职务无头衔也不领薪俸，但是有地位、有声望的人，充当他的代表，在国民党各派领袖之间、各派领袖与内阁之间、中央政府与各省之间进行联络沟通，说服国民党各派将全部权力交给内阁，捐弃个人分歧，实现真正的合作。这一通过个人间的沟通解决派系分歧的办法，与顾维钧自己在北京政府任职的经历有关，也与他外交官的职业习惯相符。顾维钧还说，胡适是一位无个人企图、不谋私利的自由主义者，因此最适合出来领导新内阁。胡适回答说他不能胜任这

① 《顾维钧日记》，1949年6月16日；《顾维钧回忆录》第7分册，第144~145页。
② 《胡适日记全编》第7册，第788页。

样重要的职务，因为生性不愿向任何人发号施令。顾维钧马上说，这是一种美德，足以保证内阁通过坦率和充分的讨论，以民主的方式形成决议。参加谈话的蒋廷黻在当天的日记中写道，顾维钧"极尽其能言善辩之口才"力图说服胡适。但胡适仍坚持己见，不肯出山，并推举了蒋廷黻、王世杰等人作为替代人选，这使蒋廷黻十分恼火。①

在劝说胡适接受外长并为组阁做准备的同时，顾维钧向胡适建议，以被任命而未上任的外交部长的身份与美国政府官员见面，沟通两国关系。胡适对此未持异议。顾维钧在 7 月 1 日与国务卿艾奇逊（Dean Acheson）会面时提出这一要求，艾奇逊当面表示愿与胡适见面一叙。但胡适于 7 月中旬抵达华盛顿后，艾奇逊却食言不肯与其会面。胡适对蒋廷黻谈起此次华盛顿之行，坦陈十分"沮丧"。在回答宋子文关于艾奇逊为何避见胡适的询问时，顾维钧认为有两种可能，一是艾奇逊不愿影响尚未接受新职的胡适做出最后决定，另一是胡适曾公开批评马歇尔的对华政策。②

虽然一时无法说服胡适，但顾维钧并没有完全放弃。7 月 25 日，顾维钧在纽约与宋子文见面，组成一个由留美学生构成的新内阁是两人交谈的主题，他们都认为这是挽救时局的唯一途径。顾维钧对宋子文说，由蒋介石主持军事并在其支持下将政治和政府事务交给新内阁，就可以摆脱目前的困境，并影

---

① 《顾维钧回忆录》第 7 分册，第 158~160 页；《蒋廷黻日记》，1949 年 6 月 23 日。

② 《蒋廷黻日记》，1949 年 7 月 17 日；《顾维钧回忆录》第 7 分册，第 202 页。

响美国政府，重新获得美援。[①]

　　8 月 21 日，顾维钧在其纽约下榻的酒店与宋子文、胡适、蒋廷黻和贝祖诒等讨论国内局势和应对之道，讨论从下午 1 点开始一直到 5 点半结束，持续了 4 个半小时。除了美国国务院发表不久的白皮书和向联合国控诉苏联问题外，讨论集中在如何通过自身的改革以获得美国的支持和援助。顾维钧谈了他与司徒雷登、参议员诺兰等谈话的内容，这几个美国人都说如果中国实行自救，美国就会帮助中国。但谈到自救，胡适仍固执地表示不愿出任外交部长或行政院长之类负责任的公职，不想陷入进去，并对自由主义者出来帮助政府以使美国相信中国自救的愿望不抱希望。讨论中，蒋廷黻对胡适的一再拒绝很不耐烦，对胡适说你去做中国的甘地吧，我们去找一位中国的尼赫鲁。[②] 9 月初，在与司徒雷登见面时，顾维钧仍主张一个自由主义者组成的新内阁。[③]

　　顾维钧和蒋廷黻等所期望并极力推动的新内阁主张，在 1949 年夏热闹了一阵后，就偃旗息鼓了。被顾维钧视为“王牌”也即实施这一计划关键的胡适，始终坚持不接受任何公职。胡适之外，顾维钧他们实在找不到一个能够顶替的角色，尽管蒋廷黻说要另去找一位中国的尼赫鲁，最终仍然一无所获。新内阁不是另起炉灶，而是去补天。虽然他们主张自由主义者在新内阁中应获得全权以便能够收拾局面，因此国民党包括蒋介石必须退居幕后，但如顾维钧对宋子文所说，这样的往后靠只是暂时的，是为了应对美国政府中对国民党尤其是蒋介

---

①　《顾维钧回忆录》第 7 分册，第 205～206 页。

②　《顾维钧日记》，1949 年 8 月 21 日；《蒋廷黻日记》，1949 年 8 月 21 日。

③　《顾维钧回忆录》第 7 分册，第 366 页。

石越来越多的反对，一旦渡过难关，仍可拥护蒋介石再当领袖。① 虽然顾维钧他们没有取而代之的想法，但蒋介石根本不愿放弃一点点实权，这就注定了新内阁计划根本无法付诸实施。而这些有留美经历的自由主义者虽对政治有兴趣，也有一番抱负，但对自己去趟政治这潭浑水又都有程度不同的顾虑。蒋廷黻在劝胡适出山时以入水做比喻，说那潭水看上去很可怕，但一旦你跳进去了，就会觉得很愉快。② 然而，当胡适提名由他来替代时，他却也不愿跳进去，并且还很恼火。

推动新内阁计划的着眼点是争取美国的支持和援助。顾维钧多次向美国方面表示自由主义者自救改革的决心和新内阁的前景，以鼓励美国对中国局势的信心。美国政府对受过美国教育的自由主义者一向寄予很高的期望，希望这些人能在中国发挥重要的作用，就像马歇尔曾说的，中国的关键在于自由主义者在政府中和少数党中担起领导作用。但在国民党大势已去的情况下，美国政府认识到，没有人能够挽救这个政权了，故已经决定采取从中国"脱身"的政策。对这一点，倒是胡适比顾维钧看得要清楚些。他认为，让自由主义者出来协助国民党，"使美国相信我们自救的真诚愿望是无济于事的"。③

在与顾维钧一起酝酿新内阁之时，蒋廷黻还在筹划组建一个新政党——中国自由党。蒋廷黻组党的想法可以追溯到1945 年，希望在国民党之外另组一个反对党。1947 年下半年他出任驻联合国代表后不久，向顾维钧提起组党的问题。顾维

---

① 《顾维钧回忆录》第 7 分册，第 207 页。
② 《蒋廷黻日记》，1949 年 7 月 25 日。
③ 《顾维钧回忆录》第 7 分册，第 211 页。

钩赞同这个设想，与他讨论了党纲和章程。后来因为国内局势变化，他们"这方面的兴趣也就衰退了"。①

1949 年夏，蒋廷黻再提组党之事。8 月 29 日，他与胡适讨论组党问题，列了一份发起人的名单，蒋廷黻、胡适、顾孟余、翁文灏、傅斯年、陈光甫、郭泰祺、于斌等之外，顾维钧也在其中。9 月 7 日，蒋廷黻将他与胡适讨论后拟订的中国自由党党纲交顾维钧征求意见，并请他担任自由党的发起人。9 月 14 日，顾维钧回复蒋廷黻，愿意担任自由党发起人，并赞同党纲。他还对党纲提出修改意见，建议增加收取党费作为收入的规定，并公布财务和决算报告。信函发出后，顾维钧想到自己还是国民党党员，特别还是中央执行委员会的委员，于是于次日又致函蒋廷黻，表明接受自由党发起人是以放弃国民党党籍和中央执行委员会委员为条件的，在此之前还不适合做发起人。② 与新内阁计划一样，自由党计划也无法取得实质性进展。顾维钧对此的热情随后就减退了，虽然蒋廷黻为此的努力延续到 1951 年。

在漫长的外交生涯中，除了 1920 年代参加北京政府的那几年，顾维钧基本上不参与国内政治，并以此作为一个外交官的行事准则。新内阁计划以及自由党组党则有违于他以往恪守并标榜的原则。但在国共两党战略决战的时代大背景下，担任驻美大使的顾维钧，要完全置身于政治之外，几乎是不可能

①　陈红民：《蒋廷黻与夭折的"中国自由党"（1947~1951）》，《江苏师范大学学报》2013 年第 1 期；《顾维钧回忆录》第 7 分册，第 480~481 页。

②　《蒋廷黻日记》，1949 年 8 月 29 日；《蒋廷黻致顾维钧》（1949 年 9 月 7 日），中国口述史计划，第 11 盒，哥伦比亚大学图书馆藏；《顾维钧回忆录》第 7 分册，第 481~482 页。

的。在对外交涉中，顾维钧一向主张依靠美国。而在他看来，美国此时希望中国出现一个由自由主义者领导的政府，这样一个政府是获得美援、挽救时局的关键。所以，他就十分起劲地参与到推动新内阁的活动中了。按他自己的话说，"我们必须按出钱的老板定的调子演奏"，"按美国的期望行事"。① 一个以恢复中国丧失主权为己任的外交官，这样来定位与美国的关系，可见此时的顾维钧对美国依赖之深了。这种对美国的依赖和信任，是他从留学时开始在潜移默化中形成的对美国的认同与亲和感在外交事务上的反映。早在第一次出使美国期间，他就认为美国与其他列强不同，"对于我无阴谋，待我以至诚"。随着与美国打交道越来越多，他更是相信，美国"在本质上并不是帝国主义"，这是他按美国调子行事的思想基础。②

从政治理念上说，顾维钧是一个自由主义者，这是他积极推动新内阁的内在动因。在新内阁计划的几个关键角色中，胡适、蒋廷黻和顾维钧都毕业于哥伦比亚大学，都信奉自由主义，但对新内阁和现实政治的态度却有很大不同。胡适虽有心推动政治进步，但始终不愿放弃知识分子的独立性，也就不愿直接介入政治之中。蒋廷黻本质上是一个知识分子，但却热衷投身政治，下决心通过自己的行动推进自由主义政治。新内阁计划搁浅后，两人仍念念不忘政治改革。1950 年 7 月下旬，两人与顾维钧见面，谈到国内政局时，胡适说土耳其总统伊诺努（Ismet Innonu）由于选举失败和平交出政权，意思是国民党和蒋介石也应如此。蒋廷黻则说蒋介石最好就做纯粹法理上

---

① 《顾维钧回忆录》第 7 分册，第 137、145 页。
② 《顾维钧 1917 年 4 月 9 日电》，《近代史资料》总 38 号，第 185 页；《顾维钧回忆录》第 7 分册，第 506 页。

的"元首"，而不干预权力的实际运作。① 与胡适、蒋廷黻相比，顾维钧虽有相同的政治理念，但因为多年来从事外交的经历，在处世行事上要更为现实些，更懂得随机应变，在理念上不如胡、蒋那样执着。新内阁计划有可能时，他积极予以推动。而当该计划无法实行，局势剧变必须做出选择时，他并无太大困难地又回到先前的立场上，认为蒋介石在中国具有无可替代的地位，继续为蒋介石所代表的国民党在美国朝野奔走。

---

① 《顾维钧回忆录》第 8 分册，第 56~58 页。

第十一章 "一匹精疲力竭的老马"

一 "一国三公"、四面楚歌

在中国的国共内战中，美国政府向国民党提供了大量各种形式的援助，但大把大把的美元并没能挽回国民党在战场上的颓势。1948年底，美国政府开始确信，国民党的最终失败只是时间问题了。于是，美国决策者开始重新审视并调整其对华政策，认为继续承担对国民党援助的义务"并不是一种好的外交"，美国"需要改变航向的自由"。① 1949年初，三大战役结束，国民党一百多万军队被歼灭。4月下旬，人民解放军突破长江防线，占领南京。随着国民党败局已定，美国政府决心与国民党这艘沉船拉开距离。

美国对华政策的调整，尤其是对国民党态度的改变，使代表国民党政权处在对美外交第一线的顾维钧，面临着外交生涯中前所未有的困境。多年后回首这段日子时，他感叹道："这时实在是我最为困窘的日子。一切来自中国的消息都是那么令人沮丧，而我仍要继续工作，在美国政府颇不友善的态度下为国家尽心竭力。"他深感自己"已如一匹精疲力竭的老马"。②

杜鲁门政府要从它陷得很深的中国内战中脱身，实际上表明了美国对华政策的失败。为替失败的对华政策辩护，回应国

---

① *FRUS*, 1948, Vol. 8, p. 146.

② 《顾维钧回忆录》第7分册，第71、102页。

内共和党的攻击指责，也为了让美国公众对国民党的最后崩溃不致感到太突然，杜鲁门政府在1949年初决定准备一份文件，详尽地说明美中关系的状况，推卸失败的责任。这份文件题为《美国与中国的关系》，通常称之为《美中关系白皮书》。

顾维钧较早就获悉美国国务院正在准备这样一份文件，并且意识到文件的公布将对国民党产生负面影响。6月下旬，他致电外交部，报告了美国准备发表白皮书的情况，认为此事"殊值注意"。外交部得知后指示顾维钧，"此项白皮书如经公布，对我政府深为不利，希洽国务院探询真情，相机劝阻"。①

7月1日，顾维钧与美国国务卿艾奇逊会面，提出了白皮书问题。他说，国民党一直在寻求美国政府的道义支持，迄今尚未获得肯定的帮助。而白皮书的发表，其结果不仅会进一步削弱国民党的地位和威信，而且会给共产党过去几年来所进行的反国民党宣传提供更多的材料。他向艾奇逊提出，希望美国政府不要马上决定发表白皮书。在美国政府决策层中，艾奇逊是力主发表白皮书的，但当面并未回应顾维钧的要求，只是说将把这一意见转告杜鲁门总统，请其决断。几天后，在与国务院官员会面时，顾维钧继续强调，白皮书证实了共产党所说的国民党的短处和缺陷，这就是帮了共产党一个大忙，也会使美国政府自己丢脸，成为一个跟国民党站在一起的"帝国主义"政府。②

顾维钧的这些活动无法阻止美国决策者的既定计划。8月

---

① 《顾维钧致外交部》（1949年6月23日）、《外交部致顾维钧》（1949年6月25日），*Wellington Koo Papers*，box 148。

② 《顾维钧致蒋介石》（1949年7月1日），*Wellington Koo Papers*，box 167；《顾维钧回忆录》第7分册，第182、186页。

5 日，美国国务院发表了白皮书。白皮书在宣传美国对中国的
"传统友谊"、美化其对华政策时，详尽叙述了美国在军事、
政治、经济等方面给予国民党的各种援助，同时对国民党的腐
败无能也没有笔下留情。白皮书附有艾奇逊给杜鲁门的一封
信。艾奇逊在信中说，"中国内战的不幸结果为美国政府控制
所不及，美国在其能力的合理限度之内所曾经做或能够做到
的，都不能改变这个结果"，"这是中国内部势力的产物"。①
这番话意在表明，国民党的垮台与美国无关，美国政府做了该
做的一切，失败的原因在于蒋介石，而不是美国。这正是美国
政府发表白皮书的意图所在。

　　顾维钧对美国发表白皮书的第一反应是"美国已经一笔
勾销了国民党中国"，狠狠地踢了它一脚。在未收到外交部指
令的情况下，顾维钧发表了一份声明。这份声明不长，对着媒
体的镜头，顾维钧只念了一分钟，但却花了四个小时撰写定
稿。顾维钧在声明中说："对华白皮书的公布是一不寻常的步
骤，特别是在我国为遏制共党侵略和捍卫国家独立进行殊死斗
争之际。这一大卷书多为美国对事态的看法，当然，中国方面
还有它的观点。中国政府正在研究白皮书的内容，并将发表看
法。不管过去的所作所为该不该算在国民政府的帐上，今天的
基本事实是，中国正在与受到国际共产主义援助和唆使的共党
侵略奋力搏斗。"在声明的最后，顾维钧向美国呼吁："决心
继续为反对共产党侵略而斗争的中国当能成功地赢得美国对其
目的和努力的更好理解，并完全取得它道义上和物质上的

---

① 《中美关系资料汇编》第 1 辑，第 41 页。

支持。"①

这是国民党方面对白皮书的最早回应。由于认定对美外交的首要目标仍是争取美国的支持和援助，顾维钧避免在声明中对美国国务院进行直接的批评，尽管他对白皮书十分不满。8月16日，国民党政府对白皮书的声明在广州发表，顾维钧对该声明的评价是："白皮书公布十天之后发表的这份声明过于温和，并有意含混其词。论点也未击中要害。"②

白皮书的发表不仅对中美两国关系产生了巨大冲击，在国民党内也造成了很大混乱。白皮书在最后部分引述了李宗仁以代总统身份于1949年5月5日致杜鲁门信中的一段话："可惜由于我们当时的政府没有能够对这项援助作正当的使用，未能做到政治、经济与军事上适当的改革，致使你们的援助并没有产生预期的效果，我们的国家目前所处的窘境应归咎于当时的贻误。"③ 李宗仁给杜鲁门写这封信，是想与蒋介石的失败划清界限，以便美国政府接下来能够支持他。但这一表述，正好被美国国务院用来证明美援没有发挥作用的责任全在国民党自己。国民党内最高层尤其是蒋介石与李宗仁的矛盾虽说已是公开的秘密，但李宗仁信件的公开，将这一矛盾完全暴露于公众面前，对国民党来说更是雪上加霜。

顾维钧是国民党政府驻美的外交代表，但对这样一封由代总统致美国总统的信竟毫不知晓。白皮书公布此信后，顾维钧与李宗仁派驻美国的代表甘介侯联系，希望能获得信件的全部内容。甘介侯虽然口头上答应，但一直拖延，就是不肯将信

① 《顾维钧回忆录》第7分册，第231、235~236页。
② 《顾维钧回忆录》第7分册，第244页。
③ 《中美关系资料汇编》第1辑，第445页。

件交给顾维钧。

国民党内的矛盾和分裂使顾维钧处在十分尴尬的地位。此时蒋介石已到了台湾，在广州有李宗仁，还有行政院长阎锡山。李宗仁在美国有自己的代表，阎锡山也派了自己的代表来美国。在美国还有宋美龄、宋子文等人。这些人都会分头去找美国政府官员和国会议员谈中国问题，并各自向国内报告，相互之间却封锁消息。这种多头并进的状况，使顾维钧左右掣肘，难以施展身手，却不能公开抱怨，只能在日记中大叹苦经："一国何啻三公。"①

尽管对国民党内的矛盾和分裂不满和无奈，顾维钧却没有停止为这个败退中的政权服务。白皮书发表后，顾维钧在大使馆内开会，要求使馆人员在以后的两三周内，从各个具体问题的侧面，准备一系列文章发表，以便持续反击并借此削弱白皮书的影响。他自己也出马撰文，经陈之迈修改后于9月中旬定稿。这篇题为《中国是值得拯救的》文章发表于《读者文摘》（*Reader's Digest*）11月号上。文章以极具煽动性的词语开头："中国正在火上，经受共产主义的灼灼烈焰炙烤。爱好自由的人民的伟大任务就是阻止这场大火的蔓延。"在追述美国对华政策时，文章突出了美国政府与国民党政府在共产党问题上的不同，尤其讲到马歇尔调停时期的政策捆住了国民党的手脚，针锋相对地反驳白皮书的观点。文章强调"中国是值得拯救的，也仍然能够被拯救"，但关键是时间，拖延帮助中国将影响整个亚洲。②

---

① 《顾维钧日记》，1949 年 8 月 5 日，*Wellington Koo Papers*，box 217。
② *Wellington Koo Papers*，box 134。

顾维钧竭尽全力想让美国政府和公众相信国民党中国是能够被拯救的,但事实却无情地嘲笑了他撰写的文章。该文发表时,广州已被人民解放军占领。从南京退至广州的国民党政府只得再次败走,撤至重庆。在此之前,顾维钧向美国国务院官员保证,国民党白崇禧部队可以守住湖南南部,广州作为政府的最后堡垒是稳固的,蒋介石与李宗仁的合作也大有进步。但随即传来的消息却说,因为蒋介石不给白崇禧部队军饷,以及将自己的部队从粤北撤走,白崇禧指挥的防线崩溃了,只得率部仓促撤往广西。① 这一状况颇像九一八事变后顾维钧在国联的经历,在台上说得天花乱坠,下台后却发现事实完全相反,好像挨了一巴掌,而此时顾维钧所承受的心理打击则远远超过当年。

随着国民党在大陆控制的区域急剧缩小,台湾问题在美国对华政策中的重要性开始凸显出来。在准备从中国大陆脱身时,美国政府考虑将台湾与大陆分开来处理,并将蒋介石的势力阻止在台湾岛之外。在蒋介石于 1949 年 5 月下旬到达台湾后,美国又考虑培植取代蒋介石的势力。对美国的这一意图,处在内外交困中的蒋介石看得很清楚,采取了隐忍退让的策略,避免与美国正面冲突,而对美国属意的人选则处处提防,设置障碍,将军政大权牢牢地掌控在自己手中。美国政府最终发现有关国民党和台湾的事情无法绕过蒋介石,只得回过头来仍与他打交道,但对是否予以全力支持却下不了最后的决心。②

① 《顾维钧回忆录》第 7 分册,第 438 页。
② 资中筠:《美国对华政策的缘起和发展 (1945~1950)》,第 289~300 页。

11 月 3 日，美国驻台北"总领事"根据国务院指示向蒋介石当面宣读了艾奇逊给他的电报，称美国对国民党在台湾"治理不当"很不满意，美国的态度取决于国民党自身改革的情况；目前已批准的美国援助还将继续，今后是否提供新的援助，则要看国民党自己表现如何，并要国民党保证在岛上进行政治、经济改革，然后美国再实施援助方案。蒋介石对批评其治理不当面露不满，当天在日记中称美方措辞"傲慢不驯"，但会面结束后又一厢情愿地认为这是国务院在白皮书发表后"转圜之地步"，给自己下一台阶，接下来就会向他提供援助。① 基于这一判断，蒋介石决定抓住时机，要求美国加强军事援助。

11 月 9 日，顾维钧收到蒋介石的密电，通报了美国政府的最新表态，以及在这之后陈诚发表的呼吁美国加强援华派遣军事顾问团的声明。蒋介石此电的目的是要顾维钧积极推进美国对台湾当局的援助。但顾维钧对美国政府的表态有不同的理解。收到电报当天，他与刚出任助理国务卿的巴特沃思（Walter Butterworth）会面，了解艾奇逊给蒋介石电报的由来和美国政府的真实态度。巴特沃思称此电是为了说明美国政府对台湾的关切，但台湾当局竟据此提出要美国派军队"协防"台湾，简直是异想天开。这一回答使顾维钧明白，包括巴氏在内的国务院官员对蒋介石的憎恶丝毫未变。艾奇逊给蒋介石的电报与其说是承诺，不如说是恐吓，是逼迫蒋介石在台湾推行改革，自己承担起防卫的责任。因此，陈诚敦促美国加强"援华"

---

① 资中筠：《美国对华政策的缘起和发展（1945～1950）》，第 300～301 页；《蒋介石日记》，1949 年 11 月 3 日。

的声明"实际上是文不对题"。①

顾维钧的这一判断抓住了美国政策的实质。美国政府此时确实无意对蒋介石或台湾承担任何责任，只是担心停止援助会进一步招致国内反对势力的攻击和损害国民党已经很低落的士气。基于对美国政策的这一理解，顾维钧仍坚持先前的看法，认为获得美援的先决条件还是国民党进行美国所期望的改革，由美国政府属意的人出来主持政局。于是，他向台北提出建议："我于提出（美援）请求之前，宜先由我自动调整主持台岛省政之人选，以表示我决心抗共，欢迎与美合作之诚意，而免美政府中反对助我者之怀疑与阻梗。"② 只是此时他心目中的人选已不是胡适，而是美国人多次向他提起的吴国桢了。此前，美国海军西太平洋舰队司令白吉尔（Oscar Badger）在 11 月上旬和 12 月上旬两次向顾维钧表示，台湾需要有一位致力于改革的文官出任省主席，而吴国桢是最合适的人选。③ 吴国桢也是一位留美学生，抗战后期担任过外交部副部长，抗战胜利后担任上海市市长，被认为是一位能干的官员。

顾维钧向台北提出建议时，蒋介石为了获得美国的支持和援助，也正考虑接受美国的提议，于是在 12 月 15 日任命吴国桢出任"台湾省主席"。做出这一安排后，蒋介石认为可以向美国提出增加援助的要求了。12 月 16 日，叶公超密电顾维钧，内容是关于一份代号为"艾利斯"（Alice）的备忘录。这份备忘录向美国开出了求援的清单，包括在军事上帮助国民党装备 6 个陆军师、16 艘巡逻艇，在技术上派遣陆海空军顾问

① 《顾维钧回忆录》第 7 分册，第 496~497、502~508 页。
② 《顾维钧致王世杰》（1949 年 12 月 13 日），*Wellington Koo Papers*，box 145。
③ 《顾维钧回忆录》第 7 分册，第 508、531 页。

三四十人协助策划训练，在经济上延长未用完的援华款项并帮助稳定台币、发展工农业等。台湾当局表示："如美国政府接受吾人之请求，给予吾人以次所列技术的物质的援助，中国政府决不因之而忽视其自己的责任或丝毫松懈其自己应有之努力。"叶公超要求顾维钧将这份备忘录译成英文后亲送国务卿或副国务卿，请他们尽快予以考虑并转杜鲁门总统，并告诉他此项要求在台湾只有三四个经手人知道，不要泄露给在美国的其他中国人。①

接到"艾利斯"备忘录后，顾维钧特地去拜访白吉尔。白吉尔是美国军方中主张加强援蒋的重要人物，"艾利斯"备忘录就是根据他不久前向台湾提出的建议加以修改而成的。顾维钧去见白吉尔是为了与他讨论备忘录中一些具体问题的表述，并了解国务院对援蒋问题的最新态度，以使备忘录尽可能顺利地被国务院接受。会见后，顾维钧对"艾利斯"备忘录做了修改补充，列出了原先缺少的军事援助款项的分类数额。12 月 23 日，他将修改过的备忘录英文稿送交助理国务卿巴特沃思，并向巴氏强调，台湾当局"认识到毕竟它必须自助，它所要求的任何援助只是为了帮助它更有效地履行自己的责任而不是把责任推给旁人"。② 顾维钧和台湾当局期待美国政府对"艾利斯"备忘录做出积极的反应。

但就在顾维钧向美方递交备忘录的当天，美国国务院向驻外使馆发出一份有关台湾问题的内部文件。该文件开宗明义地指出，台湾可能为共产党军队攻克，因此必须做好宣传舆论准

① 《叶公超致顾维钧》（1949 年 12 月 16 日），*Wellington Koo Papers*，box 145。
② 《顾维钧回忆录》第 7 分册，第 536~544 页。

备，以尽量减少此事对美国威信的影响。宣传的要点是台湾没有特别的军事意义和战略价值，美国并未承担"拯救"台湾的责任，而且这样做对美国害处极大。① 这份被称为"第28号特别命令"的文件表明，美国国务院急于要从与蒋介石和台湾当局的牵连中摆脱出来。

国务院的文件是内部文件，顾维钧当时并不知晓。但他通过军方的渠道获悉，在12月29日举行的美国国家安全委员会会议上，军方不顾国务院的反对，主张向台湾当局提供援助。在向台北报告这一信息时，他称，该"会议的气氛相当良好，在新的一年开始时，出现这种有利的气氛，显示着会有一定的事态发展"。② 顾维钧的语调相当乐观，显然认为这一发展是朝着有利于台湾当局的方向进行的。但是，这一次顾维钧的判断错了。

1950年1月5日上午，顾维钧从新闻中知道了国务院"第28号特别命令"，觉得十分惊讶。下午，杜鲁门总统就台湾问题发表正式声明。在这份声明中，杜鲁门表示遵守《开罗宣言》和《波茨坦公告》关于台湾归还中国的规定，尊重中国对台湾的主权，并称：

> 美国对台湾或中国其他领土从无掠夺的野心，现在美国无意在台湾获取特别权力或特权或建立军事基地。美国亦不拟使用武装部队干预其现在的局势。美国不拟遵循任何足以把美国卷入中国内争中的途径。同样地美国政府也

① 资中筠：《美国对华政策的缘起和发展（1945~1950）》，第304~305页。
② 《顾维钧回忆录》第7分册，第553页。

不拟对在台湾的中国军队供给军事援助或提供意见。[1]

美国政府这一完全从中国脱身的表态，对处于风雨飘摇之中的国民党来说，是十分沉重的打击。这也出乎此前对形势估计较为乐观的顾维钧的预料。不过，顾维钧明白，军方与国务院之间、共和党与民主党之间在台湾问题上的不同意见仍然存在，而且即使是杜鲁门的声明也未将今后援助国民党台湾当局的门完全关死，因为杜鲁门强调的只是"现在美国无意"干预和卷入。在声明发表当天给台北的电报中，顾维钧提醒台湾当局高层，对在声明发表前临时插入的"现在"两字，以及现场杜鲁门不愿答复记者就此的提问，应"特为注意"。[2] 他主张对杜鲁门声明应做谨慎的反应，不宜即刻发表公开回应。

顾维钧对杜鲁门声明的分析，显示出他对美国国内政治和各派政治力量的了解。当台湾当局高层对杜鲁门声明一片惊慌之时，他看出了隐藏在公开声明后美国决策层内存在的矛盾。在台湾问题上，美国政府内部有两派不同的意见。军方主张向台湾当局提供在美国监督之下的一定规模的军事援助，尽可能长地维持国民党对台湾的统治，因为这符合美国在远东的安全利益。但国务院认为，过去几年的经验表明，向国民党提供援助并不能挽救这个已经腐败透顶的政权，它的失败只会使美国丧失威信，付出更大的代价，而且台湾对美国的安全并非那么重要。杜鲁门的声明表明在这两派的争执中，总统站到了国务院这一边。但军方并没有因此放弃自己的主张。在国会中，共

---

[1] 世界知识出版社编《中美关系资料汇编》第 2 辑，世界知识出版社，1960，第 10 页。

[2] 《顾维钧致外交部》（1950 年 1 月 5 日），*Wellington Koo Papers*，box 145。

和党中的亲国民党势力则抓住声明攻击民主党政府及其对华政策，掀起新一波的反对声浪。这样，杜鲁门声明发表后不久，美国国内对国民党的态度反而向着相反的方向发展起来。

在美国的亲国民党势力中，有一些人对蒋介石没有好感，认为国民党失败的最大责任就在于蒋介石。他们主张继续援助国民党，但蒋介石必须离开，并就此与顾维钧接触。最早向顾维钧提出此点的是从中国回来不久的驻华大使司徒雷登。1949年9月2日，顾维钧与司徒雷登会面。在顾维钧提出自由主义者组阁一事后，司徒雷登表示，最好是请蒋介石交出政权，出洋考察。不过，司徒雷登没有说这一主意是他个人的，还是代表政府提出的。①

司徒雷登还只是提出建议，并没有具体的行动计划。接着就有人带着具体的方案来找顾维钧了。担任过美国驻苏大使的戴维斯（Joseph Davies）带了里基特（William Rickett）来与顾维钧见面。顾维钧知道后者是一位著名的特工，称他为"阿拉伯的劳伦斯的追随者"。里基特向顾维钧提出，如果蒋介石愿意离开中国，美国政府负责保证他的安全。蒋介石可以携带他的一切财物，美国为他装备一艘完全由他支配的游船，他可以随心所欲地去任何国家。里基特表明这个主意是经过白宫研究的，并作为白宫的意见告诉顾维钧，请他作为中间人转告蒋介石。多半是认为蒋介石根本不可能接受这一方案，而且相信蒋介石还能够掌控权力，顾维钧没有按美方的要求转达这一消息。直到1953年10月蒋经国"访问"美国，时过境迁，

---

① 《顾维钧回忆录》第 7 分册，第 366 页。

顾维钧才将此事告诉了蒋经国。[①]

1950 年 3 月 16 日，一个与美国中央情报局有联系的挪威人布约尔塞特（Brynjolf Bjorset）来见顾维钧，直截了当地提出美国政府和美国商界已不信任蒋介石了，他应该走开，把权力交给他人。此前的 3 月 1 日，蒋介石已经在台北"复行视事"，重新走到前台。因此，顾维钧明确回答布氏，这不是切实可行的建议，现实终归是现实。[②]

在这之前，李宗仁以治病的名义已于 1949 年底到了美国。蒋介石"复行视事"，还有着"代总统"头衔的李宗仁自然不满。他的私人代表甘介侯在美国报刊上发表声明，谴责此举为"违宪"行为。对蒋李冲突，顾维钧仍然倾向蒋介石一边。他劝说李宗仁顺从不可避免之事，即应该接受现实，并说如果公开发泄对蒋的愤怒，就会损害美国对台湾的继续援助。[③] 时局动荡之际，顾维钧对国民党高层政治看得十分清楚，相信只有蒋介石才能掌控局面。

这一时期，顾维钧的外交活动集中于推动美国的政策朝着有利于台湾的方向转变。3 月下旬，美国国务院发生人事变动，腊斯克（Dean Rusk）取代巴特沃思出任负责东亚事务的助理国务卿。与前任不同，腊斯克主张援助蒋介石。因此，他一上台，顾维钧就认为"他对问题不抱偏见"，也就是不像巴

---

① 《顾维钧回忆录》第 7 分册，第 367、562 页；《蒋介石日记》，1953 年 10 月 23 日。顾蒋的记载稍有差异。顾维钧没有谈到与里基特见面的具体日期。蒋经国在告诉蒋介石该事时说，顾维钧称 1950 年 2 月有一个英国人向他提出，但没提此英国人的姓名。但两人都谈到了会送一艘船给蒋，应是同一件事。

② 《顾维钧回忆录》第 7 分册，第 565~566 页。

③ 《顾维钧回忆录》第 7 分册，第 603 页。

特沃思那样厌恶蒋介石和国民党。4 月 20 日，顾维钧与就任新职的腊斯克第一次会面，美援是他们会谈的重点。顾维钧首先提出，美国应重新考虑杜鲁门声明中所宣布的不提供援助的政策，随即建议如果目前还难于从根本上改变业已宣布的政策，可先给台湾当局少量纯粹用于防御的援助作为政策修正的开始，并列举了地面雷达站、沿海巡逻用的小型海军舰艇等。这次会晤比原计划延长了一个小时。腊斯克虽在会谈中表示，杜鲁门声明所宣布的政策仍是现行的政策，但在会谈后几天就向艾奇逊进言，建议向台湾当局提供援助。①

与腊斯克几乎同时到国务院担任顾问的杜勒斯，是国务院中正在上升的援台势力的另一主要代表。顾维钧与他保持着密切往来。在与腊斯克会谈后次日，顾维钧邀请杜勒斯到使馆双橡园午餐，讨论美国的对台政策。席间，杜勒斯对顾维钧关于敦促恢复军援可先从防御项目开始的主张表示赞同，并愿意在国务院讨论对台政策时施加影响，尽管他不能肯定这影响究竟有多大。② 顾维钧向腊斯克和杜勒斯提出的先提供防御援助的建议，并非来自台湾当局的指示，而是他自己为了推动美国逐步改变政策而向美方提供的一个方案。

对积极主张援台的军方，顾维钧更是往来密切，特别是与助理国防部长格里菲斯经常会面，讨论恢复军事援助的问题。

6 月初，顾维钧从与美国官员的交谈和新闻报道中已经感觉到，美国政府的对台政策有可能发生变化。6 月 12 日，杜勒斯告诉他，国务院对台湾当局的态度近来有所好转，存在重

① 《顾维钧回忆录》第 7 分册，第 736~738 页；*FRUS*, 1950, Vol. 6, pp. 333-335。

② 《顾维钧回忆录》第 7 分册，第 741~742 页。

新考虑对台提供军援的可能性。这一切使顾维钧认为，"美国要改变远东政策已初见端倪"，只是尚须等待合适的时机。[①]这一时机出乎意料地很快就出现了。

二　朝鲜战争的冲击

1950 年 6 月 25 日，朝鲜战争爆发。消息传到美国，还是24 日星期六的晚上，顾维钧正在新泽西州的乡间度周末消夏。尽管是朝鲜半岛上发生的事情，他马上想到的是美国将做出怎样的反应："不知美国将如何应对？它不可能对此置之不理，因为这是对美国威望的直接挑战。"[②]

6 月 27 日，美国总统杜鲁门就朝鲜战争发表声明，除命令美国军队支援韩国军队外，还命令美国海军进驻台湾海峡，称："共产党部队的占领台湾，将直接威胁太平洋地区的安全，及在该地区执行合法而必要职务的美国部队。因此，我已命令第七舰队阻止对台湾的任何进攻。作为这一行动的应有结果，我已要求台湾的中国政府停止对大陆的一切空海攻击。第七舰队将监督此事的实行。台湾未来地位的决定必须等待太平洋安全的恢复、对日和约的签订或经由联合国的考虑。"[③] 两天后，美国第七舰队驶入台湾海峡。这样，在卷入朝鲜战争的同时，美国入侵了中国的领海。

杜鲁门的声明改变了他 1 月 5 日声明中尊重《开罗宣言》和《波茨坦公告》将台湾归还中国的立场，提出了美国决策

---

① 《顾维钧回忆录》第 7 分册，第 765、778 页。
② 《顾维钧回忆录》第 8 分册，第 1 页。
③ 《中美关系资料汇编》第 2 辑，第 89~90 页。

层内酝酿已久的"台湾地位未定"论。但与此同时，第七舰队进入台湾海峡，又为台湾当局提供了它所期望的武装保护。顾维钧在杜鲁门正式发表声明前获得了声明文本，读了之后心情十分复杂。一方面，由于美国向台湾提供了武装保护伞，他认为美国的对台政策"是往好的方面变化"；另一方面，对声明中有关"台湾地位未定"的内容，他认为"措辞是粗暴的，简直很蛮横。官方声明中使用如此措辞以对待友好国家，实属罕见"。当天向台北报告时，他特别提醒台湾当局注意杜鲁门声明中有关"台湾地位未定"的内容：

> 细察宣言措词不无深意，其明言台湾将来地位须待诸日后决定，一面因现既改变态度，与元月间宣言不得不有自圆之说，一面亦欲对各种可能解决留一回旋余地，不先自作拘束。如所列属确，是未必均与我有利……综此情形，我对美宣言不宜轻先表示态度，似须慎重考虑，既不宜予美以刺激，亦不必过为颂扬。①

同一天，顾维钧还向正出席联合国安理会会议的蒋廷黻建议，不要评论杜鲁门声明中有关台湾地位的那段话，因那段话有不利于台湾当局的可疑含义；如果一定要表示意见的话，可以就美国政府承担阻止大陆对台湾武力进攻一事表示赞赏。②

杜鲁门声明传到台湾，岛内舆论在肯定其"协防"台湾的同时，对其中"台湾地位未定"的论调也有指责。这一情

---

① 《顾维钧致叶公超》（1950 年 6 月 27 日），*Wellington Koo Papers*，box 145；《顾维钧回忆录》第 8 分册，第 7 页。
② 《顾维钧回忆录》第 8 分册，第 8 页。

况反馈到美国，引起美国的不满。于是，顾维钧电告台北，对杜鲁门声明不要做考虑欠周的新闻报道，或感情冲动的评论，以免激怒美国政府和公众，"不利于我，盼今后避免此类有损合作之表示"。叶公超回复称，顾的意见已引起重视，并已指示各报馆不要发任何带刺激性的评论。①

尽管对美国的"台湾地位未定"论不满，台湾当局还是将朝鲜战争看作改变自身不利处境的战略机遇。杜鲁门声明发表当天，叶公超从台北给顾维钧打来电话，就根据联合国决议拟派军队去朝鲜半岛一事征求其意见。顾维钧表示，不要具体说明将提供何种援助，只需表明在保卫台湾安全的前提下，愿意贡献最大的力量。并建议派军队之事，在正式向联合国提出前，应先与美国政府磋商，并严守秘密，不使美国为难。在同美国达成某种默契之前，连联合国也不通知。②

然而，台湾当局对派军队一事很是急切，而且想当然地认为美国会接受这一提议。6月29日清晨，叶公超再次给顾维钧打来电话，告诉他台湾已决定派一支33000人的陆军部队赴朝鲜半岛，并说已将该决定的备忘录用电报发来，请其送交国务院。当天下午，顾维钧将该备忘录交给了腊斯克。③

但台湾方面没有接受顾维钧有关此事须秘密进行的提醒，未待美方对备忘录做出回复就将派兵一事在媒体上予以披露。7月1日，美国国务院回复"使馆"，对台湾当局派兵一事婉言拒绝，称在做出最后决定之前，应由麦克阿瑟和台湾军事当

---

① 《顾维钧致叶公超》（1950年7月8日），*Wellington Koo Papers*，box 145；《顾维钧回忆录》第8分册，第39~42页。
② 《顾维钧回忆录》第8分册，第8~9页。
③ 《顾维钧回忆录》第8分册，第11~12页。

局双方派出的代表进行讨论，以确保台湾防务之需要。顾维钧对美国的回复很失望，更对台湾当局在美国未答复前就公布此事颇为不满，认为在处理微妙的"外交"问题上缺乏协调，是一个失策，但想挽救已为时太晚了。①

当然，美国拒绝台湾当局派兵的原因要比台湾提前公布消息复杂得多。着眼于朝鲜战场本身，美国需要有他国军队的参与和支持。但从整个远东局势看，美国生怕台湾当局借此拖美国下水，使朝鲜战争扩大化，最后演变为第三次世界大战。而对第三次世界大战的期盼，确是此时国民党内许多人的普遍心理。

7月18日，叶公超来电，传达蒋介石指示，要顾维钧回台湾讨论局势。7月31日，顾维钧抵达台北。抵台后，他与许多国民党高层人士见面，交流对局势的看法。他们中大多数人都认为第三次世界大战如果不是迫在眉睫，也是不可避免的，认为这会给国民党起死回生提供最好的机会。他们都想听听顾维钧对此的意见。顾维钧完全不赞同这一看法。他告诉这些高官，世界大战就是美苏之间的冲突，这在目前是不可能的。因为美国不打算打一场大规模的战争，除非是被动应战。而苏联尽管摆出一副踌躇满志甚至妄自尊大的姿态，但也不愿意发生世界大战。因此，在可预见的将来，根本不会发生第三次世界大战。在国民党秘书长张其昀召集的圆桌讨论会上，当顾维钧以十分肯定的口吻直率地说出自己的看法时，他看到失望的表情出现在与会者的脸上。②

---

① 《顾维钧回忆录》第8分册，第24页。
② 《顾维钧回忆录》第8分册，第86~87页。

　　在台期间，顾维钧与蒋介石有四次面对面的谈话。他向蒋介石详细介绍了美国对台政策的最新发展，以及从总统到国务卿、国防部长和国会领袖对台湾当局和国民党的态度。蒋介石最为关心的是能够获得美国多少援助。顾维钧告诉他，国民党与美国的关系已经面临非常困难的境地，因此双方必须相互了解，共同致力于坦率而又友好的政策，以便保持最密切的合作。他还婉转地向蒋介石表示，美国国内包括有些首脑人物并不喜欢他，因此在目前的特殊情况下，应该把声誉和自豪的问题放在一边，谋求建立一种坚定、实际和可靠的合作基础，要比美国人还更实际些。①

　　这是顾维钧第一次来到台湾。自幼就为中国地大物博而自豪的他，目睹自己所服务的国民党就局限于这样一小块地方，深感惶惑不安。在与"行政院长"陈诚谈话时，他直称台湾为一个小岛。更让他惊讶的是，因为经费拮据，陈诚要裁减驻海外的"使馆"和代表团。这让一直致力于提升中国国际地位的顾维钧，确实感受到了国民党的没落。②

　　顾维钧此次回台，前后停留17天，行程排得满满的。其间，他有130起约会、13场演讲，包括在蒋介石主持的国民党中央评议会上报告国际局势。

　　8月17日，顾维钧离开台湾当天，蒋介石特地召见他，要他返美途中在东京停留一下去见麦克阿瑟，转达"组织东亚反共同盟军"并归美国指挥的口信，探询麦氏的反应。③此前麦克阿瑟刚"访问"过台湾。麦氏"访台"时，蒋介石提

---

① 《顾维钧回忆录》第8分册，第85~86页。
② 《顾维钧回忆录》第8分册，第88~90页。
③ 《蒋介石日记》，1950年8月17日。

出派军队赴朝鲜战场事未被接受。但蒋介石并不死心,希望以顾维钧在外交界的人脉再去劝说。同时,蒋介石也希望顾维钧此行可代他表达对麦氏支持的感谢,因为麦克阿瑟"访台"后在美国国内遭到强烈批评。

8月18日,顾维钧在东京盟军最高司令部拜会了麦克阿瑟。在表达蒋介石对麦克阿瑟"访问"台湾的感谢之后,顾维钧转告了蒋介石希望派兵参加朝鲜战争的愿望,称蒋介石从与麦克阿瑟的私交出发,愿意派15000人的军队赴朝鲜半岛,以"志愿军"而不是官方的名义在麦克阿瑟指挥下作战,并说蒋介石尽管没有打赢共产党,但他与共产党作战的经验在朝鲜战场上是绝对必要的。但是,麦克阿瑟拒绝了顾维钧带来的蒋介石的提议,认为台湾当局首先要考虑自身的安全和防务。顾维钧明白,麦氏这样回复是因为华盛顿对此问题已做出决定。①

顾维钧刚回到华盛顿,8月24日,中华人民共和国外交部长周恩来致电联合国安理会轮值主席、苏联代表马立克(Yakov Malik)和联合国秘书长赖伊(Trygve Lie),控诉美国武装侵略台湾,要求安理会制裁美国政府,并"立即采取措施,使美国政府自台湾及其它属于中国的领土完全撤出它的武装侵略部队"。② 第二天,美国政府就迅速做出回应。美国代表奥斯汀(Warren Austin)在安理会发表声明,拒绝关于侵略的指控,称美国对台湾并无领土野心,并建议安理会指派调查团赴台湾调查。稍后,安理会投票表决,通过将控美侵台案列入议程。美国为使台湾问题进入安理会,也投了赞成票。

---

① 《顾维钧回忆录》第8分册,第93~95页。
② 中共中央文献研究室编《周恩来年谱(1949~1976)》上卷,中央文献出版社,1997,第68页。

顾维钧认为美国政府的做法"简直有点出乎意料"。但是，他又明白，朝鲜战争爆发后美国在台湾海峡采取的政策是单方面行动，还没有国际上的支持，因此想借此机会在国际讲坛上阐明美国的立场，并争取他国对美国的支持。①

美国的做法在台湾引起强烈反响。此前一年，国民党在大陆败局已定的情况下，向联合国控诉苏联违反中苏条约，但美国没有全力配合，致使控苏案提出年余，仍无实质进展。而对中国大陆提出的控诉，美国则立即回应，并提出派调查团，使台湾当局处在十分尴尬的境地。国民党高层反对派遣调查团到台湾，视之为损害国际地位和尊严的举动，准备就此问题在安理会上行使否决权。"外交部长"叶公超对此有不同看法，但孤掌难鸣，于是给顾维钧打越洋电话求援，请他将自己的意见发个电报给台北，以做他的后盾。②

9月5日，顾维钧按叶公超的吩咐给他发了一封长电。电报开头指出，"美拟要求查明真相实属不得已之应付政策"，并非自愿。但此事对我方前途关系重大，采取何种对策，必须慎重研究。顾维钧称，根据他的了解，联合国其他成员国都会同意美国派遣调查团的建议，如果我方单独反对，恐难如愿，而如果行使否决权，则会影响美国与我方的合作，并引起美国的反感，这样就掉进了苏联设置的陷阱。顾维钧在电报中强调，最复杂的地方在于台湾的地位问题，因此首先要确定在该问题上的立场。他接着说，自杜鲁门声明以来美国一再宣称台湾的地位应留待将来确定，之所以如此，部分地是看到问题的

① 《顾维钧回忆录》第 8 分册，第 99 页。
② 《顾维钧回忆录》第 8 分册，第 103 页。

复杂性和重要性，部分地也是一种权宜之计。但美国也承认台湾现在由国民党控制着，是政府所在地，这是非常重要的。因此，他认为"美之看法未必于我损多益少"，最后决策时一定要慎重考虑。① 顾维钧此电的主旨就是接受现实，不要与美国发生矛盾，影响其对台湾当局的支持。

此前蒋介石已下决心对联合国派遣调查团在安理会行使否决权，对叶公超担心此举会得罪美国毫不在意，认定"我为自卫，如其不谅，自所不恤也"。收到顾维钧以及蒋廷黻不赞同行使否决权的电报后，蒋介石非常不满，"蒋廷黻、顾维钧来电皆不敢赞同余对调查台湾案投否决票。明是理直气壮之事，而若彼偏解为不对"。但这两位在第一线的资深外交官的意见还是产生了影响。9 月 9 日，蒋介石召集会议，与会者大多认为"以使用否决权得罪美为大不可"，蒋最终只得"勉从众意"，但心中颇为不快。②

9 月 19 日，顾维钧应约与腊斯克见面。腊斯克告诉他，美国已决定要将台湾问题提交联合国全体大会，目的是希望联合国分担在台湾海峡维持现状的责任，以及保证将来以和平方式解决台湾问题。此前控美侵台案已列入安理会议程，联合国大会由全体会员国组成，美国此举是希望更多国家参与进来。在询问美国提交大会的着眼点是什么后，顾维钧抱怨美国的政策扑朔迷离，并追问腊斯克主要目的是否在于拖延时间，以待事态发展再做决定。顾维钧的话直截了当，但暗藏机锋，他注意到腊斯克一下子脸都红了。腊斯克以不要向台北报告为条件

① 《顾维钧致叶公超》（1950 年 9 月 5 日），*Wellington Koo Papers*，box 145。
② 《蒋介石日记》，1950 年 9 月 5 日、7 日、9 日。

坦率相告，这样做是因为无法确定苏联是否会挑起更大的冲突，所以为了保证美国的防务不受危害，台湾的安全必须有所保障，也因此，美国乐于看到台湾能维持现状。① 两天后，美国向联合国秘书长正式提出大会应研究台湾问题。

对于美国提出将台湾问题列入联合国大会，台北方面十分焦虑，担心引起在联合国的代表权问题，有损其国际地位。台北与驻华盛顿的"使馆"和驻纽约的联合国"代表团"之间，函电交驰。顾维钧与蒋廷黻等在美官员也保持密切往来，交流彼此看法。

10 月 20 日，顾维钧与杜勒斯会面。杜勒斯此时不仅是国务院的顾问，也是出席联合国大会的美国代表。顾维钧对杜勒斯说，根据美国政府承认的《开罗宣言》等文件，台湾是中国的领土，这是头等重要的问题，而台湾的地位问题本身也不在联合国的职权范围之内。杜勒斯解释道，美国政策的目的是防止台湾地区发生麻烦，冻结台湾现状的政策对台北不无好处，因此希望台北不要过分反对美国的立场，使美国政府为难。并请顾维钧向台北转达美方的这一立场。②

顾维钧接受了杜勒斯的解释。当天傍晚，他与蒋廷黻见面时转述了杜勒斯的看法，并表示赞同。因为知道蒋廷黻在此问题上有不同看法，顾维钧力陈接受美国立场的必要，指出因为在联合国的"代表权"危如累卵，最好还是现实一些，按美国的建议应对。蒋廷黻表示可以重新考虑自己的立场。③

但台北接到顾维钧报告后，并不接受美国的立场。蒋介石

---

① 《顾维钧回忆录》第 8 分册，第 136~139 页。
② 《顾维钧回忆录》第 8 分册，第 147~148 页。
③ 《顾维钧回忆录》第 8 分册，第 149 页。

与陈诚、王世杰讨论时，明确指出反对联合国组团来台。11月1日，叶公超据此给蒋廷黻、顾维钧来电，指示如安理会打算派调查团应提异议，甚至行使否决权也在所不惜。①

11月4日，顾维钧到纽约与蒋廷黻就此问题交换看法，商讨对策。随后，他将商谈情况和自己的建议致电叶公超。顾维钧建议的主要内容是，应向联合国建议推迟辩论台湾问题，但由于大会已做出决定，应要求将辩论限制在台湾与太平洋和平与安全的问题而不是台湾的地位问题，派调查团赴现场确无必要。②

但此时中国人民志愿军已入朝作战，美国关注的重点转向朝鲜战场，不再急于在联合国大会辩论台湾问题了。11月15日，杜勒斯约见蒋廷黻，提出推迟辩论台湾问题，希望台湾予以支持。③这与顾维钧此前提出的建议相同。随后，联合国大会通过决议，将此问题推迟讨论。

朝鲜战争爆发初期，顾维钧处于台湾当局对美交涉的第一线。战争导致的东亚国际格局剧变，使败退台湾的国民党当局面临难以应对的外部环境。顾维钧对台湾危如累卵的现实有较为准确的评估，并据此提出顺应美国政策的建议。这种以维持国民党当局生存为首要目标的现实考虑，是他作为一个弱国外交官的习惯应对，也延续了在外交事务上对美国的依赖。但他的建议并不为最高决策层所认可，蒋介石对其不敢"理直气壮"也很不满。就外交来说，顾维钧这一时期

① 《蒋介石日记》，1950年11月1日；《顾维钧回忆录》第8分册，第152页。
② 《顾维钧回忆录》第8分册，第153~154页。
③ 《顾维钧回忆录》第8分册，第161页。

并无建树，没有什么成绩可言。这并非他江郎才尽，而是时代使然。他纵有高明的外交才干，但犹如在滚滚洪流中一叶扁舟上的艄公，根本无法逆流而上。

三 一波三折的"共同防御条约"

1953 年 1 月 20 日，艾森豪威尔（Dwight Eisenhower）出任美国第 34 任总统，这是二十年来的第一位共和党总统。艾森豪威尔虽是军人出身，但在 1948 年退出现役后担任哥伦比亚大学的校长。1949 年哥伦比亚大学校友会表彰杰出校友顾维钧，授予其汉密尔顿奖章，主持授奖仪式的就是艾森豪威尔。

2 月 2 日，上任不到半个月，艾森豪威尔就在第一个国情咨文中宣布，新政府将改变杜鲁门声明中规定的第七舰队既阻止大陆对台湾进攻，又要求台湾停止对大陆进攻的"双重任务"，将不再使用第七舰队屏障中国大陆。艾森豪威尔的这一新政策意味着仍要阻止大陆解放台湾，但国民党却有了进攻大陆的可能。这一政策改变被称为"放蒋出笼"，受到台湾当局的欢迎。

在改变对台湾海峡政策的同时，在朝鲜战争问题上，艾森豪威尔希望尽快结束这场耗费巨资却仍没能打赢的战争。然而，当艾森豪威尔将朝鲜停战提上议事日程后，台湾当局有了新的不安全感。杜鲁门命令第七舰队进驻台湾海峡时，公开的理由是美军在朝作战的需要。一旦朝鲜停战，第七舰队在台湾海峡便无停留的理由，台湾当局有失去美国保护之忧。此外，台湾当局对杜鲁门政府有条件的有限援助一直不满。在艾森豪威尔就职前，叶公超当面向艾氏转达蒋介石的两项意见："以往美国对台湾在政治军事上均采取敷衍态度，可谓使其不死不活。""倘将军就职后确将采取更积极之政策，则对台湾之军援似应作通盘之重新考虑。"① 所谓通盘考虑就是希望美国能与台湾当局签订一个"共同防御条约"，以条约的形式保证美国对台湾当局的支持。

3月19日，顾维钧根据台北的指示，向国务卿杜勒斯正式提出缔结"共同防御条约"的要求。顾维钧指出，这样一个条约在军事上可能与美国已给台湾当局的援助差别不大，但在外交上却象征着美国对国民党国际地位的支持，在心理上也将起到鼓舞人心的作用。杜勒斯开始以外交辞令表示很欣赏这一建议，但随即提出了条约的适用范围，即除了台湾和澎湖列岛外，对其他仍在国民党控制下的沿海岛屿应如何处置。杜勒斯认为，如果将沿海岛屿包括在条约范围之内，一旦大陆进攻这些岛屿，美国将被迫承担它目前并不准备承担的责任；而如果不包括沿海岛屿，又将对国民党造成损害，使人们认为这些岛屿不在国民党控制之下。杜勒斯的这番表白显示了美国在沿海岛屿问题上的矛盾处境。从美国在远东的战略利益出发，它希望台湾在国民党手中，作为其在远东推行遏制政策的重要支点。但它不希望由此卷入中国的内战之中，因此不愿承担对沿海岛屿的防御责任。被杜勒斯称为善于将复杂问题加以澄清的顾维钧当即提出，可采用台湾与日本签订"和约"的形式，其措辞是条约将应用于目前和今后在国民党统治下之地区，这

---

① 《叶公超与艾森豪威尔会谈记录》（1953年1月2日），*Wellington Koo Papers*，box 187。

就可满足条约所需解决的问题了。①

会谈结束时，杜勒斯虽表示对台湾当局的建议将予以研究，但此后并无下文。因为美国政府为保持外交上的灵活性，不想公开表明它对沿海岛屿的立场。顾维钧在与国务院官员和国会议员的私下交谈中虽仍提到此事，但也没有再向美方正式提出缔约。他明白，美国改变政策的时机尚未成熟。在给蒋介石的一封信中，他认为，艾森豪威尔上台后，"对我台湾战略上自不能放弃，且因民众注视，仍主多方支持。但积极援助我达成收复大陆则时机尚远，军援经援在可能范围内或可增加，但数量不能多"。②

1953 年秋，台湾当局的"外交"重点一度转向希望与韩国、泰国等国一起通过条约的形式获得美国的援助。当这一目标无法实现时，台湾当局再次向美国提出缔约问题。

1954 年 2 月初，顾维钧收到叶公超的电报，告诉他去年 11 月尼克松副总统"访台"时，台湾当局非正式提出条约问题，此后草拟了条约方案交给美方，但迄今没有进展，指示顾维钧密切关注该事的发展。2 月 23 日，叶公超又给顾维钧发来一电。该电称，在缔结条约不可强求的情况下，"我国目前之政策应置重点于中美安全条约之缔结，以全力促其早日观成"，"请吾兄在美继续接洽，尽力推动"。叶公超要顾维钧与美国国务院官员先行商谈，并密请与国民党友好的国会议员策动此事。③ 此后，叶公超又几次来电催促，要顾维钧向美国务

---

① 《顾维钧与杜勒斯会谈记录》（1953 年 3 月 19 日），*Wellington Koo Papers*，box 187。

② 《顾维钧致蒋介石》（1953 年 4 月 14 日），*Wellington Koo Papers*，box 167。

③ 《叶公超致顾维钧》（1954 年 2 月 23 日），*Wellington Koo Papers*，box 148。

院施加压力，加速事情的进展，最好在 4 月下旬有关印度支那的日内瓦会议开幕前能使美国做出肯定的决定，以抵消日内瓦会议对台湾当局的不利影响。

接到叶公超的电报后，顾维钧马上准备了相关的备忘录递交美国务院，并与国务院官员进行接触。但从杜勒斯到国务院的其他官员都在忙着为日内瓦会议做准备。负责远东事务的助理国务卿饶伯森（Walter Robertson）告诉顾维钧，此事在日内瓦会议前不可能有结果。在此情况下，顾维钧向美国国务院提出，如果有关条约的谈判不能很快开始，美国应先发表一声明，表明它愿就这一条约进行谈判，这将有助于消除台湾当局的疑虑。国务院对此建议仍采取敷衍推诿的态度。①

美国政府对"共同防御条约"的冷漠态度，使顾维钧对继续全力推动此事产生了疑虑，认为缔结这样一个条约对台湾来说利弊参半。5 月 13 日，他致电叶公超谈了自己的看法：

> 棠案（台湾对"共同防御条约"的代号，英文代号为 Clara——引者注）即使克日成立，于一般心理上固不无裨益，然实际于我保卫台湾及争取军经援助，难期骤获进步。而于我军事上之主要举动自由反攻，加上一契约上之拘束权，权衡得失，似乎利弊参半。如棠案于现在国际局势动荡变幻之时，仍为政府坚定政策，钧自当于见杜卿时力催，否则，拟轻描提问，以视其反响，暂观局势之演变。

---

① 《顾维钧回忆录》第 11 分册，第 198～199 页。

　　但叶公超不赞同这一意见，回复顾维钧说："棠案主要的目的在将双方现行互助防卫关系置于立法基础之上，并备参加扩大区域安全组织之地步。就作用言，政治实重于军事。……故仍请兄早日约晤杜卿，积极推动。"①

　　于是，5 月 19 日，顾维钧到国务院拜见杜勒斯。杜勒斯的态度并没有什么变化。尽管顾维钧强调条约的防御性质，但他发现，杜氏在回答时非常谨慎，遣词用句十分小心，时常做沉思状注视窗外，不愿对缔约做出任何承诺。此后因为人民解放军向国民党控制下的沿海岛屿发起进攻，7 月 1 日顾维钧见杜勒斯时，请求美国政府宣布对沿海岛屿的安全表示关注，并声明这些岛屿处于第七舰队的巡逻范围之内。但杜勒斯明确回答，美国政府不愿发表任何正式的声明，因为这会引起过多的关注，但美国海军正关注着局势的发展。② 在国务院屡屡碰壁后，顾维钧又频频约见国会议员和其他政府官员，只是这些活动未能发生作用。

　　9 月 3 日，中国人民解放军炮击金门，台湾海峡的局势顿时紧张起来。顾维钧认为，这为美台之间缔结"共同防御条约"提供了机会。在接受美国媒体采访时，他表示炮击金门表明大陆有可能再进攻其他沿海岛屿，而这些岛屿对台湾和澎湖列岛的防卫至关重要，因此美国应给予同情、资助和支持。③

　　美国对金门炮击引发的台湾海峡危机马上做出反应。9 月 12 日，美国国家安全会议根据杜勒斯的建议决定将沿海岛屿

---

① 《顾维钧致叶公超》（1954 年 5 月 13 日）、《叶公超致顾维钧》（1954 年 5 月 15 日），*Wellington Koo Papers*，box 152。

② 《顾维钧回忆录》第 11 分册，第 202、209~210 页。

③ 《顾维钧回忆录》第 11 分册，第 302 页。

问题提交联合国安理会。随后，美国请新西兰充当提案国。10月上旬，美国务院决定由助理国务卿饶伯森"访问"台北，直接向蒋介石提出新西兰提案。

美国国务院没有按惯例将饶伯森赴台之事通知顾维钧和正在美国出席联合国会议的叶公超，也未事先告知台北。顾维钧是从合众社的新闻稿中获悉这一消息的，这使他十分费解和惊讶，也很尴尬。他立即前往国务院探询，但与他见面的官员对饶伯森赴台目的讳莫如深。直到10月15日，饶伯森返回美国的当天，顾维钧才从台北来电中知道，饶伯森与蒋介石会谈就是为了提出新西兰提案。当天，顾维钧还收到台湾方面请饶伯森带来的蒋饶会谈纪要和蒋介石给叶公超、顾维钧的手书密信。蒋的密信曰：

公超部长、少川大使二兄大鉴：此次劳君（即饶伯森——引者注）突如其来，诚出于意想之外，其所说的不外重蹈马歇尔已经铸成大错的覆辙，但对劳君的关系与此事的方针不能不作一决定……

第一，钮西兰（即新西兰——引者注）提案对中美皆无一利而有百害，最好请美竭力劝阻不提，根本打销。此为第一希望。

第二，如不劝止上项提案，则钮提案中最好说明现在战争中之各岛屿皆为中华民国之领土，而且为其政府所控制保卫者。应由联合国阻止共党侵略，停止双方战争行动。此为第二希望。

第三，如钮案不能照上之意详述，则美国对此提案态度之说明，应由其代表详细说明上项我方之意、美在此项原则下支撑钮案之理由，则我方代表可暂不发言。否则，我代表必须由自己说明上项战争起因，以表明立场。此点甚关重要，余对劳君不啻重复申述矣。

第四，钮案提出之同时，美国发表正式声明，中美两国现正积极进行互助协定之中，其原则已获同意，或双方对原则已大体同意之意。

…………

第七，今日所谈多为原则问题，余现特指定叶、顾二君为余全权代表在美商讨一切具体办法、手续与文字，以及正式商讨双边协定之代表，而协定应以我方所提之草约为根据。

…………

中正手启

十月十四日九时①

此信是在饶伯森离台登机前刚写完交其带来的，台北来不及留底，蒋介石在信末还写有"本函阅后请寄还存案"的附言。这使顾维钧感到，饶伯森访台提出新西兰提案对台湾当局确是很大的冲击，一切都是在极其匆忙之中办理的。

所谓新西兰提案，就是由联合国出面处理大陆与台湾之间的军事冲突，使美国不用卷入沿海岛屿问题。但将属于中国内政的国共对峙交由处理国际争端的联合国，也就认可了"台湾地位未定"，也有可能带来"两个中国"的问题。因此，蒋

---

① 《蒋介石致叶公超、顾维钧》（1954 年 10 月 14 日），*Wellington Koo Papers*，box 145。

介石认为此提案"无一利而有百害"。

顾维钧一收到蒋介石的手书，就赶往纽约，要去见正在参加联合国大会的叶公超。蒋介石的信函顾维钧是上了火车才拆开看的。当天正值飓风来临，火车因电线被刮倒而停运，顾维钧第二天上午才到达纽约。从中午到傍晚，顾维钧与叶公超和蒋廷黻边阅读信函，边讨论，持续了6个多小时。在讨论中，顾维钧认为，应首先弄清美国这一行动的动机和目的，它是否想通过联合国造成"两个中国"的局面，因为美国一直想把台湾这一棘手的问题，尤其是沿海岛屿问题推给联合国，所以首先要驳倒新西兰的提案。出于这一考虑，10月20日，顾维钧和叶公超一起与饶伯森会谈时，主要强调了新西兰提案问题，指出在"两个中国"的说法甚嚣尘上之际，该提案的后果特别严重，而并未谈及美台间的条约。① 会谈后，顾维钧起草了一份备忘录，阐述了台湾当局对新西兰提案的看法，于10月23日递交给国务院。

由于台湾方面对新西兰提案反应强烈，为安抚台湾当局，美国政府决定根据蒋介石在与饶伯森会谈中提出的要求（即蒋介石致叶顾密信第四条），开始"共同防御条约"的谈判。

11月2日，美台谈判在华盛顿开始，前后共进行了9轮，历时3个星期。台湾方面叶公超参加了7轮，顾维钧参加了全部9轮。美国方面国务卿杜勒斯出席了第一轮和最后一轮，主要谈判者是助理国务卿饶伯森。谈判中，美台双方的争执和分歧主要集中在三点：一是新西兰提案，台湾当局希望美国阻止新西兰向联合国提出；二是条约的适用范围，美国政府要将其

① 《顾维钧回忆录》第11分册，第349~350、364~366页。

限制在台湾和澎湖列岛；三是美国要求台湾当局保证，在征得美国同意之前不对大陆采取任何进攻性军事行动。

关于第一点，由于在谈判过程中台湾当局意识到美国根本不会放弃新西兰提案，因此不得不改为请美国在新西兰提案提出前先缔结"共同防御条约"。关于第二点，顾维钧在1953年第一次向杜勒斯提出缔约要求时，提到可用"目前和今后"在国民党控制下的领土这样的措辞。经过多轮磋商，最后在条约的正式文本中写道："所有'领土'等辞，就中华民国而言，应指台湾与澎湖……并将适用于经共同协议所决定之其他领土。"① 在秘密换文中，美国只明确其条约义务限于台湾与澎湖，给"经共同协议所决定之其他领土"留下了模糊的空间。关于第三点，在台湾当局的要求下，美国同意不列入条约正文，由台湾当局在秘密换文中做出保证。由于谈判期间，中国人民解放军正对国民党控制下的浙江沿海岛屿发起海空进攻，形势对台湾当局非常不利，因此它做了很大让步，基本接受了美国的要求。只是出于面子上的考虑，台湾当局请美国将对其不利的限制写入秘密换文。美国也算给了台湾当局这一点点"面子"。

"美台条约"谈判至11月23日结束，双方商定在12月2日正式签约。12月1日，台湾当局授予叶公超和顾维钧签约全权，授权的电报是分别发给两人的。但是，叶公超与顾维钧见面时只字不提授权签约事，想由他本人独自签订条约。顾维钧认为这是叶公超被委派签署的第一个条约，而且又是蒋介石极为看重的条约，所以他想在"外交史"上留下一个印迹，

---

① 《顾维钧回忆录》第11分册，第595~596页。

这是很自然的，是人之常情。① 12 月 2 日，叶公超与杜勒斯在华盛顿签署了美台"共同防御条约"。

"美台条约"签署后尚待各自有关机构审核批准，条约中涉及的美国所承担的防御区域及责任等敏感问题成为条约审批过程中的焦点。12 月 8 日，顾维钧就台北询问有关美方审批条约的情况报告自己的看法。他认为，根据美国政府的惯例和运作程序，总统将在 1955 年 1 月将条约递交国会，而参议院外交委员会最早将在 1 月底或 2 月初才能完成对条约的审议并交参议院全体表决。对于作为条约附件的换文，台湾当局希望美方不予公布。但顾维钧认为，美国国内行政与立法之间的关系不允许政府方面向国会隐瞒任何与条约相关的信息，所以换文的内容最终难免会泄露。②

"美台条约"签署后，中华人民共和国政府做出强烈反应。12 月 8 日，外交部长周恩来发表声明，谴责美国同台湾当局蒋介石签订的条约，指出该条约"在任何意义上都不是一个防御性的条约"，而"是一个彻头彻尾的侵略性的条约"，是美国"对中国人民的一个严重的战争挑衅行为"。③《人民日报》在 1955 年元旦社论中表示，要粉碎由美帝国主义和蒋介石卖国集团签订的这个战争条约。1 月 10 日，中国人民解放军向在国民党军队控制下的大陈岛、一江山岛等浙江沿海岛屿实施大规模空袭。新的军事形势使美国在条约谈判过程中刻意回避的沿海岛屿问题凸显出来。

1 月 12 日，顾维钧为大陈诸岛形势紧急约见助理国务卿

① 《顾维钧回忆录》第 11 分册，第 478 页。
② 《顾维钧回忆录》第 12 分册，第 12~13 页。
③ 《周恩来年谱（1949~1976）》上卷，第 430 页。

饶伯森。顾维钧首先表示，尽管对大陈诸岛在军事上的战略价值存在不同看法，但如果台湾当局失去这些岛屿，心理上的打击将十分深远。因此他呼吁美国采取对策，以制止事态的恶化，并提出五点具体请求：（1）美国政府尽快发表正式声明，确认它在沿海岛屿有利害关系和对目前局势的关注；（2）美国应派一名高级军官作为总统特使赴台北，与台湾当局共商局势；（3）美国明确保证为沿海岛屿防卫提供补给支持；（4）第七舰队应派分队至大陈岛周围，在安全距离内执行巡逻任务；（5）迅速向台湾交付军援计划中规定的急需项目，如飞机、驱逐舰和登陆艇。[①]

在沿海岛屿军事形势发生变化的情况下，美国国内一些原就反对与台湾签订"防御条约"以免被拖入中国内战的人，更是反对批准这一条约，主张通过联合国在台湾海峡实现停火，使台湾与大陆分开。顾维钧对这一将导致"两个中国"的主张忧心忡忡，及时向台北报告各种相关言论。而随着1月中旬人民解放军对大陈岛和一江山岛攻势日趋猛烈，台湾方面更急切地希望美国表明它对沿海岛屿的立场。1月18日，蒋介石致电叶公超，对第七舰队近日不敢进入大陈岛附近，表示"此为最令人不解者"，要求立即与美国国务院和国防部联络，请美方就大陈诸岛的形势给予明确而充分的答复，"其对大陈究竟主张我军固守或放弃，从速明确详告"，并保证第七舰队在大陈岛区域经常巡逻，以给台湾当局在精神和道义上的支持。[②]

但就在蒋介石发电报当天，人民解放军陆海空三军首次协

---

①《顾维钧与饶伯森会谈记录》（1955年1月12日），*Wellington Koo Papers*，box 195。

②《蒋介石致叶公超》（1955年1月18日），*Wellington Koo Papers*，box 145。

同作战,一举攻克大陈岛外围的一江山岛。1 月 19 日中午,艾森豪威尔、杜勒斯和参谋长联席会议主席雷德福(Arthur Radford)讨论大陈岛区域新的局势,做出鼓励国民党军队从大陈岛撤出的决定。[①] 于是,围绕着国民党军队从大陈岛撤出的问题,台美之间展开了一轮新的交涉。

1 月 19 日下午,顾维钧与叶公超同往国务院与杜勒斯会谈。这已是两人当天第二次与杜勒斯见面了,这次是在美国做出鼓励国民党军队从大陈岛撤出的决定之后。会谈一开始,杜勒斯就宣布美国政府向台湾当局提出的建议:第一,国民党军队自大陈诸岛自动撤退,美可提供海、空军掩护;第二,美国愿与台湾当局"协同采取确保金门区域安全之紧急措施";第三,在从大陈撤军后,美国或其他第三国将在联合国安理会提出停火建议。美国政府的这一决定与其在条约谈判期间在沿海岛屿问题上的立场相比发生了一个重要的变化,即将美台"共同防御"的区域扩大至原先被排除在外的金门区域。由于此举可能使美国在介入金门的过程中与大陆发生军事冲突,而"美台条约"此时还未生效,因此杜勒斯告诉叶、顾两人,艾森豪威尔将会请求国会授予他必要时采取行动的权力。面对美方从大陈岛撤军的要求,叶公超表示国民党军队仍有坚守的决心和士气,但因事关重大须报告台北做最后决定。在接下来的谈话中,叶公超询问美国对位于大陈与金门之间的马祖列岛持何态度,顾维钧则强调靠近台湾北部基隆的马祖与靠近台湾南部高雄的金门对防御台湾具有同样重要的意义,希望美国承担更多的防御责任。但杜勒斯表示美国只负责帮助维护金门地区

---

① *FRUS*,1955-1957,Vol. 2,p. 43.

的安全，马祖如何处置由台湾当局自己决定。[1]

顾维钧对美国的这一决定十分失望，认为这表明美国无意帮助台湾当局"反攻大陆"，而只想致力于维持现状。[2] 与杜勒斯会谈后，顾维钧与叶公超联名致电蒋介石和"行政院长"俞鸿钧，在报告会谈内容并强调杜勒斯态度甚为坚决后，就台湾方面如何应对提出了看法。他们认为，是否从大陈、马祖等岛撤军，台湾方面应有一妥善计划，以不使沿海岛屿在撤军后落入大陆之手。而如果接受美国建议，有关撤军的技术问题也须与美方详细会商。对于美方提出"协防"金门，该电表示当然"无可反对"，并指出美国在此用了协同确保金门"安全"的字样，这比"防御"的范围要广，意味着允许台湾当局对阻止中共以进攻金门或以台湾为目的的军事集结可采取先发制人的行动。对于美国关于停火的建议，他们明确表示反对，认为应向美国讲明，"此项建议将导致'两个中国'之局势，美国朝野之主张'两个中国'者将因此而变本加厉"。[3]整个电报的基调是赞同美国建议中的前两点，而反对第三点。

蒋介石收到此电后，"甚费踌躇"，"郁悒非常"，1月21日复电指示应对方针。蒋介石表示由于美国拒绝协防大陈，因此不得已接受美国提议从大陈撤军，同时接受美国协防金门区域。但蒋介石要求必须告诉美方，"放弃大陈在战略上实属错

---

[1] 《叶公超致蒋介石、俞鸿钧》（1955年1月20日），*Wellington Koo Papers*，box 145；《顾维钧回忆录》第12分册，第68~72页；*FRUS*，1955–1957，Vol. 2，pp. 46–50。杜勒斯在当天与艾森豪威尔的讨论中也提到了马祖，但未拿定主意。见 *FRUS*，1955–1957，Vol. 2，p. 42。

[2] 《顾维钧回忆录》第12分册，第67页。

[3] 《叶公超、顾维钧致蒋介石、俞鸿钧》（1955年1月20日），*Wellington Koo Papers*，box 145。

误，中美双方在军事上，将来必受严重影响"，且使台湾"民
心士气大为沮丧"。因此在撤出大陈前，要求美方必须做到：
第一，全力协助所需之运输工具；第二，第七舰队必须立即加
强在大陈区域的活动，以阻止大陆军队突袭，并与台湾当局详
定撤退计划；第三，美国协防金门区域与台湾当局撤出大陈的
声明同时发表。由于对美国政府的意图存在疑虑，担心其以行
政命令的方式承担对金门的防御责任后，会以此替代"共同防
御条约"，使条约的正式批准无限期拖延下去，蒋介石同时要求
催促美方迅速通过条约。而对美方提出的向联合国建议停火的
方案，蒋介石表示坚决反对。在电报的结尾，蒋介石特别强调，
从大陈撤退是为减少美方困难而做出的重大牺牲，因此上述要
求美方做到的三点"可视为我同意撤出大陈之先决条件"。①

　　1 月 22 日，顾维钧与叶公超一起去见助理国务卿饶伯森，
根据蒋介石来电指示，强调了国民党军队从大陈撤退的三个先
决条件，催促美国尽快批准"共同防御条约"，反对向联合国
提出停火建议，以免导致"两个中国"。由于此前一天杜勒斯
已对美方协防马祖做出承诺，顾维钧特别提到，美国应在台湾
宣布撤退计划的同时发表协防金门和马祖的声明。饶伯森表
示艾森豪威尔的咨文不会具体提到金门和马祖。叶公超指
出，台湾关心的不是总统咨文，而是美国决定协防金门、马
祖的声明，这个声明必须与台湾从大陈岛撤退的声明同时发
表。顾维钧接着强调这是蒋介石的看法。根据顾维钧会谈后
的记录，"饶伯森对这种解释表示感谢，没有提出进一步的反

---

① 《蒋介石致叶公超》（1955 年 1 月 21 日），*Wellington Koo Papers*，box 145；
吕芳上主编《蒋中正先生年谱长编》第 10 册，台北："国史馆"，2015，
第 411 页。

对意见"。因此在会谈后顾维钧起草的致蒋介石的电报中，叶、顾报告"双方同意当在美国会授权之后，彼此商定日期同时发表"。①

1月24日，艾森豪威尔向国会递交咨文，请求授予他在台海地区采取紧急行动的权力。次日，众议院以410票对3票的压倒性多数通过艾森豪威尔的请求，随后提交参议院。由于预计参议院将很快通过此案，顾维钧与叶公超于1月27日走访饶伯森，再提美方应发表协防金门、马祖的声明。但饶伯森表示，杜勒斯已将总统协防金门、马祖的决定通知台湾方面，美国政府不会再公开声明协防金门、马祖。顾维钧虽强调公开声明效果不同，但并没有继续讨论这一问题。②

1月28日上午，叶公超和顾维钧就双方发表声明之事约见杜勒斯。顾维钧提出，决议案通过后，台湾"甚盼美方能作一声明"，表明正与台湾"磋商采取巩固外岛防御之措施，以增强台澎之安定"，以与台湾方面的声明相呼应。杜勒斯表示赞同，并当即指示一同参加会谈的饶伯森"拟稿备核"，并称参议院可在一两日内通过，艾森豪威尔可在1月31日签署决议案并印发声明。会谈结束后，叶公超和顾维钧即致电蒋介石报告会谈情况，并送上他们根据杜勒斯意见修改的台湾方面的声明草案。③ 在他们看来，美台同时发表声明一事已安排妥当。然而，接下来事情的发展却连外交经验丰富的顾维钧也深

---

① 《叶公超、顾维钧致蒋介石》（1955年1月22日），*Wellington Koo Papers*，box 145；《顾维钧回忆录》第12分册，第85~92页。

② 《顾维钧回忆录》第12分册，第109~112页。

③ 《叶公超、顾维钧致蒋介石、俞鸿钧》（1955年1月28日），*Wellington Koo Papers*，box 145；《顾维钧回忆录》第12分册，第121~125页。

感意外。

1月28日下午，美国参议院通过关于台海地区的决议案。次日上午，艾森豪威尔签署决议案，并随即发表声明。由于决议案早于预期的时间通过，也由于美国方面对声明一事不如台湾当局那样看重，因此杜勒斯忘了将国务院已拟好的声明稿交给艾森豪威尔，所以发表的声明稿中并无原先商定的与台湾当局"磋商"和为从大陈撤退"提供帮助和支援"等词句，更未提及金门与马祖。这与台湾当局预期的美国声明大相径庭，而美国方面根本没意识到此事有何不妥，饶伯森还对顾维钧说，他认为声明很不错。声明发表后，艾森豪威尔与杜勒斯均离开华盛顿外出休假，一个去打高尔夫球，一个去钓鱼了。①

这一状况使顾维钧与叶公超陷入困境之中。1月29日下午蒋介石对1月27日叶、顾与饶伯森会谈后所做报告的复电到达使馆。与顾维钧当天交涉时的感受不同，蒋介石对饶伯森坚持美方不会公开声明协防金门、马祖的表态感到"不胜震骇"。因为根据叶公超和顾维钧在1月22日与饶伯森会谈后的报告，蒋介石认为双方已"商定美方协防金马声明与我撤出大陈声明同时发表，此二者为中美间相互约束之诺言"，所以美方"忽翻前议，殊属不堪想象，我方对此绝对不能考虑"。②稍后获悉艾森豪威尔的声明后，蒋介石反应更为激烈，认为美国欺骗了他，并对叶公超、顾维钧对美交涉十分不满，在日记中发泄道："我国之所谓外交家，其凡到最后重要成败关头，其脑筋昏沉卑劣，几乎似无智觉之孩稚，殊为痛心。如此外

---

① 《顾维钧回忆录》第12分册，第127页。
② 《蒋介石致叶公超、顾维钧》（1955年1月29日），*Wellington Koo Papers*，box 145；《顾维钧回忆录》第12分册，129~130页。

交，焉能不受人轻侮欺诈耶？""叶、顾乃为中国有名之外交家，而其无识、无力如此，诚不知国家如何能生存于此世界之上矣。"①

对于艾森豪威尔声明一事，台北主要是蒋介石看得远比在华盛顿的顾维钧和叶公超严重。由于台北与华盛顿之间的时差及译电需费时间，这一时期台美之间的交涉和电报往来多次出现交叉现象，顾维钧在 1 月 30 日的日记中写道："双方都非常混乱。"② 蒋介石的强硬立场使顾维钧和叶公超缺少了之前谈判中的主动性和灵活性，由于知道原先草拟的声明稿已被蒋介石否定，他们在致台北的电报中提出此后声明稿的修改可在台北进行。③ 实际上是在建议将台美谈判的重心转至台北，显露出对在华盛顿继续进行交涉力不从心的心态。

1 月 31 日，艾森豪威尔致电蒋介石，表示其根据国会授权决定帮助防卫金门和马祖以对付武装攻击，但双方公开声明的词句不应超出国会决议案的范围，即不应出现金门、马祖字样。这是美国政府旨在安抚蒋介石强烈不满的举动。艾森豪威尔的电报 2 月 1 日到达台北，因为明确表示协防金门、马祖，消除了蒋介石原先的疑虑，随即调整关于发表声明的立场，改为只要求美国同意台湾方面在自己的声明中提到协防金门、马祖。④

此后，经过几轮磋商，最后台湾当局基本按照美国的意愿

①　吕芳上主编《蒋中正先生年谱长编》第 10 册，第 418 页。
②　《顾维钧回忆录》第 12 分册，第 144 页。
③　《叶公超、顾维钧致沈昌焕》（1955 年 2 月 2 日），*Wellington Koo Papers*，box 145。
④　《沈昌焕致叶公超》（1955 年 2 月 2 日），*Wellington Koo Papers*，box 145；《顾维钧回忆录》第 12 分册，第 154 页。

改定了声明稿,于 2 月 7 日发表:"为适应抵抗国际共产集团权力之新形势,决定重行部署外岛军事,将大陈岛屿之驻军转移使用于金门、马祖等重要岛屿,以集中兵力,增强台湾、澎湖及其外围岛屿之防务。"① 这样一来,国民党军队从大陈岛的撤走,似乎就不是败退,也不是听从于美国的安排,而是主动的战略调整了。

台湾当局声明发表的当天,美国开始帮助国民党军队从大陈地区撤退。2 月 9 日,美国参议院批准了"共同防御条约"。

听到美国国会最终批准"共同防御条约"的消息,顾维钧有一种如释重负的感觉。在交涉从大陈岛撤退的最后关头,连续不断地与美国官员会谈使他累出了咽喉炎,医生建议他停止社交活动和谈话,让声带得到休息,但他没法做到这一点。在整个谈判过程中,顾维钧少了往日交涉过程中的自信和从容。在叶公超与杜勒斯签署条约的当天,他在日记中写下的感受不是松了一口气,而是"夜长梦多"。②

这一时期美台之间的交涉以华盛顿为主要舞台,由叶公超、顾维钧根据蒋介石的指示全权代表台湾当局。叶、顾两人对蒋介石的指示当然是全盘照办的,但他们是按照自己的理解将之付诸实施的,在一些关键问题上不如蒋介石强硬。例如叶、顾两人在 1 月 27 日与饶伯森会谈后向台湾方面报告时没感觉有何严重问题,而蒋介石接读电报后却"不胜震骇"。华盛顿与台北之间的时空距离进一步放大了这一差异。

就顾维钧而言,在整个台美交涉中,他主要是作为叶公超

① 《顾维钧回忆录》第 12 分册,第 185 页。
② 《顾维钧日记》(1954 年 12 月 2 日),*Wellington Koo Papers*,box 218。

的副手出现的。但由于其资深的经历和对美国的了解，其作用非一般副手可比。从与美方会谈的过程看，叶公超较为直接，常正面表达台湾方面的立场，而顾维钧则相对灵活，多对台湾的立场进行解释说明。在会谈陷入僵持时，总是由顾维钧出面转圜或另提办法。

围绕"共同防御条约"的谈判是顾维钧外交生涯最后阶段最重要的活动。这一条约锁定了美台之间此后 20 多年的关系。由于完全站在台湾当局的立场上，顾维钧为这一条约做出的努力，实际上对中美关系的全局产生了负面影响。但整个谈判过程中，在防范由沿海岛屿问题导致"两个中国"这一点上，无论是顾维钧还是叶公超，都与蒋介石一样十分警觉，始终坚持一个中国的立场，这就为美台之间最后达成的协议设定了一个底线。

四　心力交瘁别坛坫

人的活动总是受制于他所处的时代和环境。国民党在大陆的失败，使顾维钧的对外活动面临着前所未有的困境。当他仍继续为已经败退的国民党四处求援时，这位往日在国际外交舞台上"长袖善舞"的外交家，已无法从容不迫地应对各种棘手的难题，由此萌发了退意。

顾维钧最早是在 1948 年夏向金问泗谈起退休想法的。金问泗在巴黎和会和华盛顿会议时是顾维钧的助手，在外交界长期追随顾维钧，顾与他的关系亦师亦友。金问泗此时任中国驻比利时大使。当时顾维钧为争取美国政府援助国民党，在美国国会议员和国防部等官员中积极游说，对国务院对华政策有含蓄的批评，引起对国民党已有厌恶之感的国务院的反感，美国驻华大使司徒雷登曾向南京表示，中国驻美大使最合适的人选莫过于胡适了，间接地表达了对顾维钧的不欢迎。因此，顾维钧对即将从美国去南京的金问泗说想卸任大使，并请他转告政府高层，万一美国提出要中国更换驻美大使时不致感到太突然。面对中美关系的困局，顾维钧想到了退休，想"从中国的政治旋涡和中美关系的迷宫中引退"，让其他比他更合适的人来接替他处理中美关系。① 顾维钧与在美国的宋美龄和其他人谈话中也几次流露出退休之意。但是，蒋介石仍要顾维钧担任驻美大使这一重要职务，以应对困难重重的中美关系。顾维钧自己也明白，此时挂职而去会使人感到临难苟免，急于离开国民党这条下沉的船，而且有可能美国政府不会再接受新委派的大使，使馆只能由留守的代办来维持，这将给国民党造成很大的冲击。② 因此，他只得继续留在华盛顿支撑局面，等待合适的时机。

1949 年 10 月 1 日，中华人民共和国宣告成立。顾维钧是在第二天早晨获悉这一消息的，他立即意识到，这"很自然地给我这个国民党政府的正式代表，造成了一个极端严重的局面"。1950 年 1 月 6 日，英国宣布承认中华人民共和国。当时国民党驻英"大使"称英国的承认是来自以前的同盟者的沉重打击，是"活埋"国民党的行为。③ 在这前后，一些亚洲和欧洲的非社会主义国家也相继承认中华人民共和国。顾维钧深感一下子处于极不寻常的尴尬境地。因为驻节美国多年，顾维

① 《顾维钧回忆录》第 6 分册，第 399~403 页。
② 《顾维钧回忆录》第 7 分册，第 102 页。
③ 《顾维钧回忆录》第 7 分册，第 408、469 页。

钧在华盛顿与各国的外交代表建立了广泛的联系，但其中不少国家承认了北京，它们的代表就不能再与顾维钧来往了。当顾维钧出现在一个社交场合，他们就把头扭过去，好像他根本不存在。顾维钧在日记中写道："我觉得在向外交使团人员致意时，现在不得不小心一点了。这么多国家已经承认中共政权，在社交或公共集会上不论我问候他们的大使还是他们向我致意都是不恰当的。"① 对于不到30岁就在华盛顿外交界崭露头角的顾维钧来说，这种滋味又岂是尴尬两字所能道尽的！

"外交"困境之外，国民党内部的矛盾也在美国引发不少棘手的麻烦事，让顾维钧叫苦不迭。除了前面提到的蒋介石与李宗仁的明争暗斗，让顾维钧有"一国何啻三公"之叹，蒋介石的亲信和亲戚、代表国民党空军长期驻美的毛邦初公开倒戈，与台湾当局对簿公堂，担任过台湾"省主席"的吴国桢叫板蒋介石，批评国民党一党专政，所有这些事让国民党在美国公众面前出丑丢脸，也让"使馆"工作更为艰难。正是这样的内外交困使顾维钧感到自己像一匹精疲力竭的老马，需要退下来休息了。

朝鲜战争爆发后，美国恢复了对台湾当局的军事援助，双方关系度过了最动荡不定的时期。顾维钧认为此时可以提出退休了。1951年11月，他与来访的董显光见面，谈了退休的打算。董显光此时担任《中央日报》董事长，是深得蒋介石信任的人，顾维钧希望他的意愿可以通过董显光转达给蒋介石。顾维钧告诉董显光，他打算来年提请辞职，原因与政治无关，只是为了个人考虑。他说了两个理由：第一，多年来无假日无

---

① 《顾维钧回忆录》第7分册，第469页。

休息连续工作已十分疲惫，常感力不从心，由年轻些的人来担任此职更为合适；第二，需要考虑老年的生计问题。如果退休早些，还可以写作为生，否则再拖几年，体衰力竭，就无法这样工作了，而自己几十年积蓄的私产已化为乌有，要为退休后的生活着想。董显光答应会将他的话原原本本向蒋介石报告，不过他认为至少在最近两年内台北不会让他离开华盛顿的。①

1952 年 10 月，叶公超来美国参加联合国大会，顾维钧向他正式提出了辞职的请求。除了重申向董显光表达的两个理由外，顾维钧还强调，目前对美关系已有改善，此时退休适逢其会，并说稍后会将辞职书交给他，请他回台北转交蒋介石。但叶公超反对顾维钧此时退休，并且认为蒋介石也不会同意他辞职，所以不愿收下他的辞职书带回台北。由于顾维钧在 1949 年极力劝说叶公超接受"外交部长"一职，并允诺全力支持，叶公超的反对，使他只得表示暂缓求去，以免让叶为难。②

顾维钧在华盛顿的职位上一待又是近两年。1954 年 6 月 4 日，叶公超给顾维钧发来一封密电，告诉他蒋介石要请他去台北担任"考试院长"。这一消息来得非常突然，使顾维钧大感意外。第二天，叶公超专门打来长途电话与他谈此事。叶公超说他也感到意外，并且不知道这一决定的幕后内情，但判断蒋介石的用意是好的，是希望顾维钧在他身边就"外交"事务提供咨询，因为原来担任此角色的王世杰已经被解职了。叶公超告诉他，可以观望一段时间，不必急于回复。③

但顾维钧认为对蒋介石的要求不能拖延答复。考试院是根

① 《顾维钧回忆录》第 9 分册，第 481~483 页。
② 《顾维钧回忆录》第 9 分册，第 608~610、652 页。
③ 《顾维钧回忆录》第 11 分册，第 155~157 页。

据孙中山五权制构想设立的五院之一，名义上是与行政、立法等院平行的重要机构，但实际上在政府运作中并不起什么重要作用。它的职责是选拔人才，但并无任命之权，考试院长是一个位尊而权轻的闲职。顾维钧认为，如果蒋介石要酬答他多年的劳绩让他升迁，这是最合适的职位了。因为是一个闲职，接近顾维钧所向往的退休生活，反复权衡后，顾维钧于6月9日请叶公超转呈蒋介石，表示感谢并愿意接受蒋介石的美意，但又谦称对"考试院"缺少知识和经验。顾维钧的这一答复考虑周全，表达了对蒋介石的尊重和顺从，但又以缺少经验为自己留下了退路，因为他对这一任命能否最终实现，还是有些疑虑的。[①]

答复蒋介石后，顾维钧仍就"考试院长"一事征求几位在美国的重要人物的意见。宋子文建议他坚决辞谢这一职位。胡适认为他最好接受"外交部长"而不是"考试院长"的职位，并说这是蒋介石用升迁的方式让他退休。7月11日，顾维钧去见宋美龄。宋美龄对"考试院长"一事不以为然，认为华盛顿的职位更为重要，不能中途换马，对他说即使已经接受，也应该继续留在华盛顿工作，并说已将这一看法告诉蒋介石。[②]

见宋美龄一周后，顾维钧遵蒋介石指示赴台湾，"考试院长"是他此行的一个心结。抵达台北的当天下午，蒋介石就召见顾维钧。寒暄过后，蒋介石问顾维钧打算什么时候回华盛顿，顾维钧立即听出了话外之音，对"考试院长"一事心中

---

① 《顾维钧回忆录》第11分册，第159页。
② 《顾维钧回忆录》第11分册，第164、166~169页。

也有了答案。于是，他主动提起此事，感谢蒋介石请他出任"考试院长"，但表示自己一直从事外交，不熟悉"考试院"的职责，无法胜任这一工作。蒋介石听后笑着说，这只是酝酿"考试院长"人选时提出来的，华盛顿的工作更重要，更需要有经验的人。后来，张群告诉顾维钧，请他任"考试院长"确是讨论人选时的一个考虑，是他建议蒋介石让叶公超先告知他，以便他坦率表明自己的想法。但顾维钧对蒋介石最初让叶公超来电，随后又当面一笑置之，还是觉得非常奇怪。[①] 此次回台，蒋介石对顾维钧仍是礼遇有加。7 月 24 日，国民党中央评议会举行每月一次的午餐会，"五院院长"和国民党元老都出席。蒋介石让顾维钧坐在他的右边，左边是"监察院长"于右任，并让顾维钧简要报告国际局势和美国远东政策。[②]"考试院长"一事是顾维钧退休前的一个插曲。

虽然蒋介石对顾维钧说华盛顿需要有经验的人，但随着美台关系的改进和美国对台湾当局援助的增加，蒋介石转而希望有一个自己更亲信的人在华盛顿处理对美关系。1956 年 1 月初，蒋介石让叶公超致电顾维钧，要他近期回台北议事。顾维钧是个聪明人，能从官样文章中读出隐含的意思。接到电报，他马上想起国民党在纽约办的一份中文报纸说过的话："顾维钧老矣。"这种有意无意在报纸上出现的话并不是没有目的的。他又联想起一年多前的"考试院长"之事，明白此行与他的职位有关。由于早有退休之意，他决定大大方方地提出辞职。[③]

---

① 《顾维钧回忆录》第 11 分册，第 236、277~278 页；第 12 分册，第 713 页。
② 《顾维钧回忆录》第 11 分册，第 235 页。
③ 《顾维钧回忆录》第 12 分册，第 713 页。

1月22日，顾维钧抵达台北。一下飞机，就问来接机的叶公超召他回台湾的目的。叶公超告诉他，蒋介石对华盛顿的职位已另有人选。叶公超的话证实了顾维钧的预判。当晚顾维钧拜见蒋介石，报告对美"外交"的情况。可能是因为时间仓促，也可能因为蒋介石并未有所暗示，顾维钧没有提及辞职一事。但蒋介石认为顾维钧应该明白此行的目的，对他不主动提出辞职大为不满，当天在日记中写道："顾甚想继续连任驻美大使，似无自动辞职之意，人不自知，奈何。"①

1月26日，顾维钧第二次见蒋介石，主动提出辞职，表示年岁已大，华盛顿的职位需要一位更年轻的人。蒋介石没有直接回答，只是请他与"副总统"陈诚商谈。第二天，顾维钧去见陈诚。陈诚对他说，他可以辞去华盛顿的职位，但必须担任"特命巡回大使"，对南美和欧洲的国家进行"亲善访问"。顾维钧认为这是一个吃力不讨好的使命，坚辞不就。1月28日，顾维钧离开台北临上飞机时蒋介石再次约见他。蒋介石也提出了"巡回大使"，并具体提到顾维钧可利用与英国首相艾登及其他内阁部长的关系，说服英国的对华政策朝着有利于台湾方面的方向变化。顾维钧表示，这是一个无法接受的任务，因为过去出使英国受到崇高的礼遇，而现在英国不承认台湾当局发的护照，他甚至无法获得赴英的签证。最终，蒋介石认可了顾维钧辞职的请求。

当顾维钧离开蒋介石官邸时，蒋介石起身送他到起居室门口，而没有像以往那样陪他出来，送他上车。十多年后口述回

---

① 《顾维钧回忆录》第12分册，第713~715页；吕芳上主编《蒋中正先生年谱长编》第10册，第539页。

忆录时，顾维钧仍清楚地记得这个细节，可以想见当时对蒋介石在他即将结束外交生涯之际的这一举动是如何感慨系之的。蒋介石自己可能也认为这样对待一位资深外交家有些不合适，随即让副官叫住送顾维钧出门的"总统府秘书长"张群，说是另有吩咐。待张群再出来送顾维钧时，转告了蒋介石的话，要请顾维钧担任"总统府资政"。顾维钧推辞一番后，接受了这一荣誉性的虚职。①

返回华盛顿后，近一个月台北没有进一步的消息，顾维钧遂于2月28日正式递交了书面辞呈。3月8日，蒋介石致电顾维钧，同意他辞职，并将派董显光继任他的职位。② 5月8日，顾维钧离开双橡园，结束了10年驻美的使命，也结束了在中国外交界漫长的服务生涯。此时，距他首次赴华盛顿担任中国驻美公使已过了整整40年。

顾维钧提出辞职时，希望台湾方面能派年轻人继任，但台湾当局任命接替顾维钧职位的董显光竟比顾维钧还大9个月。只因为董显光担任过蒋介石的英文老师，是蒋介石的亲信。当年台湾的《联合日报》就此专门发了一篇社论，对台北换人之本意有所揭示和评论：

> 国府驻美大使顾维钧退休，由驻日大使董显光继任，这消息传闻已久，至昨日（4月5日）行政院例会正式通过任命董显光为驻美大使，始完全证实。董与顾年龄相若，都有退休资格，此次一进一退，年龄显然不是一个基

---

① 《顾维钧回忆录》第12分册，第717~719页。
② 《顾维钧回忆录》第12分册，第730页；吕芳上主编《蒋中正先生年谱长编》第10册，第554页。

本因素。据说更重要者，是台北嫌顾对美宣传工作做得不够，顾亦自知朝里无人难做官，故毅然提出辞职，决定从事著述，急流勇退，顾毕竟是聪明的。

顾系一职业外交家，为国宣劳已逾四十年，现虽老迈，其经验学识与声誉仍值得政府借重，当此国家危急存亡之秋，他自己亦未必忍心偷闲。然而，在台湾政治环境下，以一个缺乏特殊关系的外交能手，荣膺大使的重任，八面玲珑，不遭猜忌，已煞费苦心，欲轰轰烈烈，表现成绩，更谈何容易。……

……大使难做，固有非局外人所能想象者。平心而论，顾氏显与董氏不可同年而语。董系蒋经国的"太老师"，素又为宋美龄所深信，历史深长，关系密切，出任驻美大使诸多方便。顾则缺乏此种特殊关系，位高招忌，出任驻美大使徒见其活受罪而已。

顾氏退休矣，为其个人着想，确是非常聪明，吾人愿庆贺其从此无官一身轻，不必再受罪。为国家着想，则显然是一种莫大的损失。一代外交家从此归隐，吾人于惜别之余，深望国府念其当年曾在国际上为国家放过异彩，立过不朽之功，授予文官最高勋章，以资表彰，而励来者。……①

此篇社论所述并不完全准确。顾维钧在口述回忆录时没有细述退休后的感受，但他将这篇社论从报纸上认真地剪下来，保存在自己的日记本中，从中不难揣度他别有一番滋味在心头的心境。

---

① 台湾《联合日报》1956 年 4 月 7 日。

第十二章　人间重晚晴

一　国际法院法官

1956 年 5 月从驻华盛顿的职位上退休时，顾维钧已经过了 68 岁生日，是年近古稀的老人了。早在考虑退休时，他就盼望着摆脱繁忙的公务，享受生活的乐趣，做一些自己喜欢做而不是不得不做的事。他希望做的事有三件：第一，休息或度假以消除长期紧张工作带来的疲劳；第二，写一些东西和做一些研究，并开始准备回忆录的写作；第三，依靠在国际事务和国际法方面的经验和学识以及人脉，为大公司或国际法律咨询机构工作，或自己开一家法律事务所，以解决退休后的经济来源。①

离开华盛顿后，顾维钧搬到纽约市郊外住了下来。但不久，他就接到台北的电报，希望他接受提名，参加在联合国进行的国际法院法官的竞选，以递补由于徐谟在 6 月底去世所留下的国际法院空缺。顾维钧对徐谟十分了解。他是在中国驻美公使馆作为顾维钧的随员开始外交生涯的。九一八事变后顾维钧出任外交部长，他是次长。1946 年联合国选举首批国际法院法官时，顾维钧代表中国将他介绍给出席联合国大会的各国代表团，为他顺利当选助力颇多。徐谟在国际法院法官任上去世时，尚有一年多的任期。

---

① 《顾维钧回忆录》第 12 分册，第 720 页。

对于台北的要求，顾维钧表示乐于从命。他在哥伦比亚大学学习时的专业就是国际法，当然希望有机会运用当年所学，何况国际法院法官还有着优厚的薪俸，正好解决晚年生活的后顾之忧。但顾维钧要当选国际法院的法官并非易事，这当然不是他个人的资历和声望不够，而是因为随着朝鲜战争的结束和日内瓦会议的召开，以及由此带来的新中国国际声望的提高，台湾当局在国际社会中的处境发生了变化。

1956 年 12 月，联合国举行国际法院法官空缺的选举。根据联合国章程，法官选举由安理会和大会分别进行投票，在两处都获得高票者当选。但选举中出现了复杂的结果。在安理会的三次投票中，顾维钧均获得绝对多数，而在联合国大会的十多次投票中，顾维钧都未能超过日本提名的候选人。僵持之下，美国出面了。国务卿杜勒斯说服日本首相吉田放弃竞选国际法院法官，作为补偿，美国答应在第二年的安理会选举中支持日本获得非常任理事国的席位。这样，1957 年 1 月，顾维钧在安理会和联合国大会同时获得多数，当选"国际法院法官"。与徐谟轻而易举当选首任法官相比，这次选举困难重重，顾维钧对此感慨万千。①

1957 年 4 月，顾维钧到国际法院赴任。由于徐谟所留任期到 1958 年 2 月终止，顾维钧刚到任就面临着又一次竞选。由于已在任上，这次选举波澜不惊。1957 年 10 月，顾维钧再次当选为"国际法院法官"，这次是完整的 9 年任期。

国际法院是第二次世界大战后作为联合国的司法机构而设立的，联合国的所有会员国都是法院规约的当然参加者。国际

---

① 《顾维钧回忆录》第 13 分册，中华书局，1994，第 9~12 页。

法院的职责是根据国际法解决国际争端，并向联合国有关机构提供法律方面的咨询意见。国际法院由 15 名法官组成，法官虽然通常由他自己的国家提名参加竞选，但当选后并非意味着代表本国，而被认为是代表整个国际社会，他们的工作是国际性的。

国际法院设在荷兰的海牙。这是一座靠近北海的美丽城市。自 1899 年、1907 年在此举行两次国际和平会议后，海牙就成为永久性的国际法中心。国际联盟的国际常设法院也曾设在海牙。顾维钧来到海牙后，在离国际法院不远的地方租了一幢两层楼的房子，每年的大部分时间都住在海牙，只在短暂的休庭期间才回到纽约。

离开服务了近半个世纪的外交界，来到国际法学界，顾维钧对早年学习的国际法并无荒疏之感。根据国际法院的传统，对案件的审议各位法官可以各抒己见，讨论中也时常出现意见分歧，但审议和讨论的内容不对外公开，而是在法官投票表决后当庭宣布最终结论。虽已过古稀之年，顾维钧在国际法院的工作仍像在外交界那样一丝不苟。10 年任职期间，国际法院一共召开了 200 多次会议，他从未缺席过一次。这期间，国际法院共研究和判决了 17 个案件，他参加了所有这些案件的秘密审议和公开审理，担任了其中 3 个案件的起草委员会委员，还对其中的 8 个案件发表了书面意见。有的意见书刊登在法国和德国的国际法学会专刊上，受到国际法学界的重视。①

在这 17 个案件中，有西南非洲案，该案被认为是"国际

---

① 《顾维钧回忆录》第 13 分册，第 30 页；黄武智：《国际法院法官顾维钧之个别意见与反对意见（1957~1967）》，台北：私立东吴大学中国学术著作奖助委员会，1974，第 5~6 页。

法史上，历时最久、案情最为复杂之案件"。① 西南非洲（今纳米比亚）原是德国殖民地，第一次世界大战后德国战败，其根据国联盟约有关委任统治的规定被交由南非管理。第二次世界大战后，国联终止，委任统治地或独立，或改为联合国托管地。南非趁机提出管理西南非洲已有多年，要求将该地并入南非。此举遭到联合国大会否决，并通过决议将西南非洲置于托管制度之下，南非应定期向联合国托管理事会递交西南非洲报告书。但南非反对递交报告书。1960 年非洲国家埃塞俄比亚和利比里亚将南非告上国际法院，要求判其在西南非洲行为违反国联盟约和《联合国宪章》。但南非申辩称埃、利两国并无法律权益可以提起诉讼。国际法院对此案进行了长达数年的审议。1966 年投票时，参加投票的 14 名法官以 7 比 7 持平，最后法院院长投出决定票，以 8 比 7 赞同南非，否决了埃、利两国的诉讼权。②

顾维钧不赞同这一判决，投了反对票。根据国际法院规约，法官对法院之判决可以表示个别意见。顾维钧对此案发表了反对意见。在参加投票的国际法院法官中，只有顾维钧既参加了国联盟约的制定，又参加了《联合国宪章》的起草，对委任统治制和托管制的宗旨和实质都有深刻的理解。旧金山会议上，他还就托管制度与美、英等国争辩，最终将"独立"写进了《联合国宪章》关于托管制度目的的条文中。因此，顾维钧的反对意见，旁征博引，立论严谨，从威尔逊在巴黎和会提出委任

---

① 黄武智：《国际法院法官顾维钧之个别意见与反对意见（1957～1967）》，第 212 页。

② 黄武智：《国际法院法官顾维钧之个别意见与反对意见（1957～1967）》，第 217 页。

统治制讲起，梳理历史发展脉络，引证国联盟约和联合国相关决议，剖析原告被告各自的诉求，最后得出结论：埃、利两国有对本案之实质法律权益，南非有对联合国负责之义务。[①]

顾维钧的反对意见基于他对西南非洲案的深入研究，几年间他为此案写下了十多本笔记。顾维钧的女儿顾菊珍在联合国托管事务部工作，负责非洲事务。她看见父亲在西南非洲问题上倾注了那么多精力，有些不解，就问他为什么对此问题这么感兴趣。顾维钧回答说，以往在外交界服务，所说所做的一切都是代表政府的，自己有不同想法必须保留，如今在国际法院是第一次能够真正表达个人的意见。[②] 顾维钧的反对意见建立在严密的法理基础上，但他站在西南非洲一边，内心不会不想到自己代表中国与列强争辩的经历，不会不想到自己"以公理争强权"的抱负。

1964年，国际法院正副院长任期将满，顾维钧的同事中有人建议他出来任院长。但当顾维钧知道来自澳大利亚的法官希望获得院长的职位，就表示绝不与他人竞争。这样，在3月国际法院法官的投票中，他当选为国际法院副院长。这主要是一个荣誉性职务，除非院长因病或因故不能出席时才会代行院长职务，但顾维钧3年副院长任期内并没有获得这样的机会。

1965年10月，在顾维钧任期结束前一年，台湾方面来函，请他竞选连任"国际法院法官"。顾维钧复函称，自己已决定退出国内外一切公职，并推荐了几名有资格接替他的人

---

① 黄武智：《国际法院法官顾维钧之个别意见与反对意见（1957~1967）》，第198~209页。

② 作者对顾菊珍访谈，1997年8月27日。顾维钧关于西南非洲的十多本笔记藏于哥伦比亚大学珍本与手稿图书馆。

选。但台湾当局担心其他替代人选声望不如顾维钧，落选可能性很大，不接受顾维钧的推辞。在台湾方面的反复恳求下，顾维钧勉强同意出来竞选连任，并表示应首先与美国接触获得其支持。但这次美国的态度与上次完全不同，非但不予支持，反而建议顾维钧以年迈为由退出候选人行列，因为美国政府已承诺支持菲律宾人竞选国际法院法官。于是，1966 年 10 月 26日，顾维钧致函联合国秘书长，正式表示出于健康原因放弃"国际法院法官"的候选资格。①

对在国际法院任职十年的经历，顾维钧自己有一总结：

> 这是我的一生公职中，我最欢喜及适意的职位。原因有三。（一）我在哥伦比亚大学领的是国际公法学博士。因此，我供职于海牙法庭，可谓用其所学。（二）国家间有争执无法解决时，便把争端提交国际法庭请求依法解决。双方的律师都是国际闻名的法学家。我对他们的辩论极感兴趣。（三）法庭有法官十五人，都是著名人物。有些曾当过总统……我们相处甚笃，住同一旅馆，有时一同步行到法庭办公。此外，我讲句老实话，国际法庭的法官地位是很高超的，既不受其本国政府的控制，也不受联合国的干预。全世界均尊重他们的独立和自由。不像充任本国政府的官吏，即至高至上有若总统总理，时常会有麻烦事情搅扰精神，令人寝食难安。同仁都是君子人士，彼此毫无权力的冲突。时常相见如宾。国际争端是不常见的。②

---

① 《顾维钧回忆录》第 13 分册，第 64 页。
② 袁道丰：《顾维钧其人其事》，台北：商务印书馆，1988，第 241 页。

二　婚姻与家庭

顾维钧从国际法院退休后，从荷兰回到美国，在纽约曼哈顿最繁华的地段公园大道租了一套公寓，真正开始了退休生活。这时，他已经过了 78 岁。

在这之前，顾维钧已经与结婚 30 多年的黄蕙兰离婚了。离婚前，他们两人已经貌合神离地生活很多年了。

顾维钧与黄蕙兰，郎才女貌，黄蕙兰还会说多种欧洲语言，两人的婚姻在一般人看来天造地设，十分般配。但实际上两人的生活习性相差甚远。黄蕙兰的父亲是印尼"糖王"、华侨首富，她是含着金汤匙出生的，自幼长住欧洲，过惯了奢华的生活，耽迷于上流社会的社交活动。顾维钧任职北京政府时期，黄蕙兰与外交使团尤其是公使夫人们交往应酬，欢快融洽，这是她喜欢的生活。顾维钧当时已是有国际声誉的外交家了，但在黄蕙兰眼里，他与西方人在一起还不能像她那样愉快自如。而两人的感情在经过一见钟情的热烈初恋后，在北京生活时已经冷淡下来了。黄蕙兰认为，他们的生活在物质上是满意的，但她与顾维钧并不相爱。[①]

顾维钧任驻法公使期间，他与黄蕙兰的婚姻出现了问题。1934 年回国述职时，顾维钧与他后来的太太严幼韵有了密切来往。张学良是这一段来往的直接见证人。1990 年，张学良对帮助顾维钧整理过回忆录的唐德刚说，西安事变前，也就是顾维钧回国述职那段时间，他与顾维钧打麻将，同桌的还有严

---

① 黄蕙兰：《没有不散的筵席——顾维钧夫人回忆录》，第 144 页。

幼韵。黄蕙兰怒气冲冲地来了，拽着顾维钧走，顾坐在那里就是不走。黄蕙兰拿着茶水从顾维钧的头上浇下去，顾端坐着还是不走。黄蕙兰指着严幼韵当面开骂，严也是端坐不动。①

有一张顾维钧留下的照片可以为张学良的口述提供一个注脚。1936 年初，顾维钧回法国前，在上海与送行的朋友聚会时拍了一张合影。60 位多位朋友中有银行家周作民、京剧名角梅兰芳等各界名人。顾维钧与黄蕙兰作为主人坐在前排正中的位置，严幼韵紧站在顾维钧的背后，而严幼韵的丈夫杨光泩远远地站在第五排即最后一排的边上。②

顾维钧返任后不久，杨光泩被派往巴黎，负责在欧洲为抗战做宣传，严幼韵也随之来到了巴黎。这一期间，顾维钧参加外交活动的照片上，有几张可看到严幼韵在场。黄蕙兰有一天在日记中不无怨恨地写道："这位风流大使又像个夜行人一样溜出去会他的女相好了。"1938 年，难以忍受的黄蕙兰直接给孔祥熙写信求助，要求将杨光泩调离巴黎。杨光泩原有可能出任驻捷克公使，但最终孔祥熙将他调离开欧洲，去了亚洲的菲律宾。③

1946 年顾维钧重返华盛顿，严幼韵在抗战结束、丈夫杨光泩在战争中为国捐躯后来到纽约，两人重续前缘。黄蕙兰在她的回忆录中抱怨说："维钧每个星期要到纽约去度周末，从

---

① 张学良口述，唐德刚撰写《张学良口述历史》，中国档案出版社，2007，第 43~44 页。
② 金光耀、赵胜士编著《一代外交家顾维钧》，上海辞书出版社，2020，第 116 页。
③ 黄蕙兰：《没有不散的筵席——顾维钧夫人回忆录》，第 195~196 页；顾严幼韵口述，杨蕾孟编著《一百零九个春天：我的故事》，魏平译，新世界出版社，2015，第 73~74 页。

星期五一直待到下个星期二，与他那位在联合国工作的女相好相会。"她与顾维钧的关系也越来越糟糕，"维钧似乎变得日益高大。他为所欲为，不与我商量。他对待我，就是忍让，供吃供住，人前客客气气，私下抛在一旁"，"如果没有客人，维钧和我从不同桌进餐"。①

不过除了亲近者，华盛顿外交界看到的仍然是雍容华贵、殷勤待客的大使夫人。顾维钧保存下来的这一时期照片中，许多拍摄于社交场合，照片上黄蕙兰的笑容要比在场的顾维钧更自然更灿烂。在这些场合，她如鱼得水，十分享受大使夫人的荣耀。场面应酬之外，黄蕙兰对顾维钧的公务活动也有实际的帮助。如1950年底的一个周末，顾维钧正在纽约，塔夫脱参议员有急事要约见他。黄蕙兰与顾维钧通话后，就代表他去与塔夫脱见面会谈，将事情办妥。②

与顾维钧和黄蕙兰都熟识且自己有过外交官经历的袁道丰对黄蕙兰有这样的评论："顾大使得此良伴，周旋于外国政要与使团之间，也可以说天助自助。虽说他只管太太的账，但直接或间接的得到的便利大约不会少的。""老实说，在我国驻外大使夫人如林的当中，最出色的中国大使夫人要以黄蕙兰为首屈一指了。中外人士都对她表示尊敬，就是多年貌合神离的顾公维钧，对她肆应外交的功绩也不能忘怀。"宋美龄在人们交口称赞顾维钧的外交贡献时，就特别提醒说："别忘了大使夫人也起了重要作用呀。"③

① 黄蕙兰：《没有不散的筵席——顾维钧夫人回忆录》，第240~241页。
② 《顾维钧回忆录》第8分册，第174、177页。
③ 袁道丰：《顾维钧其人其事》，第11、19页；黄蕙兰：《没有不散的筵席——顾维钧夫人回忆录》，第213页。

　　1956 年 1 月底，顾维钧从台北返回华盛顿当晚，告诉黄蕙兰他已辞职。次日一早，黄蕙兰不辞而别，离顾维钧而去。① 没有了"大使夫人"的头衔，她不愿再与顾维钧维持有名无实的婚姻了。此后，黄蕙兰一直住在纽约。1993 年 12 月，百岁生日那一天，她无疾而终。

　　顾维钧晚年与其相伴的夫人就是严幼韵。严幼韵出生在一个典型的近代商人家庭。她的祖父严信厚 17 岁时离开浙江宁波附近的农村，来到上海在银楼学生意。后入李鸿章幕府，得到署长芦盐务帮办的官职，开始以盐务起家，并投资工商业，成为东南地区有影响的大商人。20 世纪初，上海各界商人组织总商会，他出任上海商务总会首任总理。严幼韵出生于 1905 年，两岁时严信厚去世了，但留下一份丰厚的家产，可以说她也是含着金汤匙来到人世的，从小就过着无忧无虑的富家生活。

　　1925 年，严幼韵进沪江大学读书。沪江是一所教会学校，有严格的校纪校规，学生被要求住校，每月只能回家一次。严幼韵感到校规太过严厉，读了两年后，正好复旦大学开始招收女生，就转校来到校园氛围宽松得多的复旦读商科三年级。

　　因为是第一届女生，复旦的女生宿舍尚未建好，这正合严幼韵不愿住校的心意，因此就坐自备轿车从地处静安寺的家中来校上课。轿车配有司机，车牌号是 84 号。一些男生就将英语 Eighty Four 念成沪语"爱的花"。严幼韵长得漂亮，父亲在南京路上开着"老九章绸布庄"，各种衣料随她挑，因此每天更换的服装总是最时髦的，令人眼花缭乱。"爱的花"这一外

---

　　①　黄蕙兰：《没有不散的筵席——顾维钧夫人回忆录》，第 257 页。

号也就不胫而走，更传出复旦校园，出现在上海的报章上。与严幼韵同届的商科男同学章宗钰回忆道：

> 那时校花 Eighty Four 译名"爱的花"，不仅在复旦而且在全上海是知名度很高的人物，打扮入时，无法形容她的美在何处，至少她上下午服装不同。徐文台学长说她是一"衣服架子"，因为她家是开绸布庄的；好有一比，萧子雄女同学和她寸步不离，一高一矮，一美一丑。例如邱正伦教授的公司理财课，她俩每次必迟到，门声响处，皮鞋笃笃，大家一定"向右看"，弄得邱教授讲"Issue Bond，Issue Bond"，接着说不下去，足证其魔力之一般。
>
> "爱的花"做功课大有一套，遇到要交习题或报告，她会电话某位男同学，说要借他的习作一看，闻者无不欣然听命，归还时洒上一些香水示意，甚至一位周同学正本报告被她拿去交卷，认为是"受宠若惊"！①

1929 年夏天，复旦大学第一批入校的女生中有 4 人可以毕业了，严幼韵名列其中。但临近毕业，学校注册部公布"缺课逾四分之一不能参与大考"名单，严幼韵也榜上有名，且名列第一，注明是戏剧学缺课逾四分之一，按例不能参与大考，于是毕业就成了问题。因为是校园名人，一时议论纷纷，连《申报》都刊登消息。复旦大学实行学分制，如果缺几个

---

① 章宗钰：《最忆是复旦》，载彭裕文、许有成主编《台湾校友忆母校》，复旦大学出版社，2003，第 488 页。

学分，可以通过暑期课程补足。但据说严幼韵不愿在酷暑中来学校上课，而是另想办法。复旦还有一规定，学生在课外阅读中有心得写成论文，经相关科目的教授审阅后如获肯定，亦可得到相应的学分。严幼韵最终交了一篇论文补齐学分，终于毕业。①

　　毕业前夕，严幼韵遇见了杨光泩。杨光泩第一次看见严幼韵时，她正自己开着那辆"爱的花"轿车。他一见钟情，马上请朋友介绍认识，以后就不断地送花、约会、看电影、跳舞。杨光泩不到而立之年，但已是国民政府外交部情报司帮办和条约委员会成员。杨光泩出生在湖州丝商家庭，其祖父在19世纪末来上海开丝行。1920年，杨光泩从清华学校毕业后获庚款资助赴美留学，四年后获普林斯顿大学国际法博士学位。留学期间，杨光泩担任过华盛顿会议中国代表团的学生随员，还担任过《中国留美学生月刊》主编，只是比顾维钧晚了十多年。1927年，杨光泩受聘于母校清华，担任政治学和国际法教授，并兼北京政府外交部顾问。1928年初，北京政府大势已去，杨光泩受邀南下，加入国民政府。②

　　面对这样一位前程似锦的外交官的追求，严幼韵当然无法拒绝。1929年9月8日，严幼韵与杨光泩结婚了。婚礼在他们经常去跳舞的大华饭店举行，这也是9个月前蒋介石与宋美龄举行婚礼的地方。出席婚礼的有千余人，证婚人是外交部长王正廷。新郎是年轻有为的外交官，新娘是复旦校花、名门闺

---

① 《复旦大学的毕业女生》，《申报》1929年6月19日，第27版；独声：《严幼韵姑娘的毕业问题》，《申报》1929年8月26日，第26版。
② 《杨立林（杨光泩之妹）致杨蕾孟、杨雪兰、杨茜恩》（1989年11月），徐景灿提供。

秀，这样的婚姻，自然成为媒体追捧的对象。[1]

1930 年，新婚不久的杨光泩出使海外，严幼韵随夫出洋，开始了外交官夫人的生活。杨光泩先在伦敦任总领事，随后作为中国代表团成员，出席在日内瓦举行的国联会议。他与严幼韵的第一个孩子就出生在日内瓦。在严幼韵的记忆中，那段日子里，他们就是不断地整理行李、搬家，由于每次调动，杨光泩必须马上熟悉新的工作，搬家的杂事必须由她自己来做。顾维钧是中国驻国联代表，常从巴黎来日内瓦。那时中国外交界的年轻人，只要有机会都想结识顾维钧并向他请教，杨光泩也不例外。严幼韵与顾维钧也因此相识。1933 年夏天，杨光泩夫妇还与顾维钧夫妇一起去蒙特卡洛度假。[2]

1934 年，杨光泩奉召回国，出任在上海出版的《大陆报》总经理和总编辑。《大陆报》是一份有国际影响的英文报纸，该报的社评大多由杨光泩执笔。国民政府挑选他担任此职，就是要借重他的专业素养加强对外宣传，争取国际舆论对中国的支持。顾维钧回国述职期间，与杨光泩多有来往，杨光泩就《大陆报》股权事宜多次请教顾维钧。[3] 公务之外，两人私交也很亲近，有一次一同去杭州满觉陇观赏桂花，不过被记者发现同行的不是黄蕙兰和严幼韵，而是两位"妙龄女友"。[4]

1937 年，杨光泩再度被派往欧洲，常驻巴黎做对外宣传，严幼韵随即从国内赶来与丈夫团聚。如前所述，第二年，杨光泩被派往菲律宾出任中国驻马尼拉总领事。当时菲律宾尚未独

---

① 《杨光泩今日结婚》，《申报》1929 年 9 月 8 日，第 16 版。

② 顾严幼韵口述，杨蕾孟编著《一百零九个春天：我的故事》，第 47 页。

③ Kuangson Young to Wellington Koo, 23 July, 1935, 徐景灿提供。

④ 《顾维钧之闲情逸致》，《申报》1934 年 10 月 1 日，第 13 版。

立，中菲间没有设使馆，驻马尼拉总领事就是中国在菲律宾的最高外交代表。1939 年初，严幼韵带着他们的三个女儿也来到了马尼拉。

1941 年 12 月 7 日，珍珠港事变爆发，日军同时向驻菲律宾的美国军队发起攻击。面临战争的炮火，杨光泩沉着镇定，一面与侨界领袖联络，会商应变办法，协助华侨疏散；一面开始烧毁华侨抗战捐款存据和其他重要文件，并奉国民政府命令，销毁在美国印制、运往中国途中搁置在马尼拉的大宗法币。美军司令麦克阿瑟从马尼拉撤走时，要杨光泩一同走，但他表示因未接国民政府撤退命令，所以必须恪尽职守，坚守岗位。

1942 年 1 月 2 日，日军攻占马尼拉。两天后，杨光泩与留守总领事馆的另七名外交官遭日军拘禁。当日军士兵来到杨光泩在战争爆发后居住的马尼拉饭店时，他十分镇静地拿起早就准备好的一包衣服告别妻女。被日军拘禁期间，杨光泩严词拒绝日军要其向华侨募款的要求。4 月 17 日，杨光泩和七名外交官惨遭日军杀害，为国捐躯。抗战胜利后，1947 年 7 月 7 日，卢沟桥事变十周年的日子，国民政府派专机将杨光泩等烈士的忠骸运返祖国，在南京举行庄重的公祭和公葬仪式。中华人民共和国对杨光泩这位抗日外交烈士也充满敬意。1987 年 11 月 17 日，江苏省和南京市政府举行纪念杨光泩等烈士公葬 40 周年仪式。

丧失丈夫的巨大打击没有击垮严幼韵。作为母亲，她要照养三个女儿，最小的女儿才刚过三岁。作为总领事夫人，她感到有责任照料好其他七位外交官的妻子儿女。于是，她刚到马尼拉时租下的三个卧室的屋子，就成了这些外交官家属共同的家园。除了每个卧室要住两户人家外，客厅里也还得住人，整个屋子一共住了近 20 个人。

生活虽然艰辛，但严幼韵始终保持着乐观的心态。屋子里留有一架旧钢琴，空闲的时候她会去弹奏挪威作曲家辛丁（Christian Sinding）的曲子《春之声》。严幼韵的大女儿杨蕾孟此时已过十岁，她清楚地记得母亲在整个战争期间从未显现出任何忧虑的神态。因此这段艰难的日子，在严幼韵女儿的记忆中却留有一些儿时的童趣。①

1945 年 3 月，美军攻占马尼拉后，严幼韵和她的三个女儿在美军司令麦克阿瑟的安排下，搭乘第一艘携带美国平民回国的轮船前往美国。随后，她在联合国礼宾司开始了自己第一份正式的工作，担任礼宾官。此时，顾维钧与严幼韵，一在华盛顿，一在纽约，周末就是两人见面的日子。1953 年，严幼韵护照到期，顾维钧专门写信给叶公超，请求给她办外交护照，而不是按常规办公务护照。② 1959 年 9 月，两人在墨西哥城终于正式办了结婚仪式。此时，顾维钧 71 岁，严幼韵 54 岁。

虽然相爱多年，并已步入老年，顾维钧对严幼韵仍是情意绵绵。刚到海牙一人独居时，他给远在纽约的严幼韵写诗寄托相思之情：

> 夜夜深情思爱人，
>
> 朝朝无绪独自闷。
>
> 千种缘由莫能解，
>
> 万里邮航一日程。③

---

① 顾严幼韵口述，杨蕾孟编著《一百零九个春天：我的故事》，第 101 页。
② 《顾维钧致叶公超》（1953 年 12 月 9 日），*Wellington Koo Papers*，box 169。
③ 顾严幼韵口述，杨蕾孟编著《一百零九个春天：我的故事》，第 182 页。

严幼韵对顾维钧的爱，更多地体现在对他无微不至的照顾上。每天凌晨，顾维钧熟睡一段时间醒来后，她已准备好一杯热牛奶和几块饼干，放在床头柜上，让他喝下后继续睡觉，唯恐他从晚餐到早餐空腹时间过长，于身体不利。顾维钧退休后生活安逸，健康长寿，得之于严幼韵者良多。

如果不算父亲定下的与张氏的婚事，顾维钧一生有过三位夫人。有人称之为顾维钧的婚事三部曲：一主贵，与唐宝玥结婚，借以发展政治地位；二主富，与黄蕙兰结婚，得以多财善舞；三主爱，与严幼韵结婚，相亲相爱，白头偕老。能从婚姻中得到的，顾维钧都得到了。顾维钧自己说，三位夫人中，他最喜欢严幼韵，因为她最了解他、照顾他。①

因为顾维钧的声望，他的婚事和情史是公众瞩目的。但他本人却不愿多讲，在几百万字的口述回忆录中一语带过。唐德刚帮他做口述回忆时，已熟读了黄蕙兰那本有趣的自传，但因为与顾维钧之间始终是敬而远之的关系，不敢就此向他提问一句。女儿顾菊珍对父亲的浪漫史也有好奇心。有一次看到一本英语畅销书上写顾维钧一共有过 28 个女人，就在家中餐后闲聊时问父亲这叙述是否真实，顾维钧脱口而出回了一句："Only twenty-eight?"（只有 28 个吗？）既不否定，也不肯定。顾菊珍对父亲滴水不漏的外交官回答只有敬佩。②

顾维钧的晚年生活过得非常有规律。他上午 9 时许起床，稍做活动后，开始早餐。早餐十分丰盛，持续时间要一个半小

① 袁道丰：《顾维钧其人其事》，第 6、17 页。
② 唐德刚：《编撰〈顾维钧回忆录〉及民国外交史杂记》，载金光耀主编《顾维钧与中国外交》，第 8 页；顾菊珍口述，1998 年 4 月，纽约东城顾菊珍家中。

时，一面饮食，一面读报纸。顾维钧每天看的英文报纸是《纽约时报》，中文报纸是台湾出版的《中央日报》和美国出版的《世界日报》。

每天下午，顾维钧都要挂着拐杖，外出散步，这是他的健身之道。虽住在纽约这个大都市的中心，但公园大道离中央公园仅一步之遥。公园里树木繁茂，绿草如茵，湖面如镜，是闹中取静放松身心的绝佳去处。只是那时纽约的治安状况太差，顾维钧在散步时曾被抢劫三次。遇到这种情况，他也不失幽默感，每次散步总要带些现金，说是不能让抢劫者空手而归。散步之外，他还喜欢游泳。90多岁时，还从跳板上跳入游泳池。

顾维钧晚年最经常的消遣是打麻将。严幼韵操心最多的也是为他安排牌局。顾维钧打麻将，出牌极快。有人问他牌运如何，他答曰："十九必输。这不是我的技术不如人，实因这是一种'统战'，花样繁多，有时我的精力不能顾到全局，因此牌运对我不甚客气。"对于输赢，他认为，"这原来是消遣，定率低而出入微，输赢可不在乎"。[1] 他还自订了几条玩牌守则，其中有：受人欢迎，首重牌品，旨在消遣，大小勿论。准时赴约，不得迟到，圈数决定，不增不减。[2]

顾维钧的另一消遣是画画。退休后，他专程赴香港拜师学习作国画，并认真研读画谱。他的画题材固定，大多是梅、兰、竹、菊，有传统文人画的神韵，也是他处世立身之道的一种写照。他也画过工笔牡丹，是专为严幼韵画的，题词"春长在"。严幼韵一直挂在自己卧室的床头上，直到2017年她

---

① 袁道丰：《顾维钧其人其事》，第13～14页。
② 《九九寿星顾维钧博士所述玩牌守则》，徐景灿提供。

112 岁去世。

顾维钧晚年的另一乐事，是看到儿女孙辈欢聚一堂。顾维钧有三子一女。

长子顾德昌和女儿顾菊珍是唐宝玥所生。顾德昌在第二次世界大战时期担任过中国驻美使馆空军武官，从空军退役后在台湾经商，晚年移居美国，1998 年去世。

顾菊珍 1917 年出生在华盛顿。在英国伦敦大学学的是物理，但受父亲的影响对国际事务有兴趣，从 1947 年开始进联合国工作，一直在托管事务部，凭自己的才干升至"非洲事务司司长"。1971 年中华人民共和国恢复在联合国的席位后，她给予担任联合国副秘书长的唐明照及中国代表团很大的帮助。退休后，她与丈夫钱家骐遍访欧美许多城市，搜集顾维钧照片，并为《顾维钧回忆录》的中译本出版做出很大贡献。2015 年，顾菊珍 98 岁时去世。

顾维钧与黄蕙兰生有二子。顾裕昌也在联合国任过职，因不满法律部太官僚化而辞职经商，任职期间写过一份讨论安理会投票程序的文件，离开后许多年仍被使用。顾福昌从哥伦比亚大学毕业后就去经商。裕昌和福昌都先于父亲在 1970 年代末去世，顾维钧为之伤感不已。

严幼韵与杨光泩有三个女儿，因此顾维钧还有三个继女。由于早年丧父，她们视顾维钧如同亲生父亲，相互间十分亲热。长女杨蕾孟一生从事编辑，在美国多家著名出版社如哈珀与罗出版社、利特尔与布朗出版社担任过编辑或总编辑，许多有影响的书包括基辛格担任国务卿期间的回忆录《动乱年代》三卷本都出自她的手下。她编著的最后一本书就是母亲严幼韵口述的《一百零九个春天：我的故事》。2020 年，杨蕾孟去世。幼女杨茜恩担任过房产公司的总裁、中式烹饪教师，后来在家相夫教子，因病于 1992 年去世。

三个继女中次女杨雪兰与顾维钧最亲近。杨雪兰 1935 年出生于上海，与姐姐一样毕业于韦尔斯利学院。她是一位成功的企业家，早年在广告公司工作，获得过业界最高荣誉。后来至通用汽车公司担任副总裁，这是以往女性没有担任过的职位。美国通用在中国投资 20 亿美元的项目——在上海生产别克轿车，她起了关键作用。她也是热心中美文化交流的社会活动家。2014 年，由她出面牵线，召集相关各方，最终由中国社会科学院近代史研究所完成顾维钧文件的电子化，使这套总共有 17 万页的珍贵资料回归故里。2020 年，杨雪兰因病去世。

有爱妻相伴，有儿孙绕膝，有健康的身体，有安逸的生活，顾维钧的晚年是幸福的。

三　月是故乡明

由于长年担任驻外使节，顾维钧一生的大部分时间是在国外度过的。但是，他对祖国、对故乡一往情深，始终怀着一颗中国心。

顾维钧的英文说写均十分出色，即使在英、美社会中，也堪称一流。他出使英国时，有一次与丘吉尔单独商讨中英外交问题，结束时已是晚上 9 点。丘吉尔说，会谈内容重要，但无人记录，我日理万机记不了那么多，能否请你写一份备忘录午夜送来。顾维钧答，午夜太匆忙，请改为明天中午。第二天，顾维钧送去备忘录，丘吉尔不仅称他记忆力好，更夸他英文流畅清晰。① 而丘吉尔本人是公认的驾驭英文的大师。但退休后，脱离繁忙的公务，顾维钧还是钟情于自己的母语。有人问他，在中英文两种书中，以读何者较为称心愉快。他答："是中国书，我们的'根'究竟是中国啊！"②

晚年可以自由支配时间后，他能够如愿阅读自己喜欢的书，大多是中国的典籍。他有一套清光绪己亥年（1899）刻本"四书"，陪伴他周游了欧洲和美洲。古色古香的线装书外包着西式的硬封面，显示了主人对古书的爱护，也是主人眷恋故土的内心写照。读书之余，他喜欢抄录唐诗中的名句和中文格言。有朋友知道他有这一喜好，告诉他唐绍仪去世前留下的一句话："事能知足心常惬，人到无求品自高。"他特地标注："中山县唐绍仪于民国廿七年秋遇害前一日所作之对。"③

外交舞台上的顾维钧总是西装革履，即使退休后出现在公众场合，他仍然是一身西装，给人们留下从思想到外表都很西化的印象。但平时在家中没有客人的话，他却喜欢穿中式服装。他百看不厌的电视节目是台湾拍摄的连续剧《香妃》，对美国电影却没有一点兴趣。他也喜欢京剧，抄写了《武家坡》《空城计》《碧玉簪》等京剧唱词。

1946年顾维钧去华盛顿任驻美大使时，没有想到此去一别再也无法回到大陆。但当时国共内战一触即发，离开故土时心中不免感慨系之。他写过一首七绝，起首两行是："白云底下望山河，祖国将离感慨多。"表达的就是这一心情。④

① 《顾维钧回忆录》第5分册，第26~27页。
② 袁道丰：《顾维钧其人其事》，第2、234页。
③ 顾维钧留下的纸条，徐景灿提供。
④ 这首七绝用钢笔写在一张纸上，现藏上海市嘉定博物馆。

　　1954 年夏顾维钧回台湾时，蒋经国安排他去金门岛参观，这是他 1946 年离开大陆后离大陆距离最近的一次。站在岛上，望着清晰可见的大陆海岸和后边的层峦叠嶂，闻得到大陆吹拂过来的和风气味，顾维钧十分激动，期盼着能够回到故土。①

　　当内战的硝烟散尽，中国共产党没有忘记顾维钧为近代中国外交所做出的贡献。1972 年，毛泽东指示赴纽约参加联合国大会的章含之去看望顾维钧。这件事当时无人知晓。章含之对此事是这样记叙的：

　　　　1972 年 9 月我正准备中国代表团前往纽约出席第二十七届联合国大会，主席在一次临行前的指示谈话时给了我一项特殊任务，要我去看望国民党前外交部长、驻美大使顾维钧先生。主席说他很敬佩顾维钧的外交才华和为人。当时顾老先生已八旬高龄，退休后在美国当寓公。毛主席嘱咐我说不要用官方名义去看望他，也不必提是毛主席要我去的。因为顾老先生与我父亲也可称是世交，我可以用晚辈名义去看望他。顾老先生的女儿是当时在联合国工作的一位局长，可以请她安排。毛主席说要我向顾维钧先生介绍大陆的情况并且邀请他回大陆看一看。毛主席还要我告诉他统一祖国是海峡两岸爱国人士的共同意愿。

　　　　根据主席的指示，我于这年 10 月 5 日在纽约顾老先生女儿住所拜访了他并共进晚餐。那时老人虽已高龄，但精神极好，并步履矫健。他极有兴趣地问了大陆许多情况，但却回避了访问大陆的邀请。一年前我们刚刚取代台

―――――――――

① 《顾维钧回忆录》第 11 分册，第 253、265 页。

湾恢复了在联合国的合法席位，在此时计划访问大陆的确时机尚不成熟。可惜的是，一直到顾老先生逝世，他都未曾有机会回到故土亲眼看一看家乡的变化。

10月9日，我从纽约刚到北京，马上接到通知，要我第二天晚上去主席那里汇报与顾维钧会面的情况。这是我到外交部工作后唯一一次与毛主席单独在一起谈话。主席对会见问得非常仔细，也很谅解顾维钧暂时不便回大陆访问。①

顾菊珍后来说，安排在位于曼哈顿东城的她家里见面，是为了避人眼目，生怕被人看见，引起不必要的麻烦。不过顾维钧并不知道章含之是奉毛泽东之命，只将她看作故人章士钊的女儿。②

1978年12月16日，中华人民共和国与美国发表建交公报，宣布自1979年1月1日起互相承认并建立外交关系。这是中美关系史上的一个里程碑，对台湾当局产生了巨大冲击。1979年1月5日，蒋经国亲笔致函顾维钧，称其"洞察美国国会与国务院心态最深"，请对当前局势提供"宝贵之启迪指引"。蒋经国这封手书由台湾"外交部次长"杨西昆于1月17日送到顾维钧家中。顾维钧阅后，亲笔回复蒋经国，称美国此举"虽与国际道义相悖"，"但不得不勉予接受其已成事实"，与美国维持邦交以外之实质关系实为接下来的"努力目标"，并强调继续保持台湾与美贸易额远超大陆与美贸易额的优势是当务之急，"俾以贸

---

① 章含之：《风雨情》，上海文艺出版社，1994，第111~112页。
② 顾菊珍口述，1998年4月，纽约东城顾菊珍家中。

易实绩争取支持，并作后图"。① 这是顾维钧最后一次向台湾当局就对美"外交"提供意见，此时他已 91 岁了。

中华人民共和国与美国建交后，向美国派遣正式的外交代表。中国驻美使馆有好几位外交官来拜访过顾维钧，向这位外交界老前辈表示敬意，也向他请教，顾维钧都予以接待。② 担任过上海市副市长和统战部部长的张承宗退休后访问美国，于 1985 年 6 月到公园大道的顾府拜访。在这之前，他已通过到上海访问的顾菊珍向顾维钧赠送过《嘉定风光》画册和《上海经济》杂志。此次张承宗带了一幅寿星图赠送给顾维钧夫妇，他们非常高兴。交谈中顾维钧询问并赞扬"改革开放"的政策，问候邓小平，关心叶剑英的健康。张承宗感到，顾维钧虽旅居海外，但他的心紧紧地和祖国联系着。③

尽管海峡两岸仍然对立，但顾维钧始终以一个中国人自居。按顾维钧在国际法院任职的经历，他可以获得联合国护照，但他坚持持有中国护照。有一年全家要去欧洲度假滑雪，他的护照因过期正在更换新的，家人要他去领一本联合国护照以便同行，他拒绝了，结果这次已安排好的全家度假只能取消。④

虽 1946 年赴华盛顿任职后未能再回大陆，但是顾维钧始终牵挂着故土，尤其是家乡嘉定。顾维钧最后一次回嘉定是 1946 年离国前。那年 5 月 4 日，他从上海市区赴嘉定扫墓，先后至城里的顾家祠堂、祖母邹氏墓地和在马陆的顾溶夫妇墓

---

① 《蒋经国致顾维钧》（1979 年 1 月 5 日）、《顾维钧致蒋经国》（1979 年 1 月 23 日），由徐景灿提供。

② 唐德刚：《广陵散从此绝矣——敬悼顾维钧先生》，《传记文学》（台北）第 283 期，1985 年 12 月。

③ 张承宗：《红艳千般》，学林出版社，1990，第 424 页。

④ 杨雪兰口述，2018 年 12 月 8 日，上海嘉定。

地及唐宝玥墓地。① 此后，嘉定就成了他永远的乡愁。

晚年，只要遇到上海来的人，他都要问是否去过嘉定，并老是惦念着要吃家乡的塌棵菜和罗汉菜。97 岁时，他兴致勃勃地画了一张嘉定县城的示意图，图中央赫然耸立着城中的古塔。也是在这一年，他用毛笔为家乡书写了"露从今夜白，月是故乡明"的诗句。浓浓的思乡之情跃然纸上。②

四　民国外交的见证人

晚年顾维钧还进行着一项巨大的工程，那就是将自己一生的外交经历口述记录下来。

顾维钧的外交生涯几近半个世纪，亲历了从第一次世界大战爆发到冷战初期众多的外交大事，这样的经历不仅在中国是绝无仅有的，在国际上也是罕见的。因此，他刚退出中国外交界，美国著名的出版社麦克米兰公司、哥伦比亚大学出版社和道布尔戴出版社就找上门来，约请他写回忆录，并允以优厚的稿酬。顾维钧斟酌再三，都谢绝了。他虽然下决心要写自己的回忆录，但认为公开发表回忆录的时机尚未成熟。因为写回忆录就必须抛开私人情谊如实写出，而他要叙述的人大多还健在，涉及他们的功过是非，他们不会无动于衷。③

但顾维钧到海牙国际法院任职不久，母校哥伦比亚大学来信了。该校著名的中国近代史专家韦慕庭（Martin Wilbur）正主持一项中国口述史计划，请寓居在美国的昔日民国显要做口

---

① 《顾维钧日记》，1946 年 5 月 4 日，*Wellington Koo Papers*，box 216。
② 顾维钧画的嘉定城示意图和书写的诗句均藏于上海市嘉定博物馆。
③ 《顾维钧回忆录》第 13 分册，第 6 页。

述，先后应邀参加这一计划的有李宗仁、胡适、陈立夫等人。像顾维钧这样的民国外交元老，韦慕庭当然不会错过。在由自己决定公开发表时机的条件下，顾维钧同意参加母校的口述历史计划。

1959年起，顾维钧开始接受访谈，每年从国际法院休假回纽约三个月，就是口述访谈进行的时间。哥大中国口述史计划聘请了两个全职研究员夏连荫和唐德刚，两人一起负责对顾维钧的口述访谈，由夏连荫主问。但完成顾维钧的童年部分后，她嫌工作量过于浩大，就退出了。唐德刚手头虽还有李宗仁和胡适的口述历史要做，但还是抵挡不住顾维钧这个名字对他的诱惑，就全盘接过手来。

顾维钧是个历史方面的有心人，在几十年的外交生涯中保留了几乎所有的往来电稿信函和各种文件，每天又有写日记的习惯，而且记得很详尽。但1931年前的电稿文件大多留在天津旧宅中散失了，这也是后来成稿的口述回忆录在这之前的部分相对简要，在这之后详尽的原因所在。

对口述回忆录，顾维钧像对待外交交涉一样，认真、仔细，事先做好充分的准备。每次口述之前，他先查阅相关部分的文件和日记，思考再三形成腹稿后开始口述。口述以英语进行，他字斟句酌，语速缓慢，通常先对主题做一概述，然后向访谈者指出文件及日记中可用的材料，一些重要的文件则照录全文。每次访谈均用录音机记录，事后由专人听写誊录成英文初稿。顾维钧对初稿做增删补充后，交访谈者修订，此后再由顾维钧审核，最后两人当面商讨后定稿。①

---

① 　袁道丰：《外交丛谈》上册，台北：商务印书馆，1982，第150~151页。

访谈者唐德刚认为顾维钧是他所做的口述访谈中最容易进行的前辈。他还做过另两位民国名人的口述，其中胡适太忙，没时间事先充分准备，而李宗仁只粗通文墨，又没有任何文件可资参考，常信口开河。顾维钧讲一口极标准、极清晰、极有条理的美式英语，在唐德刚听来，"简直是高山流水，清响怡人"，女秘书听音打字，可以通顺流畅。唐德刚说，他在美数十年，中西政要学要，阅人多多，像顾维钧这样清晰有条理地回忆自己的经历，"实无第二人也"。①

有时顾维钧的记忆也会发生误差，尤其是对北洋时期的事情。一次，他把金法郎案中一段事张冠李戴了，唐德刚更正他的错误，顾维钧不服，说是"事如昨日"。直到唐德刚拿出他当年自己签署的文件，顾维钧才服输，说："唐博士，这一章错了。下礼拜，我俩重行写过。"②

因为顾维钧在海牙任职，口述每年只能进行三个月。唐德刚做完"驻英大使"这一段后，离开口述史计划，去做大学教授了。后续的口述访谈由另两位博士接手，到最后结束整个口述，录音时间总共有 500 多个小时。顾维钧从海牙退休回到纽约后，发现因为管理和经费等方面的问题，录音并没有被完全整理出来。于是他以办外交的韧劲，与哥大方面锲而不舍地交涉，终使主持者另外筹得专款，重新雇请秘书听音打字，整理出英文稿 11000 页。唐德刚经历了这一过程，从旁相助力争，事后心有余悸地说若不是顾维钧在哥大

---

① 唐德刚：《编撰〈顾维钧回忆录〉及民国外交史杂记》，载金光耀主编《顾维钧与中国外交》，第 10 页。
② 唐德刚：《广陵散从此绝矣——敬悼顾维钧先生》，《传记文学》（台北）第 283 期，1985 年 12 月。

且夕坐索，几十盘录音带可能会不知所踪。差不多同时在哥大参加中国口述史计划的陈立夫，完成口述后返回台湾，只能函催，结果一无进展，口述稿无疾而终。不过由于新筹的经费还是有限，要缩短听音打字的工时，整理时将顾维钧与唐德刚两人间极有史料价值的精彩对话略去不少。唐德刚大叹可惜，称这些被略去的内容是顾维钧在中国权力核心翻滚数十年的精华所在。①

顾维钧漫长的外交经历使他的口述回忆录实际上等同于一部民国外交史，是北京政府和国民政府对外交涉的实录。大量第一手资料的引用，又使这套回忆录具有很高的史料价值。口述回忆录英文稿 11000 页，后来译成中文有 13 册 600 多万字，这样规模的个人回忆录在中国前所未有。顾维钧曾对人说："回忆录完全根据事实，绝不虚构捏造，更不诽谤他人。完全是历史性的客观的忠实叙述。"② 开始口述回忆录时，顾维钧已经 71 岁了，最终完成时则是 88 岁的老翁了。他是以一种较平静的心态，以民国外交见证人的身份叙述往事的。他的回忆录称得上是一部信史。当然，由于顾维钧经历的事情实在太多，留下的文件电稿又十分庞杂，以及其他一些原因，他对自己经历的事情不可能没有记忆缺漏。如九一八事变后对中苏关系的推动就遗忘了，而对 1940 年代末的游说活动则闪烁其词，没有全盘道出。

1976 年 5 月 28 日，顾维钧将回忆录英文原稿赠送给母校哥伦比亚大学。在捐赠仪式上，他以诙谐的语调说："我的唯

① 唐德刚：《编撰〈顾维钧回忆录〉及民国外交史杂记》，载金光耀主编《顾维钧与中国外交》，第 13、15 页。
② 袁道丰：《外交丛谈》，第 153 页。

一遗憾是嫌我自传太长——约11000页！但是我却有一借口，如果这借口是有点合理的话，就是我服务公职太早，超过了半个世纪，由1912年至1966年。……因此，我只得尊重空间，而牺牲简略。我希望将来学者参考这稿本时，会原谅我的苦衷的。"

口述回忆录完成后，不少出版商对之发生兴趣。纽约有一家出版社计划将原稿打字稿缩印成书，分20册分期出版，5年出齐，但终因投资过大、销路不确定而作罢。稍后，在顾维钧要求下，哥大请《纽约时报》属下的美国缩微公司将回忆录制成缩微胶卷。

口述回忆录由哥伦比亚大学发起主持，因此以英文完成，对顾维钧来说这不能不是一个遗憾。他在交给哥大作为回忆录最后附加页的附言中对此做了说明，并说："由于我毕生致力于中国的对外关系，如果我的回忆录能被译成中文，我将不胜欣慰和感激。"基于这一原因，顾维钧要求哥大将口述回忆录缩微胶卷复制一套送台北中研院近代史研究所。

顾维钧口述回忆录的完成，在海峡两岸引起关注。台湾传记文学社此前刊登过顾维钧回忆巴黎和会的文章，也刊登过其他人写顾维钧的文章。该社社长刘绍唐与顾维钧早有通信往来，向他约过稿。1977年4月5日，刘绍唐给顾维钧写信，表示对将英文回忆录译成中文极感兴趣，并提出具体办法，"逐段翻译，逐期发表，不久即可分册出版，本社愿负担翻译中文之稿费，至版权与版税当归先生所有"。刘绍唐还提出了两个翻译人选——与顾维钧熟识并写过他许多故事的退休外交官袁道丰、翻译过颜惠庆回忆录的姚崧龄。刘绍唐此时已组织翻译了颜惠庆、蒋廷黻等人以英文完成的回忆录，自认对此事完全有把握。但顾维钧回忆录规模大，篇幅与颜、蒋回忆录不可同日而语。顾维钧对回忆录翻译成中文的困难有充分的估计，因此在刘绍唐来信上批注："该社能否担任翻译？"对刘绍唐的提议表示疑虑。① 后来确如顾维钧所料，传记文学社因版权、经费、人员等因素而无法推进译事。

1980 年春，顾菊珍找到在联合国总部工作的中国外交官陈鲁直，希望国内有研究机构对顾维钧的回忆录有兴趣。5 月初，陈鲁直联系中国社会科学院近代史研究所，通报此事。主持近代史研究所的刘大年立即决定："申请外汇，购买缩微胶卷，组织力量翻译，全文出版，一字不删，一字不改。"这年 9 月顾菊珍回上海探亲访问，刘大年专门请她来北京，当面商讨翻译出版事宜。10 月，顾菊珍与丈夫钱家骐来到北京。因为是第一次与大陆学术研究机构接触，顾菊珍说话十分谨慎，提出顾维钧的回忆录"作为历史资料，可以供内部参考，有些内容不宜于在国内公开出版"，还表示回忆录"没有必要全部出版。是否出选本，是内部出，还是公开出，一切由国内决定"。但刘大年明确表示一字不删、一字不改的翻译出版原则，顾菊珍听后既高兴又震惊。②

此后，近代史研究所委托天津市政协编译委员会组织翻译。1982 年初，顾菊珍在纽约宴请外交部条约法律司法律顾问贺其治和陈鲁直，代表顾维钧就译事提出三点建议：第一，回忆录的版权属哥伦比亚大学，希望国内有关部门就出版回忆录问题通知哥大；第二，希望由学术机关如近代史所编译，最

---

① 《刘绍唐致顾维钧》（1977 年 4 月 5 日），徐景灿提供。
② 王玉璞：《〈顾维钧回忆录〉再版感言》，王玉璞给笔者的打印稿；赵庆云：《〈顾维钧回忆录〉的出版风波》，《读书》2016 年第 1 期。

好不用政协的名义；第三，回忆录中 1947 年以后的部分有些话今天不宜在国内出版，应做删节。①

近代史所获悉并与有关各方商量后，刘大年于 7 月 30 日致信顾菊珍，表示对三点建议完全赞同，"回忆录决定由中国社会科学院近代史研究所署名编译，归学术界著有信誉的中华书局出版。完全尊重老先生的意见，对某些稿页将作适当删节。关于出版此书，知会哥伦比亚大学一节，目前已致函哥大校长"。刘大年还告诉顾菊珍，译稿第一册已经完成，顺利的话第二年 7、8 月间可以见书，希望顾维钧能为中文版写个前言，"或者对回忆录本身作些说明，或者抚今思昔，发一点感想，或者对祖国的统一，对海峡两岸的中国人说些话都是有意义的"。顾菊珍接信后即向顾维钧报告。关于前言，顾菊珍回复说，可用顾维钧送交哥大的回忆录附言，"此文虽属后言性质，亦可当作 Author's note（作者谨言——引者注）附在中文版代替作者前言"。②

1983 年 5 月，《顾维钧回忆录》中文版第 1 分册出版。刘大年立即在给顾维钧送去的书上题词"顾老先生为寿"。落款是后学刘大年。顾维钧收到书后十分高兴，尤喜欢刘大年题写的"为寿"两字。他立即签名回赠刘大年一本回忆录。③

《顾维钧回忆录》中文版的出版，使一直有心翻译却无力做成的台湾《传记文学》刘绍唐十分不高兴。他于 1984 年 1 月致函顾维钧，盯住译者的出版说明中所写中文版承顾

① 赵庆云：《〈顾维钧回忆录〉的出版风波》，《读书》2016 年第 1 期。
② 《刘大年致顾菊珍》（1982 年 7 月 30 日）；《顾菊珍致刘大年》（1982 年 10 月 11 日），徐景灿提供。
③ 王玉璞：《〈顾维钧回忆录〉再版感言》。

维钧本人"欣然同意",追问究竟情形如何。顾维钧接信后回复一函,答道:"弟年迈记忆力衰退,念此事已不甚清楚,但似曾通信一次,当为此事也。"①回忆录中文版翻译出版事宜皆由顾菊珍代表顾维钧出面处理,顾维钧从未写过一信,但他回复"似曾通信"实际上认可了"欣然同意",也肯定了与近代史所的合作。此事的处理也可见顾维钧外交手腕运用之自如。

顾维钧有生之年看到了回忆录中文版前三卷的出版,这是他晚年最高兴的事。他希望回忆录不仅对研究外交史的中国学者"有所补益",而且能为众多的读者"提供一面反映过去的镜子",使他们知道"今天的历史来源于昨天"。②

晚年,还有一件使顾维钧高兴、激动的事。1984年9月18日,中国与英国两国代表团就香港问题的联合声明达成协议。根据最后发表的联合声明,中国政府将于1997年7月1日对香港恢复行使主权。9月20日,《纽约时报》对中英两国达成协议做了报道。当天吃早餐时,顾维钧读到这条消息,高兴地从报上剪下来,小心地珍藏起来。③1942年中英谈判新约废除领事裁判权时,他就表示要等待香港问题的解决。40多年后,正向百岁迈进的他终于等到了这一天。

让人遗憾的是,顾维钧没能看到香港正式回归祖国,也没能看到他的回忆录中文版全部出齐。

1985年11月14日晚上,顾维钧临睡前像往常一样进浴

---

① 《顾维钧致刘绍唐》(1984年1月22日),徐景灿提供。

② 《顾维钧回忆录》第1分册,附言。

③ 笔者在顾维钧的遗物中发现这张夹在笔记本中的剪报。

室洗澡，一边还与浴室外的严幼韵说第二天打麻将请哪些客人来，洗完澡后就倒下了。严幼韵走进浴室，看见他蜷缩在浴垫上，就像睡熟了。① 几小时前，他刚刚写完一生中最后一天的日记。这天的日记十分简短，只有一句话："这是安静的一天。"

① 顾严幼韵口述，杨蕾孟编著《一百零九个春天：我的故事》，第 271 页。

结语 "以公理争强权"的外交家

唐德刚多次强调过一个观点：近代中国百余年来，只出过"两个半外交家"——李鸿章、周恩来和顾维钧，而顾维钧就是那"半个"。他这样说的依据是，顾维钧虽做了一辈子外交官，从北洋军阀的北京政府到国民党的国民政府，但都是为人作嫁衣，奉命工作，自己一辈子也未享受过决策权。因此与李鸿章、周恩来比，只能算半个外交家。但资中筠不赞同这一看法，以为此说不公，以顾维钧的外交表现，无论如何当得起一个外交家，而且是杰出的外交家。① 唐德刚是以政治家的标准来衡量外交家，资中筠则从外交家本人的作为来评判，后一种评判标准更能揭示外交家在外交史上的地位。

唐德刚说的"两个半外交家"对应的是近代中国的三个时期：晚清、中华民国和中华人民共和国。一个外交家的作为离不开他所处的时代。处于晚清的李鸿章在对外交涉中，清醒地认识到面对的是数千年未有之大变局。他顺应变局，从传统夷务向洋务然后向近代外交转变，对国际法也有所了解，确实是晚清最善于与列强打交道的外交家。但他在外交决策上仍受清廷制约，且处于大变局的开端，无法摆脱传统体制和观念的束缚。顾维钧在哥伦比亚大学攻读博士学位时，以所学国际法审视晚清外交，对之有严厉的批评，称国门被迫打开后中国所

---

① 唐德刚：《编撰〈顾维钧回忆录〉及民国外交史杂记》，金光耀主编《顾维钧与中国外交》，第1页；资中筠：《外交家的幸与不幸——重读〈顾维钧回忆录〉有感》，财新网，2017年8月19日。

丧失之国权，"为吾衮衮诸公之所甘心放弃者，亦何可胜道哉"。在晚清主持外交者中，顾维钧视李鸿章为"我国胆识俱到之外交家"，但也有批评，指出其于庚子年从上海提军北上，欲道出租界，为工部局所阻，在中国自己的土地上竟"噤口无声，而出他途"，李鸿章尚如此，其他"碌碌诸公更何论乎"。①

顾维钧写该文是辛亥革命前夕，距李鸿章主持外交已经过去了十年。在美国学习多年后，他对世界大势有了自己的判断："当今日之世虽曰有强权无公理，然国际交涉之时诚能以公理争强权，则强权者亦不能以一手掩天下之目，而抹杀公理也。"② 顾维钧的这一看法准确地预判了20世纪国际关系发展的趋势，也成为他此后从事外交所信奉的原则。顾维钧写该文时强权政治仍主宰着世界，但几年后美国总统威尔逊提出"十四点计划"，倡导公开外交、民族自决和集体安全。在顾维钧看来，这提出了"对人类至关重要的问题"，③ 即他所期望的能与强权抗争的公理。1919年巴黎和会上，顾维钧代表中国的发言和最后拒签和约，就是身体力行地以公理争强权。然而，公理争强权并不一帆风顺。威尔逊在巴黎和会上违背自己的承诺，被中国舆论痛斥他口中的"公理"是"一文不值的空话"。强权虽一时占据上风，但顾维钧的言行挑战强权，

---

① 顾维钧：《中国外交私议》，《留美学生年报》1911年。顾维钧这里的叙述并不准确。李鸿章于该年7月被清廷任命为直隶总督后从广东抵上海，因率卫队200人，英领事不允登岸，解除武装后允20人进租界。见窦宗仪编著《李鸿章年（日）谱》，国家图书馆出版社，2011，第418页。

② 顾维钧：《中国外交私议》，《留美学生年报》1911年。

③ 《收驻美顾公使电》［1918年1月11日（8日发）］，外交部档案，档号：03-37-002-01-007。

彰显公理，赢得国内各界和国际社会的尊重，并由此奠定他在近代中国外交史上的地位。他坚信强权不能一手遮天。确实，即使在美国国内，威尔逊的决定也遭反对，美国代表团内蓝辛等人对中国拒签巴黎和约亦表示支持，表明公理不会被完全抹杀，在与强权抗争中会逐渐得到彰显。九一八事变后，顾维钧在国联讲坛上谴责日本侵略，进一步彰显公理。第二次世界大战后期，他参与筹建联合国，终使公理压倒强权，中国也获得联合国安理会常任理事国的席位。顾维钧在世纪初就看准了20世纪上半叶国际关系变化的大势，投身外交后代表中国在国际舞台上坚持以公理争强权，是顺应时代潮流并站在潮头的中国外交家。至于说顾维钧一辈子未享受过决策权，并不完全准确。巴黎和会拒签是在未经授权的情况下做出的一次决策。北京政府时期，终止中比条约和罢免安格联都是顾维钧主持内阁时做出的重要外交决策。正因为如此，资中筠认为顾维钧在外交上有比李鸿章更大的自主裁量权。①

顾维钧进入外交界，正是中国外交从传统向现代转型的重要时期。清末民初逐渐走向专业化的外交需要受过专门训练的人才，顾维钧适逢其时，脱颖而出。民国初立，首任外交总长陆征祥提出："凡是办政治，尤其是办外交，决不可用外行。"于是，刚取得博士学位的24岁的顾维钧在担任袁世凯英文秘书的同时进入外交部。此后，他在27岁时出任中国驻美公使，31岁代表中国在巴黎和会发言，34岁担任外交总长。这是转型时代的年轻人才会有的机遇，但能否抓住机遇还得看个人才干和禀赋。最明显的事例就是巴黎和会上代表中国发言，按代

---

① 资中筠先生与作者的微信通话，2020年9月5日。

表团成员资历，轮不到最年轻的顾维钧，但其他人都无准备，又临阵退缩，结果对中日问题早有研究的他当仁不让地挺身而出，为国家争公理，也为个人赢得声誉。

巴黎和会及此后的华盛顿会议不仅使顾维钧在国际舞台上崭露头角，也得到国内各界广泛认可，被蔡元培称为"此青年外交大家，实我国大学学生之模范人物也"。① 顾维钧出任北京政府的外交总长时，外交部已成为专业化程度相当高的部门。军阀混战的年代，内阁更替频繁。但不管哪一派势力组阁，外交总长都不得不依靠顾维钧这样的职业外交官，由他们出面去与列强打交道，以求得列强的承认，曹锟总统任内在外交方面更是放手于顾维钧。由此，顾维钧得以在修约外交中有所表现，进一步提升了外交声誉。

国民政府取代北京政府后，国民党以党治国，外交决策权归于国民党中央和蒋介石个人。顾维钧对此看得十分清楚，因此在短暂担任外长时要求国民党中央将有关外交的决议事先告知。但他仍对外交政策积极建言，如 1933 年初与颜惠庆和郭泰祺一起建议对日绝交，1942 年底中英新约谈判最后关头提出签约与九龙租借地问题分开处理。顾维钧敢于提出与决策层明显不同的意见，凭借的是在北京政府时期积累起来的经验和声誉，这是他在以党治国的体制内得以发挥外交才干的资本。而国民党政府与军阀时期的北京政府一样，也需要职业外交官的专业知识和技能。

作为职业外交官，顾维钧对中国的国力有清醒的认识，在他从事外交的绝大部分时间中，是以弱国来定位中国的外交并

---

① 《北京大学日刊》1922 年 6 月 6 日。

采取相应策略的。对弱国外交，他在一次公共演讲中说："国人对外交见解，有两见解，一谓弱国无外交，一谓正惟弱国始须外交。此两说皆可谓确，而亦皆可谓不全确。国无强弱，皆有赖外交，惟其方法则不同。而弱国之外交，尤关重要。因强国外交可较为大意，以稍有所失，尚有其他方法补救。弱国则不能一毫松懈，其获得结果也固不易，而获得结果后，常不能充分利用之。"① 因此，每逢重大交涉，顾维钧如履薄冰，准备充分。他认为，弱国外交最有用也是经常要使用的策略就是"拖延时间"。对弱国来说，"宁为玉碎，不为瓦全"不能用于外交，因为国家是不能玉碎的。在外交上也不能指望百分之百的成功，因为对方也这样要求的话，就不可能有成功的外交。所以他强调，在谈判中"当你已达到百分之五十的地步，而正接近百分之五十一、五十二时，应当小心不要有任何可能引起谈判破裂的言谈和行动，而失去你那百分之五十一、五十二。因此如果你的目标是要达到百分之七十，就应特别小心，以便在可能的情况下实现那百分之七十的目标，取得谈判成功"。但同时代的外交官并不都能有这样的认识，所以他指出，中国外交的一个大毛病就是乱要价钱，"不愿意吃明亏，结果吃暗亏，不愿意吃小亏，结果吃大亏"。②

顾维钧深知弱国外交之不易，但也深知弱国外交并非没有施展的空间。早在留学期间他就特别看重塔列朗，称赞其"操纵英俄普奥四雄于维也纳会议"，颇有仿效其在国际舞台

① 《市商会等十四团体昨晚宴顾维钧》，《申报》1934年9月24日，第8版。
② 《顾维钧回忆录》第5分册，第564页；第1分册，第396~397页；杨玉清：《我所知道的顾维钧》，《文史资料选辑》第17辑。

代表中国纵横捭阖的志向。① 塔列朗被歌德誉为"19世纪第一外交家"，外交生涯持续40多年。就外交才干而言，顾维钧可与塔列朗一比，但就两人所经历的相隔百年的两个国际会议——维也纳会议和巴黎和会来说，塔列朗操纵四雄获得了成功，顾维钧却饮恨塞纳河畔。② 这让人不得不感叹，个人的外交才干无法超越国运。

尽管身处弱国，但顾维钧投身外交时内心深处却有让中国跻身大国之列的愿望，只是在他漫长的外交生涯中，只有在第二次世界大战结束前的很短一段时间内，才有将这一愿望付诸实施的机会。敦巴顿橡树园会议前，他向蒋介石建议的参会方针是保证中国的"四强"地位，以获得与美、英、苏平起平坐的大国资格。旧金山会议上，他在托管地问题上与美、英代表正面冲突，坚持以公理争强权的立场，稍显大国气概。可惜的是，这样的时刻在顾维钧的外交生涯中稍纵即逝。中国的国力及所处的时代，使顾维钧基本上是以一个弱国外交家的身份出现在国际舞台上的，他也习惯了这样的角色。

在外交战略上，自中日"二十一条"交涉起，顾维钧就主张"联美制日"。至日本全面侵略中国，顾维钧屡屡向政府呼吁确立以美国为重心的外交战略，强调"我国外交运用，宜特别注重美国"。③ 中国传统外交向主张"以夷制夷"，但并不确定固定的联合对象，而是随机应变。顾维钧的"联美制日"主张将美国作为长久的联合对象，在近代中国转型期倡

---

① 顾维钧：《中国外交私议》，《留美学生年报》1911年。
② 有关顾维钧与塔列朗的比较，见金重远《顾维钧与塔列朗：一个比较研究》，金光耀主编《顾维钧与中国外交》，第443~454页。
③ 《顾维钧回忆录》第4分册，第128~129页。

导新的外交战略。"联美制日"的主张是基于顾维钧对远东国际局势的认识。20世纪上半叶，日本是对中国威胁最大的国家，而美国在远东的影响力与日俱增，因此"远交美尚足以制近逼之日本"，确是中国外交上最为可行的选择。重点对美外交也是顾维钧留学美国潜移默化中形成的对美国的认同与亲和感在外交事务上的反映，因为在他看来美国与其他列强不同，"对于我无阴谋，待我以至诚"，"在本质上并不是帝国主义"，这是重点对美外交的思想基础。① 这也是民国时期许多像他一样的留美学生如同样毕业于哥伦比亚大学的宋子文和胡适具有的看法，因此他们被称为民国外交的"亲美派"。不过，"亲美"并非是没有限度的。在有关台湾地位的问题上，他对美国政策有可能导致海峡两岸分离的状态高度警觉，对一个统一的中国的认同设定了"亲美"的限度。

　　20世纪上半叶，中国国内政局动荡，政府更替频繁。如何应对纷乱的内争，是每一个外交官无法回避的问题。顾维钧的外交生涯经历了从袁世凯到蒋介石败退台湾后的各个时期，这在同辈外交官中是绝无仅有的。北京政府后期，他一度较深地卷入到政治漩涡中，品尝过派系政治倾轧的苦涩滋味，对国内政治及其与外交的关系有切身的体认。在思想理念上，顾维钧信奉美式自由主义，但在国内政治中，他并不像胡适、蒋廷黻那样或不懈鼓吹，或执着推行。在大多数时候，他总是力图与国内政治保持距离，专注于外交事务。晚年口述回忆录时，他说："当办理重要交涉时，唯一影响你的应当是民族利益，

---

① 《顾维钧1917年4月9日电》，《近代史资料》总38号，第185页；《顾维钧回忆录》第7分册，第506页。

而不是党派和政治利益，更不应考虑个人政治上的得失，否则，要末是牺牲民族利益实现政治野心，要末使谈判完全破裂。如果一个外交家有了政治考虑，他的外交就很危险了。"①这是他的经验之谈。

但到顾维钧最后一次出使华盛顿时，他面临的是与以往完全不同的国内外形势。国共之争是 20 世纪中国最大的两股政治力量的决斗，并且牵涉到美国与苏联两个大国，而美苏之间的冷战此时已经拉开帷幕。顾维钧是从巴黎和会走上国际舞台的外交官，他所熟悉的是第一次世界大战后形成的国际秩序，擅长在与列强的交涉中纵横捭阖，维护和提升作为弱国的中国的主权和利益。第二次世界大战后出现的有着强烈意识形态特征的冷战格局，对他来说，超出了以往的知识和经验范围。顾维钧曾批评民国初年不同的军事和政治派系依附某一个外国势力，或日本，或俄国，来巩固支撑其政治前程，指出"这是一个错误，因为他们不自觉地使自己成为某个外国的外交政策的工具，这永远是一个难以向人民大众交代的问题"。② 而他外交生涯最后阶段的对美外交，正是他自己所批评的有了党派和政治利益的考虑，在很大程度上成为美国外交政策的工具。

顾维钧将外交看成由外交官从事的专业工作，反对民族主义兴起后出现的"人民外交"（这是《顾维钧回忆录》中的用法，当时人和学界通常用"国民外交"一词）。他说，"在中国，自从五四运动，'人民外交'的口号已经成为非常时髦的口号，群众组织起来大游行或组成代表团对中国的代表施加压

① 《顾维钧回忆录》第 1 分册，第 397 页。
② 《顾维钧回忆录》第 1 分册，第 397~398 页。

力，常常造成灾难性的后果"，因为"'人民外交'总是以百分之百成功为口号，是永远成功不了的"。①

因为强调专业性，顾维钧特别看重外交官的专业素质。国民党主政后以党治国，将不少党内人员安排进外交部，顾维钧私下批评道，这些人缺少"外交经验"，"非合于外交生活与工作"。② 他认为外交官必须具备四种素质：（1）适当的基础知识；（2）精通一门或更多的外语；（3）实际的谈判经验；（4）国际会议的经验。专业素质之外，他还特别强调必须有从事外交的气质，他说见过不少人受过良好的训练和教育，但气质上却不适合担任谈判工作。③ 这可看作顾维钧的夫子自道，对此他是颇为自信甚至自负的。顾维钧外表俊美，这拜先天所赐。而他柔中带刚的发言风格，从在外白渡桥上斥责鞭打黄包车夫的英国人"Are you gentleman"的少年时期就已形成。此后长年的外交工作，使外交家气质融入他的一言一行，乃至血液之中。女儿顾菊珍问他一生有过几个女人，这是在家中餐桌上的闲聊，但顾维钧十分自然地随口反问"只有 28 个吗？"完全是外交场合的条件反射，所以顾菊珍说外交官习性已经成为他日常生活不可分割的部分。帮顾维钧做口述并与他交往了20 多年的唐德刚也说，顾维钧"一辈子生活中，无时不刻不在办外交"，"永远披上了一件鲜明的外交家的大礼服"。④

顾维钧是在近代民族主义兴起的环境下成长起来的，有着

① 《顾维钧回忆录》第 1 分册，第 397~398 页。
② 《顾维钧日记》，1946 年 5 月 3 日。
③ 《顾维钧回忆录》第 5 分册，第 697 页。
④ 唐德刚：《编撰〈顾维钧回忆录〉及民国外交史杂记》，金光耀主编《顾维钧与中国外交》，第 7 页。

强烈的中国情怀。在同辈人中，他为中国外交服务时间最长。在外交舞台上，他有为中国以公理争强权的高光时刻，也有不少委曲求全的苦涩记忆。在结束口述回忆录时，顾维钧谈到在外交生涯中遇到的各种不寻常的困难，称"也许是1911年推翻满清之后，一个要享有在世界各国大家庭中合法地位并在世界中发挥应有作用的新中国在它的孕育和诞生之时就已经继承下来了"。① 顾维钧的这句话很有历史感。他的个人经历是近代中国外交的一个缩影，他所面临的困难和经历的失败在他所处的时代是难以避免的。在今天，回望顾维钧漫长的外交生涯，巴黎和会上的发言和拒签和约以及旧金山会议上代表中国第一个签署《联合国宪章》，是他在中国外交史上留下的永远印记。

---

① 《顾维钧回忆录》第12分册，第745页。

主要征引文献

中文文献

未刊档案

北京政府外交部档案，中研院近史所档案馆藏。

樊增祥：《清荣禄大夫从一品封二品衔直隶候补道嘉定顾公墓志铭》，嘉定博物馆藏。

顾维钧文件（*Wellington Koo Papers*），美国哥伦比亚大学图书馆藏。

顾维钧与徐景灿的聊天录音（1980~1985年），纽约，徐景灿提供。

蒋介石日记，美国斯坦福大学胡佛档案馆。

台湾广播公司记者阮次山采访顾维钧特别报道（录音），1977年2月19日。

中国第二历史档案馆相关档案。

已刊史料、回忆录、日记

保罗·S. 芮恩施：《一个美国外交官使华记——1913~1919年美国驻华公使回忆录》，商务印书馆，1982。

曹伯言整理《胡适日记全编》，安徽教育出版社，2001。

曹汝霖：《一生之回忆》，传记文学出版社。1970。

杜春和、耿来金整理《白坚武日记》，江苏古籍出版社，

1992。

复旦大学历史系中国近代史教研组编《中国近代对外关系史资料选辑（1840~1949）》，上海人民出版社，1977。

顾严幼韵口述、杨蕾孟编著《一百零九个春天：我的故事》，新世界出版社，2015。

《顾维钧回忆录》，中国社会科学院近代史研究所译，中华书局，1983~1993。

郭卿友主编《中华民国时期军政职官志》，甘肃人民出版社，1990。

胡震亚选辑《吴佩孚与顾维钧往来函电》，《民国档案》2009年第4期。

黄蕙兰：《没有不散的筵席——顾维钧夫人回忆录》，中国文史出版社，2018。

《蒋中正“总统”档案事略稿本》，台北“国史馆”，2004。

金光耀、马建标选编《顾维钧外交演讲集》，上海辞书出版社，2006。

金问泗：《从巴黎和会到国联》，传记文学出版社，1967。

金问泗编《顾维钧外交文牍选存》，上海，1931。

《金问泗日记（1931~1952）》，张力编辑、校订，中研院中国文哲研究所，2016。

《李顿赴华调查中国事件期间日记》，王启华译，《民国档案》2002年第4期。

《李顿赴华调查中国事件期间致其妻子信件》，朱利译，《民国档案》2002年第2、3期。

李景铭：《太平洋会议日记》，《近代史资料》总75号。

李景铭：《一个北洋政府官员的生活实录》，《近代史资料》总 67 号。

李毓澍主编《中日关系史料——欧战与山东问题》，中研院近代史研究所，1974。

李毓澍、林明德主编《中日关系史料——二十一条交涉》，中研院近代史研究所，1985。

李宗仁口述，唐德刚撰写《李宗仁回忆录》，广西人民出版社，1988。

骆惠敏编《清末民初政情内幕——〈泰晤士报〉驻北京记者袁世凯政治顾问乔·厄·莫理循书信集》，刘桂梁等译，知识出版社，1986。

吕芳上主编《蒋中正先生年谱长编》，台北"国史馆"，2015。

秦孝仪主编《中华民国重要史料初编——对日抗战时期》，中国国民党党史委员会，1981。

世界知识出版社编《中美关系资料汇编》第 1 辑，编者印行，1957；第 2 辑，编者印行，1960。

天津市历史博物馆编《秘笈录存》，中国社会科学出版社，1984。

王建朗主编《中华民国时期外交文献汇编 1911～1949》，中华书局，2016。

王铁崖编《中外旧约章汇编》第二册，三联书店，1959；第三册，三联书店，1962。

《王世杰日记》，林美莉编辑、校订，中研院近代史研究所，2012。

陈旭麓、顾廷龙、汪熙主编《轮船招商局——盛宣怀档案资料选辑之八》，上海人民出版社，2002。

王芸生编著《六十年来中国与日本》，三联书店，1980。

薛衔天等编《中苏国家关系史资料汇编（1917～1924）》，中国社会科学出版社，1993。

《颜惠庆日记》，上海市档案馆译，档案出版社，1996。

《颜惠庆自传》，吴建雍等译，商务印书馆，2003。

杨玉清：《我所知道的顾维钧》，《文史资料选辑》第17辑。

叶惠芬编《中华民国与联合国史料汇编：筹设篇》，台北"国史馆"，2001。

叶景莘：《巴黎和会期间我国拒签和约运动的见闻》，《文史资料选辑》第2辑。

章伯锋、李宗一主编《北洋军阀（1912～1928）》，武汉出版社，1990。

张学良口述，唐德刚撰写《张学良口述历史》，中国档案出版社，2007。

张一志编《山东问题汇刊》，文海出版社，1986。

中共中央文献研究室编《毛泽东年谱（1893～1949）》，人民出版社、中央文献出版社，1993。

中共中央文献研究室编《周恩来年谱（1898～1949）》修订本，中央文献出版社，1998。

中共中央文献研究室编《周恩来年谱（1949～1976）》，中央文献出版社，1997。

中国第二历史档案馆编《九一八事变后顾维钧等致张学良密电选》，《民国档案》1985年第1、2期。

中国国民党党史委员会编《革命文献》第34、35辑，台北，1984。

中国社科院近代史研究所中华民国史组编《胡适任驻美大使期间往来电稿》，中华书局，1978。

中华民国外交部编《外交文牍——华盛顿会议案》，编者印行，1923。

中央档案馆等编《日本帝国主义侵华档案资料选编：九·一八事变》，中华书局，1988。

中研院近代史研究所编《中日关系史料——巴黎和会与山东问题》，编者印行，2000。

报刊

《大公报》《东方杂志》《留美学生年报》《民国日报》《努力周报》《申报》《顺天时报》《益世报》《中央日报》

著作

陈立文：《宋子文与战时外交》，台北"国史馆"，1991。

陈谦平：《民国对外关系史论（1927～1949）》，三联书店，2013。

邓野：《巴黎和会与北京政府的内外博弈》，社会科学文献出版社，2014。

黄武智：《国际法院法官顾维钧之个别意见与反对意见（1957～1967）》，东吴大学中国学术著作奖助委员会，1974。

金光耀主编《顾维钧与中国外交》，上海古籍出版社，2001。

金光耀、王建朗主编《北洋时期的中国外交》，复旦大学出版社，2006。

李嘉谷：《中苏关系（1917～1926）》，社会科学文献出版社，1996。

李文杰：《中国近代外交官群体的形成（1861～1911）》，三联书店，2017。

李毓澍：《中日二十一条交涉》，中研院近代史研究所，1982。

罗光：《陆征祥传》，台湾商务印书馆，1967。

罗伊·沃森·柯里：《伍德罗·威尔逊与远东政策（1913～1921）》，张伟瑛、曾学白译，社会科学文献出版社，1994。

沈云龙：《黄膺白先生年谱长编》，联经出版事业公司，1976。

唐启华：《巴黎和会与中国外交》，社会科学文献出版社，2014。

唐启华：《北京政府与国际联盟（1919～1928）》，东大图书公司，1998。

唐启华：《被"废除不平等条约"遮蔽的北洋修约史（1912～1928）》，社会科学文献出版社，2010。

王纲领：《欧战时期的美国对华政策》，台湾学生书局，1988。

王建朗：《中国废除不平等条约的历程》，江西人民出版社，2000。

王立诚：《中国近代外交制度史》，甘肃人民出版社，1991。

王奇生：《中国留学生的历史轨迹》，湖北教育出版社，1992。

王正廷：《中国近代外交概要》，外交研究社，1928。

吴翎君：《美国大企业与近代中国的国际化》，社会科学文献出版社，2014。

　　熊月之、周武主编《圣约翰大学史》，上海人民出版社，2007。

　　杨天石、侯中军编《战时国际关系》，社会科学文献出版社，2011。

　　叶维丽：《为中国寻找现代之路：中国留学生在美国（1900~1927）》，周子平译，北京大学出版社，2017。

　　应俊豪：《“丘八爷”与“洋大人”——国门内的北洋外交研究（1920~1925）》，台湾政治大学历史系，2009。

　　袁道丰：《顾维钧其人其事》，台湾商务印书馆，1988。

　　袁道丰：《外交丛谈》，台湾商务印书馆，1982。

　　章含之：《风雨情》，上海文艺出版社，1994。

　　资中筠：《美国对华政策的缘起和发展（1945~1950）》，重庆出版社，1987。

论文

　　陈红民：《蒋廷黻与夭折的“中国自由党”（1947~1951）》，《江苏师范大学学报》2013年第1期。

　　承红磊：《帝制运动期间顾维钧在美外交活动》，《复旦学报》2017年第2期。

　　侯中军：《英国与中日“二十一条”交涉》，《历史研究》2016年第6期。

　　胡有瑞、卢申芳：《“王正廷先生百年诞辰”口述历史座谈会纪实》，《近代中国》第29期，1982年。

　　皇甫秋实、贾钦涵：《顾维钧与中国西北石油开发》，《复旦学报》2017年第1期。

蒋永敬：《顾维钧诉诸国联的外交活动》，《抗日战争研究》1992 年第 4 期。

李永胜：《顾维钧与中国留美学生会》，《史学集刊》2020 年第 3 期。

罗毅：《外交系与北京政治：1922~1927》，博士学位论文，复旦大学，2013。

罗毅、金光耀：《北京政府筹备参加欧战和会考析》，《历史研究》2015 年第 6 期。

刘卫东：《印支通道的战时功能述论》，《近代史研究》1999 年第 2 期。

马建标：《"进步主义"在中国：芮恩施与欧美同学会的共享经历》，《复旦学报》2017 年第 2 期。

尚小明：《"二十一条"交涉的另一条管道——总统府相关活动透视》，《安徽史学》2017 年第 2 期。

唐德刚：《广陵散从此绝矣——敬悼顾维钧先生》，台北《传记文学》第 283 期，1985 年 12 月。

王玉璞：《〈顾维钧回忆录〉再版感言》，王玉璞给笔者的打印稿。

王聿均：《舒尔曼在华外交活动初探（1921~1925）》，《中央研究院近代史研究所集刊》第 1 期，1969 年。

习五一：《论顾维钧内阁征收海关附加税和罢免安格联事件》，《民国档案》1987 年第 1 期。

肖如平：《蒋介石与抗战时期英国议会代表团访华》，《社会科学战线》2018 年第 3 期。

许详：《民初中英涉藏事务交涉之补证——基于"顾维钧档案"的研究》，《民国档案》2020 年第 2 期。

杨天宏:《军阀形象与军阀政治症结——基于北洋时期民意调查的分析与思考》,《近代史研究》2018 年第 5 期。

杨天宏:《中苏建交谈判中的"顾王之争"(1923~1924)》,《历史研究》2019 年第 4 期。

张丽:《安格联的平衡之策及其破产》,《兰州学刊》2017 年第 9 期。

赵庆云:《〈顾维钧回忆录〉的出版风波》,《读书》2016 年第 1 期。

资中筠:《外交家的幸与不幸——重读〈顾维钧回忆录〉有感》,财新网,2017 年 8 月 19 日。

英文文献

未刊档案

Public Record Office, London.

Tsiang (Tingfu) Diaries, Harvard-Yenching Library, Harvard University.

Wellington Koo Papers, Rare book and Manuscript Library, Columbia University.

Wellington Koo, *Topics for Memoirs*, June 26, 1958, manuscript.

已刊史料

Documents on British Foreign Policy, *1919－1939*, First Series, Second series, London.

Lansing, Robert, *The Peace Negotiations*, *A Personal Narrative*, New York, 1921.

Lansing, Robert, *War Memoirs of Robert Lansing*, New York, 1935.

Link, Arthur ed., *Papers of Woodrow Wilson*, Princeton University Press, 1966-1986.

United Nations Information Organization, *Document of the United Nations Conference on International Organization*, London and New York, 1945.

U. S. Department of State, *Conference on the Limitation of Armament*, Washington, 1922.

U. S. Department of State, *Foreign Relations of the United States: Lansing Papers, 1914-1920*, Washington, 1939.

U. S. Department of State, *Foreign Relations of the United States: Paris Peace Conference*, Washington, 1942-1946.

U. S. Department of State, *Foreign Relations of the United States*, years-related.

Young, Kuangson ed., *The Sino-Japanese Conflict and the League of Nations*, Press Bureau of the Chinese Delegation, 1937.

报刊

Chinese Students' Monthly
Columbia Spectator

专著

Bieler, Stacey, "*Patriots*" or "*Traitors*"?: *A History of*

American-Educated Chinese Students, M. E. Sharpe, Inc., 2004.

Chi, Medeleine, *China Diplomacy 1914－1918*, Harvard University Press, 1970.

Chu, Pao-chin, *V. K. Wellington Koo*, Hong Kong: The Chinese University Press, 1981.

Hussey, Harry, *My Pleasure and Palaces: An Informal Memoir of Fourty Years in Modern China*, New York: Doubleday, 1968.

Koo, Vi Kyuin Wellington, *The Status of Aliens in China*, New York: Columbia University, 1912.

Pugache, Noel, *Open Door Diplomat in Action*, New York, 1979.

Shotwell, J. T., *At the Paris Peace Conference*, New York, 1937.

论文

Chen, Li, "The Making of China's Foremost Diplomat and International Judge," *Jus Gentium*, Vol. 4, No. 2, 2019.

Chen, Li, "Shattering the Glass Ceiling: The World's First Chinese Ph. D. Graduate," *The Law Teacher*, published online: 1 November, 2018.

Craft, Stephen, "John Bassett Moore, Robert Lansing, and the Shandong Question," *Pacific Historical Review*, Vol. 66, No. 2, 1997.

后 记

我于 1999 年初完成《顾维钧传》，列入石源华主编的"民国外交官传记丛书"，于该年底由河北人民出版社出版。因为该套丛书对篇幅有统一要求，而且当时我刚结束在哥伦比亚大学阅读顾维钧档案，还来不及消化所有史料，所以《顾维钧传》只是我对顾维钧研究的一个初步成果。在限期交稿后，我就一直想重写一本更详尽的顾维钧传。但完成那本传记后不久，我的研究兴趣转向新的领域，重写之事就拖了下来。此后有出版社再版"民国外交官传记丛书"时，希望重印《顾维钧传》，但我不想原封不动地再版，而重写或修改又抽不出时间，只能婉言谢绝了。但此事一直挂在心头。

2020 年暑假，我终于下决心了却这桩心事，最主要的原因，当然是新冠疫情肆虐而只能宅在家中，反而可以心无旁骛地从事研究和写作。此外，在新研究领域中的探索有些艰辛，面临困难，进展不顺，就想到回老本行吸收一些新能量，将原先拖下来的事情先完成。

尽管一直关注着民国外交史领域，但差不多 20 年后重新全力投入对顾维钧的研究时，我最为感叹的是如今可供利用的民国史料已今非昔比了。当年到台北花一个月时间只能查阅数个卷宗的北洋时期外交档案，如今坐在书桌前按着鼠标就可轻易获得。顾维钧担任过总编辑的哥伦比亚大学校报《哥大旁观者》，之前在哥大图书馆也不易查得，现在不仅全套上网，还提供检索功能。这些年出版的多种大型成套资料集以及蒋介石日记等史料，都极大地丰富了史料来源。近年来民国外交史以及其他领域如留学生史的新进展，提供了许多可资借鉴的成果，使我可以在一个更宽广的视野下叙述和审视顾维钧的外交生涯。以往语焉不详或没有弄清的问题，如顾维钧父亲顾溶的身世、顾维钧与袁世凯称帝的关系，在史料来源开拓后得以澄清；原来没有充分展开的问题，如顾维钧与北洋政治以及参与联合国的筹建，因为自己做了专题研究，则新列章节予以论述；即使旧版中已有叙述的，也都依据新史料或新研究改写，以更充分全面地展现顾维钧的外交活动。因此，现在完成的这本顾维钧传是在旧版基础上重写的一本新传，篇幅从之前的20万字出头扩展到40万字，差不多翻了一番。

本书最基本的史料当然还是顾维钧文件集（*Wellington Koo Papers*）。顾维钧是一个历史的有心人，他不仅口述了600多万字的回忆录，还保存下外交生涯中经手的几乎所有文件（除北洋时期的大量文件留在北京和天津的住宅散失外），这是他那一代外交官中绝无仅有的。1997年8月到1998年7月，我获得国家留学基金委资助，在哥伦比亚大学珍本和手稿图书馆系统地查阅了顾维钧捐赠给母校的225盒文件。在此之前，还没有学者能够这样系统地查阅顾维钧文件。因为那时中国学者还很少有机会那么长时间待在美国，而美国学者无法细读顾维钧文件中许多中文手稿。那一年中我差不多每天都会去珍本和手稿图书馆，用到纽约后刚买的第一台手提电脑录入感兴趣的文件，有时也会直接抄录在卡片上。午间休息时，坐在图书馆对面行政主楼前的台阶上，吃着早上出门前自己准备的三明治，身边总有几只萌态可掬的松鼠和停下来觅食的鸽子陪伴，春日或秋阳下会闭眼小憩片刻。这是我从事历史研究中难忘的一段经历。2019 年 4 月，我重访哥大珍本和手稿图书馆，查阅顾维钧家属新捐赠的 57 盒文件。午餐后特地到行政主楼前的台阶上小坐，仍有松鼠和鸽子来到身边，用新奇的眼光瞅着我，显然已非当年阶上物。如今顾维钧捐赠的 225 盒文件，在杨雪兰女士和金以林研究员的推动和主持下，已由中国社会科学院近代史研究所与哥伦比亚大学图书馆合作完成了数字化，国内学者不到哥大也能方便地使用这批珍贵史料了。

我对顾维钧的研究开始于跟随汪熙先生攻读博士学位期间。完成博士学位论文后，汪先生要求我完成一部顾维钧与中美关系的专著，列入他主编的"中美关系研究丛书"。因为忙于其他事务，汪先生交办的这件事拖了下来。好些年，每次去拜见汪先生，心中都很忐忑，也很愧疚。如今这本书，是向汪先生在天之灵补交的一份作业。我也很高兴能借此机会致敬我的硕士导师余子道先生。余先生今年已九十高龄，仍笔耕不辍，是我终生学习的榜样。

在研究顾维钧的这些年间，我有幸得到顾维钧亲属的关心和支持。1997 年 8 月，我刚开始在哥伦比亚大学图书馆阅读顾维钧文件，就在那里遇到了也来查阅档案的顾维钧女儿顾菊珍女士。此后，她邀请我去在曼哈顿东城的家中，并告诉我，我们谈话的客厅就是当年顾维钧与章含之见面的地方。我从哥大回国后不久，与已经到上海担任美国通用汽车公司中国发展和亚太地区顾问的顾维钧继女杨雪兰女士相识，在她的全力支持下，于 2000 年 9 月在复旦大学举办了"顾维钧与中国外交"国际学术讨论会。年逾八十的顾菊珍也专程从纽约赶来参会。会后不久，我正好到纽约参加学术会议，杨雪兰安排我去见顾维钧夫人严幼韵女士。见面的地方就是顾维钧晚年居住的公寓。那年严幼韵已是 95 岁高龄，但精神矍铄，谈笑自若，给人感觉就是一位 80 岁左右的老太太。当时我正着手编顾维钧的画传，顾菊珍和杨雪兰提供了许多照片，但有些照片的时间或其中的人物难以确定，就去问严幼韵。她的记忆十分清楚，对我的问题一一作答。2006 年初，我有幸再次在纽约拜访已过百岁的严幼韵，她以亲手调制的龙虾沙拉热情待客。对一个研究者来说，能与研究对象的亲属这样贴近地来往，是可遇而不可求的缘分，有助于加深对研究对象的理解。值得一提的是，她们对我的研究十分关心，并尽力给予各种帮助，但从不过问我在研究中对顾维钧功过得失的评判。如今，她们三人都已先后去世，本书的完成是对她们以往支持的最好回报和纪念。严幼韵和顾维钧的外甥女徐景灿女士提供了许多留在顾维钧家中的珍贵资料，顾菊珍的女儿袁英英女士提供了顾菊珍与顾维钧的通信，她们对我的研究一直给予支持，在此予以特别感谢！

　　开始写作本书时，我十分自然地想到要将书稿交给社会科学文献出版社出版。这不仅是因为该社在出版界和学术界享有的声誉，还因为该社资深策划徐思彦女史和总编辑杨群先生在我研究顾维钧之初就给予的帮助和支持。我以博士学位论文以及研读顾维钧文件为基础写成的几篇论文就是经他们审阅修改后发表在《历史研究》和《中国社会科学》上的。这么多年后，能将顾维钧研究的成果再次交给他们，并且被他们接受，我深感荣幸。我要感谢社会科学文献出版社历史学分社总编辑宋荣欣女史，她获悉我的写作计划后一直予以关心并提供各种帮助。我还要感谢本书的责任编辑陈肖寒博士，他的专业精神让人敬佩，成稿后还存在的错误包括一些不易察觉的错误都被他一一发现，得以在付印前订正，使本书能够以现在的面貌与读者见面。本书中的顾维钧照片经樊琳女士精心修整，也在此表示感谢。

在撰写本书过程中，我受益于以前指导过的学生的最新研究成果。马建标、承红磊、罗毅诸君对北洋时期外交的研究，使我对相关史事的叙述更为全面丰富，也使我得以修正过去研究中的某些判断。这样的收获是写作过程中最为愉快的经历。马建标和罗毅还仔细通读初稿，帮助订正行文叙述中的一些错误，并提出修改意见。我以前指导过的学生龚志伟博士帮助释读顾溶墓志铭，黄飞博士和还在读的博士生许浩、李蔚暄、卢宇扬帮助查阅资料，在此一并致谢。

从1999年完成《顾维钧传》到现在，倏忽之间，已过了22年。完成本书后，我对顾维钧及民国外交的研究就会告一段落，接下来将转回这些年从事的研究课题，只问耕耘，不问收获，慢慢前行。

金光耀

辛丑岁末于上海新江湾

图书在版编目（CIP）数据

以公理争强权：顾维钧传 / 金光耀著. -- 北京：
社会科学文献出版社，2022.2（2024.1 重印）
ISBN 978-7-5201-9427-3

Ⅰ.①以… Ⅱ.①金… Ⅲ.①顾维钧（1888-1985）
-传记 Ⅳ.①K827＝7

中国版本图书馆 CIP 数据核字（2021）第 240936 号

以公理争强权：顾维钧传

著　　者 / 金光耀

出 版 人 / 冀祥德
责任编辑 / 陈肖寒
责任印制 / 王京美

出　　版 / 社会科学文献出版社·历史学分社（010）59367256
　　　　　　地址：北京市北三环中路甲 29 号院华龙大厦　邮编：100029
　　　　　　网址：www.ssap.com.cn
发　　行 / 社会科学文献出版社（010）59367028
印　　装 / 三河市东方印刷有限公司

规　　格 / 开　本：889mm × 1194mm　1/32
　　　　　　印　张：20.75　插　页：0.375　字　数：476 千字
版　　次 / 2022 年 2 月第 1 版　2024 年 1 月第 5 次印刷
书　　号 / ISBN 978-7-5201-9427-3
定　　价 / 89.00 元

读者服务电话：4008918866

▲ 版权所有 翻印必究